耕地质量系统及生产潜力监测预警的理论与实践

孔祥斌 著

中国农业大学出版社
·北京·

内容简介

本书分三部分：第一部分，重点阐述了耕地质量内涵和对监测进行了理论梳理；第二部分，分析了土地利用强度和土地利用结构变化对区域耕地质量和生产能力的影响；第三部分，则是基于耕地生产能力的质量监测的实践研究。

本书从耕地资源生产能力的监测出发，分别从耕地资源生产能力层次差异、耕地资源生产潜力、耕地资源生产潜力的空间变异特征方面，分析了耕地资源质量监测的基本原理、方法与步骤，并从地块尺度、区县尺度、省级尺度、二级区尺度和我国西部区域的国家尺度进行了实证研究。本书可以为高校师生、土地资源研究人员及管理人员提供耕地资源利用保护与评价方面的借鉴。

图书在版编目(CIP)数据

耕地质量系统及生产潜力监测预警的理论与实践/孔祥斌著. —北京：中国农业大学出版社，2017.1

ISBN 978-7-5655-1768-6

Ⅰ.①耕…　Ⅱ.①孔…　Ⅲ.①耕地资源-监测系统-研究-中国　Ⅳ.①F323.211

中国版本图书馆 CIP 数据核字(2016)第 324560 号

书　　名　耕地质量系统及生产潜力监测预警的理论与实践

作　　者　孔祥斌　著

策　　划　孙　勇　　**责任编辑**　田树君

封面设计　郑　川　　**责任校对**　王晓凤

出版发行　中国农业大学出版社

社　　址　北京市海淀区圆明园西路 2 号　　**邮政编码**　100193

电　　话　发行部 010-62818525，8625　　**读者服务部** 010-62732336

编辑部 010-62732617，2618　　**出　版　部** 010-62733440

网　　址　http://www.cau.edu.cn/caup　　**E-mail** cbsszs@cau.edu.cn

经　　销　新华书店

印　　刷　涿州市星河印刷有限公司

版　　次　2017 年 3 月第 1 版　　2017 年 3 月第 1 次印刷

规　　格　787×1 092　　16 开本　　31.5 印张　　780 千字

定　　价　88.00 元

编 写 人 员

主　编　孔祥斌

参　编　程子良　胡莹洁　雷　鸣　温良友　辛芸娜
　　　　　姚静韬　张青璞　张蚌蚌　张雪靓　张玉臻

前　言

21 世纪,全球正在发生巨大的变化。据联合国统计数据及预测显示,2050 年,全球人口将增加到 90 亿,全球粮食产量将在现在的 20 亿 t 的水平上,提升到 40 亿 t,因此,全球粮食安全形势严峻。最新的气候变化研究显示,受到气候变化的影响,全球的极端干旱天气将持续增加,极端天气将导致全球的小麦和玉米的产量下降。而在人口众多的亚洲,正在经历的快速的城市化和工业化,城市化和工业化将会导致大量优质耕地转为住房、企业用地和基础设施用地,可供全球耕种的优质耕地资源将会不断下降。由于全球对大豆和玉米的需求量增加,南美的亚马孙流域的热带雨林正在不断地减少。为了提供满足全球的粮食生产,中国的黄淮海平原、印度的南部平原和美国加州的地下水资源正在不断地被耗费。因此,从全球范围来看,在有限耕地资源的条件下,如何提升耕地资源质量,支撑全球的粮食安全,最大限度地减少对森林、湿地和草地资源的开发,这不仅关系到全球的粮食安全的问题,更关系到全球的生态安全和耕地资源可持续利用。

中国,是 21 世纪发展最为迅速的国家,中国有限的耕地资源不仅支撑了城市化和工业化的用地需求,还从 2003 年开始实现了连续 12 年的粮食产量的持续增加,这是中国对世界的一大贡献。但是,在中国粮食产量持续增加的背后,化肥和地下水的耗费导致了严重的生态问题,也使粮食生产成本不断上升。粮食产量增加的背后也导致生态资源恶化。粮食产量持续增加的同时,中国的粮食进口量也不断增加。因此,提升耕地质量,是我国实现粮食安全的唯一选择。

然而,相对于耕地数量而言,无论是研究人员还是资源的管理者,都是仁者见仁、智者见智。从目前来讲,还未能形成对耕地质量的统一认识。由于缺乏对耕地质量的科学认识,也导致了国家在进行耕地资源质量管理的过程中,出现了对于耕地质量的理解和定义上的差异。比如,国土资源部完成的农用地质量调查与评价成果,将全球耕地资源分为 15 个等别,成为国家进行耕地资源管理的重要依据。但是,农业部也从耕地支撑农作物生产的地力条件出发,形成了全国基础地力评价成果。基础地力条件也是耕地质量的一个方面。在工业化和城市化的背景下,中国的耕地资源大约有 1 亿亩(1 亩≈667 m^2,全书同)受到了污染,这种污染的耕地资源对公众的生命健康产生了严重的威胁,因此,耕地污染也是耕地质量的一个重要方面。耕地资源也是传统文化的一部分,哈尼梯田、龙胜梯田、桑基鱼塘、新疆的坎儿井是中国文化的重要载体。因此,耕地资源质量还具有显著的景观和文化传统功能。

无论科学家、政府管理者还是社会公众,大家认为耕地资源具有生产功能、生态功能、景观功能、文化功能、生活功能等。然而,耕地到底有多少功能？耕地功能与社会发展阶段有什么关系？耕地功能与不同的利益群体的关系是什么？耕地的功能和质量之间的关系是什么？这些都需要在理论上进行梳理,在实践中证明。

耕地资源是区域水圈、岩石圈、气候圈、土壤圈和人类活动最密切的空间,因此,耕地资源具有一定的空间遗传性,但是,人类要对耕地资源进行改良,并实施灌溉、施肥等一系列的改造和管理，使耕地资源质量呈现出显著的管理特征，人类的管理会致使耕地质量发生显著的变化，这种变化可能是向可持续方向发展，也可能是向质量恶化方向发展，因此，耕地资源质量的遗传性和动态变化之间的关系是什么？也需要在理论上进行阐述和说明。

近年来，为了保障粮食安全和生态安全，中国一方面正在大规模地实施高标准农田建设，另一方面，又在大规模实施耕地资源休养生息的战略。如果高标准农田建设和耕地资源休养生息不考虑耕地资源的抵抗力和可恢复力特征，就可能导致耕地资源的过度利用或低效利用，不仅达不到预定的耕地资源可持续目标，还可能导致耕地资源的质量恶化。因此，需要对我国耕地资源的抵抗力、恢复力进行深入研究，对耕地资源质量的遗传性和利用的动态性进行研究，才能提出中国不同区域环境背景下的耕地资源可持续利用的战略。

面对科学家、管理者和社会公众对耕地资源质量认识的分歧，这本专著结合我从 2010 年以来的研究成果，试图从耕地资源本底出发，回答耕地功能、质量、价值、评价之间的关系，并且提出了耕地质量的遗传性与变异性、抵抗力和可恢复力的特征，进行了理论梳理。

耕地质量受到了区域土地利用的显著影响，而在不同利用强度下耕地质量特征如何？本文以黄淮海区域为例，对这个区域耕地资源的有机质含量变化进行了理论分析。

耕地资源生产能力及其差异不仅受到土地利用强度影响，还受到区域土地利用变化的影响。本书选择东北地区为例，对东北地区的理论产能、可实现产能和现实产能进行了分析，提出了东北地区耕地资源生产潜力的分层特征。分别选择北京大兴区和河北曲周县，分析了处在不同发展阶段下的区域土地利用强度和土地利用结构变化对区域耕地资源生产能力的影响。以上分析将为管理者实施耕地资源生产能力提升和优化区域土地利用结构提供依据。

既然要对耕地资源质量进行管理，就必须进行耕地质量的监测。这本专著从耕地资源生产能力的监测出发，分别从耕地资源生产能力层次差异，耕地资源生产潜力，耕地资源生产潜力的空间变异特征，分析了耕地资源质量监测的基本原理、方法与步骤，并从地块尺度、区县尺度、省级尺度、二级区尺度和国家尺度进行了实证研究。

这部专著共分为三个主要部分，第一部分是理论部分，重点阐述了耕地质量内涵和监测理论，第二部分分析了土地利用强度和土地利用结构变化对区域耕地质量和生产能力的影响，第三部分则是基于耕地生产能力的耕地质量监测实践研究。

这部专著是综合了作者本人及其研究团队六年来的研究成果，为科学工作者、管理者以及相关教学单位提供关于耕地资源质量的理论和实践方面的指导。

鉴于耕地质量系统分析与生产能力监测预警理论与实践的复杂性和集成性，以及作者能力和研究水平有限，书中难免存在不妥与疏漏之处，还请读者予以批评指正。

著　者

2016 年 10 月

目　录

绪　论

1. 问题的提出

中国的粮食安全正在经历气候变化不利、耕地数量短缺、生态环境恶化的压力。《2015中国国土资源公报》数据显示，截至2015年底，全国耕地面积20.25亿亩，2015年全国因建设占用、灾毁、生态退耕、农业结构调整等原因减少耕地面积450万亩，通过土地整治、农业结构调整等增加耕地面积351万亩，年内净减少耕地面积99万亩。全国耕地质量等别年度更新评价成果显示，2014年全国耕地平均质量等别为9.97等。全国建设用地总面积5.78亿亩，新增建设用地760万亩。

中国的城市化工业化每年减少946万亩的优质耕地资源，18亿亩耕地红线岌岌可危。中国人均耕地面积由10多年前的1.58亩减少到1.38亩，仅为世界平均水平的40%。Lester Brown在2011年提出了"美国能养活中国人吗?"。他的研究认为，中国城市化和工业化耗费了大量的优质耕地资源，而且作为生产了中国60%～80%的小麦和30%～40%玉米的中国粮仓的黄淮海区域，地下水的下降将导致整个区域粮食产量大幅度下降，进而影响到中国10%以上人口的粮食安全。

然而，中国粮食总产在耕地数量刚性减少、全球气候波动和水资源短缺等不利的情况下(Brown等，2011；Pan等，2010)，中国的粮食产量不降反增。在2015年，粮食产量达到6214.5亿kg，这不仅意味着迈上了6000亿kg的新台阶，而且是粮食总产连续第八年稳定在0.5万亿kg以上，我国粮食产量实现半个世纪以来首次连续十二年连增。

面对当前我国粮食安全与撂荒严重的矛盾、耕地保护与"占优补劣"的矛盾、环境健康可持续与追求经济收益的矛盾，开展针对耕地质量与生产能力评价和监测工作也成为必然。因此，利用基本数据库、遥感信息及实时观测技术建立起标准化的耕地质量监测网络，实时查清耕地质量的经济、生态、可持续性指标的现状，并重点关注时空变化较大的指标，以达到即时服务于农业经营，这将是今后我国耕地质量评价的发展方向(付国珍等，2015)。

国外理论研究与粮食生产现实的强烈对比与反差表明，我国耕地资源空间分布的差异性和复杂性有抵御气候变化等不利影响的内在抵御机制。而这种内在抵御机制是否与我国构筑的18亿亩耕地红线和分布在不同区域的15.6亿亩基本农田有关。因此，围绕我国耕地资源生产能力变化问题，迫切需要结合我国社会实践需要进行耕地质量内涵系统构建，结合区域土地利用、农户土地利用转型等对耕地生产能力影响方面开展深入研究，开展耕地质量监测与预警来实时掌握我国耕地质量动态变化。

2. 主要研究进展与趋势

(1)耕地质量研究进展

①耕地质量概念。由于耕地质量内涵在不断变化，国内学者对耕地质量概念并没有统一的定义。20世纪90年代，学者们主要从生产力的角度界定耕地质量的概念，如倪绍祥将其定

义为耕地的生产率水平，赵登辉定义为耕地肥力及位置。21世纪初期，耕地质量概念逐步考虑生态环境、承载力、可持续等内容，如吴群认为耕地质量包括适宜性、生产潜力和现实生产力3个方面，朱永恒等则认为耕地质量包含生态、生产、承载力（赵登辉等，1997；倪绍祥，1999；吴群，2002；朱永恒等，2005）。近期，学者们开始进行综合性的界定，如孔祥斌提出耕地质量是自然、社会、经济与技术进步综合影响结果；陈印军等和沈仁芳等都分别提出了相似的耕地质量概念，即包括土壤质量、空间地理质量、管理质量和经济质量（孔祥斌，2011；陈印军等，2011；沈仁芳等，2012）。总之，随着自然环境条件变化和社会经济发展对耕地的影响及需求的变化，耕地质量的概念和内涵仍在不断丰富和发展之中（付国珍等，2015）。

但是，对于耕地质量的目前上没有统一的认识，迫切需要根据耕地回来的遗传性、稳定性、继承性、弹性、恢复力等方面，进行系统梳理与归纳，以满足国家耕地保护与粮食安全的各项需求。

②耕地质量要素。国内外的土壤学家，更加重视耕地质量要素变化的研究。如美国土壤学家Lal认为，实施耕地土壤固碳是提高耕地质量和减缓全球气候变化的有效手段，他带领的团队正在美国中部大平原实施一系列通过土壤固碳提高耕地质量的技术方法（Lal，2004）。国内科学家，也重视土地利用对耕地质量的影响研究，中科院黄耀研究表明，中国大陆的土壤有机碳含量呈现显著的增长趋势，而Guo等（2010）认为，中国耕地土壤呈现酸化趋势；相关成果研究表明，华北平原的土壤盐分则呈现显著下降趋势（Bai等，2002），而降水增加对中国西北的耕地质量则产生了显著的提升作用（Piao等，2009）。中国经济的快速发展使土地利用转型对耕地破碎化程度、耕地质量的利用条件和利用效率都产生深远的影响（梁思源等，2009；陈红宇等，2012）。

因此，迫切需要从影响耕地质量的立地条件出发，分析气候、地貌、土壤、水文、基础地质等要素对耕地质量的影响过程，以丰富和发展已有的耕地评价相关指标体系和评价标准。集成已有的定位和长期耕地质量要素的研究成果，突破已有静态的耕地质量评价方法，从耕地质量要素动态演化机理及其要素耦合过程来研究耕地质量，不仅是中国科学家关注的焦点，更是全球范围内科学家关注的焦点。

（2）耕地质量监控研究进展

①耕地质量监测方法。为快速掌握耕地质量等别信息，迫切需要建立耕地等别监测技术体系。而国外针对耕地质量监测，已开展大量系统的研究。加拿大最早开展土壤质量监测，在全国建立了23个基准点，代表不同农业区的不同地貌区和土壤区等，针对土壤健康状况的变化进行监测，形成了土壤质量监测网络体系（Huffman等，2000）。美国实施国家资源清单计划（Maiti等，2008），采用网格法，从统计学角度出发，依据均匀分布的原则，针对国家资源进行持续的采样和评价。同样，欧盟采用网格法，开展了土壤环境评价监测项目（Lloyd等，1993）。国内针对耕地质量监测还处于研究探索阶段，王洪波等在土地可持续利用与管理的理论框架下，设计了耕地产能监测的体系，构建了监测样点与监测样区相结合、重点监测和基线监测相结合的耕地等别及其产能监测流程（王红波等，2008）。吴克宁等将标准样地国家级汇总成果与耕地质量动态监测相结合，对基于标准样地国家级汇总的耕地质量监测点的选取进行了探讨（吴克宁等，2008）。陈柏松等在已有农用地分等定级指标体系成果的基础上，建立了农用地等别质量监测指标体系，并针对各种指标提出了相应

的监测方法(陈柏松等,2009)。

但是,已有国内外耕地质量监测方法研究,多集中在县域尺度内布点、国家尺度上选县,缺少从国家尺度上探讨耕地质量监测样点的布控;我国目前尚未建立起覆盖全国的耕地质量监测网络体系,尚未形成统一的耕地质量监测理论与布控技术。

②国内外耕地质量监控实践。最典型的在全国范围内布设样点开展调查评价工作的是美国国家资源清查(National Resources Inventory,NRI),依据统计学的均匀分布原则,采用网格法进行设置,在全美共布设了84.4万个调查点,覆盖全美50个州的所有地类(Nusser等,1998);并分别在1982年、1987年、1992年和1997年共进行了四次清查,2000年后每年清查,根据调查和监测结果编制国家资源清单。

自英国洛桑试验站建立以来,各国陆续建立了自己的农业土壤生态环境监测试验站。目前,世界上已持续观测60年以上的长期土壤生态环境定位试验站有30多个,主要集中在欧洲、苏联、美国、日本、印度等。如美国的Sanborn试验田、德国的Weishenstepham试验站、荷兰的Geert Veenhuizenhoeve站、日本的Konosu中央农业试验站等(Paul等,1998)。

中国目前有4个部门参与了耕地质量监测项目,农业部1984年在全国开展基础地力长期定位监测试(吴乐知等,2007),中国科学院1988年设立土壤肥力与肥料效益长期定位监测试验站(姜勇等,2007)。环保部1993年进行农业环境监测(中国环境监测总站,2004),国土资源部2011年进行耕地质量监测(李奕志等,2014)。

但是,由于监测点布置标准不一,监测指标体系各异,并且在监测网点的数量和精度上存在较大差异,在监测内容上存在一定重复性,不能做到部门间的数据整合汇报与共享。所以,中国应当整合耕地监测资源,建立全国统一的耕地质量监测布设网络体系。

(3)耕地生产能力评价研究进展

①耕地生产潜力研究。只有切实摸清中国耕地资源家底,才能为实施中国耕地资源休耕的战略提供坚实的数据支撑与保障条件。国内学者对于中国耕地生产能力评估做了大量研究,2009年,国土资源部全面摸清中国耕地资源的生产能力家底,中国耕地生产潜力为10.73亿t。依据这个研究成果,通过高标准农田建设,中国耕地资源可挖掘产能1600亿kg,通过土地政策可挖掘产能500亿kg(国土资源部,2009)。中国农业大学张凤荣等基于最新的农业育种技术,测算了2004年全国耕地粮食总生产能力为9.20亿t,远高于全国近三年(2002—2004年)4.52亿t的粮食平均产量,表明粮食生产依然有较大的增产潜力,目前粮食安全的耕地资源保障程度较高(张晋科等,2006)。孔祥斌等对于我国主要粮食产区(6省)的粮食生产潜力进行了测算,中国粮食主产区(6省)的耕地理论生产能力、可实现生产能力和实际生产能力分别为5.12亿t、4.03亿t和3.28亿t(相慧等,2012)。党安荣(1999)基于GIS测算中国粮食生产潜力为8.87亿t。

因此,以上研究结果表明,我国耕地资源生产潜力区间分布在6.02亿~10.73亿t,通过耕地质量提升、农田水利建设等基础设施投入、科学技术推广应用和农业经营体系创新等措施,具有很大提升空间。

②耕地资源生产潜力差及实现程度研究。关于中国耕地资源潜力差:陈建等的研究表明,我国华北平原小麦产量差大致在潜在产量的16%~54%(陈建等,2008;王涛等,2010;Lv等,

2010)。李军认为，我国黄土高原小麦实际产量还处于较低水平(李军等，2001)。吴绍洪等的研究表明，东北三江平原和华北平原是我国春、夏玉米的主要产区，其增产潜力估计在28%～67%，还有较大的开发空间(曹云者等，2008；王涛，2010)。中国是全球水稻生产水平最高的地区，和印度、越南等其他亚洲国家相比，平均产量已超过试验产量的50%(Piara等，2006；方福平等，2009)。在目前阶段，可以发挥农业技术推广作用，提高生产潜力(范兰等，2011；Fan等，2011)。国内外专家把有机质含量是否提升作为耕地生产潜力提升的重要表征。黄耀分析表明，近20年来占中国大陆农田面积53%～59%的土壤有机碳含量呈增长趋势(黄耀等，2006)，南京农业大学潘根新研究结果表明，增加农田土壤有机质含量1%～3%，可以提高粮食产量在10%以上；中国土壤有机质含量每年平均提高1%，则每年增产粮食产量为7700万t(潘根兴，2008)。北京大学的朴世龙的研究也表明，中国的土壤有机质呈现整体上升趋势，有机质含量提升增加了作物的生产潜力水平(朴世龙等，2010)。

中国农业大学的孔祥斌提出了中国农户土地利用存在阶段性特征的结论，发现发达区域农户土地目标阶段转化，使耕地粮食生产实现程度降低(Kong等，2006；孔祥斌等，2008；Kong等，2009)，耕地资源理论生产能力较高表明，通过实施高标准农田建设，粮食主产区增产潜力巨大。

因此，依照中国国情来看，耕地的过度开发占用生态用地问题严重，有限的水、土资源正在走向极限，耕地面积扩大的空间有限。因此通过提高粮食单产水平是解决我国未来粮食安全问题的一条必选方案。只有深入研究中国耕地资源生产潜力大小、潜力差和生产潜力的实现程度以及生产潜力的影响因素，才能理清生产潜力实现的限制因素，进而采取耕地质量提升措施，为中国耕地资源生产潜力释放提供理论、技术和方法支撑，为耕地资源休耕战略的粮食产量前提实现提供科学依据。

3.研究思路与框架

面对我国耕地质量与生产管理的具体实践需要，破解需要开展耕地质量内涵系统构建、耕地生产潜力层次理论系统分析，并围绕着耕地质量监测布控理论、方法、技术等实践进行科技创新。以此来构建耕地质量基本理论，分析土壤有机质等要素对耕地质量和生产能力影响；基于农用地分等核算耕地生产能力，探索全国统一的耕地质量监测体系，实时掌握我国耕地质量与生产能力变化动态，为实施占补平衡、土地规划、土地整治提供支撑。

本书研究思路与框架为“理论构建—区域实践创新—深化理论”，分为三部分，共计11章。第一部分为耕地质量系统与生产能力潜力差理论构建与分析，共包含第1、第2、第3章，第1章为耕地质量系统分析，第2章为耕地生产能力层次系统分析，第3章为耕地质量与生产能力监测布设理论及方法。第二部分为耕地集约利用对质量和生产能力的影响研究实践，共包含第4、第5、第6、第7章，第4章为耕地集约利用对耕地有机质含量的影响机理，第5章为东北地区农用地产能核算，第6章为快速发展区耕地利用差异对粮食生产能力的影响，第7章为集约化农区耕地利用对生产能力的影响。第三部分为耕地质量监测样点布设实践，共包含第8、第9、第10、第11章，第8章为耕地质量监测层次体系，第9章为省级尺度耕地质量监测布设样点，第10章为多尺度下的耕地质量监测样点布设，第11章为基于网格法的耕地质量监测样点布设。

参考文献

[1] Bai Y L, Li B G. Regional division and management of saline soil in Huang-Huai-Hai [J]. Journal of China Agricultural Resources and Regional Planning, 2002, 23(2): 45-48.

[2] Brown L. Can the United States feed China? [J/OL] http://www.foreignpolicy.com/articles/2011/01/10/the_great_food_crisis_of_ 2011.

[3] Fan Mingsheng, Shen Jianbo, Yuan Lixing, et al. Improving crop productivity and resource use efficiency to ensure food security and environmental quality in China[J]. Journal of Experimental Botany, 2011.

[4] Guo J H, Liu X J, Zhang Y, et al. Significant Acidification in Major Chinese Croplands[J]. Science, 2010, 327(5968): 1008-1010.

[5] Huffman E, Eilers R G, Padbury G, et al. Canadian agri-environ-mental indicators related to land quality: integrating census and biophysical data to estimate soil cover, wind erosion and so salinity [J]. Agriculture, Ecosystems and Environment, 2000, 81(2): 113-123.

[6] Lal R. Soil carbon sequestration impacts on global climate change and food security [J]. Science, 2004, 304(5677): 1623-1627.

[7] Lloyd E Wright, Warren Zitzmann, Keith Young, et al. LESA-Agricultural Land Evaluation and Site Assessment[J]. Journal of Soil and Water Conservation, 1993, 38(2): 82-86.

[8] Lv C H, Wang T. Narrowing yield gaps to increase the land population-supporting capacity in northern China. [R]. Montpellier, France, 2010.

[9] Maiti T, Miller C P, Mukhopadhyay P K. Neural network imputation: An experience with the National Resources Inventory Survey[J]. Journal of Agricultural, Biological and Environmental Statistics, 2008, 13(3): 255-269.

[10] Nusser S M, Breidt, et al. Design and estimation for investigating the dynamics of natural resources[J]. Journal of Ecological Applications, 1998, 8(2): 234-245.

[11] Pan G X, Xu X W, Smith P, et al. An increase in topsoil SOC stock of China's croplands between 1985 and 2006 revealed by soil monitoring [J]. Agriculture, Ecosystems and Environment. 2010, 136: 133-138.

[12] Paul E R, Keith W T G, James R B, et al. Long-term agroecosystem experiments: assessing agricultural sustainability and global change[J]. Science, 1998, 282: 893-895.

[13] Piao S L, Fang J Y, Ciais P, et al. The carbon balance of terrestrial ecosystems in China [J]. Nature, 2009, 458: 1009-1014.

[14] Piara S, Vijaya D, Chinh N T, et al. Potential productivity and yield gap of selected crops in the rainfed regions of India, Thailand, and Vietnam[R]. Natural Resource Management Program Report no. 5. Patancheru 502 324, Andhra Pradesh, India: International Crops Research Institute for the Semi-Arid Tropics, 2006: 50.

[15] Xiangbin Kong, Thanh H Daob, Jing Qin. Effects of soil texture and land use interactions on organic carbon in soils in North China cities' urban fringe[J]. Geoderma, 2009,

(154):86-92.

[16] Xiangbin Kong, Fengrong Zhang, Qi wei. Influence of land use change on soil nutrients in an intensive agricultural region of north China[J]. Soil Tillage Research, 2006, (88):85-94.

[17] Yuan Liu, Eenli Wang, Xiaoguang Yang, et al. Contributions of climatic and crop varietal changes to crop production in the North China Plain, since 1980s[J]. Global Change Biology, 2010, 16:2287-2299.

[18] 曹云者,刘宏,王中义,等. 基于作物生长模拟模型的河北省玉米生产潜力研究[J]. 农业环境科学学报,2008,27(2):826-832.

[19] 陈柏松,游娟,潘瑜春,等. 农用地等级监测指标体系与方法[J]. 农业工程学报,2009,25(S2):272-276.

[20] 陈红宇,朱道林,郧文聚,等. 嘉兴市耕地细碎化和空间集聚格局分析[J]. 农业工程学报,2012,28(4):235-242.

[21] 陈健,王忠义,李良涛,等. 基于比较优势分析法的冬小麦产量差异[J]. 应用生态学报,2008,19(9):1971-1976.

[22] 陈印军,肖碧林,方琳娜,等. 中国耕地质量状况分析[J]. 中国农业科学,2011,(17):3557-3564.

[23] 党安荣,阎守邕,周艺. 地理信息系统支持下的中国粮食生产潜力研究[J]. 遥感学报,1999,3(3):225-229.

[24] 范兰,吕昌河,陈朝. 作物产量差及其形成原因综述[J]. 自然资源学报,2011,12:2155-2166.

[25] 方福平,程式华. 论中国水稻生产能力[J]. 中国水稻科学,2009,23(6):559-566.

[26] 付国珍,摆万奇. 耕地质量评价研究进展及发展趋势[J]. 资源科学,2015,37(2):226-236.

[27] 国土资源部. 中国耕地质量等级调查与评定工作情况及主要成果,2009.

[28] 黄耀,孙文娟. 近20年来中国大陆农田表土有机碳含量的变化趋势[J]. 科学通报,2006,51(7):750-763.

[29] 姜勇,庄秋丽,梁文举,等. 空间变异在土壤性质长期定位观测及取样中的应用[J]. 土壤通报,2005,36(4):531-535.

[30] 孔祥斌,张凤荣. 中国农户土地利用阶段差异及其对粮食生产和生态的影响. 地理科学进展,2008,27(2);112-120.

[31] 孔祥斌. 粮食安全:不能忽视耕地的作用-对茅于轼先生的"18亿亩红线与粮食安全无关"的回应[J]. 中国土地,2011,(6):57-60.

[32] 李军,王立祥,邵明安,等. 黄土高原地区小麦生产潜力模拟研究[J]. 自然资源学报,2001,16(2):161-165.

[33] 李奕志,李立强,孔祥斌,等. 美国国家资源清单及其对中国耕地质量动态监测的启示[J]. 中国土地科学,2014,28(7):19-26.

[34] 梁思源,吴克宁,郧文聚,等. 耕地质量动态监测系统设计与应用[J]. 国土资源科技管理,2009,26(2):69-73.

[35] 倪绍祥. 土地类型与土地评价概论[M]. 北京:高等教育出版社,1999.

[36] 潘根兴. 中国土壤有机碳库及其演变与应对气候变化[J]. 气候变化研究进展,2008,5:282-289.

[37] 朴世龙,方精云,黄耀,等. 中国陆地生态系统碳收支[J]. 中国基础科学,2010,12(2):20-22.

[38] 沈仁芳,陈美军,孔祥斌,等. 耕地质量的概念和评价与管理对策[J]. 土壤学报,2012,(6):1210-1217.

[39] 王洪波,郧文聚,吴次芳,等. 基于农用地分等的耕地产能监测体系研究[J]. 农业工程学报,2008,24(4):122-126.

[40] 王涛,吕昌河,于伯华. 基于 WOFOST 模型的京津冀地区冬小麦生产潜力评价[J]. 自然资源学报,2010,25(3):475-487.

[41] 王涛. 土地利用结构优化与人口承载力估算:以京津冀地区为例[D]. 北京:中国科学院,2010.

[42] 吴克宁,焦雪瑾,梁思源,等. 基于标准样地国家级汇总的耕地质量动态监测点构架研究[J]. 农业工程学报,2008,24(10):74-79.

[43] 吴乐知,蔡祖聪. 基于长期试验资料对中国农田表土有机碳含量变化的估算[J]. 生态环境,2007,16(6):1768-1774.

[44] 吴群. 耕地质量、等级与价格刍议[J]. 山东省农业管理干部学院学报,2002(1):73-76.

[45] 相慧,孔祥斌,武兆坤,等. 中国粮食主产区耕地生产能力空间分布特征[J]. 农业工程学报,2012,28(24):235-244.

[46] 张晋科,张凤荣,张琳,等. 中国耕地的粮食生产能力与粮食产量对比研究[J]. 中国农业科学,2006,11:2278-2285.

[47] 赵登辉,郭川. 对耕地定级与估价几个问题的思考[J]. 中国土地,1997(12):18-25.

[48] 中国环境监测总站. 中国环境监测总站未来十年发展构想[J]. 中国环境监测,2004,20(4):1-5.

[49] 中华人民共和国农业部. NY/T 1634—2008 耕地地力调查与质量评价技术规程[S]. 北京:中国标准出版社,2008.

[50] 朱永恒,濮励杰,赵春雨. 土地质量的概念及其评价指标体系研究[J]. 国土与自然资源研究,2005,(2):31-33.

第1章 耕地质量系统分析

1.1 耕地质量系统分析

从系统学来看，耕地质量系统是由两个子系统所组成，一个系统是土地利用子系统，一个系统是土壤子系统(图1-1)。土壤子系统的物理性质和化学性质等显著的受到气候、地貌、生物、母质和土地利用管理强度和方向的影响，因此耕地质量具有显著的遗传性和动态变化特征。土壤子系统具有遗传性与空间变异性，决定了耕地质量的先天遗传质量特征，这种特征在空间分布上具有显著的变异性。

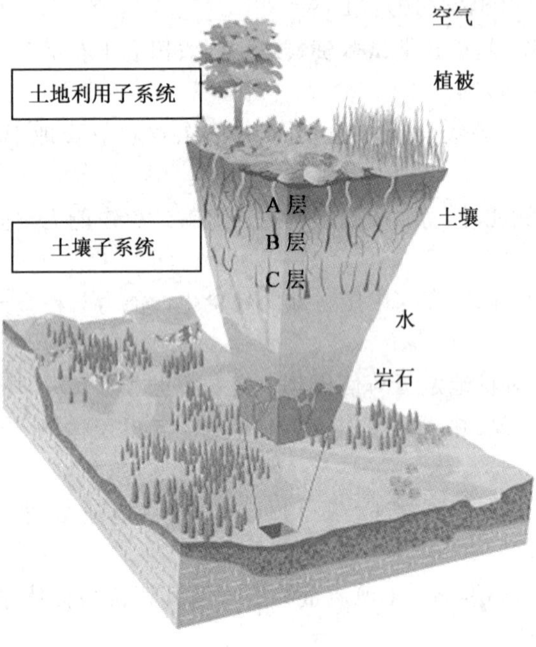

图1-1 耕地质量系统构成

1.1.1 耕地质量利用子系统

按照中国土地利用分类来讲，耕地是由连续耕种三年以上的农作物的土地，耕地是按照利用目标进行划分的一种土地利用类型。因此，耕地就是专门满足粮食和蔬菜需求的一种用地系统，其显著的利用目标，就是提供作物的生产能力。

由于优质土壤资源的有限性、适宜性、多宜性，不同的土地利用系统则具有显著的竞争性。不同的耕地质量子系统的最终利用取决于土地利用系统的地租生产能力，即取决于对于生产能力、适宜性和地租产生能力的竞租。对于耕地不同利用方式和强度,则取决于对于粮食生产能力和价值能力的不同需求。耕地资源利用子系统就与其他用地类型产生一定的竞争关系。这种竞争关系表现为耕地资源被园地、林地以及建设用地所替代的程度,并采取市场限制和土地利用空间管制。

在用地类型的竞争中,耕地的利用转换取决于不同用地类型的生产能力、地租竞争曲线以及转换边界的存在,还取决于这种竞争关系得以转化的土地制度和土地利用规划的控制条件。而在耕地内部的利用方式竞争中,则取决于不同利用方式产生的价值和生产能力的比较,这个是由土地利用者基于价值和生产能力的均衡做出的一种用地安排。而耕地利用强度的竞争则由区域土地资源的稀缺程度、劳动力机会成本、区位条件以及农业的发展阶段特征所决定。

耕地利用子系统的变化,是通过类型、方式和强度作用于耕地的农田系统,或者说是土壤系统,通过有目标的管理,促进农田系统向有利于作物生产的系统演化。这种管理会产生正面和负面两种影响。比如为了提升耕地的生产能力,就需要改进影响生产能力的限制因素,这些因素包括了光、温、水、土、气、热等支撑作物生长条件的要素改进以及提升效率降低成本的系统改进,例如增加机械化的道路、平整等系统改进。而对于任何一个要素的管理,都有可能是农田要素向两个方向前进,这种管理利用可能会对农田质量子系统产生推动作用,促进土壤子系统质量的提升和持续利用,也可能导致土壤质量子系统发生逆转,加速耕地质量的退化。

1.1.2　耕地质量土壤子系统

土壤组成了支撑作物生长的核心功能系统。这个空间为作物提供光、温、水、土等生长条件。从作物生长的条件来看,耕地必须满足作物生存的空间,这个空间必须满足根系下扎与叶片上部的光温水的需求条件。

耕地的土壤子系统既会受到气候、母质、地形、生物和时间等五大成土因素的影响,又受到耕地利用调控的强烈影响。主要表现在人类依据对土壤适宜性的评价,选择地形平坦、土层深厚、有机质含量高的土壤以及降水条件好的土壤作为耕地利用。美国的潜力评价,就是对于满足作物生产的条件以及需要的改良程度进行划分,最好的土壤划定为耕地。耕地土壤还受到人为改造的强烈影响,比如通过实施土地整治活动,人为改变土层厚度、土体构型,还包括施用化肥,进行灌溉、排水等利用行为对耕地的土壤产生影响。例如人类可以通过实施有机肥,提升耕地土壤的肥力,成为菜园土;实施水稻生产的灌溉和排水而形成的水稻土;进行长期堆垫,形成的塿土以及灌淤土等。耕作土壤,受到人类利用程度的强烈影响。因此,显示出高投入、高肥力、高产出、快循环等特征。

耕地的土壤系统是物质和能力转化的枢纽,通过养分、水分、温度、盐分含量等快速地进行物质和能量转化,又与水圈、岩石圈、生物圈、大气圈进行物质和能量的转化。

1.2　耕地功能与价值

1.2.1　耕地功能

耕地质量是由客观的实体要素所组成,组成这个客观实体的要素共同起作用,并产生一定的功能，这些功能是客观存在的，但是耕地功能是相对于人类需求而言，就是让耕地能做到满足人类的一定需求。由于人类需求的差异性、阶段性和多样性，耕地的功能就表现为多样性特征。

对于耕地来讲，存在着支撑功能、生产功能、碳储存功能、空气净化功能、水质净化功能、动物栖息功能等(图 1-2)(姜光辉，张凤荣等，2011)。耕地的功能既包括了我们认识的一些功能，还存在一些我们目前无法认识到功能。比如耕地土壤子系统是一些特殊物种资源的栖息地，对于这种功能的重要认识，可能会超越我们目前的认识能力。因此，耕地功能既包括了我们可以认识的功能，还有我们认识不到的客观功能。从客观的角度来看，耕地功能存在一个集合，即耕地的功能集合。

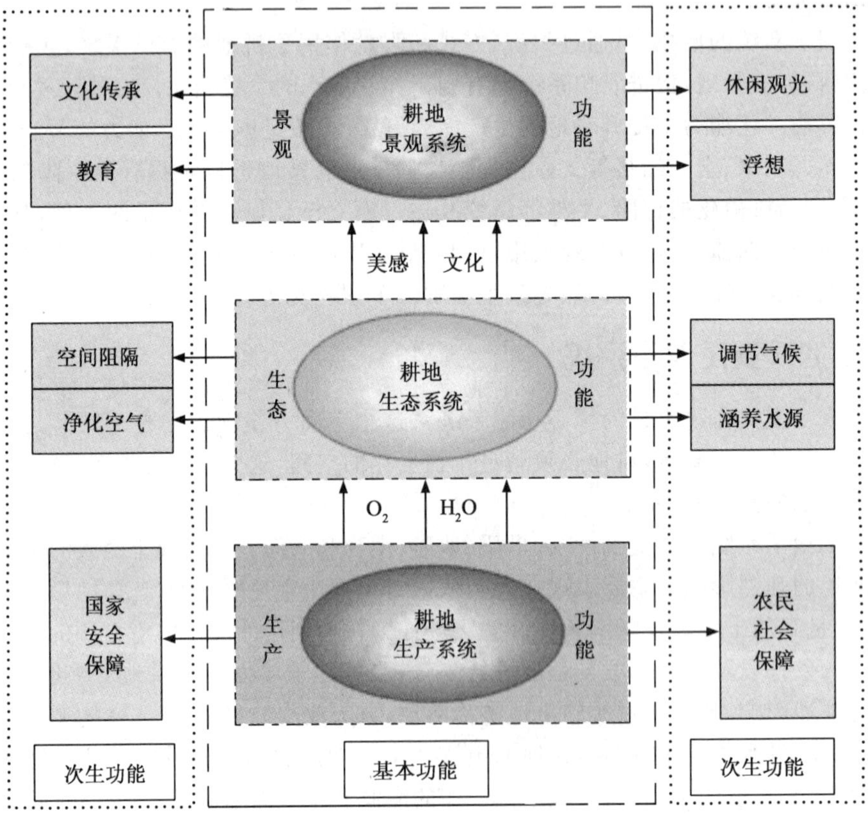

图 1-2 耕地质量系统构成

1.2.1.1 耕地的生产功能

耕地生产功能是最为基本的功能。无论是土地的产权人还是使用者以及国家的管理者而言，耕地的生产功能始终是他们关心的耕地首要功能。

对于耕地的所有者、使用者而言，首先最为关注的是耕地的生产功能。生产功能是进行实物生产的功能，在劳动力以及粮食市场不发达的阶段，作为耕地的拥有者首先需要的是实物生产功能，只有这种实物生产功能，才能满足人的最基本的需求。与此相对应的，也就是耕地提供了一个基本的生存保障功能。因此，在人多地少的国家，比如中国，生存保障功能对于农民来讲，始终是耕地拥有者的基本功能。但是，随着经济发展水平的提高，劳动力市场和粮食市场的发展，农民对于耕地功能也会发生变化，会从实物生产功能转向耕地的价值生产功能。但是，对于耕地的直接使用者来讲，耕地的生产功能是最为直接的功能，是最为有用的功能。

由于全球人口的不断增加，全球耕地的粮食生产能力需要同步提升，对于全球来讲，需要重视耕地的这一基本功能。对于一个区域或者国家来讲，耕地的生产功能，也是一个最为基本的功能。满足国家对于食物的基本需求，在一定上决定了国家的稳定，中国的“仓廪实而知礼节”就是对于耕地基本生产功能的认识。

与耕地的生产功能相对应，就是耕地的社会保障功能。因为，在人多地少的国家，在劳动力就业不足的情况下，耕地能提供满足人生存的基本条件，从而保障整个社会的稳定。我国二元的土地制度设计初衷，就是从满足农村稳定的角度进行的制度设计。

从国家安全和发展的角度出发，我国设定了二元土地制度(图 1-3)(刘守英，2014)。简单来讲，就是在城市，强调土地资产功能，资源按照效率优先配置，具有资产价格；而农村的土地则是按照耕者有其田，从耕地的社会保障功能出发而确定的。因此，乡村的土地最基本的功能就是社会保障功能。这个基本的土地制度设计就是从中国人多地少的国情出发而建立的。尽管我国在经济上取得了显著的发展，但是，我国人多地少的国情未变，仍有很多的农民。从保障角度来讲，需要给广大的农民提供最为基本的生存空间和保障条件。但是，对于发达国家，特别是美国以及欧洲等国家，由于在全球拥有了丰富的土地资源，这些国家的基本特征是人少地多。所以，耕地的社会保障功能已经不再存在，其主要的功能就是生产功能、景观功能以及生态功能。

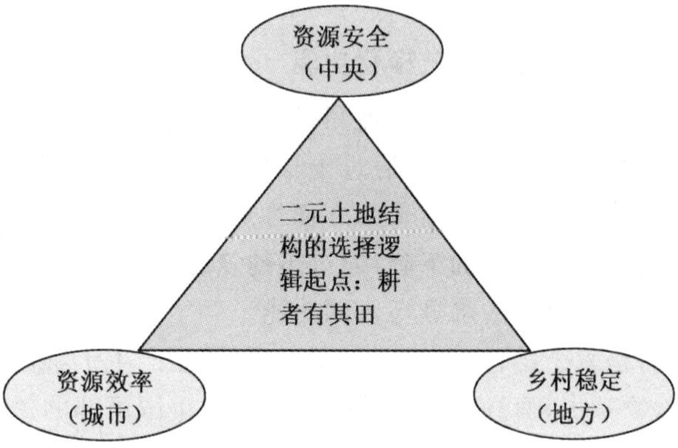

图 1-3　二元土地制度设计

1.2.1.2　耕地的景观功能

要发挥耕地的生产功能，就不仅需要有田内进行农业生产，还需要有与之相配套的道路、田坎、灌溉和排水设施，为了防止病虫害，修建防护林等。要进行生产，就必须有为生产设施提供储藏的空间以及满足人类休息的空间，需要提供仓储以及农舍等空间，以及满足便利通达的乡村道路。如果从保护自然和野生动植物的角度，还需要为这些生物提供必需的踏脚石，栖息地和迁徙通道。以耕地为核心组成的田块、道路、林网、生境、栖息地、水系等就构成了完美的自然景观。良好的农田景观不仅可以提供物质生产，还满足人类对于良好生态条件的需求，因此，这种功能也是耕地的重要功能，这种功能具有强烈的外部性特征。它对一个区域的人类来讲，是非常重要的耕地功能。

1.2.1.3 耕地的文化功能

耕地作为人类最为基础的生产资料，耕地的利用也体现了对人类的文化和文明的影响，从而具备了一定的文化功能。这种文化功能具有显著的外部性特征，不仅为土地的拥有者分享，也成为耕地所在的乡村和区域的一个文化符号，耕地利用还在一定程度上，是一个国家的文化符号，代表了国家过去的文化和历史。对于中国来讲，作为传统的农业大国，具有悠久的农耕文化历史。比如我国西南区域的哈尼梯田、龙胜梯田，具备了显著的文化特征，这种文化集中体现了我国的“天人合一”、“道法自然”、“顺应自然、尊重自然”的文化特征，也是我国集约文化和内敛文化的一种体现。不同的国家在耕地利用过程中，都深深地打上了文化的烙印，因此，耕地具有显著的文化功能，这种文化功能具有显著的外部性，并不能直接为耕地的拥有者和使用者带来效益。

1.2.1.4 耕地的固碳功能

耕地一个子系统就是土壤系统，土壤系统具有碳的固持功能，就将大气中的二氧化碳固持在土壤中。由于人类在将林地、草地、湿地等开垦为耕地过程中，会释放出二氧化碳。因此，在全球气候变化的背景下，通过合理的农业利用方式，将二氧化碳固定在耕地中，不仅可以减缓气候变化的影响，还有利于提升耕地的质量。因此耕地具有固碳功能。但是，这种固碳功能具有显著的外部性特征，是在国家尺度和全球尺度上关注的问题。与此同时，高固碳能力的耕地也是优质的耕地，可以提高生产功能，降低投入水平，这种功能也可以转化为土地拥有者和使用者的功能。

1.2.1.5 耕地的水循环协调功能和大气净化功能

耕地作为一种利用系统，必须要进行管理和投入，才能发挥生产功能。因此，耕地与大气圈、水圈也发生了紧密的联系。大气降水，通过土壤的渗透到水圈。因此，耕地参与了水循环的协调者，而对地下水量和水质产生了显著的外部性影响。比如，抽取地下水实施灌溉，在干旱和半干旱区域，就可能导致地下水的下降，而过多的氮肥使用，则可能导致硝态氮的产生，形成面源污染。所以，耕地具有显著的水循环协调功能。

耕地的土壤子系统，是表土层，如果耕地利用不当，就会产生土壤侵蚀、沙化、酸化等，而且还可能由于表层的覆盖物减少，而导致严重的空气污染。美国西部的黑色风暴，就是由于耕地表层土壤裸露，而导致的空气污染和生态灾难。

耕地水循环协调功能和大气净化功能，具有显著的外部性，对于区域和全球的可持续发展具有重要的影响，因此，这种功能是区域、国家和全球尺度上，重点关注的功能。

从耕地资源可持续利用角度来看，就必须考虑到耕地的多功能，我们的利用目标是在具体的功能显化过程中，不能影响耕地的隐化功能，也可以在利用过程中，使耕地的某一功能得到可持续的利用，而不是短期的利用。

1.2.2 耕地功能的阶段性特征

在不同发展阶段和不同土地利用目标阶段下，当人们集中在某一种功能条件下，耕地系统的某一功能就可以得到显化或者突出，而导致其他功能的弱化甚至消失（孔祥斌，2008 ）。因此，在耕地功能集合中，存在一些被显化的功能，可以形象地认为是黑色功能；也存在一些隐化的功能，可以形象地看作白色功能，还有一些功能是处在显化和隐化之间的，可以成为灰色功能。比如，在我国粮食产量的过程中，耕地的粮食生产功能就得到了强化，这种生产功能就可以看作红色功能，但是，作为耕地的水质净化功能还未得到认识，这个水质净化功能就可以称作白色功能，与粮食生产功能相比，碳储存功能远未得到广泛认识，这个功能是处于灰色状态(图 1-4)。

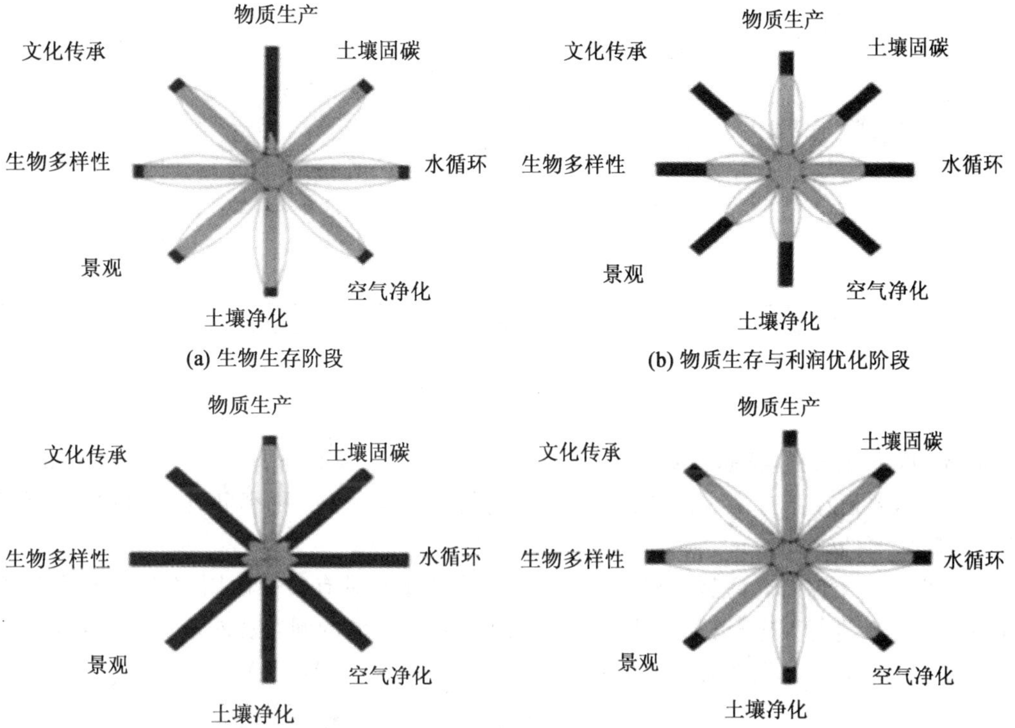

(a) 生物生存阶段　(b) 物质生存与利润优化阶段

(c) 利润优化最大化阶段　(d) 景观效用最大化阶段

图 1-4　不同农户土地利用阶段农业地功能变化图

耕地功能具有强烈的阶段差异性，这种差异性是与人们的利用需求变化而改变，在不同的经济发展阶段，由于不同利益相关主体对耕地功能的认识不同，耕地显示出不同的功能特征。比如在初级阶段，人类需要的是耕地的生产功能，而在更高层的阶段，需要的是耕地的生态功能和景观功能，甚至文化功能。从可持续发展来讲，人类对于耕地质量的利用，应该是使耕地质量功能全面发挥，而不是得到一个功能而损失其他功能；一个功能的实现要呈现出可持性的特征，而不是短时间的特征(图 1-5)。

因此，人类个体需求和群体需求的目标变化，决定了耕地系统的功能满足的程度。由于功能具有内部性和外部性特征，具体的耕地权利人、利用者和与耕地功能组成的利益相关者之间，对于功能的需求存在显著的差异性和空间尺度特征。

1.2.3　耕地功能的尺度特征

1.2.3.1　全球尺度

全球人口 2050 年要增加到 90 亿，粮食要在现有的基础上提高一倍左右。由于人口的快速增加，通过草地、湿地等进行耕地资源的开发，已经对全球的生态安全产生了重要的影

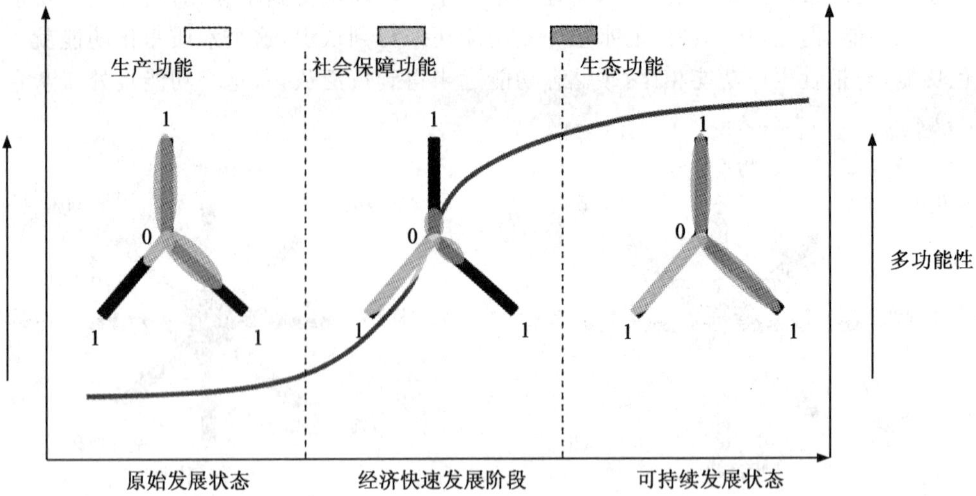

图 1-5　不同发展阶段耕地功能需求

响。因此，从全球来看，特别重视耕地资源的生产功能。美国著名的学者 Jonathem Foley (2005)提出，要通过已有的耕地资源，不断提高耕地质量，减少化肥和地下水的投入强度，实现全球的粮食安全。

气候变化是全球研究的焦点和热点问题。而耕地系统具有很好的固碳功能，即可以将大气中的二氧化碳进行固定，因此，国际上也特别重视耕地资源的固碳功能。国外科学家研究全球的耕地系统固碳潜力以及需要采取的耕地资源利用措施等(图 1-6)。

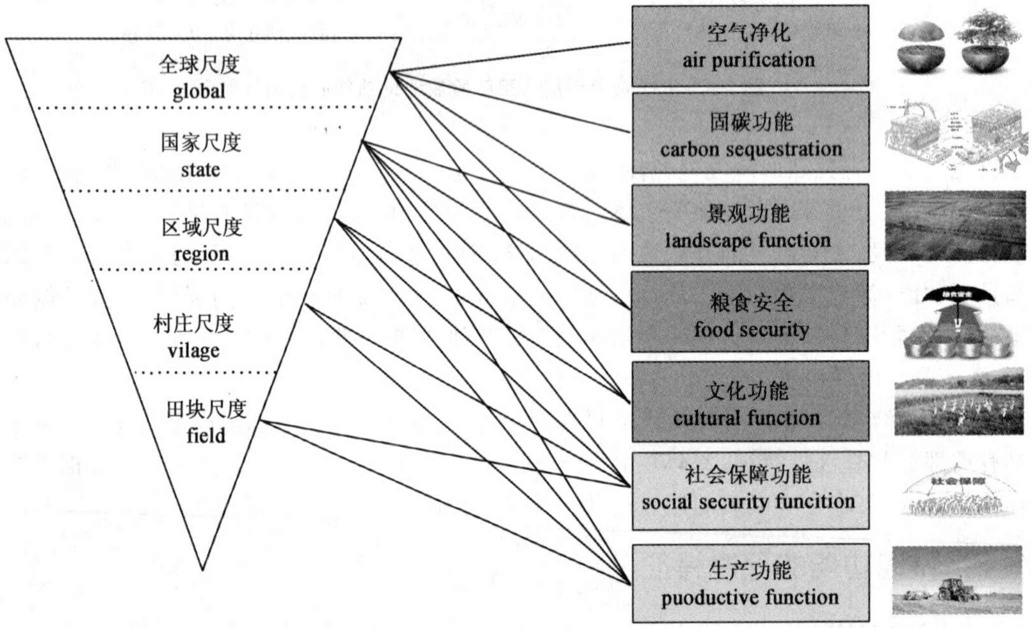

图 1-6　耕地功能的尺度特征

1.2.3.2　国家尺度

保障一个国家的粮食安全，是任何一个国家的头等大事。由于我国的人多地少，优质耕地资源更加缺乏，为了保障粮食安全，因此，我国尤其重视耕地资源的生产功能，提出了以耕地资源占补平衡为核心的耕地保护制度，就是对于耕地资源生产功能的高度重视。由于人多地少，国家通过确定二元土地制度的设计，其核心就是由于耕地资源不仅具有生产功能，还具有社会保障功能。人多地少的国家对于耕地保障功能的重视，也是与全球尺度上的一个显著区别。

1.2.3.3　区域尺度

从区域尺度来看，不仅重视耕地资源的生产功能以及生态功能，更加重视耕地的景观功能和文化功能。耕地是人类在区域的自然条件下，通过长时间的系统总结和摸索，形成了适合不同区域的耕地资源利用策略。比如在我国的不同区域形成了适合不同区域的耕地资源景观和文化功能。哈尼族，是在坡度上，创造了“林、村、田”的综合哈尼梯田景观，在梯田中，不仅进行水稻的种植，还形成了水面上有鸭子，水下有鱼的循环和立体利用。在我国的新疆，由于干旱少雨，因此发展了坎儿井的农田系统。在珠江三角洲，则形成了“桑基鱼塘”的耕地资源利用系统。因此，这些耕地资源景观不仅具有生产功能，已经成为区域的一个文化符号，具有显著的文化功能。

1.2.3.4　村庄尺度

从村庄的尺度来看，更加关注耕地的生产功能和景观功能。由于区域自然条件的显著差异以及人们对于耕地资源利用上的显著差异，在村庄尺度上，耕地资源利用者更加关注的是耕地生产功能、景观功能以及耕地带来的空间承载功能和保障功能，在这个方面最显著的是我国，由于人多地少，村庄的耕地资源的利用者更多的是老人和妇女，她们更加关注的是耕地资源生产功能和保障功能，而不会把耕地资源的价值生产功能列在首位。当然，在发达国家，耕地资源的利用已经是生产资料，农户更加关注的是耕地资源的价值创造，而非社会保障功能(图 1-7)。

1.2.3.5　田块尺度

从田块尺度来看，重视的是耕地资源的生产功能以及社会保障功能，土地的管理者多关注耕地的投入产出，田块尺度不仅受到自然因素，如地貌特征，气候条件的影响，土地管理者的文化水平以及经济条件也对田块尺度的耕地有显著的影响。而农户作为田块尺度的直接管理者，符合理性“经济人”假设，更加重视田块的生产功能(图 1-8)。

1.2.4　耕地的价值

耕地的功能对于需求而言，是无法度量的，如何将耕地功能进行度量，就产生了耕地的质量和生态服务价值。有什么样的功能，就对应什么样的耕地质量。耕地的质量，可以通过一定的方法，定性和定量的评价出来。对于耕地的空气净化功能、水质净化功能，即对这些正的外部性进行量化，就需要引入耕地生态服务价值。而耕地利用过程中导致的地下水

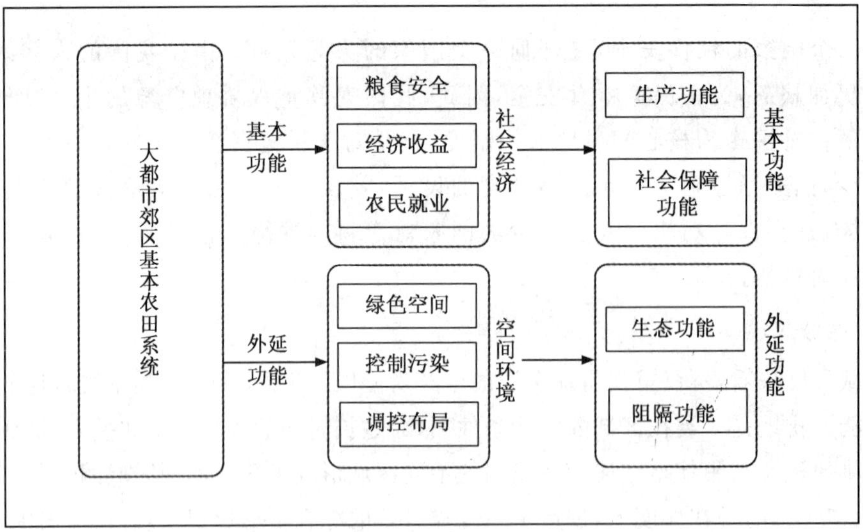

图 1-7　大都市郊区基本农田系统

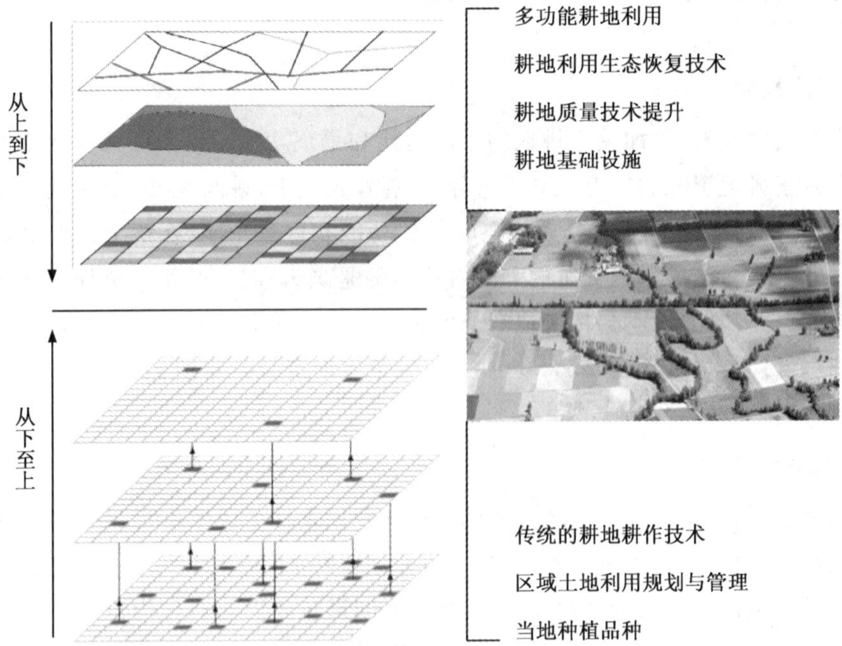

图 1-8　基于尺度上移和下移的田块尺度研究

下降以及面源污染等，是具有负的外部性，这些外部性的核算，也是采用生态服务价值进行核算（图 1-9）。

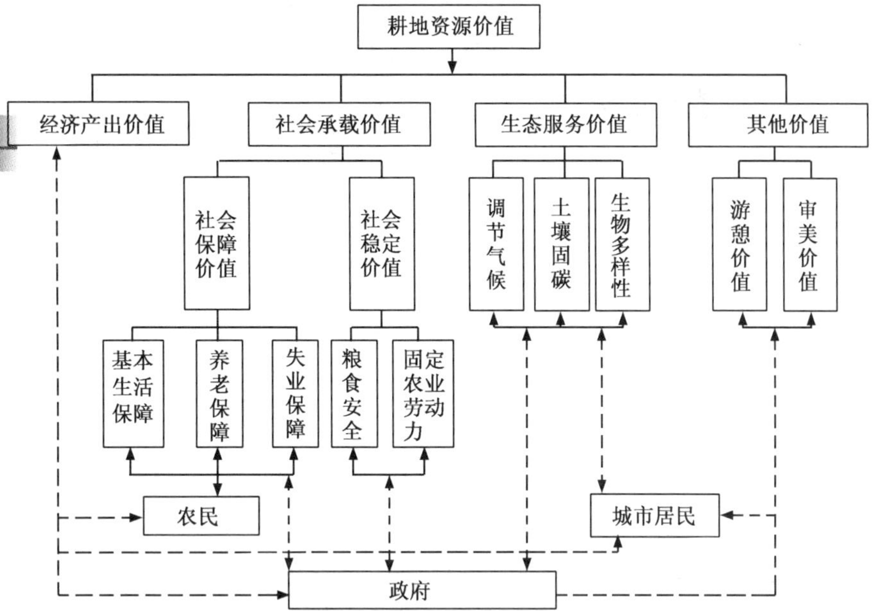

图 1-9　耕地资源价值

1.3　耕地质量

1.3.1　耕地质量的垂直方向与水平方向

耕地质量是从利用用途来讲，与耕地功能相对应。耕地质量就是满足耕地某种功能的能力以及保障程度。从满足作物生产功能角度，耕地的质量表现为适宜性；从满足作物生产能力的角度，则耕地质量表现为生产能力的高低；从碳固持的角度来说，耕地的质量就包括耕地碳固持的能力高低；从满足水质净化角度，包括水净化和循环的保障能力，可以解释为耕地水质净化和循环的保障能力高低。因此，耕地有多少功能，就可以与之相对应的质量内涵。要分析清楚耕地质量的特征，就必须从以支撑耕地生产功能的空间的认识耕地质量特征的逻辑起点（图 1-10）。

从保障农作物生长的保障条件来看，可以把质量因素分解为两个方向的能力，一个方向是垂直方向上，提供满足作物生长以及物质能量循环的空间；一个是水平方向上，满足水、风以及动植物生存的空间，并对耕地利用者具有保障能力，包括道路、农宅、防护林等。

1.3.1.1　基于耕地垂直方向上的质量认识

从农田的土层保障来看，在垂直空间上必须要保障 30～150 cm 的土层，作为核心的根系生长支撑空间和满足光、温、水进行作物光合生长的土地上层空间。这个土层是否能够满足耕地需求，以及满足耕地生产需求的能力，可以表现为耕地质量的适宜性。

在垂直空间上层，作物接受光照、温度以及降水。因此，区域气候条件对作物的生长以及熟制有显著的影响，从这个角度来讲，垂直空间决定作物是一年一熟，一年两熟，一年三熟的区

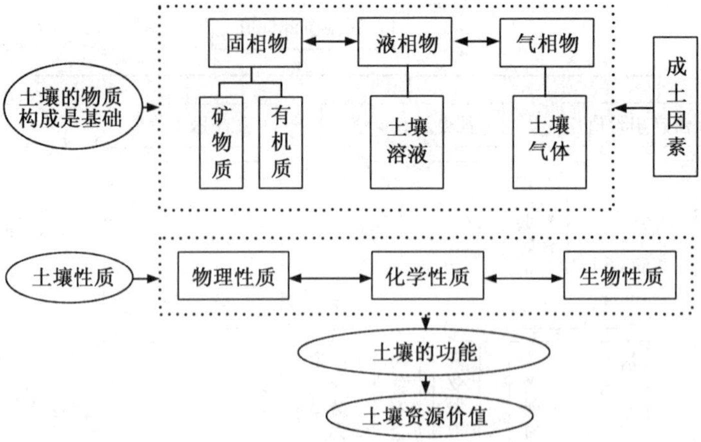

图 1-10　耕地质量要素示意图

域。耕地垂直空间的质量可以称作光合生产潜力、光温生产潜力、光温水生产潜力。这个界面决定了耕地的生产能力的上界面,可以称为耕地的气候生产能力。

在支撑作物空间的土壤表层,则是一个受作物生产管理扰动的一个层次,土壤表层大概为30 cm,分布在农田的顶部。这个层面是作物生产的表层空间,是温度、水分、养分、灌溉等物质输入的区域,也是碳排放以及蒸发实现的空间,土壤表层物质和能量转化迅速,是作物生长的关键和核心区域。这个空间对大气循环、区域的空气质量等产生影响。所以,土壤表层的质量特征,可以为表现为耕地的空气质量调节区域,表现为空气质量以及支撑作物生产的基础地力的一部分。

在土壤表层的下层,通过作物生长需要的水分、养分等与地下水的循环结合在一起,并对水循环产生影响,因此,土壤深层可以理解为基础地力和区域水循环质量。从农田支撑的空间来看,要满足作物的生长,就需要这个空间提供以下的保障和支撑作用。

由于进行作物生产必须要具有一定的光照、温度、降水等条件,则耕地在垂直空间上与地上和地下也发生物质和能量的交换。从自然角度来讲,耕地系统上的物质和能量是存在一个循环往复的过程。比如作为支撑作物生产积累的碳来讲,碳来源大气中的二氧化碳,植物通过光合作用,将碳积累在植物体中,植物体又通过根系和残体归还到耕层中。耕层中的碳又可以通过一定的化学作用,以碳酸钙的形式固定在土层中。因此,围绕碳因子形成了一个循环过程。耕层中的 N/K/P 等都是发生如此的循环过程。

作物生产的水分会通过降水、蒸腾、田面蒸发、水分入渗等进行循环,在降水、蒸腾、入渗、地下水、地表径流,蒸发、降水等循环作用中,耕地系统只是其中一个利用界面和环节,最好的耕地利用应该是促进整个水循环系统保持洁净,防止从耕地中带出对地表和地下水具有污染的物质。比如面源污染就是由于耕地施肥化肥和农药过量产生的,对周围环境造成的负面影响;黄淮海的地下水下降,则是由于过度灌溉,使得水资源补给量不能满足地下水的消耗量,从而导致了负面的影响。因此,从耕地物质和能量流动的角度来讲,耕地与周围的环境发生了显著的物质和能量交换。

按照 FAO 关于土地质量评价的方法,满足作物生长需要以下质量特性,辐射状况、温度状况、水分有效性、养分有效性、耕层养分有效性、养分保蓄能力、扎根条件、种子发芽萌发条件、土壤耕性、机械的可能性、侵蚀的危险性等 25 个土地质量特性，这些特性组成了农田在养分有效性、水分有效性和通透性等三个方面的支撑能力。这些土地质量特性是由土壤的物理、化学和生物学性质所共同支撑的。比如，养分有效性，是由土层厚度、土壤质地、土壤 pH、土壤黏土矿物类型等共同支撑的。这些支撑特性，就形成了质量评价的诊断指标体系，可以用耕地的基础地力条件来表达。因此，可以成为耕地支撑作物生长的质量特征，可以用基础地力来表征。作为耕地的支撑空间来看，土壤不仅具有支撑的功能，还是很多生态过程和物质循环的空间。从固碳的角度来看，土壤可以是碳库，通过生物作用固持大气中的二氧化碳。可以将固碳的能力看作是耕地的又一个质量特征(图 1-11)。

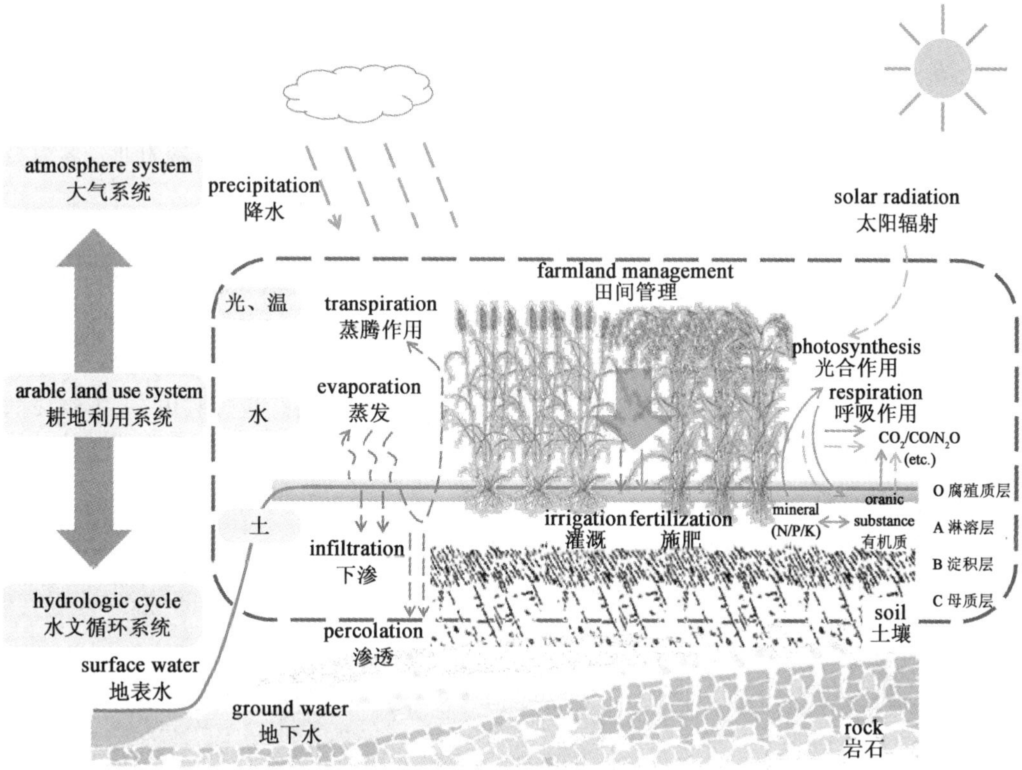

图 1-11　耕地质量的垂直方向认识

1.3.1.2　基于耕地水平方向上的质量认识

从景观生态学的角度，在耕地系统的水平方向上存在物质与能量转化的“源”和“汇”关系，这个水平方向是水、动物、植物花粉等运行的空间。因此，耕地不仅提供了作物生产的空间，还要为其他生态过程提供空间。而这些空间可以与作物生产的空间共存。其中包括了岛状、廊道和一定面积的未利用地组成。可以理解为河流、道路、林地、草地等公共空间。

因此，在水平上来看，耕地不仅由作物生长的空间组成，还需要由农宅、沟渠、生产道路、河流、动物的栖息地、防护林在水平上组成整个的耕地生产系统。这个水平空间影响耕地质量，包括可耕性、可进入性、连通性等质量特征，耕地水平空间的耕地质量决定了动物的多样性、土壤的侵蚀、可进入性等质量特征。

人类为了进行农田的耕作，需要一个可以进入耕作和产品运输的空间，这个空间用于道路生产。进行农业生产还需要一个进行满足耕作者居住、农机具存放、农产品收储的空间，这个空间可以称作为农舍或者农宅空间。

耕地作为一种土地利用形式，与其比邻的其他土地利用通过空间距离建立起联系。比如在一块耕地上，与其比邻的四周都可以是耕地，也可以是其他的土地利用类型。从耕地利用规模性来讲，耕地在空间上的连续和成片性，有利于管理和耕作，一定规模的耕地适合进行统一实施灌溉、施肥、耕作、收获等管理。因此，耕地需要在空间上的连续。

从农耕的角度来看，整个的耕地系统不仅包括为作物生产提供的物理空间，还包括为实施管理所修建的灌溉、排水设施，生产道路，以及降低风速等的防护林网。从有利于耕地利用的角度来讲，耕地必须具有与完成作物生产相适宜的整个支撑系统。那么，耕地质量系统是由田块、灌溉、排水、林网以及生产道路组成的一个完整的利用系统，为了保障整个功能系统的使用，耕地系统必须具有最小的耕作单元。与最小耕作单元相匹配的，就需设置一定的农舍用地，农舍用地可以为实施耕地利用的管理者提供居住和生活的空间，存放各种农业设备以及谷物收获储存的空间。因此，完备的耕地系统必须由耕地和农舍用地组成，传统的中国则是由村落和农田组成。

耕地质量系统要发生作用，必须与周边的土地利用系统发生物质和能量的交换。因此，要让这个系统发挥最好的作用，周边应该有林地、山地、湖泊、河流等不同的用地类型。其他的土地利用系统为耕地利用系统提供物质和能量交换的空间，从而保持整个系统的维持，乃至整个质量系统的稳定和功能的提升。传统的中国耕地系统则是由山、林、村、湖、田、水等组成的一个复合的空间系统，耕地质量系统在空间上与其他的土地利用之间发生了物质和能量上的交换与互动（图 1-12）。

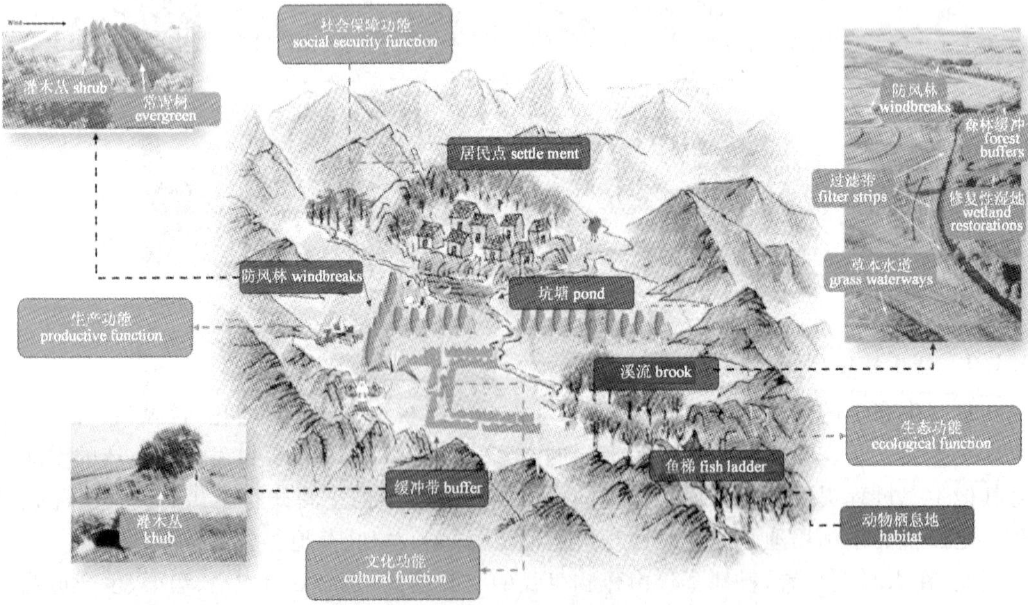

图 1-12 耕地质量的水平方向认识

区域的土地利用类型空间上的安排、耕地利用强度，则对耕地质量产生了显著的影响。比如在村落内，村落上的山地、林地、农村居民点、水域等用地类型的布局合理，如果区域土地利用在空间上安排合适，则会显著推动乡村耕地质量的持续利用，反之，则会促进导致耕地系统的退化。在山区土地垂直利用系统中，从坡顶到坡脚的林地、村落、耕地、河流等布局合理，则显著的促进整个系统的物质与能量的循环，并显著的提升耕地系统的可持续利用。

耕地在垂直方向和水平方向上分别存在核心质量特征以及与系统发生物质和能量转化而产生的非立地条件的质量特征。耕地质量的核心特征，是基础地力、光温水生产潜力、作物熟制、作物生产能力、固碳能力、物质循环转化质量特征，满足管理的特征来看，耕地的质量特性包括可耕性能力、可进入性能力等。

与上界面和下界面发生关系而产生的质量特征，包括空气协调能力、水循环净化能力、土壤生物多样性等。水平方向上的，则包括了生物多样性、水土保持能力、景观多样性能力等。

以旱地为例，从满足耕作的需求来看，包括了作物生长需求、作物生长的管理需求、自然保护需求、土地改良要求；其中耕地生长需求包括了能量、温度、水分、养分、扎根、空气温度、气候灾害、可溶性盐分、土壤毒害、虫害及疾病、洪水影响；管理要求，则包括了土壤耕性、机械化可能性、整地的难易、影响收获物的储存和加工的条件、影响生长时间的条件、交通条件、经营的规模、位置、劳动力、资金；自然保护包括土壤侵蚀、土地盐渍化、贫瘠化、沙化的控制，提供生物通道、生存空间等满足生物多样性的控制以及地下水下降、水质污染等对土地利用强度的控制；土地改良则包括灌溉、排水条件和提高土壤肥力的条件等。

1.3.2 耕地质量阶段差异性

耕地系统中，一个重要的角色，就是人。由于人在不同区域和生产阶段，对耕地的利用目标产生了阶段性的差异。耕地的利用系统特征反映了土地利用者对耕地系统产出的需求。这种需求可以体现在实物生产和价值生产的需求。

在实物生产阶段，以满足生产者对粮食、蔬菜等实物生产的需求，其重点考虑的是提高产量阶段，耕地质量是表现出适宜性程度、作物生产的支撑能力和生产能力高低的差异。在以价值为生产的目标下，体现了对于耕地的地租生产能力的追求，对耕地的利用显示出对于投入和产出的权衡，是体现在耕地的地租生产能力。在更高的层面，考虑的是耕地利用的景观和生态功能的需求，耕地的质量，则表现为景观质量、生物多样性保持的能力。在不同的需求阶段下，对耕地质量的需求表现程度不同。

由于耕地作为一个受到人为调控的系统，在耕地利用过程中，必然与周围的气候圈、生物圈、水圈和动物圈发生物质与能量的交换。因此，耕地的利用还表现出显著的外部性特征。从公众和社会的角度，耕地的质量还包括了固碳能力、空气协调能力、水循环和净化能力、生物多样性维持能力。

基于耕地系统的分析，耕地质量包括了光温水生产潜力、熟制能力、土地利用类型的适宜性、作物的适宜性、支持作物的生长的能力、基础地力、耕地在一年内生产粮食的能力。

从有利于管理的角度，分为可耕性、通达性、机械耕作的能力；从地租生产的能力来看，则表现为满足经营化的能力、满足对于劳动力成本替代的能力；从生态利用与保护的角度，包括了维持生物多样性的能力、固碳能力、景观多样的能力、空气协调、水循环和净化的能力等。

简单来讲，与生产功能相对应，耕地质量的核心表现为耕地气候生产能力、适宜性、耕地生产能力、耕地基础地力条件等；与景观功能对应的，则是耕地在水平方向上的田块、道路、沟渠、防护林网、河流水系等组成的景观要素对于水循环、水质净化、空气净化、减少水蚀、风蚀的能力以及组成农田系统的水平要素在美学上的适宜性以及支撑能力的高低。与水循环协调和空气净化的质量特征，则具有显著的外部性特征，表现为耕地的水质净化能力、防止土壤侵蚀、保持地下水位的适宜性和支撑能力。与文化功能对应的，则是耕地在水平方向的景观功能与对于水、土、气利用态度和在文化积淀下的耕地利用的遗传基因。与社会保障功能对应的，则是耕地支撑实物生产的能力以及保障的程度。

因此，对于人类来讲，对于耕地有一种需求，就有一种功能，与功能相对应的则是满足功能的适宜性和保障能力。从这个意义上讲，耕地的功能多种多样，耕地的质量也是多种多样。但是，耕地核心功能就是生产功能。这就包括了适宜性、基础地力、生产能力等具体的耕地质量类型。

1.3.3 耕地质量影响因素的尺度特征

耕地质量具有显著的尺度差异性，在不同的尺度上，耕地功能显示显著的区域性和全球性特征。比如，生产能力作为耕地的一种质量表达形式，在全球范围内具有可测度和可比性，而耕地的景观功能，则具有显著的地域性。耕地的空气净化能力具有一定的区域性，但是这种区域不断累积，就会产生显著的全球性。耕地的水质净化能力，具有显著的区域性，但是可以通过水系沟通，在全球层面上起到作用。而耕地的肥力因素，如支撑作物生长的能力，则具有显著的地域性特征，是在更低的层次尺度上起作用。

从耕地功能的尺度性来看，尽管耕地质量具有显著的集合，但是耕地质量具有显著的尺度差异性，有些质量特征是在微观层面起作用，有些是在宏观层面起作用，而有些则是在宏观层面起到控制作用。

比如作为影响耕地生产能力的气候因素，则是在宏观层面起到控制作用；而影响耕地质量的基础地力特征，则是在大地貌控制下起作用，比如决定耕地土层厚土的地貌条件，存在山区、平原和丘陵的显著差异；在微观区域上，地貌的不同部位的耕地肥力也存在显著的差异。在不同海拔高度、阴坡与阳坡，不同坡度分布的耕地质量也存在显著的差异。

耕地质量在垂直空间上可以分为空气质量、气候质量、适宜性、基础地力、水循环协调质量等组成了耕地在一个垂直空间上的质量特征集合。但是，决定这些质量集合的要素具有显著的空间差异性特征，从而使耕地质量在垂直方向上也产生显著的空间尺度特征。

依据土地利用影响尺度特征，可以将耕地质量确定为田块尺度、系统尺度、地貌尺度、气候尺度等。影响耕地质量的要素在空间上呈现出不同的变异特征。

从组成耕地系统的核心土壤子系统来看，耕地质量的核心是由土壤组成的，土壤是由30～150 cm 的土层组成核心基础地力层次，影响基础地力，就包括了土壤质地、土体构型、土层厚度、土壤有机质含量、土壤的 pH、土地障碍层次、土壤的肥力、土壤的黏土矿物类型等要素组成。由于形成土壤的外力条件差异，这些质量具有显著的空间变异特征。按照土壤的发生分类来看，土壤分类是由土纲、亚纲、土类、亚类、土属、土种、变种从上到下的分类体系组成，其中土类是一个关键的分类，土类是对于成土因素、成土过程和成土性质的高度统一。土属是反映土壤的母质特征，即物质来源特征，是残积母质、坡积母质、洪积母质还是冲积母质。

对于决定耕地基础地力条件而言，黏土矿物类型显著地受到母质的影响，母质一般来讲，是在地貌尺度上产生变异。可以把地貌分为简单的 2 种地貌，即山区、平原。对于山区来讲，则山顶上分布的是残积母质，山腰则分布的是坡积母质，在山脚来讲，则分布洪积母质。对于平原来讲，母质来源洪冲积物，在山前平原而言，母质是洪冲积物，对于泛滥平原，则是冲积母质，在滨海平原，则有冲积母质和滨海母质组成(图 1-13)。

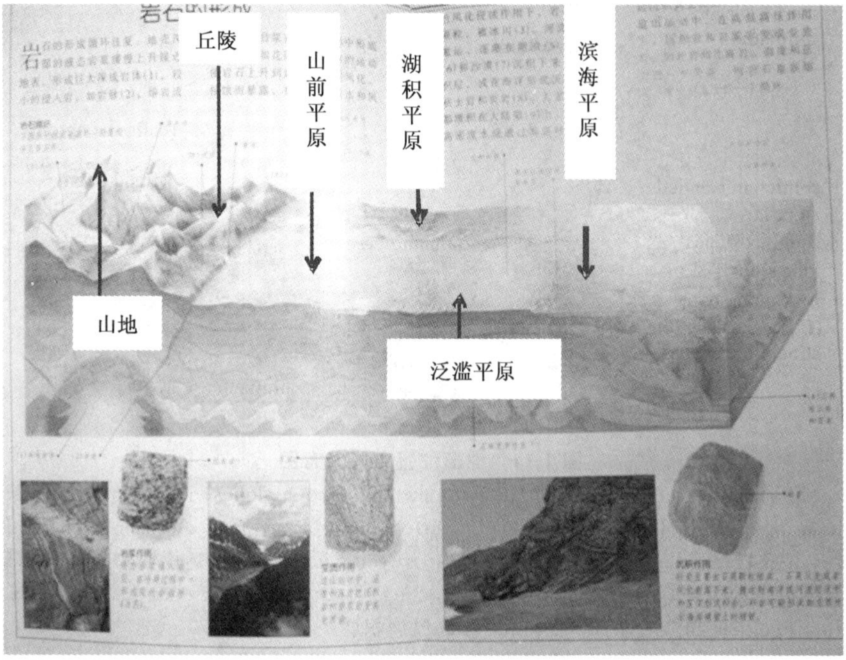

图 1-13　地形地貌差异

在相同的母质条件下，由于水和风的搬运距离的差异，导致土壤质地在空间上进一步发生变异。比如山前的洪冲积扇平原的扇顶部、中部和下部而言，大的砾石、砂粒等重的物质先沉积，而在中部，则是中等的颗粒沉积，在边缘则是细小的颗粒沉积，因此，在顶部以粗壤质土粒为主，中部则是中等颗粒为主，边缘则是细小的颗粒。土地构型主要在平原区产生差异，由于河流流速的变化，一般来讲，河漫滩是相对粗的颗粒沉积，远离河道，则是细的物质沉积，那么，在河流摆动的条件下，形成土体构型上的差异，这种差异受到平原微地貌的影响，而产生不同的土体构型。因此，黏土矿物类型是大地貌上产生变异，而土壤质地、土地构型、土层厚度则是微地貌上产生变异(图 1-14 至图 1-16)。

黏土矿物在大地貌上产生变异，黏土矿物类型在一定程度上影响土壤钾的含量和土壤 pH，这些因素都在大的尺度上发生变异。而土层、质地和土体构型则是微地貌上产生变异。土壤的质量在一定程度上可以影响有机质含量，有机质含量在更小的尺度上发生变异，但土壤的肥力因素，比如氮显著地受到耕作的影响，一般在更小的尺度上发生变化。影响耕地质量的气候质量，则是在更大的尺度上产生影响，这与气候带关系密切(图 1-17)。

由于耕地质量在垂直空间上的变异性特征存在显著差异。基础地力、气候质量、水质量和空气质量之间存在一定的空间匹配的差异性特征。比如在华北平原而言，光照和积温可以满足冬小麦和夏玉米一年两熟生产，但是降水量不能满足冬小麦的生长，这种情况就是气候质量

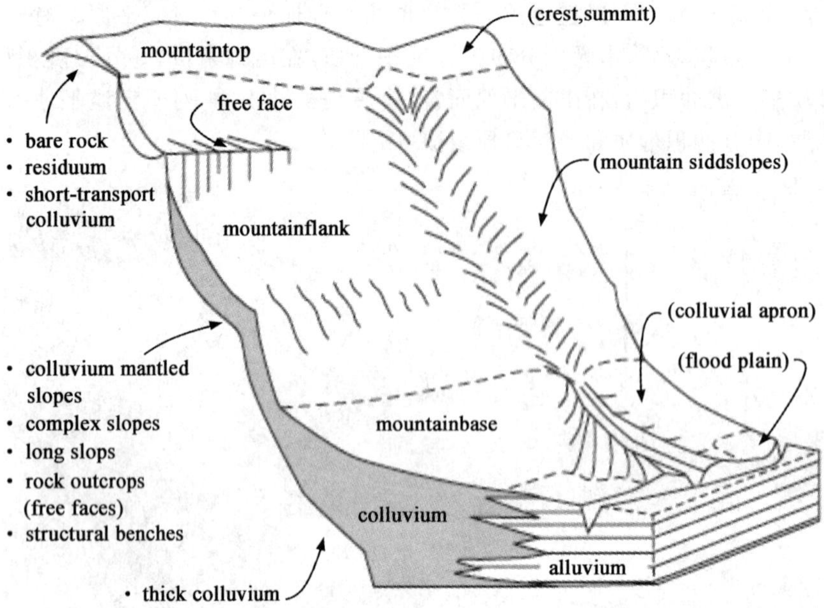

图 1-14 地形位置空间示意图

mountaintop-山顶；free face-暴露面；mountainflank-山腰；mountainbase-山底；crest，summit-顶部；mountain sideslope-侧坡；colluvial apron (flood plain)-冲积裙(洪泛平原)；colluvium-崩积层；alluvim-冲积层；bare rock-裸岩；residuum-残积物；short-transport colluviums-短途搬运崩积物；colluvium mantled slopes-崩积层覆盖的山坡；complex slopes-复合坡；long slopes-长坡；rock cutcrops-岩石出露面(暴露面)；structural benches-构造阶地；thick colluviums-厚崩积层

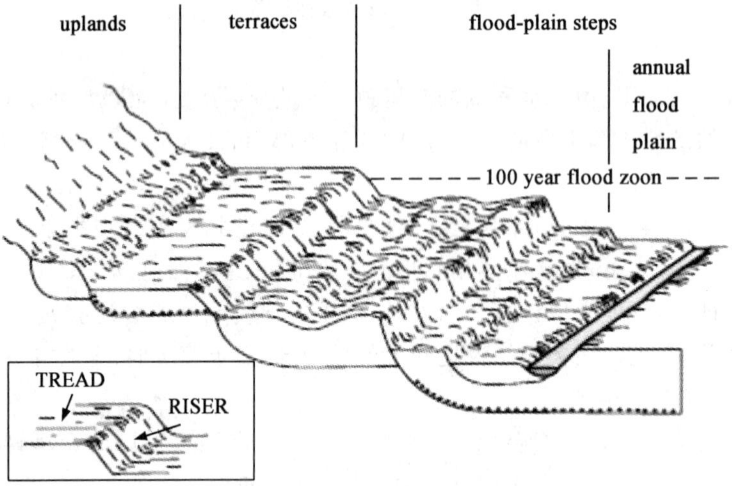

图 1-15 地形位置三维示意图

upland-高地；terraces-阶地；flood-plain steps-洪泛平原；annual flood plain-常年洪泛平原；100 year flood zone-百年一遇洪泛区；TREAD-阶地面；RISER-阶地斜壁

与基础地力不匹配，或者说是限制性特征。盐渍化程度，是土壤质量的一个重要指标，也显著的受到气候条件的影响，在半干旱和半湿润气候区，土壤存在显著的成盐条件，因此，盐渍化程度就是作为一个质量特征与上部的气候质量不匹配，存在限制性。这是土壤条件与气候条件

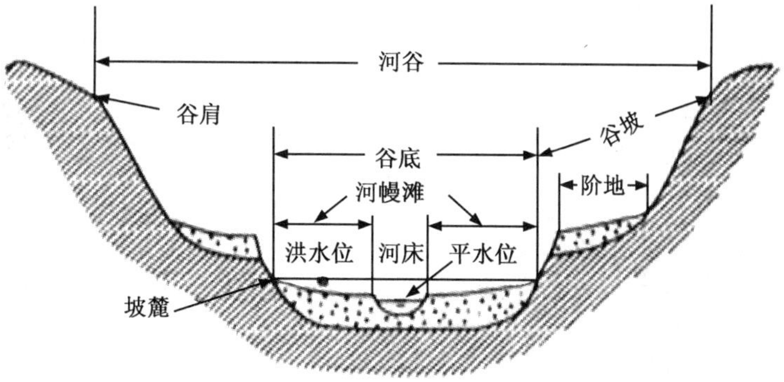

图 1-16　河流地形示意图

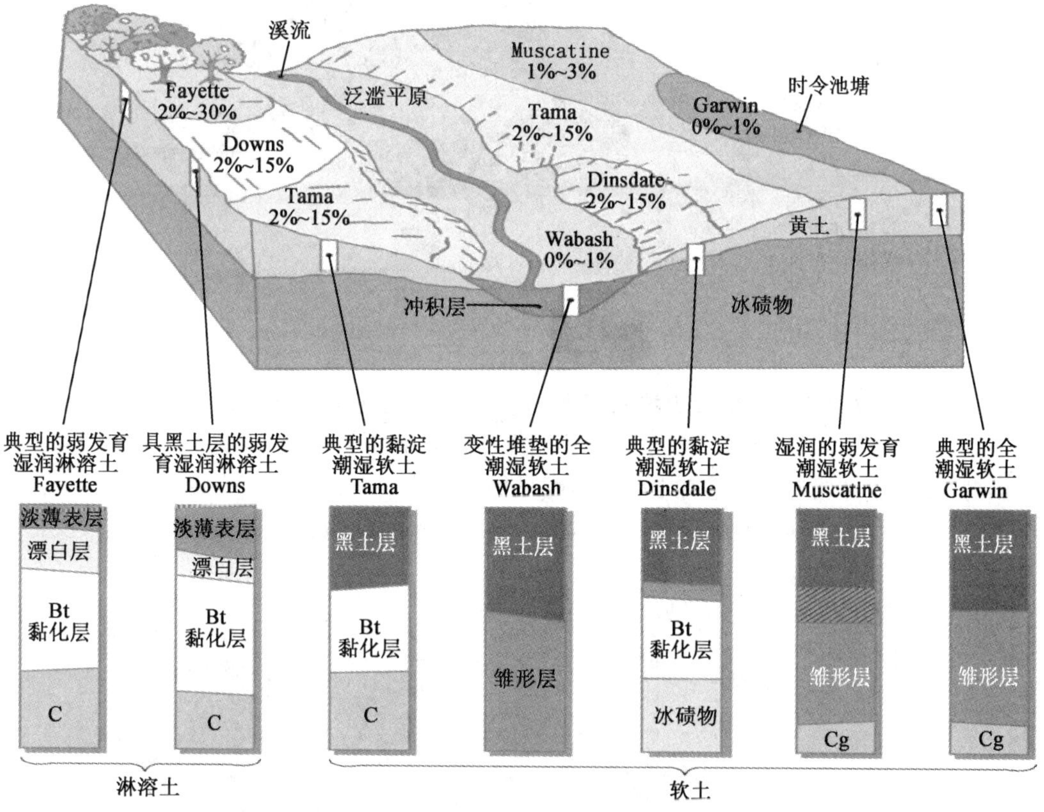

图 1-17　土地景观与土壤特征的对应关系

不适宜性特征(图 1-18)。

理论上讲,在一个垂直空间上,相关质量特征集合,能够协调匹配得好,则耕地质量的利用就会显示出可持续性。但是,匹配不好,则会导致不可持续性。

对于水土匹配差的区域来讲,如果要进行利用,就必须改变,这就需要借助水圈、大气圈的力量。要与光温气候质量相匹配,那就需要增加灌溉条件,通过抽取地下水的办法弥补降水不足的质量特征。因此,就与水圈发生了关系;而对于光温利用的问题,需与大气圈建立关系,可

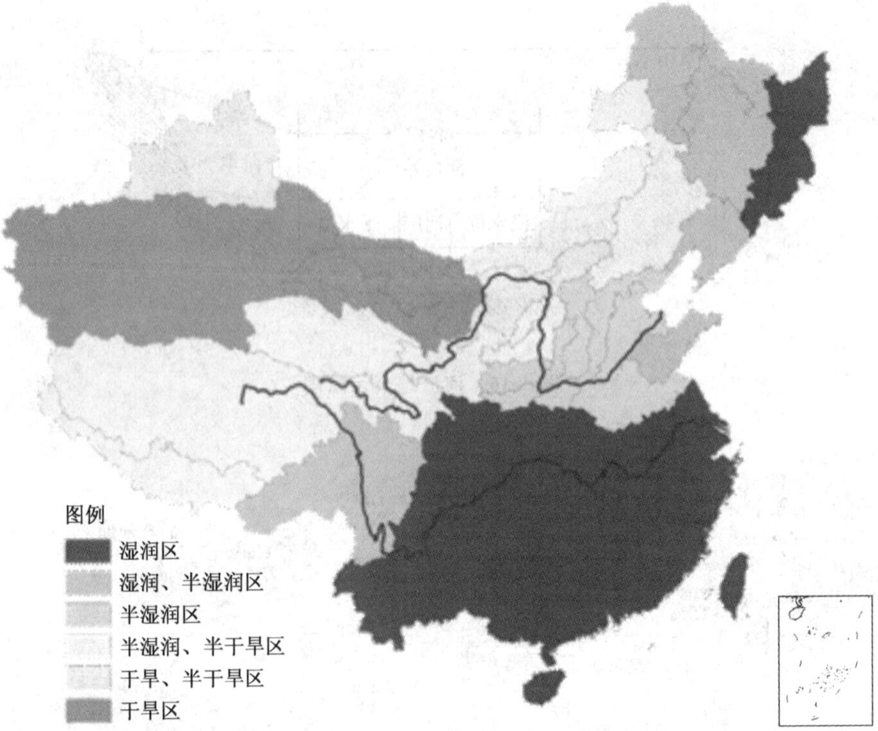

图 1-18 全国气候类型区

以通过铺设塑料薄膜的方式增加土壤的温度，或者通过进行遮盖的方式，降低土壤的温度。长期的灌溉可能导致地下水下降，长期的薄膜覆盖可能会增加土壤的残留量，从而产生负面影响。因此，最好的耕地就是在垂直空间上匹配最好的土地，即风调雨顺。

从耕地质量水平方向的组成要素来看，可以分为地块尺度、农田系统尺度、流域尺度、大地貌尺度、气候控制区尺度(图 1-19 至图 1-23)。

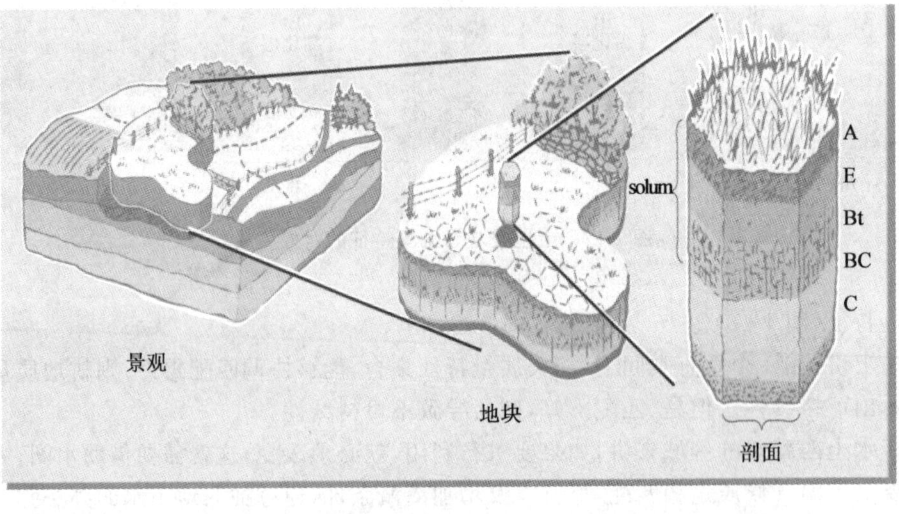

图 1-19 不同耕地研究尺度(耕地剖面-地块-景观之间的关系特征)

图 1-20　耕地地块尺度

图 1-21　耕地流域尺度

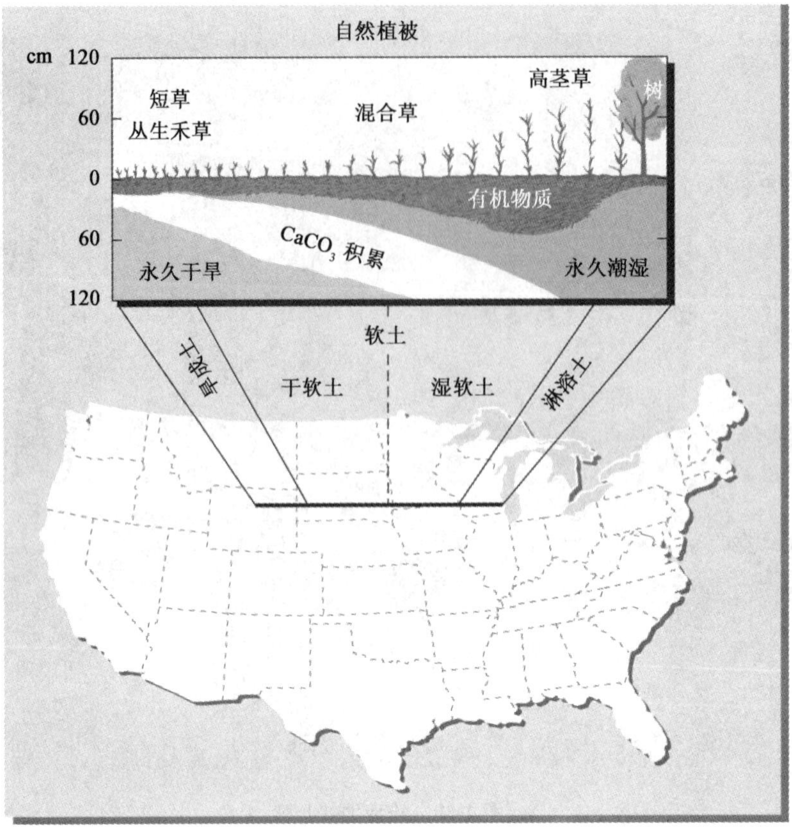

图 1-22 耕地重要组成土壤在不同气候带的分布(以美国土壤为例)

图 1-23 耕地农田要素组成(田、水、路、林、渠)

1.4　耕地质量的遗传性和改造性

耕地的物质组成来源于土壤，耕地的质量特征具有一定空间遗传性。耕地是对自然土壤进行改造后，以灌溉、施肥和管理而实施一种投入与产出强度较大的利用活动。因此，耕地质量的高低不仅是耕地本身的特征，更是在一定地理环境下的产物。耕地是替代了原生的植被，继承了与环境相适应的土壤条件，并与周围环境发生了更为强烈的物质与能量交换。所以，耕地质量就有对原生环境下的土壤质量的继承，也有按照人类需求，而进行的改造特征。从这个角度来讲，耕地质量具有遗传性和改造性。

不管耕地功能如何定义，质量如何划分，作为自然的历史综合体来讲，耕地具有一系列的客观物理性质和化学性质。这些物理性质和化学性质是在一定的气候、地貌、植被、母质、人类利用等共同作用下，在一定的时间内所形成的历史、自然客观综合体。

耕地作为人工耕作和改造强度高的土壤，耕地质量具有显著的遗传性特征，即耕地质量显著地继承了土壤的质量特征。对于在一定的立地条件下耕作的农田来讲，其继承了耕作土壤的土体构型、质地、土壤有机质含量、pH、黏土矿物类型、障碍层次、地形、坡度、海拔等特征以及空间对应的光照、温度和降水条件。因此，耕地质量特征具有显著的遗传性特征。

耕地质量利用子系统在时间上和空间上对耕地质量子系统发生作用。第一种作用是直接对于耕地质量子系统产生作用，并在时间上显示质量的动态变化特征。人类主动的利用和管理，就包括了对于农田质量系统的改良改造以及利用。比如为了提升耕地质量的生产能力，人类会实施一定的改造，在盐土的改良上，是通过降低土壤含盐量和提升有机质含量来展开的，主动的改造提升了耕地质量系统支撑作物生产的能力，使系统的耕地生产能力得到了提升。

有了这样的基础条件，人类通过灌溉、排水、施肥、农艺措施，对耕地质量系统产生一定的压力。由于人们的利用目标以及知识水平的差异，对耕地质量产生了影响，这种影响会呈现累积的作用，耕地在基层土壤质量的基础上，呈现出显著的动态性。

如果人类利用改造得好，可以使耕地的质量不断提升，也可以使整个耕地功能系统可持续；而不当的利用，则会使耕地功能降低，支撑某一个功能的质量会显著降低。从时间上看，实施的耕地质量改良或者提升，以及耕地质量的利用强度变化，都会对整个耕地质量系统产生正面或者负面的影响。因此，耕地质量表现出耕地质量的遗传性和动态变化特征。耕地质量的管理和利用，应该是促进整个耕地质量系统向可持续甚至提升的方向演替，而不是向着退化方向发展。

土壤是受到区域五大成土因素产生的，自然的土壤具有保持生物多样性的重要能力，而改造后的土壤条件，更多的体现了人类的利用。耕地质量利用如果与周围的环境更加一致，则耕地质量利用就更加可持续，否则，就不可持续。例如我国的耕地是继承了分布在不同区域的土壤条件，东北区域的耕地就是继承了东北的黑土质量特征，而华北平原的耕地质量则是继承了区域的潮土和盐土特征。典型的区域是河北的曲周，继承了原来的盐渍土，但是经过长期的改造以后，长时间的改造使周围的环境发生了巨大的变化，突出的表现就是表层中的土壤盐分向土壤下部转移，由于过度的依赖灌溉，农田土壤发生一定程度上的变异，向潮土转移。农田的整体环境发生了显著的变化，盐分限制已经转化为水分不足的限制，也就是进一步向干旱化转移。这种环境变化而导致的遗传突变，使耕地质量发生了显著的变异性。黄淮海区域的耕地质量整体上向与周围环境一致的方面演化，就发生了显著的变异，这种变异的主导因素，是地下水的快速下降，与对应的耕地质量而言，这种变异下，与周围的环境更加一致。这种变异是向着恶化的方向演进。将会导致无法按照原来的利用方式来进行耕地质量的利用、提升与改造，必须按照新的环境要求，否则，改造和投入成本必将不断提升。

1.5 耕地质量动态变化性

从其他用地类型转化为耕地时，耕地的质量存在一个本底的基础值，这个基础值就是耕地利用系统的本底值。这个值受到两个方面的影响，一个是在将其他用地类型转为耕地过程中，由于采取了一定的土地整治措施，比如田、水、路、林等土地利用结构的变化，以及实施的田块平整等措施，而形成了一个农田系统。这个是一个突变的改造过程，是一种质变。从一种用地类型转化为耕地用地类型。而另外一种改变，则是由于长时期的实施灌溉、排水、施肥等对土壤质量产生的累积性的影响。主要表现为土地利用状态，是粗放、集约还是可持续影响，会对耕地质量产生一定的影响，而区域气候变化也会对耕地质量的要素产生一定的影响，这些影响通过温度、光照的变化对于耕地质量的要素产生影响；当然在空间上的土地利用转型，土地利用格局变化，土地利用结构变化会在水平方向上对耕地的质量产生影响。对于一个区域而言，常常不同的过程叠加起来，对耕地的质量在时间上产生影响(图 1-24)。

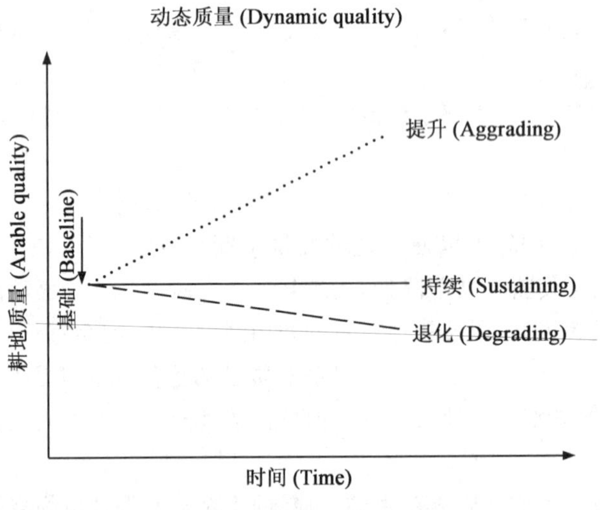

图 1-24 耕地动态质量

作为耕地质量要素来讲，土地利用强度乃至土地利用变化产生的影响强度和方式存在巨大的差异。比如，灌溉和施肥，直接的作用会对土壤中有机质含量和盐渍化程度产生影响，而对于土壤质地、构型则不会产生影响。但是，土地整治的强度的改进，会通过客土等方法，对土壤的质地，甚至构型产生影响。在区域的土地利用变化，是通过土地利用在点、面和线三个方向上产生显著的影响。一个是这种改变过程，可以是修建道路，导致耕地破碎化，也可以是在耕地中修建工矿用地，不仅减少耕地面积，而且通过排放物增加，对耕地的质量要素产生显著的影响，还会阻碍耕地系统中动物的迁移路径，以及花粉的传播途径，而对耕地质量产生影响。

这种累积性的影响不外乎产生三种可能，一种是使原来的土壤质量得到提升；另一种是维持在原来的土壤质量水平，而第三种就是导致土壤质量水平的下降。具体来讲，就是指土壤的生产功能、生态功能或者景观功能，而具体来讲一个方面功能，则可能是导致影响耕地质量的一个质量特性发生了显著的变化。对于黄淮海区域的土壤来讲，长期的灌溉导致了土壤生产功能的改进和提升，比如土壤的盐渍化水平降低和土壤有机质含量降低，与此对应的是土壤 pH 的降低。这个是向好的方向转化。但是，与这个耕地质量相依存的水循环协调能力来看，则是显著降低的，由于地下水的下降，灌溉保障能力不断下降，地下水水位持续下降对于耕地的质量来讲，已经产生了潜在的危险。一旦灌溉无法保障，则土壤中有机质含量可能会降低，土壤的 pH 可能会上升。因此，整个耕地质量系统的稳定受到了整个环境水的保障能力的影响。如果考虑到地下水的潜在威胁，则区域的耕地质量呈现整体的恶化趋势。也就是说耕地质量的变化，除了考虑自上以外，还要考虑与其密切相关的环境系统，即上界大气和下界的地下水系统。因此，最好的耕地质量利用应该是与周围的环境协调的利用方式，而不是脱离于环境的质量利用方式。也就是耕地质量的遗传性，要继承与遗传下来的环境条件，否则，就会出现个别要素好转，而整体恶化的趋势，使整体出现不稳定性特征。从这个角度而言，进行黄淮海区域的耕地质量，则应该是局部转好，而整体存在风险的问题。

1.6 耕地质量抵抗力与恢复力

作为一种人工调控的系统，好的耕地质量具有抵抗外界压力的条件，并具备自我恢复的能力，这种恢复能力有一个时间上的变化特征。比如黄淮海区域的耕地质量，从 20 世纪大规模治理以来，耕地质量的抵抗力是提高了还是下降了，这个问题决定了耕地休养生息的问题，休养就是由于承受了一定的压力，现在把压力去除，而让耕地质量向最优化方向发展，对于黄淮海区域而言，耕地质量最大的问题是灌溉能否得到保障的问题，如果通过休耕，能够让地下水位得到一定程度的恢复，也就是使整体环境得到改善，向周围环境地下水面源污染降低，就是一个质量整体恢复的问题，能够让质量得以持续的提升(图 1-25)。

影响耕地质量抵抗力主要在水平方向和垂直方向上起作用。一种是通过耕地利用，累计性而产生影响。这种突出的影响就应该包括以下几个方面。比如，通过施肥，在一定程度上，应该是保障养分，并且减少对外输出物质。但是，如果过量的施肥，则可能导致面源污染的存在，而对水环境质量产生不利的影响。灌溉，则是会导致土壤中有机质含量 pH 以及盐渍化程度发生了变化。对于任何质量要素来讲，可以承受一定强度的土地利用，并且具有恢复的能力，只不过，这种恢复能力的所用的时间长短发生了变化。比如，对于土壤中有机质含量变化，一般是在几年内发生变化，而对于土壤中养分来讲，则是一年之中发生变化，如土壤中的钾素，则显著决定于土壤中的黏土矿物类型，在中国北方的黏土矿物类型中，则钾的含量较高，而对

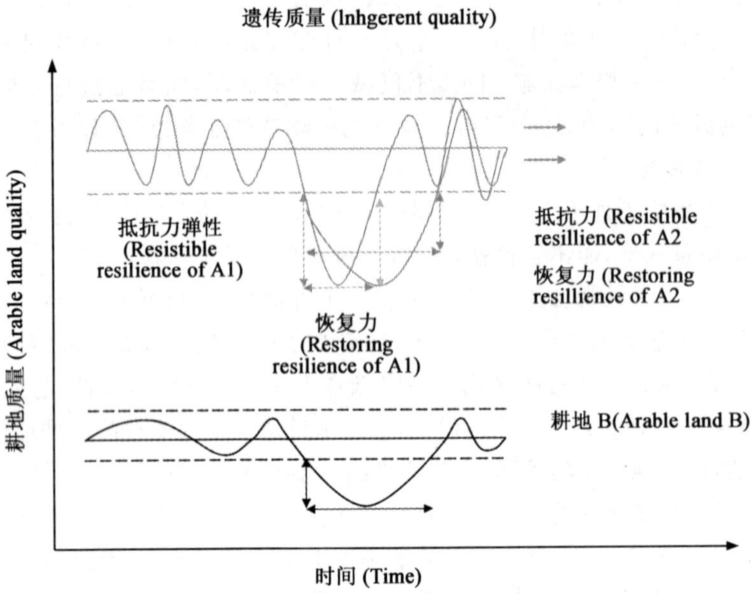

图 1-25　耕地遗传质量

于高度风化区域的土壤，则钾的含量相对较低。钾元素的缺失，一旦缺失，显然无法恢复。当然，土壤中阳离子交换量，盐基饱和度，胶体状态，一旦降低，也很难得到恢复。耕地质量的发挥是需要特定的微生物种群，土地利用强度导致微生物种群发生了变化，要恢复微生物的种群，显然是困难的。

因此，耕地的持续利用不仅是对耕地系统产生了重要的影响，而更为深远的影响，可能是对耕地所依存的环境系统产生了影响，这种影响的累积性，会决定耕地质量是否具有抵抗力和恢复力的关键。

在水平方向上，土地利用转型、土地的切割，其他用地类型的嵌入，都会对耕地质量产生影响。比如在一个完整的耕地系统中，由于防护林网的破坏，可能会对导致病虫害的发生，而对耕地的生产功能产生负面影响，一旦林网系统恢复，耕地的质量很快就会得到改进。如果是一个独立工矿，镶嵌在农田系统中，独立工矿的排放物会对农田的环境产生影响，也会对耕地的地块水平下的土壤的净化能力和循环能力产生影响，还可能是一些外源物质的进入，使土壤中的某些元素快速增加。这种情况的发生，会影响整个的农田系统，甚至摧毁农田的质量的抵抗力，要进行恢复，则是一件困难的事情。比如企业排污，导致的耕地污染，是在短时间内，很难得到恢复的，这种的影响可能是灾难性的。

由于田块分割、道路切割、林网破碎、道路硬化等，会对耕地的景观功能和生态功能产生一定的负面影响。在一定的范围内，不会影响耕地生态功能和景观功能，但是，大量的外部元素进入，最终会摧毁农田系统，使农田的生态功能和景观功能恶化。比如，道路的硬化、河流的取值、滩涂的改变、池塘的填平、林网的消失等都会对农田系统的景观功能和生态功能产生严重的影响。一旦实施，很难恢复。只有再次进行土地整治，恢复那些看似无用的林地、水塘、土路和滩涂等。否则，很难得到系统的恢复。

1.7　耕地质量和健康

耕地健康与耕地质量密切相关。一个耕地系统的质量可能很低,但是这个系统可能是健康的。也可能,这个耕地质量的系统是高质量,但是,这个系统可能是不健康的。因此,耕地是否健康,与质量没有关系。

例如在一个气候条件下,山区的耕地和平原区的耕地系统相比较,山区的耕地生产能力低,而平原区耕地生产能力高。对于山区来讲,由于利用强度降低,整个山区的耕地系统是健康的,其突出表现在生产的农产品的绿色,对于平原区的耕地系统来讲,尽管生产能力高,但是由于过度的利用,田块的破损等,也会导致耕地景观功能和生态功能显著降低。因此,这个耕地系统处在亚健康或者非健康状体。当然,还可以选择一些指标来进行评价,比如用是否污染以及潜在的污染程度进行比较,则会发现平原区的耕地受到面源污染甚至工业污染的影响,整个系统的健康恶化。

1.8　耕地质量诊断指标

耕地质量要素包括了耕地的土壤物理性质、化学性质和生物学性质。对于耕地的某一功能和质量保障能力而言,不同的要素及其组合支撑和保障的能力各不相同。

对于某一功能和质量而言,可能是耕地物理、化学和生物性质的某一类指标起作用,而另外一些指标未必起作用。不同的耕地功能和质量支撑能力,需要耕地不同的指标进行保障和支撑。比如耕地生产来讲,存在两个方面能力,一个是生产能力,一个是作物生长的保障能力。耕地生产能力反映的是在一定的光温水土气热,和人类利用下共同作用下耕地生产干物质的能力。因此,对于耕地生产能力的评价来讲,需要一些长期和稳定的评价指标。比如农田的质地、有机质含量、土体构型、气候条件和稳定的利用基础设施水平、技术水平,是决定耕地生产能力高低的重要指标。而耕地中速效磷、速效钾等肥力指标,在一定时间内会发生显著变化。对于这些指标的监测,是对植物进行施肥的关键的指标。但由于这些指标的不稳定性,使得这些肥力指标不是耕地生产能力高低评价所关注的指标,却是作物生长需要关注的指标。所以,基于不同的功能,需要不同的质量支撑能力和保障程度,而不同的质量则对应不同的诊断与评价指标。

在水平方向上耕地景观和生态质量,要对这些质量进行评价,就依据景观生态学的基本理论,从景观的异质性,景观面积大小、形状、破碎化程度等进行评价。对于耕地的生态功能,则需要建立与种群、水循环能力、水质净化能力、土壤侵蚀、风蚀的抵抗能力等进行评价。

评价指标的选择与所需功能密切相关,由于耕地多功能特征和质量的差异性,在进行选择评价指标时,同样的一个评价指标,可能会出现在不同的质量评价之中(图 1-26)。比如土壤质地,既是一个生产能力和基地地力指标,也可能是一个生态指标。因此,不同的质地特征,决定了水的下行和上行的能力,对于砂土而言,耕地的保水能力和持水能力差,物质的净化能力也差。而对于壤土而言,保水能力与持水能力、水质的净化能力,都较高。因此,不同的耕地质量,需要不同的评价指标体系(图 1-27)。

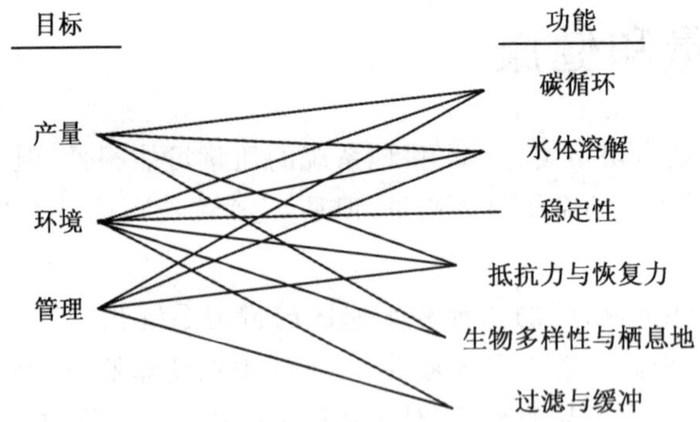

图 1-26 耕地需求与耕地功能

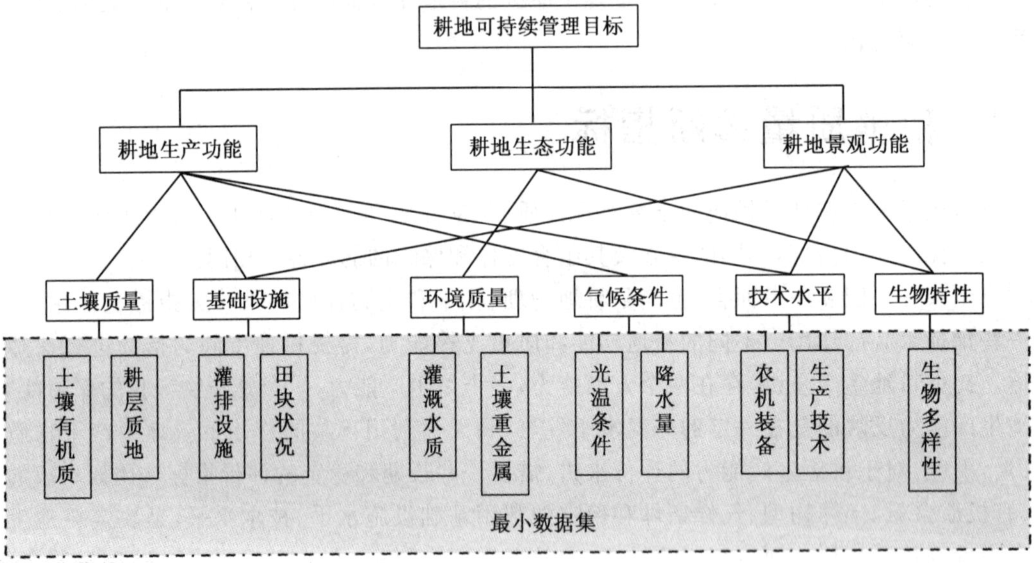

图 1-27 耕地功能指标选取

1.9 耕地质量的稳定性

耕地的立地条件的存在是耕地质量稳定性的前提。在一定的社会发展阶段下，耕地的稳定性存在显著的阶段性特征。耕地的稳定性就是要求首先耕地可存在性。耕地的稳定性不仅受到自然因素的影响，也受到经济社会发展和区位条件以及土地规划的影响。

自然条件包括气候、地貌、坡度等都对耕地稳定性产生了影响，在干旱区的耕地利用可能导致风蚀，在坡度大的区域，可能导致水蚀，在地势低洼的区域，可能会导致洪涝灾害的影响。但是，国内的耕地都是侧重从已有的利用现状为基础进行的资源调查，这实际上，会导致将一些不稳定，在利用中会导致水蚀、风蚀的农用地作为耕地资源来管理，从而出现生态的问题。

对于耕地资源来讲，还存在的一个问题，就是耕地可能被转换为其他的用地类型，特别是在发达区域。处在城市周边的耕地资源,可能会转换为城市建设用地、基础设施用地和其他类型的土地,存在显著的不稳定性(图 1-28)。

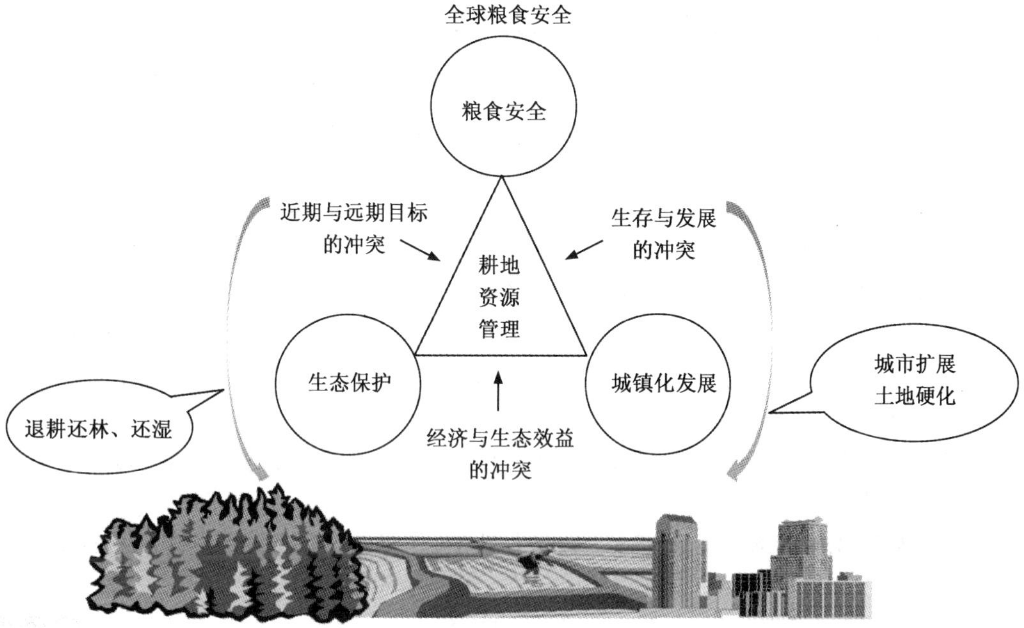

图 1-28 耕地可持续利用

1.10 耕地生产能力特征

要让耕地发挥生产功能,必须要对耕地进行改造,包括修建道路,增加灌溉和排水体系,设置防护林网,以及对耕地质量的提升采取一系列的工程措施。

从耕地的改造来讲,任何类型的土地都可以改造成为耕地资源。只要进行投入就可以改造。但是,由于耕地资源的利用更多的产生正的外部性特征。从满足粮食安全的角度而言,我们需要的耕地资源不仅能够永久地进行粮食作物生产,而且还能够持续的以低成本进行生产。这样,才能通过降低粮食生产的成本而增加粮食收益,提升粮食的可获得性。过高的投入成本会增加粮食生产的成本价格,使粮食的可获得性受到严重的影响。从这个道理上来讲,最好的耕地资源,就是可以不进行改造而进行使用的土地资源。即按照美国的生产潜力评价方法,生产潜力为一级的土地资源,是最好的耕地资源,不需要太多的改造,就可以得到利用,而且潜在的生态风险也最低。但是,这些优质、自然禀赋好的耕地资源毕竟有限。由于人多地少的矛盾,就需要对潜力差的土地资源进行改造。这些工程就包括了田块的平整,生产道路的修建,土壤质量的限制性因子的消除。

耕地资源潜力差是全球研究的焦点和热点(杨晓光,2014),从耕地资源组成的要素特征出发以及技术的可行性和农化的可接受性来分析,耕地资源潜力差可以分为气候资源决定的耕地资源潜力,这个是资源潜力的上限,第二个是耕地光温水土资源综合利用的技术可以达到的潜力,是现实技术的高值,相当于科学家进行综合实验达到的产量,第三个就是,区域的现实技术水平可以达到的产量，相当于应用推广田，而现实产量，则是农户实际实现的产量。缩小潜力差是全球粮食安全的一个重要的途径，也是被国际社会所认可的最有效的途径(图 1-29)(Martin K，2013)。

耕地资源的可改造性不仅要考虑与产出的关系，而且还要考虑未来利用与生态关系的问题(图 1-30)。经过改造的耕地资源，毕竟是与周围的生态环境之间的不协调。即耕地系统本身高投入特征与周围环境的生态特征不一致。要维持和利用这个耕地资源系统，必须持续不断从周围环境系统获得投入，才能有可能的产出。比如，黄淮海平原，作为整个系统来讲，处在半干旱半湿润的气候区，光照条件可以满足一年两熟的要求，但是，水资源无法满足。在 20 世纪以来，我国不断地通过开采地下水，而导致了整个耕地系统对水资源的快速耗费，这种耗费无法满足地下水的更新，导致了严重的地下水下降。这个区域的耕地资源在改造前，耕地利用与整个系统的水容量相匹配。灌溉在一定程度上，提升了耕地的微观质量，但是，由于地下水的整体下降，已经是区域的耕地质量整体呈现出恶化状态。这种耕地整体利用已经超出了耕地区域水容量范围。因此，在耕地资源的改造，必须要从水、气等环境容量来考虑。也就是不仅要考虑耕地的局部的利用，在改造过程中，更要考虑耕地资源与环境容量之间的关系。

耕地的改造，必须在环境容量范围之内进行改造，才能够产生持续的利用，否则，就会导致耕地资源的不可持续利用。

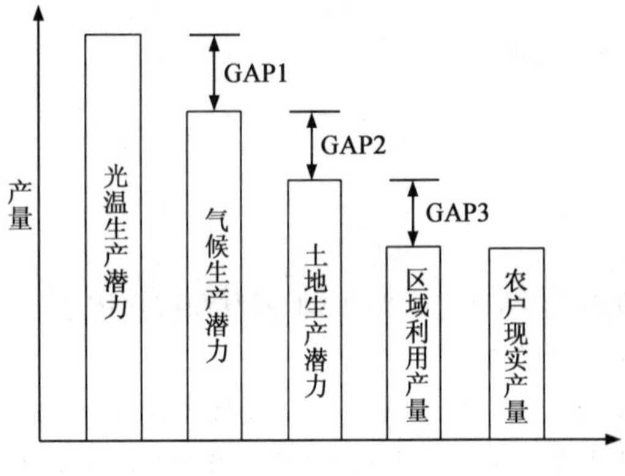

图 1-29 耕地资源潜力差示意图

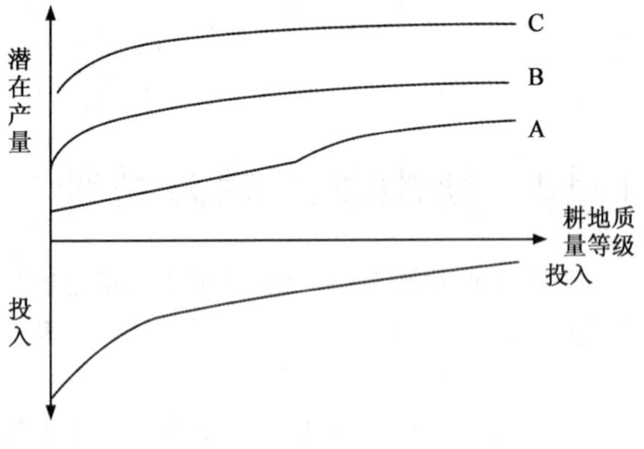

图 1-30 不同耕地质量的投入产出对比

1.11 耕地的质量与地租能力

耕地地租的生产能力是质量的一个方面，同马克思(1975)地租产生一样，耕地的地租主要包括了肥沃度地租和投资地租。肥沃度地租，是由于耕地的先天禀赋所决定，即由耕地质量的先天遗传性所决定，而耕地的投资地租，则决定于对于耕地限制条件和管理水平的改进。肥沃度地租可以称为级差地租 1，而改造地租可以是级差地租 2。因此，地租的生产能力显然受到耕地质量的影响。

我国粮食生产的十二连增，与此对应不是进口量的增加，而是进口量的不断提升。这在一定程度上，反映了我国耕地生产功能受到显著的影响，其突出表现在耕地的边际产能的不断增加，而边际产能不断增加的原因，主要是我国优质耕地资源逐渐减少。耕地资源是土地的精华，好的耕地资源是在投入最少得到最多的土地。在城市化和工业化过程中，珠江三角洲和长江三角洲以及我国城市周边区域的优质耕地资源不断地转化为建设用地，优质耕地的快速消失，导致了现在的耕地资源自然禀赋条件与过去相比，显著下降。要进行耕地资源的利用，就必须增加化肥、农药、灌溉的投入强度，才能获得更高的产能，因此，优质耕地资源的减少迫使农民转型到依靠物质投入提高产量，提高收益的道路。但是，由于耕地规模有限，这种上涨的成本，就导致耕地资源的投入成本不断增加，而边际产出不断降低。

与此同时，由于我国房地产业的快速发展，吸纳了农村大量的劳动力，在吸纳劳动力的同时，也促进农民的劳动力机会成本不断增加，这就导致了在获得相同的产量下，农民的收益显著降低。在形同农民用工条件下，农民的劳动力成本增加，经济投入强度不断提升，而耕地变价经济产出不断降低。

在优质耕地资源减少，耕地质量降低和劳动力机会成本不断增加的条件下，我国大部分的耕地资源粮食生产成为边际产能，就耕地资源产能的投入与受益相比，不断降低。特别是与美国、加拿大、澳大利亚等土地丰富的国家相比，耕地的边际产能不断降低，这种边际产能的不断降低，正在从我国的发达区域向中部和西部区域转移，已经成为全国耕地资源粮食生产的一个现状。边际产能的增加，导致了我国粮食生产竞争力不断降低，迫使国家不得不进行大量的进口。这种情况表明，我国耕地资源粮食地租生产能力不断降低，迫使广大农民不断转换用途，将耕地资源转移到可以获得收益的蔬菜、水果等以劳动力密集型的农业生产活动上来(图 1-31)。

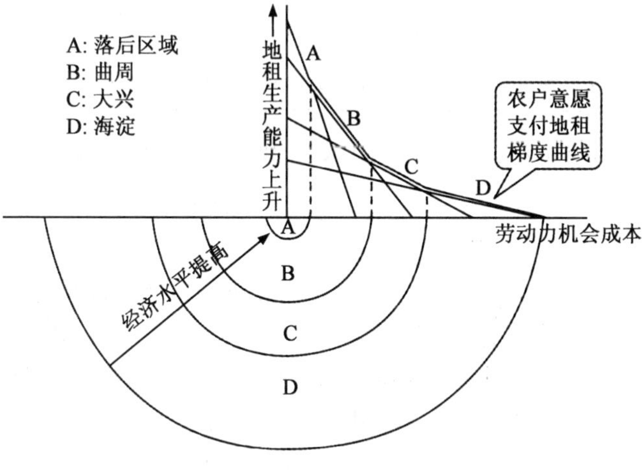

图 1-31　耕地质量与地租示意图

1.12　耕地质量的距离耦合特征

耕地资源在空间上存在显著的差异性特征。从耕地自然条件影响的尺度特征来看，耕地资源的尺度包括了田块、农田、农田系统、地貌、气候区之间的尺度上的显著差异特征。

从耕地社会经济差异特征来看，可以划分为农户、村级、乡镇、县域、市域、省级、国家、全球等不同行政为特征的尺度特征。这些耕地资源的利用与质量特征不仅具有尺度上上移和下移的差异特征，还包括在同级尺度上的相互影响。

一个区域的耕地利用会通过距离对另外一个区域的耕地质量产生显著的影响过程，就是耕地质量的距离耦合特征(Jiang wo Liu,2013)。这种影响的过程是通过粮食的流通而对两个区域的耕地利用系统产生影响。比如，近年来我国从巴西进行大豆的进口，大量的大豆的进口导致了我国东北区域的大豆种植面积不断降低。大豆的种植空间被玉米等所替代。对于巴西来讲，在大豆生产的刺激下，不断的开垦热带雨林，开垦耕地，导致森林的减少。对于中国的东北来讲，由于大豆被玉米所替代。大豆具有天然的固氮作用，大豆的生产通过当地的自然降水和较少的化肥使用量，就可以获得产量。但是，由于玉米的替代，需要进行大量的化肥投入，在一定的条件下，需要增加灌水保障。这样，就间接地对耕地质量产生了负面的影响(图 1-32)。

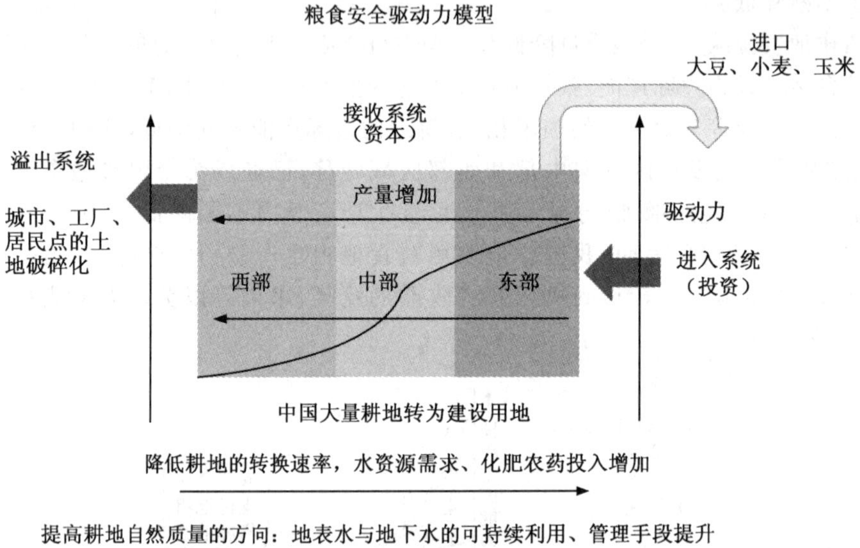

图 1-32　不同区域耕地资源利用驱动力分析

长期以来，我国的粮食生产是南粮北运，但是由于珠江三角洲和长江三角洲耕地资源的减少，黄淮海区域成为北粮南运的重要区域。农户在比较利益下，不断提高投入水平，导致黄淮海区域的水浇地面积不断增加，灌溉强度水平不断提升，作物熟制从两年三熟向一年两熟转化，高强度的土地利用导致了区域地下水的快速下降。国内通过粮食的生产与交换，一个区域的耕地利用变化而对另外一个区域的耕地质量产生了显著的影响。这种过程就是中等距离的耦合作用。

即使在村级尺度上，由于村与村之间利用主体在经济发展水平、收入水平、技术水平上的差异，也会存在显著的差异特征。比如在大城市周围区域的两个村，一个是在城乡交错带，处于城市的规划发展区；另一个是在传统的腹地区，处在传统的农区。两个村子可能会通过蔬菜、粮食、工业用品等交换作用，一个村的耕地资源利用对另外一个村的耕地资源质量产生影响，即空间距离上的影响。从耕地利用的代理人来看，即使在一个行政内部，耕地的土地所有者、承包者和使用者对于耕地的利用目标截然不同，都会对耕地质量产生影响。因此，分析的使用者由于耕地利用目标的差异而产生的耕地质量问题，也是一个需要深入研究的问题。

1.13　耕地质量的管理特征

耕地的质量是相对于耕地功能，而功能是从人类的需求而言，因此，有什么样的需求，就会有什么的耕地质量。对于中国来讲，由于人多地少，解决吃饭问题，就是一个头等大事。因此，国家成立了国土资源部进行耕地资源的保护。

服务于国家粮食安全的耕地质量显然具有资源特征。从资源管理来讲，耕地是由自然利用等组成的一个空间综合体，这个综合体就包括了形成生产能力的各个要素，建立在立地条件下的光、温、水、土、气以及利用组成的这个空间。国家关注的是耕地的生产能力，而从土地的利用来讲，由于涉及不同的利益主体，在国家层面来讲，从地租的角度来讲，就要关注耕地的肥沃度地租和投资产生的地租差异。而在微观的层面，耕地作为一种资源存在一个市场，因此，要关注耕地的价值问题。

农业部也是一个国家部门，农业部也关注耕地的生产能力，但是农业部更加关注的是支撑生产能力的基础地力条件和肥力条件，因此，农业部更加关注的是耕地的基础地力条件。而环境保护部，更加关注的是耕地的健康，关注的耕地生产环境和污染状况。国家气象局关注的气候变化，而气候变化是在大尺度上对于耕地的气候生产能力产生正面或者负面的影响，因此，气象局关注是大区域和长时间尺度下的耕地资源的气候生产能力。对于农民来讲，则更加关注的是耕地生产实物的能力和创造价值的能力，也就是更加关注的是耕地生产功能。因此，对于耕地质量而言，要从利益相关者的关注点出发，来思考和定位耕地的质量特征(图 1-33)。

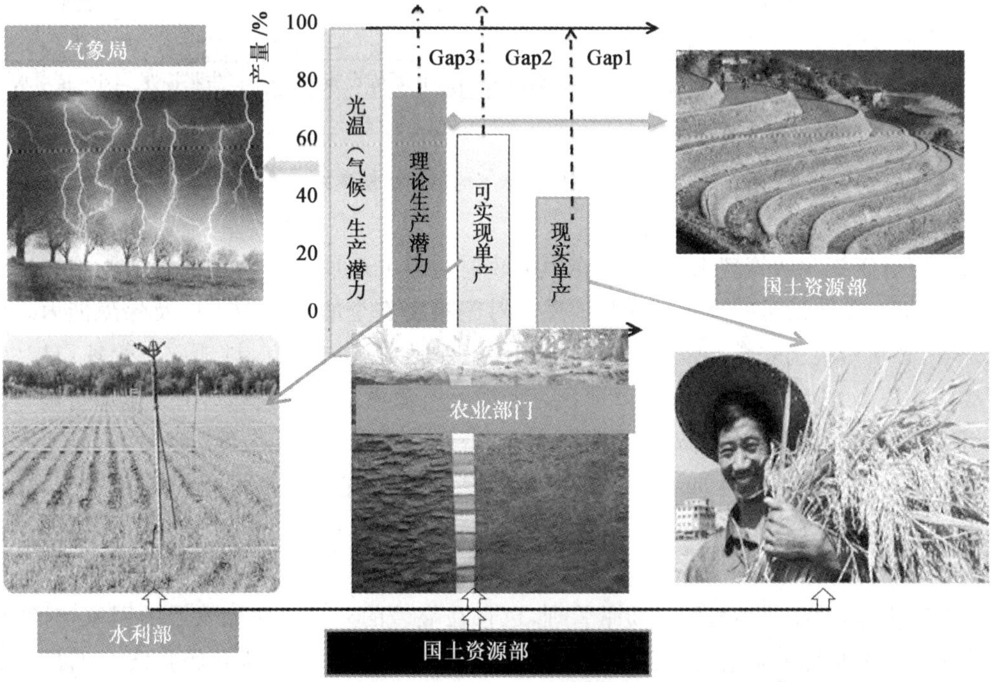

图 1-33　多部门耕地管理特征

由于耕地的所有方式不同，一个区域、一个国家对于耕地质量的管理也呈现出显著的空间差异性和阶段性特征。以我国农村土地集体所有权为特征的耕地资源质量管理来看，就存在显著的空间差异性。

对于广大的农民而言，是耕地的所有者。因此，耕地属于农村所有，具体有村集体进行代表，而农民是耕地资源的实际承包者，而耕地实际使用者可能是通过土地流转获得一定年度的土地使用权。因此，在村级尺度内部，至少存在农户、集体、公司等实际的耕地利用者，这些耕地利用者的目标产生了显著的差异。对于农民而言，是耕地所有者，在耕地资源利用过程中，既要考虑耕地的生产功能，还要考虑耕地资源的代际之间利用，农户之间的利用与协调。因此，农民需考虑的是耕地生产功能以及耕地持续利用。而对于公司来讲，耕地利用就是将耕地作为一种生产资料，其利用与管理目标就是在获得的土地使用权之内获得最大的回报，这种利用考虑得更多是现实利益，而不是长久的可持续利用。村集体作为农民群体的利益代表，在一定程度上是对耕地的所有权实施管理，因此，耕地的质量管理侧重点在于维护和保障上级部门关于对耕地质量利用与管理目标的落实(图 1-34)。

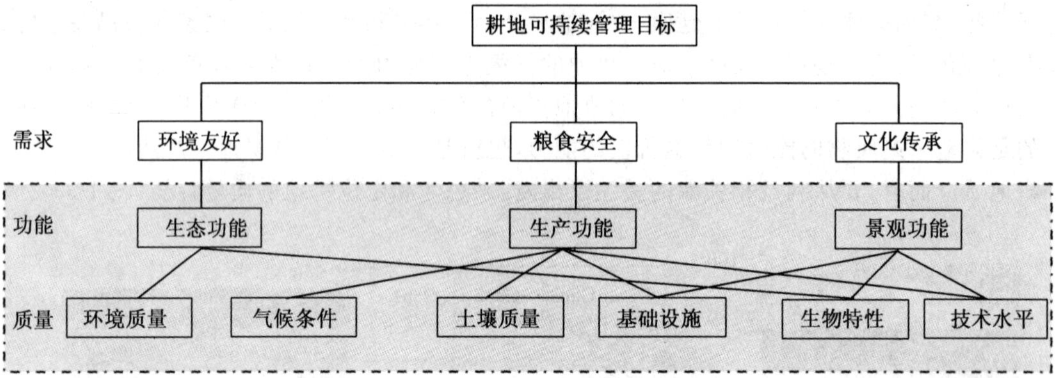

图 1-34 不同目标下的耕地质量需求

从政府对于资源的管理来看，则存在中央政府与地方政府对于耕地质量的管理。从中央政府来讲，更多关注的是一个国家的耕地质量对于粮食安全的支撑能力以及保障能力。作为一个国家，必须对粮食安全保障绝对的安全。而对于地方政府而言，耕地质量管理，只是落实国家战略的一个方面，因此，更多的落实国家的耕地资源质量管理战略。由于区域耕地资源数量、质量、区位和经济发达程度等方面的巨大差异，地方政府会依据区域的条件，确定出不同的耕地资源质量管理策略。比如，对于发达区域而言，地方政府在进行耕地资源质量管理而言，就不仅要考虑耕地资源质量的生产功能，还要考虑耕地资源其他功能。比如生态功能、生活功能以及景观功能等。

从全球来看，对于耕地资源的质量管理，也存在显著的差异。比如发展中国家，对耕地资源的质量关注的更多的是耕地资源的生产功能和生产质特征，是从满足粮食安全的角度来出发，但是，对于发达国家而言，对于耕地资源质量的管理，则更多的是侧重在耕地生态功能和景观功能的管理。

即使在一个国家，在不同的发展阶段，对于耕地资源的依赖程度不同，也是存在显著的差异性特征。对于我国而言，明显存在以农业为主的阶段、工业化阶段和城市化阶段显著差异性。在农业阶段，则整个国家是以农业为主，则耕地质量是关系到每个区域的发展大问题，可以说，耕地质量管理不仅是国家也是地方的重要任务。但是，随着经济发展水平的变化，在工业化阶段下，耕地资源质量管理让位于区域的工业发展，耕地生产功能和生态功能都得到弱化，而耕地的支撑功能得到了强化。因此，耕地资源质量的管理也存在显著的阶段特征。

参考文献

[1]Jonathan A. Foley, et al. Global Consequences of Land Use[J]. Science 309, 570 (2005);

[2]Liu. J, V. Hull, et al. Framing sustainability in a telecoupled world[J]. Ecology and Society,2013 18(2): 26.

[3]Martin K. van Ittersum, et al. Yield gap analysis with local to global relevance—A review[J]. Field Crops Research, 2013(3): 4 - 17

[4]姜广辉，张凤荣，孔祥斌，等. 耕地多功能的层次性及其多功能保护[J]. 中国土地科学，2011，08:42-47.

[5]孔祥斌，张凤荣. 中国农户土地利用阶段差异及其对粮食生产和生态的影响[J]. 地理科学进展，2008，02:112-120.

[6]刘守英. 中国城乡二元土地制度的特征、问题与改革[J]. 国际经济评论，2014，03:9-25.

[7]马克思.资本论:第3卷[M].北京:人民出版社，1975.

[8]杨晓光，刘志娟. 作物产量差研究进展[J]. 中国农业科学，2014，14:2731-2741.

第2章　耕地生产能力层次系统分析

2.1　耕地资源生产潜力层次性特征

生物生产量以有机物的重量或能量为指标，表示生物个体或群体的生产力水平。自然界的生物生产量包括第一性生产量和第二性生产量两大类。第一性生产量是生态系统中绿色植物借助于太阳能同化二氧化碳和制造有机物质的数量。第二性生产量是各种草食性动物、真菌、细菌和某些原生动物等异养有机体利用和释放绿色植物贮存的太阳能而形成的第二性生物产品的数量。农业可持续发展必然要涉及的一个问题是农业产量特别是作为第一性生产的作物产量，究竟还有多大的增产潜力。作物第一性生产量和生态环境——气候、土壤以及作物群体自身特性有密切关系。第一性生产力（初级生产力）是维持人类和全部异养有机体的生命及种群的能量和物质基础，是衡量地球对人类容纳量的一个重要方面（王一专，2003）。

产量形成的环境因子有太阳辐射、温度、水分、二氧化碳、氧、土壤和土壤肥力等。太阳辐射是植物进行光合作用制造有机质的能量来源，也是维持一定环境温度的热量来源，因而成为决定植物生产力的首要因子；温度是植物体内的生物学、生物化学和物理化学过程的限制因素，从而对光合作用具有重要的影响；水分是植物进行光合作用制造有机物质的主要原料之一，同时又是植物体的重要组成部分；CO_2 和 O_2 是植物光合作用和呼吸作用所必需的气体，如果不考虑生态环境的变化，大气中这些气体的含量可视为常量；土壤肥力主要包括无机养分，它是植物体不可缺少的物质，但只占植物体总干重的 5%～10%，且对一定土壤而言，具有相对稳定的性质（王一专，2003）。

农作物是在自然环境下进行生长发育和新陈代谢等一系列外部形态变化和内在生理生化反应的。其生长、发育和产量形成的每一环节，无不受到环境条件的影响。作物生长、发育和产量形成与环境条件有密切关系这一事实，早已引起人们的注意。诚然，作物产量是由品种、栽培管理技术、土壤条件、气象条件等多因素所决定的。实践表明，大范围、大幅度的减产，常常伴有大范围、大幅度的气候变化。因此，气候条件的影响对产量的形成具有特殊的意义。

按照实际需要，生产力概念可以分为两个层次：层次生产潜力和现实生产力。作物的层次生产潜力是指栽培条件最佳、作物所需的各种营养能够充分供应，仅仅是不同层次的气候、土壤或者社会生产条件作为限制因子时所能达到的产量上限。潜力决定于有效光合辐射、作物的生物学特性和品种等。我国学者将潜力划分为光温潜力、气候生产潜力（光温水潜力）、土地生产潜力（光温水土生产潜力）等几个层次。层次生产潜力是个抽象的概念，因为理想的条件实际上是很少遇到的，而什么样的气候条件是作物产量形成的理想条件，也还不完全清楚。根据研究的需要，现实生产力可以划分为区域利用产量和农户现实产量。因此，耕地生产能力层次可划分为光温生产潜力、气候生产潜力、土地生产潜力、区域利用产量和农户现实产量；不同层次之间产量差既相互独立又相互联系，各层次生产能力的高低取决于其相应的光、温、水、土等自然地理因素以及人类改造利用条件(图 2-1)。同时,不同层次的产量差(GAP)实现也要利用现代工程技术、田间管理来克服相应限制因子,缩小产量差,提高生产能力。

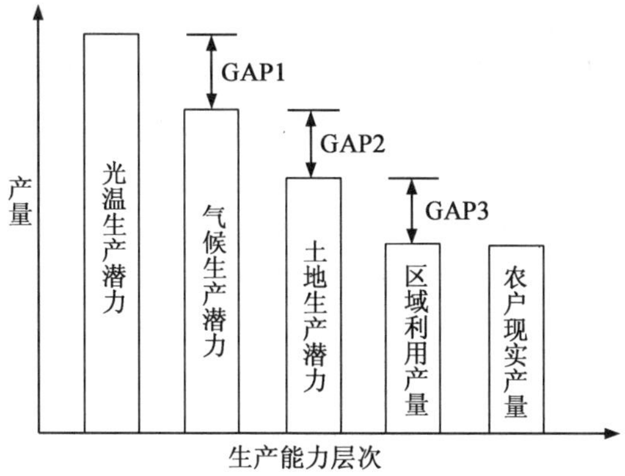

图 2-1　耕地生产能力层次特征概念模型

2.2　光温生产潜力及其调控

2.2.1　光温生产潜力内涵

光合生产潜力指温度、水分、土壤物理状况、养分、栽培管理等其他条件保持最适状态时由太阳辐射所决定的作物产量。光温生产潜力是在一定的光、温条件下,其他环境因素(水分、二氧化碳、养分等)和作物群体因素处于最适宜状态,作物利用当地的光、温资源的潜在生产力。即光温生产潜力是在农业生产条件得到充分保证,水分、CO_2 供应充足,其他环境条件适宜情况下,理想作物群体在当地光、热资源条件下,所能达到的最高产量。通常采用光合生产潜力乘以温度订正函数进行估算。

光温生产潜力是光、温两因子决定,是人为努力可达到的产量上限。温度对作物生产的影响包括对生育进程的影响和对净光合速率的影响两个方面。

影响光温生产潜力的因素主要包括太阳辐射、温度。对农业生产而言,温度是作物生长的必要条件,是作物进行新陈代谢的必要条件,作物的整个生长发育必须在合适的温度范围内才能完成,否则作物生长将受到抑制或者根本无法生长。在农业生产中常用的温度植保主要有≥0℃,≥5℃,≥10℃和≥15℃的平均气温。积温是指一年内日平均气温≥10℃持续期间日平均气温的总和,即活动温度总和,简称积温。它是研究温度与生物有机体发育速度之间关系的一种指标,从强度和作用时间两个方面表示温度对生物有机体生长发育的影响。

2.2.2　光温生产潜力调控

光照是作物进行光合作用的能量来源,适宜的光照是作物获取高产稳产的重要气象条件。光照不足对作物产量及产量构成具有显著影响,主要与作物本身遗传特性、遮光时间的长短、遮光程度的强弱及作物生长发育时期有关。

2.2.2.1　延迟收获对生产能力的影响

高英波等(2016)研究表明,在玉米实际生产中,确定适宜的收获时期是提高产量和品质的保证。根据2013年和2014年两年试验结果表明，玉米延迟5 d和10 d收获，产量显著增加。总体表明，与农民收获时期相比，延迟收获能够显著增加夏玉米产量，延迟5 d和10 d收获，所有处理特粒产量平均增幅为3.66%和5.54%，产量平均每天分别增加87 kg/(hm^2 · d)和65.9 kg/(hm^2 · d)。在高密度下，延迟收获增产效果要优于低密度。

玉米延迟收获主要是增加了粒重。与农民收获时期相比，延迟收获能够显著提高夏玉米千粒重，高密度下，延迟收获增产效果高于低密度。所有处理千粒重平均增幅为4.17%和5.97%，平均千粒重增加量分别为2.49 g/d和1.78 g/d(高英波，2016)。

2.2.2.2 育秧技术对光温生产潜力的影响

研究表明，低温冷害天气对早稻安全育秧影响非常大，严重时，甚至会造成早稻烂秧和死苗，而水稻工厂化育秧能较好地解决早季育秧期间低温冷害天气育秧难的问题(李其生，2014)。林登豪研究表明，温室育秧用人工控制温度、适度等条件，可快速育成嫩壮幼苗，提高成秧率，防止烂苗，插后无明显回青期，生长发育正常；不论早稻还是晚稻或者杂交水稻，温室育秧能够获得增产(林登豪，1980)。

2.2.2.3 大棚等设施农业

随着高分子聚合物——聚氯乙烯、聚乙烯的产生，塑料薄膜广泛应用于农业。日本及欧美国家于20世纪50年代初期应用温室薄膜覆盖温床获得成功，随后又覆盖小棚及温室也获得良好效果。我国于1955年秋引进聚氯乙烯农用薄膜，首先用于小棚覆盖蔬菜，获得了早熟增产的效果。大棚原是蔬菜生产的专用设备，随着生产的发展、大棚的应用越加广泛。当前农用大棚塑料薄膜广泛应用于西瓜、番茄、花生、棉花、烟草、茶叶等素材、粮食作物和经济作物，在保证一定透光率的同时，还能很好地阻止粮食作物和经济作物生长时二氧化碳的流失，起到了很好的保温作用，同时还具有保水、保肥、防雨、保护根系等多种作用，给粮食作物和经济作物提供了一个比较好的生长环境，作物增产效果明显，增产率高达30%～50%(李爱英等，2014)。

随着现代技术的发展，大棚的光照、温度、土壤肥力、水分等管理措施，也应该从原来的人工管理发展到现在的"智能化、信息化、标准化、定量化、精准化"智慧型管理。应当基于当前的物联网技术、大数据平台进行科学定量精准管理，实现作物的"高效高产增收"多重目标。

2.3 气候生产潜力及其调控

2.3.1 气候生产潜力内涵

气候生产潜力又称光温水生产潜力，是在农业生产条件得到充分保证，其他环境因素均处于最适状态时，在当地实际光、热、水气候资源条件下，农作物群体所能达到的最高产量；是指充分和合理利用当地的光、热、水气候资源，而其他条件(如土壤、养分、二氧化碳等)处于最适状况时单位面积土地上可能获得的最高生物学产量或农业产量。即在光温生产潜力基础上进一步考虑降水的限制后，农作物的理论产量。

中国对气候资源生产潜力估算方法进行了广泛的研究。竺可桢用太阳辐射能利用效率估算中国粮食最高产量。随后黄秉维等相继讨论了中国气候资源生产潜力。此外，不少人根据不同气候因子采用逐级订正、计算气候生产力的方法。首先计算温度、水分适宜，只由太阳辐射决定的作物产量光合生产潜力。即从辐射能转换原理出发，考虑光合有效辐射比例、冠层吸收比例、非光合器官无效吸收、光饱和限制、光量子效率、呼吸消耗和水分含量等因素，有的还进行叶面积订正。根据实际温度对生长适宜温度的偏离进行订正，便得到光温生产潜力。由太阳辐射、温度、水分决定的气候生产潜力，则在光温生产潜力基础上，进行作物水分供需满足程度的水分订正，多采用农田实际蒸散与最大蒸散比值或降水与可能蒸散比（刘黎明，2010）。

当地区降水量不能满足作物生育期的水分需要时，作物生长就会受到水分亏缺的影响，作物的产量就会降低。试验表明，作物的缺水程度可用实际蒸散量（E_{ta}）与最大蒸散量（E_{tm}）之比来表示，由此造成的产量损失可用实际水分条件下生产力（Y_{cp}）与光温生产力（Y_{mp}）之比来表示，如下公式（刘黎明，2010）：

$$1-\frac{Y_{cp}}{Y_{mp}}=K_y\times\left(1-\frac{E_{ta}}{E_{tm}}\right)$$

式中：K_y 为产量反映系数，它表示水分亏缺而造成的减产量，即水分胁迫因子。由于不同作物及作物不同生育期阶段对水分的反映不同，K_y 也随不同作物及不同生育阶段而变化，也就是说一定的作物在一定的生育期，具有一定的 K_y，比如冬小麦的营养生长期为 0.2、开花期为 0.6、产品形成期为 0.5、全生育期为 1.0。

气候资源生产潜力是气候资源蕴藏的物质和能量所具有的潜在生产力。通常可用气候资源估算植被的气候生产潜力和作物的气候生产潜力。后者是假设作物品种、土壤肥力、耕作技术适宜时，在当地光、热、水气候条件下单位面积可能达到的最高产量。根据考虑的因子不同，可有光合、光温、光温水等不同的气候生产潜力。

2.3.2　气候生产潜力调控

气候生产潜力的调控主要是光照、温度和降水；2.2.2 已经介绍了光照和温度的调控措施，这里主要介绍水分的调控措施。

2.3.2.1　灌溉对黄淮海平原小麦产量的影响

基于试验站不同灌溉次数下的粮食产量代表着自然状况下最好管理水平下的粮食产量数据，标志着减少灌溉次数后能达到的最高潜力产量，对于确定减灌补偿标准具有重要的借鉴意义（表 2-1）。

张喜英以石家庄栾城试验站数据为基础对于以减少农田灌溉次数为目标的优化灌溉制度做了大量研究，计算出最小灌溉制度、关键期补水灌溉制度、充分灌溉制度下粮食减产水平与节水水平。其中，最小灌溉制度是指在冬小麦播种时根据当时土壤墒情，通过适当灌溉，形成作物出苗的有利土壤墒情条件，其他时间不再进行灌溉，即灌溉 1 次；关键期补水灌溉制度，是在最小灌溉基础上，无论何种降水类型，关键期只补充灌溉 1 水，共灌溉 2 水；充分灌溉制度，为对照灌溉制度，一般灌溉 3～5 次，代表着农户一般情况下的灌溉制度。根据分析，平水年下灌溉一次（耗水量 107 mm）下，小麦减产 13%，节水 163 mm；灌溉 2 次（耗水量 180 mm）小麦减产 3%，节水 90 mm。在干旱年份，灌溉一次减产 25%，灌溉 2 次减产 8%以上。刘晓敏通过对太行山前平原区小麦玉米农艺节水技术集成模式进行综合评价，综合节水模式（即灌溉

2 次)的小麦产量比传统模式(即灌溉 3 次)高,且纯收益也要高。周丽丽运用 CERES-Wheat 模型模拟灌溉 1 次下小麦减产 11.5%,灌溉 2 次减产 11.4%,Jamin Li 分析吴桥县灌溉 1 次、2 次的小麦减产水平分别为 13.0%、3.2%。

表 2-1 试验站减灌下小麦减产水平

文献来源	实验地点	年份	降雨类型	不同灌溉次数下产量/(kg/hm²)			减产水平/%	
				1 次	2 次	3 次及以上	1 次	2 次
Zhang Xiying 等(2006,2008)	栾城	1997—2011	平水年	5890		6820	13.0,干旱年份 25	3.0~8.0
刘晓敏等(2011)	太行山山前平原	无	无	6370	7411	7330	13.1	−1.1
王淑芬等(2006)	栾城	1999—2003	平水年	5857	6296	6430	8.9	2.1
王海霞等(2011)	吴桥县	2008—2009	丰水年	7452	8176	8408	11.4	2.8
兰林旺等(1995)	吴桥县	"八五"期间		5625	6375	7125	21.1	10.5
周丽丽等(2015)	吴桥县	1981—2014	平水年	7293	7301	8245	11.5	11.4
Li Jiamin 等(2005)	吴桥县	1994—1997	平水年	6640	7388	7633	13.0	3.2

通过对试验站不同灌溉次数下的小麦减产水平综合分析(表 2-1),平水年份灌溉 1 次小麦减产在 10%~20%,灌溉 2 次小麦减产在 2%~10%以上。然而减产水平实际上受降水量的影响比较大,一般情况下两者呈负相关关系,即降水量越大,小麦减产水平越低。以上数据分析大多仅代表了普通年份高管理水平下的减产水平,与现实下农户可达到的减产水平具有差距。

2.3.2.2 膜下滴灌对新疆棉花产量的影响

新疆是中国最重要的优质高产棉区,2007 年棉花种植面积达到 1.78×10^6 hm^2(潘伟等,2011)。滴灌作为先进的节水灌溉技术,可通过滴水量、滴水频率等精确控制农田土壤水分,能显著提高作物产量和水分利用效率,滴灌技术引入新疆后,与作物薄膜覆盖技术相结合发展成为膜下滴灌技术(罗宏海等,2008;徐飞鹏等,2003)。棉花膜下滴灌技术就是将滴灌技术与覆膜植棉技术结合在一起,既能提高地温减少棵间蒸发,又利用滴灌控制灌溉特性减少深层渗漏,达到一个综合的节水增产效果,是先进的栽培技术与灌水技术的集成(徐飞鹏等,2003)。膜下滴灌技术作为一种节水高产的灌溉技术,因其地形适应性强、水分利用率高的优点,在新疆棉花种植中已经得到了广泛应用。2009 年新疆棉花膜下滴灌种植面积达到 1.50×10^6 hm^2(刘梅先等,2012)。

王军等(2016)表明,籽棉产量随着灌水量的增加而增加,二者呈抛物线关系,而水分生产率则随着灌水量的增加而减小。综合考虑产量和水分生产率,北疆地区膜下滴灌棉花优化灌水量为 280~307 mm。膜下滴灌可以给棉花生长提供适宜的水、汽、热环境,使棉花生育期提前,并可以显著提高棉花产量和品质。据 1997 年在 121 团场的测定结果,膜下滴灌下的棉花较地面灌增产约 14 %,生育期提前 5 d;根据农八师 1998—1999 年大面积调查统计资料,膜下滴灌比常规地面灌溉平均增产 10%以上(马富裕等,2001)。新疆棉花采用棉花膜下滴灌与常规灌溉相比,每亩总成本减少 28.75 元,水、肥等生产要素投入量平均减少 35.3%(严以绥,

2002)。采用膜下滴灌新技术大幅度提高了劳动生产率,扩大了农户承包的经营规格,大大增加了职工收入和家庭农场的总收入,并且促进生产关系的变革,真正实现了大农场套小农场双层经营的管理模式,促进了家庭农场的发展(徐飞鹏等,2003)。

王振华等(2014)研究表明,在现行灌溉制度条件下,新疆干旱区绿洲膜下滴灌棉田 0～60 cm 膜内根区盐分随滴灌年限呈降低趋势,在滴灌 1～4 年根区总盐变化幅度及降低幅度均较大,滴灌 5～7 年盐分继续小幅降低,根区平均含盐量均低于 5 g/kg,棉花根系生境合适,基本满足耕种条件,棉苗存活率在 60%以上,产量在 5250 kg/hm^2 以上;滴灌 8～15 年盐分趋于稳定,根区平均含盐量均低于 3 g/kg,且 Cl^- 含量低于 0.12 g/kg 时,棉花成活率及产量较高且稳定,棉苗存活率在 90%以上,产量在 6000 kg/hm^2 以上,根区土壤盐分中 Na^+ 与 Cl^- 随滴灌年限降低趋势明显;当地的灌溉制度是造成根区盐分降低的主要原因,坚持现行的灌水制度有利于膜下滴灌长期可持续应用,但应适当减少花铃后期及吐絮期的灌水定额以节约水资源。

2.3.2.3　灌溉方式对产量的影响

隔沟交替灌溉对棉花株高抑制作用较明显,而对蕾铃等生殖生长的影响较小,该技术能够调整棉花营养生长与生殖生长的关系,有效控制作物生长冗余,调节光合产物在根冠间的比例和分配,优化根冠比;可以在保持相同光合速率水平下大大降低叶片蒸腾损失,提高叶片水分利用效率,使霜前花比例提高,产量水平的水分利用效率分别较常规沟灌和固定隔沟灌提高 17.22%和 18.59%;在西北旱区棉花上应用隔沟交替灌溉技术具有较大的节水增产潜力(杜太生等,2007)。

为了探讨旱区农业节水新途径,杜太生等(2005)在甘肃省石羊河流域下游荒漠绿洲区采用常规滴灌和分根区交替滴灌方式研究不同灌溉方式对大田棉花生长发育、产量、水分利用效率以及土壤水分分布的影响。结果表明,根系分区交替滴灌技术在大田条件下可使籽棉产量比常规滴灌处理提高 21.1%,总水分利用效率和灌溉水利用效率分别提高 17.9%和 20.9%。同等产量水平下与常规滴灌相比,交替滴灌可节省 30.8%的灌水量;该研究表明,根系分区交替滴灌是一种切实可行的节水灌溉技术,可在干旱缺水的棉花生产地区进一步研究和推广应用(杜太生等,2005)。

黄金瓯等(2015)为探讨不同咸淡水膜下滴灌方式对棉花根系、产量和土壤剖面溶质迁移的影响,于 2012—2013 年在巴州灌溉试验站开展大田试验,共设置全生育期微咸水、淡水和咸淡水轮灌(蕾期-花铃前期淡水、其余生育期微咸水)3 个处理。结果表明,在土壤盐害离子增加,微量元素减少的情况下,采用咸淡水轮灌的方式,钠离子未发生表聚,2013 年棉花总根长密度高于咸水处理达 24%,地上部干物质、单位面积铃数和籽棉产量较咸水处理高出 13%～24%。咸淡水轮灌一定程度上促进了棉花根系生长,缓解盐害离子对棉花造成的生长胁迫;另外,不同咸淡水灌溉处理下,土壤溶质迁移规律不同:2012—2013 年,土壤中铜、铁、锰平均质量分数降低约 40%,0～10 cm 的表聚系数由 0.14～0.17 增长至超过 0.20,3 种处理下铜、铁、锰都表现出强烈的表聚性;钙、钾、钠平均质量分数增加 33%～45%,3 种处理下钙、钾未表现出明显的表聚性,而微咸水处理下钠由不表聚转变为显著表聚;该成果可为干旱地区合理利用微咸水,实现棉花优质稳产提供参考。

2.4 土地生产潜力及其调控途径

2.4.1 土地生产潜力内涵

土地生产潜力由光、温、水、土、养分等自然要素决定的单位面积土地可能达到的生物产量或收获物产量。作物在上述气候生产潜力的基础上，进一步要受到具体区域的土壤和地形条件的限制，因此也就要对上述的气候生产潜力进行土壤修正。土壤修正，实际上是针对有关土壤及相关地学因素所做的作物生长限制性分析或适宜性评价。所考虑的因素一般包括土壤剖面构型、土层厚度、有机质及化学性状、坡度、地下水位等。限制性分析或适宜性评价与土地适宜性评价方法相同，土壤修正系数为 $f(L)$，可采用作物的耕地质量系数方法进行修正。作物的耕地质量系数是指影响作物产量的土地质量系数，它取决于某地区土地质量构成及各种质量土地在一般条件下的平均单产（刘黎明，2010）。具体计算如下：

$$Y_L = Y_W \cdot f(L)$$

$$f(L) = \frac{F_1 a_1 + F_2 a_2 + \cdots + F_n a_n}{\sum F_i a_i}$$

式中：F_1 为一等耕地的面积，F_2 为二等耕地的面积，F_n 为 n 等耕地的面积，a_1 为一等耕地产量比值，a_2 为二等耕地产量比值，a_n 为 n 等耕地产量比值。

比较简单的方法就是根据不同土壤对其区域作物及其种植制度的适宜性等级对其区域气候潜在生产能力进行修正，计算方法为：最适宜的土壤等级（VS）可得气候潜在产量的 80%～100%；适宜者（S_1）可得气候潜在产量的 60%～80%；中等适宜者（S_2）可得气候潜在产量的 40%～60%；边际适宜者（S_3）可得气候潜在产量的 20%以下（刘黎明，2010）。

对于土地生产潜力的研究比较完整的方法论基础及其具体的系统工作程序，是在 20 世纪 70 年代联合国粮农组织推广应用的农业生态区法（agro-ecological zone，AEZ）。它是将农业生产的生态条件——气候、地形和土壤等采用逐级相似的地理学方法进行区域性划分，如分别计算其土地资源的生产潜力。其优点是：①它正确应用了土地资源各组成要素和作物产量形成之间的关系，如大气中的光、温、水和土壤的各肥力因素等。②它利用了每一农业生态区内各土地因素和作物产量形成要素之间的逻辑关系。③它的工作模式不断改进和扩展，于 20 世纪 80 年代末应用于计算机程序化工作，已有更新的发展。

2.4.2 土地生产潜力调控

2.4.2.1 土壤有机质对土地生产潜力调控

土壤有机质是体现土壤肥力水平的重要指标之一。它不仅含有作物生长所需要的氮、磷、钾、微量元素等各种养分，为微生物活动提供能源，还可以通过影响土壤物理、化学和生物学性质，改善土壤的透水性、通气性、保肥性和作物根系生长环境，进而提高土壤肥力。有研究认为土壤有机质和作物产量之间是相互影响的，土壤有机质可以增加土壤养分的供给，改善作物生长环境，从而是作物的产量提高；当作物产量增加，可以增加秸秆还田数量，通过根系返回到农田的有机物质增加，从而增加土壤有机质含量水平。

不同土壤类型在不同施肥处理下耕地表层土壤有机质含量与作物产量的趋势方程可知：全区不同施肥处理下作物产量随着土壤有机质含量变化的趋势不同，褐潮土 CK、UF、CF 处理下土壤有机质含量与作物产量相关性均不明显，R^2 普遍很小；石灰性潮土不同施肥处理下，仅 CFM 处理下土壤有机质含量与作物产量呈显著正相关关系，其他的施肥处理下二者相关性不明显；壤质潮土 A 的 CK 和 CFM 施肥处理下有机质含量与作物产量均有显著的相关性，其中 CK 为显著正相关，CFM 为显著负相关关系，其余的施肥处理二者相关性不明显；壤质潮土 B 仅 M 施肥处理下二者呈显著的正相关关系，作物产量随着有机质含量增加而增加，其余的施肥处理下二者相关性不明显；盐化潮土和黄潮土在各施肥处理下有机质含量与作物产量之间均无显著相关性，说明单个的处理下作物产量与有机质含量之间回归关系不够密切。因此，可以看出分别分析不同土壤类型不同施肥处理下有机质含量与作物产量之间的关系，由于样点数据的限制，实际上很难反应相应的关系或规律，因此，在本书的下一节以各土壤类型为单位，这样更能看出不同土壤类型下两者之间的关系（表 2-2）。

表 2-2　不同土壤类型不同施肥处理下耕地表层土壤有机质含量与作物产量的趋势分析

土壤类型	处理	回归方程	R^2
褐潮土	CK	$y=-202.9x+5405.8$	$R^2=0.240$
	UF	$y=-225.25x+5593.2$	$R^2=0.112$
	CF	$y=-273.2x+8787$	$R^2=0.084$
	CFM	$y=165.01x+2316.3$	$R^2=0.063$
石灰性潮土	CK	$y=-278.79x+9230.1$	$R^2=0.068$
	UF	$y=76.444x+5043.1$	$R^2=0.002$
	CF	$y=525.53x+2551.1$	$R^2=0.144$
	CFM	$y=267.5x+6755.7$	$R^2=0.317^*$
壤质潮土 A	CK	$y=930.35x-6924.5$	$R^2=0.440^{**}$
	CF	$y=1170.2x-5950.6$	$R^2=0.056$
	M	$y=1535.8x-14829$	$R^2=0.161$
	CFM	$y=1417x-11240$	$R^2=0.352^*$
壤质潮土 B	CK	$y=-267.87x+7527.9$	$R^2=0.045$
	UF	$y=363.76x+4017.6$	$R^2=0.004$
	CF	$y=-773.71x+21731$	$R^2=0.077$
	M	$y=715.12x-2558.6$	$R^2=0.329^*$
	CFM	$y=-209.08x+15632$	$R^2=0.007$
盐化潮土	CK	$y=-143.17x+6659.7$	$R^2=0.017$
	CF	$y=181.65x+11693$	$R^2=0.035$
	M	$y=252.38x+8116.1$	$R^2=0.515$
	CFM	$y=98.427x+12835$	$R^2=0.035$
黄潮土	CK	$y=254.57x+3093$	$R^2=0.0553$
	UF	$y=991.4x-631.1$	$R^2=0.048$
	CF	$y=654.34x+6409.2$	$R^2=0.050$
	M	$y=168.59x+7678.2$	$R^2=0.104$
	CFM	$y=313.37x+10412$	$R^2=0.242$

施肥结构、耕作方式及耕作制度是引起土壤有机质变化的主要原因,建议采取以下措施进行调控，确保农作物正常生长。大力推广商品有机肥;政府应不断加大的补贴力度,将大大提高农户施用有机肥的积极性，适当增加有机肥单位面积施用量。

推进作物秸秆综合利用。作物秸秆是重要的有机肥源,是当前中国农田唯一可靠的潜在有机肥源。秸秆还田有利于保持土壤肥力、改善土壤理化性状，是国内外提倡的保护性耕作措施之一。因此,结合杭州市郊实际和农业部土壤有机质提升补贴项目(秸秆腐熟剂),可采取以下措施：早稻秸秆应根据稻田有机质含量，用秸秆快速腐蚀剂处理后，部分直接还田，部分移出稻田；单季稻和连作晚稻秸秆可直接还田或覆盖在冬种作物上(王斌等,2011;李丹等,2016)。

加大冬绿肥翻压面积。种植绿肥能为土壤提供丰富的养分,具有显著的增肥功效。绿肥翻压进入土壤后,增加了土壤的新鲜有机能源物质,使微生物迅速繁殖,活动增强,从而促进腐殖质的形成,养分的有效化,加速土壤熟化;采取冬种绿肥进行翻压的措施,以增加土壤有机质含量(王斌等,2011;李丹等,2016)。

采取保护性耕作方式。保护性耕作因其具有保持水土、降低生产投入、增加土壤肥力和产量等优点，已受到世界许多地区的陆续实施。垄作免耕将两者很好地结合起来,不仅能增加表层土壤的有机质含量，还能促进水稻根系生长,有利于下层土壤有机质的累积(王斌等,2011;李丹等,2016)。

此外,还需要采取系列措施创建适于有机质积累的生态环境。例如,健全农田防护林网,特别是遭风蚀的土壤,有机质比较丰富的表层不断损失,亟须树立林木生物屏障。巩固完善田间工程,坡耕地和岗坡地,雨季水土流失,土壤腐殖质和其他养分损失甚巨,需要进一步巩固完善梯田畦田,维修边埂为土壤培肥提供工程保证(李承绪,2007)。

2.4.2.2 土壤培肥对土地生产潜力调控

土壤培肥作为恢复和提高退化坡耕地土壤肥力的主要农艺措施,被广泛应用到侵蚀土壤生产力的恢复中本研究表明,在同等侵蚀条件下,培肥措施能显著增加0～20 cm土壤碱解氮、土壤有效磷和土壤速效钾等速效养分含量,而对土壤有机质含量的影响不大,但随着土壤侵蚀程度的增加,土壤有机质和土壤速效氮磷钾养分平均含量呈降低趋势,通过培肥措施恢复或提高土壤肥力的难度也越大(周丽娜等,2015)。因此,通过施用有机物料进行培肥不仅能提高土壤肥力,还会提高土壤物理特性(如土壤颗粒组成、土壤孔隙度、持水能力等),从而恢复或提高侵蚀坡耕地土壤的生产力水平(吕军杰等,2014;欧洋等,2014)。在渭北旱塬耕地土壤上施用秸秆堆肥与厩肥等有机物料能显著提高土壤容重和水稳性团聚体含量,有效地改善土壤结构,同时提高土壤微生物量和土壤酶活性(王芳,2010)。施用有机肥或有机无机配施均能降低土壤砂粒比例,提高黏粒含量,有效地改善土壤物理结构;而不同培肥措施对侵蚀坡耕地土壤团聚体组成、土壤微生物量和土壤酶活性等相关的综合研究依然需要深入探讨(周丽娜等,2015)。

2.4.2.3 表土剥离对土地生产潜力调控

表土剥离(topsoil stripping)是指将建设占用地或露天开采用地(包括临时性或永久性用地)所涉及的适合耕种的表层土壤进行剥离,并用于原地或异地土地复垦、土壤改良、造地及其他用途的剥离、存放、搬运、耕层构造与检测等一系列相关技术的总称(颜世芳等,2010)。自然表土覆被能够提高土壤发育初期的质量,而且可以促进土壤形成过程、植物生长以及农业利用。表土回填能增加主要有机质含量、改善营养状态和土壤的物理性质,尤其是土壤结构,还能够提高新生土壤的生物多样性,并通过引入有益的土壤微生物促进植物的生长以及本土植被群落的发育(Brenner 等,1984;Schladweiler 等,2005;Alday 等,2011)。农民用"一碗土、一碗粮"形容耕作层表土的价值。表土剥离是提高土地生产能力、有效保护耕地、治理环境的重要举措,有助于提高优质土地供给,缓解人地矛盾。

加紧制定中国有关表土剥离的专项法律法规,如《表土剥离法》《表土保护法》等。再次,在专项法律法规和地方性法规中,对表土剥离的技术规程、标准规范给予详细规定,提高表土剥离的可操作性,力争将相关工作落到实处。综合运用规划、行政许可、保证金、基金、技术指南等多种方法和手段推进中国的表土剥离。例如,积极制定表土剥离专项规划,服从于土地利用总体规划,与土地整理规划、土地整治规划等专项规划相辅相成。结合中国的土壤分布条件,出台与表土剥离相关的实践指南,规定剥离利用可以采用的设备、相关注意事项等,为开展精细化表土剥离工作提供指导。精细规定相关技术要求,要因地制宜开展表土剥离开展各项工作。首先区分各项建设活动、土地改良事业、土地污染治理和矿产资源开发等不同类型,然后从调查、规划、剥离、存储、回填、复耕、生产力恢复、景观再造、生态养护等各个环节提出明确的质量和技术要求。对哪些土壤应该剥离利用,哪些土壤不应该剥离利用,以及对不同的类型如何进行剥离利用,存储的场地,存储土堆的高度、斜坡,回填的时机、客土的要求,生产力恢复情况的测量检测、景观再造和生态养护情况的调查等诸多方面的各个环节都进行明确的技术要求规定(谭永忠等,2013)。

2.5　区域利用产量及其调控

2.5.1　区域利用产量内涵

区域利用产量是指在一定社会经济条件下,在既定的科技装备条件下,经过国家、地方政府、企业等多方土地整治、农业综合开发、高标准基本农田建设,能够实现的产量;反映社会发展水平和对土地的改造利用。

核算区域耕地资源生产能力,揭示耕地生产能力层次差异,分析耕地资源生产潜力的空间分布特征,对于科学确定区域耕地利用与保护对策,特别是支撑区域土地整治以及高标准农田建设,保障国家耕地资源安全战略具有重要意义。相慧、孔祥斌等(2012)对中国粮食主产区(黑龙江省、吉林省、辽宁省、河北省、山东省、江苏省 6 省)乡镇尺度的耕地资源生产能力核算数据为基础,核算了粮食主产区理论生产能力、可实现生产能力和实际生产能力差值以及生产能力特征,并分析了耕地生产能力在省级及二级区尺度上的分布特征,揭示了耕地区县级利用强度与利用潜力。研究结果表明,中国粮食主产区(6 省)的耕地理论生产能力、可实现生产能力和实际生产能力分别为 5.12 亿 t、4.03 亿 t 和 3.28 亿 t。江苏省的江淮平原区理论单产、可实现单产和实际单产均最高,黑龙江省的大小兴安岭山地区理论单产最低,河北省的后山坝上高原区可实现单产、实际单产最低。河北平原区及山东省理论利用潜力明显高于其他地区。

耕地资源理论生产能力较高表明，通过实施高标准农田建设，粮食主产区增产潜力巨大；而6省区可实现利用潜力普遍较低，表明通过政策提升耕地生产能力的空间有限（相慧等，2012）。

2.5.2 区域利用产量调控

2.5.2.1 土地整治对区域利用产量提升效应分析

我国土地整治于20世纪90年代，十多年来，我国土地整治在提高耕地质量，提升农业综合生产能力、加快农业现代化及实现城乡统筹发展等方面发挥了重要作用。中国自20世纪90年代起开始实施土地整理，最初的整理对象集中在农用地，着力解决由于家庭联产承包责任制所导致的农田细碎化和农业基础设施建设落后等问题，其目标主要在于提高农业生产力和增加农田面积。

大规模建设高标准农田，提高农业综合生产能力是保障国家粮食安全的重大举措，以产能提高为核心的农用地整治已上升为国家层面的重要战略之一。总体上看，中国农用地整治区主要可以划分为平原型、丘陵型和山地型三类。由于不同地区的自然条件、工程措施差异，农用地整治对于土地产能提高的作用也存在差别。通过建立农用地整治影响下的农田生产能力估算模型，定量评价湖北省内平原、丘陵及山地3种不同类型区农用地整治对农田生产能力的影响，结果表明，①农用地整治后，山地型整治区农田生产能力提高168.91%，丘陵型整治区提高57.78%，平原型整治区提高38.32%；②平原型整治区基础设施要素提高最大，为78.62%；丘陵型整治区水资源要素提高最大，为75%；山地型整治区基础设施要素提高最大，为199.12%；③总体上，基础设施要素对农田生产能力的贡献率都最大。建议国家农用地整治在政策上适当增加对山地型和丘陵型整治区的重视，项目区应合理配套农村居民点整治工程，并尽量避免生态损失（谷晓坤等，2013）。

2.5.2.2 改造区域土壤障碍因素

要针对我国不同自然地理区域农田质量特征进行科学的整治工程规划设计，既要涵盖高标准基本农田建设的各方面内容，又要重视针对具体区域农田土壤主要障碍因素的改造，彻底消除或减缓不利因素对作物生长的负面影响。

针对土壤质地不良的农田，可通过掺入客土等措施达到改善质地、适宜作物耕种的目的；西南区红黄壤旱地的土壤质地黏重过酸，可通过与砂土混掺进行改良；针对渍涝型农田，可通过深松、秸秆心土还田等措施进行改造；东北区的黏质草甸土可通过深松打破犁底层和滞水层；沼泽土可通过秸秆等心土还田达到加速土壤水分渗透的目的；对于盐碱型农田，可通过深耕或客土等措施加以改良；黄河沿岸的盐碱地可逐年引黄淤灌，达到一定厚度既可以抬高田面又能增加土壤养分含量；耕层浅薄型耕地可通过深耕、深松的措施打破犁底层、加深耕层厚度；瘠薄型农田可通过表层覆盖优质客土，以及针对性的配方施肥达到提高土壤养分含量的目的；土体存在障碍层次的农田可通过各种机械改土措施进行改良。如东北区利用心土混层耕结合土壤培肥改造白浆土，效果显著。长江中下游区利用深耕深松措施来破除黏黄棕土壤的障碍层次、加深耕层厚度。针对风沙型农田的改良，可采用混层耕、客土改良等。如西北区土体存在黏土层或胶泥层的飞沙土，可通过混层耕将下层黏质土壤与上层的砂土混掺，形成适合耕种的两合土(吴克宁等,2013)。

2.6　农户现实产量及其调控

2.6.1　农户现实产量内涵

农户现实产量是在耕地基础地力和区域耕地利用水平的基础上,农户耕作、播种、施肥、灌溉、打药等田间管理和劳动投入所决定的产量;故农户现实产量反映了农户的田间管理水平和物质、劳动、资本等综合投入。

国内外学者,从农户土地利用特征出发,系统研究了农户土地利用对耕地生产能力实现程度的影响。Cheng Litong 等(2003)以中国三大种植作物小麦、玉米和水稻为例,在分析三种作物的集约化利用变化的同时,还分析了集约化程度变化对农户效益和三种作物产量的影响。中国科学院的李秀彬提出了农地利用变化假说及其生态环境影响,并进一步分析了农地边际化特征,以宁夏农地利用为例,分析了劳动力成本上升对农地利用变化的影响,认为区域劳动力机会成本的变化是我国农用地资源利用过度和不足的主要驱动原因,并认为农户对劳动生产率的追求显著地影响了区域的粮食生产能力实现程度(刘成武等,2005;刘成武等,2006;李秀彬等,2008;田玉军等,2009)。中国农业大学的孔祥斌依据相关假设,提出了中国农户土地利用存在阶段性特征的结论,并以北京大兴和区域为研究样区进行研究,发现发达区域农户土地目标阶段转化,使耕地粮食生产实现程度降低,但对土壤有机质含量提升产生了正面影响(Kong 等,2006;张晋科等,2006;孔祥斌等 2008;Zhang 等 2008; Kong 等,2009;孔祥斌等,2010;孔祥斌,2011;李翠珍等,2011)。而宋伟等以中国发达区域江苏省常熟市为例分析了农户土地利用对耕地粮食生产潜力的影响,认为农户的兼业行为和劳动力投入降低没有影响耕地的单产水平(宋伟等,2007)。

已有的研究得出的研究结论表明,农户是保障我国粮食安全的主体,农户的土地利用行为变化对区域粮食生产能力实现程度产生重大影响,从而影响区域的粮食生产。但是,一个显而易见的现实是,30 年来,我国的粮食主产区呈现出由中国南方—黄淮海—东北转移以及从东部—中部—西部梯度转移的态势。

2.6.2　农户现实产量调控

2.6.2.1　农业技术推广

农业技术推广工程是将农业科技直接运用于现实农产品生产的有效而便利的途径,是中国实施“科技兴农”战略的重要手段。超级稻产量的理论研究水平达到了一定高度(周宏等,2014),但是如何把科技转化为有效的生产力,超级稻农业技术推广在这一过程中就显得尤为重要。农业科技人员对农民进行专题技术培训+种子补贴+示范的农户增产效果最好。农业技术推广到位水平对超级稻种植具有重要的影响,通过减少关键环节的时间偏差可以在不改变种植成本的前提下显著提高超级稻的产量以及技术效率。

2.6.2.2　粮食补贴激励农户

保障粮食安全是国家安全的重要战略,2004 年以来,中国政府相继出台了粮食直接补贴、农资综合直补、良种补贴、农机具购置补贴等一系列的政策措施。理论上讲，粮食补贴政策有利于提高农民种粮积极性，促进粮食增产。

粮食补贴政策达到了提高农民种粮积极性，促进粮食增产的效果。粮食补贴政策最直接的效果就在于调动农民的种粮积极性，粮食供给量大幅度增加，粮食补贴政策对恢复粮食生产、保障国家粮食安全起到了明显的成效(韩喜平等，2007；张海阳等，2005)。粮食补贴政策对促进粮食增产的潜力和空间很大，亩均补贴水平提高1%，将使农户的粮食产量增量提高0.056%；另外，亩均粮食补贴与粮食种植面积、物质资本投入交互变量的系数分别达到0.169和0.109，说明粮食补贴政策可以通过影响农户的种植决策和投资决策来影响农户的粮食生产，实证检验了粮食补贴政策的作用路径(吴连翠等，2013)。

2.6.2.3 培育新型职业农民

针对农村大量青壮年劳动力涌入城市，留守农民以老年人、妇女居多，致使农村土地出现了产量低与撂荒现象，提出培育新型职业农民目标和教育培训模式，以期提高农民专业水平，加快农业健康、快速发展加快培育、培训新型职业农民，首要是让其主观思想发生根本转变，重点放在观念转变、知识更新和提升经营管理服务理念上。使广大农民认识到现代化农业生产的重要性、必要性和经济价值，才能充分调动其生产积极性，使农民队伍整体水平得到提升，农业问题才能得到更好解决，粮食安全才能得到有效保障(刘星，2016)。

新型职业农民是未来现代农业经营的主导力量，新型职业农民的突出特点在于其具有较高的市场主体地位，职业的稳定性和高度的社会责任要求。新型职业农民的成长需要特定的社会环境，包括土地流转制度、新型的城乡关系和尊重农民的社会心理环境，也包括提供完善的教育服务。对新型职业农民的教育内容不仅要有农业科技教育，还要包括农业的本质、农业发展理念、农业文化与农业管理等内容(朱启臻等，2012)。

2.6.2.4 “科技小院”模式提高农户产量

2016年9月8日，中国农业大学张福锁教授团队在《自然》杂志发表研究论文《科技小院让中国农民实现增产增效》，科技小院是中国小农户提高产量提供了重要模式。为了破解品种选择、水肥管理、耕作管理、田间管理技术应用的制约因素，科技小院引导农户结合实际情况开展了大量的参与式技术创新，发现与农户一起进行技术创新是提高技术适用性和综合效益的关键举措，例如农户采用小院推荐的深耕技术后增加了镇压，不仅减少一次浇水，每亩节省50多元钱，还降低劳动力投入。这样的参与式技术创新还有很多，农民在小院提供的播量、播期等技术上也进行了不少改进，修改后的技术更适合当地农户生产实际，简便易行且效益提高。2009—2014年五年中，共有71个科技农户进行了608组技术优化试验，统计结果表明，农户修改后的技术体系可以达到试验基地产量水平的97%，而成本收益率和劳动力效率均提高了43.8%～195.8%(Zhang等，2016)。

绝大部分农户受教育程度低、对技术理解不够、接受能力差制约了技术的大面积应用，科技小院建立了“提升农户兴趣-强化信息传播-建立农户信任-实时决策咨询”的新型技术扩散途径。逐步破解了传统技术扩散方式中农户不感兴趣、看不到、看不懂、记不住、不能用的关键瓶颈，例如通过在村里开展舞蹈、识字班等文化活动培育了与农户的信任度，大量示范和竞赛激发了农户兴趣，小院在村头建立科技长廊、农户家里发放科技日历解决农民看不到技术信息的问题，通过大范围培训解决农户看不懂的问题，通过实时咨询解决农户记不住的问题(Zhang

等,2016)。

科技小院模式非常重要,提供了农民与科学家交流、农民创新、不同服务主体协作的平台。《自然》杂志执行编辑和评委对此文予以高度评价,国际小农户可持续发展研究专家 Giller 教授对科技小院这种扎根农村助推农户增产增效的创新模式感到无比兴奋,他认为这是迄今为止国际上关于大面积推动小农户增产增效的典型成功案例,是全球提高粮食产量、减少环境污染的重要途径。国际产量差研究发起者之一的 Van Ittersum 教授认为科技小院在大规模改变小农户生产方式方面取得了突破性进展。

参考文献

[1] Alday J G, Marrs R H, Martínez-Ruiz C. Vegetation succession on reclaimed coal wastes in Spain: the influence of soil and environmental factors[J]. Applied Vegetation Science, 2011, 14(1): 84-94.

[2] Brenner F J, Werner M, Pike J. Ecosystem development and natural succession in surface coal mine reclamation [J]. Minerals and the Environment, 1984, 6(1): 10-22.

[3] Chengli Tong Charles A S Hall, H Q Wang. Land use change in rice, wheat and maize production in China (1961—1998) [J]. Agriculture, Ecosystems and Environment, 2003, 95: 523-536.

[4] Jinke Zhang, Feng rong Zhang, xiangbin Kong. The grain potential of cultivated in mainland China in 2004[J]. Land use policy, 2008(26): 68-76.

[5] Li J, Inanaga S, Li Z, et al. Optimizing irrigation scheduling for winter wheat in the North China Plain[J]. Agricultural Water Management, 2005, 76(1): 8-23.

[6] Schladweiler B K, Vance G F, Legg D E, et al. Topsoil depth effects on reclaimed coal mine and native area vegetation in northeastern Wyoming[J]. Rangeland Ecology and Management, 2005, 58(2): 167-176.

[7] Weifeng Zhang, Guoxin Cao, Xiaolin Li, et al. Closing yield gaps in China by empowering smallholder farmers [J]. Nature, 2016, 000: 1-4 (doi: 10.1038/nature19368).

[8] Xiangbin Kong, Thanh H. Daob, Jing Qin. Effects of soil texture and land use interactions on organic carbon in soils in North China cities' urban fringe[J]. Geoderma, 2009, 154: 86-92.

[9] Xiangbin Kong, Fengrong Zhang, Qi wei. Influence of land use change on soil nutrients in an intensive agricultural region of north China[J]. Soil Tillage Research, 2006(88): 85-94.

[10] Zhang X, Chen S, Sun H, et al. Dry matter, harvest index, grain yield and water use efficiency as affected by water supply in winter wheat[J]. Irrigation Science, 2008, 27(1): 1-10.

[11] Zhang X, Pei D, Chen S, et al. Performance of double-cropped winter wheat-summer maize under minimum irrigation in the North China Plain. Agronomy Journal, 2006, 98(6): 1620-1626.

[12] 杜太生,康绍忠,王振昌,等. 隔沟交替灌溉对棉花生长、产量和水分利用效率的调

控效应[J]. 作物学报,2007, 33(12):1982-1990.

[13] 杜太生,康绍忠,胡笑涛,等. 根系分区交替滴灌对棉花产量和水分利用效率的影响[J]. 中国农业科学,2005,38(10):2061-2068.

[14] 罗宏海,李俊华,勾玲,等. 膜下滴灌对不同土壤水分棉花花铃期光合生产、分配及籽棉产量的调节[J]. 中国农业科学,2008,41(7):1955-1962.

[15] 高英波. 黑龙港流域夏玉米增产主要限制因子分析及调控途径[D]. 中国农业大学,2016.

[16] 谷晓坤,范春晓,柴铎,等. 不同类型区农用地整治对农田生产能力的影响[J]. 自然资源学报,2013,28(5):745-753.

[17] 韩喜平,蔄荔. 我国粮食直补政策的经济学分析[J]. 农业技术经济,2007(3):80-84.

[18] 黄金瓯,靳孟贵,栗现文. 咸淡水轮灌对棉花产量和土壤溶质迁移的影响[J]. 农业工程学报,2015,31(17):99-107.

[19] 孔祥斌,刘灵伟,秦静. 基于农户土地利用行为的北京大兴区耕地质量评价[J]. 地理学报,2008,63(8):856-868.

[20] 孔祥斌,李翠珍,赵晶,等. 乡镇尺度耕地生产能力实现程度分析与实证[J]. 农业工程学报,2010,26(12):345-351.

[21] 孔祥斌. 区域土地利用转型对耕地质量的影响[M]. 北京:科学出版社,2011.

[22] 兰林旺,周殿玺,等. 小麦节水高产研究[M]. 北京:中国农业大学出版社,1995.

[23] 李爱英,张帆,许育辉,等. 农用大棚塑料薄膜材料的研究进展[J]. 化工新型材料,2014,42(12):25-26.

[24] 李承绪. 土壤肥力与有机质调控[J]. 河北农学报,1984,4:31-36.

[25] 李翠珍,孔祥斌,梁颖,等. 京冀平原区不同类型农户耕地利用决策影响因素分析[J]. 农业工程学报,2011,27(9):316-322.

[26] 李丹,王京文,李凤根,等. 1982—2012 年来杭州市郊水稻田有机质变化特征及其调控措施[J]. 水土保持通报,2016,36 (3):131-135.

[27] 李其生. 浅谈温室水稻工厂化育秧技术推广[J]. 农业机械化,2014,4:8-10.

[28] 李秀彬. 农地利用变化假说与相关的环境效应[J]. 地球科学进展,2008,23(11):1124-1129.

[29] 林登豪. 水稻育秧与产量效果[J]. 广西农业科学,1980,1:24-26.

[30] 刘成武,李秀彬. 农地边际化的表现热证及其诊断标准[J]. 地理科学进展,2005,24(2):106-113.

[31] 刘成武,李秀彬. 农地边际化现象的诊断—以三大粮食作物生产的平均状况为例[J]. 地理研究,2006,25(5):895-904.

[32] 刘黎明. 土地资源学[M]. 北京:中国农业大学出版社, 2010.

[33] 刘梅先,杨劲松,李晓明,等. 滴灌模式对棉花根系分布和水分利用效率的影响[J]. 农业工程学报,2012,28(增刊 1):98-105.

[34] 刘晓敏,张喜英,王慧军. 太行山前平原区小麦玉米农艺节水技术集成模式综合评价[J]. 中国生态农业学报,2011(2):421-428.

[35] 刘星. 培育新型职业农民对发展现代农业的意义[J]. 农业技术与装备,2016(9):

39-40.

[36] 罗宏海，李俊华，勾玲，等. 膜下滴灌对不同土壤水分棉花花铃期光合生产、分配及籽棉产量的调节[J]. 2008，41(7)：1955-1962.

[37] 吕军杰，李俊红，丁志强，等. 旱地不同土壤培肥技术效应研究[J]. 土壤通报，2014，45(1)：141-146.

[38] 马富裕，赵志鸿，朱焕清，等. 兵团棉花膜下滴灌技术综述[J]. 新疆农垦科技，2001：38-41.

[39] 欧洋，阎百兴，许晓鸿，等. 施肥方式对重度侵蚀黑土养分及玉米产量影响[J]. 土壤通报，2014，45(1)：157-162.

[40] 潘伟，杨德刚，杨莉，等. 新疆棉花种植面积的时空变化及适度规模研究[J]. 中国生态农业学报，2011，19(2)：415-420.

[41] 宋伟，陈百明，陈曦炜. 东南沿海经济发达区域农户粮食生产函数研究[J]. 资源科学，2007，29(6)：207-208.

[42] 谭永忠，韩春丽，吴次芳，等. 国外剥离表土种植利用模式及对中国的启示[J]. 农业工程学报，2013，29(23)：194-201.

[43] 田玉军，李秀彬，辛良杰，等. 农业劳动力机会成本上升对农地利用的影响-以宁夏回族自治区为例[J]. 自然资源学报，2009，24(3)：369-377.

[44] 王芳. 有机物料对渭北旱塬土壤肥力特性的影响[D]. 杨凌：西北农林科技大学，2010.

[45] 王斌，孙健，张建民，等. 五十年来宁波平原水稻土有机质变化及其调控措施[J]. 土壤，2011，43 (5)：850-853.

[46] 王海霞，李玉义，任天志，等. 冬小麦生长季不同灌溉模式对冬小麦-夏玉米产量与水分利用的影响[J]. 应用生态学报，2011(7)：1759-1764.

[47] 王军，李久生，关红杰. 北疆膜下滴灌棉花产量及水分生产率对灌水量响应的模拟[J]. 农业工程学报，2016，32(3)：62-68.

[48] 王淑芬，张喜英，裴冬. 不同供水条件对冬小麦根系分布、产量及水分利用效率的影响. 农业工程学报，2006(2)：27-32.

[49] 王一专. 农作层次生产潜力估算与分析系统的建立[D]. 南京农业大学，2003.

[50] 王振华，杨培岭，郑旭荣，等. 膜下滴灌系统不同应用年限棉田根区盐分变化及适耕性[J]. 农业工程学报，2014，30(4)：90-99.

[51] 吴克宁，赵执，赵华甫. 耕地等级质量提升的途径[J]. 中国土地，2013，8：48-49.

[52] 吴连翠，谭俊美. 粮食补贴政策的作用路径及产量效应实证分析[J]. 中国人口、资源与环境，2013，23(9)：100-106.

[53] 相慧，孔祥斌，武兆坤，等. 中国粮食主产区耕地生产能力空间分布特征[J]. 农业工程学报，2012，28(24)：235-244.

[54] 徐飞鹏，李云开，任树梅. 新疆棉花膜下滴灌技术的应用与发展的思考[J]. 农业工程学报，2003，19(1)：25-27.

[55] 严以绥，汪希成. 棉花膜下滴灌技术的综合效益分析[R]. 石河子大学经贸学院，2002.

[56] 颜世芳,王涛,窦森. 高速公路取土场表土剥离工程技术要点[J]. 吉林农业,2010(11):238.

[57] 张海阳, 宋洪远. 农户的种粮行为与政策需求——对粮食主产区 6 县市 300 多个农户的调查分析[J]. 改革,2005(4):54-60.

[58] 张晋科,张凤荣,张琳,等. 中国耕地的粮食生产能力与粮食产量对比研究[J]. 中国农业科学,2006,39(11):2278-2285.

[59] 周宏,夏秋,朱晓莉. 农业技术推广到位水平对超级稻产量及技术效率贡献研究[J]. 农业技术经济,2014(9):14-21.

[60] 周丽丽,梁效贵,高震,等. 基于 CERES-Wheat 模型的沧州地区冬小麦需水量分析. 中国生态农业学报,2015(10):1320-1328.

[61] 周丽娜,孙婕,雷金银,等. 培肥措施对侵蚀坡耕地春玉米产量与土壤养分的影响[J]. 干旱区农业研究,2015,33(5):121-125.

[62] 朱启臻,闻静超. 论新型职业农民及其培育[J]. 农业工程,2012,2(3):1-4.

第3章　耕地质量与生产能力监测布设理论及方法

3.1　地统计学理论

3.1.1　地统计学概念及研究内容

地统计学(geostatistics)最先由法国著名统计学家 G Matheron 于 20 世纪 60 年代创立的一门新的统计学分支，因为其最先应用于采矿学、地质学等地学领域，因此称之为地统计学。G Matheron 定义地统计学为“以随机函数的形式体系在勘察和估计自然现象中的应用”，其后又将之修改为“区域化变量理论在评估矿床上的应用(包括采用的各种方法和技术)”。

然而，经过长期的发展，地统计学已不仅仅局限在采矿、地质等地学领域的应用，在土壤、农业、气象、海洋、生态、环境等领域都有了广泛的应用和发展，因此，一些地统计学工作者将地统计学的概念修订为“以区域化变量理论为基础，以变异函数为主要工具，研究在空间分布上既有随机性又有结构性，或空间相关和依赖性的自然现象的科学”(侯景儒，郭光裕，1993 王仁铎，胡光道，1988)。

从概念来看，地统计学既是统计学的一个分支，但同时其研究对象、研究内容等与经典统计学又有一定的区别，表 3-1 为地统计学与经典统计学的关系对比(刘爱利，王培法，丁园圆，2012)。

表 3-1　地统计学与经典统计学的关系对比

	地统计学	经典统计学
研究对象	区域化变量，与位置相关的随机函数	纯随机变量，变量的取值符合某种概率的随机分布
变量观测次数	不能重复观测	可无限次重复观测
样本间关系	样本具有空间相关性	样本取值相互独立
研究内容	样本的数字特征和区域化变量的空间分布特征	样本的数字特征

尽管一些简单的插值算法，如反距离权重，双线性插值以及邻近插值等在地统计学建立之前就已经广为人知，地统计学在插值算法的基础上进行了进一步的提升，其将对未知位置的估计看作是一个相关随机变量的组合。假设 $Z(x)$为位置 x 处的未知兴趣值(如温度、降水量、气压等)，尽管这个值是存在的且可以被准确测量的，地统计学认为其在测量之前是一个随机分布的值，同时，这个随机分布是建立在已知信息之上的一个由累积分布函数(cumulative distribution function，CDF)所定义的不完全随机分布，其可表示为：

$$F(z,x)=\text{Prob}\{Z(x)\leqslant z \text{ information}\} \tag{3-1}$$

对于具有空间连续性分布的变量来说，如果位置 x 附近或其领域范围内某位置 y 的值 $Z(y)$ 已知，则 $Z(x)$将与 $Z(y)$具有很强的相关性；反之，对于不具有空间连续性分布的变量来说，$Z(x)$可取任意值。对随机变量空间分布连续性的描述可采用参数估计下的变异函数或非参数模拟的方法，如多点模拟（白鹤翔，葛咏，李德玉，2006）、伪遗传算法（Peredo O，Ortiz J M，2012）等。

3.1.2 样本数据分析理论

总体（population）也称母体，是指根据统计分析或研究的目的而确定的同类事物或现象的全体，有时也把具有共同性质的元素所组成的集合成为总体。从总体中抽取若干元素所构成的集合称为样本（sample），也称子样。常见的从总体中抽取样本的方法有随机抽样、机械抽样、分层抽样以及分组抽样。在随机抽样中，样本的分布规律与总体分布规律相似，且随着样本数量的增大，样本的分布规律与总体的分布规律逐渐逼近，显然当样本的数量增大到与总体数量一致时，两者的分布相同。

将变量按大小顺序排列，并按一定的间距分组，变量在各组出现的次数称为频数（frequency），频数除以总次数极为频率（relative frequency）。若将某组及排列与该组之前的各组频率累积起来，则得到该组的累积频率（cumulative frequency）。

对于随机变量的度量可分为集中性度量，离散型度量和形态度量三个方面。集中性度量用来度量数据分布的集中性特征，常用的度量指标包括算术平均值（mean value）、中数（medium value）、众数（mode value）、数学期望（mathematical expectation）；离散型度量用来反映随机变量分布的离散程度，常用的度量指标包括极差（Xmax-Xmin）、离差（dispersion）、方差（variance）、协方差（covariance）、矩（moment）以及变异系数（variable coefficient）；形态度量反映随机变量分布的形态特征，包括对称程度和高低程度两个方面，前者采用偏度（measure of skewness）或偏斜度来度量，后者采用峰度（kurtosis）来度量。

随机变量的分布特征可用概率分布函数较为完整地描述，概率分布函数中描述总体分布的特征值一般称为分布函数的参数。然而，总体的分布参数往往是未知的，只能根据一定规模样本的相应特征值（统计值）来代替，根据样本统计量对总体分布概率函数参数进行估计的过程称为参数估计（parameter estimation）。

常用的参数估计方法有点估计和区间估计两种方法，点估计是指以样本估计量直接代替总体参数的一种推断方法，根据其推断方法的不同，又可分为矩估计法和极大似然估计法两种方法。区间估计是指通过从总体抽取到的样本，根据一定的正确度和精确度的要求，构造出适当的区间（置信区间），以作为总体的分布参数的真值所在范围的估计。参数估计后，需要对总体参数和总体分布形式所做的假设进行检验，前者简称参数检验（parametric test），后者称为非参数检验（non-parameter test）或自由分布检验。

3.1.3 区域化变量理论

在了解区域化变量之前，需要对随机场的相关概念进行介绍，主要包括随机变量、随机函数、随机过程和随机场四个概念。

(1)随机变量(random variable)

设随机试验E的样本空间为$S=\{e\}$。若对于任一$e\in S$,都有一个实数z与之对应,而且对于任何实数z,事件$\{Z\leqslant z\}$都有确定的概率,则称Z是一个随机变量。随机变量相当于数理统计中的总体,对随机变量进行一次观测,就相当于对总体进行一次抽样,随机变量每次观测的结果z是一个确定的数值,就相当于总体中一个样本的观测值,z称为随机变量Z的一个实现(realization)。

(2)随机函数(random function)

设随机试验E的样本空间为$\Omega=\{\omega\}$。若对于任一$\omega\in\Omega$,都有一函数$Z(x_1,x_2,\cdots,x_n,\omega)$与之对应,且当各自变量$x_1\in X_1,x_2\in X_2,\cdots,x_n\in X_n$均取任一固定值时,函数$Z(x_1,x_2,\cdots,x_n,\omega)$为一随机变量,则称$Z$为定义在$\{X_1,X_2,\cdots,X_n\}$上的一个随机函数。

(3)随机过程(random process)

当随机函数中只有一个自变量x_1,且$x_1=t$(一般表示为时间)时,称为随机过程。随机过程的唯一自变量也可以是其他含义的变量,如距离h等。

(4)随机场(random field)

当随机函数依赖于多个自变量时,称为随机场。最常用的是三个自变量,及空间点x的三个直角坐标,记为$Z(x_u,x_v,x_w)$。随机场是所有实现$Z(x_u,x_v,x_w)$的集合。对所有空间点随机观测的结果,都是一个确定的空间点函数,对空间固定点的观测,则是个随机变量。

以空间点x的三个直角坐标x_u,x_v,x_w为自变量的随机场$Z(x_u,x_v,x_w)=Z(x)$,称为区域化变量。区域化变量是普通随机变量在域内确定位置上的特定取值,是随机变量与位置相关的随机函数。在实际研究中,气温、降水、土壤重金属含量等都可看成是区域化变量。

区域化变量具有随机性和结构性两个看起来似乎互相矛盾的性质,首先,区域化变量是一个随机函数,它具有局部的、随机的、异常的性质;其次,区域化变量具有一般的或平均的结构性质,即变量在点X与$X+h$(h为空间某距离)具有某种程度的自相关,且这种自相关依赖于两点间的距离h及变量特征(结构性)。对于某一具体的区域化变量,其还具有空间局限性,不同程度的连续性和不同类型的各向异性。

空间局限性:区域化变量往往只存在于一定的空间范围内,如群落中某一林分类型,树木章子的散布范围等,这一空间范围成为区域化变量的几何域。

不同程度的连续性:不同的区域化变量在空间上具有不同程度的连续性,如土层厚度具有较强的连续性,土壤有机质含量则具有平均意义下的连续性,而金品位则在不同两个非常靠近的样品中,也有很大的差异,称之为"块金效应"(nuggct effect)。

不同类型的各向异性:区域化变量如果在各个方向上的性质变化相同,则称为各向同性,若各个方向上的变异不同,则称为各向异性。分析区域化变量在各方向上的变化主要是研究区域化变量在一定范围内各样本的自相关程度,更重要的是分析各向异性形成的原因。

由于区域化变量具有上述特点,通常采用协方差函数和变异函数来对其进行描述和分析。

3.1.4 协方差函数和变异函数

(1)协方差函数(covariance function)

在随机函数中,当只有一个自变量x时成为随机过程,而随机过程$Z(t)$在时间t_1和t_2处

两个随机变量 $Z(t_1)$，$Z(t_2)$ 的二阶混合中心矩定义为随机过程的协方差函数，记为$\mathrm{Cov}\{Z(t_1),Z(t_2)\}$，即：

$$\mathrm{Cov}\{Z(t_1),Z(t_2)\}=E\{(Z(t_1)-EZ(t_1))(Z(t_2)-EZ(t_2))\}$$
$$=E\{Z(t_1)Z(t_2)\}-\{EZ(t_1)EZ\{t_2\}\} \tag{3-2}$$

当随机函数依赖于多个自变量时，$Z(x)=Z(x_u,x_v,x_w)$称为随机场。随机场 $Z(X)$在空间点 X 和 $X+h$ 处两个随机变量 $Z(X)$和 $Z(X+h)$的二阶混合中心矩定义为随机场 $Z(X)$的自协方差函数，即：

$$\mathrm{Cov}\{Z(X),Z(X+h)\}=C(x,x+h)$$
$$=E[Z(X)Z(X+h)]-E[Z(X)]E[Z(X+h)] \tag{3-3}$$

协方差函数是一个关于 x 和 h 的函数，当 x 固定时，协方差函数通常也记为 $C(h)$。

当 $h=0$ 时，协方差函数变为：

$$C(x,x+h)=C(x,x)=E[Z(x)^2]-\{E[Z(x)]\}^2=\mathrm{Var}[Z(x)] \tag{3-4}$$

此时协方差函数称为先验方差函数，通常也记为 $C(0)$。

协方差函数具有以下几个重要性质：

①先验方差不小于零，令 $Z(x)$的数学期望为 m，根据公式(3-2)，可以得出：

$$C(x,x)=E(\{Z(x)-E[Z(x)]\}\times\{Z(x)-E[Z(x)]\})$$
$$=E\{[Z(x)-m]^2\}\geqslant 0 \tag{3-5}$$

②$C(h)=C(-h)$，即 $C(h)$对于 $h=0$ 的直线对称，其是一个偶函数。

③$|C(h)|\leqslant C(0)$，即协方差函数的绝对值不能大于先验方差。

④h 趋向于无限大时，$C(h)$趋向于 0，即当空间距离增大时，相关性较低或不存在。

⑤$C(h)$必须是一个非负定函数，即由 $C(x_i-x_j)(i,j=0,1,2,3\cdots n)$构成的协方差函数矩阵必须是一个非负定矩阵。

(2)变异函数(variation function)

变异函数为空间点 x 与 $x+h$ 点属性增量的方差，其既能描述区域化变量的结构性变化，也能描述其随机性变化，是地统计学计算的基础，通常采用方差的一半作为变异函数，因此也称其为半变异函数，记为：

$$\gamma(h)=\frac{1}{2}E\{[Z(x)-Z(x+h)]^2\} \tag{3-6}$$

变异函数具有下列性质：

①$\gamma(0)=0$，即在 $h=0$ 时，变异函数为 0。

②$\gamma(h)=\gamma(-h)$，即变异函数关于 $h=0$ 直线对称，其是一个偶函数。

③非负性，即变异函数不能小于零。

④h 趋向于无限大时，$\gamma(\infty)=C(0)$，即空间距离足够大时，变异函数接近先验方差。

⑤$[-\gamma(h)]$必须是一个条件非负定函数，由$[-\gamma(x_i-x_j)]$构成的变异函数矩阵在

$\sum_{i=1}^{n}\gamma_i = 0$ 成立时是一个非负定矩阵。

(3)地统计学的基本假设以及协方差函数与变异函数的关系

二阶平稳假设，即区域化变量 $Z(x)$需满足以下两个条件：

①在整个研究区内，$Z(x)$的数学期望对任意 x 存在且为常数，即：

$$E[Z(x)]=m \tag{3-7}$$

②在整个研究区内，区域化变量的协方差函数对任意 x 和 h 存在且平稳，即：

$$\begin{aligned}\mathrm{Cov}[Z(x),Z(x+h)] &= E[Z(x)Z(x+h)]-E[Z(x)]E[Z(x+h)] \\ &= E[Z(x)Z(x+h)]-m^2=C(h)\end{aligned} \tag{3-8}$$

当 $h=0$ 时，

$$\mathrm{Var}[Z(x)]=C(0) \tag{3-9}$$

$$C(h)=C(0)-\gamma(h) \tag{3-10}$$

反映了先验方差，协方差函数以及变异函数间的相互关系，同时说明协方差平稳等同于先验方差和变异函数的平稳，协方差函数和变异函数都可以表示 $Z(x)$与 $Z(x+h)$之间相关性，在此基础上可以定义出空间相关函数如下：

$$\rho(h)=\frac{C(h)}{C(0)}=1-\frac{\gamma(h)}{C(0)} \tag{3-11}$$

本征假设，及区域化变量 $Z(x)$满足以下两个条件：

a. 在整个研究区域内，区域化变量 $Z(x)$的增量的数学期望对任意 x 和 h 存在且等于零，即：

$$E[Z(x)-Z(x+h)]=0 \tag{3-12}$$

b. 在整个研究区域内，区域化变量的增量的方差函数对任意 x 和 h 存在且平稳，即：

$$\mathrm{Var}[Z(x)-Z(x+h)]=E[Z(x)-Z(x+h)]^2=2\gamma(h) \tag{3-13}$$

可以看出，二阶平稳假设包含本证假设，二阶平稳假设较强，本征假设较弱，满足二阶平稳假设的区域化变量必然满足本征假设，但满足本征假设的区域化变量不一定满足二阶平稳假设。实际情况中，经常遇到虽然区域化变量在整个研究区内既不满足二阶平稳假设，也不满足本征假设，但是其在有限大小的领域内，是满足二阶平稳假设或者本征假设的，此时，称区域化变量是准二阶平稳或准本征的。

3.1.5　变异函数的结构分析

3.1.5.1　变异函数的理论模型

图 3-1 为满足准二阶平稳假设的变异函数的一般结构，其中当 h 趋向于 0 但大于 0 的时候，$\gamma(h)$不趋向于 0，这种现象在地统计学中成为“块金效应”(nugget effect)，此时 $\gamma(h)$的取值 C_0 称为块金值或块金方差(nugget variance)，其反映了区域化变量内部随机性的可能程度。块金效应的产生主要有两个来源：一是区域化变量在小于抽样尺度时所具有的内部变异，

二是来自于抽样分析的误差。其可反映不同尺度下区域化变量的变异差异。

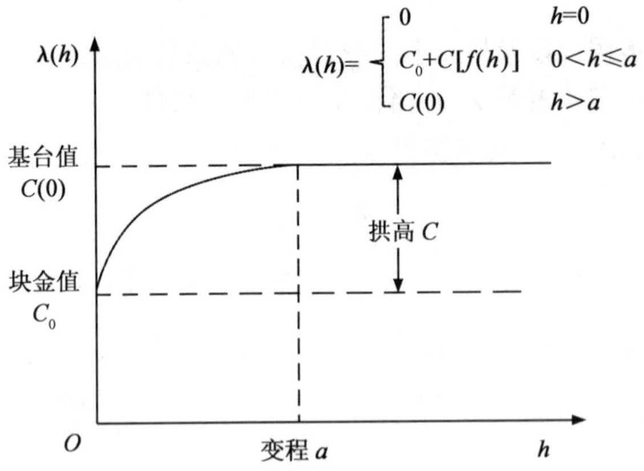

图 3-1 变异函数的一般结构

变异函数是一个单调增函数，通常来说，当 h 超过某一范围时，变异函数将不再增加，而是在一个极限值附近摆动，这种现象称为“跃迁现象”(transition phenomenon)，这一临界距离称为变异函数的变程，变异函数所能达到的极限值称为“基台值”(sill)，基台值与块金值的插值称为拱高。根据变异函数的性质 4，可以得出基台值的大小应等于先验方差 $C(0)$。

根据变异函数的基台值是否存在，变异函数可分为有基台值模型和无基台值模型两类。根据距离 h 大于 0 且不大于变程 a 时 $f(h)$ 函数的形态，常见的有基台值模型又可分为纯块金效应模型、球状模型、指数模型、高斯模型和直线模型五类；无基台值模型可分为直线模型、指数模型和幂函数模型三类。另外，如果变异函数在 h 大于一定的距离后，不是单调递增，而是以一定的周期 b 进行波动，此时的变异函数就显示出一种空穴效应，空穴效应模型同样包括有基台值和无基台值两种模型。各模型特征如下(图 3-2)。

纯块金效应模型：区域化变量为随机分布，即变量不存在空间相关性。

有基台值球状模型：又称马特隆模型，实际工作中 95% 以上的实验变异函数散点图都可用该模型拟合，模型变程为 a，在原点处的斜率为 $3C/2a$，原点处切线到达基台值的距离为 $2a/3$，当 $C_0=0, C=1$ 时，称为标准球状模型。

有基台值指数模型：当 $h=3a$ 时，$\lambda(h)\approx C_0+C$，因此该模型变程为 $3a$，当 $C_0=0, C=1$ 时，称为标准指数模型。

有基台值高斯模型：当 $h=\sqrt{3}a$ 时，$\lambda(h)\approx C_0+C$，因此该模型变程为 $\sqrt{3}a$，当 $C_0=0, C=1$ 时，称为标准高斯模型。

有基台值直线模型：变程为 a，当 $C_0=0, C=1$ 时，称为标准直线模型。

无基台值直线模型：A 为常数，表示直线斜率，无变程，无基台值。

无基台值幂函数模型：θ 取值为大于 0 且小于 2，θ 等于 1 时，其为斜率为 1 的直线模型，θ 大于等于 2 时，函数不再是一个条件非负定函数，故不能成为一个变异函数。

无基台值对数函数模型：当 h 趋向于 0 时，$\lg h$ 趋向于负无穷，显然这与变异函数的非负性不符，因此，其不能描述点支撑上的区域化变量结构。

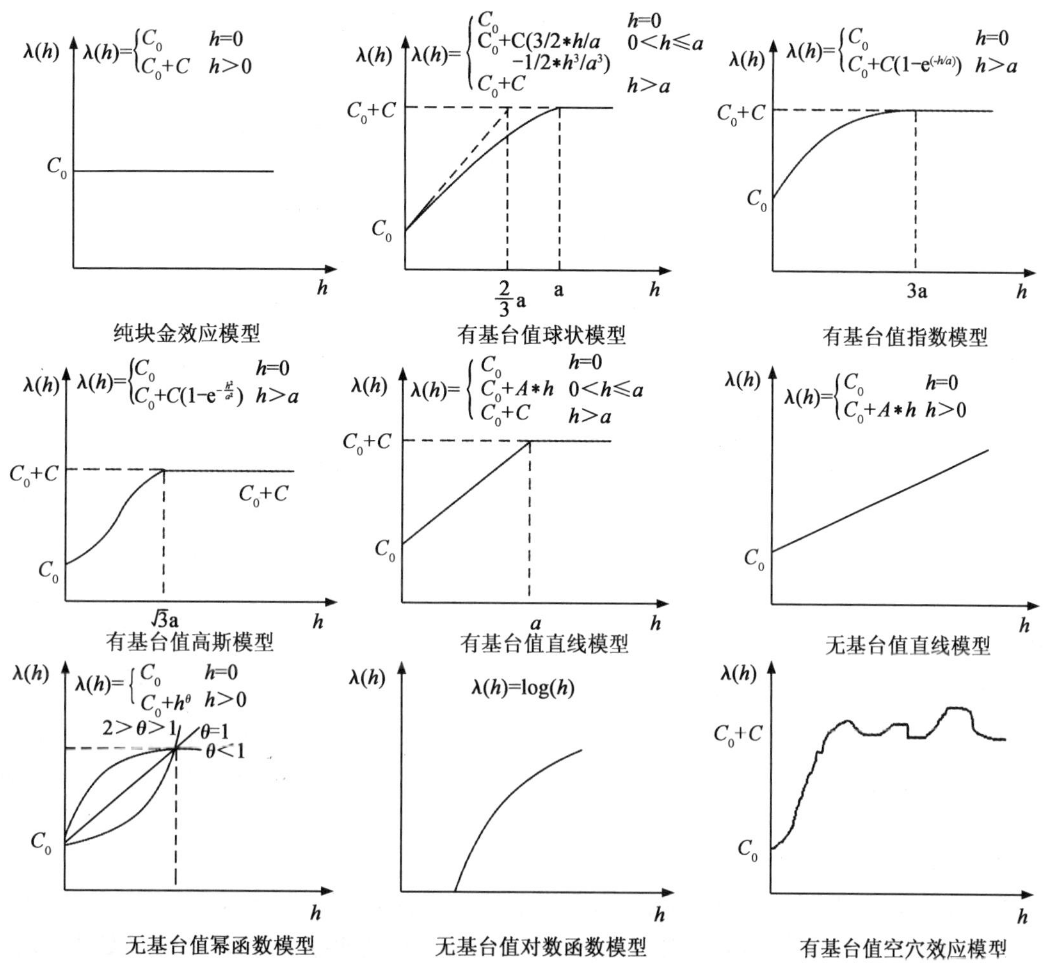

图 3-2　常见的变异函数结构及图像

3.1.5.2　变异函数的套和结构

由于不同尺度上和不同方向上区域化变量的变异特征不尽相同，变异函数的套和结构就是把分别出现在不同距离 h 和不同方向 α 上同时起作用的变异性组合起来，其表示为多个变异函数之和，每一个变异函数代表一个方向和一个特定尺度上的变异性，套和结构的表达式为：

$$\gamma(h)=\gamma_0(h)+\gamma_1(h)+\gamma_2(h)+\cdots+\gamma_i(h)+\cdots \tag{3-14}$$

单一方向上的套和结构：当研究土壤的某一性质时，首先在研究区域采集样点，若假设在位置 x 和位置 $x+h$ 处分别采样，当 $h=0$ 时，及两点重合时，土壤性质的差异主要由取样和测定误差引起；当 $10m<h\leqslant 10m$ 时，两点土壤性质的差异主要由水分的不同引起；当 $10m<h\leqslant 100m$ 时，两点土壤性质的差异主要由地形的差异引起。假设由取样和测定误差引起的差异为 $\gamma_0(h)$，即块金值 C_0，由水分引起的土壤性质变异为 $\gamma_1(h)$，其可用球状模型来表示变程 $a_1=10m$，拱高为 C_1；由地形引起的土壤性质变异为 $\gamma_2(h)$，其可用球状模型来表示，变程 $a_2=$

100m,拱高为 C_2。则变异函数的套和结构 $\gamma(h)$ 可表示为(王政权,1999):

$$\gamma(h)=\begin{cases}C_0 & h=0\\ C_0+C_1\left(\frac{3}{2}\times\frac{h}{a_1}-\frac{3}{2}\times\frac{h^3}{a_1^3}\right)+C_2\left(\frac{3}{2}\times\frac{h}{a_2}-\frac{3}{2}\times\frac{h^3}{a_2^3}\right) & 0<h\leqslant a_1\\ C_0+C_1+C_2\left(\frac{3}{2}\times\frac{h}{a_2}-\frac{3}{2}\times\frac{h^3}{a_2^3}\right) & a_1<h\leqslant a_2\\ C_0+C_1+C_2 & h>a_2\end{cases}\tag{3-15}$$

不同方向上的套和结构:当区域化变量在各个方向上的变异性质相同,则成为各向同性,反之称为各向异性。各向异性是绝对的,各向同性是相对的,其是各向异性的一种特殊情况。Journel 和 Huijbregts 将各向异性分为几何异向性(geometric anisotropy)和带状异向性(zonal anisotropy)两类(Journel A G,Huijbregts C J,1978)。对于几何异向性可通过简单的图像变换化为各向同性,其变异函数在各个方向具有相同的基台值和不同的变程,因此采用变程之比来反映各向异性比;带状变异性则不能通过简单的几何变换得到,各变异函数具有不同的基台值,变程则可能相同,也可能不同,关于带状变异性的套和结构常常运用于采矿领域的多层矿床中。

3.1.5.3 变异函数结构分析的基本步骤

结构分析是地统计学分析的主要内容之一,其目的在于建立一个最优的变异函数理论模型,实现对区域化变量的随机性和结构性的定量描述,并对变异函数的理论模型进行专业的解释和分析。结构分析的基本步骤包括如下 7 个。

(1)区域化变量的选择

首先变量的选择需要有明确的意义且最好能够定量表示;其次应考虑变量的可加性和适当性,即区域化变量的线性组合应与区域化变量具有相同的物理意义,同时区域化变量应直接表现为研究问题的主要特征。

(2)数据的获取和审议

数据获取要保证每一个空间取样的支撑、形状、大小、测定的方法及空间分布的区域具有明确的说明,如果支撑大小不同,则不能简单地结合在一起进行变异函数的计算,同时取样和测定方法的不同会导致块金效应和基台值的变化;数据获取后还需对所获取的数据进行认真审议,包括空间取样设计、样点间距离的大小、取样方法、数据的代表性、数据的均匀性、时间空间的一致性、原始数据的记录以及系统误差产生的原因等。

(3)数据的统计分析

即对取样数据进行平均值,方差,标准差以及变异系数等的分析,其目的在于对数据的统计学特征有一个初步的了解,并判断其是否满足正态分布和是否存在空间相关性。

(4)变异函数的计算

一般采样数据可分为两种数据结构:等间距的规则格网数据和非等间距的不规则格网数据。对于等间距的规则格网数据,样点间的距离 h 相等或成倍数,这种结构可以在研究区域上进行全部取样,也可以进行随机取样,其计算方便,且在空间局部估计中,因数据的结构一致,会大大节省计算时间;对于非等间距的不规则格网数据(随机取样数据),计算变异函数需分成距离组合角度组,即将 x_0 位置处角度在 $\alpha\pm\Delta\alpha$ 范围内的数据划分为角度组,然后再在每一角

度组内将与 x_0 位置距离为 $h\pm\Delta h$ 的数据点划分为距离组，然后计算变异函数。

（5）变异函数结构分析

主要包括各向同性和各向异性分析、块金效应分析、比例效应分析、不同方向上的套和结构分析。其中主要进行的是各向同性和各向异性的分析。

（6）变异函数的拟合及检验

根据实验变异函数散点图拟合理论变异函数曲线，并通过样本值估计理论模型的参数。拟合的优劣可通过 R^2 检验，估计标准误差分析、P 值判断等方法。对于采用多个理论模型同时拟合的情况，还要对模型的参数，如变程、块金值、基台值等进行比较。

（7）变异函数理论模型的专业分析

结合专业背景知识，对区域化变量建立的变异函数理论模型及其所反映的空间结构信息进行充分深入的解释和分析。

3.2　地统计学方法

3.2.1　克吕金方法概述

克吕金法（Kriging）也称空间局部估计或空间局部插值方法，其是建立在变异函数理论和结构分析的基础上，在有限区域内对区域化变量的取值进行无偏最优估计的一种非确定估计插值方法（Oliver M A，Webster R，1990），与确定性插值方法（如反距离权重，泰森多边形等）相比，其不仅能给出空间局部估计的预测结果，还可以给出估计的精度。大量的研究也表明，克吕金估计方法相比于确定性插值法具有较高的可靠性。

根据研究的目的和条件不同，产生了不同的克吕金法，主要有普通克吕金、泛克吕金、简单克吕金、指示克吕金、概率克吕金、析取克吕金、协同克吕金、经验贝叶斯克吕金法等。其中简单克吕金和普通克吕金方属于线性平稳统计学范畴，其假定区域化变量满足二阶平稳假设、内蕴假设或准二阶平稳假设、准内蕴假设，其假设区域化变量的数学期望为一常数，对于简单克吕金方法来说，这个常数是已知的，对于普通克吕金方法来说，这个常数是未知的，需通过对空间数据进行分析后采用类似于加权滑动平均的方法进行插值；泛克吕金方法则属于非平稳统计学的范畴，虽然其预测值同样是已知值的线性无偏估计量，但其假设区域化变量的期望不是一个常数，而是空间点位置的函数，换言之，其认为数据中存在主导趋势，且该趋势可以用一个确定的函数来拟合；以上三种方法均为线性地统计学的方法，当区域化变量数值离散性太大时，线性地统计学获得的估值结果将不够精确，此时应该用非线性地统计学的方法，常用的是析取克吕金法；当观测变量不易被观测或观测成本较大时，但同时存在另一易于观测的变量与这个变量存在相互关系的时候，可利用两变量间的相互关系，采用协同克吕金的方法对不易观测的变量进行估计；当估计的目的为风险或概率时，如土壤重金属超标的概率，可将观测到的连续土壤重金属含量的数据通过设定阈值的方法获得二进制变量，进而采用指示克吕金的方法对区域的风险和概率进行估计，与指示克吕金方法类似，概率克吕金通过采用标准阶代替原始数据的方法来实现对概率的估计。

相比于其他克吕金方法，经验贝叶斯克吕金法通过估计基础半变异函数来说明所引入的误差，且可通过构建子集和模拟的过程来自动计算克吕金模型中的相关参数，减少了预测过程中的主观性，且可准确预测一般程度上不稳定的数据，但其处理和计算的复杂性也相应地增加。

3.2.2 克吕金估计的一般方法

克吕金在早期的工作中，采用样品的加权平均值求取未知点的估计值，即：

$$Z_v^*(x) = \sum_{i=1}^{n} \gamma_i \times Z(x_i) \tag{3-16}$$

式中，Z_v^* 为空间某未知点 v 的预测值，x_i 为空间任一点的位置，$Z(x_i)$ 为其观测值，γ_i 为权重系数。显然，克吕金估计的关键在于计算和选择权重系数，这选择的标准主要采用以下两个条件。

①无偏性，即所有估计点的实际值与预测值的偏差的平均值为 0，表示为：

$$E[Z_v^*(x) - Z_v(x)] = 0 \tag{3-17}$$

②最优性，即每个估计点的实际值与预测值之间的偏差尽可能小，表示为：

$$\min(E[Z_v^*(x) - Z_v(x)]^2) \tag{3-18}$$

3.2.3 克吕金估计的一般过程

(1)数据检查及变换

通过频率分布直方图等方式检验数据的正态性；通过协方差或半变异函数云等方法识别数据的趋势以及进行各向异性的分析，检查不同类型观测值之间的相关性，结合背景知识建立基础模型的套和结构，采用 Box-Cox 变换、对数变换、阈值变换等方式对数据进行变换。

(2)模型选择

当区域化变量或变换后的区域换变量为正态分布时，可选择线性克吕金的方法；若变量满足二阶平稳假设或内蕴假设，则优先采用普通克吕金的方法；若样本是非平稳的，则采用泛克吕金的方法；若不同观测值具有协同区域化现象，则对难观测的值可采用协同克吕金的方法。

(3)模型参数确定

采用估计方差，离散方差等检验模型检验对未知值的预测是否合理，通过调整半变异函数的结构和参数来达到理想的预测结果。

(4)模型评估

通常采用留一交叉验证(leave-one-out-cross-validation)的方法对模型的结果进行验证，通过设置不同的参数或选择不同的模型获取多个可选结果，比较模型的预测结果并选取最优模型。

3.3 ArcGIS Geostatistical Analyst 应用

3.3.1 ArcGIS Geostatistical Analyst 概述

ArcGIS Geostatistical Analyst 扩展模块提供了通过确定性方法和地统计方法对表面进

行建模的功能。它提供的工具与 GIS 建模环境完全集成，GIS 专业人士可使用这些工具生成插值模型，并在将这些工具用于深入分析之前对其质量进行评估。生成的表面(模型输出)随后便可在模型中使用(模型构建器和 Python 环境中)、进行可视化以及供您使用其他 ArcGIS 扩展模块(例如，ArcGIS Spatial Analyst 扩展模块和 ArcGIS 3D Analyst 扩展模块)进行分析。

ArcGIS Geostatistical Analyst 扩展模块提供的工具分为三类。

Geostatistical Analyst 工具条：用于访问一系列探索性空间数据分析的图表；单击 ArcMap 中的自定义菜单，指向工具条，然后单击 Geostatistical Analyst 即可将该工具条添加到 ArcMap 界面，注意该工具条在 ArcCatalog、ArcGlobe 和 ArcScean 中不可用。

地统计向导：通过工具条访问，如图 3-3 所示，其可引导分析人员逐步完成插值模型的创建和评估过程。

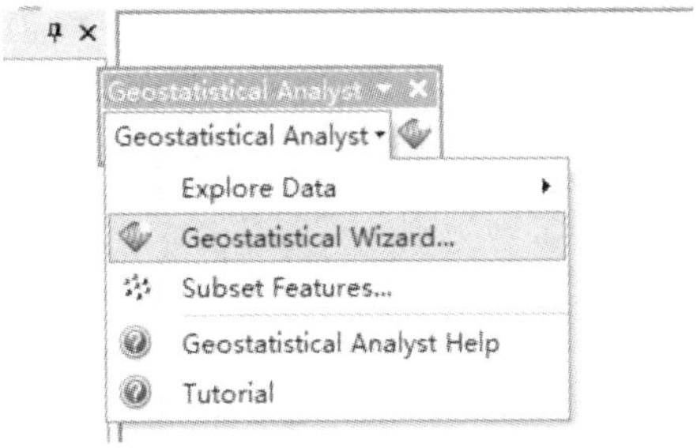

图 3-3　Geostatistical Analyst Tool

地理处理工具：专门用于处理模型的输出并扩展地统计向导的功能(图 3-4)。其位于 ArcToolbox 中的 Geostatistical Analyst Tools 工具箱下，共分为插值工具箱，采样工具箱，模拟工具箱，实用工具工具箱和地统计图层工具箱四类。使用本工具集需在 customize 菜单下的 Extension 中勾选 Geostatistical Analyst。

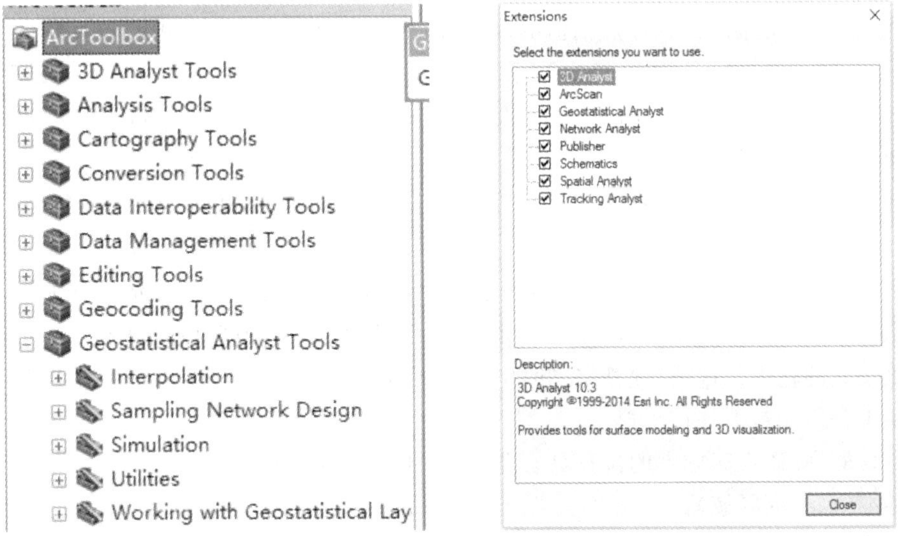

图 3-4　地理处理工具

3.3.2　空间抽样设计

3.3.2.1　采样/检测网络初步设计

采样设计是基于数据的建模和估计研究领域的重要组成部分，ArcGIS 提供了以下几种构建采样的方法。

简单随机采样：利用创建随机点工具，独立生成位置点。通过使用创建随机栅格工具可得到类似的结果（注意：创建随机栅格工具的 ArcGIS Spatial Analyst 扩展模块版本使用均匀分布随机数，而创建随机栅格工具的 Data Management 工具箱的版本则支持多种不同的分布）。此方法简单并且灵活，但一个实现的结果可能含有样本聚集的区域和没有样本的其他区域。

分层随机采样：研究区域被分割为地层，随机样本在每个地层内生成。地层可根据现象的先验知识进行调整（例如，随着与点源排放之间距离的增加，可增大同心圆），这样便可以为样本提供空间结构。

其他类型的设计可利用简单的脚本或模型相对容易地生成。

系统随机采样：随机选取初始采样位点，然后选择其他所有位点，使位点根据某种规则图形进行分布（例如，位于等边三角形、正方形、六边形等的折点上）。此方法简单，而且能提供空间平衡良好的设计（空间分布均匀）。

聚类随机采样：随机选择一组位点的位置，然后以彼此之间的距离相对较短的方式对每个组内的位点进行定位。可利用创建随机点工具的最小允许距离生成随机放置的中心并在距各中心指定距离内分配其他样本，完成这一操作。由于许多样本采集自附近的位置（这与简单随机采样模式不同；在简单随机采样模式中，采样位点可能出现在研究区域的任何位置），此方法在实际应用中易于实施。

然而，这些方法难以保证样点估值的效率，因此 ArcGIS 还提供了创建空间平衡点的方法来构建采样，其基于 Theobad 等提出的采样算法（Theobald D M，Stevens Jr D L，White D，Urquhart N S，Olsen A R，Norman J B，2007；Stevens Jr D L，Olsen A R，2004），此方法基于以下几个方面。

①逆向随机象限递归栅格（RRQRR）算法用于将 2D 空间映射到 1D 空间中，在 1D 空间中连续的样本构成了空间平衡采样设计。

②不等包含概率用于处理采样密度中的变化。包含概率是相对值（介于 0 和 1 之间，且包含 0 和 1），用于指定某个位置（栅格像元）相对于其他位置将被选择的概率。

对该工具的输入是栅格，此栅格同时定义以下各项。

①用于分析的最大外接矩形。

②包含概率（研究区域中的位置具有非空、大于 0 的包含概率）。

③样本框（研究区域）。

④生成的采样位置所使用的最精细分辨率。

生成的空间平衡设计具有以下属性。

①从采样位点生成的泰森多边形区域中的低差异（也就是说，每个采样地点大致表示了整个研究区域的相同比例）。

②灵活性，因此可使用时间变化、采样地点的可访问性、预算等来更新采样位置。这要求上述的随机化过程得到控制并且可重复（通过为随机数生成器设置种子值实现）。如果种子值为 0，该工具每次运行时将生成不可重复的（新的）输出。使用大于 0 的固定种子值将生成可重复的结果，并且可在不损害设计空间平衡的情况下用于增加或减少采样点的数量。

③为获得最佳结果，Theobald 等在 2007 年建议采样的数量应小于研究区域中所有可能采样位置数量的百分之一。

该工具的输入界面如图 3-5 所示。

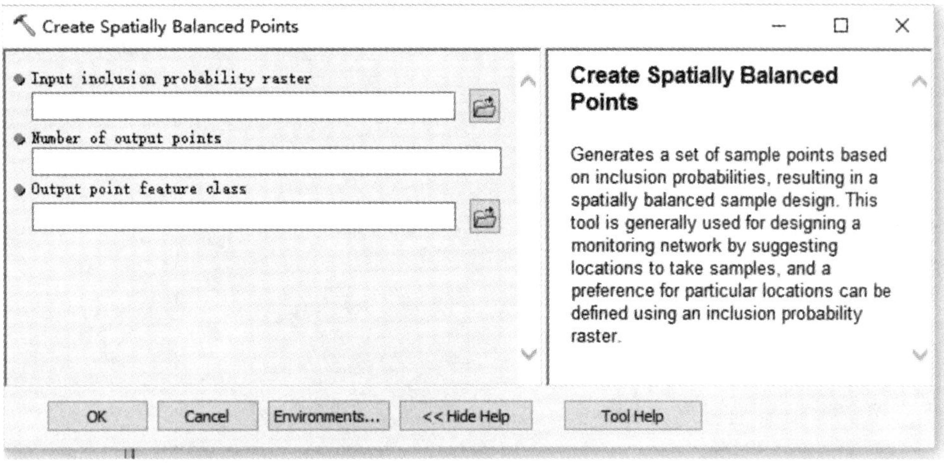

图 3-5 空间平衡点工具界面

其中 Input inclusion probability raster 为输入栅格，栅格值域为 0～1，代表统建不同位置包含采样点的概率；Number of Output points 为设计输出的采样点的数量；Output point feature class 为根据空间平衡点算法取得的采样点及其概率。

3.3.2.2 增密采样/监测网络

采用初步设计的采样/监测网络对研究区进行采样并采用克吕金的方法进行统计分析后，可采用增密采样/监测网络的方法确定哪里需要新位置，或者可以删除哪些位置(Warrick A W，Myers D E，1987)。其工作原理如下。

①该工具利用通过克吕金模型或协同克吕金模型使用现有监测站的测量值创建的现有地统计图层来确定预测标准误差、四分位距和每个输入位置超出指定阈值的概率。

②如果将最大预测标准误差 stderr(s)用作一个条件，将选择一个新的采样位置以最小化 stderr(s)，并且可将最优性条件 O0(s)表示为：

$$O0(s) = \text{maximum of } stderr(s) \tag{3-19}$$

③可以使用超出阈值的概率衡量预测标准误差或四分位距(如果预测分布不对称，通常使用四分位距 Z0.75(s)～Z0.25(s)替代预测标准误差)。例如，如果此概率等于 0.5，则最优性条件 O1(s)等于最大预测标准误差：

$$O1(s) = \text{maximum of } stderr(s)(1-2 \cdot abs(prob[Z(s)>Zthreshold]-0.5)) \tag{3-20}$$

④当有关超出阈值的不确定性减少时，该条件值也随之减少。将具有最大权重预测标准误差 O0(s)的位置添加到监控网络可改善接近阈值的预测结果。

⑤用先验包含概率(输入权重栅格)值乘以优化条件通常很有用。例如，可将等于 1 的值分配给允许新监测站的区域，将等于 0 的值分配给其他区域。

⑥使用预测标准误差非常重要，该误差不仅取决于监控网络密度，还取决于测量值。使用去除数据趋势选项和数据变换选项可以实现此目的。

其工具界面如图 3-6 所示：

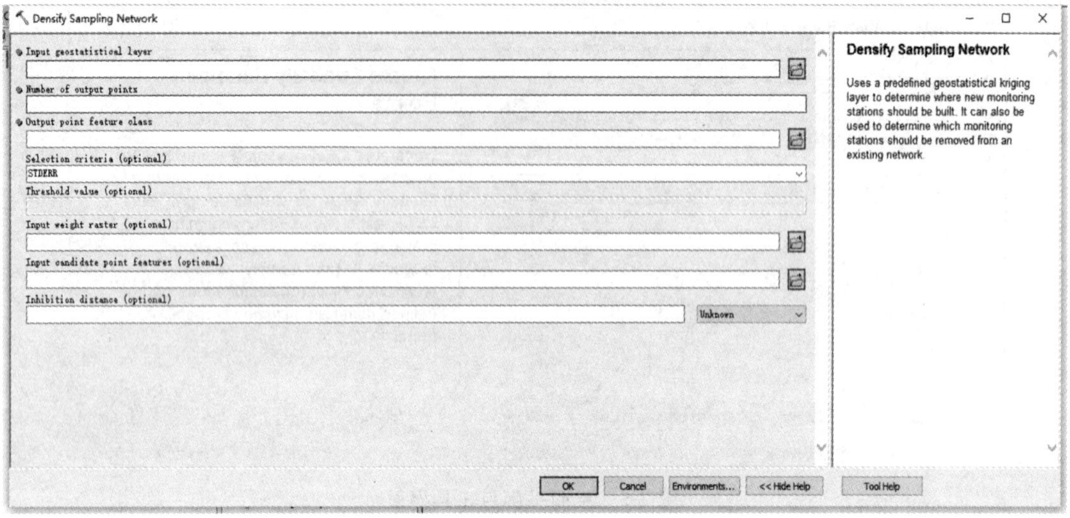

图 3-6　增密抽样网络界面

Input Geostatistical layer 为输入的由克吕金模型生成的地统计图层；number of output points 为指定要生成的采样位置的数量；Output point feature class 为数据要素类（采样点数据）的名称；selection criteria 为采样/监测网格的增密方法；threshold 为增加采样/监测网络时使用的阈值；input weight raster 为确定各位置优先顺序的栅格；input candidate point feature 为可供选择的采样位置的点数据；inhibition distance 为放置样本的最小间距。带 option 的参数为可选参数。

3.3.3　空间插值方法

3.3.3.1　数据检查及变换

（1）绘制数据

在 ArcMap 中点击 Add data 将采样数据加载到地图文档中，点击数据右键，选择属性（property），在属性面板下选择符号化（Symbology）并设置不同数据的显示类型即可实现数据的空间可视化表达。图 3-7 为加载后北京大兴土壤采样的数据，其颜色越深代表有机质含量越高。

（2）正态检查及变换

点击 Geostatistics Analyst 下的 explore data，选择直方图，可查看数据的分布频率，可以看出，数据并不满足正态分布，而是偏向左侧（图左），点击 transformation 可选择对数变换或 Box-cox 变换，下图右为 Box-cox 变换（parameter＝0.4）的变换结果（图 3-8）。

亦可采用 QQ 图对数据及变换后数据的正态分布进行检验，图 3-9 中分别为原始数据和 Box-cox 变换后数据的 QQ 图，与斜线的拟合效果越好，则说明数据越服从正态分布。

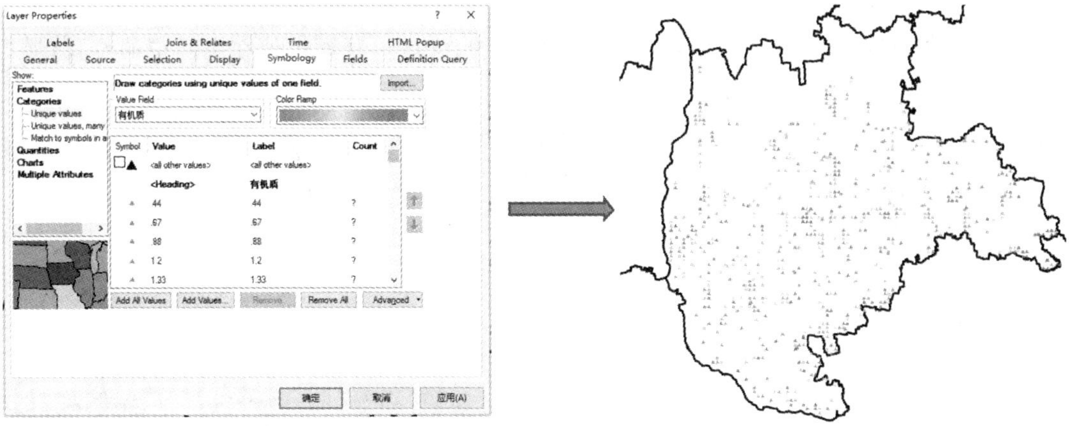

图 3-7　绘制数据

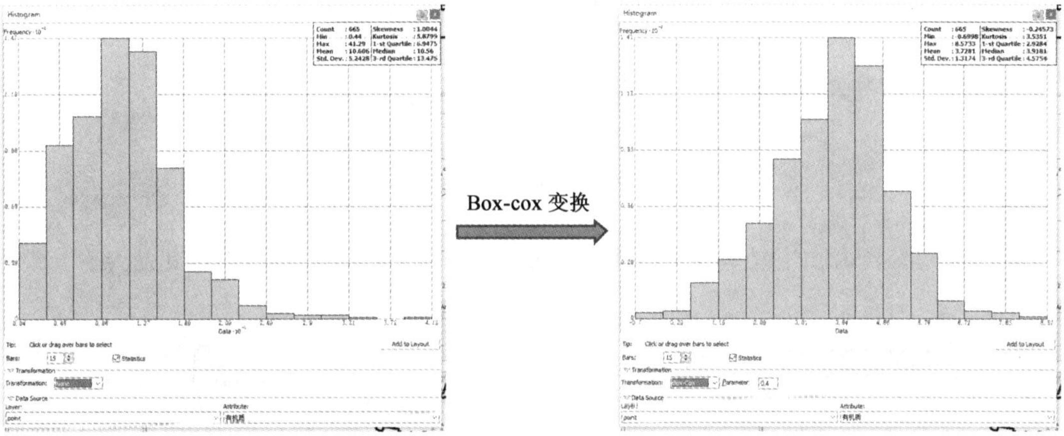

图 3-8　直方图正态检查及变换

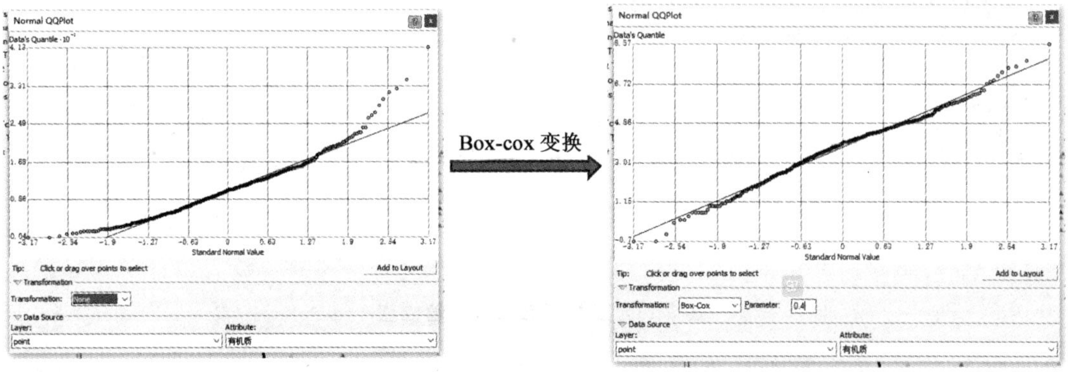

图 3-9　QQ 图正态检查及变换

(3)异常值检查

在直方图窗口中，点击极大值或极小值所对应的直方，可观察极值在空间中的位置，通过与周边位置数据的比较，可确定其是否为异常值(图 3-10)。

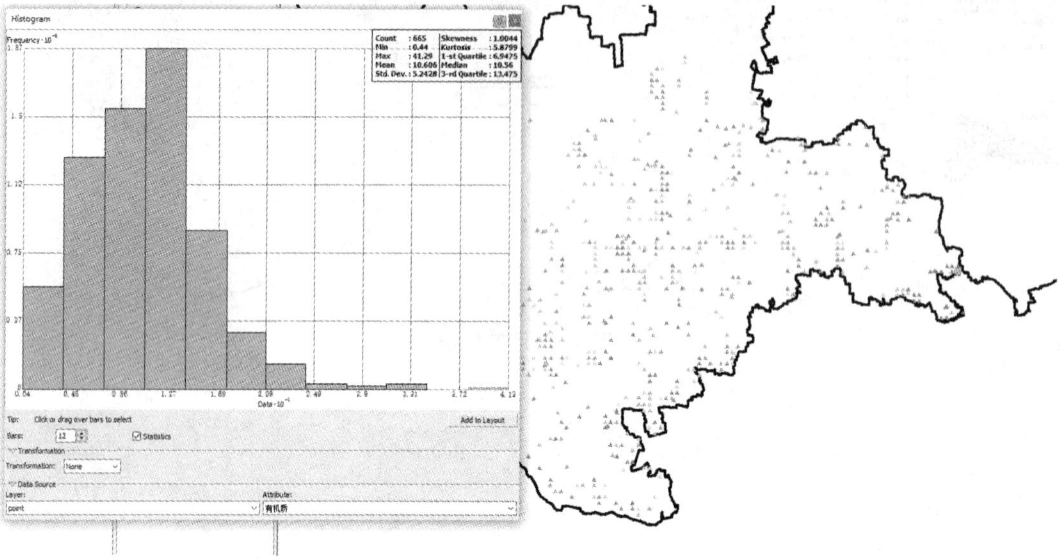

图 3-10　直方图异常值检查

还可采用变异函数/协方差云找到距离 x 较小，而变异较大的点对，判断其是否为异常值(图 3-11)。

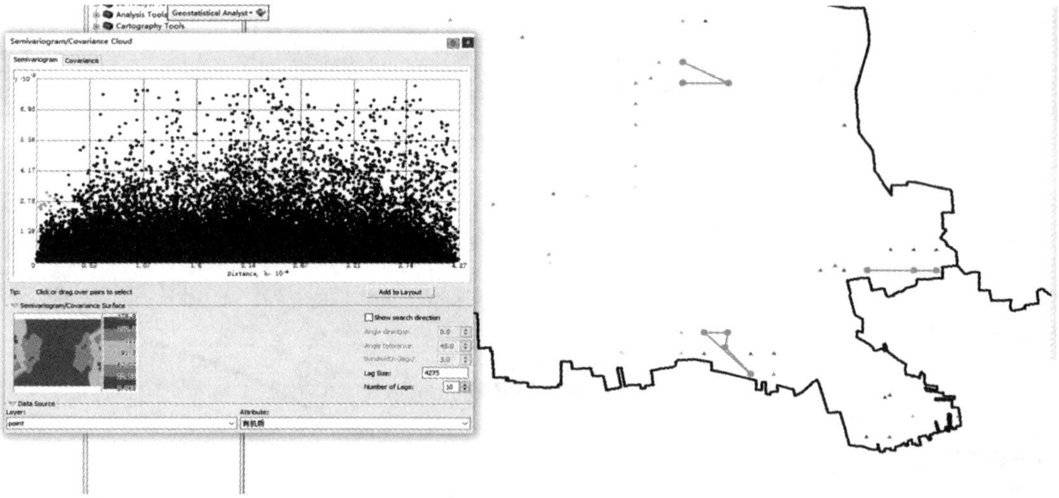

图 3-11　变异函数云异常值检查

(4)趋势分析

选择探索数据下的趋势分析(tender analysis)查看数据在三维空间的展示效果(图 3-12)，其中 z 轴为试验测量值，轴面上的粗线数据在 x，y 平面投影的拟合曲线(图左)，若曲线为平直线，则说明数据在此方向不存在趋势，反之则说明数据在此方向存在趋势，通过旋转数据可改变数据的各个方向的趋势（图右）。

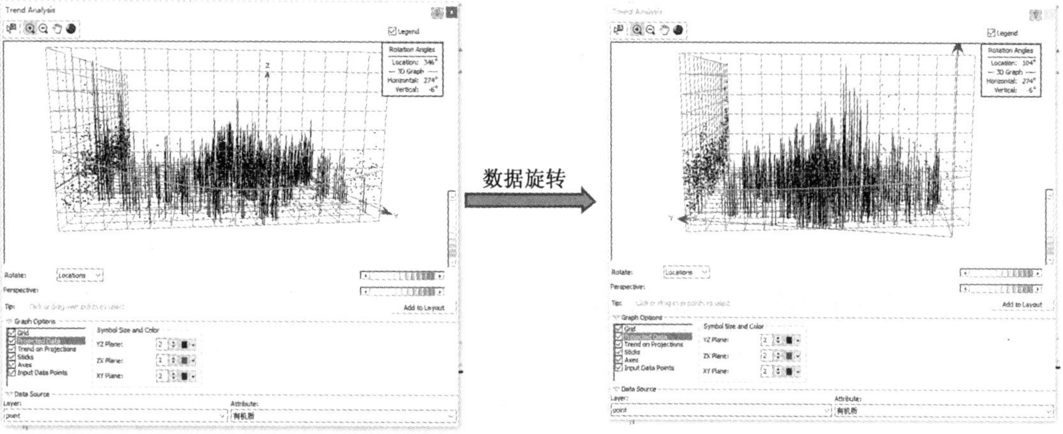

图 3-12　趋势分析

(5)空间自相关及各向异性分析

选择数据探索下的协方差/半变异函数云观测数据的空间自相关及各向异性，如果存在空间相关性，则距离较近的点对（在 x 轴的最左侧）应具有较小的差值（在 y 轴上的值较小）。随着各个点之间的距离越来越大（点在 x 轴上向右移动），通常，差值的平方也应随之增大（在 y 轴上向上移动）。通常，平方差超过某个距离后就会保持不变，超过这个距离的位置对被视为不相关。勾选 show search direction 即可查看不同角度组和方向祖的变异函数/协方差云（图 3-13）。

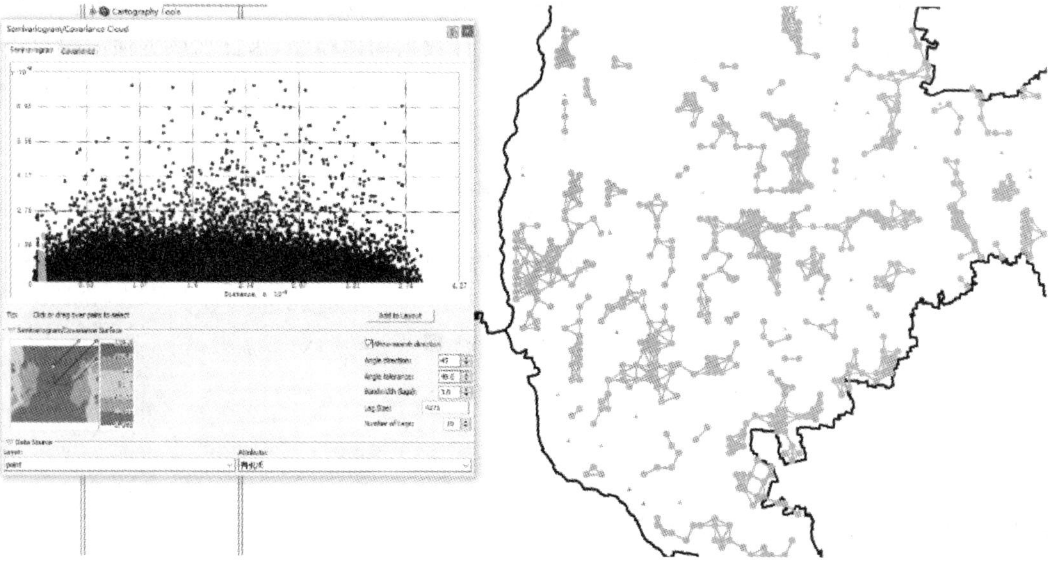

图 3-13　空间自相关及各向异性分析

(6)变量间相关性分析

选择数据探索下的交叉协方差云,输入要比较的不同实验值,即可查看变量间的空间相关关系,通过调整角度组和距离组设置,即可查看不同方向两变量间的空间相关关系(图3-14)。

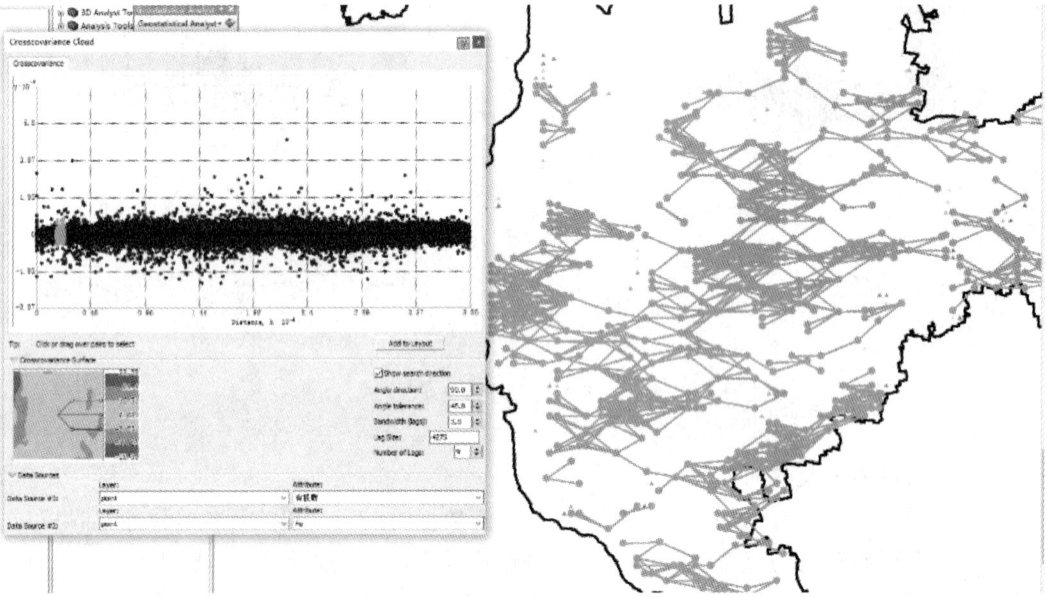

图 3-14　多变量空间相关分析

3.3.3.2　模型选择

点击 Geostatistical Analysis 下的 Geostatistical Wizard,选择 kriging 模型即可根据向导生成所需要的地统计学模型,由于地统计学基于统计数据构建模型,因此这些方法不仅可以生成预测表面,还可生成误差表明以及不确定性分析表面等,ArcGIS 地统计学分析模块基于不同的克吕金方法,提供了不同的输出表面,如表 3-2 所示。

表 3-2　克吕金法输出表面比较

方法类型	输出表面类型				
	预测表面	预测标准误差	分位数图	概率图	标准误差指示图
普通克吕金	X	X	X*	X*	
泛克吕金	X	X	X*	X*	
简单克吕金	X	X	X*	X*	
指示克吕金				X	X
概率克吕金				X	X
析取克吕金	X**	X**		X**	X**
经验贝叶斯	X	X	X*	X*	

* 数据需满足多元正态分布假设,** 数据需满足成对二元正态假设条件

3.3.3.3　模型参数确定

(1)数据变换

结合数据检查中正态分布的检查结果,在生成模型中选择对数变换或 Box-cox 变换使得数据满足正态分布。

(2)半变异函数参数确定及优化

可使用优化按钮对一系列插值模型的输出执行基于最小化均方根误差的优化,每个模型的优化过程侧重于其最重要的参数。克吕金法中也可以使用优化来协助拟合半变异函数/协方差/交叉协方差模型,并且主要侧重于变程参数。优化方法可对克吕金方法中的半变异函数/协方差模型以及协同克吕金法中使用的平移参数执行优化。对于存在多个半变异函数参数的克吕金模型,可以使用"地统计向导"中的"自动"按钮单独进行优化(图 3-15)。

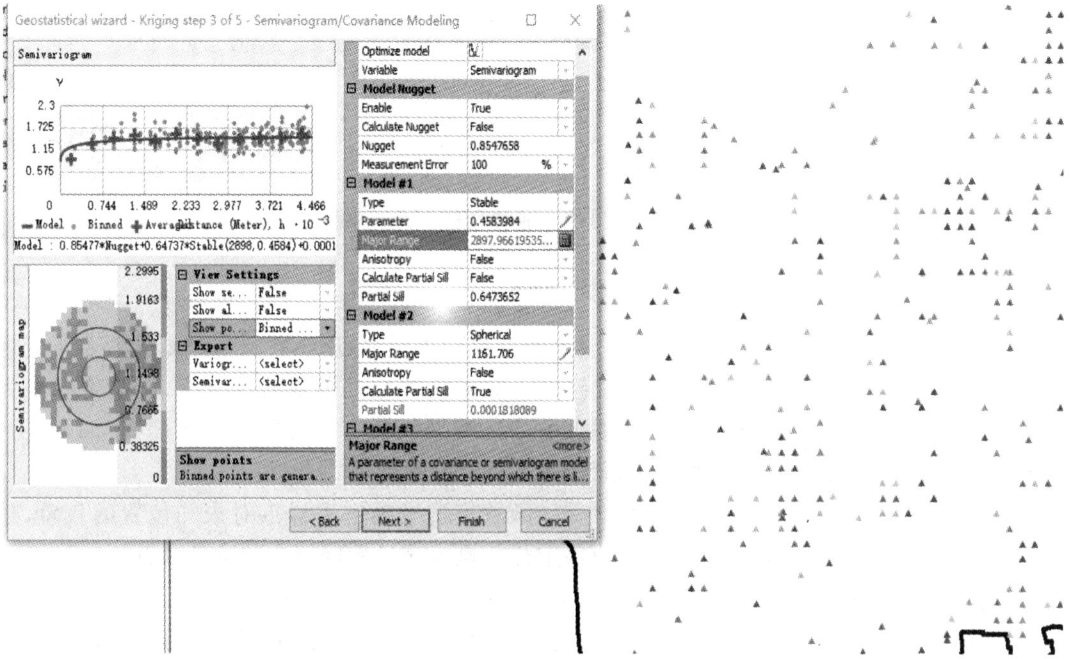

图 3-15　半变异函数参数确定及优化

(3)搜索领域

当样点距离预测位置距离较远时,这些点对预测值影响几乎没有影响甚至有时会造成不利的影响,此时可通过定义搜索邻域,将这些点从特定预测点的计算中消除。另外,使用搜索邻域的还可以提高计算速度,搜索邻域越小,预测值的生成速度就越快。因此,通常都要指定搜索邻域限制用于预测的点数。

数据空间变异的特征会影响邻域的形状。如果数据不存在各向异性,则应定义搜索邻域的形状为圆形。反之,如果数据中存在各向异性,则应选择椭圆作为搜索邻域的形状,椭圆的长轴应平行于长变程所对应的方向。

地统计分析向导定义领域的界面如图 3-16 所示。

权重部分列出了用于估计预览表面上十字光标所标记的位置的值的权重,红色高亮显示

图 3-16 搜索领域

的点位具有最大权重的数据点。

指定邻域形状后，通过定义要包含的最大邻点数和最小邻点数，并将邻域划分成若干分区的方式便可限制应在该形状中使用哪些位置点。如果将邻域划分成若干分区，则指定的最大邻点数和最小邻点数应用于各个分区。提供的分区类型包括：单分区、四分区椭圆、四分区且45°角偏移的椭圆以及八分区四种分区类型。

克吕金法通过搜索邻域以及拟合的半变异函数模型来确定采样点对未知位置的权重，进而对未知位置进行预测。对研究区域中的每个位置执行该过程则可创建连续表面。

除了标准领域搜索，Geostatistical Analysis 还提供平滑插值的领域搜索方法，该方法会创建三个椭圆，中心椭圆使用长半轴和短半轴值。内椭圆使用半轴值乘以 1 减去平滑系数，而外椭圆使用半轴值乘以 1 加上平滑系数。三个椭圆的所有点都用在插值中。最小椭圆中的点的权重的指定方式与标准插值相同。落在最小椭圆和最大椭圆之间的点的权重等于标准表中乘以一个 0～1 的距离系数(sigmoidal)，正好位于最小椭圆边上位置的距离系数为 1，而正好位于最大椭圆边上以及在最大椭圆之外位置的距离系数为 0，位于大小椭圆之间的位置距离则在 0～1 之间，如图 3-17 所示。

另外应注意，对于面插值克吕金方法来说，仅支持单分区；对于经验贝叶斯克吕金方法来说，必须为圆形搜索领域。

3.3.3.4 模型评估

(1)交叉验证

交叉验证又称留一法，其在每次模型构建中移除一个数据位置，然后预测关联的数据值并重复对所有数据位置进行相同的操作。最终对所有点的测量值和预测值进行比较。如图 3-18 所示。

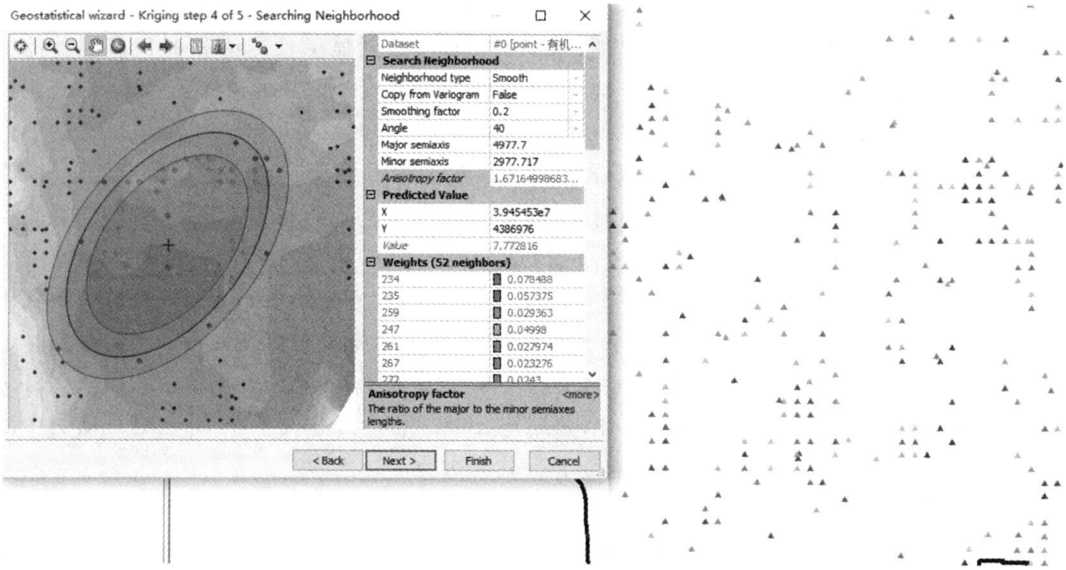

图 3-17　搜索领域-平滑插值

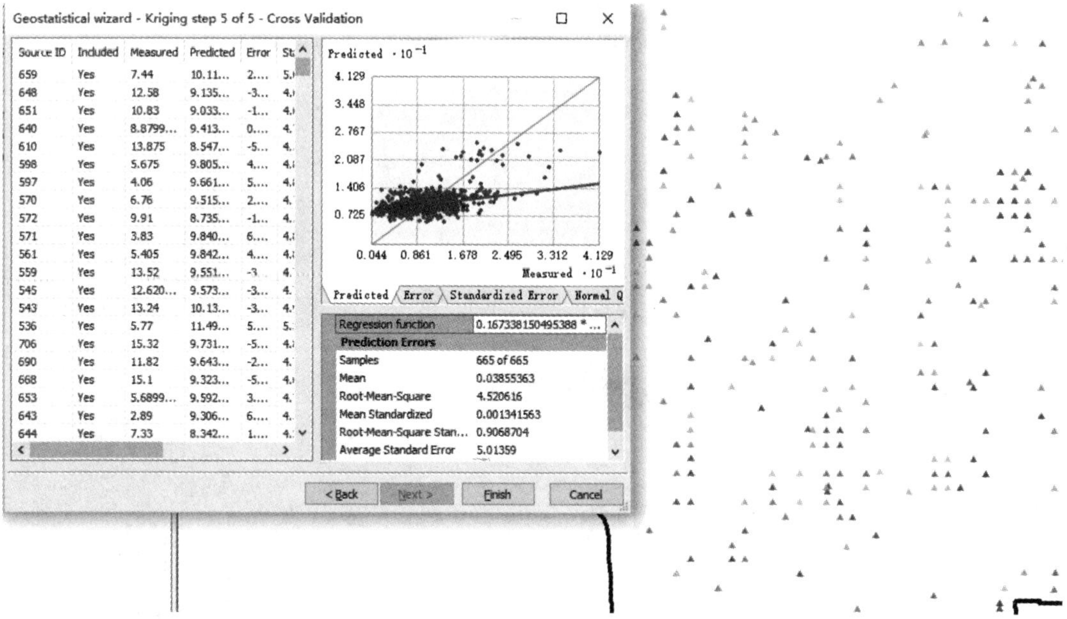

图 3-18　交叉验证

交叉验证的结果以四个图像以及一些统计指标来进行展示，预测图(predicted)为预测值与模拟值的散点图及其拟合直线，并在图的下方给出方程；误差图(error)与预测图相同，只是在预测值基础上减去了测量值；对于标准化误差图(standardized error)，则先用预测值减去测量值，然后再除以估计的标准误差。所有三个图都显示了克吕金法预测的准确程度。如果数据无空间相关性，则所有预测均相同(每一个预测值都是测量数据的平均值)，且拟合直线为水平线。反之，如果数据具有空间相关性且使用的是理想的克吕金模型，则拟合直线应接近于1∶1线（黑色虚线）；最后一个图是QQ图（normal QQ），该图显示预测值和测量值的差值的分位数以及标准正态分布中对应的分位数，如果预测值与真实值之间的误差为正态分布，则这些点应大致沿灰色线分布。

交叉验证的统计指标中平均值预测误差（mean）越接近于0，则说明预测越具有无偏性，因为不同数据具有不同的量级，因此在比较模型时需对预测误差进行标准化得到标准化预测误差（Mean standardized）；均方根预测误差（Root-Mean-Square）可反映模型对空间变异性的估计程度，如果平均标准误差（Average-Standard Error）大于均方根预测误差，则说明对预测中的变异性估计过高，如果平均标准误差小于均方根预测误差，则说明对预测中的变异性估计过低。还可采用每个预测误差除以其估计的预测标准误差的平均值及均方根标准误差（Root-Mean-Square-Standardized）来反映此估计，如果均方根标准化误差大于1，则说明对预测中的变异性估计过低，反之则说明对预测中的变异性估计过高。

（2）比较模型

使用不同的模型或者参数建立不同的地统计学模型后，右键单击生成的地统计学模型，选择比较（compare）即可对任意两个地统计学模型进行对比分析，其使用的是各模型交叉验证的结果，同时允许并排检查统计数据和图。通常来说，最佳模型应拥有最接近于0的标准平均值（Mean Standardized）、最小的均方根预测误差（Root-Mean-Square）、最接近该误差的平均标准误差（Average Standard Error），以及最接近于1的标准均方根预测误差（Root-Mean-Square Standardized）（图3-19）。

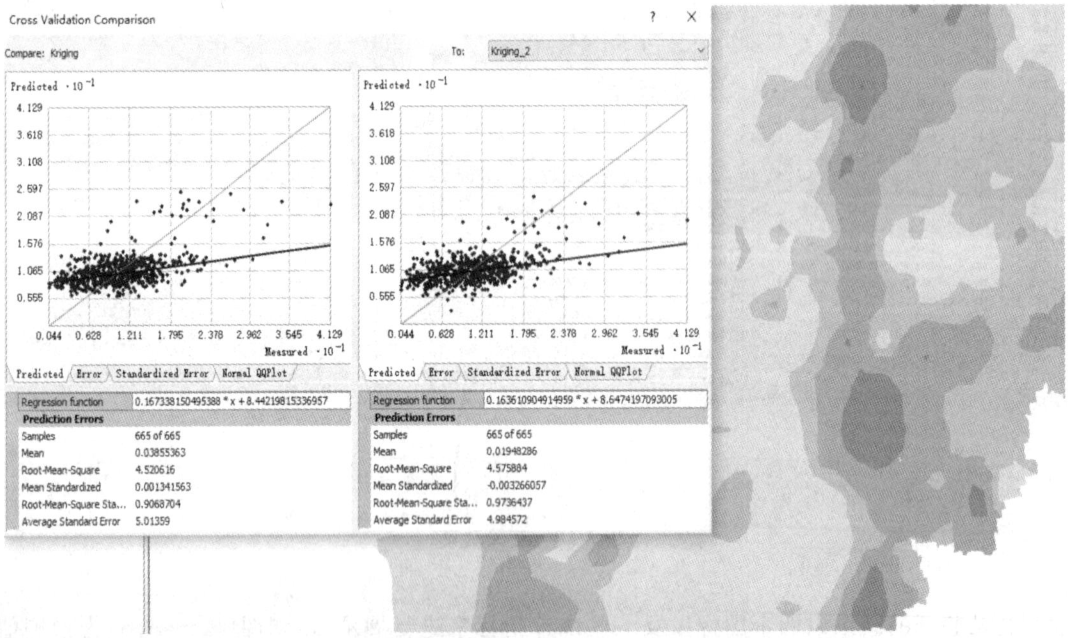

图3-19　比较模型

实际工作中可对每个表面与其他表面进行系统地比较，除去两个比较表面中较差的一个，直到剩下最好的两个表面互相进行比较。可总结出，对于此项特定分析，最后两个表面中的较优者即为可能的最佳表面。

在比较不同方法和/或模型产生的结果时，有两个问题需要考虑：一个是最优性，另一个是有效性。

例如，某一模型的均方根预测误差可能更小。因此可得出它就是最佳模型的结论。但在与另一模型进行比较时，均方根预测误差可能更接近于估计的平均预测标准误差。这是更有效的模型，因为在不含数据的某一点进行预测时，只能使用估计的标准误差来评估预测的不确定性。您还必须检查标准均方根是否接近于一。如果标准均方根接近于一，并且估计的平均预测标准误差接近于根据交叉验证得出的均方根预测误差，则可以确定模型是合适的。在上图中，左侧克吕金模型的均方根和平均标准误差小于右侧模型，但应首选右侧的克吕金模型，因为它的均方根(4.58)和平均标准误差(4.98)相近。此外，左侧模型具有较小的标准均方根(0.91)，这表示模型对空间变异的估计不足。

参考文献

[1] Journel A G, Huijbregts C J. Mining geostatistics[M]. Academic Press, 1978.

[2] Oliver M A, Webster R. Kriging: a method of interpolation for geographical information systems[J]. International Journal of Geographical Information System, 1990, 4(3): 313-332.

[3] Peredo O, Ortiz J M. Multiple-point geostatistical simulation based on genetic algorithms implemented in a shared-memory supercomputer[M]. Springer, 2012: 103-114.

[4] Stevens J D L, Olsen A R. Spatially balanced sampling of natural resources[J]. Journal of the American Statistical Association, 2004, 99(465): 262-278.

[5] Theobald D M, Stevens J D L, White D, et al. Using GIS to generate spatially balanced random survey designs for natural resource applications[J]. Environmental Management, 2007, 40(1): 134-146.

[6] Warrick A W, Myers D E. Optimization of sampling locations for variogram calculations[J]. Water Resources Research, 1987, 23(3): 496-500.

[7] 白鹤翔，葛咏，李德玉. 多点模拟算法与试验对比分析[J]. 地球信息科学，2006，8(4)：117-121.

[8] 侯景儒，郭光裕. 矿产统计预测与地质统计学的理论及应用[M]. 北京：冶金工业出版社，1993.

[9] 刘爱利，王培法，丁园圆. 地统计学概论[M]. 北京：科学出版社，2012.

[10] 王仁铎，胡光道. 线性地质统计学[M]. 北京：地质出版社，1988.

[11] 王政权. 地统计学及在生态学中的应用[M]. 北京：科学出版社，1999.

第 4 章　耕地集约利用对耕地有机质含量的影响机理

4.1　问题的提出

4.1.1　研究背景

长期不同施肥处理对土壤质量的影响及其程度、趋势一直是学者关注的重要科学问题。在长期定位施肥条件下对土壤生产力的研究更具有重要的意义，土壤肥料长期定位试验具有时间的长期性和气候的代表性等特点，信息量丰富，准确可靠，反映多年不同气象条件的影响，所以它能系统地研究土壤肥力演变及生产力的变化规律，克服因气候变化对肥效的影响，能对土壤中养分的平衡、不同作物对肥料的反应及不同轮作制度下生产力变化特征、建立合理施肥问题进行长期和系统的定位研究，并作出科学评价，为农业的可持续发展提供决策依据（徐明岗等，2006；张国荣等，2009）。

土壤有机质动态变化趋势取决于土壤碳输入量和输出量的相对大小，当碳的输入量大于输出量时，土壤有机质将不断提高，相反亦然（尹云锋，2006）。而不同施肥处理对土壤有机质的变化影响各异，目前国内外学者对此进行了大量研究，研究结论如下。

对于长期不施肥（CK），有研究认为，长期不施肥导致有机质含量逐年降低，施肥可以增加有机质在土壤中的积累，尤其是有机肥和无机肥配合施用，对于培肥土壤、增加有机质含量作用明显增大（高会议，2009；张国荣，2009）。柳影等研究吉林公主岭长期不施肥下黑土有机质的变化特征，结果表明，长期不施肥和单施化肥土壤有机质含量均呈下降趋势，30 年下降幅度为 2.1%～7.9%（柳影等，2011）。徐明岗等研究表明，在黑土上连续施肥 20 年不施肥，土壤有机质下降了 3.3 g/kg，施氮磷钾化肥土壤有机质下降了 1.3 g/kg，施有机肥有机质没有下降，有机肥与化肥配合施用，土壤有机质略有增加（徐明岗，2006）。林葆等进行的肥料长期定位试验得出，经 10 年的时间，不施肥的土壤有机质是下降的，降低 0.08%～0.14%；而单施氮肥的土壤有机质出旱作两熟区外，也是下降的；氮磷或氮磷钾肥配合则大多数是增加的。施用有机肥或有机肥无机肥配合，土壤有机质增加比较明显（林葆等，1994）。

长期单施无机化肥对土壤有机质含量的影响研究报道各异。一些研究认为，在灰漠土、褐土和黑土等土壤上连续施用化肥，土壤有机质呈下降趋势，这表明在这些类型土壤上单施化肥导致土壤有机质的消耗，这可能是长期单施常量 N、P、K 化肥，作物的根茬残留量较低，不足以补充土壤矿化分解的有机质，造成有机质总量下降（徐明岗等，2006）。也有研究认为，单施化肥可以基本维持水稻土有机质平衡，因为在水稻土上长期连续施用化肥，土壤养分供应充足，同时作物的根茬残留量较多，基本可以补充土壤矿化分解的有机质，使水稻土的土壤有机质含量能保持大体持平（周卫军，1998）。还有研究认为，单施化肥可以增加红壤等土壤有机质含量，因为在这些土壤上施化肥能增加作物生物学产量，从而增加对土壤有机物的投入，使土壤有机质积累量大于输出量，土壤有机质含量提高（高亚军，2000）。

有机肥或有机无机配合施用的研究。施入有机物料是提高土壤有机质的主要措施，施有机肥提高土壤有机质。研究认为土壤有机质含量始终表现出随有机肥施用量的增高而提高，且有逐年增长之趋势，化肥在提高土壤有机质含量方面受生物产量和根茬残留量影响，而与施肥量无明细关系，施有机肥既补充了有机质源又改善了土壤物理性状（肖伟伟，2007；马俊永，2007）。长期定位实验表明，长期施用有机肥能显著提高土壤活性有机质含量（孟乔凡等，2000）。

4.1.2　研究意义

从目前的研究来看，黄淮海区域耕地表层有机质含量的确有所提升，这种提升也显著地提高了全区的作物产量。但是，对于耕地表层有机质含量提升的机理集中于小尺度，通常针对某个试验站进行分析，而以黄淮海平原区整个区域为系统分析很少。因此有必要对全区耕地表层有机质含量提升的机理、不同施肥处理对作物产量的影响等进行系统研究。旨在为提高耕地土壤肥力和完善高产与经济合理的农业施肥措施提供理论依据。

4.1.3　研究进展

（1）长期不同施肥处理对土壤有机质含量的影响

长期不同施肥处理对土壤质量的影响及其程度、趋势一直是学者关注的重要科学问题。在长期定位施肥条件下对土壤生产力的研究更具有重要的意义，土壤肥料长期定位试验具有时间的长期性和气候的代表性等特点，信息量丰富，准确可靠，反映多年不同气象条件的影响，所以它能系统地研究土壤肥力演变及生产力的变化规律，克服因气候变化对肥效的影响，能对土壤中养分的平衡、不同作物对肥料的反应及不同轮作制度下生产力变化特征、建立合理施肥问题进行长期和系统的定位研究，并作出科学评价，为农业的可持续发展提供决策依据（徐明岗等，2006；张国荣等，2009）。

土壤有机质动态变化趋势取决于土壤碳输入量和输出量的相对大小，当碳的输入量大于输出量时，土壤有机质将不断提高，相反亦然（尹云锋，2006）。而不同施肥处理对土壤有机质的变化影响各异，目前国内外学者对此进行了大量研究，研究结论如下。

对于长期不施肥（CK），有研究认为长期不施肥导致有机质含量逐年降低，施肥可以增加有机质在土壤中的积累，尤其是有机肥和无机肥配合施用，对于培肥土壤、增加有机质含量作用明显增大（高会议，2009；张国荣，2009）。柳影等研究吉林公主岭长期不施肥下黑土有机质的变化特征，结果表明，长期不施肥和单施化肥土壤有机质含量均呈下降趋势，30 年下降幅度为 2.1%～7.9%（柳影等，2011）。徐明岗等研究表明，在黑土上连续 20 年不施肥，土壤有机质下降了 3.3 g/kg，施氮磷钾化肥土壤有机质下降了 1.3 g/kg，施有机肥有机质没有下降，有机肥与化肥配合施用，土壤有机质略有增加（徐明岗，2006）。林葆等进行的肥料长期定位试验得出，经 10 年的时间，不施肥的土壤有机质是下降的，降低 0.08%～0.14%；而单施氮肥的土壤有机质除旱作两熟区外，也是下降的；氮磷或氮磷钾肥配合则大多数是增加的。施用有机肥或有机肥无机肥配合，土壤有机质增加比较明显（林葆等，1994）。

长期单施无机化肥对土壤有机质含量的影响研究报道各异。一些研究认为，在灰漠土、褐土和黑土等土壤上连续施用化肥，土壤有机质呈下降趋势，这表明在这些类型土壤上单施化肥导致土壤有机质的消耗，这可能是长期单施常量N、P、K化肥，作物的根茬残留量较低，不足以补充土壤矿化分解的有机质，造成有机质总量下降（徐明岗等，2006）。也有研究认为，单施化肥可以基本维持水稻土有机质平衡，因为在水稻土上长期连续施用化肥，土壤养分供应充足，同时作物的根茬残留量较多，基本可以补充土壤矿化分解的有机质，使水稻土的土壤有机质含量能保持大体持平（周卫军，1998）。还有研究认为，单施化肥可以增加红壤等土壤有机质含量，因为在这些土壤上施化肥能增加作物生物学产量，从而增加对土壤有机物的投入，使土壤有机质积累量大于输出量，土壤有机质含量提高（高亚军，2000）。

有机肥或有机无机配合施用的研究。施入有机物料是提高土壤有机质的主要措施，施有机肥提高土壤有机质。研究认为土壤有机质含量始终表现出随有机肥施用量的增高而提高，且有逐年增长之趋势，化肥在提高土壤有机质含量方面受生物产量和根茬残留量影响，而与施肥量无明显关系，施有机肥既补充了有机质源又改善了土壤物理性状（肖伟伟，2007；马俊永，2007）。长期定位实验表明，长期施用有机肥能显著提高土壤活性有机质含量（孟乔凡等，2000）。

（2）土壤有机质含量与气候因子的关系

土壤有机质的转化由矿质化和腐殖化两大过程组成，是土壤中最活跃的物质部分。矿质化是使进入土壤的有机物质经微生物作用不断分解、释放出养分被植物吸收利用，最终离开土壤。腐殖化是有机物质经微生物分解合成而形成新的更复杂的腐殖质。由此看出，有机物质在土壤中的转化主要驱动力是微生物，凡是影响微生物活动的因素都会影响有机物质的转化过程。

①温度。温度影响土壤微生物、酶活性及土壤中溶质的运移，还影响土壤反应的速度和土壤呼吸速率，最终影响土壤有机质的转化。在一定温度范围内，温度升高会促进有机质的分解，但温度进一步升高，土壤有机质对温度的响应程度降低（黄耀，2002）。研究表明，随着温度的升高，土壤碳矿化率增加，但随着温度的进一步升高，土壤碳矿化率对温度变化的敏感程度降低（Andersen，2001）。Miko发现，在平均温度为5℃时，温度每升高1℃将会引起全球范围内10%土壤有机质的损失；而在平均温度为30℃时，温度每升高1℃将会引起3%的有机质损失（Miko，1995）。王彦辉认为，森林土壤有机质分解的最佳温度范围为25～35℃（王彦辉，1999）。关于温度对土壤腐殖质形成和结构的影响研究较少。

②降水。降水通过影响土壤水分、溶质运移的变化来影响微生物的活动，从而影响土壤有机质的含量（关松，2006）。土壤水分是土壤中水溶性成分的运输载体，也是土壤反应得以正常运行的介质。有研究认为，森林土壤有机质的分解速率在很大程度上受控于环境条件，其中含水量起着决定性作用，当被分解物饱和含水量为70%～90%时最佳，水分过多或过少都会限制微生物活动，从而降低有机质的分解速率（王彦辉，1999）。

③pH。土壤pH主要通过影响土壤的微生物活动，从而影响土壤有机质的分解与矿化（Stefan，2000）。一般微生物活动适宜的土壤酸碱度为中性附近，过酸（<4.5）和过碱（>8.5）时，多数微生物活动都会受到显著的影响（熊顺贵，2001）。强酸环境抑制微生物活动，有机碳的分解速率降低，那么有机质积累；相反，土壤pH越高，土壤有机碳分解速度越快，不利于有机质的积累（Motavallia，1995）。

（3）长期不同施肥对作物产量的影响

合理施肥可以有效地提高作物产量，但是如果施肥方式和施肥量不合理，不仅造成施肥的增产效益不高还会对环境造成污染，威胁农产品质量安全，影响农业产量的进一步提高（林葆，2003；张明霞）。长期以来，我国农村盲目施肥现象严重，不仅浪费了资源，使农业生产成本增加，而且严重污染了环境。目前学者对不同施肥对作物产量的影响做了大量研究，主要结论如下。

有研究认为，单施氮肥、氮肥磷肥配施、氮肥钾肥配施，生产稳定性显著下降，且随时间的延长，增产效率均呈线性下降，其下降速率表现出 NP＞N＞NK 的趋势，至 18～21 年后，产量水平相当甚至低于不施肥处理（CK）（黄欠如等，2006）。美国伊利诺斯周立大学在连续多年不施肥的区域施用肥料，玉米连作区产量由 2630 kg/hm^2 提高到 7090 kg/hm^2，玉米—燕麦轮作区的玉米从 3640 kg/hm^2 提高到 7900 kg/hm^2。可见，给贫瘠的土壤施用大量化肥，可以大幅度提高作物产量，获得较高的经济效益。

张夫道等通过长期实验研究，得出了施肥与作物产量的关系：氮、磷化肥在我国具有普遍的增产效果；北方土壤富含钾，持续至 10 年钾肥不显效或先微效；南方相对缺钾，实验开始3～5 年钾肥不显效，但 3～5 年之后钾肥逐渐显效果。不施氮肥的 PK 处理，一开始产量就较低，说明氮肥的重要性。氮肥偏施如 N、NP、NK 处理，短期内获得较高产量，但随后产量明显下降。因此要获得持续高产，必须 N、P、K 化肥配合施用。氮肥与有机肥配合施用，改变了偏施氮肥产量迅速下降的状况。氮磷钾肥与有机肥配合，不仅可以持续高产，而且产量比单施氮磷钾肥要高。磷肥有累积增产效应，氮肥累积增产效应很小甚至没有。

徐明岗等对作物的产量变化与施肥的规律性有如下认识：在灰漠土连续施化肥 15 年，作物获得稳定高产，农学效率比较稳定；长期不均衡施肥，作物产量均低于均衡施肥，且有持续下降趋势。长期不施肥，小麦玉米产量降低了 56%～75%，配施有机肥小麦和玉米均能稳定地高产，分别比 NPK 平均增产 8.5%～12%。在沙壤质潮土，不施肥玉米产量最低，多年平均为 2.86 t/hm^2；13 年长期施肥具有明显的增产效果，增产率 78.3%～150.4%。单施化肥增产 29.1～35.6 t/hm^2。化肥与秸秆配合显著提高产量。黑土长期施肥 24 年，单施化肥 N、P、K 增产 57.1%，单施有机肥 M 增产 24.6%，有机肥与化肥配合 N、P、KM 增产 71.6%。在氮磷钾三种养分中，缺钾减产 0.6%，缺磷减产 10.1%，缺氮减产 23.0%，氮肥对作物产量贡献最大。

（4）长期施肥下作物产量的参数研究

长期施肥试验不仅可以获得连续多年的作物产量，也能反映出不同施肥处理、土地利用方式、土壤质量及气候因子对作物产量的综合作用。所以仅仅直接研究产量大小和增产率不足以充分掌握长期施肥对作物产量的影响，通过阅读大量文献，借鉴学者的研究方法，本书将对长期施肥下作物产量可持续性指数、土壤地力贡献率等参数进行研究分析。

国内外对长期不同施肥处理下农业系统生产力的可持续性做了大量研究，认为产量可持续性指数（SYI）是衡量系统是否能可持续生产的一个重要参数，其值越大系统的可持续性越好（刘金剑，2008；马红星，2008；李成亮，2007；林葆，1996）。一般研究认为，不同施肥处理下作物产量可持续性指数不同，其中 Manna 等研究结果表明，不同施肥处理下，产量可持续性指数的大小顺序为 NPKM＞NPK＞NP＞N＞CK；Zhang 等研究认为，长期配合施用氮磷钾肥虽然能提高作物产量，但在试验不能维持其高产（Zhang Wenju，2006）；李秀英等研究了褐潮土长期不同施肥下作物的产量可持续性指数认为，氮磷钾化肥配施及氮磷钾化肥配施有机肥可使作物持续高产，农业生产系统可持续性强；而不均衡施肥致使农业生态系统养分不均衡，可持续性差（李秀英等，2006）。

可见，学者在有机无机配合施用下最利于农业生产系统可持续发展上结论普遍一致。国内外对不同施肥处理下基础地力贡献率的变化做了大量研究，徐明岗等研究认为，我国长期施肥基础地力贡献率逐年下降，灰漠土玉米季的基础地力贡献率15年下降了47%；冬春小麦的地力贡献率分别下降了40%和23%（徐明岗，2006）。朱洪勋等研究长期不施肥玉米和小麦区，结果表明土壤养分供应不足，产量逐年下降，且基础地力贡献率平均为37.2%（朱宏勋，1997）。黄欠如研究了长期（23年）施肥下红壤性水稻土基础地力贡献率较稳定，为46.3%～72.0%。不仅不同作物间地力贡献率不同，而且不同区域间也不同（黄欠如等，2006）。

（5）长期不同施肥下土壤有机质含量与作物产量的关系

关于土壤有机质含量与作物产量的关系学者也做了不少研究。孟凡乔等对山东恒县高产田进行研究，结果表明，土壤有机质和作物产量之间呈显著正相关，即在高产条件下土壤有机质对作物生产仍然是非常重要的，土壤有机质可以增加土壤养分供应，而作物产量的提高，反过来又可以增加土壤根系的分泌，增加通过秸秆还田归还到土壤的有机物质数量（孟凡乔，2000）。另外一些学者主要研究土壤有机碳含量与粮食生产力之间的关系。QIU Jianju等利用农业生态系统生物地球化学模型（DNDC），选择6个典型的种植模式点量化SOC变化对粮食生产力的影响，发现初始SOC每增加1 gC/kg，6个区域粮食产量分别增加176、454、328、185、266及229 kg/hm^2，提出我国通过提高SOC含量来提高粮食生产力的潜力巨大（QIU Jian-jun，2009）Bi Lidong等通过长期定位试验，研究发现用有机添加物（OA）替代单施化肥，可以提高土壤中有机碳和氮含量，进而提高水稻的产量（Bi Lidong，2009）。Yan Xiaoyuan等通过19年的试验研究发现，相对于施用化肥，施用有机肥既不会直接增加作物产量也不会降低产量的变异性，产量变异性主要由土壤肥力和作物生长营养供给量决定（Yan Xiaoyuan，2009）。Chan K Y等在澳大利亚东南部进行长期定位试验，研究表明残株焚烧比残株还田的农田中土壤有机碳的损失更少、小麦产量更高，土壤有机碳含量对小麦产量有着积极影响（Chan K Y，2005）。揭示长期施用有机肥、化肥条件下土壤有机质消耗或积累特征，研究结果对黑土合理施肥和培肥土壤有重要意义。

4.2 研究内容、数据来源与方法

4.2.1 研究内容

本研究以黄淮海平原区褐潮土、石灰性潮土、壤质潮土、盐化潮土、黄潮土等不同土壤类型的长期定位试验监测数据为基础，旨在研究不同施肥处理对耕地表层土壤有机质含量和作物产量观测数据的影响。具体内容包括以下三个方面。

（1）不同施肥处理对耕地表层土壤有机质含量的影响

本研究以黄淮海区域不同土壤类型的长期不同施肥处理下耕地表层土壤有机质含量观测值为基础，通过对有机质含量随施肥时间的变化特征、有机质含量均值、变异系数等参数进行统计分析，来阐明不施肥（CK）、单施化肥（UF）、均衡施用化肥（CF）、施有机肥（M）、有机无机化肥配施（CFM）等处理方式对有机质含量变化的影响。其次，对全黄淮海平原区不施肥（CK）处理下有机质含量的空间差异进行分析，阐明年均温度、年均降水量、日照时数等的气候因子差异对有机质含量的影响。旨在为提高全区土壤有机质含量、增加土壤肥力及施肥的高效性提供依据。

(2)不同施肥处理对作物产量的影响

本研究以黄淮海区域不同土壤类型的长期不同施肥处理下作物产量的观测值为基础，通过对长期不同施肥处理下作物平均产量差异、产量随着时间的变化趋势、产量可持续性、变异系数等特征的统计分析，来阐明不施肥(CK)、单施化肥(UF)、均衡施用化肥(CF)、施有机肥(M)、有机无机化肥配施(CFM)五种处理的作物产量演变特征。此外，利用全区不同土壤类型不施肥(CK)下的作物产量值，分析因基础肥力、水热条件不同造成作物产量的空间差异特征。旨在为促进作物产量的持续性高产及施肥的高效性提供科学依据。

(3)不同施肥处理下耕地表层土壤有机质含量和作物产量之间的关系

本研究利用黄淮海区域不同土壤类型不同施肥处理下耕地表层土壤有机质含量和作物产量数据，通过对二者进行回归分析，揭示不同施肥处理下耕地表层土壤有机质含量和作物产量之间的关系，找出作物产量随耕地表层土壤有机质变化而变化的趋势，旨在既能提高土壤肥力，又能促进作物产量的持续性高产及施肥的高效性提供科学依据。

4.2.2　数据来源

本研究数据主要有以下两个来源：一是由做长期定位施肥试验的老师提供数据；二是从公开发表的文章中收集数据。具体包括褐潮土、石灰性潮土、壤质潮土、盐化潮土、黄潮土等不同土壤类型在不同施肥处理下耕地表层土壤有机质含量和作物产量数据。

黄淮海平原区不同土壤类型的分布情况见图 4-1：褐潮土源于北京昌平试验站；石灰性潮土源于河北辛集试验站；壤质潮土分别源于河北衡水和河南郑州试验站；盐化潮土源于山东禹城试验站；黄潮土源于江苏徐州试验站。其相应的气候条件和土壤性质见表 4-1，年降水量在 461.9～863.9 mm，年平均气温在 12.8～14.6℃，年均积温在 4874～5368.2℃ · d，各试验站的土壤 pH 比较差异较小，范围在 8.25～8.82。各站的土壤类型均为由冲积母质发育而成的潮土。

表 4-1　黄淮海平原区不同土壤类型长期施肥试验站自然条件

土壤类型	北纬	东经	年降水量/(mm/年)	年均气温/℃	年均积温/(℃ · d)	pH	起止时间/年
褐潮土	40°10′	116°13′	574.1	12.8	4874.0	8.82	1991—2005
石灰性潮土	37°54′	115°13′	461.9	13.2	5015.7	8.26	1980—1999
壤质土壤 A	37°42′	115°42′	478.1	13.2	4996.3	8.32	1982—2002
壤质土壤 B	34°46′	113°40′	623.2	14.4	5334.0	8.60	1981—2000
盐化潮土	36°50′	116°34′	582.0	13.4	4951.0	8.30	1987—2005
黄潮土	33°54′	117°57′	837.3	14.6	5368.2	8.25	1981—1999

4.2.3　研究方法

(1)施肥处理

本研究为了使各试验站不同施肥处理在全黄淮海平原区具有可比性，具体选择了五个施肥处理方式，分别为：不施肥(CK)；单施化肥(UF)；均衡施用化肥(CF)；施有机肥(M)；有机

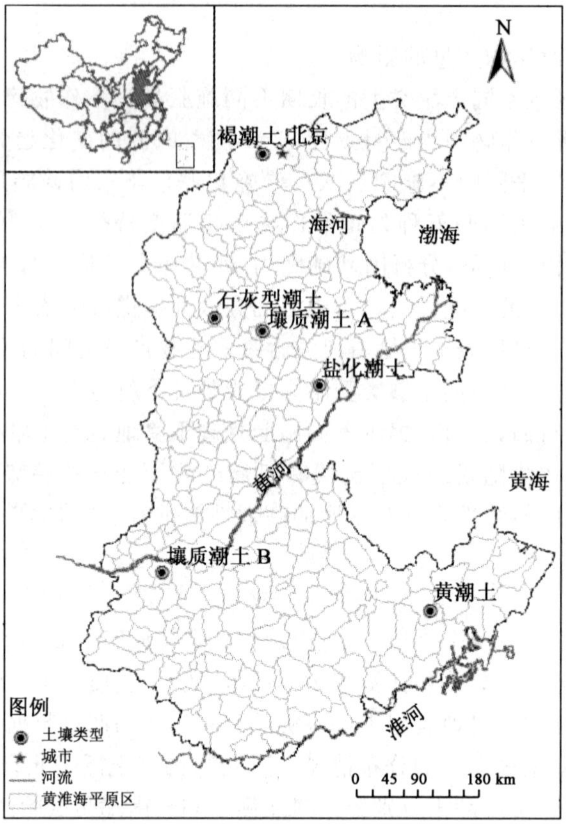

图 4-1 不同土壤类型长期施肥试验站点分布图

无机配施(NPKM)。然而不同土壤类型的施肥处理设计存在一定差异,以下为各土壤类型的施肥处理情况介绍。

褐潮土位于北京昌平试验站,其设置的长期施肥试验开始于 1991 年,试验均有统一的处理,本研究从中选择了:不施肥(CK);单施化肥(UF);均衡施用化肥(CF);施有机肥(M);有机无机配施(CFM)。施肥量为每年每公顷施 N 300 kg、P_2O_5 75 kg、K_2O 37.5 kg,N : P_2O_5 : K_2O 之比为 4 : 2 : 1。施用氮肥为尿素;磷肥为过磷酸钾;钾肥为氯化钾;所用有机肥为畜禽粪便等为主要原料沤制的厩肥;供试作物实行冬小麦-夏玉米连作,化肥在每茬作物播种前一次性撒施并翻耕入土,有机肥在冬小麦播种前施用。

石灰性潮土位于河北辛集试验站,其设置的长期试验开始于 1980 年,该试验站土壤理化性质为全氮含量为 0.60 g/kg,有机磷 4.0 mg/kg,有效钾 87 mg/kg,pH 7.8。试验有着统一的处理,本研究选取了:不施肥(CK);单施化肥(UF);均衡施用化肥(CF);有机无机配施(CFM)。冬小麦氮肥基施 2/3,追施 1/3,用量为 180 kg/hm^2,磷肥隔年基施,用量 150 kg/hm^2,有机肥全部基施,用量为 75 t/hm^2;夏玉米各处理施氮均为 120 kg/hm^2,不施加其他肥料。

壤质潮土分别源于河北衡水和河南郑州试验站,其中河北衡水试验站设置的长期试验开始于 1982 年,该试验站土壤理化性质为碱解氮含量为 51 mg/kg,有机磷 4.0 mg/kg, pH 为 7.8。试验有着统一的处理,本研究选取了:不施肥(CK);均衡施用化肥(CF);施有机肥(M);

有机无机配施(CFM)。按照各处理全年施肥总量,冬小麦、夏玉米每季作物各半,其中小麦氮肥用量基肥追肥各 50%,夏玉米氮肥全部用作追肥;而河南郑州试验站设置的试验从 1980 年开始,土壤理化性质为全氮含量为 0.65 g/kg,有机磷 7.7 mg/kg,有效钾 65 mg/kg,pH 为 8.3。试验有着统一的处理,本研究从中选取了:不施肥(CK);单施化肥(UF);氮磷钾肥配施(CF);施有机肥(M);有机无机化肥配施(NPKM)。氮肥基施 70%、追施 30%,磷肥和钾肥一次性基肥施入。每年每公顷施氮肥 165 kg、磷肥 36 kg,N∶P_2O_5∶K_2O 之比为 1∶0.5∶0.5。有机肥在小麦季施入,有机肥与无机肥在等氮量的情况下比例为 7∶3。

盐化潮土位于山东禹城试验站,其设置的试验始于 1986 年,试验有着统一的处理,本研究选取了:不施肥(CK);均衡施用化肥(CF);有机无机化肥配施(CFM)。氮肥 40%作基肥、60%作追肥,磷肥、钾肥和有机肥在作物播种前作基肥。按照各处理全年施肥总量,冬小麦、夏玉米每季作物各 50%,部分年份有机肥在冬小麦播种前一次性施入。化肥用量为每年每公顷施入氮肥 375～450 kg、磷肥施入 225～300 kg、钾肥为 150 kg。化肥选用尿素,磷酸二铵、过磷酸钙和硫酸钾;有机肥为牛粪。该区为小麦-玉米一年两熟轮作制度。

黄潮土位于江苏徐州试验站,其设置的试验从 1981 年开始,本研究在从多种统一的试验处理中选择了:不施肥(CK);单施化肥(UF);均衡施用化肥(CF);施有机肥(M);有机无机配施(CFM)。化肥每季每公顷用量为:氮肥 150 kg、磷肥 75 kg、钾肥 112.5 kg。1981—1984 年用厩肥马粪 37500 kg(养分平均含量:N 0.721%、P_2O_5 0.478%,K_2O 0.902%),1985—1999 施用厩肥牛粪(养分平均含量:N 0.541%、P_2O_5 0.55%,K_2O 0.682%),该区域为小麦-玉米轮作(表 4-2)。

表 4-2　不同施肥处理下各养分含量

处理	C /(kg/hm^2)	N /(kg/hm^2)	P_2O_5 /(kg/hm^2)	K_2O /(kg/hm^2)
CK	0	0	0	0
UF	0	135～360	0	0
CF	0	135～360	60～150	60～150
M	500～6000	12～120	12～170	30～200
CFM	500～6000	147～480	72～320	90～350

(2)数据分析

统计分析方法:试验结果统计与分析采用 EXCEL 和 SPSS 软件进行,所有数据测定结果均以平均值表示。不同施肥处理之间采用邓肯法进行差异显著性检验($P<0.05$)。

地统计学方法:利用 Arcgis 制作图件,从空间上表达定位不同类型土壤所在位置。

4.3　研究区概况

4.3.1　地理位置

黄淮海平原位于北纬 32°～40°30′,东经 113°～120°30′之间。北起燕山山脉南麓,南抵铜柏山、大别山北麓,西倚太行山和秦岭的东麓,东濒渤海和黄海,主体由黄河、淮河和海河三河系下游连片交互沉积形成，这里地势平缓，是我国第二大平原。该平原区的行政区划包括北京、天津、山东、河北、河南、安徽、江苏7个省市，共辖379个县(市、区)。土地面积约占全国平原面积的30%，耕地面积占全国的1/6，粮食作物播种面积占全国总量的20%以上，是"南粮北调"的重要农产品基地，也是未来保障我国粮食安全的主要区域。

4.3.2 气候条件

黄淮海平原属温带大陆性季风气候，四季分明。最寒1月平均气温－4.6～1.0℃，最热月7月平均气温21.2～28.1℃，年均气温11～16℃，≥0℃积温为4500～5500℃·d，无霜期较长，为175～220 d，可以满足两年三熟或一年二熟的要求。光照充足，年日照为2100～2800 h，全年日照百分率49%～63%。该区主要种植方式是冬小麦-夏玉米，春季日照条件好，气温回升快，相对湿度低，麦类作物光合效率高，病害少；7月和8月光、热、水同季，有利于作物生长，特别有利于喜温作物玉米的生长。

黄淮海平原区年降水量为500～1050 mm，各季节分配不均，夏季降水最多，7月和8月的降水量占全年的45%～65%。春、秋、冬三季均为水分亏缺的干旱期，小麦生长期内缺水达150～200 mm，全年水分支出大于收入，亏缺的水分约400 mm。由于季风、海陆远近和地形的影响，降水量自南向北，自东向西减少，中间有相对少雨带。大致以黄河为界，黄河以南降水量大于650 mm，淮北和苏北平原降水量800～1050 mm，苏北的滨海平原是全区降水量最多的地区。江苏的射阳、盐城、兴化等地年降水量大于1000 mm；黄河以北的极大部分地区，除了沿燕山山脉的山麓平原以外，年降水量都不足600～650 mm。太行山以东的广大平原，是年降水量最少的地区。黄淮海平原的少雨中心位于石家庄以东的束鹿、宁晋一带。这个少雨中心主要是由于它所处的地理位置造成的。在这个中心的东部平原，由于靠近渤海地区，受海洋的影响空气中水汽较高，因此降水量稍多；其北部燕山的山麓平原，处在山脉迎风坡，降水也比较多；中心往西，靠近太行山山麓的地区由于气流受地形抬升，降水也稍多。由于周围地区的降水都比中间地区多，因此就形成这个少雨中心。

4.3.3 土壤类型

黄淮海平原的土壤类型主要有棕壤、褐土、潮土、盐土、砂姜黑土、沙土等。本研究主要为潮土。潮土是我国重要的旱耕地土壤资源，在黄淮海平原，受黄河、淮河和海河泛滥沉积物的广泛影响，潮土分布面积大，集中连片，局部地区与盐土、碱土、砂姜黑土或与地带性的褐土、棕壤组合分布。山东、河北和河南分布面积较大，其次是江苏和安徽。潮土的生物积累养分含量普遍偏低，有机质量3～14 g/kg，全氮量0.2～1.0 g/kg，全磷量0.3～1.0 g/kg，全钾量15～20 g/kg，随质地由砂至黏而增加，耕作层与亚耕作层的养分含量明显高于心土及底土层，速效性养分含量除钾稍高外，速效磷含量较低。潮土的有机质积累量并不高，但土壤矿质养分含量较丰富，加之土体深厚，结构较松，宜于耕作管理，适种性广，是生产性能良好的一类耕种土壤。

4.3.4 水资源

黄淮海平原区多年平均水资源总量为1424亿 m^3，其中多年平均河川径流量438亿 m^3，地下水资源量419亿 m^3，黄河、海河等过境水量567亿 m^3。全区水资源开发利用率平均为

71.2%，产水模数 22.17 万 m^3/km^2，人均水资源 365 m^3，耕地每公顷平均水资源 4260 m^3，人均、地均水资源分别为全国平均水平的 23%和 22%，水资源较为贫乏。根据水资源供需现状分析，目前缺水 130 亿 m^3，缺水最严重的地区依次为海河平原、黄河下游平原、皖北平原及豫北平原(陈传美，1998)。

黄淮海区地下水分布格局如下：冲积、洪积全淡水富水区，位于黄淮海平原的西部，包括海滦河流域山前平原、黄河冲积扇平原、淮北平原、泰沂山北平原、沂沭河下游平原区；冲积、湖积咸、淡水相间较富水区，包括黄河以北、燕山、太行山山前平原以东，滨海平原以西的广大地区；冲积、海积滨海咸水区，包括渤海滨海平原区及黄海滨海平原区两部分，它们环渤海与黄海分布，主要位于河北、山东及江苏省境内，地下水的化学类型以氯化物硫酸钠型及氯化钠型为主，目前尚无法利用于农业生产。

4.3.5 粮食生产状况

据统计，2001 年黄淮海平原农作物总播种面积 3607.3 万 hm^2，其中粮食播种面积 2500.5 万 hm^2，占总播种面积的 69%；粮食作物中，小麦面积为 1251.0 万 hm^2，占粮食播种面积的 50%，玉米面积为 699.6 万 hm^2，占 28%，水稻面积为 122.2 万 hm^2，占 5%；粮食总产量 12460.6 万 t，其中小麦产量 6135.0 万 t，占粮食产量的 49.2%，玉米产量 3842.0 万 t，占粮食产量的 30.8%，稻谷产量 916.3 万 t，占 7.3%；按播种面积计算，粮食单产 4978 kg/ hm^2，稻谷单产 7500 kg/ hm^2，小麦单产 4904 kg /hm^2，玉米单产 5492 kg/ hm^2；如果按耕地面积计算，粮食单产为 5870 kg/ hm^2。

4.4 长期施肥下耕地表层土壤有机质变化特征

本研究以黄淮海平原区不同土壤类型的长期定位监测试验数据为基础，比较分析不同土壤类型下长期不同施肥处理下(不施肥、单施化肥、平衡施用化肥、有机肥、有机无机配施)对耕地土壤有机质含量变化的影响，为耕地土壤肥力提升和培育提供理论依据。

土壤有机质是土壤的重要组成部分，是土壤肥力的重要指标。土壤有机质在改善土壤结构、保持水分、防止土壤侵蚀和退化、保持和提供植物养分等方面有重要作用，它是衡量土壤质量的重要指标。为了保证农业土壤的持续生产，需要维持和不断提高土壤有机质含量。

4.4.1 不同土壤类型下耕地表层土壤有机质含量变化规律

土壤有机质作为土壤养分循环及肥力供应的核心物质，不仅是一类组成和结构复杂的复合体，而且 C、N 含量、分子结构、分解速率及转化周期也因气候、植被、人为管理措施及土壤性质的影响处于不断的动态变化中(Oades，1988)，因此研究区域土壤有机质含量变化特征对于提升土壤肥力具有重要的现实意义。

4.4.1.1 不同土壤类型下耕地表层土壤有机质含量的差异

(1)褐潮土

根据表 4-3 褐潮土耕地表层土壤有机质含量差异的统计结果显示，不施肥(CK)、单施化肥(UF)、均衡施用化肥(CF)、施用有机肥(M)、有机无机肥料配施(CFM)五种施肥处理的有机质含量均值分别为 14.28 g/kg、14.62 g/kg、14.35 g/kg、15.80 g/kg 和 16.48 g/kg。通过邓肯检验发现 CK 与 UF、CF 和 M 之间无显著性差异,仅仅和 CFM 处理存在显著性差异。整体来看各施肥处理对土壤有机质的作用从高到低依次为:CFM＞M＞UF＞CF＞CK。显然,CFM 的作用最大,其增长率最高,高达 15.41%。值得注意的是,这里 CF 对提高有机质含量的效果竟然不及 UF,这和许多学者研究认为均衡施用化肥对于培肥土壤效果优于偏施化肥不同。

(2)石灰性潮土

根据表 4-3 石灰性潮土耕地表层土壤有机质的统计结果特征,不施肥(CK)、单施化肥(UF)、均衡施用化肥(CF)、有机无机肥料配施(CFM)四种施肥处理可以分为两组。第一组为 CK、UF、CF,其对应的有机质含量均值分别为 11.48 g/kg、11.62 g/kg、12.17 g/kg, UF 和 CF 相对于 CK 的增长率分别为 1.22%和 6.11%,组内均值水平相近,且邓肯检验显示三种处理之间无显著性差异,说明 UF 和 CF 虽然有提高土壤有机质含量的作用,但是作用不大。第二组为 CFM,该处理下有机质含量水平是四种施肥处理中最高的,高达 14.68g/kg,增长率为 27.87%,远高于 UF 和 CF,且通过邓肯检验发现第一组与第二组有显著性差异。说明 CFM 对提高有机质含量居然显著的作用。

(3)壤质潮土 A

根据表 4-3 壤质潮土 A 耕地表层土壤有机质含量统计结果显示,不施肥(CK)、均衡施用化肥(CF)、施有机肥(M)、有机无机肥料配施(CFM)四种施肥处理对应的有机质含量均值分别为 10.75 g/kg、11.73 g/kg、12.03 g/kg 和 12.03 g/kg。通过邓肯检验 CK 与 CF、M、CFM 之间均呈现显著性差异,说明但凡施肥对于土壤有机质含量的提高都有显著性作用。其中 CFM 的增产率依然最高,达 17.67%,由此 CFM 在几种施肥处理中是最能提高有机质含量的措施。

(4)壤质潮土 B

根据表 4-3 壤质潮土 B 耕地表层土壤有机质含量统计结果显示,不施肥(CK)、施用化肥(UF)、均衡施用化肥(CF)、施有机肥(M)、有机无机肥料配施(CFM)五种施肥处理对应的有机质含量均值分别为 12.03 g/kg、12.62 g/kg、13.10 g/kg、13.01 g/kg 和 13.55 g/kg。其中施用 CFM 有机质含量增长率最高,达 12.64%;施用 CF 和 M 增长率居中,约 8.0%;施用 UF 有机质增长幅度最小,有机质含量均值仅比不施肥高 0.59 g/kg。

(5)盐化潮土

根据表 4-3 盐化潮土耕地表层土壤有机质含量统计结果显示,不施肥(CK)、均衡施用化肥(CF)、施有机肥(M)、有机无机肥料配施(CFM)四种施肥处理对应的有机质含量均值分别为 8.67 g/kg、10.34 g/kg、17.23 g/kg 和 1.25 g/kg。通过邓肯检验发现 CK 与 CF 之间无显著性差异,而与 M 和 CFM 均存在显著性差异。说明 M 和 CFM 两种处理方式具有显著提高有机质含量的作用,其增加率分别为 98.73%、52.83%。然而,该土壤类型下施肥对土壤有机质含量的影响一反常态,施用有机肥远远高于有机无机肥配施,这与其他试验站的结果不同,是黄淮海平原区唯一出现有机无机肥料配施不是最能增加有机质含量水平的站点。

(6)黄潮土

根据表 4-3 黄潮土耕地表层土壤有机质含量统计结果显示，不施肥(CK)、施用化肥(UF)、均衡施用化肥(CF)、施有机肥(M)、有机无机肥料配施(CFM)五种施肥处理对应的有机质含量均值分别为 9.2 g/kg、11.12 g/kg、11.81 g/kg、16.70 g/kg 和 18.65 g/kg。由此，有机质含量均值可以分为三个水平，其中 CFM 和 M 对应有机质含量水平最高，增长率在80%～100%；其次是 CF 和 UF，增长率在 20%～30%；最后是 CK，有机质含量低于 10 g/kg。因此，CFM 和 M 是较好的增加有机质含量和培肥土壤肥力的方式(图 4-2)。

表 4-3　不同土壤类型下耕地表层土壤有机质的统计分析结果

土壤类型	施肥处理	起始值	均值	增长率	变异系数
褐潮土	CK	12.31	14.28±1.98a	—	13.87%
	UF		14.62±1.86a	2.38%	12.72%
	CF		14.35±1.48a	0.49%	10.31%
	M		15.80±2.59ab	10.64%	16.39%
	CFM		16.48±2.39b	15.41%	14.50%
石灰性潮土	CK	11.40	11.48±1.20a	—	10.45%
	UF		11.62±0.86a	1.22%	7.40%
	CF		12.17±1.30a	6.01%	10.68%
	CFM		14.68±3.16b	27.87%	21.53%
壤质潮土 A	CK	11.16	10.75±0.70a	—	6.51%
	CF		11.73±0.73b	9.12%	6.22%
	M		12.03±0.25b	2.79%	2.08%
	CFM		13.93±1.66c	17.67%	11.92%
壤质潮土 B	CK	12.20	12.03±0.84a	—	6.98%
	UF		12.62±0.50b	4.90%	3.96%
	CF		13.10±0.61bc	8.89%	4.66%
	M		13.01±0.92bc	8.15%	7.07%
	CFM		13.55±0.72c	12.64%	5.76%
盐化潮土	CK	6.74	8.67±1.71a	—	19.72%
	CF		10.34±2.16a	19.26%	20.89%
	M		17.23±6.22b	98.73%	36.10%
	CFM		13.25±3.91c	52.83%	29.51%
黄潮土	CK	10.49	9.20±0.56a	—	6.09%
	UF		11.12±0.55b	20.87%	4.95%
	CF		11.81±0.61b	28.37%	5.17%
	M		16.70±2.43c	81.52%	14.55%
	CFM		18.65±2.85d	102.72%	15.28%

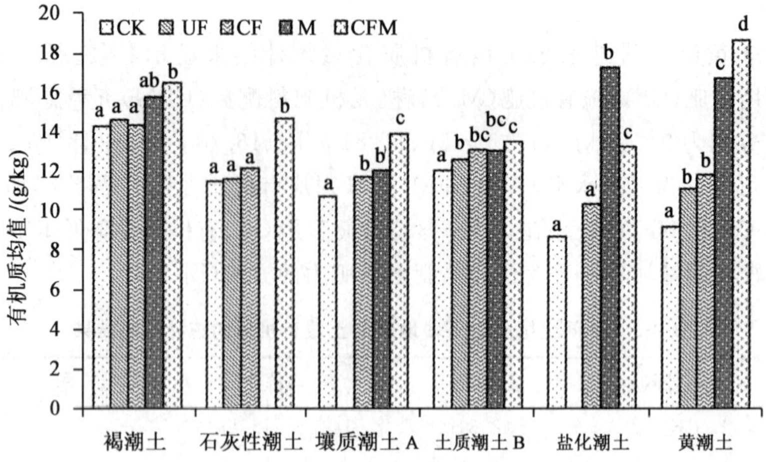

图 4-2 不同土壤类型在不同施肥处理下的土壤有机质含量均值

4.4.1.2 不同土壤类型下耕地表层土壤有机质含量变化趋势及其稳定性

(1)褐潮土

如图 4-3 褐潮土不同施肥处理下土壤有机质含量随年份变化趋势，依据该站五种施肥处理方下土壤的有机质含量的变化走势特征可以分为两组。第一组为 CK、UF、CF。这三种处理下有机质含量均在 1991—1998 年之间以缓慢的速度递增，CK 和 UF 施肥处理分别于 1999 和 2004 年两次出现高峰，而 CF 仅在 1999 年出现一次最大值，最后三种施肥处理有机质含量均在 15 g/kg 左右，比不施肥有机质含量初始值略有增长。这里单施化肥(UF)和均衡施用化肥(CF)曲线走向相似，甚至 UF 比 CF 波动次数更少，说明褐潮土中可能磷钾养分含量比较丰富，导致单施施用氮肥和施用氮磷钾肥最增加有机质含量的结果差别不大，甚至因为施用氮磷钾后，磷钾元素过多，造成 UF 处理下有机质含量均值略高于 CF。由此，土壤本身理化性质的不同，会严重影响施肥措施对于提高有机质含量的作用。

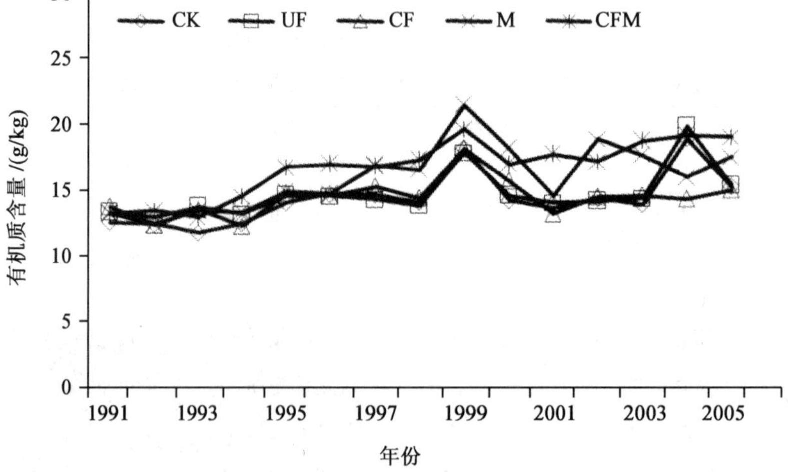

图 4-3 褐潮土不同施肥处理下耕地表层土壤有机质含量变化趋势

第二组 M 和 CFM，这两种施肥处理下有机质含量水平明显高于第一组。对于第二组组内，M 处理在施肥前几年作用并不明显，于 1996 年之后曲线开始明显高于 CK，逐渐发挥提高土壤有机质产量的作用，但有机质含量呈波浪式变动，因此施用有机肥能对提高有机质含量发挥作用，但是作用的稳定性低。CFM 施肥处理，增长速度分为两段，施肥前 8 年速度较快，且在 1999 年出现最大值 19.70 g/kg，之后有机质含量保持在一个较高的水平。比较 M 和 CFM 的稳定性，显然 CFM 在长期施肥下上下波动较小，既能提高有机质含量也能保持器稳定性的绝佳的施肥处理措施。

(2)石灰性潮土

如图 4-4 石灰性潮土不同施肥处理下土壤有机质含量随年份变化趋势，根据其曲线变化特征也可以将四种施肥处理分为两组。第一组为不施肥(CK)、单施化肥(UF)、均衡施用化肥(CF)，这三种施肥处理在整个施肥处理期间上升幅度较小，且速度缓慢，到最后一年 CK、UF、CF 相对于 CK 有机质含量初始值分别增加 1.04 g/kg、1.95 g/kg、3.12 g/kg。其中 CK 虽然也有所上升，但稳定性较差呈波浪式上升。第二组 CFM 施肥处理，其有机质含量在 1980—1995 年期间以较第一组更高的斜率上升，之后便开始小有波动，最终较 CK 有机质含量初始值增加 8.51 g/kg，增加幅度远高于第一组，是能有效提高有机质含量的施肥处理方式。

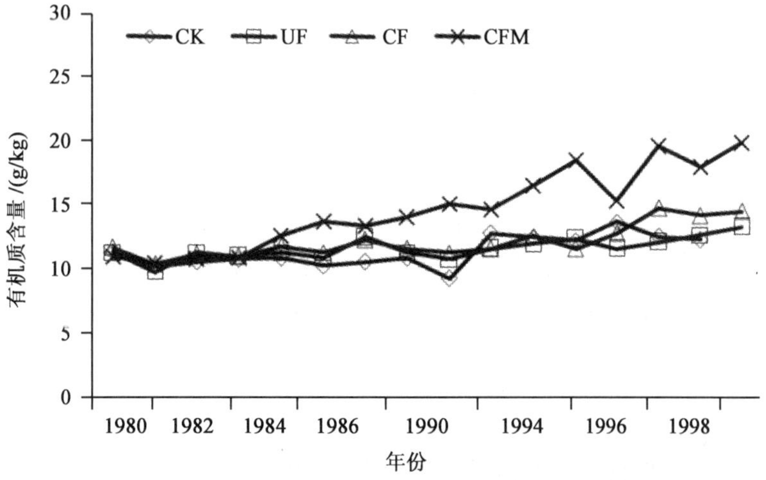

图 4-4　石灰性潮土不同施肥处理下耕地表层土壤有机质含量变化趋势

整体上，四种施肥处理均为上升趋势，也就是说在石灰性潮土即便不施肥有机质含量也不会减少，当然若施肥有机质含量增加更明显。进一步验证了有的学者研究认为不施肥土壤有机质水平也会上升的结论。

(3)壤质潮土 A

如图 4-5 壤质潮土 A 不同施肥处理下耕地表层土壤有机质含量变化趋势：四种施肥处理对应的有机质含量曲线分为两种趋势。第一种 CK、CF、M 处理下有机质含量变化很小，在整个长期施肥期间，三条曲线的斜率近乎零，始终保持在各自有机质含量的均值水平。显然，CK 曲线在最下边，UF 和 M 居 CK 之上且两者有机质水平相当，但是不难看出 UF 比 M 对应的曲线波动更大，UF 和 M 对应的变异系数分别为 9.12%和 2.79%，进一步说明虽然对提高有机质含量作用差不多，但施用有机肥比单施化肥稳定性更好。第二种 CFM 在施肥前后有明显的上升趋势。上升速度分为两个阶段，1982—1992 年增长不明显，之后异于 CK、UF、M 出现明显上升趋势，至 2002 年比 CK 处理下有机质含量初始值增加 6.44 g/kg。

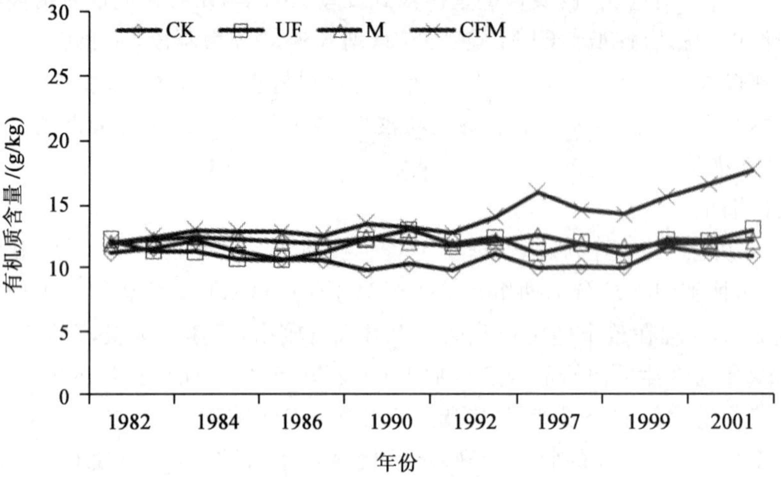

图 4-5 壤质潮土 A 不同施肥处理下耕地表层土壤有机质含量变化趋势

(4)壤质潮土 B

①不施肥处理(CK)。从图 4-6 中可以看出随着时间变化，与不施肥处理(CK)相对应的有机质含量最低，其多年平均值为 12.02 g/kg。有机质含量变化动态表现出波动幅度较大，分别在不施肥的第 8 年和第 10 年大幅下降，有机质含量降为 10.00 g/kg 和 10.40 g/kg，之后又逐渐回升到一个较稳定的水平，最终土壤有机质含量比试验前提高了 0.4 g/kg，这与很多研究所表明的不施肥有机质含量将下降的结果不符合，值得进一步探讨。

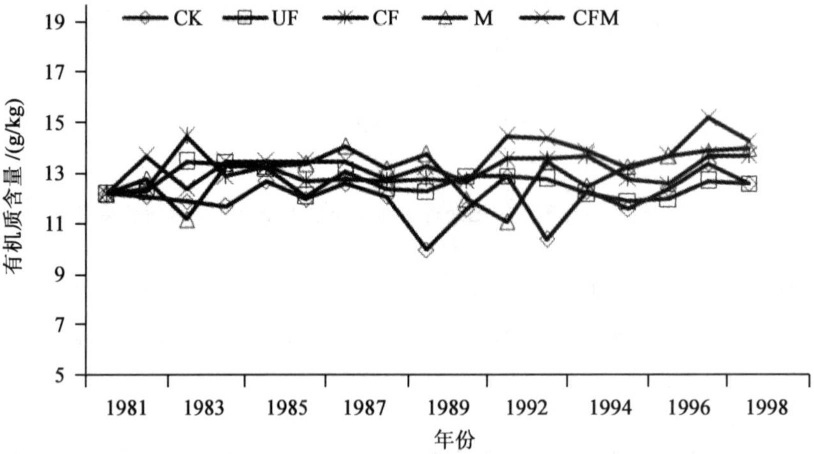

图 4-6 壤质潮土 B 不同施肥处理下耕地表层土壤有机质含量变化趋势

②施用化肥(UF 和 CF)。长期单施化肥(UF)和均衡施用化肥(CF)可以略微提高土壤有机质的含量。其对应的有机质含量均值分别为 12.62 g/kg、13.10 g/kg。比不施肥(CK)对应的 12.03 g/kg 稍高，但是效果不明显。

③施用有机肥(M)。长期施用有机肥(M)对应的有机质含量均值为 13.02,低于均衡施用化肥和有机无机配施两种处理,列居第三。同时,从其随时间变化的动态可以看出施用有机肥有机质含量呈现上下大幅度波动,不稳定。

④有机无机配施(CFM)。通常有机无机配施被认为是多种施肥处理中最优的方式,但郑州试验站的数据却没有能体现其明显的优势。数据显示其多年的平均值为 13.55 g/kg,比试验前略微增加 0.12 g/kg。并且有机质含量变化动态较为波动,没有表现出规律的稳定的上升态势。

透过以上分析可以看出,壤质潮土 B 五种试验处理对应的有机质含量均值差距小,试验前后上升幅度小。而且大都出现不规律波动态势。猜想,可能由于该区域本身有机质含量初始值较大为 12.20 g/kg,根据边际效应递减规律,在初始值较大的情况下,施肥处理对于有机质含量提高效果不会特别明显。

(5)盐化潮土

如图 4-7 盐化潮土不同施肥处理下土壤有机质含量随年份变化趋势显示,该试验站有机质含量变化是六个试验站中变化规律最为明显的一个站点。整体上各施肥处理对应的提高有机质曲线水平为:有机肥(M)>有机无机肥料配施(CFM)>均衡施用化肥(CF)>不施肥(CK)。连续施肥处理 21 年来,CK、CF、CFM 和 M 均呈现上升趋势,且相对于 CK 有机质含量初始值分别增加 5.46 g/kg、7.05 g/kg、18.26 g/kg、12.23 g/kg。整体增长幅度几乎是全黄淮海平原区中最大的,包括连续不施肥的对照处理常年来土壤有机质含量也呈现逐年上升趋势。引起这种现象主要由于该实验站点的初始有机质含量非常小,仅 6.74 g/kg,根据边际效应可知,在基数很小的情况下通过施肥处理增加有机质含量相对容易。相反,如果有机质含量基数本身比较大则通过施肥处理难以起到明显增加有机质含量的效果,例如壤质潮土 A。

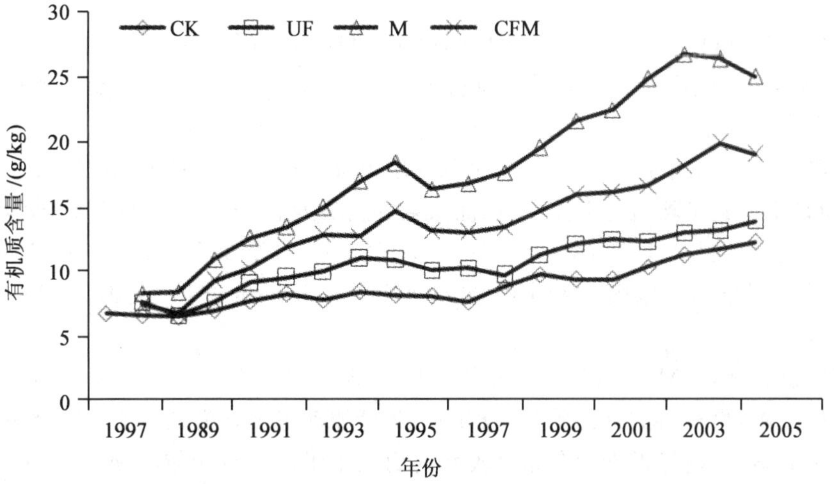

图 4-7　盐化潮土不同施肥处理下耕地表层土壤有机质含量变化趋势

再看各施肥处理有机质含量的变化速度,无论是不施肥处理、均衡施用化肥、施用有机肥还是有机无机肥料配合施用,均表现为有机质含量在试验的前半阶段上升速度较快。大约在连续施肥的第 8 年,有机质含量增加速度下降并呈现一段较为稳定的状态,第 10 年开始再次出现平稳上升趋势。其中施用有机肥(M)和有机无机配施(CFM)在后半阶段上升速度较快,分别在达到峰值 26.72 g/kg、19.83 g/kg 之后缓缓下降，表明无论多好的施肥处理方式，有机质含量也不会不断上升最后应该保持在一个较高的水平上下浮动。

(6)黄潮土

①不施肥处理(CK)。随着时间的变化，土壤有机质含量从试验前的 10.79 g/kg 降至 9.25 g/kg，降低了 1.24 g/kg。试验的开始阶段，土壤有机质下降较快，在持续不施肥的第 8 年达到最低值 8.23 g/kg，之后有所回升并趋近于一个较低的平衡水平。显然，在该地区的气候条件下，不施用任何肥料，将根茬残留物作为土壤的主要供碳源，难以弥补有机质矿化的损失，所以没能维持试验前有机质的水平(图 4-8)。

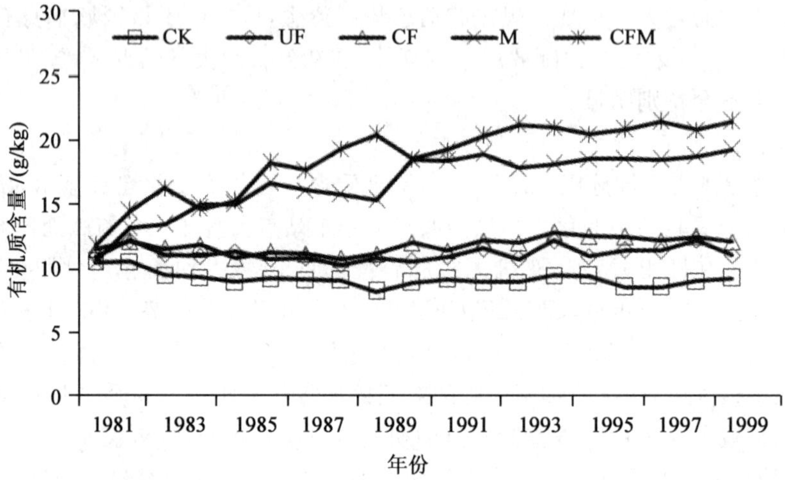

图 4-8　黄潮土不同施肥处理下耕地表层土壤有机质含量变化趋势

②施用化肥处理(UF 和 CF)。单施化肥(UF)可略微提高土壤有机质的含量，多年累积增加 0.13 g/kg，说明施用氮肥增加了作物残茬量。而均衡施用化肥(CF)较单施化肥(UF)对于提高有机质含量效果稍好，累积增加有机质含量 0.61 g/kg。采用邓肯检验发现，这两种施肥处理之间没有显著性差异。结合上图，化肥处理土壤有机质含量随施化肥年代的变化，不是单一递增，而是围绕其平均值上下波动，虽能长期保持在稍高于施肥前的水平，却无明显的增长趋势。说明施用化肥可以基本维持土壤有机质的平衡，但要期望土壤有机质含量有明显和稳定的提高是很困难的。国内一些定位试验研究也有相同的结论(吴槐泓，2000；周卫军，1998)。

③施用有机肥处理(M)。长期施用有机肥能明显提升土壤有机质含量，其上升幅度仅低于有机一无机配施，累积增加有机质 8.8 g/kg。其增加动态表现为试验前 8 年增加幅度较大，之后递增速率减缓，逐渐趋近于一个相对较高的稳定水平。可见土壤有机质含量也满足递增递减规律。

④配施有机-无机肥处理(CFM)。有机—无机配合施用土壤有机质含量显著上升，19 年后有机质绝对值增加 9.69 g/kg，相对提高 81.98%。方差分析显示，有机无机配合施用与其他施肥处理方式呈现极显著差异，这种施肥方式最利于土壤有机质的积累。其增长动态表现为前期上升速度较快，后期有机质递增速率减缓。由此可见，有机质积累不容易，消耗却很速度，为保证农业的可持续发展，应避免地力的长期耗竭。

4.4.1.3　不同土壤类型下耕地表层土壤有机质含量和年份的趋势分析

从表 4-4 不同土壤类型下耕地表层土壤有机质含量与年份的趋势方程表可知：褐潮土各施肥处理下土壤有机质含量大部分呈上升趋势，唯 CF 表现为持平，其趋势方程斜率从大到小依次为：CFM＞M ＞CK＞UF＞CF，且 CFM 处理下方程的 $R^2=0.765^{***}$，通过检验方程具体高度统计意义；石灰性潮土各施肥处理下土壤有机质含量均呈上升趋势，其趋势方程斜率从大到小依次为：CFM＞CF ＞CK＞UF，R^2 值较大，均高于 0.5，且通过方程检验发现方程均具有显著性，说明该土壤类型下土壤有机质含量与时间的拟合较优；壤质性潮土 A 不同施肥处理下土壤有机质含量随着时间变化的趋势不同，CK、M 和 CF 为持平趋势，而 CFM 为上升趋势，且土壤有机质与时间的相关性普遍不好，只有 CFM 处理下 $R^2=0.776$，趋势方程具有显著

表 4-4　不同土壤类型在不同施肥处理下耕地表层土壤有机质含量与年份的回归分析

土壤类型	处理	回归方程	R^2	P 值	变化趋势
褐潮土	CK	$y=0.2787x-542.44$	$R^2=0.399$	0.011	上升
	UF	$y=0.2315x-447.84$	$R^2=0.321$	0.027	上升
	CF	$y=0.1267x-238.68$	$R^2=0.1581$	0.143	持平
	M	$y=0.3749x-732.95$	$R^2=0.449$	0.006	上升
	CFM	$y=0.4302x-842.76$	$R^2=0.765$	0.000	上升
石灰性潮土	CK	$y=0.1336x-254.26$	$R^2=0.535$	0.001	上升
	UF	$y=0.0955x-178.42$	$R^2=0.533$	0.001	上升
	CF	$y=0.1552x-296.66$	$R^2=0.616$	0.000	上升
	CFM	$y=0.453x-886.59$	$R^2=0.894$	0.000	上升
壤质潮土 A	CK	$y=-0.0439x+11.122$	$R^2=0.089$	0.243	持平
	CF	$y=0.0638x+11.193$	$R^2=0.171$	0.115	持平
	M	$y-\ -0.0134x+12.146$	$R^2=0.065$	0.384	持平
	CFM	$y=0.3066x+11.323$	$R^2=0.776$	0.000	上升
壤质潮土 B	CK	$y=0.0208x+11.842$	$R^2=0.016$	0.532	持平
	UF	$y=-0.0301x+12.889$	$R^2=0.095$	0.086	持平
	CF	$y=0.037x+12.767$	$R^2=0.094$	0.459	持平
	M	$y=0.0662x+12.422$	$R^2=0.131$	0.287	持平
	CFM	$y=0.0975x+12.669$	$R^2=0.400$	0.021	上升
盐化潮土	CK	$y=0.2849x+5.8251$	$R^2=0.876$	0.000	上升
	CF	$y=0.3587x+6.7713$	$R^2=0.883$	0.000	上升
	M	$y=1.0683x+6.5917$	$R^2=0.952$	0.000	上升
	CFM	$y=0.6632x+6.6429$	$R^2=0.923$	0.000	上升
黄潮土	CK	$y=-0.0528x+9.7312$	$R^2=0.277$	0.021	下降
	UF	$y=0.0227x+10.954$	$R^2=0.053$	0.343	持平
	CF	$y=0.0663x+11.154$	$R^2=0.368$	0.006	上升
	M	$y=0.3836x+12.864$	$R^2=0.793$	0.000	上升
	CFM	$y=0.4561x+14.089$	$R^2=0.809$	0.000	上升

统计意义，而其他三种施肥处理 R^2 很小，且方程检验无显著性；壤质性潮土 B 不同施肥处理下土壤有机质含量随着时间变化不同，其中 CFM 为上升趋势，其他四种呈持平趋势，说明有机质含量波动幅度很小。从各处理的 R^2 值可以看出，除 CFM 施肥处理达到 0.4，其他施肥处理 R^2 值都很小，表示土壤有机质与时间相关性弱，趋势方程拟合不佳；盐化潮土不同施肥处理下土壤有机质含量均随着时间增加而上升，其中施有机肥(M)上升速度最快，斜率大于 1。该土壤类型下 R^2 值也很高，均高于 0.8，通过方程检验均具有显著性，方程具有高度统计意义；黄潮土不同施肥处理下土壤有机质含量均随着时间变化不同，CK 处理为下降趋势，UF 为持平趋势，其他三种施肥处理呈上升趋势。该土壤类型下 CFM 和 M 处理下趋势线斜率较高，R^2 值较大，且通过方程检验 $P<0.001$，方程具有高度统计意义。综上，不同土壤类型不同施肥下土壤有机质含量以上升和持平趋势为主，仅一个方程呈下降趋势，因此，全区土壤有机质含量随着时间要么上升要么保持，很少呈现大幅度下降趋势。

4.4.2 黄淮海平原区不同施肥处理对土壤有机质含量的影响

文章为了探讨黄淮海平原区不同施肥处理对有机质含量的影响，将全区 6 个试验站不同施肥处理下有机质含量值进行归类汇总，并对其进行统计分析。

根据表 4-5 土壤有机质含量分析结果可知，不施肥(CK)、单施化肥(UF)、均衡施用化肥(CF)、施有机肥(M)、有机无机肥料配施(CFM)五种施肥处理可以分为三组。第一组 CK，其均值水平最低，仅 10.94 g/kg；第二组为 UF 和 CF，均值水平居中，约 12 g/kg。第三组为 M 和 CFM，均值水平最高，均大于 15.0 g/kg。通过邓肯检验发现，三组组内无显著性差异，组间相互有显著性差异。由此，说明 UF、CF、M、CFM 施肥处理对于提高有机质含量均有显著作用，作用大小幅度为：CFM＞M＞UF＞CF。由结果中可知，CFM、M 两种施肥处理均含有机肥，其施肥处理下有机质含量之所以远远高于其他施肥处理，主要由于两方面原因：一是通过施肥可以增加回到土壤中的生物量，二是有机肥料直接作为外源补充土壤中有机物质含量。因此这两种施肥处理对土壤的培肥效果极佳。

表 4-5 黄淮海平原区不同施肥下土壤有机质含量统计结果

处理	样本	有机质/(g/kg)			有机质相对变量/(g/kg)		
		均值	最小值	最大值	均值	最小值	最大值
CK	102	10.94+2.26a	6.46	18.98	0.35+1.76a	−2.26	6.67
UF	67	12.46+1.70b	9.80	19.90	0.92+1.33ab	−1.60	7.59
CF	101	12.24+1.71b	6.55	18.21	1.62+1.62b	−1.00	7.05
M	86	15.18+3.77c	8.26	26.72	4.72+4.72c	−1.10	19.98
CFM	101	15.24+3.21c	6.74	21.52	4.62+4.62c	−0.90	13.09
合计	457	13.20+3.19	9.80	26.72	2.48+3.51	−2.26	19.98

再看全区不同施肥处理下有机质相对变量的结果，即对有机质含量减去不施肥(CK)处理前有机质初始值的有机质变量进行统计分析。结果显示，对于 CK 处理，全区平均比初始值增加了 0.35 g/kg，说明全区 CK 施肥处理下，有机质含量并不是有些学者研究那样呈下降趋势，反而有小幅度的上升。其次就是 UF 和 CF 处理，有机质变量均值水平居中。有机质变量均值增加幅度较大的依然是 CFM 和 M 两种施肥处理，分别为 4.62 g/kg 和 4.72 g/kg，M 较

CFM 上升量略高 0.1 g/kg。由此可见，全区五种施肥处理相对于 CK 施肥处理前的有机质初始值，有机质变量均为正值，即有机质含量基本上呈上升趋势，只是不同施肥处理上升幅度不同而已（图 4-9）。

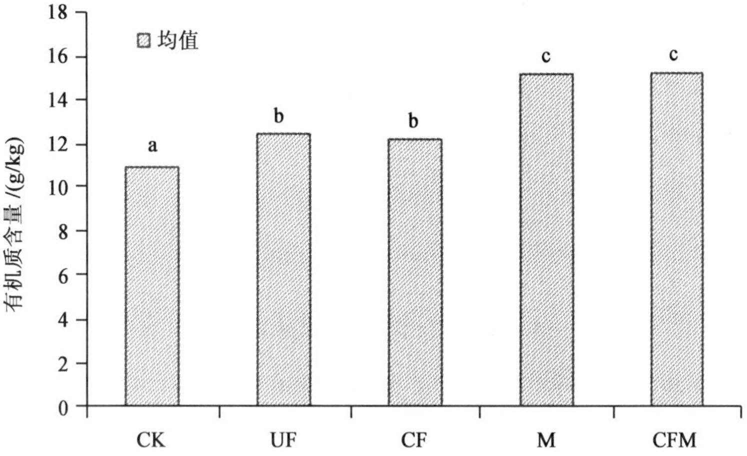

图 4-9　黄淮海平原区不同施肥下耕地表层土壤有机质含量

4.4.3　耕地表层土壤有机质含量与气候因子的相关性分析

土壤有机质是土壤的重要组成部分，是土壤养分的重要来源，虽然其含量很少，但在土壤肥力、环境保护以及作物生长方面都起着极其重要的作用。影响土壤有机质含量的因素很多，包括时间、地形、气候、生物等，其中气候变化是影响有机质含量的重要因素（黄焱宁，2007）。

气候对于土壤有机质形成的影响，主要由于土壤与大气之间经常进行水分和热量交换。通常温度增加化学反应速度也会上升。而且气候也会影响微生物的活性，在寒冷的气候条件下，微生物活性受到抑制，有机质分解速率缓慢，利于有机质的积累；而湿热条件下，微生物活性强，有机质分解速率较快，不利于有机质的积累。

4.4.3.1　不施肥处理下土壤有机质含量的差异

由图 4-10 可以看出不同土壤类型土壤在不施肥下有机质含量均值存在差异，均值从大到小依次为：褐潮土＞壤质潮土 B＞石灰性壤土＞壤质潮土 A＞黄潮土＞盐化潮土。由土壤类型的分布图可以看出，有机质含量从东南到西北边呈现递增的规律，由于这是不施肥下的有机质含量，因此主要是区域条件差异造成均值水平差异。本研究以下几个小节主要分析气候因子与土壤有机质含量的相关性，找出其空间差异的影响因素。

4.4.3.2　不施肥处理下土壤有机质含量与平均温度的关系

为了研究黄淮海平原区有机质含量与温度的关系，本研究选取各土壤类型下不施肥（CK）处理对应的耕地表层土壤有机质含量，结合各长期施肥试验站对应年份年平均温度，采用 Excel 2010 做趋势图表，SPSS 17.0 做回归方程显著性分析。

从图 4-11 土壤有机质含量与温度的趋势图可以看出，黄淮海平原区有机质含量随着年均温度不同而变化。土壤有机质随温度升高呈减少趋势（$Y=-1.6247X+33.93$，$R^2=0.325$）。且呈极显著负相关关系（Sig＜0.001），相关系数为 $R=-0.57^{***}$。

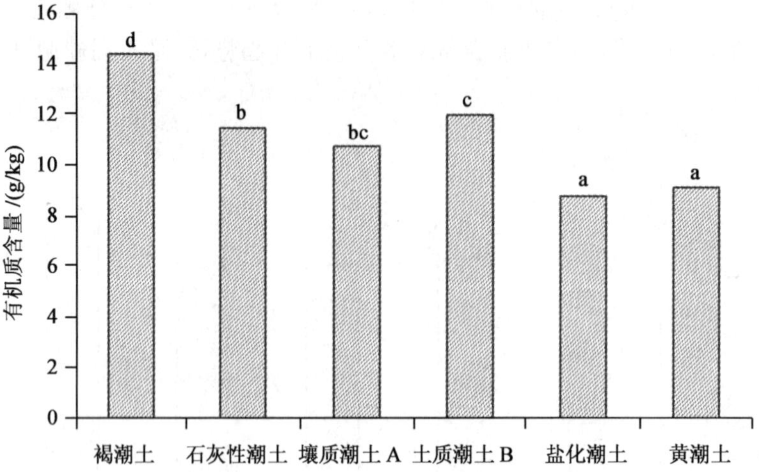

图 4-10　黄淮海平原区不同土壤类型不施肥处理下土壤有机质含量均值

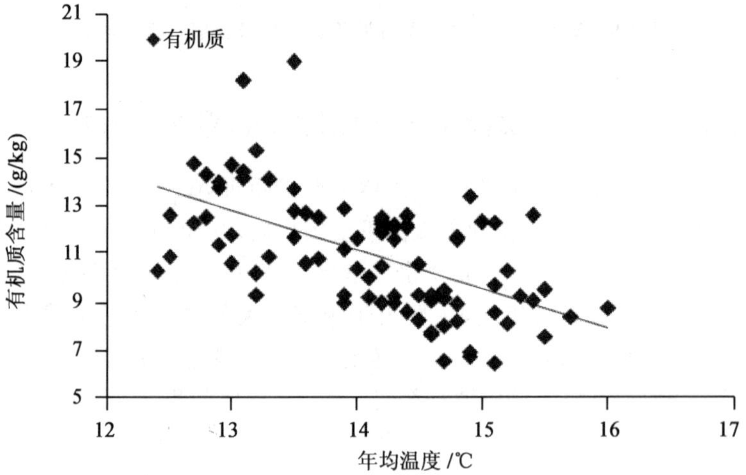

图 4-11　黄淮海平原区不施肥下耕地表层土壤有机质含量与平均温度的趋势

土壤有机质的转化与温度的关系很大，气温高的地区，土壤中有机质的分解速度较快，因此残留在土壤中的有机质含量较低；反之，气温低的地区，土壤中有机质的分解速度较慢，土壤有机质含量较高。产生这种现象主要由于土壤温度对微生物活性的影响极其明显。大多数土壤微生物的活动要求温度为 15～45℃，在此温度范围内，微生物活动强度与温度呈正相关。但土壤温度过低和温度过高，超出这一温度范围，则微生物活动受到抑制，从而影响到土壤腐殖质或矿质化过程，也就影响到各种养分的形态转化（齐宇，2008）。

4.4.3.3　不施肥处理下土壤有机质含量与平均降水量的关系

本研究选取各试验站不施肥（CK）处理下有机质含量，结合各长期施肥试验站对应年份年均降水量，采用 Excel 2010 做趋势图表，SPSS 17.0 做回归方程显著性分析。

从图 4-12 土壤有机质含量与降水量的趋势图可以看出，黄淮海平原区有机质含量随着年均降水量不同而变化。土壤有机质随降水升高呈减少趋势（$Y = -0.0042X + 13.73$，$R^2 =$

0.137)。对方程检验呈极显著负相关关系(sig<0.001)相关系数为 $R=-0.37^{***}$。

黄淮海平原区地处我国典型的季风气候区。降水量通过影响土壤水分和溶质运移影响微生物的活动,进而影响有机质含量变化。从图 4-12 中可以看出当降水量增加时,有机质含量减少。说明在这个区域土壤本身比较干旱,降水使土壤的水热条件有利于微生物的活性,有机质分解速率加快,那么土壤累积有机质含量就会变少。

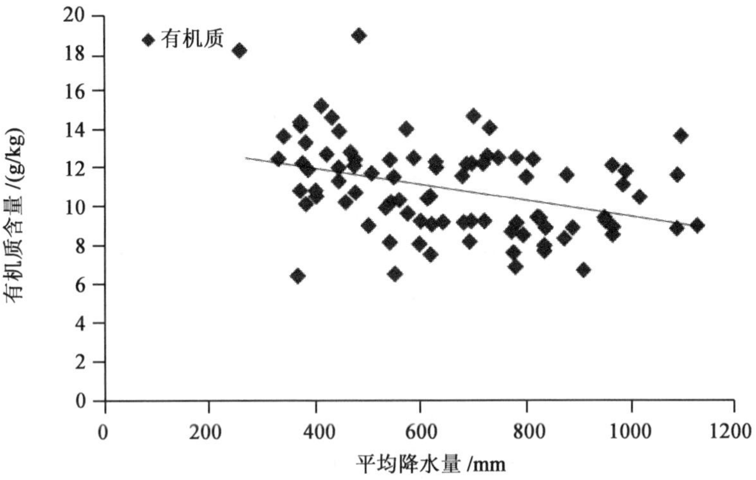

图 4-12　黄淮海平原区不施肥下耕地表层土壤有机质含量与年均降水量的趋势

4.4.3.4　不施肥处理下土壤有机质含量与日照时数

本研究采用黄淮海平原区不施肥(CK)处理下耕地表层土壤有机质含量值,结合对应年份的年均日照时数,利用 Excel 2010 制作趋势图,SPSS 17.0 做回归方程显著性分析。

从图 4 13 耕地表层土壤有机质含量与年均日照时数的趋势图可以看出,黄淮海平原区耕地表层土壤有机质含量随着年均日照时数的不同而变化。土壤有机质含量随日照时数高呈增加趋势($Y=0.0014X+7.8035, R^2=0.015$)。对方程检验无显著相关关系(Sig>0.05),说

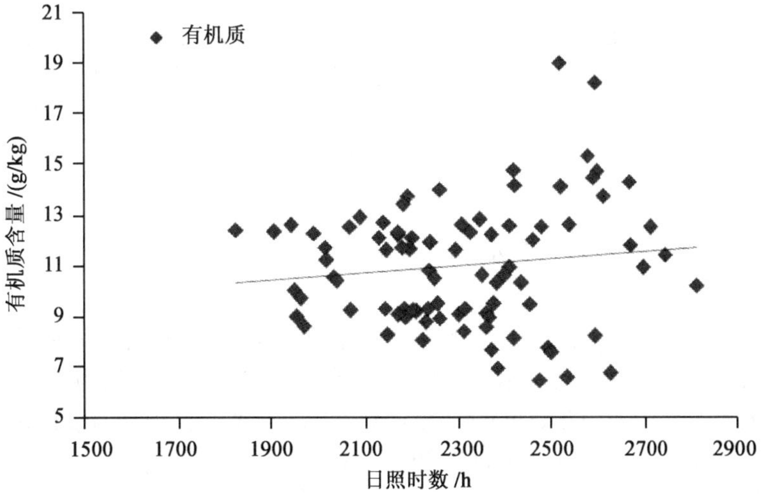

图 4-13　黄淮海平原区不施肥下耕地表层土壤有机质含量与日照时数的趋势

明在日照时数和土壤有机质含量之间关系不明显。

4.4.4 小结

不同土壤类型下不同施肥处理耕地表层土壤有机质含量存在差异，相对于不施肥(CK)处理，单施化肥(UF)和均衡施用化肥(CF)可以提高有机质含量，但是增加幅度不大，而施用有机肥(M)和有机无机肥料(CFM)配合施用可以显著增加土壤有机质含量；对于不同土壤类型不同施肥处理耕地表层土壤有机质含量的变化趋势，各施肥处理下，有机质含量通常随着时间变化而增加，只有极少呈下降趋势，并且即便下降其趋势线斜率也很小，由此，全区不同施肥处理下有机质含量以上升和持平趋势为主，极少表现为下降趋势；对于不同施肥处理的肥效发挥时间阶段，UF 和 CF 两种施肥处理主要在施肥开始阶段发挥明显的作用，迅速增加土壤有机质含量，后期便趋于稳定或稍有下降，而施用有机肥(M)刚好相反，其在施肥初期有机质含量增加缓慢，但后期有机质含量增加明显。CFM 施肥处理则兼并了均衡施用化肥和有机肥的优点，施肥前期就能显著提高有机质含量，后期有机质含量可以稳定于一个较高的有机质含量水平。

通过对黄淮海平原区不施肥(CK)下有机质含量进行空间差异分析发现，各土壤类型土壤有机质含量不同，其高低次序依次为褐潮土＞壤质潮土 B ＞石灰性潮土＞壤质潮土 A ＞盐化潮土＞黄潮土。可见，不同土壤类型的均值水平在空间上表现为东南到西北边递增的状态。为了找出造成空间差异的影响因素，本研究利用不施肥处理土壤有机质与气候因子进行分析，结果表明，黄淮海平原区耕地表层土壤有机质含量与年均气温、年均降水量均呈显著的负相关关系，相关系数很高；而土壤有机质含量与日照时数的相关系数很小，说明日照时数对有机质含量的影响不明显。

4.5 长期施肥下作物产量变化特征

4.5.1 不同土壤类型下作物产量的变化规律

施肥时增产的重要措施，只有作物生长所需的营养物质得到满足时才能获得丰收。首先合理施肥可以补充平衡土壤养分以促进作物生长；其次，合理施肥可以改善作物生长环境，增强光合作用和增加同化作物的积累。显然，不合理施肥不仅不能增产，反而会造成资源浪费，污染环境(陆景陵，2003)。因此，本章研究黄淮海平原区不同施肥处理下作物产量时间上的变化趋势及空间差异，旨在为全区制定合理施肥措施提供科学依据。

4.5.1.1 长期不同施肥下作物产量差异

(1)褐潮土

根据表 4-6 中褐潮土长期施肥下作物产量统计结果显示，不同施肥处理对作物产量的影响大致可以分为两组。第一组为不施肥(CK)和单施化肥(UF)；第二组为平衡施用化肥(CF)和有机与平衡无机化肥配合施用(CFM)。第一组 CK、UF 施肥处理所对应的历年平均作物产量分别为 2482 kg/hm^2、3175 kg/hm^2，UF 相对 CK 处理的增产率为 27.90%，增产率较小，两种处理组内产量之间没有显著性差异。说明该试验站长期单施化肥(氮肥)并不能显著提高作物产量，随着时间变化，氮素不是限制产量增加的养分，只有当含平衡施用化肥时土壤氮磷钾养分相对平衡，才能达到高效增产作用。第二组 CF、CFM 施肥处理的历年平均作物产量 8630 kg/hm^2、8973 kg/hm^2，其增产率分别为 236.84%和 261.53%，组内 CF 施肥处理的增产作用略低于 CFM，两种施肥处理之间无显著性差异。再比较组间，CF、CFM 的作物产量水平远远高于 CK 和 UF，第一组与第二组之间存在显著性差异，说明只有含氮磷钾养分的施肥方式才能显著提高作物产量。此外，CK、UF、CF 和 CFM 处理下作物产量的变异系数分别为 32.90%、34.72%、24.44%和 26.70%，可以看出 CK、UF 对应的历年作物产量离散程度相对较大，而 CF、CFM 的离散程度较小，说明平衡施用化肥和有机无机肥料配合施用两种施肥处理下年际间产量走势相对稳定。

(2)石灰性潮土

根据表 4-6 中石灰性潮土不同施肥下作物产量统计结果显示，不施肥(CK)、单施化肥(UF)、平衡施用化肥(CF)和有机无机肥料配合施用(CFM)四种施肥处理对应的作物产量均值分别为 6030 kg/hm^2、5932 kg/hm^2、8949 kg/hm^2 和 10683 kg/hm^2，整体上各施肥处理所对应的作物产量均值从高到低依次为：CFM＞CF＞CK＞UF。值得注意的是，CK 均值略高于 UF，UF 相对于不施肥处理的增产率为－1.63%，即单施化肥非但没增产反而出现减产迹象。这和许多学者研究认为单施化肥一定能提高作物产量的结论不符合。对于 CF、CFM 两种施肥处理方式，其作物产量均值水平远远高于 CK，增产率分别达到 48.41%、77.17%，且通过邓肯检验显示两种施肥处理均与 CK 达到显著性差异，表明 CF 和 CFM 在提高作物产量水平上作用极佳。

(3)壤质潮土 A

根据表 4-6 中壤质潮土 A 不同施肥下作物产量统计结果显示，可以把不施肥(CK)、平衡施用化肥(CF)、施用有机肥(M)和有机无机肥料配合施用(CFM)四种施肥处理分为两组。第一组 CK 和 M，其作物产量均值分别为 3075 kg/hm^2 和 3650 kg/hm^2，M 施肥处理相对 CK 的增产率仅 18.7%，通过邓肯检验显示 CK 和 M 之间没有显著性差异，即施用 M 能略微增加作物产量但是效果不明显。这主要由于该试验站的有机肥是施用秸秆，而其他试验站的 M 主要为厩肥，可见有机肥料中施用厩肥比施用秸秆增产效果要优很多。第二组 CF 和 CFM，其作物产量均值分别为 7781 kg/hm^2 和 8498 kg/hm^2。产量均值水平均远远高于 CK，增产率分别高达 153.05%、176.34%。可见在提高产量水平上均衡施用化肥和有机无机配施有极显著作用。

(4)盐化潮土

根据表 4-6 中盐化潮土不同施肥下作物产量统计结果显示，不施肥(CK)、平衡施用化肥(CF)、施用有机肥(M)和有机无机肥料配合施用(CFM)四种施肥处理对应的作物产量均值分别为 5672 kg/hm^2、13483 kg/hm^2、12511 kg/hm^2 和 14025 kg/hm^2，CK 施肥处理产量均值水平远低于其他施肥处理，通过邓肯检验显示 CK 与 CF、M、CFM 施肥处理对作物产量水平的影响均呈现显著性差异，说明 CF、M、CFM 对提高作物产量效果明显。此外，CF、M、CFM 增产率分别为 137.7%、120.57%和 147.27%，可见施用有机肥对作物增产作用相对较弱，这与许多学者研究认为施用有机肥由于平衡施用化肥弱于有机无机配施的结论有悖，值得进一步探讨。

(5)壤质潮土 B

根据表 4-6 中壤质潮土 B 不同施肥下作物产量统计结果显示，不施肥(CK)、偏施化肥(UF)、平衡施用化肥(CF)、施用有机肥(M)和有机无机肥料配合施用(CFM)五种施肥处理对应的作物产量均值分别为 4062 kg/hm^2、8665 kg/hm^2、11434 kg/hm^2、6907 kg/hm^2 和 12591 kg/hm^2。整体上,不同施肥处理对作物产量的影响从高到低的次序为:CFM>CF>UF>M>CK。通过邓肯检验结果发现,CK 与另外四种施肥处理之间都有显著差异,说明只要施肥就对作物产量由显著增产作用。其中 CF 和 CFM 处理相对于 CK 增产率为 181.48%和 209.96%,而 UF 和 M 处理相对 CK 的增产率为 113.31%和 70.03%,显然这两种施肥处理也能提高作物产量水平,但增产效果远低于 CF 和 CFM 两种方式。

(6)黄潮土

根据表 4-6 中黄潮土不同施肥下作物产量统计结果显示,不施肥(CK)、偏施化肥(UF)、

表 4-6 不同土壤类型下作物产量的统计结果

土壤类型	施肥处理	产量均值	变异系数	增产率
褐潮土	CK	2482.47±816.84a	32.90%	—
	UF	3174.60±1102.31a	34.72%	27.90%
	CF	8360.47±2043.02b	24.44%	236.84%
	CFM	8973.07±2395.53b	26.70%	261.53%
石灰性潮土	CK	6030.00±1285.53a	21.32%	—
	UF	5931.63±1348.99a	22.74%	−1.63%
	CF	8948.88±1806.51b	20.19%	48.41%
	CFM	10683.31±1502.95c	14.07%	77.17%
壤质潮土 A	CK	3075.25±984.76a	32.02%	—
	CF	7781.31±3625.87b	46.60%	153.05%
	M	3650.13±985.45a	27.00%	18.70%
	CFM	8497.50±3957.05b	46.57%	176.34%
壤质潮土 B	CK	4061.53±1602.31a	39.45%	—
	UF	8664.59±2749.78c	31.74%	113.31%
	CF	11433.88±1642.15d	14.36%	181.48%
	M	6906.65±1224.07b	17.72%	70.03%
	CFM	12590.76±1945.39d	15.45%	209.96%
盐化潮土	CK	5672.21±2159.16a	38.07%	—
	CF	13482.95±2012.79bc	14.93%	137.71%
	M	12510.63±2045.10b	16.35%	120.57%
	CFM	14025.37±1985.50c	14.16%	147.27%
黄潮土	CK	5335.00±701.96a	13.16%	—
	UF	10435.71±2259.21b	21.65%	95.61%
	CF	13913.57±1283.64c	9.23%	160.80%
	M	10090.71±1092.25b	10.82%	89.14%
	CFM	14315.63±1135.91c	7.93%	168.33%

平衡施用化肥(CF)、施用有机肥(M)和有机无机肥料配合施用(CFM)五种施肥处理对应的作物产量均值分别为 5335 kg/hm²、10435 kg/hm²、13913 kg/hm²、10091 kg/hm² 和 14316 kg/hm²。产量均值水平从高到低依次:CFM＞CF＞UF＞M＞CK。根据作物产量的均值水平将其分为三组:一组 CK,其产量水平最低;二组 UF 和 M,产量水平居中,其增产率为 80%左右;三组为 CF 何 CFM,产量水平最高,增产率水平分别达到 160.80%和 168.33%。并且通过邓肯检验结果发现,三组组内无显著性差异,组间相互具有显著性差异(图 4-14)。

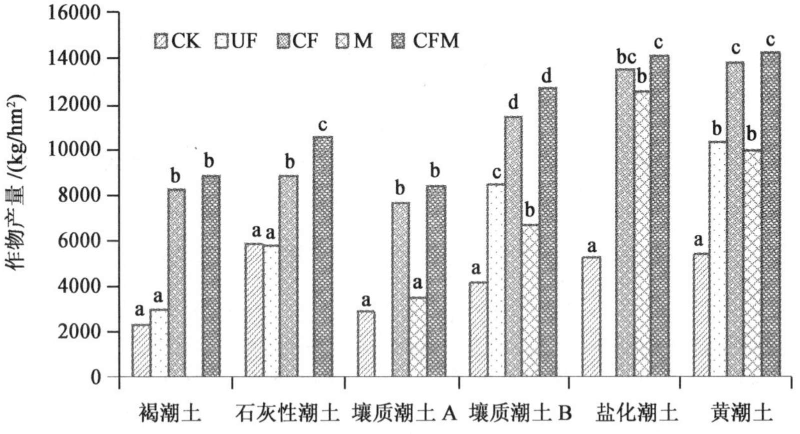

图 4-14　不同土壤类型在不同施肥处理下作物产量均值

4.5.1.2　长期不同施肥下作物产量的变化趋势

(1)褐潮土

从图 4-15 褐潮土不同施肥处理下作物产量变化趋势图上看,整体上各施肥处理的作物产量水平从高到低的依次为:CFM＞CF＞UF＞CK。根据各施肥处理历年产量的变化也可以分为两组,一组 CK 和 UF 对应的作物产量变化趋势相似,都在 1991—1999 年持续减产,并于 2000 年出现明显的上升,之后又降回一个较低产量水平,到 2005 年 CK 和 UF 施肥处理产量水平相对于不施肥初期产值分别减少 2427 kg/hm²、2191 kg/hm²。整体上两种施肥处理均呈现随着年份变化产量水平下降,但是单施化肥(UF)比不施肥(CK)作物产量下降少。说明随着年限的增加,北京昌平试验站的褐潮土真正最缺的不是氮元素,单施用化肥(本研究 UF 都是单施氮肥)对作物的增产作用便不显著。再看第二组 CF 和 CFM 施肥处理也有相同的类似的变化趋势,这两种处理均在 2001 年达到峰值 12346 kg/hm²、13312 kg/hm²,整体呈现波浪式上升,且 CFM 年波动幅度小于 CF,说明有机无机配施相对 CF 稳定性和持续性更好。到 2005 年 CF 和 CFM 处理相对 CK 处理最初产量分别增产 4251 kg/hm²、6194 kg/hm²。然而值得注意的是,无论是平衡施用化肥还是有机无机肥料配合施用,虽然在整体增产和稳定持续上都有极佳的一面,但作物产量不会一直增长(如 2004 年再次出现下降趋势),我们应该通过合理施肥处理让产量最终稳定于一个较高的产量水平。

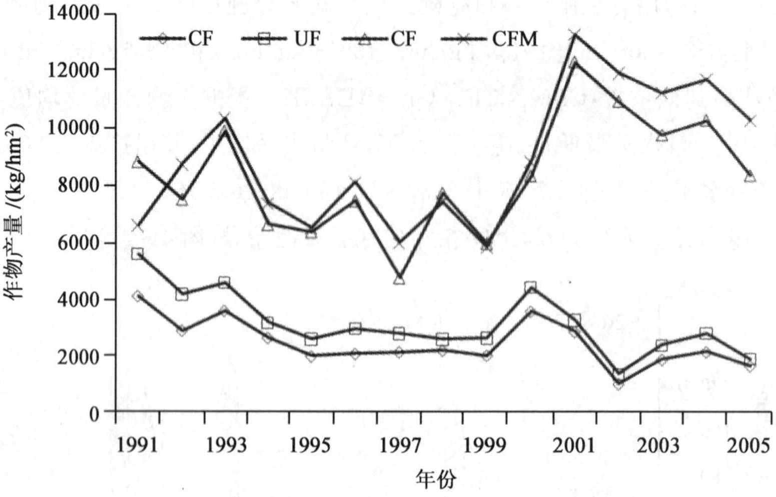

图 4-15　褐潮土不同施肥处理下作物产量的变化趋势

(2)石灰性潮土

从图 4-16 石灰性潮土不同施肥下作物产量的变化趋势可知，CK 与 UF 施肥处理对应的历年作物产量值相对接近，但 UF 在 1986 年和 1990 年出现过两次大幅度下降，最终均稳定与 6700 kg/hm^2 左右的产值水平，说明是由于单施化肥(UF)的不稳定性导致 UF 低于 CK 处理下作物产量均值。对于均衡施用化肥(CF)的变化趋势，其整体增产产值水平明显高于 CK、CF，与 CF 一样也在 1986 年和 1990 年两次出现大幅度下降，说明平衡施用化肥是能达到增产效果，但是难以保证效果稳定。最后再看有机无机肥料配合施用(CFM)，无疑其产值水平是各施肥处理中最高的，并且其变异系数仅为 14.07%，而另外三种处理方式均大于 20%，因此，CFM 年际产量离散程度小，是持续性稳定性的施肥处理方式。此外，该试验站各种施肥方式相对于 CK 最初产值分别增加 3570 kg/hm^2、3870 kg/hm^2、9030 kg/hm^2、7965 kg/hm^2，并没有因为不施肥或施肥不平衡出现低于最初产值水平，因此推断这里土壤圈生态平衡系统很好，可以依据自身循环系统进行养分自我平衡修复，而单施化肥(氮肥)之所以出现低于不施肥作物产量均值水平，正是由于氮肥打破了土壤本身平衡的养分结构。所以在石灰性壤土需要均衡施用化肥才能达到显著增加作物产量。

(3)壤质潮土 A

如图 4-17 壤质潮土 A 不同施肥处理下作物产量的变化趋势所示，CK、CF、M 和 CFM 四种施肥处理对作物产量的影响也可以分为两组：第一组 CK 和 M，整体上这两种处理对应的作物产量呈下降趋势，相对于 CK 最初产量水平分别降低 1508 kg/hm^2、803 kg/hm^2，可见施用有机肥(M 为秸秆)可以稍微减弱作物产量的下降幅度，对作物产量有一定的作用；第二组 CF 和 CFM，该组处理下作物产量整体上表现为增加作物产量，相对不施肥最初产量分别增产 8181 kg/hm^2 和 10470 kg/hm^2，增产效果非常显著，但是在时序上作物产量水平稳定性较差。两种施肥处理在 1985—2000 年之间产量水平几次出现上下大幅波动，之后才趋近于相对稳定的高产水平，到 2002 年平衡施用化肥下产值为 12751 kg/hm^2 和 15040 kg/hm^2。此外，两组施肥处理的产量变异系数也不同，CK 和 M 系数值分别为 32.02%和 27%，M 较 CK 产量离散

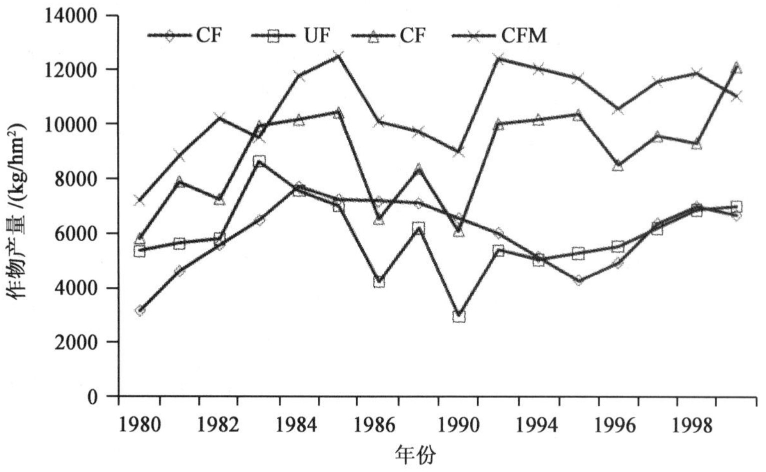

图 4-16　石灰性潮土不同施肥处理下作物产量的变化趋势

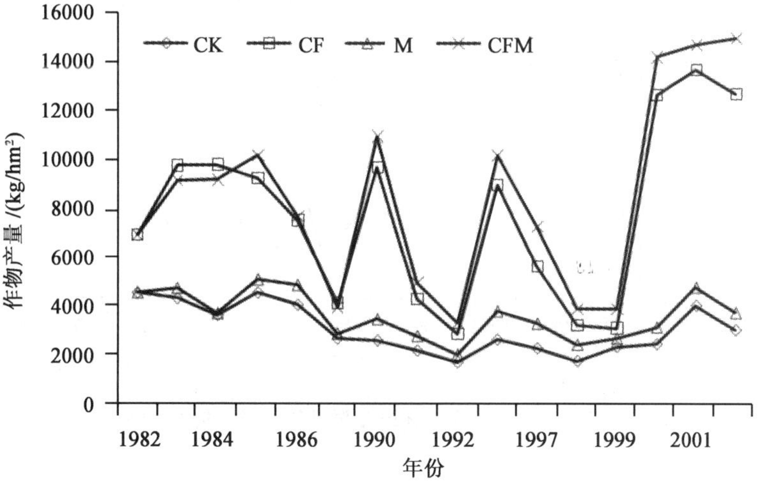

图 4-17　壤质潮土 A 不同施肥处理下作物产量的变化趋势

程度更小;第二组 CF 和 CFM 的系数值均大于 46%,进一步说明其增产效果不稳定。这与其他站点的研究结果相异,通常无机有机肥料配施应该是稳定性最佳的施肥处理方式,究其原因,可能由于在衡水试验站 CF 和 CFM 两种处理中不含钾元素,施肥处理多年后土壤养分不均衡导致产量水平稳定性不够。说明只有在氮磷钾养分均衡的情况下才能真正达到持续高产。

(4)盐化潮土

如图 4-18 盐化潮土不同施肥处理下作物产量的变化趋势所示,不施肥(CK)处理的前三年作物产量迅速下降,之后便稳定在一个较低的产量水平,至 1997 年再次出现大幅波动,CK 整体上呈现减产趋势,至 2005 年其作物产量水平为 4450 kg/hm²,比不施肥处理最初产值累积减少 6077 kg/hm²,出现这么大幅度的下降主要由于初始产量水平太高,导致不施肥难以维持高水平的产量。再看施用有机肥(M)在长期施肥前 8 年增产效果明显低于 CF 和 CFM 两种处理方式，之后产量水平便于二者相对接近，甚至略微高于CF施肥处理的产量水平，说明施用M属于缓效型施肥措施，在多年后才会慢慢发挥增产作用；而CF正好相反，属于速效性施肥措施，往往在一开始就能发挥明显的增产效果。不难推断，CFM恰好可以兼顾CF和M的优势，属于从头到尾都能保持较高量水平。M、CF与CFM三者施肥处理方式整体上变化趋势相同，2000年之后产量水平趋于一致，保持在一个相对稳定的水平，均在14500 kg/hm^{2}上下波动。此外，CK、CF、M与CFM的变异系数分别为38.07%、14.93%、16.35%和14.16%，据此，不施肥处理(CK)不仅作物产量大幅下降，而且年际间变化幅度很大不够稳定。相反CFM不仅增产作用最佳，且变异系数最小，再次证明有机无机配合施用是保证作物产量持续高产的最佳施肥措施选择，这主要由于该试验站不施肥处理最初产量值太大，高达9289 kg/hm^2，因此多年不同施肥处理后增产率不如其他试验站高，实际上在施肥处理末期产值水平都比较正常。

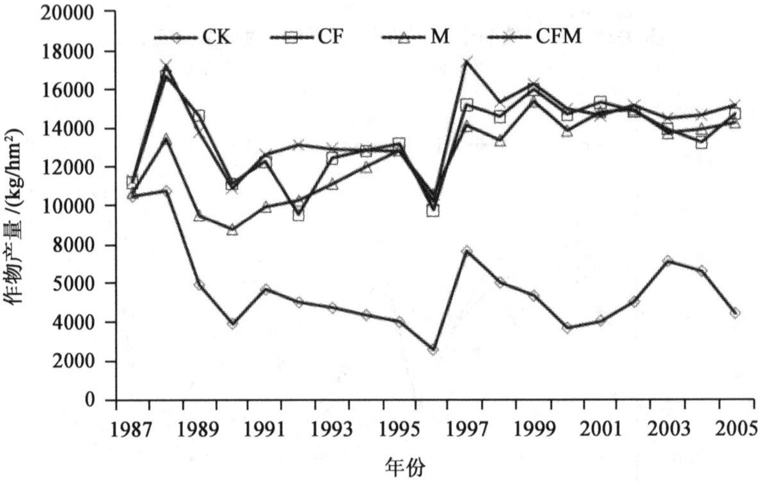

图 4-18 盐化潮土不同施肥处理下作物产量的变化趋势

(5)壤质潮土B

如图4-19壤质潮土B不同施肥处理下作物产量的变化趋势所示，大致可以分为三种趋势：第一组为不施肥(CK)和施用有机肥(M)；第二组单施化肥(UF)；第三组均衡施用化肥(CF)和有机无机肥料配施(CFM)。第一组和第二组整体上呈下降趋势，CK、UF、M相对于CK施肥初始产量分别下降5301 kg/hm^2、4057 kg/hm^2、2622 kg/hm^2。第三组呈上升趋势，相对CK施肥初始产量分别增加382 kg/hm^2、1074 kg/hm^2。之所以出现这种大幅度的下降趋势和小幅上升现象，原因和禹城试验站相似，由于CK初始产值过大高达9289 kg/hm^2。因此要想维持或者提高作物产量难度较大。

第一组在施肥处理前三年出现产量迅速下降且产值相近，之后产量增加并逐渐保持一个相对稳定的水平，CK和M分别在4000 kg/hm^{2}和7000 kg/hm^{2}上下波动。对于第二组UF，在前5年和第三组变化趋势相同，变化趋势为升—降—再升，产量水平特别不稳定。5年之后开始与第三组不同，表现为产量持续下降，直到1992年才在6000 kg/hm^{2}左右变动，低于施用有机肥的水平。一组和二组的结果说明，单施化肥的效果在施肥处理前几年表现比较明显，之后便会受到土壤养分不均衡的限制；而单施用有机肥相反，在施肥前几年增产效果小，但随着时间变化逐渐发挥其稳定的增产作用，据此如果想实现土壤肥力持续稳定性施用有机肥是很好的选择。第三组 CF 和 CFM，施肥处理 5 年前变化幅度很大，之后年际之间产量的变化幅度较小，且 CFM 处理始终高于 CF 处理对应的作物产量水平，到长期施肥最后一年两种施肥处理对应的作物产量分别 9671 kg/hm^2 和 10363 kg/hm^2。此外，五种施肥处理的变异系数在 14.36%～39.45%，其中 CK 处理年际间变化幅度最大，而 CF、CFM 处理的变化较小，产量水平相对稳定。由此，但凡含有 CF 处理，即氮磷钾养分平衡的处理，对于提高产量具有极佳的作用。倘若 CF 配合 M 施用，不但作物产量水平高且稳定性较好。

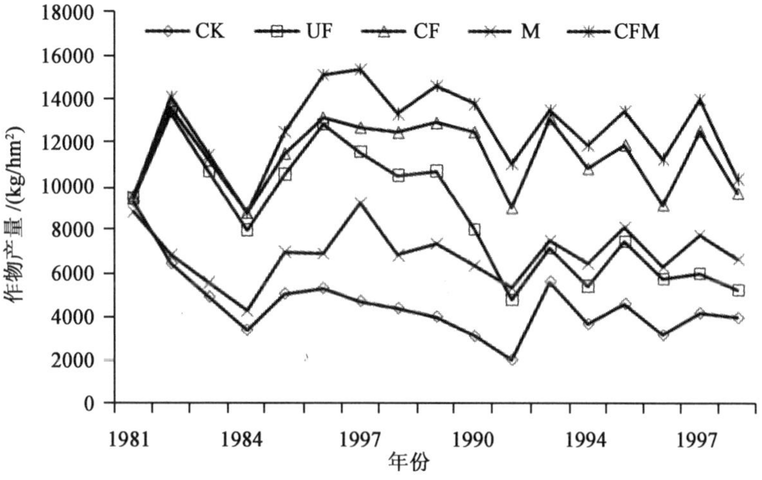

图 4-19　壤质潮土 B 不同施肥处理下作物产量的变化趋势

4.5.1.3　长期不同施肥下作物产量随时间变化的趋势方程

从表 4-7 不同土壤类型不同施肥处理下作物产量与时间的趋势方程统计表可知：褐潮土不同施肥处理作物产量随时间变化趋势不同，其中 CK 和 UF 施肥处理下作物产量随时间变化呈下降趋势。CF 表现为持平，而 CFM 施肥处理下呈上升趋势；石灰性壤土不同施肥处理中，CK 和 UF 施肥处理作物产量随时间变化呈持平趋势，而 CF 和 CFM 呈上升趋势。对趋势方程进行检验发现 CF 和 CFM 的显著性，趋势方程具有统计意义；壤质潮土 A 不同施肥处理中 CK 作物产量呈下降趋势，M、CF 和 CFM 呈持平趋势；壤质潮土 B 不同施肥处理下 CK 和 UF 施肥处理下呈明显下降趋势，而其他三种施肥方式表现为持平。通过对趋势方程检验发现只有 CK 和 UF 的 P 值较小，方程具有统计意义；盐化潮土不同施肥处理下只有 M 施肥处理的作物产量随时间变化呈上升趋势，其他三种均为持平，各施肥处理中只有 M 的 R^2 值较高，达 0.562，对其方程进行检验具有高度统计意义；黄潮土的不同施肥处理中 UF 的作物产量随时间呈下降趋势，CF、M、CFM 均表现为持平，对方程进行检验只有 UF 具有显著性意义。综上可以看出，全区 CK、UF、M 处理下普遍表现为作物产量下降或持平趋势；而 CF、CFM 处理下通常表现为作物产量上升或持平趋势。

表 4-7 不同土壤类型不同施肥处理下作物产量随时间变化的趋势方程

土壤类型	处理	回归方程	R^2	P 值	趋势
褐潮土	CK	$y=-110.31x+3364.8$	$R^2=0.365^*$	0.018	下降
	UF	$y=-168.73x+4524.3$	$R^2=0.469^{**}$	0.005	下降
	CF	$y=182.19x+6902.8$	$R^2=0.159$	0.141	持平
	CFM	$y=315.99x+6445.1$	$R^2=0.348^*$	0.021	上升
石灰性潮土	CK	$y=60.135x+5518.9$	$R^2=0.050$	0.660	持平
	UF	$y=-11.488x+6029.2$	$R^2=0.002$	0.779	持平
	CF	$y=199.13x+7256.3$	$R^2=0.275^*$	0.039	上升
	CFM	$y=184.45x+9115.5$	$R^2=0.341^*$	0.018	上升
壤质潮土 A	CK	$y=-113.67x+4041.2$	$R^2=0.302^*$	0.025	下降
	CF	$y=130.23x+6674.2$	$R^2=0.029$	0.574	持平
	M	$y=-80.078x+4330.6$	$R^2=0.158$	0.120	持平
	CFM	$y=262.99x+6261.9$	$R^2=0.100$	0.259	持平
壤质潮土 B	CK	$y=-110.02x+5379.9$	$R^2=0.253^*$	0.043	下降
	UF	$y=-418.71x+12433$	$R^2=0.591^{***}$	0.000	下降
	CF	$y=-32.203x+11724$	$R^2=0.010$	0.652	持平
	M	$y=10.42x+6812.9$	$R^2=0.002$	0.885	持平
	CFM	$y=31.718x+12305$	$R^2=0.007$	0.818	持平
盐化潮土	CK	$y=-136.91x+7041.4$	$R^2=0.127$	0.548	持平
	CF	$y=104.82x+12507$	$R^2=0.079$	0.035	持平
	M	$y=288.65x+9580.1$	$R^2=0.562^{***}$	0.000	上升
	CFM	$y=113.74x+12980$	$R^2=0.099$	0.019	持平
黄潮土	CK	$y=-216.43x+434929$	$R^2=0.444$	0.102	持平
	UF	$y=-833.57x+2E+06$	$R^2=0.635^*$	0.032	下降
	CF	$y=88.393x-161458$	$R^2=0.022$	0.750	持平
	M	$y=74.464x-137646$	$R^2=0.022$	0.753	持平
	CFM	$y=284.12x-548408$	$R^2=0.195$	0.321	持平

4.5.2 黄淮海平原区不同施肥对作物产量的影响

本章前面部分对六个长期施肥试验站不同施肥处理下作物产量的变化趋势特征单个进行了的分析，为了能宏观把握整个黄淮海平原区不同施肥处理对作物产量的影响，特意把各试验站的相同处理方式归为一类，并对全区作物产量进行统计分析，结果如下。

根据表 4-8 结果显示，不施肥(CK)、偏施化肥(UF)、平衡施用化肥(CF)、施用有机肥(M)和有机无机肥料配合施用(CFM)的均值分别为 4462 kg/hm^2、6598 kg/hm^2、10447 kg/hm^2、8163 kg/hm^2 和 11710 kg/hm^2，且不同施肥处理相互之间呈显著性差异。作物产量均值水平从高到低依次：CFM>CF>M>UF>CK，其中 CFM 和 CF 增产效果明显，增产率分别高达：162.43%和 134.14%。M 和 UF 的增产效果相对较弱，增产率不到 100%。就作物产量年际之间的稳定性而言，也是 CFM 离散程度最小，CF 其次，其变异系数分别为 27.57%和 30.96%。据此，五种施肥处理中，无论是增产效果还是产量的稳定性，有机无机肥料配合施用措施都是绝佳选择，其次是平衡施用化肥，而偏施化肥和单施有机肥不利于作物产量的持续稳定增加(图 4-20)。

表 4-8　黄淮海平原区不同施肥处理下作物产量统计结果

区域	处理	均值	标准差	显著性	变异系数	增产率
黄淮海平原区	CK	4462	1862	a	41.72%	—
	UF	6598	3204	b	48.57%	47.86%
	CF	10447	3234	c	30.96%	134.14%
	M	8163	3865	d	47.35%	82.94%
	CFM	11710	3228	e	27.57%	162.43%

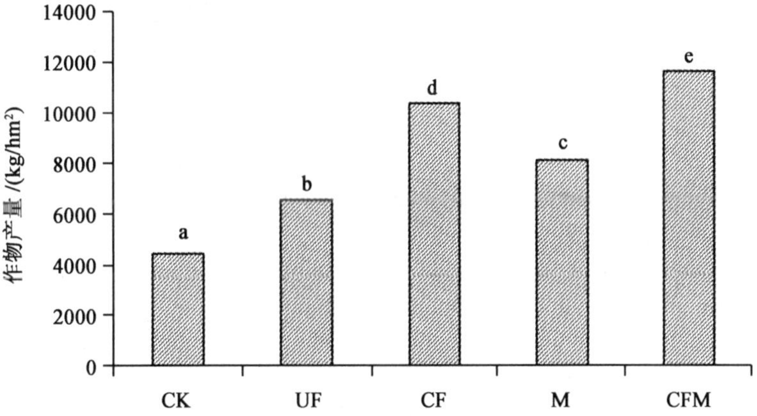

图 4-20　黄淮海平原区不同施肥处理下作物产量均值

4.5.3　长期施肥下基础地力贡献率分析

4.5.3.1　长期施肥条件下基础地力

土壤地力产量指不施肥时农田靠本身肥力可以获取的产量，它的高低及变化是反映土壤肥力高低及演变的综合指标。对比黄淮海平原区各试验站不施肥(CK)处理下作物产量结果，由表 4-9 中的统计结果可知，褐潮土和壤质潮土 A 的作物产量水平最低，分别为 2482 kg/hm^2、3075 kg/hm^2，这主要和受当地的气候条件影响，年均气温较低且水资源短缺，影响作物生长。与之相对的是盐化潮土和黄潮土，均大于 5000 kg/hm^2，其中盐化壤土是由于土壤盐化改良，提升了土壤质量，作物产量较高。各土壤类型中比较反常的是石灰性潮土，其位置临近与壤质潮土 A，且气候条件差距不大，但不施肥处理下作物产量最高，达 6030 kg/hm^2，这可能由于该区土壤养分较好，或者是作物产量的统计口径与其他土壤类型不同。总之，整体上不同土壤类型不施肥下作物产量水平与区域的气候条件是高度相关的，尤其是水资源对作物产量的限制最大，水资源充足的区域往往作物产量水平较高，相反亦然。为了探究气候因子对作物产量的关系，本研究利用不施肥下的作物产量与对应的气候因子进行分析，结论如下。

长期不同施肥下作物产量与所处的气候因素呈不同程度的相关性。从图 4-21 黄淮海平原区不同土壤类型的不施肥处理下作物产量与平均温度的关系可以看出，除石灰性潮土以外，平均温度越高，作物产量越高，呈明显的正相关关系；图 4-22 不施肥下作物产量和降水量的关系可知，除石灰性潮土以外，作物产量和降水量呈显著正相关；图 4-23 不施肥下作物产量和日照时数之间无明显的关系。说明在黄淮海平原区气候因子中年均气温和年降水量对作物产量的影响较大。温度通过影响作物的光合作用进而影响作物产量；而降水量通过改变土壤的蒸发、冠层的蒸腾和土壤水分含量，进而对作物的功能以及水分的收支产生影响(陈鹏狮，2009)。对于黄淮海平原区，光热资源丰富、降水短缺是主要的气候特征，因此降水可以改善干旱的水资源条件，促进作物生长，增加作物产量水平。

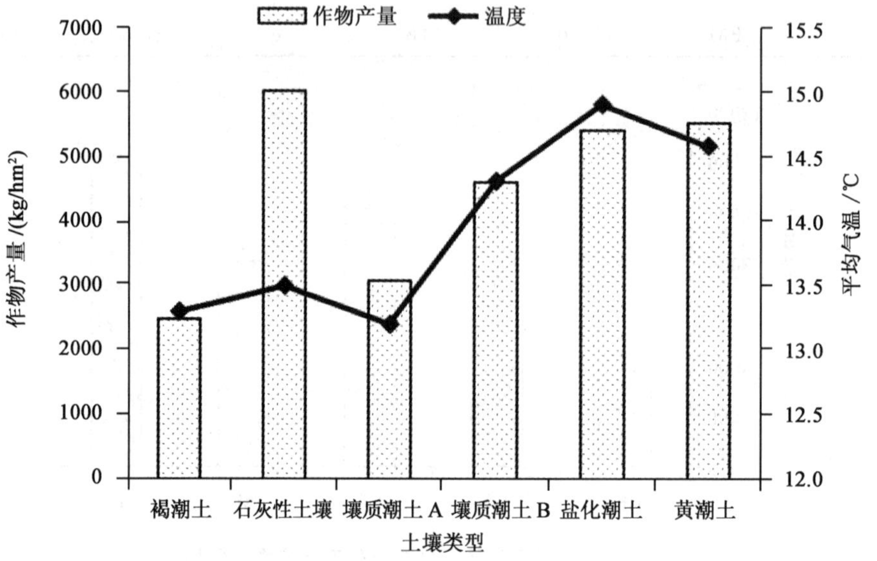

图 4-21 黄淮海平原区不施肥处理下作物产量与平均气温的关系

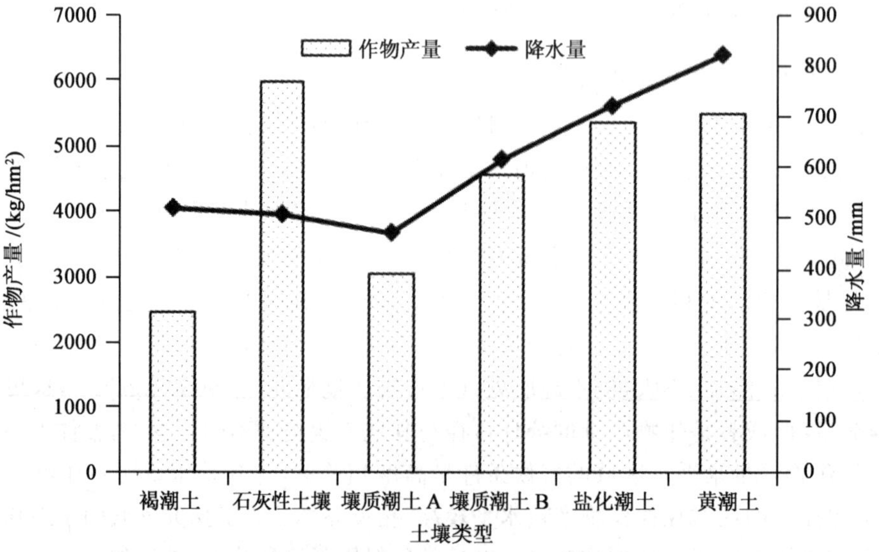

图 4-22 黄淮海平原区不施肥处理下作物产量与平均降水量的关系

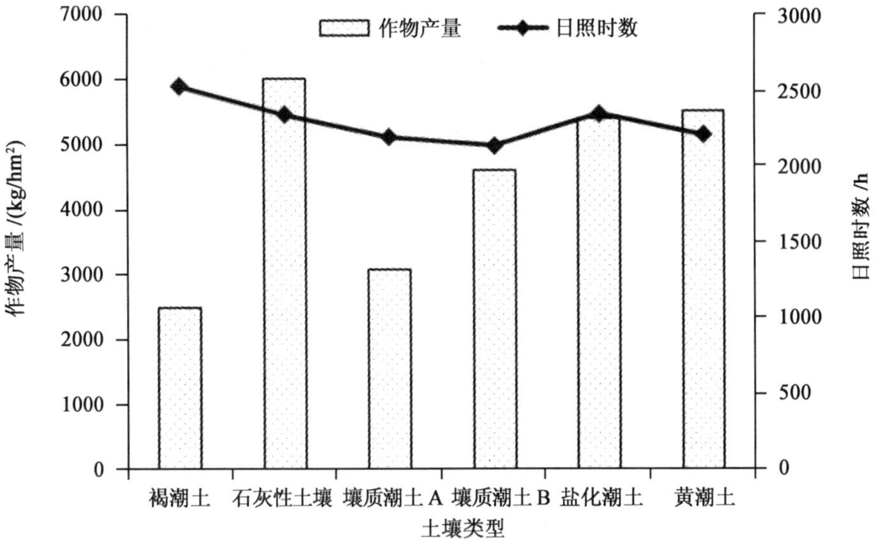

图 4-23　黄淮海平原区不施肥处理下作物产量与日照时数的关系

另外，从表 4-9 中可知，盐化潮土和黄潮土的作物产量远远高于其他土壤类型，除了这两个区域的年均温度和年均降水量高之外，不难发现其均为近海区域，而且试验站所在的盐化潮土是经改良后，因此这两种土壤类型作物产量较高；而对于褐潮上和壤质潮土 A，一方面年均降水量低，另一方面可利用水资源十分匮乏，其中壤质潮土 A 位于衡水市，是河北省最干旱、最缺水的地区之一，因此水资源的缺乏制约着作物产量。由此可见，在黄淮海平原区，由于气候因素和水资源等差异，全区整体上作物产量均值水平呈现自西北向东南产量均值递增的规律。

表 4-9　黄淮海平原区不同土壤类型下基础地力统计分析

施肥处理	十壤类型	均值	变异系数	变幅	年变化率
CK	褐潮土	2482±817a	32.90%	−2427	−161.80
	石灰性潮土	6030±1285c	21.32%	3570	187.89
	壤质潮土 A	3075±985a	32.02%	−1508	−79.36
	壤质潮土 B	4602±1602b	39.45%	−2463	−144.88
	盐化潮土	5403±2159bc	38.07%	−6077	−337.63
	黄潮土	5535±702bc	13.16%	−1515	−252.50

4.5.3.2　长期施肥条件下作物产量基础地力贡献率变化

土壤地力贡献率：是指不施肥(CK)作物产量与均衡施用化肥(CF)作物最高产量之比，它是农田土壤养分供给力的一种相对稳定评价方式，亦可表明作物肥料的依赖性(徐明岗，2006)。通过不施肥产量与均衡施用化肥(CF)比较来反映土壤养分供应能力，其值越大表明土壤供应能力越强，而施肥作用相对小；通过研究其时间上的变化大小可体现土壤供应养分和稳定性。

地力贡献率是不施肥处理作物产量和施肥处理作物产量之比，它是农田土壤养分供给能力的一种相对评价方式，它的高低可以反映土壤肥力水平的高低及作物对肥料依赖性的强弱。鉴于石灰性潮土和壤质潮土 A 的 CF 处理并不是氮磷钾，所以本节主要对剩下四个土壤类型的地力贡献率做了研究分析。如图 4-24 所示，随着施肥年限增加，基础地力贡献率呈现不同

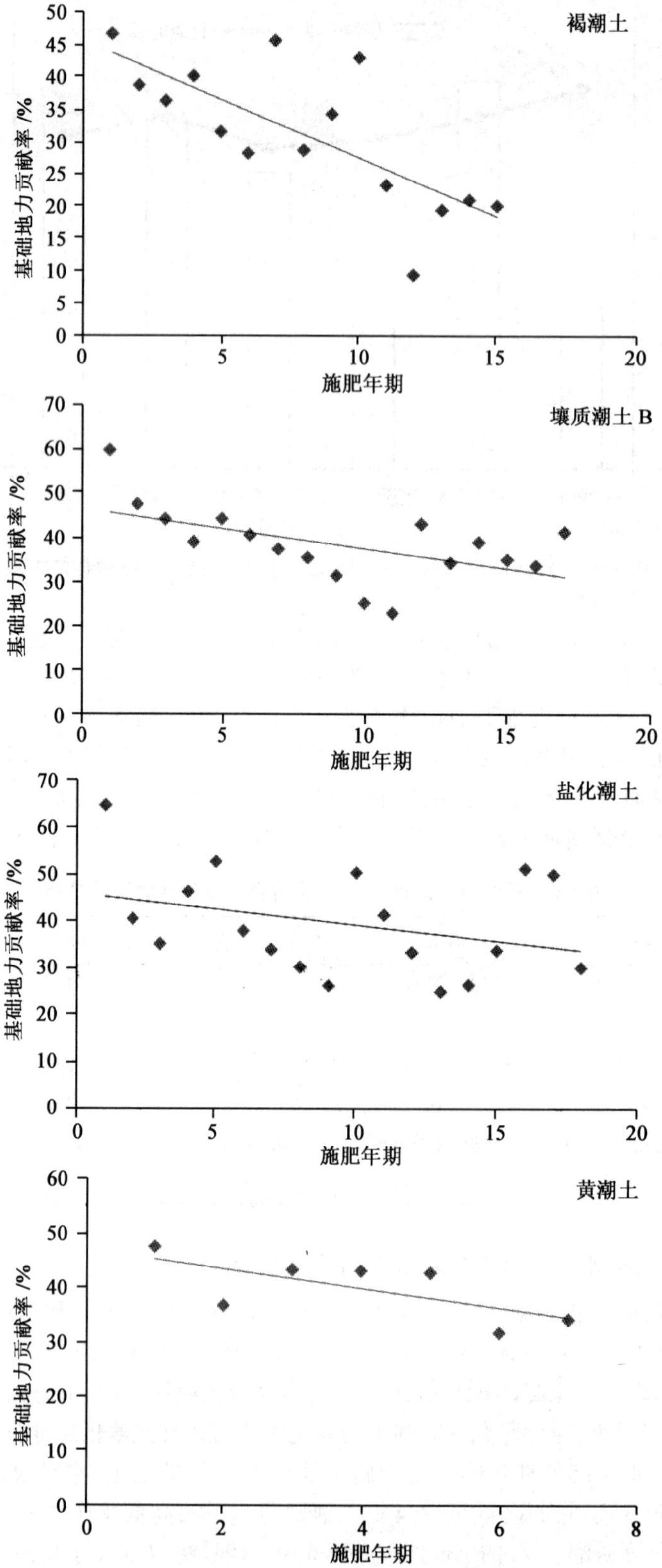

图 4-24　黄淮海平原区不同土壤类型基础地力贡献率变化

斜率的下降趋势，说明对施肥的依赖性增加。其中褐潮土下降最快，再看表 4-10 黄淮海平原区不同土壤类型基础地力变化率，四种土壤类型的基础地力变化率均值水平在 31.18～40.01，且黄潮土＞盐化潮土＞壤质潮土 B＞褐潮土。说明黄潮土、盐化潮土、壤质潮土 B 的农田土壤养分供给能力较优，对施肥的依赖性相对较小，而褐潮土的基础地力贡献率均值仅为 31.18，说明其土壤地力比较贫瘠，对施肥的依赖性较高。

表 4-10　黄淮海平原区不同土壤类型的基础地力贡献率变化

试验站	N	趋势方程	R^2	均值/%
褐潮土	15	$y=-1.7988x+45.568$	0.546	31.18
盐化潮土	18	$y=-0.6679x+45.895$	0.105	39.55
壤质潮土 B	17	$y=-0.0091x+0.466$	0.290	38.41
黄潮土	7	$y=-0.0181x+0.4725$	0.466	40.01

4.5.4　小结

研究表明，黄淮海平原区长期不施肥（CK）、偏施化肥（UF）、平衡施用化肥（CF）、施用有机肥（M）和有机无机肥料配合施用（CFM）五种施肥处理下作物产量均值存在差异。相对于不施肥（CK），施肥具有明显的增产效益。根据作物产量增加幅度可以将施肥处理分为两个组别：第一组为有机无机肥料配合施用（CFM）和均衡施用化肥（CF），该组属于增产效果最明显的施肥处理方式，通常 CFM 的对提高作物产量的作用略高于 CF；第二组为单施化肥（UF）和施用有机肥（M），该组施肥处理增产效果居中。但 UF 和 M 的增产幅度因区域不同而异，这与施肥的具体种类及土壤养分本身养分状况有关，比如壤质潮土 A 施用的有机肥不是厩肥而是秸秆，其增产效果甚微，产量均值接近于不施肥的产量水平。

从作物产量随着时间的变化曲线上看，通常 CFM、M、CK 施肥处理对应的曲线走势相对平缓；而 CF 和 UF 两种施肥处理方式下作物曲线上下波动幅度较大，且偏施化肥波动大于均衡施用化肥。然后根据变异系数值的分布情况看，CFM、CF＞M、UF＞CK，也就是说不同施肥处理下 CFM 和 CF 对应的作物产量之间离散程度较小，M 和 UF 其次，CK 的作物产量值离散程度最大。

通过对作物产量和气候因子的相关性分析发现，作物产量与年均气温和年均降水量呈正相关关系，与日照时数相关性不明显。此外，对不同土壤类型的基础地力贡献率研究发现，随着施肥年限增加，基础地力贡献率呈现不同斜率的下降趋势，说明对施肥的依赖性在逐渐增加。

4.6　长期施肥下耕地有机质含量与作物产量的关系

土壤有机质是体现土壤肥力水平的重要指标之一。它不仅含有作物生长所需要的氮、磷、钾、微量元素等各种养分，为微生物活动提供能源，还可以通过影响土壤物理、化学和生物学性质，改善土壤的透水性、通气性、保肥性和作物根系生长环境，进而提高土壤肥力。

有研究认为土壤有机质和作物产量之间是相互影响的，土壤有机质可以增加土壤养分的供给，改善作物生长环境，从而使作物的产量提高；当作物产量增加，可以增加秸秆还田数量，通过根系返回到农田的有机物质增加，从而增加土壤有机质含量水平。

4.6.1 不同土壤类型不同施肥处理下土壤有机质含量与作物产量回归分析

根据表 4-11 不同土壤类型在不同施肥处理下耕地表层土壤有机质含量与作物产量的趋

表 4-11 不同土壤类型不同施肥处理下耕地表层土壤有机质含量与作物产量的趋势分析

土壤类型	处理	回归方程	R^2
褐潮土	CK	$y=-202.9x+5405.8$	$R^2=0.240$
	UF	$y=-225.25x+5593.2$	$R^2=0.112$
	CF	$y=-273.2x+8787$	$R^2=0.084$
	CFM	$y=165.01x+2316.3$	$R^2=0.063$
石灰性潮土	CK	$y=-278.79x+9230.1$	$R^2=0.068$
	UF	$y=76.444x+5043.1$	$R^2=0.002$
	CF	$y=525.53x+2551.1$	$R^2=0.144$
	CFM	$y=267.5x+6755.7$	$R^2=0.317^{*}$
壤质潮土 A	CK	$y=930.35x-6924.5$	$R^2=0.440^{**}$
	CF	$y=1170.2x-5950.6$	$R^2=0.056$
	M	$y=1535.8x-14829$	$R^2=0.161$
	CFM	$y=1417x-11240$	$R^2=0.352^{*}$
壤质潮土 B	CK	$y=-267.87x+7527.9$	$R^2=0.045$
	UF	$y=363.76x+4017.6$	$R^2=0.004$
	CF	$y=-773.71x+21731$	$R^2=0.077$
	M	$y=715.12x-2558.6$	$R^2=0.329^{*}$
	CFM	$y=-209.08x+15632$	$R^2=0.007$
盐化潮土	CK	$y=-143.17x+6659.7$	$R^2=0.017$
	CF	$y=181.65x+11693$	$R^2=0.035$
	M	$y=252.38x+8116.1$	$R^2=0.515$
	CFM	$y=98.427x+12835$	$R^2=0.035$
黄潮土	CK	$y=254.57x+3093$	$R^2=0.0553$
	UF	$y=991.4x-631.1$	$R^2=0.048$
	CF	$y=654.34x+6409.2$	$R^2=0.050$
	M	$y=168.59x+7678.2$	$R^2=0.104$
	CFM	$y=313.37x+10412$	$R^2=0.242$

势方程可知：全区不同施肥处理下作物产量随着土壤有机质含量变化的趋势不同，褐潮土CK、UF、CF 处理下土壤有机质含量与作物产量相关性均不明显，R^2 普遍很小；石灰性潮土不同施肥处理下，仅 CFM 处理下土壤有机质含量与作物产量呈显著正相关关系，其他的施肥处理下二者相关性不明显；壤质潮土 A 的 CK 和 CFM 施肥处理下有机质含量与作物产量均有显著的相关性，其中 CK 为显著正相关，CFM 为显著负相关关系，其余的施肥处理二者相关性不明显；壤质潮土 B 仅 M 施肥处理下二者呈显著的正相关关系，作物产量随着有机质含量增加而增加，其余的施肥处理下二者相关性不明显；盐化潮土和黄潮土在各施肥处理下有机质含量与作物产量之间均无显著相关性，说明单个的处理下作物产量与有机质含量之间回归关系不够密切。因此，可以看出分别分析不同土壤类型不同施肥处理下有机质含量与作物产量之间的关系，由于样点数据的限制，实际上很难反应相应的关系或规律，因此，在下一节以各土壤类型为单位，这样更能看出不同土壤类型下两者之间的关系。

4.6.2　黄淮海平原区不同土壤类型有机质与作物产量回归分析

根据图 4-25 黄淮海平原区不同土壤类型下耕地表层土壤有机质含量与作物产量的趋势图显示：全区不同土壤类型中褐潮土的趋势方程拟合度很差，其 R^2 值仅为 0.014，利用 SPSS 17.0 对其趋势方程进行显著性检验显示没有统计意义，说明褐潮土的土壤有机质含量与作物产量之间的关系不密切；其他土壤类型的土壤有机质含量与作物产量的拟合较优，R^2 值在0.216～0.507 不等，利用 SPSS 17.0 对其趋势方程进行显著性检验，结果表明，均呈极显著水平，趋势方程具有高度的统计意义，且土壤有机质含量与作物产量之间的关系密切。

观测六个试验站的趋势方程，其中盐化潮土和黄潮土两个试验站开口向下的抛物线方程（$y=-25.811x^2+1169.1x+1409.7$；$y=-111.6x^2+3903.1x-19431$），因此这两种土壤出现产量阈值。即对于盐化潮土，当有机质为 22.65 g/kg，达到最大产量值 14648 kg/hm²；对于黄潮土，当有机质为 17.49 g/kg，达到最大产量值 14696 kg/hm²。若有机质含量继续增加，粮食产量不会继续增高反而会降低。再看石灰性潮土、壤质潮土 A 和壤质潮土 B，土壤有机质和作物产量之间为正相关的线性关系，没有出现阈值，作物产量可以随着有机质含量的提高而继续增加。根据其斜率发现，壤质潮土 B 的斜率最大，因此每增加一个单位的有机质含量，产量增加的幅度最大，说明这三个试验站中增加壤质潮土 B 的土壤有机质含量，作物增产幅度更大，其次是壤质潮土 A，最后是石灰性潮土。

不难发现，整个黄淮海平原区作物增产潜力和粮食产量水平的分布规律相似，自东南向西北呈现梯度性差异。最东南边的盐化潮土和黄潮土产量均值水平最高，在合理施肥措施下已经能达到作物产量阈值；中间的壤质潮土 A、壤质潮土 B 及石灰性土壤，产量水平居中，而且作物产量随有机质变化的斜率较大，产量增加空间较大；对于最西北边的褐潮土产量均值水平最低，而有机质含量水平较高，作物产量随有机质变化的斜率很小，因此通过增加有机质（表 4-12）。

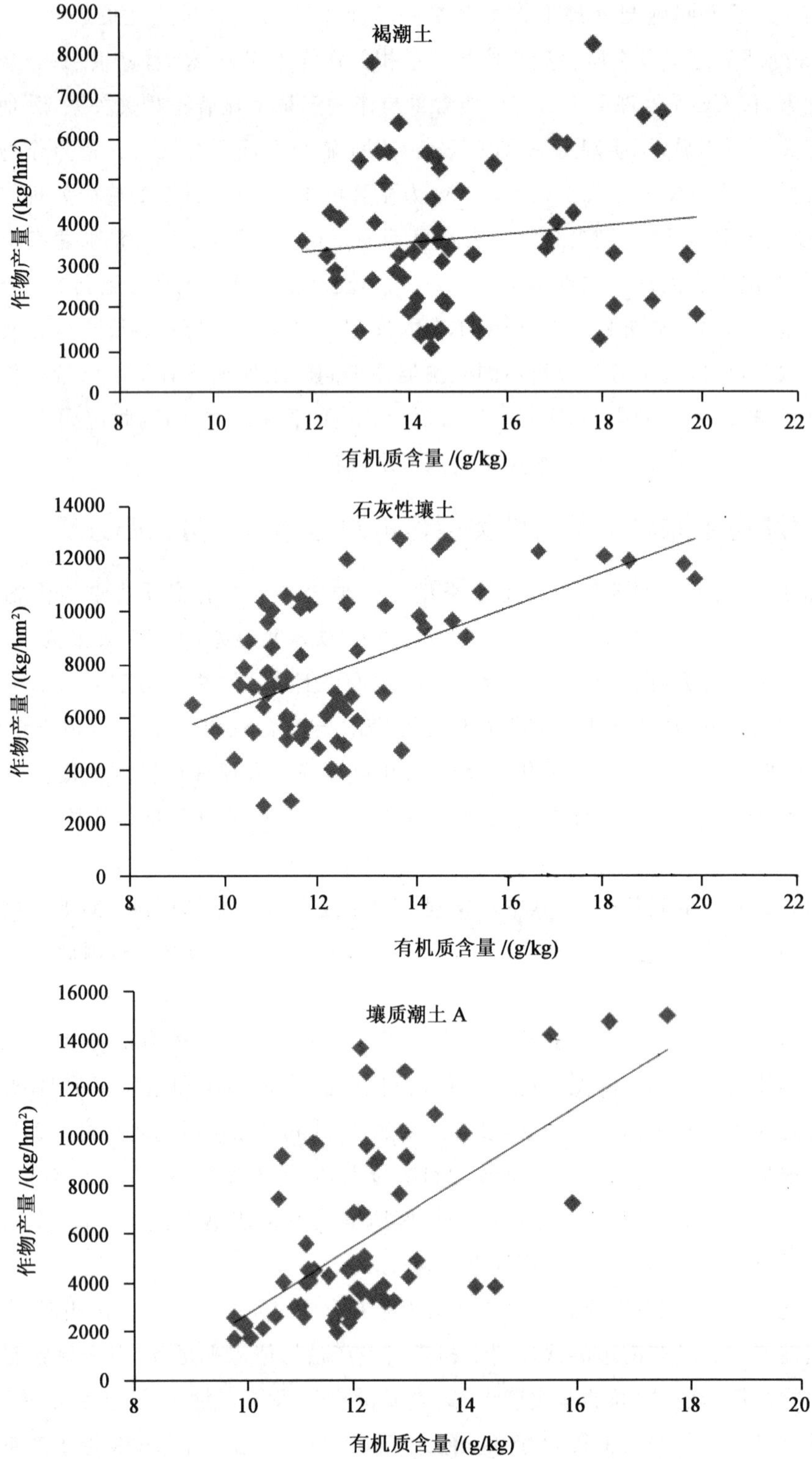

图 4-25　黄淮海平原区不同土壤类型下有机质含量与作物产量的趋势

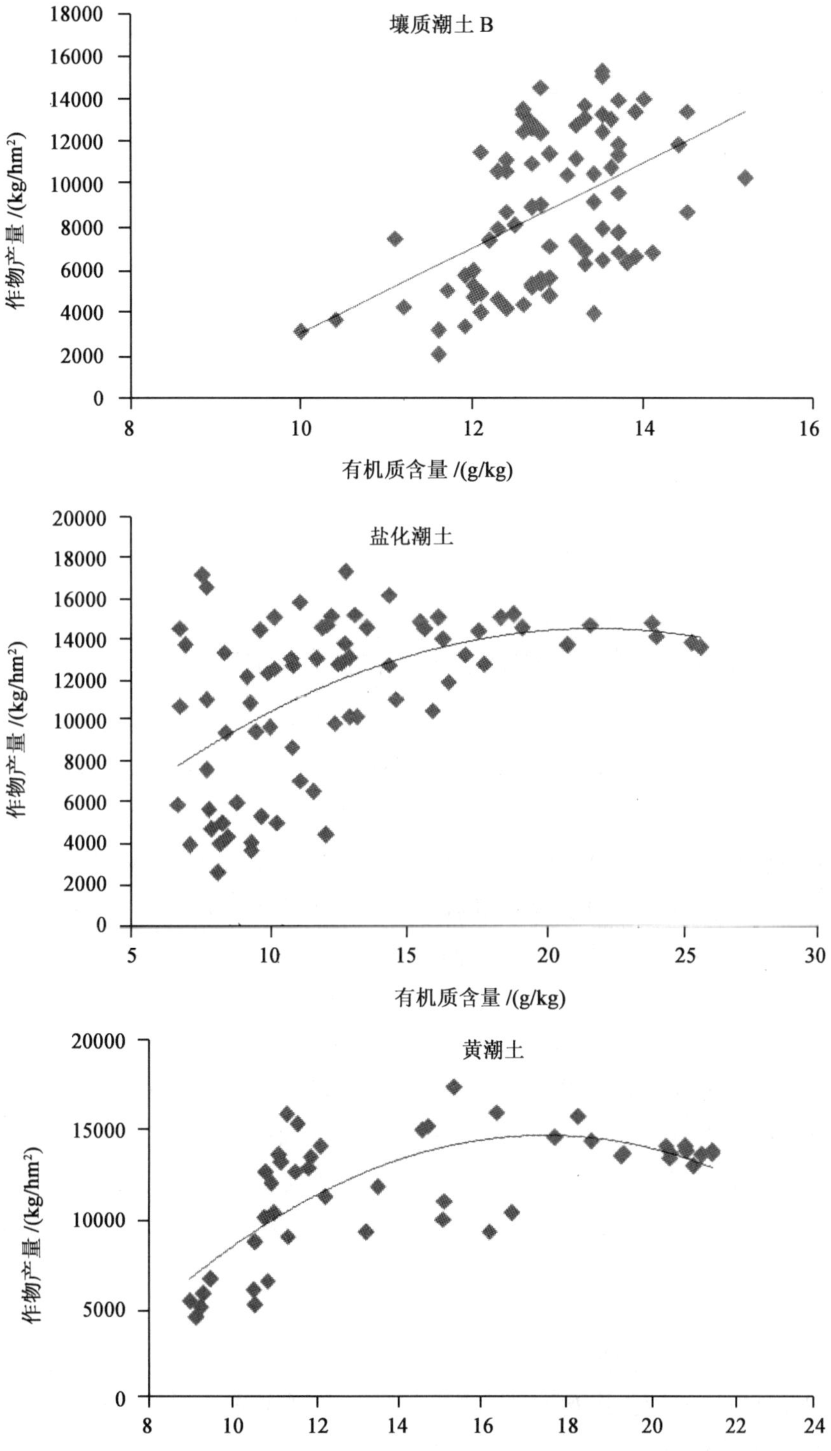

续图 4-25　黄淮海平原区不同土壤类型下有机质含量与作物产量的趋势

表 4-12　黄淮海平原区不同土壤类型下耕地表层有机质含量与作物产量的趋势分析

研究区域	土壤类型	趋势方程	R^2	有机质/(g/kg)	最大产量/(kg/hm²)
黄淮海平原区	褐潮土	$y=100.3x+2149.8$	$R^2=0.014$	—	—
	石灰性潮土	$y=628.19x+52.575$	$R^2=0.316^{***}$	19.91	12560
	壤质潮土 A	$y=1436.8x-11650$	$R^2=0.354^{***}$	17.60	13638
	盐化潮土	$y=-25.811x^2+1169.1x+1409.7$	$R^2=0.254^{***}$	22.65	14648
	壤质潮土 B	$y=1845x-14998$	$R^2=0.216^{***}$	15.20	13046
	黄潮土	$y=-111.6x^2+3903.1x-19431$	$R^2=0.507^{***}$	17.49	14696

4.7　结论与讨论

本研究针对黄淮海平原区内不同土壤类型下长期不同施肥处理对土壤有机质含量、对作物产量等影响进行系统研究，研究结论和进展如下。

4.7.1　不同施肥处理对耕地表层土壤有机质含量的影响

研究表明，黄淮海平原区长期不施肥(CK)、偏施化肥(UF)、平衡施用化肥(CF)、施用有机肥(M)和有机无机肥料配合施用(CFM)五种施肥处理下耕地表层土壤有机质平均含量存在差异，相对于不施肥(CK)处理，单施化肥(UF)和均衡施用化肥(CF)可以提高有机质含量，但是增加幅度不大，而施用有机肥(M)和有机无机肥料(CFM)配合施用可以显著增加土壤有机质含量；对于不同土壤类型不同施肥处理耕地表层土壤有机质含量的变化趋势，黄淮海平原区不同施肥处理下随着时间变化有机质含量的变化趋势不同，主要以上升和持平为主，唯黄潮土不施肥下有机质含量略微下降；对于不同施肥处理的肥效发挥时间阶段，UF 和 CF 两种施肥处理主要在施肥开始阶段发挥明显的作用，迅速增加土壤有机质含量，后期便趋于稳定或稍有下降，而施用有机肥(M)刚好相反，其在施肥初期有机质含量增加缓慢，但后期有机质含量增加明显。CFM 施肥处理则兼并了均衡施用化肥和有机肥的优点，施肥前期就能显著提高有机质含量，后期有机质含量可以稳定于一个较高的有机质含量水平。这说明无机有机肥料配合施用是一项重要的保肥和培肥措施，对于提高土壤质量具有重要意义。

通过对黄淮海平原区不施肥(CK)下有机质含量进行空间差异分析发现，各土壤类型土壤有机质含量不同，其高低次序依次为褐潮土＞壤质潮土 B ＞石灰性潮土＞壤质潮土 A ＞盐化潮土＞黄潮土。可见，不同土壤类型的均值水平在空间上表现为东南到西北边递增的状态。为了找出造成空间差异的影响因素，本研究利用不施肥处理土壤有机质与气候因子进行分析，结果表明黄淮海平原区耕地表层土壤有机质含量与年均气温、年均降水量均呈显著的负相关关系，相关系数很高；而土壤有机质含量与日照时数相关性很小，说明年均气温和年均降水量对有机质含量的影响较大，而日照时数对有机质含量的影响不明显。

4.7.2　不同施肥处理对作物产量的影响

研究表明，黄淮海平原区长期不施肥(CK)、偏施化肥(UF)、平衡施用化肥(CF)、施用有机肥(M)和有机无机肥料配合施用(CFM)五种施肥处理下作物产量均值存在差异。相对于不施肥(CK)，施肥具有明显的增产效益。根据作物产量增加幅度可以将施肥处理分为两个组别：第一组为有机无机肥料配合施用(CFM)和均衡施用化肥(CF)，该组属于增产效果最明显的施肥处理方式，通常 CFM 的对提高作物产量的作用略高于 CF；第二组为单施化肥(UF)和施用有机肥(M)，该组施肥处理增产效果居中。但 UF 和 M 的增产幅度因土壤类型不同而异，这与施肥的具体种类及土壤养分本身养分状况有关，比如壤质潮土 A 施用的有机肥不是厩肥而是秸秆，其增产效果甚微，产量均值接近于不施肥的产量水平。

不同土壤类型在不同施肥处理下作物产量随时间变化趋势也不同，通常 CK、UF、M 施肥处理的作物产量主要呈下降或持平趋势；而 CF 和 CFM 作物产量主要呈上升或持平趋势。不同施肥处理的肥效发挥时间不同，单施化肥在(UF)施肥处理前半阶段作物产量增长速度往往较快，但继续单施化肥土壤养分会由于不均衡导致作物产量维持或者下降，而单施有机肥(M)正好相反，在施肥处理前半阶段难以发挥明显的增产效果，随着时间推移其增产效果逐渐显示，最后甚至超越偏施化肥的产量水平。由此，CFM 兼顾了均衡施用化肥和施用有机肥的优点，既发挥了均衡施用化肥的作用使得土壤养分均衡，又因为有机肥的施入而改善土壤的理化性质，进而使得增产效应持续稳定，所以 CFM 施肥处理不失为增加作物产量的极佳选择。

对黄淮海平原区不同土壤类型在不施肥处理下的作物产量进行对比分析发现：黄淮海平原区各土壤类型基础地力贡献率随着时间变化逐渐降低，表示随着施肥年限的增加，作物产量对施肥的依赖性越来越高，合理施肥才能维持作物高产。

4.7.3　不同施肥处理下耕地表层土壤有机质与作物产量的关系

黄淮海平原区不同施肥处理下土壤有机质含量和作物产量之间的趋势方程不同。作物产量不会随着有机质含量的提高而一直提高，一定范围内，作物产量随着有机质含量的增加而增加，当超过阈值，若有机质含量继续增加粮食产量出现下降趋势。

不同施肥处理对土壤有机质和作物产量的影响不一致。CFM 和 M 施肥处理下有机质含量显著增加，而 CFM 和 CF 施肥处理下作物产量显著增加。也就是说施用有机肥利于有机质含量增加，培肥土壤，但不会显著增产；而均衡施用化肥有利于作物产量显著增加，但是不利于有机质的积累。因此只有当均衡施用有机肥和有机肥配合施用时，既能提高土壤肥力又能使作物产量增加。

黄淮海平原区不同土壤类型下土壤有机质含量和作物产量之间的回归方程不同。根据本研究第五章的分析可知，自东南向西北呈现明显的规律性变化。其中最东南边的盐化潮土和黄潮土为开口向下的二次方程，有机质含量出现了阈值，那么该区域应该让有机质保持在阈值水平就可以获得作物最高产量水平，不用继续继续提高有机质含量水平；对于中间的石灰性潮土、壤质潮土 A、壤质潮土 B，有机质水平还比较低，且有机质和作物产量呈正相关的线性关系，即作物产量随着有机质含量的增加而提高，对于这个区域应该继续培肥土壤，提高有机质的含量，进而挖掘作物生产潜力；对于最西北的褐潮土，作物产量随着土壤有机质含量变化的斜率最小，表明改变该区土壤有机质含量对提高作物产量的效益不高。

4.7.4 讨论

(1)关于研究数据

本研究的研究数据主要有两个来源,一是由长期定位施肥试验站的老师提供数据,二是从公开发表的相关文章中收集数据。因此,本研究所收集到的数据在空间和时间上都受到一定的限制。

建议在条件允许的情况下,可以进一步收集黄淮海平原区各施肥试验站的监测数据,并注意试验站的均匀分布,以增加研究结论的代表性;另外,最好能及时更新数据,延长各试验站长期施肥试验阶段,这样不仅能提高结果的时效性也能更准确的观察长期施肥下耕地表层土壤有机质含量和作物产量的变化规律。

(2)关于研究的深化

本研究主要从不同施肥措施的角度来分析黄淮海平原区有机质含量提升的机理。然而,影响有机质含量的因素还有很多,在以后的研究中,我们可以从其他角度,包括气候变化条件,耕作、灌溉等方面来分析有机质含量提升机理。

参考文献

[1] Andersen M K,Jensen L S. Low soil temperature effects on short-term gross N mineralisation -immobilisation turnover after incorporation of a green manure[J]. Soil Biology and Biochemistry,2001,33(4-5):511-521.

[2] Bergman I,Lunderg P,Nilssona M. Microbial carbon mineralisation in an acid surface peat: effects of environmental factors in laboratory incubations[J]. Soil Biology and Biochemistry,1999,31(13):1867-1877.

[3] Bi L D,Zhang B,Liu G R. Long-term effects of organic amendments on the rice yields for double rice cropping systems in subtropical China[J]. Agriculture,Ecosystems and Environment,2009,129:534-541.

[4] Chan K Y,Henan D P. The effects of stubble burning and tillage on soil carbon sequestration and crop productivity in southeastern Australia[J]. Soil Use and Management, 2005,21:427-431.

[5] Chaudhury J,Mandal U K,Sharma K L. Soil Quality UnderLong-Term Rice-Based Cropping System [J]. Communications in Soil Science and Plant Analysis, 2005, 36: 1141-1161.

[6] Chauhan S K,Chauhan C P S,Minhas P S. Effect of cyclic use and blending of alkali and good quality waters on soil properties,yield and quality of potato,sunflower and Sesbania [J]. Irrigation Science,2007,26(1):81-89.

[7] Dalias P. Longerm effects of temperature on carbon mineralizationprocesses[J]. Soil Biology and Biochemistry,2001,33(7-8):1049-1057.

[8] Fan T L,Xu M G,Zhou G Y,et al. Trends in grain yields and soil organic carbon in a long-term fertilization experiment in the China Loess plateau American-Eurasian[J]. Journal of Agriculture & Environ Science,2007,2:600-610.

[9] Fang C, Moncrieff J B. The dependence of soil CO_2 efflux on temperature[J]. Soil Biology and Biochemistry, 2001, 33(2): 155-165.

[10] Lal R. Beyond Copenhagen: mitigating climate change and achieving food security through soil carbon sequestration[J]. Food Sec, 2: 169-177.

[11] Lal R. Enhancing Eco-efficiency in Agro-ecosystems through Soil Carbon Sequestration[J]. Crop Science, 50: 120-121.

[12] Manna M C, Swarup A, Wanjari R H, et al. Long-term effect of fertilizer and manure application on soil organic carbon storage, soil quality and yield sustainability under subhumid and semi-arid tropical India[J]. Field Crops Research, 2005, 93: 264-280.

[13] Miko U F K. The temperature dependence of SOM decomposition and the effect of global warming on soil organic C storage[J]. Soil Biology and Biochemistry, 1995, 27(6): 753-760.

[14] Motavallia P P, Palmb C A, Partion W J, et al. Soil pH and organic C dynamics in tropical forest soils: Evidence from laboratory and simulation studies[J]. Soil Biology and Biochemistry, 1995, 27(12): 1589-1599.

[15] Qiu J J, Wang L G, Li H. Modeling the Impacts of Soil Organic Carbon Content of Croplands on Crop Yields in China[J]. Agricultural Sciences in China, 2009, 8(4): 464-471.

[16] Stefan A S, Ingvar N, Peter S. Leaching of dissolved organic carbon and dissolved organic nitrogen in humus as affected by temperature and pH[J]. Soil Biology and Biochemistry, 2000, 32(1): 1-10.

[17] Tirol P A, Ladha J K. Integrating rice and wheat productivity trends using the SAS mixed-procedure and meta-analysis[J]. Field Crops Research, 2006, 95(1): 75-88.

[18] Yan X Y, Gong W. The role of chemical and organic fertilizers on yield, yield variability and carbon sequestration—results of a 19-year experiment[J]. Plant Soil, 2010, 331: 471-480.

[19] Zhang W J, Xu M G, Wang B R, et al. Soil organic carbon, total nitrogen and grain yields under long-term fertilizations in the upland red soil of southern China[J]. Nutrient Cycling in Agroecosystems, 2009, 84: 59-69.

[20] 陈传美，王锐，姚德印. 黄淮海平原水资源持续开发途径与对策[J]. 安徽农业科学，1998，46(2)：5-6.

[21] 陈鹏狮，米娜，张玉书，等. 气候变化对作物产量影响的研究进展[J]. 作物杂志，2009，30(1)：80-84.

[22] 封志明，李香莲. 耕地与粮食安全战略：藏粮于土，提高中国土地资源的综合生产能力[J]. 地理学与国土研究，2000，16(3)：1-5.

[23] 高会议，郭胜利，刘文兆，等. 施肥措施对黄土旱塬区小麦产量和土壤有机质积累的影响[J]. 植物营养与肥力学报，2009，15(6)：1333-1338.

[24] 高静，马常宝，徐明岗，等. 我国东北黑土区耕地施肥和玉米产量的变化特征[J]. 中国土壤与肥料，2009(6)：28-31.

[25] 高亚军，朱培立，黄东迈，等. 稻麦轮作条件下长期不同土壤管理对有机质和全氮的

影响[J]. 土壤与环境,2000,9(1):27-30.

[26] 关松,窦森. 土壤有机质分解与转化的驱动因素[J]. 安徽农业科学,2006,34(10):2203-2206.

[27] 韩志卿,张电学,陈洪斌,等. 长期定位施肥小麦—玉米轮作制度下土壤有机质质量演变规律[J]. 河北职业技术师范学院学报,2003,17(4):10-14.

[28] 黄欠如,胡锋,李辉信,等. 红壤性水稻土施肥的产量效应及与气候、地力的关系[J]. 土壤学报,2006,43(6):926-933.

[29] 黄焱宁. 甘肃省土壤有机质含量空间分布及与土地利用的关系[D]. 兰州:甘肃农业大学,2007.

[30] 黄耀,刘世梁,沈其荣,等. 环境因子对农业土壤有机碳分解的影响[J]. 应用生态学报,2006,16(3):709-714.

[31] 李成亮,何园球,王艳玲. 氮磷钾肥对红壤区水稻增产效应的影响[J]. 中国水稻科学,2007,21(2):179-184.

[32] 李红陵,王定勇,石孝均. 不均衡施肥对紫色土稻麦产量的影响[J]. 西南农业大学学报,2005,27(4):487-490.

[33] 李霞飞,孙建军,吕锦屏. 灌漠土肥料 10 年定位试验结果[J]. 土壤通报,1999,3(5):221-223.

[34] 李秀英,李燕婷,赵秉强,等. 褐潮土长期定位不同施肥制度土壤生产功能演化研究[J]. 作物学报,2006,32(5):683-689.

[35] 林葆,林继雄,李家康,等. 长期施肥的作物产量和土壤肥力变化氮磷钾肥对红壤区水稻增产效应的影响[C]. 全国化肥试验网论文汇编. 北京:中国农业科学技术出版社,1996.

[36] 林葆. 长期施肥的作物产量和土壤肥力变化[J]. 植物营养与肥料学报,1994,1:6-18.

[37] 刘春增,寇长林,王秋杰. 长期施肥对砂土肥力变化及硝态氮积累的影响[J]. 土壤通报,1996,27(5):216-218.

[38] 刘金剑,吴萍萍,周毅,等. 长期不同施肥制度对红壤稻田肥料利用率的影响[J]. 植物营养与肥料学报,2008,14(2):277-283.

[39] 陆景陵,植物营养学上册. 第 2 版[J]. 北京:中国农业大学出版社,2003,2.

[40] 马红星,刘春梅,徐义刚. 长期不同施肥处理对连作玉米产量和土壤养分变化的影响[J]. 现代化农业,2008(6):23-25.

[41] 马俊永,李科江,曹彩云,等. 有机-无机肥长期配施对潮土土壤肥力和作物产量的影响[J]. 植物营养与肥力学报,2007,13(2):236-241.

[42] 毛振强. 基于田间试验和作物生长模型的冬小麦持续管理研究 [D]. 北京:中国农业大学,2003.

[43] 孟凡乔,吴文良,辛德惠,等. 高产农田土壤有机质、养分的变化规律与作物产量的关系. 植物营养与肥力学报,2000,6(4):370-374.

[44] 齐宇. 土壤温度对土壤性质的影响及调节作用[J]. 土肥水利,2008(19):38-39.

[45] 乔艳,李双来,胡诚,等. 长期施肥对黄棕色壤性水稻土有机质及全氮的影响[J]. 湖北农业科学,2007,46(5):730-731.

[46] 沈宏,曹志洪,徐志洪.施肥对土壤不同碳形态及碳库管理指数的影响[J].土壤学报,2003,37(2):166-173.

[47] 沈善敏,宇万太,陈欣,等.施肥进步在粮食增产的贡献及其地理分异[J].应用生态学报,1998,9(4):386-390.

[48] 孙好. 长期定位施肥对土壤肥力及作物产量的影响[D]. 福州:福建农林大学,2009.

[49] 王世发.齐齐哈尔地区土壤有机质含量的测定及分析[J].齐齐哈尔大学学报,2008,24(3):75-76.

[50] 王彦辉.环境因子对挪威云杉林土壤有机质分解过程中重量和碳的气态损失影响及模型.生态学报,1999,19(5):641-646.

[51] 吴槐泓,张连佳,张杭英.长期施用不同肥料对红壤稻田产量和土壤有机质的影响对红壤稻田产量和土壤有机质的影响[J].土壤通报,2009,31(3):125-126.

[52] 肖伟伟,范小晖,杨林章,等.长期施肥对黄土旱塬黑垆土有机氮和有机质的影响[J].农业环境科学学报,2007,26(2):672-675.

[53] 熊顺贵.基础土壤学[M].北京:中国农业大学出版社,2001.

[54] 徐明岗,曾希柏,黄鸿翔.现代土壤学的发展趋势与研究重点[J].中国土壤与肥料,2006(6):1-7.

[55] 徐明岗,梁国庆,张夫道.中国土壤肥力演变[M]. 北京:中国农业科学技术出版社,2006.

[56] 徐全胜,李凌浩,韩兴国,等.土壤呼吸对温度升高的适应[J].生态学报,2004,24(11):2649-2655.

[57] 徐跃,姚天全,永镇男.气候因素对土壤有机质组成和性质的影响[J].山地研究,1994,12(3):163-168.

[58] 徐志强,代继光,于向华,等.长期定位施肥对作物产量及土壤养分的影响[J].土壤通报,2008,39(4):766-769.

[59] 姚惠敏,张凤荣,鞠正山. 黄淮海平原区耕地变化对粮食生产能力的影响[J]. 农村经济,2004,3(10):31-33.

[60] 尹云锋,蔡祖聪.不同施肥措施对潮土有机碳平衡及固碳潜力的影响[J].土壤,2006,38(3):298-303.

[61] 袁玲,杨邦俊,黄建国,等.长期施用有机肥和化肥对土壤有机质和氮素的影响[J].西南农业大学学报,1993,15(4):314-317.

[62] 张爱君,张明普.黄潮土长期轮作施肥土壤有机质消长规律的研究[J].安徽农业大学学报,2002,29(1):60-63.

[63] 张春霞,郝明德,魏孝荣,等.黑垆土长期轮作培肥土壤有机质氧化稳定性的研究[J].土壤肥料,2004(3):10-16.

[64] 张付申.不同施肥处理对娄土和黄绵土有机质氧化稳定性的影响[J].河南农业大学学报,1996,30(1):80-84.

[65] 张国荣,李菊梅,徐明岗,等.长期不同施肥对水稻产量及土壤肥力的影响[J].中国农业科学,2009,42(2):543-551.

[66] 赵秉强，张夫道. 我国的长期肥料定位试验研究[J]. 植物营养与肥料学报，2008，8(增刊)：36-80.

[67] 中华人民共和国气候变化初始国家信息通报，北京：计划出版社，2004.

[68] 周卫军，王凯荣. 不同施肥制不同施肥制有机质含量及品质的影响[J]. 土壤通报，1998，29(5)：201-202.

[69] 朱洪勋，沈阿林. 黄潮土养分供应特征及演变规律[J]. 土壤学报，1997，34(2)：138-145.

第5章　东北地区农用地产能核算

5.1　研究背景与研究意义

中国的粮食安全问题对世界粮食安全有着重要影响。我国政府长期致力于农业生产的可持续发展，提高粮食的供应水平以不断增强自身的粮食安全程度。近年来，粮食产量的增产表明我国粮食综合生产能力已经达到了一个新的水平（中华人民共和国国家统计局，2014）。但是，目前我国的农业基础现状，存在环境污染，工业化、城镇化对农业生产的影响等问题，影响和制约粮食生产，造成粮食产量的波动，使得“粮食安全”再次成为关注的焦点。

我国农业基础薄弱，农业基础设施建设严重滞后，水利设施年久失修，水利建设落后，农业整体抗灾能力不强；全国耕地中有灌溉设施的水田和水浇地仅占39%，中低产田占耕地总面积的2/3。农业科技力量薄弱，科技在农业生产中贡献率仅为40%，远低于发达国家的70%左右（张毅，2005）。基层农业科技推广体系不健全，科技人员不足；农业产业结构不尽合理，农业产业化程度普遍较低，生产链短、产品附加值不高；耕地减少、水资源匮乏的问题凸现，农业发展面临资源的严重制约。

我国正处于工业化、城镇化加速发展阶段，土地供求矛盾突出，可开垦的后备土地资源匮乏，耕地资源减少的趋势短期内难以逆转。而在耕地占补平衡过程中，以往的管理侧重于数量平衡，造成新补充耕地质量降低。在占用的耕地中有灌溉设施的占到67%，而补充的耕地中有灌溉设施的仅占35%（徐志仓和沈菲飞，2007）。一些城市在占用大量的耕地后，未进行土地占补平衡，造成耕地资源的减少和质量的下降。此外，工业污染、农业污染源和生物污染使耕地资源生态环境状况恶化，导致粮食产出能力的下降。随着东北三省粮食产量近年来连续提高，东北“粮仓”作为我国粮食市场“稳压器”的作用得到进一步增强。《东北地区振兴计划》中提出，要在东北地区建设“现代化国家级商品粮基地”，以确保东北地区具备稳定的粮食生产能力和商品粮供给能力。东北地区农用地资源在全国具有无可比拟的优势，然而也存在着与全国其他地区所共有的约束，比如人多地少、水资源短缺等（宋维佳和刘凤芹，2007），影响了东北地区农用地产能的提高。

农业综合生产能力与经济发展之间关系的研究是社会经济可持续发展的重要课题，研究主要集中在经济发展中农用地保护存在的问题与对策、土地利用变化的驱动力对耕地数量变化的影响、不同经济发展阶段农用地数量变化以及农用地资源变化与粮食安全等重要问题。我国现阶段，农用地是区域土地利用变化的核心类型，农用地的变化与流向反映着区域社会经济发展的基本态势，对其进行深入研究，对区域经济的发展和粮食安全具有重要意义。

农用地综合生产能力研究是保护耕地的重要理论依据。农用地资源的数量和质量是粮食生产的基本保证。农用地是粮食生产的载体，一定数量、质量的耕地是粮食生产的物质基础。

实行最严格土地管理制度的目的是保障土地资源安全，一方面是要求耕地保持数量的稳定，更重要的是要求耕地质量稳定，最终达到农用地综合生产能力的稳定和提高。农用地综合生产能力研究和调查揭示了耕地增产潜力差异，为确定土地开发整理重点区域、基本农田保护区划定和基本农田建设的提供主要依据；在耕地转用管制工作中，对实现征收不同生产能力耕地的补偿标准提供重要依据。

2007—2009 年间，国土资源部先后部署开展了除西藏外全国 30 个省（区、市）农用地产能核算工作，各地成果将相继完成，农用地产能核算海量数据的管理及成果汇总是一项亟待研究的问题。通过农用地综合生产能力核算，摸清不同区域农用地综合生产能力质量及其空间分布规律，研究全国各指标区单产、差能的分布变化规律和时空差异性，包括单产、产能与区域自然、经济、区位条件的匹配程度。通过对农用地理论生产能力与可实现生产能力的比较分析，可以在一定程度上反映区域的农业科技水平和农业科技利用潜力。通过对农用地可实现生产能力与实际生产能力的比较分析，可以正确评价农用地利用强度和潜力，为提高土地利用效率、集约节约用地、制定增产措施等提供技术支撑（国土资源部，2007）。

农用地产能核算是农用地分等成果深化与应用，是国土资源大调查的重要组成部分，是促进土地管理尤其是农用地管理数量和质量并重的重要措施。通过东北地区农用地产能核算，全面调查摸清东北地区农用地的理论产能、可实现产能和实际产能的数量和空间分布特征；深入对比分析区域间农用地产能，掌握东北地区产能的分异状况，为东北地区土地资源宏观调控与调整提供依据；科学评价东北地区各行政区内农用地利用强度和潜力，为采取合理、有效措施，切实保障东北地区农用地资源安全，科学开发利用农用地资源，为促进东北地区农用地资源精细化管理提供技术支撑和决策依据。

5.2 研究内容、数据来源与方法

5.2.1 研究内容

本研究在东三省农用地产能核算汇总的基础上，结合农用地生产能力的理论，研究了东北地区农用地产能的现实状况，研究内容主要包括以下几个方面。

①农业生产能力和农用地综合生产能力的内涵，从研究农用地生产要素的构成出发，研究影响农用地生产能力要素，诠释农用地综合生产能力的内涵。

②汇总东三省分省产能核算成果数据，统一产能成果的表现形式、数据格式，统一产能内涵，得出区域可比的东北地区农用地综合生产能力汇总成果并对结果进行检验。

③分析比较不同层次的农用地生产能力，把农用地在自然质量状况和利用水平等差异造成的在生产能力上的差异揭示出来；并从区域层面上对东北地区农用地产能的成果进行空间分布规律及空间差异原因分析。

5.2.2 研究方法

①文献归纳法：对前人相关研究进行归纳总结，特别是农用地分等、农用地产能相关理论以作为本研究的基础。

②理论分析法：本研究以土地资源学、土地经济学等相关理论为指导，研究农用地资源的

综合生产能力各项指标。

③系统分析法：从耕地综合生产能力的概念和内涵分析入手，根据系统学原理，对耕地生产能力的形成过程和影响要素进行深入、系统的分析，研究耕地综合生产能力的内容、特点和表征方式，构建不同层面的产能评价模型，评价耕地综合生产能力的现状水平和发展潜力。

④模型分析法：根据需要建立计量经济学模型和统计模型。

⑤空间分析法：应用 ArcGIS 空间分析功能，分析不同层次东北地区单产、产能的分布规律以及单产、产能的差异性与自然社会经济条件差异的拟合程度。

5.2.3　数据来源

本研究主要数据有：东北地区行政区划数据、《黑龙江省农用地产能核算技术报告》及矢量数据(2008 年完成)、《吉林省农用地产能核算综合报告》及矢量数据(2010 年完成)、《辽宁省农用地产能核算技术报告》及矢量数据(2009 年完成)。以上数据均由国土资源部土地整理中心提供。

5.2.4　技术路线

区域自然条件和社会经济条件的差异决定了农用地综合生产能力具有空间变异性。本研究之所以用农地分等因素二级指标区作为研究单元来研究农用地综合生产能力，是因为农用地分等因素指标区的划分综合考虑了区域分异和内部性，全面考虑了地形地貌、气候水文、土壤植被等影响农用地质量的因素，而这些指标对于形成农用地综合生产能力具有重要的作用(图 5-1)。

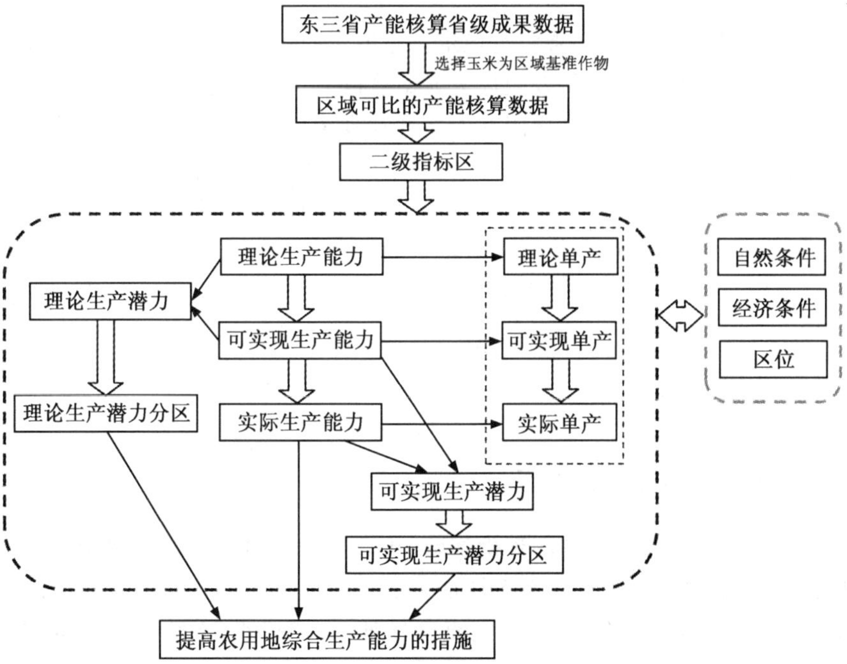

图 5-1　研究技术路线图

5.3 农用地综合生产能力核算理论基础与技术思路

5.3.1 农用地综合生产能力内涵和特点

对于农用地综合生产能力的内涵，不同学者有不同界定，但其宗旨基本一致（国土资源部土地整理中心，2007；程叶青和何秀丽，2005）。农用地综合生产能力是一定地区在一定时期、一定条件下粮食生产诸要素综合作用而凝聚形成农用地的相对稳定的整体产出能力。农用地综合生产能力是一个自然、经济、社会等因素共同作用的结果。总结前人研究成果，可以得到以下几点。

①农用地综合生产能力具有区域差异性，它存在于一个国家或地区之中。不论全面考察或区位考察，都能反映综合生产能力的全貌。但不同地区的农用地综合生产能力异较大，地区农用地综合生产能力的简单相加不等于国家的综合生产能力。

②农用地综合生产能力具有时间周期性，它存在于一定时间内，一般为农业生产的一周期或一年。在农业生产周期未完成的任何阶段，都无法衡量农用地综合生产能力。虽然卫星遥感可测定农作物产量水平，但测定数据具有很大的不确定性，在测定后的生产周期内各种要素存在较大变数，水、旱、风、雹、病、虫等灾害对农作物的产量影响是很大的。

③从产能的构成要素分析，它是各种农业生产要素的集合体。农业生产能力的构成要素较多，某种生产要素都只能是综合生产能力的组成部分、必要条件，不能代表综合生产能力的全部。各种生产要素的有机结合和相互渗透，才能构成反映农用地综合生产能力的整体和全部。

④从产能衡量范围分析，它必须相对稳定。年度之间农产品的产量水平可能相差较大，风调雨顺的年份与灾害面较大的年份差距更大。不能以某一个年份农产品的产量水平来衡量产能。虽然农产品的产量水平在年度之间有上下波动现象，但产能总是处在一个相对稳定的水平。因为产能包含着农业的防灾抗灾能力，如果遇到农业自然灾害，农产品的产量水平就大幅度下降，说明产能仍处在较低水平上。如果10个年份内有6～7个年份，农作物的产量水平达到某个数值，那么这个数值就应该代表相对稳定的产能。

⑤从农用地综合生产能力的本质分析，农用地综合生产能力最终表现为综合产出水平。一般来说，农业生产投入与产出有很大关系，投入较多，产出相对较多。但由于农业生产是社会再生产与自然再生产的复合体，在有些情况下，投入较多不一定产出较多，投入与产出呈不相关或负相关关系。

5.3.2 农用地综合生产能力理论体系

农用地综合生产能力根据测算的理论基础，从农作物产量的形成机理上分为理论生产能力、可实现生产能力和实际生产能力3个层次。

理论生产能力是在农业生产条件得到充分保证，光、热、水、土等环境因素均处于最优状态，技术因素所决定的农作物所能达到的最高产量。

可实现生产能力是在农业生产条件得到基本保证，光、热、水、土等环境因素均处于正常状态、技术条件可以满足，由政策、投入等因素决定的正常年景下农作物能够获得的最高产量。

实际生产能力是指目前已经实现的产能，即某年农作物已经达到的平均产量。

5.3.3　农用地综合生产能力核算技术思路

5.3.3.1　理论产能核算的技术思路

依据农用地自然质量等指数核算农用地理论产能，主要思路是以二级指标区为单位，建立农用地标准粮理论单产和相应的农用地自然质量等指数的函数关系，将所有分等单元的农用地自然质量等指数代入函数方程，可以获取分等单元的农用地理论单产。依据所有分等单元的农用地理论单产乘以相应的分等单元的耕地面积核算分等单元的农用地理论产能。

1. 农用地理论单产(Y_F)核算

(1)建立理论单产样本值与自然质量等指数数学模型

以二级指标区为单位，建立指定作物理论单产样本值与样本地块相应的自然质量等指数的函数关系模型(以线性模型为例)：

$$y_i'' = aR_i + b \tag{5-1}$$

式中：y_i''为第 i 个单元标准粮理论单产样本值；R_i 为第 i 个分等单元自然质量等指数；a、b 为回归系数值。

(2)核算农用地分等单元理论单产(Y_F)

依据 a 和 b，将该二级指标区内所有农用地分等单元的自然质量等指数代入(5-1)式，可获得各单元的年均标准粮理论单产(Y_F)。

2. 核算农用地分等单元理论产能(W_F)

分等单元理论单产乘以分等单元耕地面积可以获得农用地分等单元理论产能。

$$W_{Fi} = Y_{Fi} \times S_i \tag{5-2}$$

式中：W_{Fi}为第 i 个分等单元理论产能；Y_{Fi}为第 i 个分等单元理论单产；S_i 为第 i 个分等单元耕地面积。

3. 区域理论产能核算

乡(镇)域内各分等单元的理论产能或者各行政村理论产能之和为乡(镇)域理论产能；乡(镇)域理论产能除以乡(镇)域耕地面积得到乡(镇)域理论单产。

各乡(镇)理论产能相加等于县(市)域理论产能；县(市)域理论产能除以县(市)域耕地面积得到县(市)域理论单产。

各县(市)理论产能相加等于省域理论产能；省域理论产能除以省域耕地面积得到省域理论单产。县级各自然质量等别内各分等单元理论产能相加等于省域等别理论产能，省域等别理论产能除以省域内各等别耕地面积得到省域等别理论单产。

5.3.3.2　可实现产能核算的技术思路

依据农用地利用等指数核算农用地可实现产能，主要思路为以二级指标区为单位，建立抽样单元的可实现单产和相应的农用地利用等指数的函数关系，将所有分等单元的农用地利用等指数代入函数方程，可以获取各分等单元的农用地可实现单产。依据所有分等单元的农用地可实现单产乘以相应的分等单元耕地面积核算农用地可实现产能。

1. 农用地可实现单产(Y_P)核算

(1)建立抽样单元可实现单产样本值与相应单元利用等指数的函数关系

以二级指标区为单位，建立抽样分等单元指定作物标准粮可实现单产样本值与相应单元利用等指数的函数关系(以线性模型为例)：

$$y_i' = cY_i + d \tag{5-3}$$

式中：y_i'为第 i 个单元标准粮可实现单产样本值；Y_i 为第 i 个单元利用等指数；c、d 为回归系数值。

(2)关于分耕地二级利用类型建立函数关系

按照《土地利用现状分类》(GB/T 21010—2007)，耕地分为水田(含灌溉水田与望天田)、水浇地(含菜地)、旱地三个二级类型，如果每个二级指标区内某个二级类型的面积占本区耕地总面积的比例超过 30%，在建模过程中，则需要分别建立抽样单元农用地可实现单产与相应的农用地分等单元利用等指数的函数关系，分别核算产能。

(3)农用地分等单元可实现单产(Y_P)核算

依据 c 和 d，将核算区域的所有农用地分等单元的利用等指数代入式(5-3)，可获得各单元的可实现单产(Y_P)。

2. 核算农用地分等单元可实现产能(W_P)

分等单元可实现单产乘以分等单元耕地面积可以获得农用地分等单元可实现产能。

$$W_{Pi} = Y_{Pi} \times S_i \tag{5-4}$$

式中：W_{Pi}为第 i 个分等单元可实现产能；Y_{Pi}为第 i 个分等单元可实现单产；S_i 为第 i 个分等单元耕地面积。

3. 区域可实现产能核算

乡(镇)域可实现产能等于乡(镇)域内各分等单元的可实现产能之和，或者各行政村可实现产能之和；乡(镇)域可实现产能除以乡(镇)域耕地面积得到乡(镇)域可实现单产。

各乡(镇)可实现产能相加等于县(市)域可实现产能；县(市)域可实现产能除以县(市)域耕地面积得到县(市)域可实现单产。

各县(市)可实现产能相加等于省域可实现产能；省域可实现产能除以省域耕地面积得到省域可实现单产。

县级各利用等别内各分等单元可实现产能相加等于省域等别可实现产能；省域等别可实现产能除以省域内各等别耕地面积得到省域等别可实现单产。

5.3.3.3　实际产能的核算

首先，依据农业统计数据，将核算区域内各乡镇的指定作物单位面积产量视作各乡镇指定作物的实际单产。然后，根据标准粮换算系数，将指定作物的实际单产换算为标准粮实际单产。加和得到县域和二级区范围内实际的标准粮总产量。用二级区实际的标准粮总产量除以粮食播种总面积得到单位面积标准粮的实际产量，分别乘以二级区农用地分等面积得到二级区农用地实际生产能力。

以国家确定的基准作物统计单产为基准，根据标准粮换算系数，把指定作物统计单产换算为标准粮实际单产；根据标准耕作制度核算乡（镇）域实际单产（Y_O）；实际单产乘以基期年乡（镇）耕地面积得到乡（镇）域实际产能（W_O）。

乡（镇）域实际产能相加得到县域实际产能，县域实际产能除以县域耕地面积得到县域实际单产。县域实际产能相加得到省域实际产能，省域实际产能除以省域耕地面积得到省域实际单产。

5.3.4　区域农用地利用强度和潜力评价

农用地利用强度包括理论利用强度和可实现产能利用强度。理论利用强度反映农业科技利用的水平，数量上等于可实现单产与理论单产的比值。可实现产能利用强度反映目前农用地可实现生产能力的发挥程度，数量上等于实际单产与可实现单产的比值。

农用地利用潜力包括理论潜力和可实现潜力。理论潜力反映农用地远景生产潜力，数量上等于理论单产与可实现单产的差值。可实现潜力反映农用地近景生产潜力，数量上等于可实现单产与实际单产的差值。其技术思路如下。

1. 最小评价单元

农用地分等二级指标区。

2. 区域农用地利用强度评价

（1）理论产能利用强度

理论利用强度评价按式（5-5）计算：

$$S_{Ti} = Y_{Pi}/Y_{Fi} \tag{5-5}$$

式中：S_{Ti}为 i 区域的农用地理论利用强度；Y_{Pi}为 i 区域的可实现单产；Y_{Fi}为 i 区域的理论单产。

（2）可实现产能利用强度

可实现利用强度评价按式（5-6）计算：

$$S_{Ai} = Y_{Oi}/Y_{Pi} \tag{5-6}$$

式中：S_{Ai}为 i 区域的农用地可实现利用强度；Y_{Oi}为 i 区域的实际单产；Y_{Pi}为 i 区域的可实现单产。

3. 区域农用地利用潜力评价

（1）区域农用地理论潜力评价

区域农用地理论利用潜力评价按式（5-7）计算：

$$L_{Ti} = Y_{Fi} - Y_{Pi} \tag{5-7}$$

式中：L_{Ti}为 i 区域的农用地理论利用潜力；其他符号的含义同式（5-5）。

（2）区域农用地可实现潜力评价

区域农用地可实现利用潜力评价按式（5-8）计算：

$$L_{Ai} = Y_{Pi} - Y_{Oi} \tag{5-8}$$

式中：L_{Ai}为 i 区域的农用地可实现利用潜力；其他符号的含义同式（5-6）。

5.4 东北地区农用地综合生产能力研究

5.4.1 东北地区概况

东北地区行政区划包括黑龙江省、吉林省和辽宁省。东北地区位于东经 115°05′～135°02′，北纬 38°40′～53°34′，土地总面积约 79.18 万 km^2，占我国国土总面积的8.22%，截至 2007 年末，区域内总人口 10852 万人，占全国 8.26%。

2007 年东北三省粮食产量达到 7751.7 万 t，占全国粮食产量的比例达到 15.55%。区域粮食商品率在 65%左右，居全国前列。黑龙江、吉林两省耕地面积占全国 13%，为国家提供了 23%的商品粮。东北三省粮食生产在全国具有举足轻重的战略地位，对稳定我国粮食供给、保障国家粮食安全和国民经济持续稳定发展，发挥了重要的作用，是我国的粮食主产区和重要的商品粮生产基地。

5.4.2 东北地区农用地分等成果概述

5.4.2.1 分等成果概述

1. 分等因素指标区

分等因素指标区是对区域内决定农用地自然质量的各种因素和因素组合，依主导因素原则和区域分异原则划分的区域，是区别于其他指标区的最小单元。全国按此进行了耕作制度分区，共划分了 12 个一级区、40 个二级区。

按照《农用地分等定级规程》中划定的全国农业耕作制度，黑龙江省位于东北区，分属大小兴安岭山地地区、三江平原长白山地区及松嫩平原区三个二级指标区；吉林省位于东北区，分属于东部山地区和西部平原区两个二级指标区；辽宁省分属于两个国家一级区，辽宁中部和东部各县属于东北区的辽宁平原区，辽宁省西部朝阳市所属各县及葫芦岛市建昌县属于内蒙古高原及长城沿线区的辽吉西蒙东南冀北山地区。由于辽宁省地貌分异明显，辽东、辽西地区为山地丘陵区，中部为下辽河平原区，三个区地貌界线清楚，气候条件在三个分区内部差异不大。据此，辽宁省产能核算，在国家分区的基础上，对国家分区界线略作调整，将全省划分为三个耕作制度分区，分别为辽东山地丘陵区、中部平原区、辽西低山丘陵区。该分区与全国耕作制度分区不同，全国分区界线两侧气候、地貌条件无明显差异，重新分区便于全省相同地貌条件区域评价指标保持一致性。东北地区农用地分等因素指标区划分结果如表 5-1 所示，空间分布如图 5-2 所示。

2. 基准作物、指定作物和标准耕作制度

基准作物是理论标准粮的折算基准，指全国比较普遍的主要粮食作物，如小麦、玉米、水稻。东北三省在农用地分等中确定的基准作物为：黑龙江省和吉林省为水稻，辽宁省为玉米。

指定作物指行政区所属耕作区标准耕作制度中所涉及的作物，是区域内的大宗作物，包括区域间对比的基准作物。东北三省确定的指定作物为黑龙江省为玉米、大豆、小麦；吉林省为玉米、水稻、大豆；辽宁省为玉米、水稻、谷子。

表 5-1　东北地区农用地分等因素指标区

省份	一级区	二级区
黑龙江省	东北区	大小兴安岭山地区 三江平原长白山地区 松嫩平原区
吉林省	东北区	东部山地区 西部平原区
辽宁省	东北区	辽东山地丘陵区 中部平原区
内蒙古	内蒙古高原及长城沿线区	辽西低山丘陵区

图 5-2　东北地区农用地分等因素指标区空间分布

标准耕作制度是指在当前的社会经济水平、生产条件和技术水平下，有利于生产或最大限度发挥当地土地生产潜力，未来仍有较大发展前景，不造成生态破坏，能够满足社会需求，并已为(或将为)当地普遍采纳的农作方式。农用地分等中所指的标准耕作制度主要指种植制度，东北地区复种类型均为一年一熟。东三省农用地分等采用的耕作制度、基准作物和指定作物情况见表 5-2。

表 5-2　东北地区农用地分等标准耕作制度、基准作物和指定作物

省份	指标区名称	基准作物	标准耕作制度	
			复种类型	指定作物
黑龙江省	大小兴安岭山地区	水稻	一年一熟	玉米、大豆、小麦
	三江平原长白山地区	水稻	一年一熟	玉米、大豆
	松嫩平原区	水稻	一年一熟	玉米、大豆
吉林省	东部山地区	水稻	一年一熟	玉米、水稻、大豆
	西部平原区	水稻	一年一熟	玉米、水稻、大豆
辽宁省	辽东山地丘陵区	玉米	一年一熟	玉米、水稻
	中部平原区	玉米	一年一熟	玉米、水稻
	辽西低山丘陵区	玉米	一年一熟	玉米、谷子

3. 产量比系数

它是以国家指定的基准作物为基础，按当地基准作物最高理论单位面积产量与各种指定作物最高理论单位面积产量之比，即各指定作物的标准粮折算比率。农用地分等中设置产量比系数是为了保证分等成果的可比性。东三省指定作物的产量比系数如表 5-3、表 5-4、表 5-5 所示。

表 5-3　黑龙江省指定作物产量比系数平均值

作物	水稻	玉米	大豆	小麦
产量比系数	1.000	1.050	2.100	0.850

表 5-4　吉林省指定作物产量比系数平均值

作物	水稻	玉米	大豆
产量比系数	1.000	0.610	1.485

表 5-5　辽宁省指定作物产量比系数平均值

参数名称	二级指标区名称		
	辽东山地丘陵区	中部平原区	辽西低山丘陵区
产量比系数	玉米/水稻=1.25	玉米/水稻=1.32	玉米/水稻=1.32 玉米/谷子=2.33

4. 农用地分等等别状况

农用地分等成果分自然等、利用等、经济等别三个层次，在完成分等单元的自然质量等指数，利用等指数和农用地等指数计算后，采用等间距法划定各分等单元的自然质量等别、利用等别和经济等别。东三省农用地分等主要成果如表 5-6 所示。

从整个东北地区来看，农用地自然条件好的区域投入水平和利用水平也相对较高，经营状况较好。东北地区农用地等别分布情况是：东部和西部的长白山地区、低山丘陵区受地形地貌影响，不利于农作物的大规模机械化种植，导致农用地等别在区域处于一般水平；中部广袤的松辽平原和三江平原地势平坦，水资源充沛，灌溉便利，农业基础设施完善，农业经营日趋规模化、集约化，农用地等别在区域处于较高水平；北部的大小兴安岭地区由于所处纬度较高，积温不足，自然条件相对恶劣，且地形多为山地，限制了农业机械的使用，影响了农业生产，农用地等别低。

表 5-6　东北地区农用地分等成果汇总

省份	自然等			利用等			经济等		
	等指数	等间距	等别	等指数	等间距	等别	等指数	等间距	等别
黑龙江省	384～2513	250	2～10	383～2465	250	2～10	325～2451	250	2～10
吉林省	364～1555	200	2～8	76～1198	100	1～12	14～883	100	1～9
辽宁省	721～2845	150	5～18	199～2419	100	2～25	3～2098	100	1～21

5.4.2.2　分等成果在产能核算中的应用

农用地分等成果是产能核算工作的数据基础，在产能核算工作中运用到了农用地分等成果中的省级标准耕作制度分区、基准作物、指定作物、分等单元、产量比系数、自然质量等指数和利用等指数等。

省级标准耕作制度分区为采集样点划分了工作区域，产量比系数提供了指定作物与基准作物之间的换算关系，自然质量等指数和利用等指数为模型计算和产能核算提供了数据保障。

5.4.3　东北地区统一基准作物的选取

东三省农用地产能核算省级成果中各省采用了不同的基准作物，黑龙江省为水稻，吉林省和辽宁省为玉米。对于不同的作物来说，相同的产量代表着不同的生产能力。若在东北地区产能核算汇总中采用各省份的基准作物作为标准，那么汇总出来的农用地综合生产能力区域范围内就会不具有可比性。要使汇总出来的农用地生产能力具有相同的内涵，在区域内可比，需要选取一种统一的作物来作为区域标准粮产量折算的标准，称为区域基准作物。东三省农用地熟制相同，均为一年一熟，标准耕作制度相似，光、温、水等自然条件和土壤条件渐变性显著，因此在东北地区选取同一种作物作为区域标准粮产量折算的标准是可行且具有现实意义的。

大量研究结果表明，东北农作区粮食生产的专业化、区域化趋势明显，形成了以玉米、水稻、大豆为主的生产格局(程叶青和何秀丽，2005)。1978 年以来，玉米、水稻和大豆这三种大宗粮食作物播种面积和产量变动如表 5-7 所示。

从产量来看，玉米、水稻和大豆三种大宗粮食作物表现出不同的变动趋势：①玉米：1998 年达历史最高产量 4330 万 t 后连续三年下降，2002 年仅恢复到 3500 万 t 生产水平。②水稻：水稻产量由 1978 年开始持续增加到 2000 年的 1793 万 t，增产 3.9 倍，但 2002 年较 2000 年减产 8%。③大豆：2002 年大豆产量较 1978 年提高了 1.41 倍，年均增长率达 5.8%。从整个东北地区来看，1978—2002 年以来，玉米在东北地区的种植面积和产量始终均明显高于水稻和大豆，且优势明显。

表 5-7 东北地区大宗粮食作物播种面积和产量变动

省份	作物名称	播种面积 /×10^4 hm^2	占粮食总播种面积的比例	产量 /×10^4 t	占粮食总产量比例
黑龙江省	玉米	217.90	25.77%	93.95	31.31%
	水稻	158.78	18.77%	1130.0	37.65%
	大豆	391.36	46.27%	693.5	23.11%
	全省合计	845.80	—	3001.0	—
吉林省	玉米	290.15	67.29%	1810.0	72.11%
	水稻	60.01	13.92%	437.6	17.43%
	大豆	63.32	14.68%	166.9	6.65%
	全省合计	431.21	—	2510.0	—
辽宁省	玉米	159.88	55.00%	1079.7	62.77%
	水稻	54.42	18.72%	401.5	23.34%
	全省合计	290.67	—	1720.0	—

从表 5-8 可以看出，2004 年，大豆在黑龙江省和吉林省种植面积比较大，产量也比较高，但在辽宁省种植面积比较小，不能算大宗作物，因此大豆不能作为区域统一基准作物。其他两种大宗粮食作物玉米和水稻，玉米在黑龙江省、吉林省和辽宁省播种面积分别为 217.95 万 hm^2、290.15 万 hm^2、159.88 万 hm^2，均高于水稻在三个省的播种面积 158.78 万 hm^2、60.01 万 hm^2、54.42 万 hm^2。而且东三省玉米播种面积占全省粮食播种面积的比例分别为 25.77%、67.29%、55.00%，均高于水稻播种面积占全省粮食播种面积的比例 18.77%、13.92%、18.72%。从产量来看，东三省玉米产量分别为 93.95 万 t、1810.0 万 t、1079.7 万 t，

表 5-8 2004 年东北地区大宗粮食作物播种面积和产量

省份	作物名称	播种面积 /×10^4 hm^2	占粮食总播种面积的比例	产量 /×10^4 t	占粮食总产量比例
黑龙江省	玉米	217.90	25.77%	93.95	31.31%
	水稻	158.78	18.77%	1130.0	37.65%
	大豆	391.36	46.27%	693.5	23.11%
	全省合计	845.80	—	3001.0	—
吉林省	玉米	290.15	67.29%	1810.0	72.11%
	水稻	60.01	13.92%	437.6	17.43%
	大豆	63.32	14.68%	166.9	6.65%
	全省合计	431.21	—	2510.0	—
辽宁省	玉米	159.88	55.00%	1079.7	62.77%
	水稻	54.42	18.72%	401.5	23.34%
	全省合计	290.67	—	1720.0	—

水稻产量分别为 1130.0 万 t、437.6 万 t、1079.7 万 t，除了黑龙江玉米产量略低于水稻产量外，其他两省份玉米产量远高于水稻产量。东三省玉米产量占全省粮食总产量的比例分别为 31.31%、72.11%、62.77%，水稻产量占全省粮食总产量的比例分别为 37.65%、17.43%、23.34%，除了黑龙江玉米所占比例略低于水稻外，其他两省份玉米所占比例均远超过水稻所占比例，比例优势明显。

东北地区水土资源分布不平衡，排灌沟渠等农田基础设施严重缺乏，而水稻受生产条件约束较强，东北地区水稻种植主要分布在沿江沿河地区，因此水稻的实际产量往往无法充分体现当地农用地具有的生产能力，以水稻作为东北地区统一的标准量产量折算标准不尽合理。

此外，考虑东三省农用地产能核算国家级汇总工作实际情况，东三省农用地产能核算省级成果中，辽宁省沿用了农用地分等中采用的基准作物，采用玉米作为省级基准作物；吉林省在产能核算中放弃了在农用地分等中以水稻为基准作物，在标准粮的换算中以玉米作为基准作物。黑龙江省沿用农用地分等中采用的基准作物仍旧以水稻作为省级基准作物。选取玉米作为东北地区统一的标准量产量折算标准可以减少误差，确保汇总成果的科学性。

5.4.4　东北地区农用地综合生产能力汇总

5.4.4.1　东北地区农用地产能核算汇总结果分析

选取玉米作为东北地区农用地产能核算省级成果汇总的区域基准作物，以农用地分等因素二级指标区为汇总单元，将东三省农用地产能核算省级成果进行汇总。根据农用地综合生产能力和生产潜力理论体系，东北地区农用地综合生产能力汇总结果如表 5-9 所示。

表 5-9　东北地区各层次产能和单产汇总

省份	指标区名称	耕地面积 /hm²	理论产能 /×10⁴ t	理论单产 /(kg/hm²)	可实现产能 /×10⁴ t	可实现单产 /(kg/hm²)	实际产能 /×10⁴ t	实际单产 /(kg/hm²)
黑龙江省	大小兴安岭山地区	914785.38	446.01	4875.57	380.83	4163.05	290.15	3171.78
	三江平原长白山地区	4450165.65	3534.30	7941.95	2921.19	6564.23	2427.70	5455.30
	松嫩平原区	6599696.33	6957.39	10541.99	5684.28	8612.94	4191.87	6351.61
	小计	11964647.36	10937.70	9141.68	8986.30	7510.71	6909.72	5775.11
吉林省	东部山地区	861013.17	921.39	10701.23	784.25	9108.46	647.83	7524.04
	西部平原区	4674639.58	5700.35	12194.20	5027.48	10754.80	4009.58	8577.30
	小计	5535652.75	6621.74	11961.99	5811.73	10498.73	4657.41	8413.48
辽宁省	辽东山地丘陵区	1369597.42	1673.65	12220.01	1248.14	9113.19	1044.36	7625.31
	中部平原区	1488692.22	2012.40	13517.90	1563.77	10504.32	1359.82	9134.33
	辽西低山丘陵区	1226840.83	1458.49	11888.18	1086.12	8852.98	913.08	7442.53
	小计	4085130.47	5144.54	12593.33	3898.03	9542.00	3317.26	8120.33
	合计	21585430.58	22703.98	10518.20	18696.06	8661.43	14884.39	6895.57

1. 东北地区农用地理论生产能力

以农用地分等二级指标区为单位，东北地区农用地理论生产能力分为四个区间，黑龙江的大小兴安岭山地区理论生产能力最小，为446.01万t，吉林省的东部山地区次之，为921.39万t；辽宁省的辽东山地丘陵区、中部平原区和辽西低山丘陵区处于第二个区间，理论生产能力分别为1458.49万t、1673.65万t、2012.40万t；黑龙江省的三江平原长白山地区理论生产能力较高，为3534.30万t；理论生产能力最高的是黑龙江省的松嫩平原区和吉林省的西部平原区，分别为6957.35万t、5700.35万t。

从省级行政区来看，黑龙江省、吉林省和辽宁省的理论标准粮单产分别为9141.68 kg/hm^2、11961.99 kg/hm^2、12593.33kg/hm^2，标准量产量由北向南逐渐增大。东北三省农用地产能核算中农用地面积均采用全国2006年土地利用现状变更调查数据，分别为11964647.36 hm^2、5535652.75 hm^2、4085130.47 hm^2，三省理论生产能力总量分别为10937.70万t、6621.74万t、5144.54万t，黑龙江省最高，吉林省次之，辽宁省最低。

2. 东北地区农用地可实现生产能力

可实现生产能力是在农业生产条件得到基本保证，光、热、水、土等环境因素均处于正常状态、技术条件可以满足，由政策、投入等因素决定的正常年景下农作物能够获得的最高产量。

以农用地分等二级指标区为单位，东北地区农用地可实现生产能力分为四个区间，黑龙江的大小兴安岭山地区可实现生产能力最小，为380.83万t，吉林省的东部山地区次之，为2921.19万t；辽宁省的辽东山地丘陵区、中部平原区和辽西低山丘陵区处于第二个区间，可实现生产能力分别为1248.14万t、1563.77万t、1086.12万t；黑龙江省的三江平原长白山地区可实现生产能力较高，为2921.19万t；可实现生产能力最高的是黑龙江省的松嫩平原区和吉林省的西部平原区，分别为5684.28万t、5027.48万t。

从省级行政区来看，黑龙江省、吉林省和辽宁省的可实现标准粮产量分别为7510.71 kg/hm^2、10498.73 kg/hm^2、9542.00 kg/hm^2，标准量产量由北向南逐渐增大。东北三省农用地产能核算中农用地面积均采用全国2006年土地利用现状变更调查数据，分别为11964647.36 hm^2、5535652.75 hm^2、4085130.47 hm^2，三省可实现生产能力总量分别为8986.30万t、5811.73万t、3898.03万t，黑龙江省最高，吉林省次之，辽宁省最低（图5-3、图5-4）。

3. 东北地区农用地实际生产能力

实际生产能力是指目前已经实现的产能，即某年农作物已经达到的平均产量。

以农用地分等二级指标区为单位，东北地区农用地实际生产能力分为四个区间，黑龙江的大小兴安岭山地区实际生产能力最小，为290.15万t，吉林省的东部山地区次之，为647.83万t；辽宁省的辽东山地丘陵区、中部平原区和辽西低山丘陵区处于第二个区间，实际生产能力分别为1044.36万t、1359.82万t、913.08万t；黑龙江省的三江平原长白山地区实际生产能力较高，为2427.70万t；实际生产能力最高的是黑龙江省的松嫩平原区和吉林省的西部平原区，分别为4191.87万t、4009.58万t（图5-5）。

从省级行政区来看，黑龙江省、吉林省和辽宁省的实际标准粮单产分别为7510.71 kg/hm^2、10498.73 kg/hm^2、8852.98kg/hm^2，标准量产量由北向南逐渐增大。东北三省农用地产能核算中农用地面积均采用全国2006年土地利用现状变更调查数据，分别为11964647.36 hm^2、5535652.75 hm^2、4085130.47 hm^2，三省实际生产能力总量分别为5775.11万t、8413.48万t、8120.33万t，黑龙江省最高，吉林省次之，辽宁省最低。

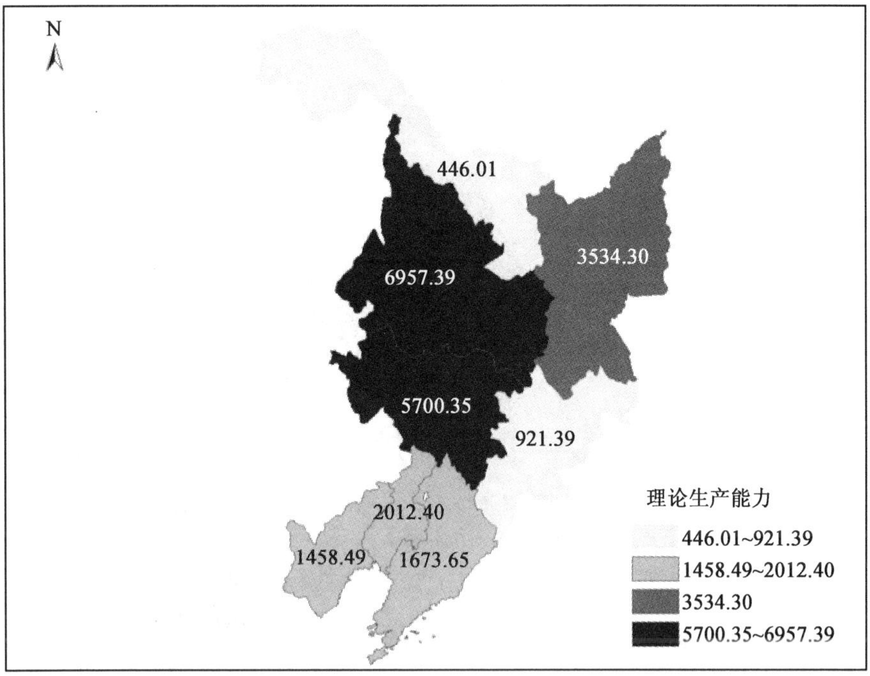

图 5-3　东北地区农用地理论生产能力空间分布图(单位:万 t)

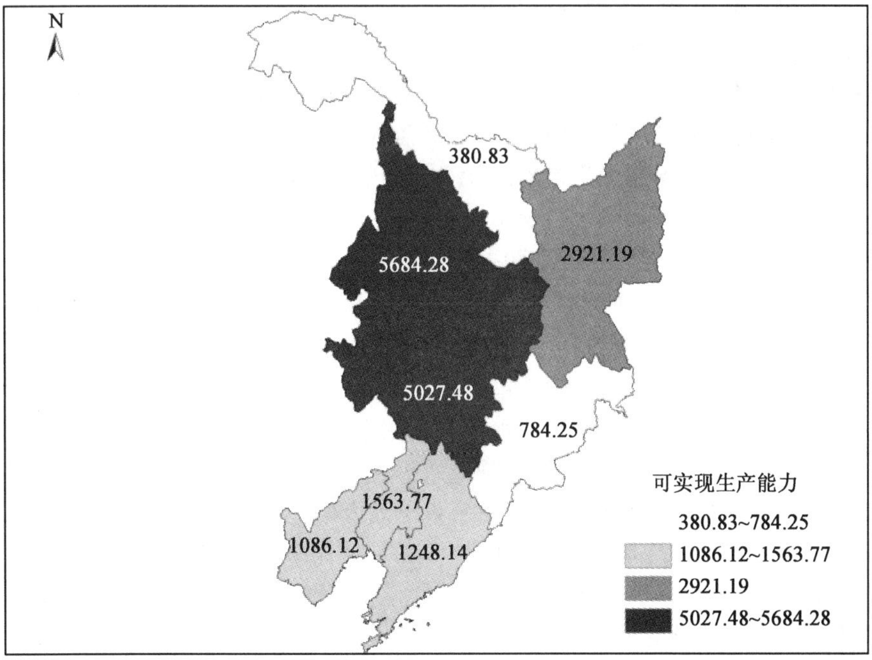

图 5-4　东北地区农用地可实现生产能力空间分布图(单位:万 t)

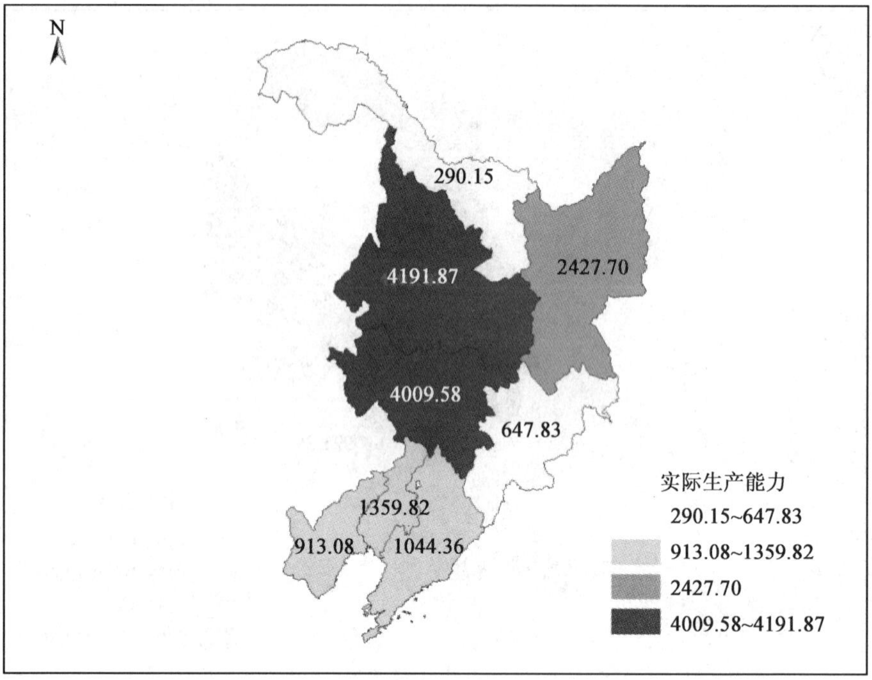

图 5-5　东北地区农用地实际生产能力空间分布图(单位:万 t)

5.4.4.2　东北地区农用地产能核算汇总成果检验

1. 与统计数据进行对比分析

在农用地产能核算过程中,计算农用地实际单产及产能所需的基础数据一方面来源于各县(市、区)统计部门提供的区域内各指定作物的播种面积、总产和单产等统计数据;另一方面来源于实地调查的样点数据。无论是采用什么基础数据来源,只要数据来源可靠性强,其最终的实际产能及单产计算结果都应该与现实情况基本一致。因此,可以将产能成果与实际统计数据进行对比,用以验证产能核算基础数据来源的可靠性及最终产能成果的准确性。

将东三省产能成果与其 2006 年统计数据进行对比分析:①将通过产能核算计算得到的各省实际产能数据与其实际统计粮食产量进行对比(图 5-6),从总体分布的高低顺序来看,两组粮食产量数据在各省分布情况非常相似,黑龙江省产能最高,辽宁省产能最低;从两组数据单个对比来看,计算得到的产能要高于实际统计粮食产量,这可能与实际粮食种植面积有关。②在上一步的基础上,将产能核算采用的耕地面积与实际的粮食种植面积进行对比(图 5-7),可以看出,各省耕地面积的分布情况与产能分布情况大体一致,说明产能的高低与粮食种植面积的大小有关,计算得到的产能高于实际统计产能与计算采用地耕地面积大于实际粮食播种面积有关。③根据实际统计粮食作物产量及粮食作物种植面积数据,计算得到实际统计粮食单产数据,该数据与产能核算计算得到的实际单产进行对比(图 5-8),从总体分布的高低顺序来看,两组粮食单产数据在各省分布情况非常相似,吉林省单产最高,辽宁省略低于吉林省,黑龙江省单产最低;一般情况下产能核算得到的粮食单产比实际统计数据高,农用地实际生产能力不同于粮食产量,粮食产量的实现、农用地综合生产能力的充分挖掘还要受粮食生产的效益、农民种粮积极性和对耕地的投入意愿等因素影响。

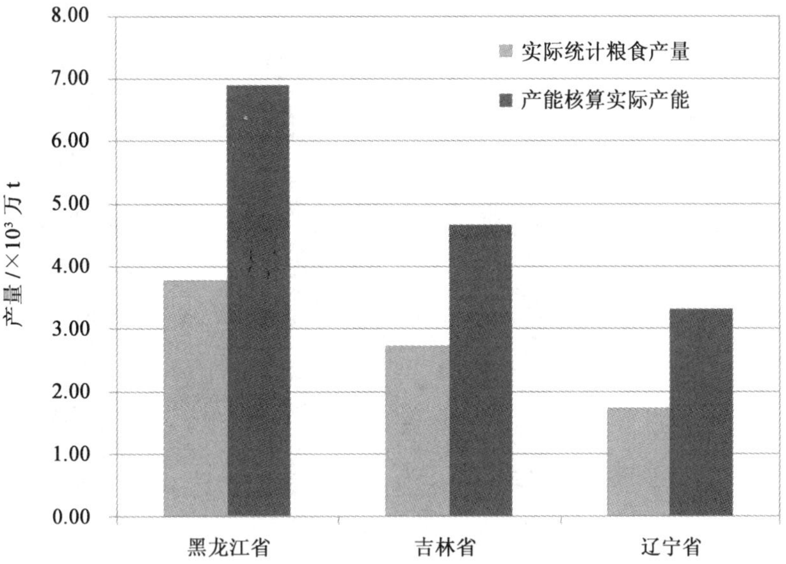

图 5-6　东三省农用地产能核算实际产能与实际统计产量对比(2006 年)

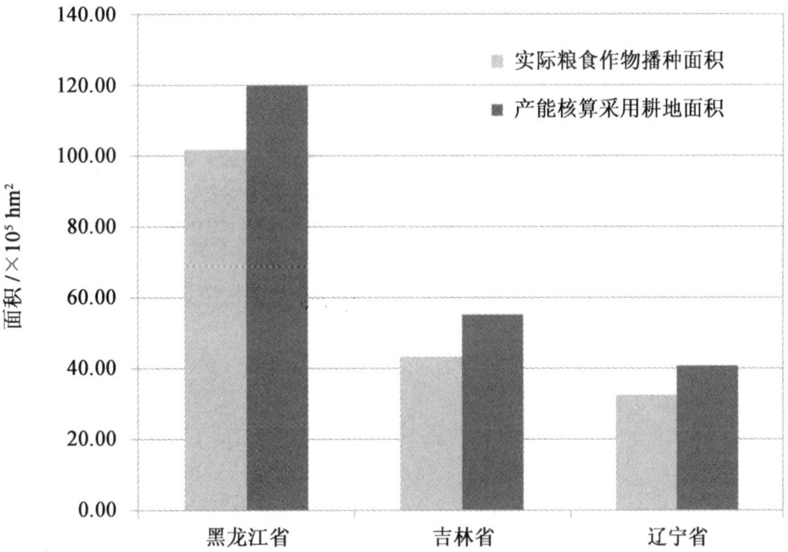

图 5-7　东三省农用地产能核算采用耕地面积与实际粮食作物播种面积对比

2. 与其他科研成果进行对比分析——与《基于农用地分等成果的东北地区综合生产能力研究》(程先军)成果对比

《基于分等成果的农用地综合生产能力研究》以东三省为例,选取了农用地分等因素二级指标区作为农用地综合生产能力的研究单元,并将东三省基准作物统一为玉米,采用相关理论及技术方法,最终测算出黑龙江、吉林、辽宁三省各二级区不同层次农用地综合生产能力,其结果如表 5-10 所示。本研究依据东北地区农用地产能核算国家级汇总成果,将各二级指标区内各县(市、区)不同层次农用地产能数据分别加和,得到各二级指标区内不同层次的农用地产能

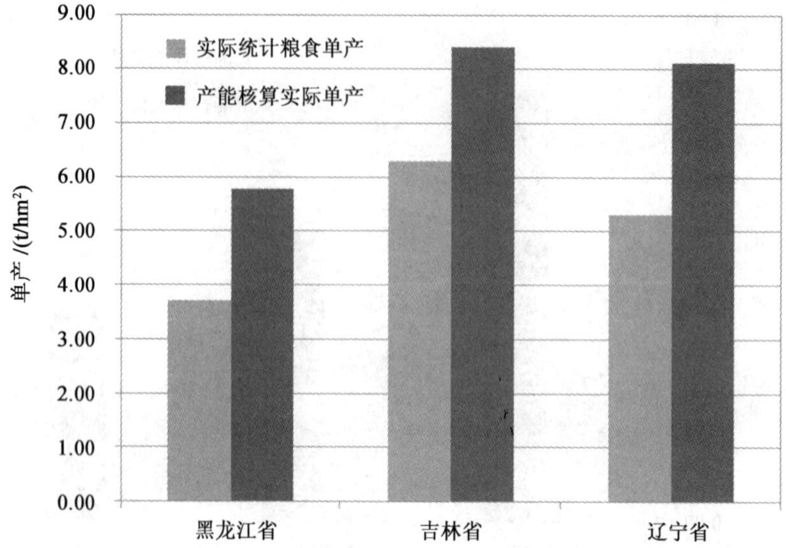

图 5-8　东三省农用地产能核算实际单产与实际统计粮食单产对比

数据来源：2006 年黑龙江省国民经济和社会发展统计公报；
2006 年吉林省国民经济和社会发展统计公报；
2006 年辽宁省国民经济和社会反战统计公报

数据，各二级指标区产能成果分布见表 5-9。

表 5-10　东北地区各层次单产和产能汇总表——《基于农用地分等成果的东北地区综合生产能力研究》（程先军）

省份	指标区名称	耕地面积 /×10ʰm²	理论产能 /×10⁴ t	理论单产 /(kg/hm²)	可实现产能 /×10⁴ t	可实现单产 /(kg/hm²)	实际产能 /×10⁴ t	实际单产 /(kg/hm²)
黑龙江省	大小兴安岭山地区	766036.00	1297.00	16935.00	307.00	4005.00	272.00	3550.75
	三江平原长白山地区	4002786.00	8945.00	22350.00	2594.00	6480.00	1842.00	4601.79
	松嫩平原区	7119623.00	18299.00	25695.00	5636.00	7920.00	3516.00	4938.46
	小计	11888445.00	28541.00	24000.00	8537.00	7185.00	5630.00	4735.69
吉林省	东部山地区	1109056.00	2212.00	19950.00	731.00	6585.00	635.00	5725.59
	西部平原区	4973812.00	13867.00	27885.00	4880.00	9810.00	4100.00	8243.17
	小计	6082868.00	16079.00	26430.00	5611.00	9225.00	4735.00	7784.16
辽宁省	辽东山地丘陵区	1186029.00	3314.00	27945.00	859.00	7260.00	780.00	6576.57
	中部平原区	1851308.00	6277.00	33900.00	2234.00	12045.00	1597.00	8626.33
	辽西低山丘陵区	1183548.00	3857.00	32595.00	847.00	7155.00	782.00	6607.25
	小计	4220885.00	13448.00	31860.00	3940.00	9330.00	3159.00	7484.21
	合计	22192198.00	58068.00	26165.95	18088.00	8150.61	13524.00	6094.03

将两个产能成果进行对比：不考虑两者由于耕地面积不同造成各二级指标区造成的农用地产能差异（《基于农用地分等成果的东北地区综合生产能力研究》中采用东三省农用地分等

中耕地面积，黑龙江省分等工作基准年为 2000 年，吉林省和辽宁省为 2004 年，东三省农用地产能核算中均以 2006 年为基准年，耕地面积采用全国 2006 年土地利用现状变更调查数据），只对两者各指标区内单产进行对比。

从总体的空间分布情况来看，二者不同层次的农用单产布情况大致一致。辽宁省的东部山地丘陵区、中部平原区和西部低山丘陵区，吉林省的西部平原区理论单产处于最高层次，吉林省的东部山地区，黑龙江省的三江平原和松嫩平原农用地单产水平一般，黑龙江省的大小兴安岭山地区单产水平最低；从单产数据范围来看，二者的可实现单产的数值范围大致相当，在理论单产的数值上，前者明显高于后者，实际单产数值上，后者明显高于前者。

理论单产数值不一致主要是由于理论产能的计算方法不同，前者是直接将基准作物自然等指数作为农用地理论单产值，后者是采用实地调研及专家咨询的方法，通过建立样点数据与自然等指数之间回归模型得到分等单元的农用地理论单产值。显然后者在产能核算过程中充分结合了调研数据、专家问卷及农用地分等成果，其计算方法更加合理，产能数据也更为精确。

5.4.4.3　东北地区农用地产能差异的形成原因分析

1. 自然因素

地质、地貌是土地资源形成的基础；气候和水文是土地资源利用的条件；土壤是土地资源质量的主要标志。这些要素既是土地的组成部分，又是土地的自然环境条件，并经常地、持续不断地作用于土地资源的形成和演化过程，又综合影响和制约着土地资源的质量、利用结构、方式和利用水平。

第一，地形地貌因素。地形因素影响植物生长所需光、温、水、土等自然因素的再分配，从而间接影响农用地的粮食生产能力，除此之外，地形因素还会影响到区域的交通状况、区域经济发展速度及发展水平等非自然因素，进而影响到农用地的利用条件及人类对农用地的开发利用水平，也会对农用地的粮食生产能力产生一定影响。可见，地形通过对自然因素、土地利用条件、人类利用水平等多方面因素的影响，进而影响着农用地的生产能力。农用地的生产能力应该与区域地形条件密切相关。

东北地区地貌类型多样，分布很有规律。东、西、北三面被中、低山环绕，中间是向南开敞的大平原。东北地区山脉主要山地有两列，西边是大小兴安岭山地，东边是长白山。小兴安岭和大兴安岭垂直相连，地势上可分为两部分，东南部山地起伏大，西北部比较平缓，成为台地状态；东部长白山地是由几列东北方向平行的中、低山和丘陵组成，包括张广才岭、老爷岭、那丹哈达岭、威虎岭等。东北地区西南部是辽宁省西部的奴鲁尔虎山、松岭、医巫闾山等低山丘陵；南部辽东半岛以山地丘陵为主。东北地区中部是我国最大的平原——东北平原，平原的四周是山麓冲积洪积平原和台地。松嫩平原位于东北地区中心，由松花江和嫩江冲积而成，地势平坦，土层深厚。东北端的三江平原是由黑龙江、松花江和乌苏里江冲积而成，地势平坦。南部至辽东湾是辽河平原。

东北地区马蹄形（中部为平原，四周被群山环绕）的地形地貌是造成农用地等别差异的主要原因，同样也是造成东北地区农用地产能中部松辽平原、三江平原最高，向外随着高程增加，产能递减的主要原因。将东北地区农用地分县单产分布图与东北地区高程图进行对比分析（图 3-9），可以看出，东北地区农用地理论单产、可实现单产、实际单产都与其地形条件存在很高的相关性，海拔较低的平原区单产水平较高，随着海拔的升高单产水平呈降低趋势，具体表现在：黑龙江省松嫩平原区、吉林省西部平原区和辽宁省中部平原区海拔较低、地势平坦，耕地集中连片，适应机械化，区内各县(市、区)理论单产、可实现单产、实际单产大都处于较高水平；黑龙江省的大小兴安岭山地区、吉林省的东部山地区海拔较高、地形坡度较大，区内各县(市、区)理论单产、可实现单产、实际单产大都处于较低水平；辽宁省的辽东山地丘陵区、辽西低山丘陵区和黑龙江省的三江平原区地形相对平坦、区内各县(市、区)理论单产、可实现单产、实际单产大都处于中等水平。

第二，土壤因素。东北地区土壤类型复杂，分布较广的地带性土壤类型有棕色针叶林土、暗棕壤、棕壤、黑土、黑钙土，非地带性土壤有草甸土、沼泽土、白浆土和盐碱土。东北平原北部，大兴安岭和长白山之间的松嫩平原上，有面积大 20 多万 km^2 的黑土地，是亚洲最大和世界最肥沃的黑土带。黑土土壤肥沃，腐殖质深厚，团粒结构好，是肥力最高的土壤。这也是黑龙江省的松嫩平原区和吉林省的西部平原区各层次产能均处于最高水平的重要原因。

第三，灌溉条件。东北地区江河纵横交错，湖泊星罗棋布。东北地区水资源总量 1099.6 亿 m^3，地表水资源总量 907.6 亿 m^3，地下水资源总量 412.5 亿 m^3。但水土资源不匹配，有灌溉条件的耕地面积不足耕地总面积的 30%，且多分布在沿江沿河区域，有灌溉条件的地区往往多是各层次产能水平较高的区域。黑龙江全长 4350 km，在我国境内 3420 km，流域面积 90 万 km^2，径流总量 2709 亿 m^3，是黄河水量的 5.6 倍；松花江全长 1900 km，流域面积 54 万 km^2，径流总量 759 亿 m^3，松花江为松嫩平原提供了充足的灌溉用水，使之成为我国北方的粮仓；辽河全长 1430 km，流域面积 16 万 km^2，保证了辽宁省中部平原区的农业灌溉。

2. 社会经济因素

第一，区域人口。人是土地资源开发利用的主体。人口的数量、结构、分布等决定了一定区域的人地关系，而且对本地区土地资源开发利用状况和经营状况产生重大的影响。人口密度与土地垦殖率、土地利用的集约化程度及单位土地面积的产值一般情况下是正相关的。即人口密度越大，土地垦殖率就越高，其单位土地面积的产值也就相对越多。以吉林省为例，吉林省中部地区人口密度较高，并且有着悠久的耕作历史，丰富的耕作经验，是吉林省粮食的主要产区。而西部地区人口密度相对较低，这也进一步导致对西部土地的投入较低进而影响到了西部耕地的粮食产量。

第二，区域社会经济发展水平。社会经济因素是决定土地开发利用的基本条件，其发展水平的变化，直接影响到土地利用的方向、结构、规模和效益等。一是一定区域内土地资源的配置往往取决于当时社会经济发展的水平。因此，社会经济的发展往往伴随着土地利用结构的调整与变化，伴随着土地利用方向、方式和利用水平的变化。二是经济发展对土地的投入就会增加，土地的产出也会相应增加。三是经济发展了，人民的平均收水平得到相应的提高，人们对食物结构要求改善，进而使土地利用结构更加趋于合理。所以，不同的社会经济发展水平，不同的土地利用结构、方式、投入水平，必然产生农用地产能差异的结果。

近些年来，随着吉林省经济的发展，农业结构也随之发生了改变。已经不再单一的发展玉米、大豆、水稻等粮食作物，牧业和渔业发展迅速、有机食品种植面积逐年增加。同时人们放弃了靠扩大播种面积提高粮食产量的粗放式经营方式，通过提高对土地的投入和改良来提高粮食产量和质量的集约经营方式得到推广。在农业生产中注重环保，开展退耕还林、退耕还草、还湖。虽然全省粮食播种面积有所减少，但是农业经济效益得到了显著提高。各个行政区内经济发展水平不同，因此经济发展对农业的影响差异也比较明显。

第三，科学技术因素。科学技术可以大幅度提高土地的生产能力，改变生产条件，从而在很大程度上弥补自然生态环境条件差、土地生产力不高的现状，并影响等别差异。而科学技术进步因素对土地的影响则是一个综合性的经济变量，是社会经济、国民素质和科学技术发展水平决定的。

以吉林省为例，近年来吉林省通过扩大适用增产技术推广面积，提高粮食产量取得较好效果。2008 年将重大增产技术推广由 3 项扩大到 5 项，省补贴资金由 2500 万元增加到 3500 万元。推广测土配方施肥 3320 万亩（1 亩≈667 m^2，全书同），生物防治玉米螟 1000 万亩，农区统一灭鼠 500 万亩，地膜玉米 26.4 万亩，等离子种子处理技术 300 万亩。在落实好上述五项重大增产增效技术的同时，其他重点技术的推广覆盖面进一步扩大。根茬机械粉碎还田 3721 万亩；种子包衣 4565 万亩；旱田化学除草 5199 万亩；水稻钵盘育苗 684 万亩；大豆等距点播 442 万亩。

从全省的空间上看，东部山地区由于地势不够平坦，且成大片的耕地较少，不利于机械化生产的实现。中部地区地势平坦土壤肥沃，有利于农业科技的应用和实施。西部地区由于土壤沙化、盐碱化严重导致粮食产量较低，但是通过目前的吉林省西部土地开发整理工程的实施必然对其耕地质量有很大的提高。未来吉林省西部地区粮食生产能力的潜力很大。

5.4.4.4　东北地区农用地利用强度和潜力评价

1. 东北地区农用地理论利用强度

以二级指标区来看，理论利用强度最高的是吉林省的西部平原区，为 0.88，理论利用强度最小的是辽宁省的辽西低山丘陵区，为 0.74。

从行政区域来看，理论利用强度最高的是吉林省，为 0.88，黑龙江省次之，为 0.82，辽宁省最低，为 0.76。

2. 东北地区农用地可实现利用强度

以二级指标区来看，可实现强度最高的是辽宁省的中部平原区，为 0.87，其次是辽宁省的东部山地丘陵区和西部低山丘陵区，都是 0.84，黑龙江省的松嫩平原区可实现强度最低，为 0.74。

从行政区域来看，可实现利用强度最高的是辽宁省，为 0.85，吉林省次之，为 0.80，黑龙江省最低，为 0.77。

3. 东北地区农用地理论生产潜力

农用地理论生产潜力反映的是理论生产能力和可实现生产能力之间的差异。根据农用地理论生产潜力核算方案，计算出分等单元的理论生产潜力，二级区所有分等单元的理论生产潜力之和即为二级区的理论生产潜力。东北地区农用地理论生产潜力空间分布如图 5-9 所示。

以农用地分等二级指标区为单位，东北地区农用地理论生产潜力分为四个区间，一级潜力区包括黑龙江省的大小兴安岭山地区和吉林省的东部山地区，理论生产潜力分别为 65.18 万 t、137.14 万 t；二级潜力区包括辽宁省的东部山地丘陵区、中部平原区和西部低山丘陵区，理论生产潜力分别为 425.51 万 t、448.63 万 t、372.37 万 t；三级潜力区包括黑龙江省的三江平原长白山地区和吉林省的西部平原区，理论生产潜力分别为 613.11 万 t、672.87 万 t；四级潜力区是理论生产潜力最高的区，包括黑龙江省的松嫩平原区，理论生产潜力为 1273.11 万 t。

从行政区域来看，黑龙江省、吉林省和辽宁省单位面积的理论生产潜力分别为 1630.97 kg/hm^2、1463.26 kg/hm^2、3051.33 kg/hm^2，辽宁省最高，黑龙江省次之，吉林省最低。三省在

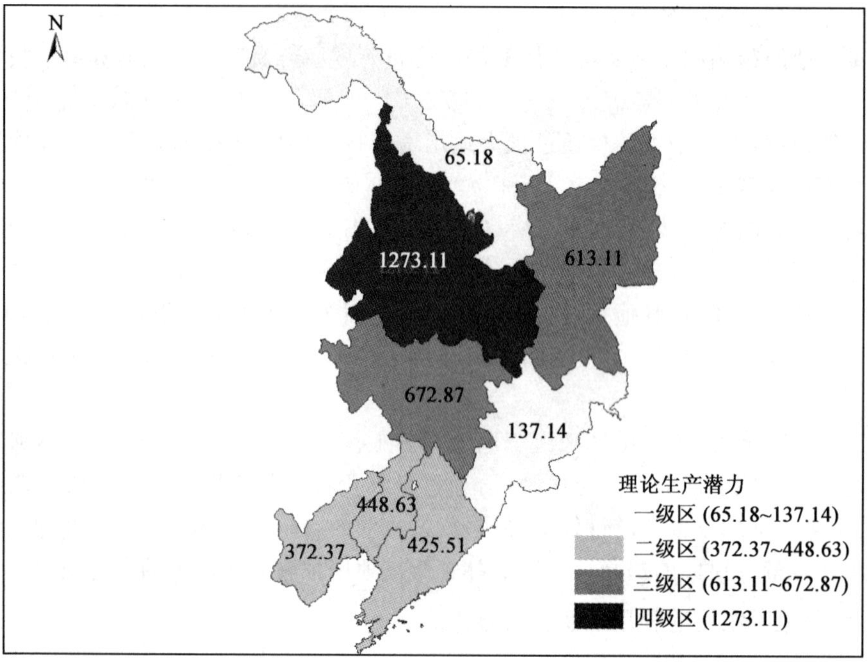

图 5-9　东北地区农用地理论生产潜力空间分布图(单位:万 t)

农用地产能核算中均采用全国 2006 年变更调查的农用地面积,分别为 11964647.36 hm^2、5535652.75 hm^2、4085130.47 hm^2,三省理论生产潜力总量分别为 1951.40 万 t、810.01 万 t、1246.51 万 t,黑龙江省最高,辽宁省次之,吉林省最低(表 5-11)。

表 5-11　东北地区农用地利用强度和潜力评价结果汇总表

省份	指标区名称	耕地面积 /hm^2	利用强度		利用潜力			
			理论	可实现	理论 /$\times 10^4$ t	单位面积	可实现 /$\times 10^4$ t	单位面积/hm^2
黑龙江省	大小兴安岭山地区	914785.38	0.85	0.76	65.18	712.52	90.68	991.27
	三江平原长白山地区	4450165.65	0.83	0.83	613.11	1377.72	493.49	1108.93
	松嫩平原区	6599696.33	0.82	0.74	1273.11	1929.04	1492.41	2261.33
	小计	11964647.36	0.82	0.77	1951.40	1630.97	2076.58	1735.60
吉林省	东部山地区	861013.17	0.85	0.83	137.14	1592.77	136.42	1584.41
	西部平原区	4674639.58	0.88	0.80	672.87	1439.41	1017.90	2177.49
	小计	5535652.75	0.88	0.80	810.01	1463.26	1154.32	2085.25
辽宁省	辽东山地丘陵区	1369597.42	0.75	0.84	425.51	3106.83	203.78	1487.88
	中部平原区	1488692.22	0.78	0.87	448.63	3013.58	203.95	1369.99
	辽西低山丘陵区	1226840.83	0.74	0.84	372.37	3035.19	173.04	1410.45
	小计	4085130.47	0.76	0.85	1246.51	3051.33	580.77	1421.67
	合计	21585430.58	0.82	0.80	4007.92	1856.77	3811.67	1765.85

4. 东北地区农用地可实现生产潜力

农用地可实现生产潜力反映的是可实现生产能力和实际能力之间的差异。根据农用地可实现生产能力和实际生产能力的核算成果，以二级区为单位，采用可实现生产能力减去实际生产能力得到二级区的可实现生产潜力。

以农用地分等二级指标区为单位，东北地区农用地可实现生产潜力分为四个区间，一级潜力区包括黑龙江省的大小兴安岭山地区和吉林省的东部山地区，可实现生产潜力分别为 90.68 万 t、136.42 万 t；二级潜力区包括辽宁省的东部山地丘陵区、中部平原区和西部低山丘陵区，可实现生产潜力分别为 203.78 万 t、203.95 万 t、173.04 万 t；三级潜力区包括黑龙江省的三江平原长白山地区，可实现生产潜力分别为 493.49 万 t；四级潜力区是理论生产潜力最高的区，包括黑龙江省的松嫩平原区和吉林省的西部平原区，可实现生产潜力分别为 1492.41 万 t、1017.90 万 t(图 5-10)。

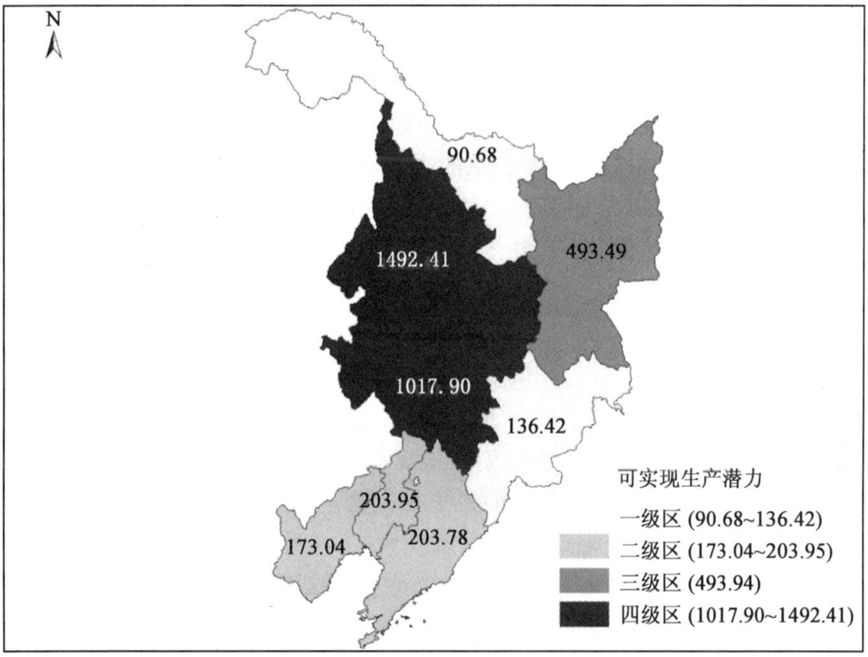

图 5-10 东北地区农用地可实现生产潜力空间分布图(单位：万 t)

从行政区域来看，黑龙江省、吉林省和辽宁省单位面积的可实现生产潜力分别为 1735.60 kg/hm^2、2085.25 kg/hm^2、1421.67kg/hm^2，吉林省最高，黑龙江省次之，辽宁省最低。三省在农用地产能核算中均采用全国 2006 年变更调查的农用地面积，分别为 11964647.36 hm^2、5535652.75 hm^2、4085130.47 hm^2，三省可实现生产潜力总量分别为 2076.58 万 t、1154.32 万 t、580.77 万 t，黑龙江省最高，吉林省次之，辽宁省最低。

5.4.5 东北地区农用地综合生产能力空间分布规律

通过对东北地区农用地综合生产能力汇总结果分析，从东北地区农用地综合生产能力空间分布规律来看，水热资源较好的松辽平原区最高，东部的长白山地区和西部的低山丘陵区次之，北部的大小兴安岭山地区最低。

大小兴安岭山地区位于我国最北方的高纬度地带，地形以山地为主，属于寒温带气候区，全年日照时间段，年大于10℃的有效积温在1400～1800℃·d，太阳辐射量不足，导致农作物在生长期内热量摄取不足，大兴安岭无霜期在90 d以下，因此只能种植生长期短、产量低的作物。区域降水量少，土壤类型以暗棕壤、草甸土等地产土壤为主。区域地势起伏变化较大，农田基础设施薄弱，除少数沿江农用地有堤坝外，其他农用地均无灌溉、排水、防洪等农田设施。农作物单产低，加上地处边远地区，开发较晚，对外交通不便，机械化水平低，施用化肥量少，农业生产成本高，农用地基本上处于广种薄收，加上经营粗放，土地利用水平不高，收益较低。总的来看，大小兴安岭山地区农用地综合生产能力低。

东部的长白山地区和辽西的低山丘陵区地形以低山、丘陵地形为主，自然条件一般，属于亚湿润、亚干旱等气候类型，区域日照和降水充足，太阳辐射量大，有效积温高，可以满足玉米、水稻等高产作物的热量需要，土壤类型有黑土、黑钙土、草甸土、白浆土等，土壤自然肥力较高，有利于农作物生长。农用地的农田基础设施较少，有的地区为解决抗旱及防洪排涝问题，修建了一些灌溉、江河堤坝和排水工程，但比例较少。大部分地区农田基础设施薄弱，抵抗自然灾害能力低。由于地形条件的限制，不能采用大规模的机械化操作，另外，在化肥投入、土地集约利用和规模经营方面也具有一定的水平。总的来看，区域农用地生产能力一般。

中部的松辽平原区农用地属于高产优质农田，农用地的有效积温、无霜期、降水量等气候条件完全可以满足水稻、玉米等高产作物的生长需要，气候条件在区域属于最佳。区域地势平坦，大部分地势在2°以下，以平地为主，有丰富的地表水和地下水资源可以满足灌溉用水的需要。土壤类型以黑土、黑钙土、草甸土及水稻土为主，土质肥沃，有机质含量高，耕地连片，产量高。区域农用地的水利、林带、交通等基础设施较好，配套基本齐全，特别是在水田区基本形成了旱能灌、涝能排的水利工程配套比较完善的格局。农用地的经营管理水平高，物化投入多，机械化水平和集约化程度高，农用地综合生产能力高。尤其是松嫩平原区，有面积大20多万km^2的黑土地，是亚洲最大和世界最肥沃的黑土带。黑土土壤肥沃，腐殖质深厚，团粒结构好，是肥力最高的土壤。黑土带位于温带湿润季风气候区，年降水量在450～550 mm，雨量充沛且雨热同季，非常适合粮食生产，这也是黑龙江松嫩平原区和吉林省西部平原区农用地各层次生产能力和生产潜力均处于最高水平的主要原因。

东北地区农用地综合生产能力和潜力巨大，理论生产能力、可实现生产能力和实际生产能力分别为22703.98万t、18696.06万t、14884.39万t；理论生产潜力和可实现生产潜力分别为4007.92万t、3811.67万t。不难看出东北地区不仅目前是我国的粮食主产区和重要的商品粮基地，更是国家重要的粮食生产潜力区，对于未来国家粮食安全战略目标的实现具有举足轻重的作用。

5.4.6 东北地区农用地综合生产能力提高措施

东北地区包括黑龙江省、吉林省和辽宁省，该区域农业生产条件优越，是我国自然资源最为丰富和水土资源配置最好的地区之一。地形地貌以山地和平原为主，主要农作区大于10℃的有效积温2200～3600℃·d，光照资源丰富，年总辐射量4100～5400 MJ/m^2，平均年降水量为400～1000 mm，土壤类型以黑土、黑钙土和草甸土为主，土层深厚，自然肥力高；农作物一年一熟，东北地区水土组合条件好，地形平坦，适合大规模机械化生产，是我国重要的粮食主产区和商品粮生产基地，粮食的区际商品率和商品率均居全国首位。

5.4.6.1　东北地区农用地综合生产能力限制因素分析

1. 农田基础设施薄弱

东北地区农业以旱作农业为主体，农田排灌设施不足，且不配套。东北地区区域水资源总量丰富，但农业用水较少，有灌溉条件的耕地不足 30%，各类型水库多是 20 世纪 70 年代前修建，蓄水能力已经逐渐下降。近年来旱涝灾害连续发生，粮食大幅度减产，进一步暴露出农业生产条件差，抗御自然灾害能力低的问题。与此同时，节水灌溉技术普及率不高，有限的水资源浪费严重，有效利用率低。农田基础设施薄弱，严重制约了东北地区农用地综合生产能力的提高。

2. 水土资源配合不协调

东北地区水土资源配合不协调，表现为水资源的相对匮乏，降水量少，时空分布不均，而且变率大。东北地区耕地面积占全国耕地总面积的 16.68%，但水资源总量仅占全国水资源总量的 4.01%，水土匹配系数为 1.153，低于全国平均水平 1.441。从该地区所处气候区域而言，东北地区地处内陆，属典型的大陆气候区。夏季带来雨水的东南暖湿气流不可能深入内陆，地处内陆使得降水在时间上的分布不均，就地理结构而言，河流走向使得地表水空间分布不均，旱涝交替发生可能性大。水资源先天不足极大地制约着农业生产的发展。主要表现在三个方面：一是水少地多；二是水资源开采利用率已达到相对较高的程度；三是由于连年少雨干旱，导致江河来水偏少，水利工程蓄水量严重不足，地下水位急剧下降，农田灌水保证率不断降低。干旱已经成为东北地区农业最重要的减产因子，发生范围广、频率高、持续时间长、危害程度重。此外，松花江流域缺少调蓄手段，地表水资源利用率只有 24.18%，蓄水工程供水占总供水量的 17.15%。

3. 中低产田面积大，黑土地退化严重

东北地区地产土壤占一定比例，土壤肥力逐年下降，潜在生态威胁大。低产土壤黑土层薄，有机质含量少，保墒蓄水能力差，对农业生产有较强的制约作用。按实际统计单产小于 6000 kg/hm^2、3000 kg/hm^2 划分中低产田的话，全区有中低产田 1148.31 万 hm^2，占总耕地面积的 64.6%。农区黑土地用养失调，盲目追求产量，使得在对农业用地的开发利用中，化肥投入不足，有机肥投入减少，加之耕作方式的落后，土壤有机质含量逐年下降，养分含量降低，黑土层变薄，结构变坏，容重增加。此外，黑土地风蚀、水蚀和水土流失都比较严重。总面积为 20 多万 km^2 的东北黑土地，每年因水土流失造成黑土流失达 1 亿～2 亿 m^3，黑土层由初开发时的近 1 m，减少为现在 20～30 cm。黑土流失面积占黑土区的 37.9%。

4. 作物结构和品种布局不尽合理

东北各省粮食主产区在气候、资源、科技和社会经济条件等方面互不相同，应根据各自的独特条件发展优势作物和产品。然而，目前作物布局和结构调整趋同问题突出，形成"小而全"的生产格局，抑制了区域比较优势的发挥。还有一些本应退耕还草、还牧、还湿地或种植谷子、大豆、高粱、牧草等耐旱作物的干旱缺水地方，却为了片面追求经济效益，也大面积种植水稻、小麦、玉米等耗水量较大的作物，破坏了生态平衡。

5. 农业生产规模化、集约化程度较低

就单纯的农耕生产而言，东北三省农业发展的比较优势是种植大豆、水稻和玉米。但这些大田作物吸纳劳动力较少、更适宜大规模机械化作业。而目前东北地区个体农户经营仍处于主流地位，占 90%以上。另外，受比较效益因素的影响，农户对农业生产的投入积极性并不高涨，导致区域农用地集约化利用水平较低。

5.4.6.2 东北地区农用地综合生产能力提高措施

1. 加强农田水利基础设施建设

东北地区区域水资源丰富，但农业用水少，旱地比例大，因此要通过配套灌溉设施，改善农田水利设施条件，努力增加节水灌溉面积。东北地区农用地在无明显质量限制前提下，旱地改造成水浇地之后，单产可增加 17.1%，由此可见东北地区农用地增产潜力巨大。以三江平原、松嫩平原和辽河平原为重点区域，通过加强农田水利基础设施建设，扩大灌溉面积，推广综合节水措施，提高水分利用效率，增强抗御自然灾害的能力，稳定提高农用地综合生产能力。

2. 防止水土流失和风蚀沙化，改造中低产田

加大天然林保护力度和防护林体系和防沙治沙等荒漠化治理工程建设，加强东北黑土漫岗区的水土流失综合治理。加强"沃土工程"建设，加快中低产田改造步伐，恢复和提高地力。要采取各种措施扩大有机肥的积造数量和施用面积，推广秸秆还田、高留根茬等技术，不断培肥地力，通过建立土壤水库，提高土壤的蓄水保肥能力。加强中低产田改造，有计划地开发并保护好益农荒地资源是东北地区目前增加粮食产量的最大潜力所在。通过对总低产田治理和综合开发，按粮食单产提高 750～2250 kg/hm^2，东北地区可增产粮食 1.00×10^{10} kg 左右。

3. 调整作物结构，提高光热资源利用效率

东北地区除了大小兴安岭地区，其自然条件非常适合高产的玉米生长，然而在当前东北地区的粮食作物结构中，小麦、大豆种植比例较大。因此，可以通过减少小麦播种面积，提高玉米播种面积比例来提高农用地综合生产能力。调整作物品种结构，优化作物种植比例，培育具有比较优势的区域化、专业化、规模化商品粮生产基地。如以松花江、嫩江和辽河流域为重点优质水稻生产基地，以黑土带为中心的优质玉米生产基地，以三江平原和松嫩平原为重点的大豆生产基地。

4. 积极引导农用地流转，促进土地规模化经营

在经济发展水平较高的地区，在农户劳动力非农机会成本持续增加的情况下，如果采用集约度较高的利用方式和作物仍然不能满足农户对利润的偏好，农户会寻求劳动力的非农就业，非农业收入会逐渐成为这部分农户家庭的主导收入来源，同时，农户会采用粗放的利用方式，或者选择集约度较低的作物。此时应关注有转出耕地的农户，制定适宜的耕地流转政策和耕地流转平台，以满足本地以农业经营为主的农户或者其他农业投资主体的租入耕地的需要，以寻求耕地整体利用效益的提高。

土地投入是农户收益的重要影响因素，土地规模在一定程度上成为农户收益最大化的限制性因素。因此，在条件成熟的时机或地区，应逐步建立和完善农用地产权流转机制，规范土地流转手续、建立流转登记制度、建立有效途径和保障体系，采取一系列措施推动和加快农用地流转，促进土地的规模经营，提高农用地集约经营水平，改善农用地质量，最终达到在利用中保护农用地的目标。

综上，通过土地整理完善农田灌排体系、水土保持、中低产田改造、促进农用地规模化、集约化经营，东北地区粮食生产的限制因素是可以改善的，东北地区粮食增产潜力巨大。

5.5　结论与讨论

5.5.1　结论

本研究在东北地区农用地产能核算汇总的基础上，对东北地区农用地综合生产能力进行了研究，以农用地分等二级指标区为单位，对不同层次农用地生产能力和生产潜力进行了汇总分析，主要结果如下。

5.5.1.1　明确了农用地综合生产能力的理论体系

农用地综合生产能力的理论体系三个层次的生产能力和两个层次的生产潜力。三个层次的生产能力包括：理论生产能力、可实现生产能力和实际生产能力；两个层次的生产潜力包括理论生产潜力和可实现生产潜力。

5.5.1.2　东北地区农用地综合生产能力巨大

东北地区农用地理论生产能力共计 22703.98 万 t，其中黑龙江省 10937.70 万 t，吉林省 6621.74 万 t，辽宁省 5144.54 万 t；可实现生产能力共计 18696.06 万 t，其中黑龙江省 8986.30 万 t，吉林省 5811.73 万 t，辽宁省 3898.03 万 t；实际生产能力共计 14884.39 万 t，其中黑龙江省 6909.72 万 t，吉林省 4657.41 万 t，辽宁省 3317.26 万 t。

从计算结果来看，2006 年东北地区农用地实际生产能力为 14884.39 万 t，远高于东北地区同期的粮食现实统计产量，说明东北地区的粮食生产仍然有较大的增产潜力，东北地区粮食安全的耕地资源保障程度较高。

5.5.1.3　东北地区农用地生产潜力巨大

东北地区农用地生产潜力巨大，理论生产潜力反映了理论生产能力和可实现生产能力之间的差异。东北地区理论生产潜力共计 4007.92 万 t，其中黑龙江省 1951.40 万 t，吉林省 810.01 万 t，辽宁省 1246.51 万 t；可实现生产潜力反映了可实现生产能力和实际生产能力之间的差异。东北地区可实现生产潜力共计 3811.67 万 t，其中黑龙江省 2076.58 万 t，吉林省 1154.32 万 t，辽宁省 580.77 万 t。

5.5.1.4　东北地区农用地综合生产能力分布规律

北部的大小兴安岭山地区由于所处纬度高，地形以山地为主，水热条件差，农用地生产能力最低。东部的长白山地区和西部的低山丘陵区地形以山地、丘陵为主，农用地生产能力一般，东北地区农用地综合生产能力主要分布在松辽平原和三江平原地区，该区耕地水热条件较好，地形平坦，也是各项建设占用耕地最多最快的地区，应是今后东北地区耕地保护的重点区域。

5.5.2　讨论

5.5.2.1　产能核算成果的技术更新

1. 耕地面积更新

东三省农用地分等工作开展时间不一致，黑龙江省农用地分等基准年为 2000 年，吉林省、辽宁省为2004年，黑龙江省、吉林省、辽宁省农用地分等中农用地面积分别为11888446.54 hm^2、6082867.53 hm^2、4220883.92 hm^2。东三省农用地综合生产能力核算省级成果基准年份均为2006年，农用地面积均采用全国2006年土地利用现状变更调查数据，分别为11964647.36 hm^2、5535652.75 hm^2、4085130.47 hm^2。产能核算中对耕地面积的具体做法是：在分等单元详查面积的基础上，以各乡镇2006年土地利用现状变更调查数据为基准，平差各乡镇水田、水浇地和旱地。具体平差公式为：

$$S_{ij} = S_{ij}' \times \frac{S_j}{S_j'} \tag{5-9}$$

式中：第 j 镇 i 分等单元平差后面积；为 j 镇 i 分等单元平差面积；为 j 镇水田、水浇地或旱地面积；为 j 镇水田、水浇地或旱地平差前面积。

分析东三省农用地分等面积与产能核算面积差异原因，可能是又由于近年来东北地区土地复垦整理和农业综合开发活动对部分地区的耕地质量产生较大影响，建设用地占用造成部分分等单元灭失等造成东北地区农用地面积发生变化。

2. 耕地等别更新

农用地产能核算是农用地分等的深化，农用地分等是产能核算的基础。农用地分等成果不是静态的，分等单元内的耕地面积发生变动或者由于土地污染等，都会对农用地等别产生影响，因此农用地分等是一项长期的动态的系统工程，相应的，农用地产能核算也是一个动态过程，核算成果随着农用地分等成果的不断更新而发生变化。

5.5.2.2 实际生产能力与粮食安全

从研究结论看，2006年东北地区农用地实际生产能力为14884.39万t，远高于东北地区同期的粮食现实产量(8225万t)，但是这并不意味着东北地区粮食安全可以高枕无忧。农用地实际生产能力不同于粮食产量，农用地综合生产能力只是粮食产量的资源本底值，粮食产量的实现、农用地综合生产能力的充分挖掘还要受粮食生产的效益、农民种粮积极性和对耕地的投入意愿等因素影响。

参考文献

[1] 程叶青，何秀丽. 东北地区粮食生产的结构变动及比较优势分析[J]. 干旱地区农业研究，2005，23(3)：1-7.

[2] 国土资源部. 农用地产能核算技术规范(国土资源大调查专用稿). 北京，2007.

[3] 国土资源部土地整理中心. 农用地分等定级与估价项目技术简报第71期[Z]. 北京，2007.

[4] 宋维佳，刘凤芹. 东北地区农业资源优化配置研究[J]. 财经问题研究，2007.

[5] 徐志仓，沈非飞. 免税后的农村耕地抛荒情况调查分析[J]. 乡镇经济，2007，4.

[6] 张毅. 扩大播种面积或提高单产粮食增产潜力换土地. http：//finance.sina.com.cn.

[7] 中华人民共和国国家统计局. http：//www.stats.gov.cn/tjgb/.

第6章　快速发展区耕地利用差异对粮食生产能力的影响

6.1　问题的提出

6.1.1　研究背景及意义

民以食为天，邦以民为本。事实证明：对任何一个国家来说，粮食安全都是一个重大的问题，不是简单的吃饭问题，而是重要的经济问题和政治问题，事关民安邦固，事关人们的生存、社会的发展、国家的安全和政局的稳定，是执政者应当始终高度重视和妥善解决的重要问题，不可以掉以轻心。

自十一届三中全会以来，我国实行改革开放政策，不断改革和发展经济体制，农村逐步进入了市场化轨道。一是以家庭承包经营权为核心的集体土地经营权的下放；二是以废除统购统销为主要目标的粮食流通体制改革；三是扩大了农民的市场主体地位，农民获得了进入二三产业的机会，实现了劳动力自由流动（宋承国，2009）。我国基本实现了国家粮食供求基本平衡，粮食综合生产能力稳步提高，粮食流通体制改革取得重大突破，政策支持体系初步建立，宏观调控体系逐步完善（周丽，2009）。这些都表明我国粮食综合生产能力达到了一个新的水平。然而，也有学者对我国粮食安全问题持有不同意见，鲁靖（2004）认为，"单纯从总量上来评价中国的粮食形势，中国的粮食基本上是安全的。但将中国的粮食问题按经济效率和持续发展的要求进行考察，中国的粮食安全程度就值得商榷了"。龙方（2007）认为，"从长远看，中国的粮食安全是脆弱的"，"中国的粮食安全是一种短期的数量安全"。农村社会经济调查司认为，"从结构上看，粮食供给和市场方面的安全程度较低，而需求和库存在安全范围内"，"从评价指标看，粮食安全存在隐患"。

值得注意的是，随着城市化和工业化的推进，我国建设占用耕地的刚性需求不断增加的趋势难以缓解，为此，国家提出了坚守"18亿亩耕地红线"的耕地保护战略要求。如果说耕地红线是国家粮食安全的数量保障，对于耕地粮食生产能力的核算研究则是国家粮食安全质量保障的关键。国内外在粮食生产能力核算研究中，重视对耕地生产能力刚性减少损失的研究，而对于耕地资源使用中造成的隐性耕地生产能力损失的研究则很少。在耕地资源利用中，存在三个方面的隐性损失，第一个是由于农业结构调整，耕地利用方式造成的耕地生产潜力损失；第二个是由于耕地利用强度降低，比如复种指数降低造成的耕地生产能力损失；第三个就是由于耕地的单产水平与区域的高产田之间的差异造成的耕地生产能力的损失。耕地刚性减少造成的损失是刚性损失，这是不可逆转的损失，而耕地生产能力隐性的损失，一定程度上是可以恢复和实现的，因此有必要深入研究耕地生产能力的隐性损失。

由于受非农用地的挤占，耕地数量不断减少，特别在快速发展区，耕地保护压力巨大，粮食安全问题严峻。以北京市为例，作为中国的首都和政治文化中心，经济快速发展，城市快速扩张，建设用地与农用地之间的矛盾突出。虽然现阶段粮食单产水平较高，但随着耕地数量减少，耕地利用方式转变、耕地利用强度变化等耕地利用变化，粮食播种面积逐年下降，从粮食安全角度考虑，耕地的利用差异是影响区域粮食生产的重要原因。而北京市土地利用总体规划(2006—2020年)中提出，到2020年，北京市基本农田保有量为280万亩，耕地保护任务艰巨。因此，测算快速发展区耕地利用变化对粮食生产能力的影响程度，为宏观判断区域粮食生产形势，改进耕地利用，保护区域耕地、保障区域粮食安全有着重要意义。

作为耕地资源的利用主体，农户的耕地利用行为直接决定了耕地的利用方式、其对耕地的投入直接影响了耕地的实际粮食生产能力。而由于自然、经济、社会、家庭条件的差异，农户土地利用行为存在显著的时空差异。只有进一步进行农户土地利用目标、土地利用方式差异驱动机制研究，才能解释造成耕地利用时空变化的内在原因，进而为引导区域耕地科学合理利用，保障粮食安全提供政策制定依据。

基于耕地保护和保障粮食安全的背景条件，在对北京市基本农田保护区内耕地进行破碎度分析的基础上，以北京市快速发展区——大兴区为重点研究区域，测算耕地利用变化造成的显性粮食生产能力损失和隐形粮食生产能力损失，并从农户角度分析造成区域耕地利用差异的驱动因素。揭示耕地数量变化、耕地集约度变化造成的粮食生产能力损失，并从农户这一耕地直接利用者角度分析造成耕地利用变化的驱动机制，从而为区域的耕地利用、粮食安全对策提供建议与依据。

6.1.2 研究进展

6.1.2.1 耕地利用破碎化研究进展

国外学者关于连片性的研究和应用大多集中在景观生态学领域，应用于生态物种保护、栖息地选择、林地保护、湿地保护等，其核心意义在于物种保护的多样性。在破碎的生境中，适宜的生境斑块周围分布着不适宜的生境，种群中的个体受到隔离效应的影响，非适宜生境的类型和面积不断增加，各种斑块的相互作用增加，最终改变生态系统内的物种丰富度、种间关系、群落结构和生态系统的生态过程(Rathke等，2001；Frankham等，1995)。研究结果表明，破碎化阻碍了种群间的基因交流，引起近交衰败；改变了物种生存所需的生物地理环境，改变了生态系统特性，是生物多样性下降的最主要原因之一。景观破碎化意味着许多小斑块的产生，在一定程度上，斑块由于太小而不能维持一个局部种群的生存发展，物种相互间不能通过斑块间的隔离障碍以及传粉者的丧失(Warburton等，2000)，造成了种群栖息地破碎和破坏，种群隔离度加大(Julio等，2011)，减少了物种的多样性；此外，破碎化阻碍种群间的基因交流，引起近交衰败，改变了物种生存所需的生物地理环境，改变了生态系统特性，是生物多样性下降的另一个主要原因。也有学者指出：生境破碎化影响物种种群迁入率和灭绝率(Gehring等，2003)，在小的隔离的斑块中，物种多样性、丰富度降低，种群灭绝风险提高(Bender等，2003)。也有学者研究景观破碎化和林地保护、湿地保护之间的关系。景观的变化影响生物种群和空间分布，并潜在地影响了生态过程和各种地类的保护(Babbitt等，2006)。

国外学者关于耕地连片性及其在耕地保护方面的研究较少(周尚意等,2008)。有学者研究了耕地破碎化对要素投入量、农业产量和生产效率的影响。若考虑农场投入量的成本,大斑块土地的产量以及生产效率更高。1971—1985 年,印度平均的土地规模从 2.3 hm^2 下降到 1.68 hm^2,这严重威胁了食物安全的可持续性和数百万农业人口的生计(Niroula 等,2007)。

耕地破碎化也得到了国内众多学者的关注。不少学者从景观格局的角度出发对耕地破碎化开展相关研究。邓劲松等(2006)运用景观格局指数——景观破碎度、斑块密度、斑块数量和平均分维数等指数来分析耕地整理及其干扰强度对耕地景观破碎度的影响。张海林等(2008)选取平均斑块形状指数、斑块的分维数、景观破碎度指数来分析龙口市耕地景观的空间格局变化。也有学者专门对耕地破碎度进行评价,例如,周静等(2005)利用边界密度指数(ED)、斑块密度指数(PD)、斑块数量破碎化指数(FN)、聚集度指数(AI)对珠江口两岸耕地资源进行景观破碎化定量分析。

土地破碎化是农业发展的一大障碍,其存在影响农业产业结构的调整,且不利于农户对土地进行长效的投入,极大地削弱了农业的发展后劲。有研究表明,土地细碎化浪费了中国农地有效面积的 3%～10%(Zhang 等,1997),中国耕地田坎面积高达 1246.667 万 hm^2,占净耕地的 10%;沟渠面积为 486.667 万 hm^2,是净耕地的 4%;田间道路约 666.667 万 hm^2,是净耕地的 5%,这些指标均超过世界上农业集约化水平中等国家的 1 倍以上(董祚继,2002)。总之,中国因破碎化而浪费的耕地高达净耕地面积的 19%左右(李建林等,2006)。虽然不同研究所得到的结果有差距,但是土地破碎化导致耕地有效面积减少已是不争的事实。土地破碎化在一定程度上降低规模效应,使在单位面积的土地上种植同一作物时的投入加大,提高农业生产成本。农户家庭经营权类型下,小规模的个体经营明显制约效率的提高(刘同等,2010)。土地破碎化对我国粮食生产的规模效应有负影响,降低粮食产量(万广华等,1996)。有研究表明,狭长的田块不利于机械使用,影响耕作效率,但狭长的形状却增加了农田边界的长度(Fu 等,2005;Yu 等,1998)。土地破碎化还阻碍了先进机械设备和技术的选择应用,致使农户经营的技术设备发展受限,增加管理监督难度和病虫害控制难度。

6.1.2.2　耕地集约利用研究进展

关于耕地集约利用的研究很多,内容主要包括耕地集约利用研究的指标体系、模型构建和方法;区域耕地集约度的时空变迁;耕地集约利用差异对粮食生产造成的影响等。

对于耕地利用集约度的界定,一般认为是一定时间内投入到单位面积耕地上的资金和劳动力的总货币额(张琳等,2008)。在耕地集约利用的时空变化研究中,国内外对于耕地集约利用的研究尺度大都基于国家层面或省市尺度。国内学者对全国尺度、黑龙江、安徽、北京等都做了较多研究,也有学者采用市县级区域对比,来研究区域间耕地集约度差异对粮食生产能力的影响,取得了一定的进展。

对于耕地集约度的衡量,目前尚无标准统一的测算方法,大多是利用复种指数、单位耕地面积化肥等实物投入水平、资本投入水平来衡量。关于集约度对粮食生产能力造成的影响研究,也多侧重于粮食理论产能的损失测算,没有全面分析不同层次的粮食生产能力。

对于耕地集约利用的指标体系、模型、方法构建的研究中,有研究以价值形态的农作物种植成本为表征指标，分析了中国农地利用集约度的变化特征（刘成武，李秀彬，2007）；采用综合指数法对河北省的农用地利用集约度时空变异进行分析（崔丽，许月卿，2007）；从耕地复种指数、粮食播种面积、粮食单产分析入手，研究了中国现阶段国家和区域尺度上耕地集约度的变化（朱会义等，2007）。利用构建耕地集约利用评价体系的方法，对安徽省 17 个地市进行了评价（祝小迁等，2009）；基于层次分析法对黑龙江耕地集约利用程度进行了分析（向长玉，宋戈，2009），此外，有学者通过实物形态、价值形态、能量形态来衡量耕地利用集约度，并在大兴、曲周做了实证研究（李翠珍等，2008）。

耕地的利用集约水平随着社会经济的发展在不同区域都有所上升，农业种植结构同耕地利用集约度关系十分密切，耕地利用方式为经济作物的种植结构集约度会大于以大田作物为主的种植结构集约度。因此，在研究耕地集约利用中，不仅要关注耕地上的物质、资本、劳动力投入，也要关注利用方式与利用强度之间存在的关系，综合探讨耕地利用对粮食生产能力造成的影响。

6.1.2.3 农户耕地利用行为研究进展

关于农户的耕地利用行为，国内外都有不少研究。恰亚诺夫、斯科特和波拉尼侧重点虽然不同，但是可将三者抽象为“生存”目标，即农户的耕地利用目标是为了生存，其家庭生产只是为了满足生存和消费的需求；亚当·斯密和舒尔茨则认为农户像资本主义企业一样，追求利润最大化；黄宗智综合了这几种小农理论，认为应该把企业行为和消费者行为理论结合起来，前者追求利润最大化，后者追求效用最大化。也有学者认为不能简单地将农户行为与动机归为生存需求或效用追求，不同时期、不同地区农户的耕地利用行为和动机是存在较大差异的。国内有学者提出了基于农户土地利用目标差异的耕地资源利用的三阶段论点，将耕地资源利用阶段划分为“产量最大化、产量与利润最大化、利润最大化”三种类型，并以曲周为例进行了实证（孔祥斌等，2004）。一些学者以农户土地利用利益最大化为出发点对北京山区小流域、黄土高原水土保持中土地利用问题进行了探讨并给出了建议（石敏俊，王涛，2005）。

整体上看，目前国内外基于农户行为的土地利用变化及其效应研究主要分为两类。一类是在同一研究区域内，通过不同特征农户的不同行为决策反映土地利用方式及其效应差异，也可以通过不同的利用方式及自然条件等对其所拥有的农户行为进行研究，寻找其响应效应差异。在社会发展过程中，农户之间逐渐分化而形成了不用类型的农户，由于其资源禀赋不同，他们对政策的反应以及由此引起的土地利用方式和利用后果也必然会有所差异。同一研究区域内，不同的研究者根据研究区域特点对农户进行分类。影响农户土地利用方式选择的原因很多，其文化素质、兼业情况、土地经营规模、收入水平等的差异，是影响农户各种土地利用方式面积比例不同的主要原因。而农业政策、土地质量、灌溉条件、土壤质地、地块大小、地块离家距离等对农户地块尺度土地利用方式选择有较大影响。由于不同类型农户土地利用方式选择的差异，以及不同土地利用肥料投入、水资源利用和秸秆处理等的不同，造成不同类型农户的土地利用行为对土壤质量和生态环境产生不同的影响，产生不同的响应。有研究者用农户的文化程度将土地利用行为关联，认为文化程度对农户土地经营的影响主要体现在对土地的需求程度和土地利用决策上。还有一类是不同研究区域之间，通过农户行为的差异反映土地利用方式及其效应的空间差异。以江西省 16 县 21 村的农民耕地利用行为的调查为基础，通过选取指标对农民的生产发展环境进行分类，进而分析比较不同生存发展环境下的农民的耕地保护意识、耕作目的、耕地投入、耕地流转的差异(陈美球等，2006)。还有学者选取了江苏省三个地级市的农村，通过农户抽样调查资料，建立了区域农业土地利用变化分析的数量经济模型，较为深入地研究了农村土地流转市场引导下的农户行为对于农业土地利用变化的影响(方鹏等，2003)。区域经济发展水平影响着农户受教育水平、家庭收入及收入来源，会导致农户经济行为、土地利用行为以及政策响应等的差异。通过这类研究，可以总结不同地区和不同收入水平下农户的行为特征，并对调查和研究中发现的问题提出相应的政策思路。

6.1.2.4　粮食生产能力研究进展

一定数量、质量的耕地是粮食生产的自然基础，是粮食安全的根本保障(谢俊奇等，2004)。国内关于粮食生产能力的研究随着粮食安全这一问题的日趋严峻而快速发展，研究方向多侧重于全国范围的粮食生产能力测算，耕地变化与粮食安全的影响等方面。

要提高粮食生产能力，前提是必须保障一定数量的耕地。从全国尺度来看，有学者利用类似耕地粮食增产潜力的"藏粮于地"思路，构建全国闲置粮食生产能力评估框架(周小萍等，2008)，也有学者利用农业统计数据，构建"粮耕弹性系数"来反映耕地资源变化与粮食生产的互动关系，认为自改革开放以来，全国耕地集约利用水平呈现普遍性提升，但随着耕地集约度的不断提升，并不一定带来粮食产量持续稳定增长，要考虑耕地集约利用增长的边际效用递减特性(邹健，龙花楼，2009)。中国及各省 40 年来的粮食生产能力发展变化的研究结果表明，经济发展水平较高的省区粮食生产能力开始出现下降趋势，粮食播种面积的变化是影响粮食生产能力变化的最直接的因素，因耕地面积减少导致粮食的减少是刚性的，减少的耕地面积难以再次为扩大粮食播种面积服务(樊闽，程锋，2006)。还有学者通过耕地粮食生产能力与粮食现实产量的对比，分析了各省耕地粮食增产潜力，北京市粮食增产潜力为 6610.29 kg/hm^2，在全国各省中处于中上水平，潜力较大(张凤荣等，2006)。在对东北地区吉林省的省级区域进行耕地利用与粮食生产能力的研究表明，在研究耕地变化对粮食生产能力的影响中，不仅要考虑耕地数量变化，更需考虑耕地质量尤其是耕地质量空间分布差异这一重要因素(石淑芹等，2007)。

目前国内关于耕地利用对粮食生产能力影响的研究集中在耕地数量变化、耕地土壤质量变化对粮食生产潜力的影响测算上，还有专家学者关注耕地集约利用变化造成区域粮食生产潜力损失的研究。但缺乏耕地利用变化对粮食理论产量、可实现产量、实际单产的多层面影响研究。

6.2　研究内容、数据来源与方法

6.2.1　研究内容

研究内容主要包含以下五个方面。

①以北京市全市为研究区域，依据北京市基本农田保护区内耕地利用现状，分析了区域内不同规模耕地地块的数量和比例，然后从区域宏观和农户微观两个层次对北京市基本农田保

护区内耕地破碎度进行定量分析。

②以北京市大兴区为研究区域，以乡镇为单位，综合考虑社会经济、农业生产条件，构建区片划分的指标体系，利用 SPSS 聚类分析功能，对大兴区进行区片划分。获取 1982 年、2000 年、2006 年大兴区乡镇农业统计数据，与三年的农户调研数据，以及相关基础图件。结合划分的区片，进行大兴区各区片耕地利用时间变化分析，包括各区片耕地数量时间变化、耕地利用方式时空变化、耕地利用强度时空变化的分析，揭示耕地利用变化规律。

③参照 AEZ 粮食生产能力测算理论、农用地分等以及耕地产能核算的技术方法，构建大兴区耕地的理论产量、耕地可实现产量、耕地现实产量的测算体系，计算 1982 年、2000 年、2006 年三期大兴区粮食的理论产量、可实现产量以及实际产量。

④构建耕地利用变化对粮食生产能力损失的测算公式。选取 1982 年、2000 年、2006 年三期统计数据，测算耕地利用变化对粮食生产能力的影响，主要选取 2000 年、2008 年两期农户调查结果，分析耕地利用方式变化、耕地利用强度变化造成的耕地粮食生产能力隐性损失，得到各乡镇耕地利用变化造成的粮食生产能力总损失，并结合区片划分对该损失的时空变化规律进行分析。

⑤从农户角度，结合农户耕地利用相关理论结果，从农户家庭条件、耕地自然条件、区位条件等来分析耕地利用方式变化和耕地利用强度变化的驱动机制。并提出区域耕地利用的政策建议。

6.2.2 数据来源

6.2.2.1 基础图件及资料数据

基础图件主要包括如下 5 项：

①2006 年北京市土地利用现状图，2000 年、2004 年大兴区土地利用现状图。

②北京市行政区划图，大兴区行政区划图，包括乡镇区划图、村区划图。

③北京市土壤图，大兴区土壤图。

④北京市农用地分等定级图，大兴区农用地分等定级图。

⑤北京市基本农田保护区行政区划图及其他图件。

收集的资料数据主要包括如下 3 项：

①2001——2005 年《北京市大兴区统计年鉴》。

②2001—2005 年大兴区各期社会经济统计资料汇编。

③北京市农业资料汇编。

6.2.2.2 调研数据

(1)1982 年和 2000 年土壤抽样调查数据

样点空间分布见图 6-1。

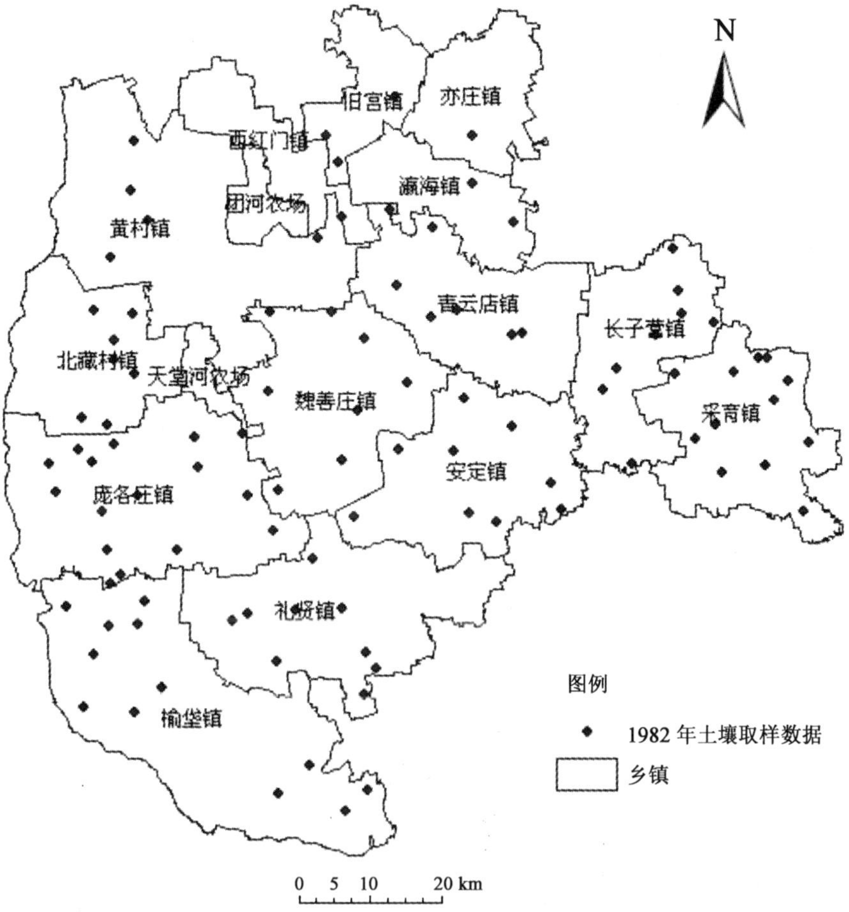

图 6-1　1982 年大兴区调研样点空间分布图

(2)2000 年、2008 年农户调研数据

于 2000 年在大兴对基于耕地地块的农户土地利用行为进行调研,主要的调查内容包括农户家庭概况以及样点地块的种植作物、农业生产支出产出等(图 6-2)。

为保证数据的更新,获得新一期的数据,于 2008 年 7 月在大兴区进行农户耕地利用调查,主要调查内容包括农户耕地利用情况、农户家庭农业生产投入、产出等。本次农户调研样点空间分布如图 6-3 所示。

(3)2011 年农户调研数据

2011 年农户调研数据的主要内容包括(图 6-4):

①农户家庭特征:家庭人口数,性别及年龄构成,受教育水平,非农就业原因等。

②农户家庭支出:农业生产性固定资本投入,非农支出等。

③农户土地利用情况:土地面积、地块数、土地质量、流转意愿及方式、流转原因等。

④农地投入和收益:农作物种类、产量、出售量及价格,总投入资金。其中总投入包括种子、肥料、农药、机械作业、灌溉、雇工和其他投入等。

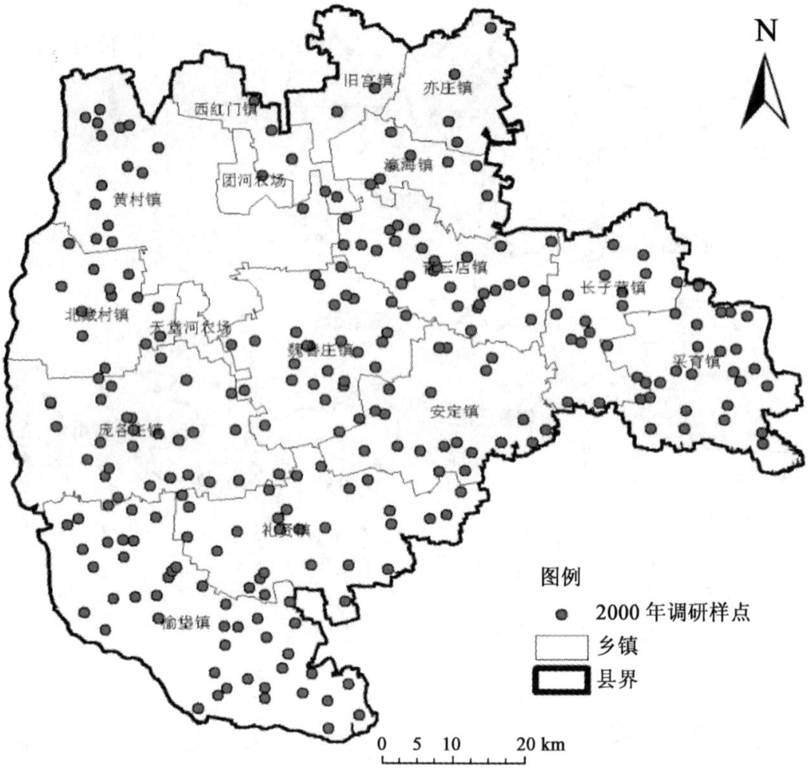

图 6-2 2000 年大兴区调研样点空间分布图

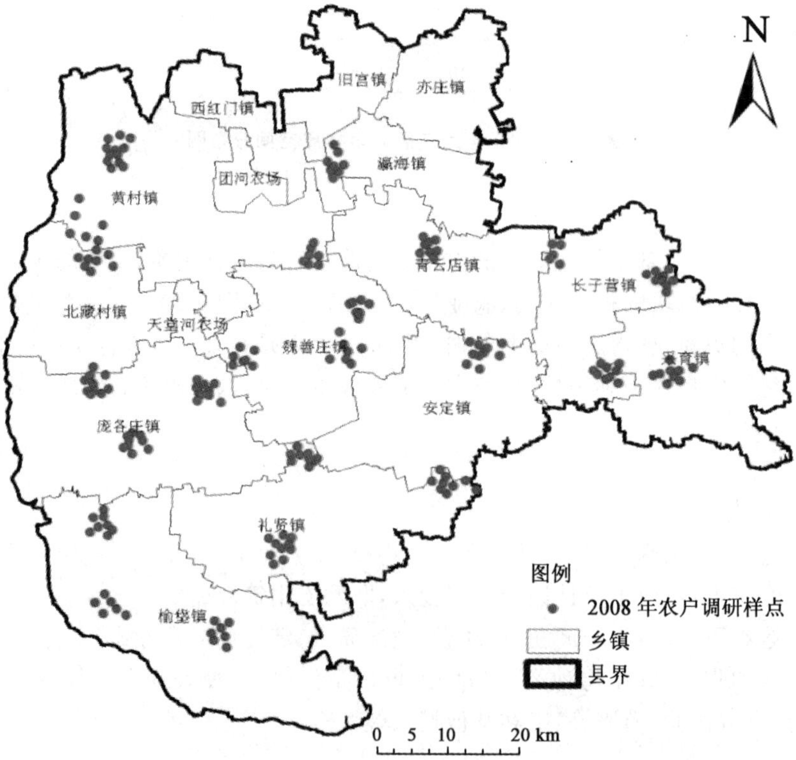

图 6-3 2008 年大兴区调研样点空间分布图

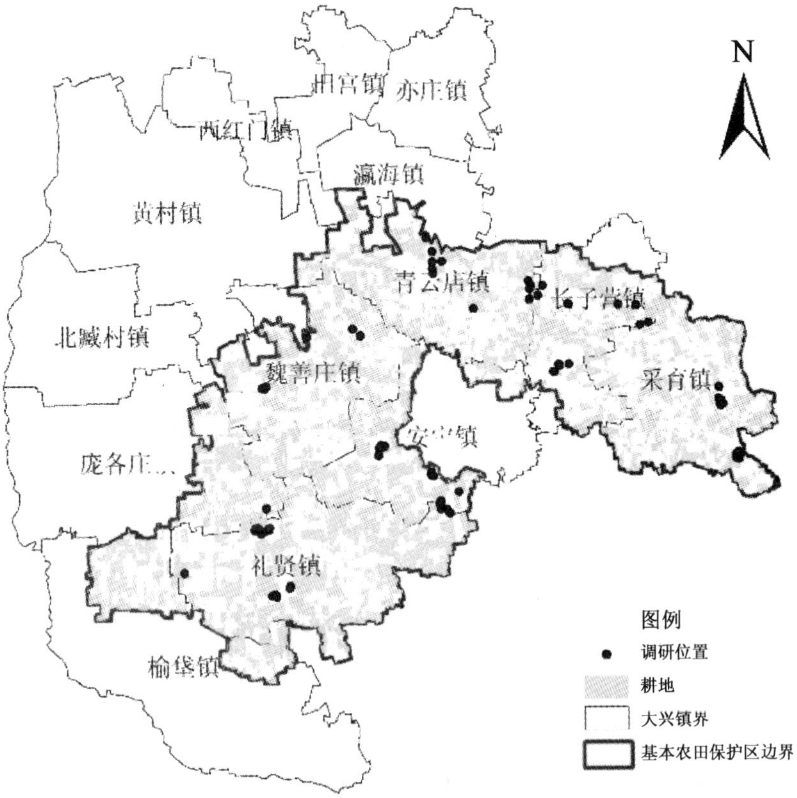

图 6-4　大兴区调研样点空间分布图

6.2.3　研究方法

（1）问卷调查法

依据研究目标，进行农户土地利用行为、农户类型、农地流转的实地调研，在充分了解土地利用现状、耕地权属状况、地块大小的同时，收集第一手数据资料并进行案例分析和归纳分析。通过对农户土地投入、土地收益、土地种植结构、农户家庭收入等结构等方面的调查，为深入分析农户行为及其对土地利用变化和土地质量变化的影响提供丰富的数据。

（2）文献归纳法

对前人相关研究进行归纳总结，特别是在景观破碎化指数、农户土地利用行为、农用地资源功能价值以及农用地价值核算等方面的相关理论以作为本研究的基础。

（3）成本收益法

应用成本收益法分析农用地在现实利用方式和最优利用方式下的收益对比。

（4）理论分析法

以农用地分等理论、耕地质量、景观破碎度等为指导，研究基本农田保护区内土地利用现状、耕地破碎化等。以农户行为相关原理、发展经济学相关理论、土地可持续利用相关理论为指导，揭示农户土地利用目标、投入行为的差异，土地利用行为与耕地粮食生产能力变化的关系。

(5)GIS 分析法

利用遥感影像数据和 GIS 技术对集中连片基本农田保护区土地利用现状和耕地破碎化程度进行空间定量分析，借助 ArcGIS 软件，建立研究区域空间属性与数据属性库，运用 GIS 空间分析功能，探讨研究区域耕地集约利用，及粮食生产能力实现程度的空间变化。

(6)实证分析方法

以北京市大兴区作为城市快速发展区的典型案例，收集该区现有图件数据及文字资料，获取土壤、区位、交通和土地利用等基础数据，并在野外实际调查的基础上，获取土壤养分数据、农用地投入产出、家庭种植业收入比例等数据，对农户土地利用行为变化规律及对粮食生产能力的影响规律进行实证分析。

6.3 北京市基本农田保护区内耕地破碎度分析

土地破碎化是处于经济转型时期和发展中国家的典型特征(Salvatore 等，2010)，土地破碎化通常被认为是农业生产的一个障碍，尤其是在经济较发达的地区，其影响农业产业结构的调整，不利于农户对土地进行长效投入，削弱了农业的发展后劲(谭书豪，曲福田，2006)。耕地破碎化更阻碍了农业机械的采用，影响农业生产效率的提高，同时也带来了农业生产成本的极大浪费(李建林等，2006)，因此需要对耕地破碎度进行分析。

北京市耕地破碎化的现状既与人多地少的客观现实有关，也与地形地貌、家庭联产承包责任制下的土地均分政策、经济高速发展和城市的快速扩张有非常密切的关系。首先，山川、河流等会对耕地利用产生自然切割，并造成耕地利用的自然破碎化。总体来说，平原地区耕地连片性比山地丘陵区更好；其次，联产承包责任制下的土地均分政策，为了体现公平，在土地分配时，按土地肥力和地块差异，实行好坏搭配和远近搭配，加剧了耕地的破碎化程度，家庭联产承包责任制在发展现代农业的过程中逐渐暴露出了其存在的缺陷(方立明，2008)；最后，经济高速发展，城市快速扩张必然推动住房、交通、工业的用地增长，导致大量耕地被占用，刺激了耕地破碎化程度的提高。

以下依据基本农田保护区内耕地利用现状，分析了区域内不同规模耕地地块的数量和比例，然后从两方面进行耕地破碎度分析：①采用土地经营破碎化代表性的评价指数，运用 GIS 技术对研究区域进行定量化评价；②依据对大兴区农户耕地利用行为的调查结果，包括农户土地利用总面积、地块组成、资金投入及产出等，建立农户-土地利用关系，从微观层面上分析耕地破碎化程度，最后探讨土地集约利用的适度规模，以期为区域土地规模化经营提供科学依据。

6.3.1 基于耕地现状规模的破碎化程度分析

从北京市基本农田保护区内耕地地块规模来看，10 亩以下耕地总面积为 6595 亩，占现有耕地总面积的比例为 0.39%；50 亩以下耕地总面积为 14.3 万亩，占现有耕地总面积的 8.43%；100 亩以下耕地面积为 42.9 万亩，占现有耕地总面积的 27.0%。从地块个数来看，10 亩以下的耕地图斑数占耕地图斑总数的 6.86%，50 亩以下耕地斑块数量占比例为 36.65%，100 亩以下的耕地图斑数占耕地图斑总数的 69.98%。

由上可以看出,基本农田保护区耕地地块规模较小的地块数量相对较多。规模较小地块多分布于村庄、农村道路和水域的边缘地带等区域。从不同片区来看,房山东南片、昌平东部片、平谷西南片小规模耕地规模占片区耕地总量的比例相对较大;延庆平原片、顺义东部片、大兴南部片小、通州东部片、通州南部片等平原地区小规模耕地占片区耕地面积比例相对较小(图 6-5,表 6-1)。

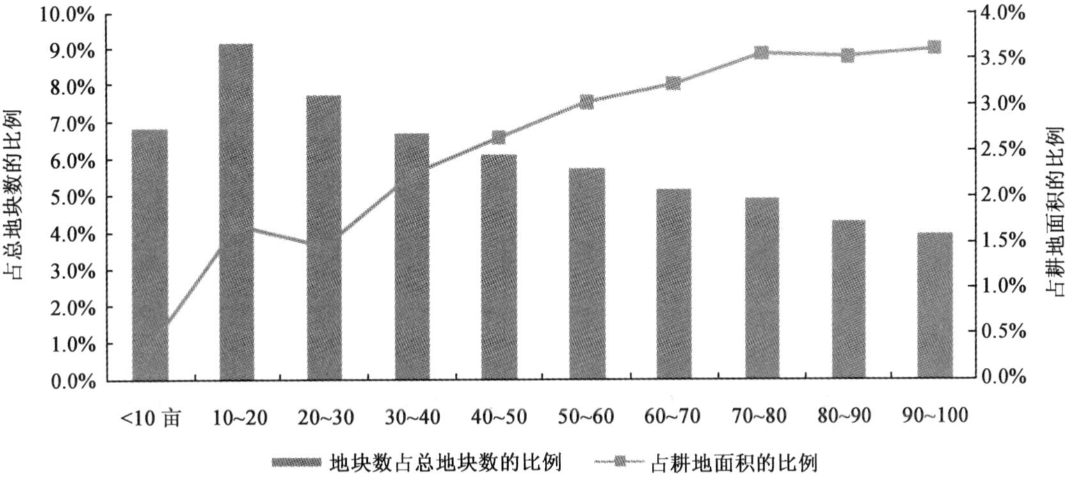

图 6-5　100 亩以下耕地地块数和面积统计图

表 6-1　现状不同规模的耕地与耕地总量的关系

耕地规模/亩	地块个数	占现状耕地地块个数的比例	涉及耕地图斑面积/hm²	占现状耕地图斑面积的比例
<10	1110	6.86%	439.7	0.39%
10～20	1485	9.17%	1919.9	1.70%
20～30	2743	16.94%	3571.6	3.16%
30～40	1087	6.71%	2529.8	2.24%
40～50	995	6.15%	2979.6	2.64%
50～60	930	5.74%	3408.7	3.02%
60～70	839	5.18%	3637.8	3.22%
70～80	801	4.95%	4011.2	3.55%
80～90	700	4.32%	3966.5	3.51%
90～100	641	3.96%	4066.9	3.60%
合计	11331	69.98%	30531.5	27.03%

6.3.2 耕地破碎度的定量化分析

6.3.2.1 相关指数和各指数含义

对调查的耕地进行破碎度分析，将耕地破碎化程度定量化，本研究分析的指标包括：边界密度指数(ED)、斑块密度指数(PD)和斑块数量破碎化指数(FN)。各指标含义如下。

1. 边界密度指数(ED)

边界密度指数揭示了景观边界的分割程度，是景观破碎化程度的直接反映。

$$\mathrm{ED} = E/A \tag{6-1}$$

式中：E 为耕地斑块的边界长度，A 为耕地面积，单位面积的周长值越大，则景观类型被边界分割的程度越高。

2. 斑块密度指数(PD)

斑块密度指数为研究区内耕地斑块个数与面积的比值。

$$\mathrm{PD} = \sum N_i/A \tag{6-2}$$

式中：PD 为斑块密度指数，$\sum N_i$ 为研究区耕地斑块总数，A 为研究区耕地总面积。

3. 斑块数量破碎化指数(FN)

斑块数量破碎化指数用以测定景观破碎化的程度，FN 的取值范围在 0～1 之间，0 表示无破碎化存在，1 则代表已完全破碎。

$$\mathrm{FN} = (N_p - 1)/N_c \tag{6-3}$$

式中：FN 为耕地斑块数量破碎化指数，N_p 为耕地斑块的总数，N_c 用研究区耕地总面积与最小的耕地斑块面积之比表示，以减少由于网格尺度不同而造成的数据变化，而使该指数在某一研究的某一分类系统下相对稳定。

本研究利用 ArcGIS 软件和 Excel 表格完成相关指数的计算。

6.3.2.2 不同区片耕地破碎定量化分析

(1)区片尺度的耕地破碎定量化分析

以区片为评价单元，对不同区片内耕地的破碎化程度进行定量化评价，分别计算各片区内耕地的边界密度指数、斑块密度指数及斑块数量破碎化指数。耕地破碎化程度一方面是因自然分割而产生，如山川、河流、道路等的分割；另一方面是由于行政边界的分割而产生，如权属不同等。

为比较自然分割和权属分割对耕地破碎程度的差异，本研究首先对因自然分割的基本农田保护区内耕地破碎度进行定量化，然后再考虑权属的不同对耕地破碎化程度的影响。结果如下。

①以片区的边界密度指数来看，房山东南片区边界密度指数最大，在一定程度上反映了房山东南片区的耕地破碎化程度相对较大，其次是通州东部片区和平谷西南片区，大兴南部片区和通州南部片区的边界密度指数相对较小；从片区的斑块密度指数来看，顺义西北片区的斑块密度指数最高，在一定程度上反映了该片区的耕地破碎化程度也相对较大，其次为通州东部片区和昌平东部片区，大兴南部片区和通州南部片区的斑块密度指数最小；从片区的斑块数量破碎化指数来看，顺义西北片区的斑块数量破碎化指数最大，在一定程度上反映其耕地破碎化程度相对较大，其次为顺义东部片区，延庆平原片区和平谷西南片区的斑块数量破碎化指数相对

较小。总体来看，顺义西北片区和顺义东部片区的耕地破碎化程度相对较大，而延庆平原片区和通州南部片区的耕地破碎化程度相对较小。

②权属的不同在一定程度上加剧了耕地破碎化程度，将权属因素考虑在内的反映基本农田保护区内耕地破碎化程度的边界密度指数、斑块密度指数、斑块数量指数均大于基于自然分割的相关指数数据。因此，建议耕地的规模化利用应考虑从片区的尺度进行统一规划，以减少乡镇和村权属不同造成的耕地利用破碎化（表 6-2）。

表 6-2　不同片区耕地破碎化程度分析

	片区名称	斑块数	斑块总面积/亩	边界密度指数 ED	斑块密度指数 PD	斑块数量破碎化指数 FN
景观破碎程度	昌平东部片	149	85471.3	0.007533383	0.001743276	0.0000039981
	大兴南部片	257	368347.4	0.006413115	0.000697711	0.0000035632
	房山东南片	421	264536.6	0.009500587	0.001591462	0.0000566614
	平谷西南片	112	65773.6	0.009057093	0.001702811	0.0000002434
	顺义东部片	373	266204.2	0.007983903	0.00140118	0.0004041262
	顺义西北片	123	66384.5	0.008266576	0.001852843	0.0024557584
	通州东部片	106	57864.2	0.009098704	0.001831875	0.0000069502
	通州南部片	154	254220.8	0.005928815	0.000605773	0.0003818187
	延庆平原片	128	117910.1	0.008497917	0.001085573	0.0000002722
权属不同造成的耕地利用破碎化	昌平东部片	272	85471.3	0.009720301	0.003182356	0.0000270990
	大兴南部片	797	368347.4	0.008723399	0.002163718	0.0002028203
	房山东南片	910	264536.6	0.01171925	0.003439978	0.0000288201
	平谷西南片	240	65773.6	0.011693225	0.00364888	0.0000036914
	顺义东部片	784	266204.2	0.010079068	0.002945108	0.0000122283
	顺义西北片	240	66384.5	0.010245509	0.003615304	0.0012672079
	通州东部片	230	57864.2	0.011469644	0.003974823	0.0000862789
	通州南部片	491	254220.8	0.008296266	0.001931392	0.0038801354
	延庆平原片	384	117910.1	0.011137036	0.003256719	0.0000026036

（2）地块尺度的耕地破碎定量化分析

为体现研究的直观性，以不同片区基本农田保护区内耕地地块为研究对象，对不同片区的耕地地块的边界密度指数（ED）进行定量化，以直接反映耕地景观边界的分割程度，分别从自然分割和权属分割两方面对耕地的边界密度指数进行测算，并对不同片区的耕地地块的边界密度指数（ED）进行空间分级分析。

分析结果表明，延庆片区、大兴南部片区、通州东部和南部片区的耕地破碎程度相对较低（边界密度指数为一级的耕地地块比例相对较高），房山西南片区和顺义东部片区的耕地破碎程度相对较高（边界密度指数为一级的耕地地块比例相对较低）（图 6-6，图 6-7）。

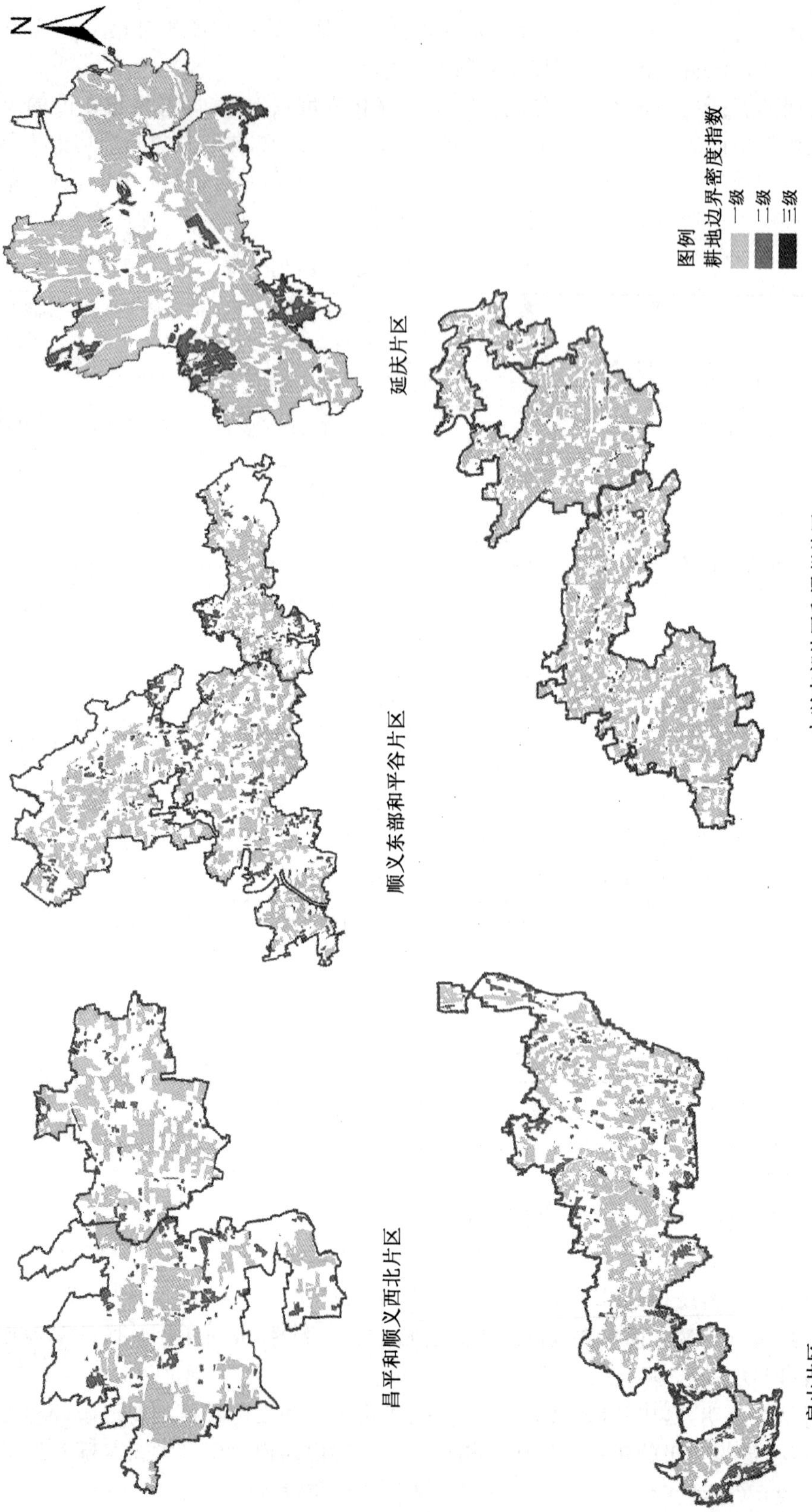

图 6-6 基于自然分割的各片区耕地边界密度指数分级图

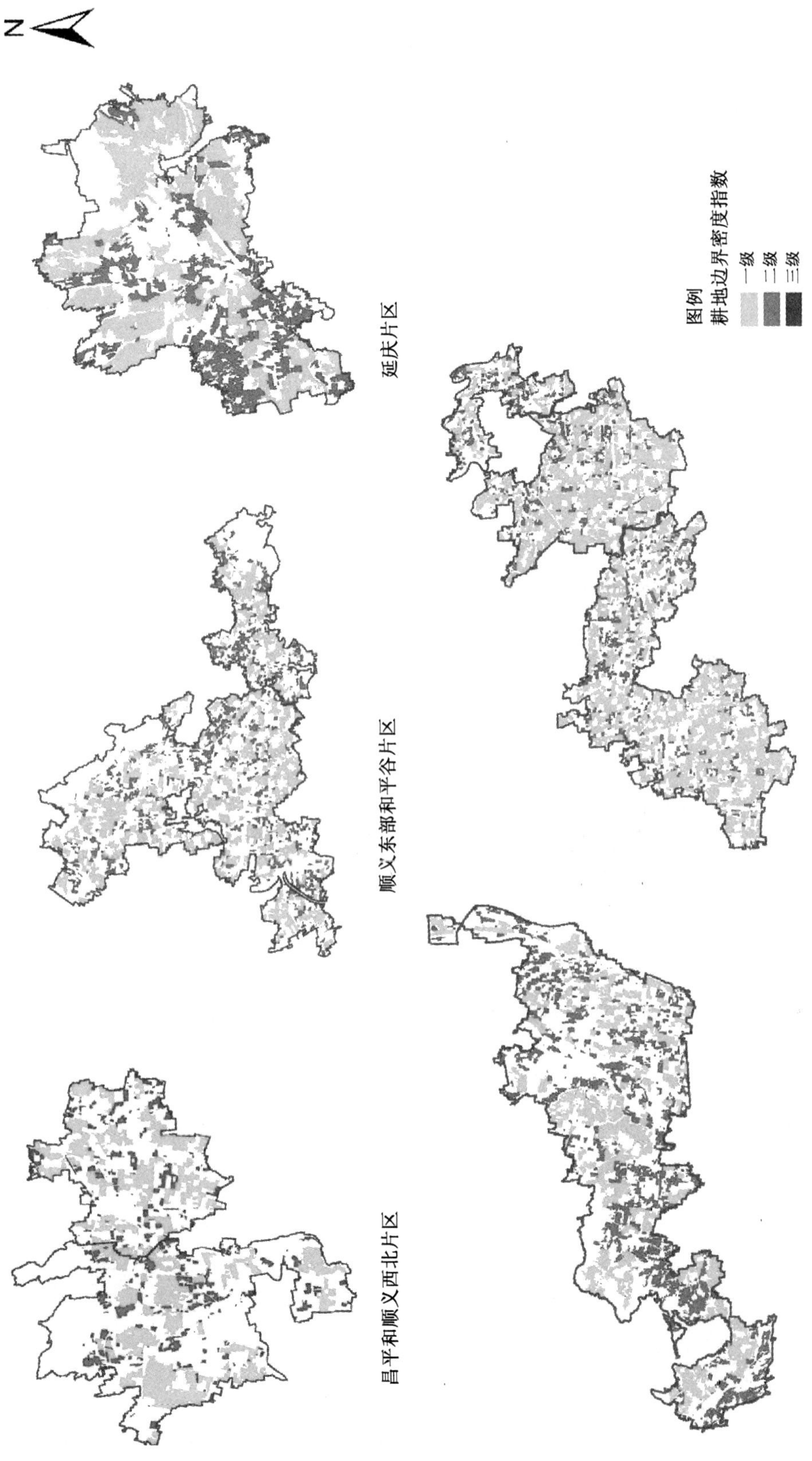

图 6-7　基于权属的各片区耕地边界密度指数分级图

6.3.3 基于农户入户调查的耕地破碎度分析

由于人多地少的客观现实和家庭联产承包制的土地政策，在土地分配时按照土地肥力和地块位置差异，实行好坏搭配、远近搭配，导致了土地的破碎化。农户作为耕地利用的最小单位，调查农户耕地利用行为，可在一定程度上反映耕地利用的破碎化程度。因此，研究选取了大兴区作为典型调查区域，开展农户调查，包括农户土地利用总面积、耕地总面积及其地块组成等，并从农户行为的角度对耕地利用破碎化程度进行分析。

6.3.3.1 农户土地利用调研样点布设

研究根据相关指标对乡镇进行聚类分析，而后根据土地资源本底条件、交通条件等，综合分析选取合适的调研样点村。样点村基本涵盖不同的土地利用等，同时在空间上分布较均匀，每村调研问卷 5～6 份，得到样本量共 175 份，其中基本农田保护区内的样本量为 135 份。

6.3.3.2 基于农户尺度的耕地利用破碎化调查和分析

按照农户入户调查结果，大兴区农户户均地块数为 2 块，其中基本农田保护区内户均地块数为 1.9 块，其中耕种块数大于 2 块的农户数量占到了样本总数的 24%，有一些农户地块数量甚至达到了 4 块以上。大兴区农户户均耕地面积约为 6.96 亩，其中基本农田保护区内户均耕地面积为 7.0 亩，平均每块耕地面积为 4 亩左右。其中，地块平均面积小于 5 亩的农户达到了 65%左右，地块平均面积小于 2 亩的农户为 15%，仅有 7%的农户地块平均面积大于 10 亩（图 6-8）。

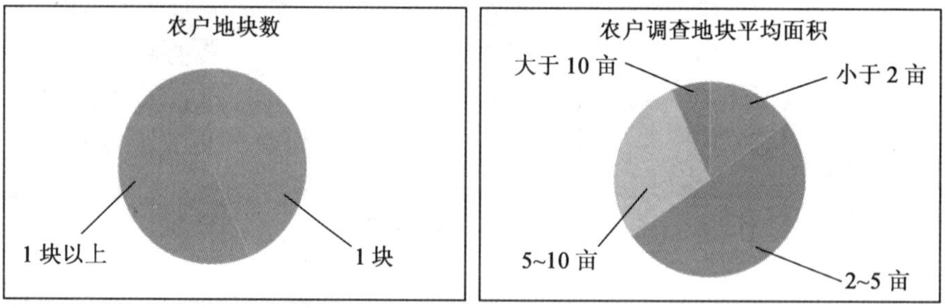

图 6-8　基本农田保护区农户地块数量和地块面积统计

研究区最典型的种植制度是玉米、小麦一年两熟制，从所调查农户中选取种农户 113 户。综合经营破碎化评价结果，采用平均地块面积作为衡量标准，在不考虑农户劳动投入的情况下，比较地均收入的高低。

表 6-3　地均收入统计

平均地块面积/亩	农户户数	地均收入/(元/亩)
3＜面积＜6	37	1621.42
6＜面积＜9	33	1073.39
9＜面积＜12	31	1870.76
面积＞12	12	1072.04

从表 6-3 可以看出，平均地块面积为 9～12 亩时，地均收入最高，为 1870.76 元/亩，平均地块面积继续增大时，地均收入降低。这表明在现有生产和经营条件下，农户平均地块面积为 9～12 亩时，对农户生产最为有利。究其原因，一方面，现阶段农业生产属于精耕细作型，同属小规模经营，种植同种作物，面积在一定范围内的提高未能有效提高地均纯收入；另一方面，在一家一户的农业生产经营模式下，生产者向老龄化、女性化发展，土地面积大、地块数量多的农户有可能出现劳动力不足、经营管理不善的情况，从而导致地均纯收入较低。因此，在有条件的情况下，可以适度扩大生产规模，减少农户地块数，发展种粮大户和农业生产基地，降低农户再生产经营中不必要的劳动和金钱投入，切实提高生产效益。

另有研究指出，以农户种植粮食作物的规模来看，目前农户经营效益远没有达到应有的效益。按农民耕种粮食作物的收入不低于当地农民户均年收入计算规模经营的农地面积，农户户均耕地达到 114 hm^2，即 1700 亩以上，农户种植粮食作物才能形成规模经营效益，远大于目前农户实际户均耕地面积。

6.3.4　小结

本节在基本农田保护区耕地现状规模的基础上，分析了基本农田保护区内耕地利用的破碎化程度；然后选取耕地边界密度指数、耕地斑块密度指数和耕地斑块数量破碎化指数对耕地破碎度进行了定量化评价，得出不同片区的破碎度空间差异；最后根据农户调研的数据，对农户利用行为进行分析。结果如下。

①基本农田保护区内有部分地块规模较小的耕地，100 亩以下耕地占现有耕地总面积的 27.03%；从片区来看，小规模耕地地块在房山东南片区、延庆片区的分布较为集中。

②房山东南片区、延庆片区的耕地自然破碎度较高，这可能与这两大片区的所处地形有关，距山地较近。由于山川、河流等造成的耕地破碎，改变的可能性较小。通州东部片区、顺义东部片区和平谷片区的权属破碎度指数较高，由权属分割以及家庭联产承包造成的耕地破碎，改变的可能性相对较大。

③权属的不同在一定程度上加剧了耕地破碎化程度，将权属因素考虑在内的反映基本农田保护区内耕地破碎化程度的边界密度指数、斑块密度指数、斑块数量指数均大于基于自然分割的相关指数数据，并且权属分割造成的耕地边界密度指数变化在延庆片区和房山片区较为显著。

④从农户耕地利用情况调查来看，基本农田保护区内农户的户均地块数为 1.9 块，其户均耕地面积约为 7.0 亩，平均每块耕地面积为 4 亩左右。面积小于 2 亩的地块数量小于 15%，大于 10 亩的地块数量大于 7%。

6.4　北京市大兴区耕地利用变化特征分析

6.4.1　研究区域区片划分

耕地的具体利用方式和利用强度在不同层面表现出同质性与异质性并存的特点。以大兴区为例，大兴区整体耕地利用随着时间增长呈现出耕地利用方式由粮食作物占主导转向以经济作物为主导的变化趋势。在耕地利用同质性的基础上，农户会根据其自身的实际情况有所调整，构成农户个体之间耕地利用方式的异质性。即使在同一乡镇，不同农户个体选择种植的作物具体品种就有一定的差异，且不同作物的播种面积比例也大不一样。考虑到不同区域尺度对应的耕地利用方式的驱动因素有所差异，同时为了进一步分析大兴区耕地利用对粮食生产能力造成的影响的时空规律，本研究结合大兴区各乡镇统计数据，以乡镇为单位，对研究区域进行进一步的空间划分。

6.4.1.1　分区方法

统计学研究这类问题的常用分类统计方法主要有聚类分析(cluster analysis)与判别分析(discriminant analysis)。其中聚类分析是统计学中研究这种"物以类聚"问题的一种有效方法聚类分析的实质是建立一种分类方法，它能够将一批样本数据按照它们在性质上的亲密程度在没有先验知识的情况下自动进行分类，不同类之间具有明显的区别。

聚类分析的方法，主要有两种，一种是"快速聚类分析方法"(K-means cluster analysis)，另一种是"层次聚类分析方法"(hierarchical cluster analysis)。其中，快速聚类分析方法适用于观察值个数多或者文件非常庞大的情况。因此本研究利用层次聚类分析方法(hierarchical cluster analysis)，选取相关评价指标，对大兴区进行区片划分。

层次聚类分析的目的是使具有共同特点的样本聚齐在一起，以便对不同类的样本进行分析，因此层次聚类分析中，测量样本间的亲疏程度是关键。聚类的时候会涉及两种类型亲疏程度的计算：一种是样本数据之间的亲疏程度，一种是样本数据与小类、小类与小类之间的亲疏程度。本研究主要依据的是样本数据之间的亲疏程度。

样本数据之间的亲疏程度主要通过样本间的距离、样本间的相关系数来度量。SPSS 根据变量数据类型的不同，采用不同的测定亲疏程度的方法，变量数据类型可分为连续变量和顺序或名义变量，本研究中的变量为名义变量。对于顺序或名义变量，可以计算一些有关相似性的统计指标来测定样本间的亲疏程度。也可以通过下面两个计算公式来得到。

(1)Chi-square measure

这是 x^2 统计量，计算公式为：

$$\mathrm{CHISQ}(x,y)=\sqrt{\frac{\sum_{i=1}^{k}[x_i-E(x_i)]^2}{E(x_i)}+\frac{\sum_{i=1}^{k}[y_i-E(y_i)]^2}{E(y_i)}} \tag{6-4}$$

(2)Phi-square measure

这是 ψ^2 统计量，计算公式为：

$$\mathrm{PHISQ}(x,y)=\sqrt{\frac{\frac{\sum_{i=1}^{k}[x_i-E(x_i)]^2}{E(x_i)}+\frac{\sum_{i=1}^{k}[y_i-E(y_i)]^2}{E(y_i)}}{n}} \tag{6-5}$$

6.4.1.2　分区依据

本研究以 2006 年大兴区各乡镇统计数据为基础，进行区片划分。

本书研究的是耕地的粮食生产能力，因此主要选取与农业产业相关数据进行区片划分，区域农业发展情况跟区域的自然条件、产业发展条件、区位条件有密切关系。选取的指标包括年财政总收入、农林牧渔业总产值、工业总产值、农业人口、非农业人口、耕地面积、户均耕地面积、粮食播种面积、蔬菜播种面积、农业机械总动力粮食播种面积/经济作物播种面积 11 个指标，以期衡量各乡镇的农业发展状况(图 6-9)。

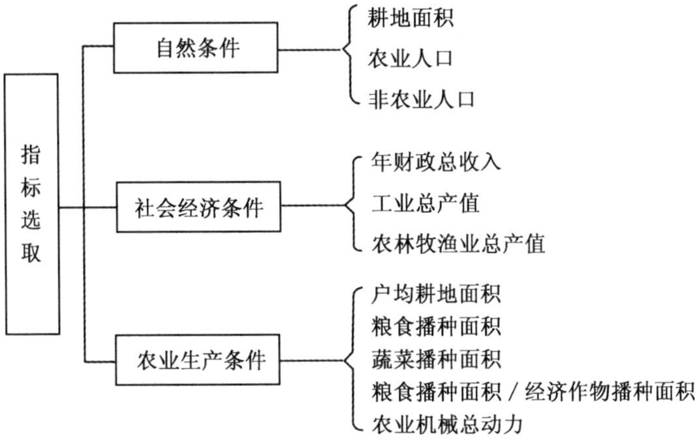

图 6-9　研究区域区片划分指标选取图

6.4.1.3　分区结果

利用 SPSS 软件 Hierarchical Cluster 聚类功能，将大兴区划为四个区片，不含天堂河农场和团河农场，划分区片结果如下(图 6-10，表 6-4)。

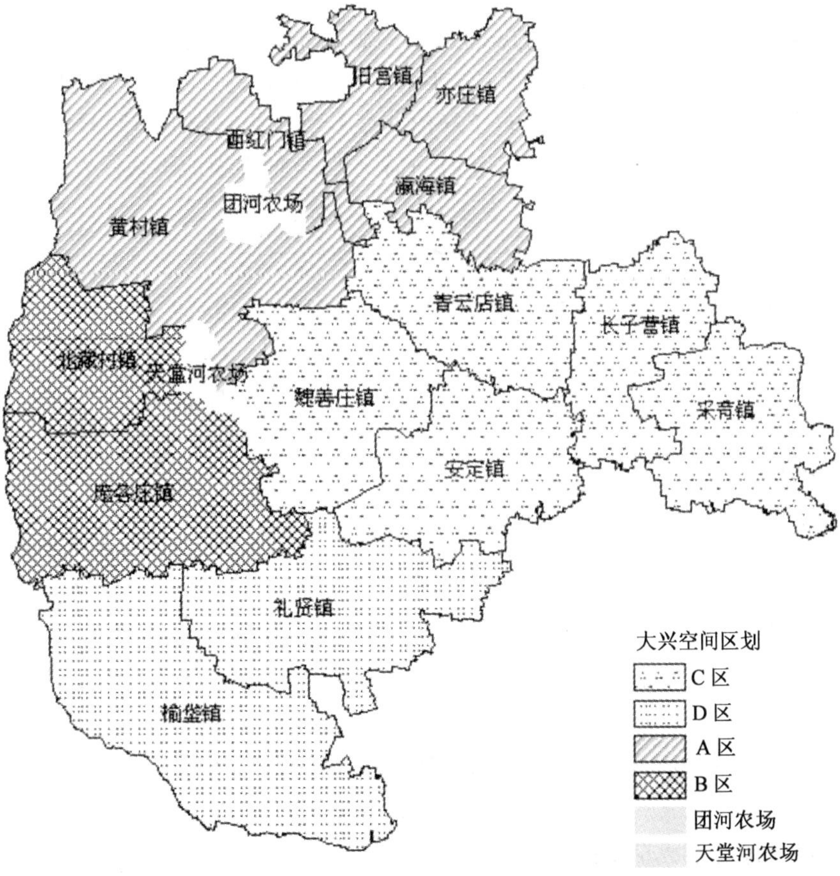

图 6-10　大兴区区片划分结果

表 6-4 大兴区各区片概况

区	范围乡镇	概况
A	黄村、西红门、旧宫镇、瀛海镇、亦庄镇	位于大兴区北部，经济发达，其中黄村镇是大兴区区政府驻地。拥有亦庄卫星城
B	庞各庄镇、北臧村镇	位于大兴区中西部，综合区位比较好，耕地利用方式多样，发展有特色农业
C	魏善庄镇、长子营镇、采育镇、安定镇	位于大兴区东部，经济作物面积随时间增长而增长，但仍有一定的粮食作物，也分布有一些果品采摘园区
D	礼贤镇、榆垡镇	位于大兴区南部，是大兴区主要的粮食产区

注：因为团河农场和天堂河农场属于国家所有，而本研究针对农户进行耕地粮食生产能力的分析研究，故未将团河农场和天堂河农场列入

6.4.2 耕地数量的时空变化

6.4.2.1 耕地面积变化

1982 年至今，随着建设用地扩张，农用地数量不断减少。1982 年大兴区全区耕地总面积为 60785.47 hm^2，2006 年下降到 38400 hm^2，15 年间，耕地面积减少了 22385.47 hm^2。其中，1982—1995 年耕地数量总减少 1164.07 hm^2；1995—2003 年间耕地减少速度最快，9 年间减少了 21185.80 hm^2；2003—2006 年间由于耕地占补平衡的实施，耕地的总面积减少速度放缓。

耕地面积随着时间增长不断减少，但下降的速度有所减缓。耕地面积减少必将对区域的粮食生产造成一定的损失，而这种损失随着时间的变化、空间发展的不均衡表现出一定的时空差异性（图 6-11）。

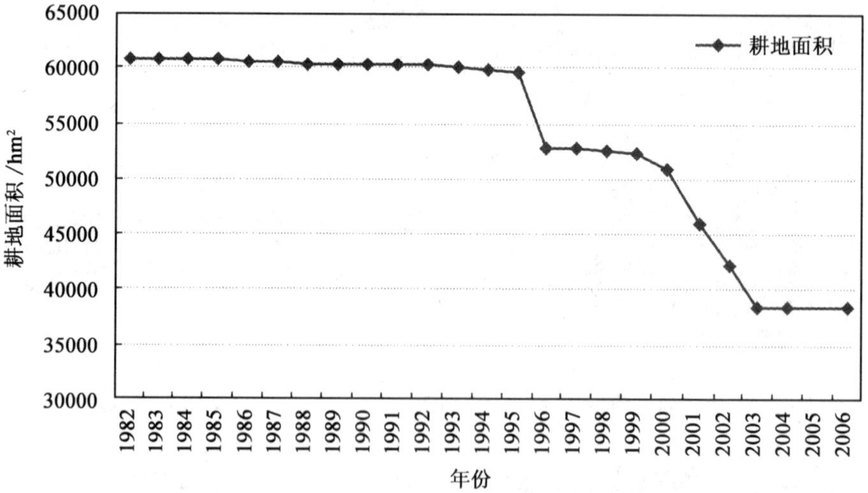

图 6-11 1982—2006 年大兴区耕地面积变化

6.4.2.2 二级耕地类别数量变化

大兴区耕地类别可划分为灌溉水田、水浇地、旱地、菜地四类，从 1982 年、2000 年、2004 年、2006 年大兴区现状图中提取耕地各类别面积数据，分析大兴区耕地 1982—2006 年间的变化。

比较四个年份耕地各类别面积的变化，灌溉水田减少速度最快、其次是旱地。水浇地的面积随着时间增长先增加后减少，水浇地的后期面积增加多是 1982 年灌溉水田转移而得。菜地的面积变化类似于水浇地。1982 年，大兴区共有水田 2.74 万 hm^2，水浇地 2.00 万 hm^2，旱地 1.28 万 hm^2，菜地 0.30 万 hm^2，到了 2006 年，水田面积减少到 0.01 万 hm^2，水浇地增加到 3.46 万 hm^2，旱地面积减少到 0.26 万 hm^2，菜地则增加到 0.40 万 hm^2。耕地内部类别随着时间增长发生改变，灌溉水田和旱地面积减少，水浇地和菜地增加(图 6-12)。

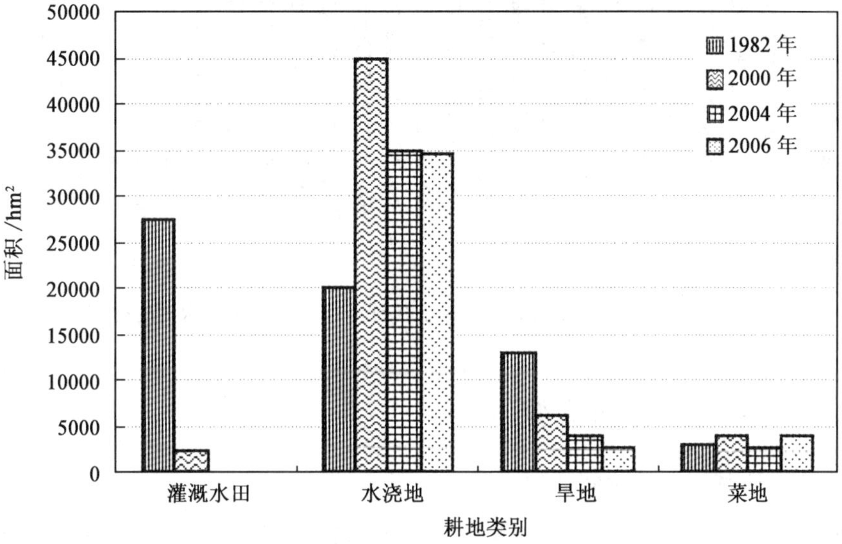

图 6-12　1982—2006 年大兴区二级耕地类别面积变化图

6.4.2.3　粮食播种面积及单产水平时间变化

1982—2004 年，大兴区粮食播种面积及粮食单产水平见图 6-13，1982 年全区粮食总播种面积为 70000 hm^2，随着时间的增长，粮食播种面积持续下降，2000 年后下降速度最快。1982—1990 年期间，全区粮食播种面积稳定在 6.50 万 hm^2 左右，1991—2000 年间全区粮食播种面积在 4.5 万～6.49 万 hm^2，2001—2004 年间，全区粮食播种面积由 3.25 万 hm^2 下降到 2.32 万 hm^2。1982—2004 年间，全区粮食播种面积减少了 66.88％。

虽然粮食的总播种面积随着时间增长而减少，但粮食单产能力并没有出现与粮食播种面积同比的下降趋势。1982 年大兴区粮食单产为 394.43 kg/亩，2004 年粮食单产水平为 602.22 kg/亩，单产能力增加了 52.68％。1982—1994 年间，大兴区粮食单产能力持续上升，并在 1994 年达到顶峰 740.66 kg/亩。1994 年后粮食单产能力相对变化缓慢，一方面是由于粮食单产水平已经达到一定高度；另一方面是有一大部分农地转为经济作物，农户的逐利行为使得粮食作物的单产水平难以提高。

1982—2006 年间，大兴区耕地面积减少了 22385.47 hm^2；粮食播种面积由 1982 年的 70000 hm^2 减少到 2004 年的 23200 hm^2；1982—2004 年间，粮食单产水平由 5916.00 kg/亩增加到 9033.30 kg/亩。耕地数量随时间增长快速下降，必然对区域粮食生产造成直接影响。虽然粮食单产水平随着时间增长有所上升，但由于粮食播种面积持续下降，区域粮食总产量并没有随着时间增长而持续提高。耕地数量变化对区域粮食生产能力造成显著影响。

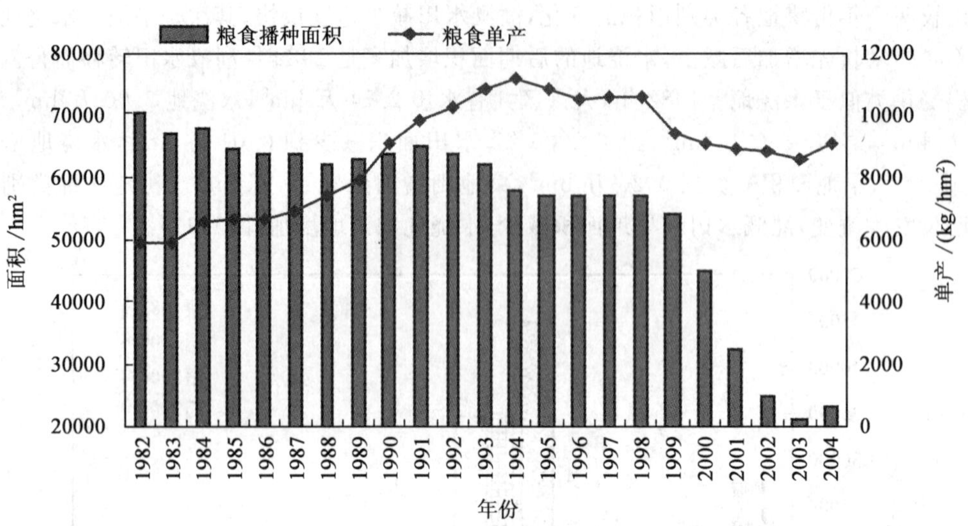

图 6-13　1982—2004 年大兴区粮食播种面积与粮食单产水平变化图

6.4.3　耕地利用方式的时空变化

6.4.3.1　农户耕地利用方式时间演替

耕地利用方式按照其种植特征可以划分为种植粮食作物和种植经济作物两大类，粮食作物指的是小麦和玉米；经济作物主要指蔬菜、西瓜、花生、果树等。为了便于比较耕地具体利用方式的差别，将耕地的利用方式划分为以下三大类五小类(表 6-5)。

表 6-5　耕地利用方式划分

耕地利用方式	含义
单一种植粮食作物 Cro	只种植粮食作物，即粮食作物播种面积占农户家庭农作物播种面积的 100%
单一种植经济作物 Eco	只种植经济作物，即经济作物播种面积占农户家庭作物播种面积的 100%
兼种形式 Kn1	兼种，其中粮食作物播种面积与经济作物播种面积相等
兼种形式 Kn2	兼种，其中粮食作物播种面积大于经济作物播种面积
兼种形式 Kn3	兼种，其中经济作物播种面积大于粮食作物播种面积

大兴区耕地利用方式多样，粮食作物主要为小麦、玉米；经济作物品种多样，有蔬菜、西瓜、果树、花生、油料作物、棉花等。综合考虑后本研究选择小麦、玉米、西瓜、蔬菜四种作物作为耕地利用方式研究对象。从大兴区统计年鉴中获取了 1982 年、2000 年、2006 年三年期的大兴区各乡镇小麦、玉米、蔬菜、西瓜四种作物的播种面积，利用 ArcGIS 软件，将各个乡镇不同时期分作物播种面积资料输入大兴区乡镇辖区图，并输出不同年期大兴区各个乡镇四种作物播种面积变化图，如图 6-14 所示。

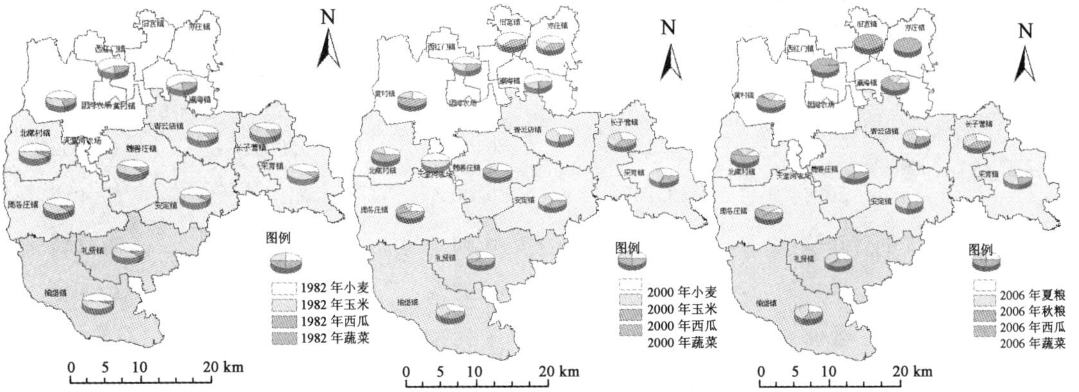

图 6-14　1982 年、2000 年、2006 年大兴区各乡镇四种作物播种面积变化图

比较 1982—2000 年大兴区各乡镇耕地利用，可见 1982 年大兴区各个乡镇耕地的利用方式都是粮食作物占绝对主导地位。到 2000 年，各个乡镇耕地的利用方式趋于多样化形式发展，蔬菜、西瓜等经济作物的播种面积都有大幅度的提高，粮食作物的播种面积比例逐渐减少。随着社会经济进一步发展，2006 年各个乡镇的经济作物播种面积比例进一步提升。北部经济发达乡镇如西红门、旧宫镇、瀛海镇粮食播种面积减少得尤为明显，一些经济快速发展区已经鲜有小麦玉米种植，而东部和南部区域耕地利用变化相对较缓，在实际中，大兴区南部仍是大兴全区粮食主产区。

整体上看，从 1982—2006 年，大兴区耕地的利用方式变化呈现非常明显的以种植粮食作物为主——粮食作物与经济作物兼种——经济作物播种面积快速增长的趋势。空间上北部经济发展快的乡镇这种趋势演变的比南部经济欠发达区域更迅速。从区片上看，变化速度由快到慢依次为：A 区>B 区>C 区>D 区。

以上的耕地利用方式变化可以反映农民在耕地利用上的选择随着时间变化表现出明显的阶段性特征：在经济发展比较落后的时期，农户缺少除农业以外的其他就业机会，家庭抗御风险的能力差，耕地起到了重要的社会保障作用，农户对耕地的需求以满足家庭粮食需求为主，耕地利用方式表现出结构单一，粮食作物占绝对主导的特点。随着经济进一步发展，农户外出就业的机会增多，劳动力机会成本增加，农户对耕地的需求就不再仅仅是满足其家庭粮食需求，而是逐渐追求耕地的最大经济产出效益，表现在耕地利用方式上就是粮食等经济效益低的农作物播种面积减少，高收益的经济作物播种面积不断增加。这一结论与国内外关于农户耕地利用阶段性目标的结论也是拟合的。

6.4.3.2　耕地利用方式的空间特征

农户的耕地利用方式表现出宏观尺度上的均质性和个体间的异质性特征，在西南部庞各庄镇、榆垡镇经济作物普遍以西瓜为主，而在东北部的瀛海镇，经济作物普遍以油麦菜、油菜等一年多茬的蔬菜为主。异质性表现为同样在庞各庄镇，不同农户个体选择种植的作物具体品种有差异，且不同作物的播种面积比例也大不一样。利用 1982 年、2000 年、2006 年三期农户调研数据，结合大兴区片划分结果，分析大兴区耕地利用方式的时空差异及特征。1982—2006 年各区片耕地利用方式区域特征如表 6-6 所示。

表 6-6 基于调研数据的大兴区区片 1982—2006 年耕地利用方式选择特征

区片	年份	粮食作物	兼种	经济作物	其他
A 区	1982	100.00%	0.00%	0.00%	0.00%
	2000	90.10%	0.00%	9.90%	0.00%
	2006	18.20%	0.00%	36.40%	36.40%
B 区	1982	95.65%	0.00%	4.35%	0.00%
	2000	65.20%	4.35%	30.42%	0.00%
	2006	13.04%	4.35%	69.57%	13.04%
C 区	1982	100.00%	0.00%	0.00%	0.00%
	2000	93.00%	0.00%	7.00%	0.00%
	2006	39.53%	0.00%	41.86%	18.61%
D 区	1982	91.00%	4.55%	4.55%	0.00%
	2000	54.55%	22.73%	22.73%	0.00%
	2006	13.64%	0.00%	63.64%	22.72%

注:1982 年、2000 年、2006 年三期数据来自三期定点跟踪调查,共 99 个样本。
其他是指有一部分地块随着时间增长转为了非农用地,或者弃耕、撂荒。

1982 年,A 区所有样本耕地利用方式为粮食作物,种植结构为小麦—玉米,2000 年,A 区跟踪调研农户中,有 9.90%家庭耕地利用方式转为单一种植经济作物,经济作物以蔬菜为主,在 2000 年粮食作物仍是 A 区主导的耕地利用方式。2000 年底到 2006 年,A 区耕地利用方式发生了较大改变,单一种植粮食作物的农户比例下降到 18.20%,而单一种植经济作物的农户比例上升到 36.40%。2006 年 A 区有 36.40%的农户转为了其他利用方式,这是因为 A 区是大兴区经济发展集中区域,社会经济发展,建设用地不断扩张,有相当一部分耕地被用于建设,同时,农民可选择的劳动方式增加,生活水平提高,由于耕地的产出效益低,而选择了转租或者撂荒(图 6-15)。

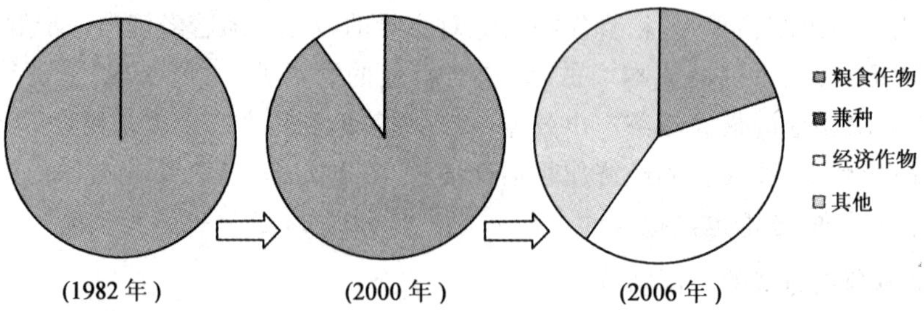

图 6-15 1982—2006 年 A 区农户四种耕地利用方式比例变化

B 区的北臧村镇和庞各庄镇,从 1982—2006 年,该区的耕地利用方式结构变化明显。1982 年,该区耕地利用方式的选择还是以粮食作物种植为主导,有个别农户选择种植西瓜、蔬菜,到了 2000 年,只种植粮食的农户比例减少了 30%,选择兼种形式、只种植经济作物的利用方式的农户所占比例从 20 世纪 80 年代的 4.35%上升到 34.77%;到了 2006 年,这一比例已经达到 73.92%。26 年间，家庭耕地利用方式为单一种植粮食作物的农户比例从 95.65%下降到 10.81%。目前 B 区是大兴区主要的西甜瓜生产区域，经济作物以西瓜、蔬菜为主导，粮食播种面积减少较多(图 6-16)。

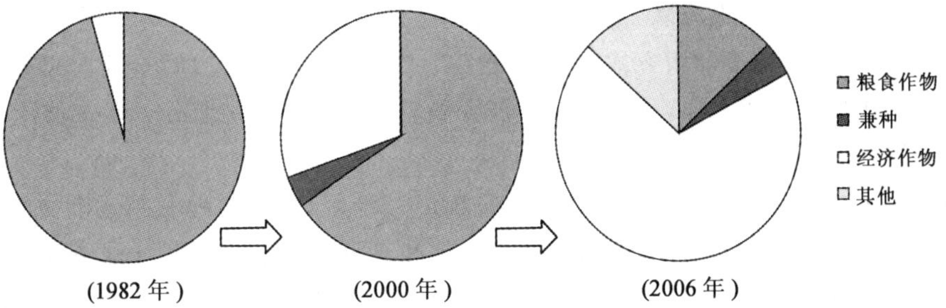

图 6-16　1982—2006 年 B 区农户四种耕地利用方式比例变化

C 区位于大兴区东部及中部，耕地利用方式变化较 A 区和 B 区缓。1982 年，C 区调研农户耕地利用方式以种植小麦、玉米为绝对主导，这一特征在 2000 年继续延续，而到了 2006 年，有 41.86%的农户转向单一种植经济作物的耕地利用方式，同时，经济作物品种较多且在空间呈现差异性，分布有蔬菜、西瓜、果园等，利用方式多样。C 区在 2006 年，仍有 39.53%的农户继续选择单一种植粮食作物(图 6-17)。

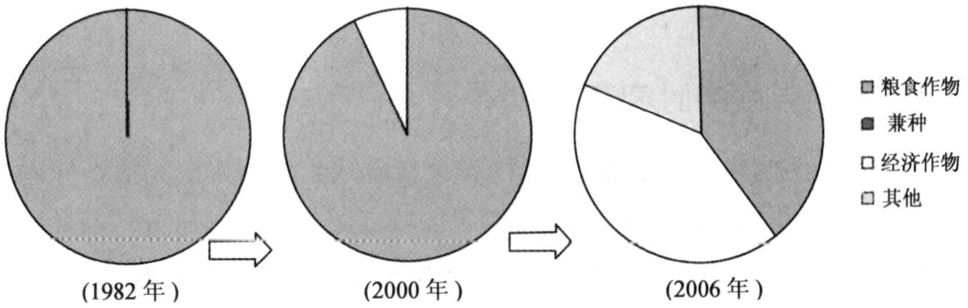

图 6-17　1982—2006 年 C 区农户四种耕地利用方式比例变化

D 区位于大兴区南部，是大兴主要农业区，1982—2006 年，家庭耕地利用方式为单一种植粮食作物的农户所占比例从 91%减少到 13.64%，其中，有 18.18%农户耕地利用方式由单一种植粮食作物，转为兼种，再变成单一种植经济作物。到 2006 年，D 区有 63.64%的调研农户耕地利用方式为只种植经济作物，D 区经济作物以西瓜、蔬菜为主，少有果园分布(图 6-18)。

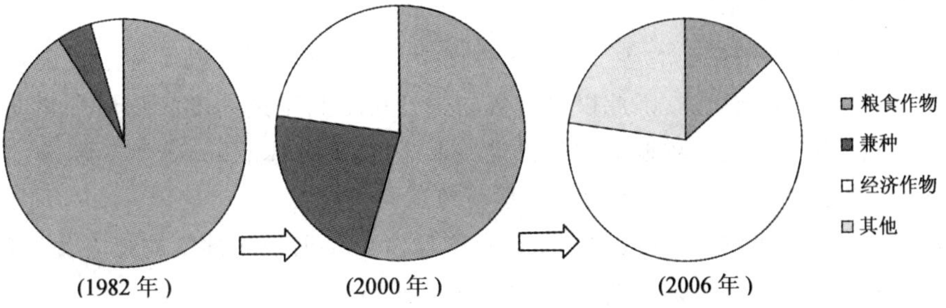

图 6-18　1982—2006 年 D 区农户四种耕地利用方式比例变化

1982 年，四类片区耕地利用方式基本上都是种植粮食作物，空间上表现出均质性。2000 年，调研数据显示，D 区中种植经济作物的农户比例增加幅度最大，其次是 B 区，C 区改变幅度最小。2006 年，D 区种植经济作物的农户比例再次增加，其他三类区间这一比例也都有增加。农户调研数据在一定程度上反映了区间的变化趋势。基于农户跟踪调研数据，综合分析四个区片 1982—2006 年的耕地利用方式，B 区种植粮食的农户比例减少最快，其次是 D 区。四类区片均有一定比例的未耕现象，这与当地经济发展建设用地占用耕地有一定关联，同时也说明存在一定的撂荒现象。

耕地的利用方式在时间空间的变化上都呈现出一种趋势性：耕地利用逐渐由单一种植粮食作物向多元化利用方式转变，农户根据背景条件和自身条件不断调整，选择综合条件最佳的利用方式。耕地利用方式随时间转变的幅度在经济欠发达区域或者以农业生产为主导收入的区域显得更明显。

耕地的利用方式转变直接影响了粮食作物的播种面积，进而影响粮食实际产出。而随着经济发展，农民对经济利益的需求上升，增加耕地单位面积经济产出也成了农民在实际耕地利用中考虑的重要实际因素，当前经济作物的单位面积经济效益要远大于粮食作物。虽然国家给予粮食作物一定的农业补贴，但随着农业生产资料价格的上升，农民实际所享受到的福利还是非常微薄的。其次，未健全的农村社会保障体系，也使得耕地依然是保障农民生存的最后屏障。种种原因导致农民在选择耕地利用方式上，首要考虑耕地经济产出效益，同时兼顾家庭经济条件和抗风险能力，选择最适宜家庭利益的耕地利用方式。

6.4.4　耕地利用强度的时空变化

国内外关于耕地集约利用的研究很多，内容包括耕地集约利用研究的指标体系、模型构建、方法等。在耕地利用集约度的衡量上，由于各区域之间的土地利用方式差异较大，因此单纯用劳动力投入、化肥施用量、机械使用量、农业用电量等指标来分别衡量，并不能综合反映不同区域，以及区域不同时间内耕地利用集约度的差异。

农民在耕地利用中，投入的不仅包括种子、化肥、机械等物资资料，还包括生物辅助能、工业辅助能等，因此耕地利用集约度，既包括实物形态、价值形态的投入，也包括能量形态的投入。为了量纲统一，便于综合比较，本研究的耕地集约度包含“价值形态”和“实物形态”两方面。相应的测算公式参考李翠珍《京冀平原区农户耕地利用及对粮食生产能力的影响》中的测算体系。

6.4.4.1　耕地实物形态集约度时空变化

由于农户调研数据中耕地的各项投入大多以货币形式调查的，以实物形式调查的比较详细的是化肥数据和农家肥数据，因此以农户数据进行耕地利用集约度实物形态测度主要是对肥料投入的分析，用单位面积耕地上的肥料投入来衡量，单位：kg/hm^2。

1. *1982—2006 年乡镇户均尺度实物形态集约度时间变化*

依据 1982—2006 年农户调研数据，测算户均尺度单位面积耕地实物形态集约度，主要是化肥集约度，再汇总统计到乡镇尺度，结果如表 6-7 所示。

表 6-7　1982—2006 年大兴区户均尺度实物形态集约度分乡镇统计　kg/hm²

乡镇	化肥投入		
	1982 年	2000 年	2006 年
黄村镇	412.94	1060.01	1300.29
西红门镇	433.11	502.35	463.62
旧宫镇	—	151.42	144.17
亦庄镇	—	557.30	—
瀛海镇	433.11	796.24	922.13
北臧村镇	366.14	1556.50	1360.08
庞各庄镇	297.37	418.92	519.48
采育镇	331.74	1093.73	998.78
安定镇	294.64	444.54	569.81
青云店镇	376.99	709.44	979.74
魏善庄镇	338.64	805.25	813.58
长子营镇	421.84	841.29	1187.45
礼贤镇	297.92	679.06	726.73
榆垡镇	260.30	1316.46	1519.76
平均	355.40	780.89	946.79

注：1982 年，缺乏旧宫镇、亦庄镇数据，2006 年缺乏亦庄镇数据

1982 年，大兴区平均化肥投入水平为 355.40 kg/hm²，2000 年，这一数值增加到 780.89 kg/hm²，2006 年，全区化肥投入平均水平为 946.79 kg/hm²，1982—2006 年，单位面积耕地化肥投入水平增加了 119.72%（图 6-19）。

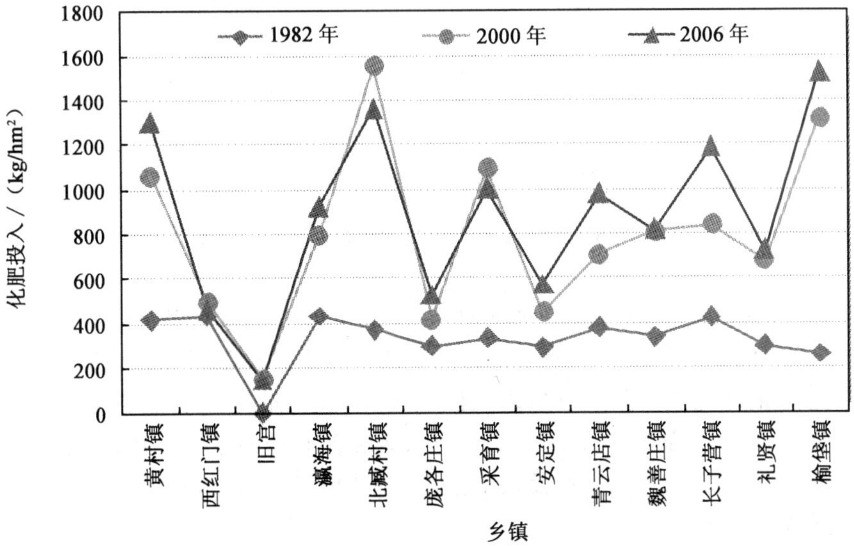

图 6-19　1982—2006 年大兴区乡镇实物形态投入集约度时空变化图

由图 6-19 可见，实物投入集约度水平随着时间增长而增加，同时其乡镇差异性也随着时间增长而越明显。A 区西红门、旧宫、瀛海三个乡镇在三个时段的单位面积实物形态集约度都不高。C 区、D 区乡镇实物形态集约度都随着时间增长而增加，其中榆垡镇增加的速度最快。三个时间对比，西红门镇、庞各庄镇、安定镇实物形态投入集约度增长速度最慢。化肥投入随时间增长而增加，空间上呈现 B 区＞D 区＞C 区＞A 区的规律。

2. 2008 年户均尺度实物形态集约度水平空间差异

以 2008 年农户数据为依据，测算乡镇户均尺度实物形态集约度水平。

各样点实物形态集约度水平如图 6-20 所示。

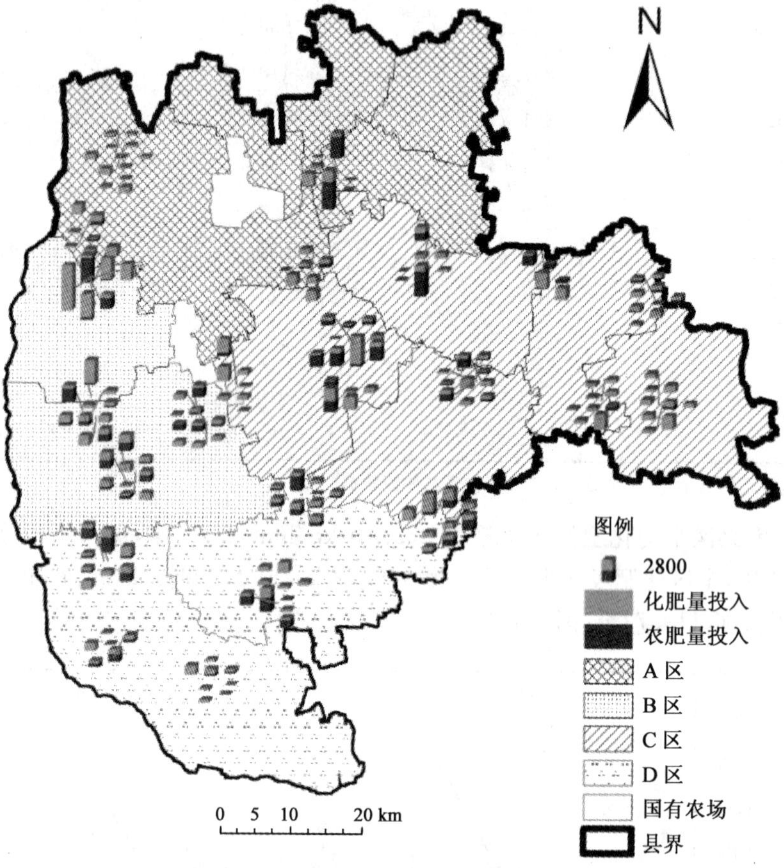

图 6-20　2008 年分区实物形态集约度空间分布

2008 年，B 区北臧村、A 区瀛海镇的实物形态投入集约度最高，实物形态投入都以化肥为主，这些乡镇主要种植蔬菜等经济作物，单位面积耕地投入的化肥要远大于粮食作物。C 区魏善庄、青云店镇实物形态投入集约度较高，且农家肥的投入量要大于 A 区乡镇。C 区实物形态集约度最低，化肥单位面积投入量低，农家肥投入比例要稍高于其他乡镇，这是因为 C 区经济水平要低于其他区域，农户在肥料投入中会考虑不同肥料的价格水平，进而化肥投入低，农家肥投入比例高。

与 1982—2006 年三期测算结果比，2008 年大兴区实物形态集约度平均为 977.88 kg/hm^2，高于 2006 年水平，整体上大兴区耕地实物形态投入集约度进一步上升，且种植经济作物为主的乡镇如瀛海、北臧村、庞各庄、魏善庄的单位面积实物投入要明显大于其他乡镇。

3. 分作物实物形态集约度差异

以 2008 年农户调研数据为基础，将耕地利用方式细分为蔬菜、西瓜、果树、小麦、玉米，统计各类作物的实物形态集约度，如表 6-8 和图 6-21 所示。

表 6-8　2008 年不同作物实物形态集约度差异　kg/hm^2

品种	化肥投入	农家肥投入	实物形态集约度
蔬菜	887.78	524.03	1411.81
西瓜	373.59	293.33	666.92
果树	407.43	13.57	421.00
小麦	170.63	100.99	271.62
玉米	274.61	195.30	469.92
平均	422.81	225.44	648.25

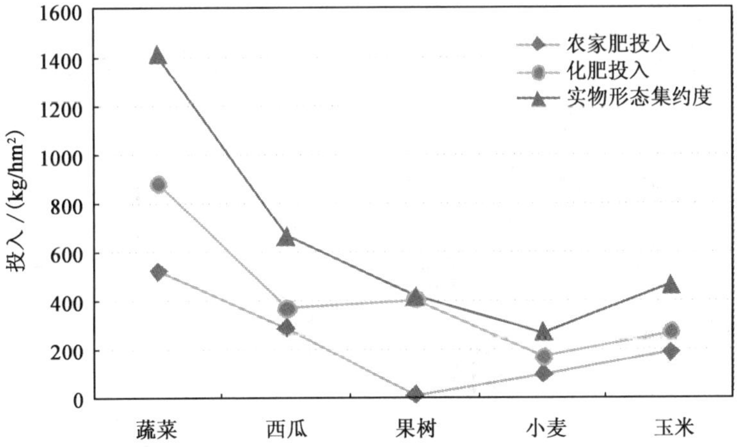

图 6-21　2008 年实物形态集约度分作物差异

不同作物的实物形态集约度差异明显，从高到低依次为蔬菜、西瓜、果树、玉米、小麦，经济作物实物投入高于粮食作物。蔬菜实物形态投入最高，平均化肥投入 887.78 kg/hm^2，农家肥投入 524.03 kg/hm^2；实物形态总投入平均 1411.81 kg $/hm^2$。粮食作物中，玉米的实物投入要高于小麦，粮食作物平均化肥投入 222.62 kg/hm^2，农家肥投入 148.15 kg/hm^2。肥料投入比例中，化肥投入要高于农家肥投入。

不同作物间实物集约度差异较大，随着经济的发展，越来越多的农户种植经济作物，耕地利用集约度也逐渐增加，与此同时，经济作物与粮食作物之间的集约度差异也越来越大，造成了粮食作物生产能力实现程度的降低。

6.4.4.2　耕地价值形态集约度时空变化

耕地利用集约度的价值形态主要包括两部分，资本集约度和劳动集约度。耕地利用资本集约度表征单位面积耕地上的种植业价值投入，资本集约度越高，该农户的农业资本投入越高，相应的农户对产出的要求也就越高。

大兴区 2008 年耕地利用资本集约度有明显的空间差异性，北部高南部低，经济发达区域高，经济欠发达区域差异不明显。耕地利用以经济类作物为主的农户家庭，资本集约度远高于耕地利用以粮食作物为主的农户。黄村、采育、长子营等乡镇资本集约度低，农户对单位面积耕地农业资本投入少，对耕地的经济产出价值要求低，其耕地利用目标多是满足家庭粮食需要。瀛海镇、北臧村镇资本集约度高，这里的农户多是外来种植户，其耕地利用目标是利润最大化，多种植一年多茬的经济作物，资本投入高，对耕地经济产出需求大。2008 年大兴区调研数据显示，资本集约度最大值达 5305 元/亩，而最小的资本集约度为 0 元/亩，即完全靠土地本身生产，资本集约度空间差异明显（图 6-22）。

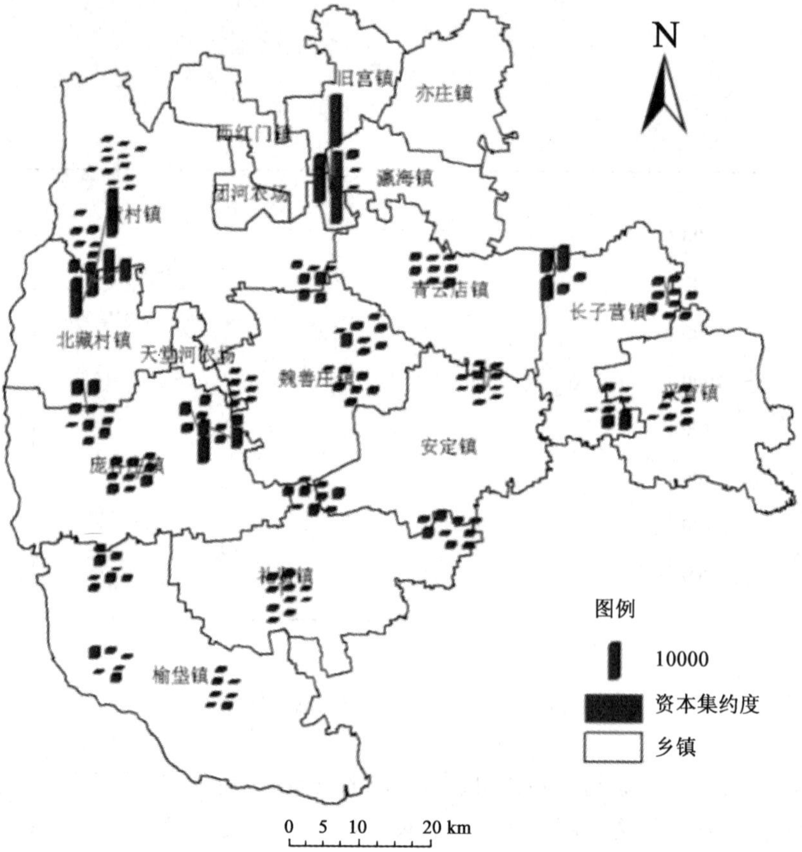

图 6-22　2008 年农户尺度资本集约度空间分布

耕地利用劳动集约度表征农户家庭农业劳动用工投入，是一种人力资本。在计算农户尺度劳动集约度，采用农户家庭农业劳动力数目与每个农业劳动力每年从事农业时间（天），乘以每个农业劳动力平均日工资得到。耕地利用劳动集约度的空间差异特征与资本集约度类似。劳动集约度与农户耕地利用方式有密切联系，一般来说，西瓜、蔬菜等经济作物需要的劳动时间要大于小麦、玉米的劳动时间。根据调研，家庭种植粮食作物很少另外雇用工人，大部分劳动是家庭内部所出。而农户家庭耕地面积越大，作物劳动需求越大，则更容易雇用工人，同时在劳动力支出上会有明显增加。因此，空间上劳动力集约度呈北高南低、东高中低、南部差异小的特征与实际农户耕地利用目的和耕地利用方式分布是有密切联系的(图 6-23)。

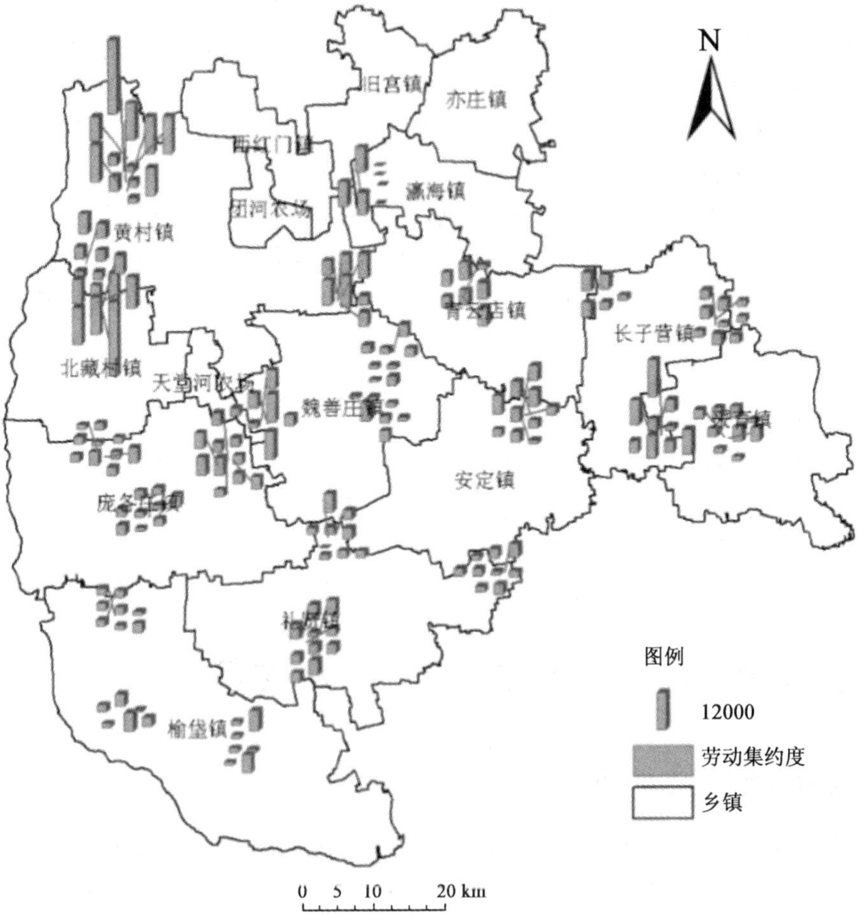

图 6-23　2008 年农户尺度劳动集约度空间分布

6.4.5　小结

1982 年大兴区全区耕地总面积为 60785.47 hm^2，2006 年，耕地总面积下降到 38400 hm^2，15 年间，耕地面积减少了 22385.47 hm^2。耕地内部类别也随着时间增长发生改变，灌溉水田和旱地面积减少，水浇地和菜地增加。大兴区粮食播种面积由 1982 年的 70000 hm^2 减少到 2004 年的 23200 hm^2；1982—2004 年间，粮食单产水平由 394.43 kg/亩增加到 602.22 kg/亩。耕地数量随时间增长快速下降，必然对区域粮食生产造成直接影响。虽然粮食单产水平随着时间增长有所上升，但由于粮食播种面积持续下降，区域粮食总产量并没有随着时间增长而持续提高。耕地数量变化对区域粮食生产能力造成显著影响。

1982—2006 年，大兴区耕地利用方式由以种植粮食为主转为粮食作物与经济作物兼种，再转为向多种植经济作物的利用方式。耕地利用逐渐由单一种植粮食作物向多元化利用方式转变，农户根据背景条件和自身条件不断调整，选择综合条件最佳的利用方式。随着经济发展，农民对经济利益的需求上升，未健全的农村社会保障体系等种种原因导致农民在选择耕地利用方式上，首要考虑耕地经济产出效益，同时兼顾家庭经济条件和抗风险能力，选择最适宜家庭利益的耕地利用方式。耕地利用方式随时间转变的幅度在经济欠发达区域或者以农业生产为主导收入的区域显得更明显。耕地的利用方式转变直接影响了粮食作物的播种面积，进而影响粮食实际产出。

耕地的利用集约度也随着时间增长而变化，对实物形态投入水平的测算结果也表明，大兴区实物形态投入随着时间增长而增加，空间上经济不发达乡镇实物形态投入随着时间增长快速增加，经济发达乡镇增长速度相对较慢。总量上，种植经济作物的农户实物形态集约度高。从价值形态集约度来看，大兴区 2008 年耕地利用资本集约度呈现北部高南部低，经济发达区域高，经济欠发达区域差异不明显的特点，劳动力集约度空间特征与资本集约度类似。耕地利用以经济类作物为主的农户家庭，集约度远高于耕地利用以粮食作物为主的农户。

耕地利用的变化对粮食生产能力的影响也是非常大的。当粮食作物是区域农户的主要种植作物时，农户期望增加耕地的粮食生产能力，耕地利用行为表现为粮食播种面积大，种植粮食的集约度高，粮食的实际单产能力也得到提高。当农户更多的转向选择种植经济作物，追求耕地经济效用最大化时，农户粮食作物播种面积会减少，对于粮食产量的关注也随之降低，粮食作物集约度低，实际生产能力会降低。

6.5 北京市大兴区粮食生产能力核算

6.5.1 粮食生产能力概述

FAO 确定的用于计算作物生产潜力的 AEZ 方法中提到了三个层次的生产潜力，首先是作物的光温生产潜力，是指水分、养分和农业技术措施都处于最适宜条件下，太阳辐射和温度所决定的作物产量，实际上是理想状态下的某作物的最大光合产量，这一般是有灌溉条件下耕地的最大理想产量。其次是光温水生产潜力，即气候生产潜力，是指在光温生产潜力的基础上，由水分所决定的作物的最大产量，能表达旱地作物(无灌溉)产量的上限。第三是光温水土生产潜力，是在光温水生产潜力的基础上进行土壤修正得到的。

《农用地分等定级规程》中，气候生产潜力指土壤条件无限制，管理水平最佳，养分充分满足情况下，仅仅是由于水分供应不足而使作物的光温生产潜力下降所得到的作物生产潜力，并将这一生产潜力作为作物产量的理论产值。

本研究目标是核算耕地利用变化引起的粮食生产能力的损失，并从农户角度分析耕地利用变化的驱动机制，涉及粮食生产潜力的测算，大兴区光温潜力指数为冬小麦 453 kg/亩，夏玉米 1682 kg/亩(数据取自全国农用地分等规程及北京市分等技术报告)，如果将气候生产潜力作为粮食理论生产潜力，一是无法体现在农业生产条件得到充分保证下农户层面的理论粮食生产最高潜力，二是无法体现空间差异性。

本研究中耕地粮食理论单产潜力的概念是在一定的自然条件和基础设施条件下可能实现的最高产量水平，未考虑区域农户对于技术水平的接受程度损失的产量水平。粮食可实现生产能力是指在现实的农业生产技术下，根据粮食理论生产潜力进行进一步修正得到的，在现实生产条件下，可实现的最高粮食生产潜力。实际粮食生产能力即是指农户在既定的气候因素、土壤质量、农业政策、等因素的限制下，根据自己的偏好、家庭需求、资金水平而决定的耕地投入水平和强度所实现的耕地粮食生产能力，即实际获得的产量水平。

粮食理论产量、可实现产量、实际产量的测算方法及结果详见 6.5.1.1～6.5.1.3。

6.5.1.1　区域粮食理论生产能力测算方法

粮食理论生产能力计算思路是，基于大兴的小麦和玉米这两种粮食作物的光温生产潜力进行土壤因素和基础设施条件的修正，得到的地块粮食生产潜力，作为地块粮食理论生产能力。具体计算公式如下：

$$P_{\mathrm{m}}=P_{\mathrm{mwh}}+P_{\mathrm{mma}} \tag{6-6}$$

$$P_{\mathrm{mwh}}=P_{\mathrm{w光温}}\times K_{\mathrm{slw}}\times K_{\mathrm{jcw}} \tag{6-7}$$

$$P_{\mathrm{mma}}=P_{\mathrm{m光温}}\times K_{\mathrm{slm}}\times K_{\mathrm{jcm}} \tag{6-8}$$

式中：P_{m}、P_{mwh}、P_{mma} 分别为粮食、小麦、玉米的理论生产能力，$P_{\mathrm{w光温}}$、$P_{\mathrm{m光温}}$ 分别为小麦光温生产潜力，玉米光温生产潜力；K_{slw}、K_{slm} 分别为小麦、玉米的土壤修正分；K_{jcw}、K_{jcm} 分别为小麦、玉米的基础条件修正分。

其中，K_{slw}、K_{slm} 的测算公式如下：

$$K_{\mathrm{slw}}=(\sum F_{i\mathrm{sw}}\times W_{i\mathrm{sw}})/100 \tag{6-9}$$

$$K_{\mathrm{slm}}=(\sum F_{i\mathrm{sm}}\times W_{i\mathrm{sm}})/100 \tag{6-10}$$

式中：$F_{i\mathrm{sw}}$、$F_{i\mathrm{sm}}$ 为分等单元小麦、玉米第 i 个土壤因素的分值，满分为 100；$W_{i\mathrm{sw}}$、$W_{i\mathrm{sm}}$ 分别为分等单元小麦、玉米第 i 个土壤因素的权重，最大值为 1。

同理，$K_{j\mathrm{cw}}$、$K_{j\mathrm{cm}}$ 的测算公式如下：

$$K_{j\mathrm{cw}}=(\sum F_{ij\mathrm{w}}\times W_{ij\mathrm{w}})/100 \tag{6-11}$$

$$K_{j\mathrm{cm}}=(\sum F_{ij\mathrm{m}}\times W_{ij\mathrm{m}})/100 \tag{6-12}$$

式中：$F_{ij\mathrm{w}}$、$F_{ij\mathrm{m}}$ 为分等单元小麦、玉米第 i 个基础修正条件因素的分值，满分为 100；$W_{ij\mathrm{w}}$、$W_{ij\mathrm{m}}$ 分别为分等单元小麦、玉米第 i 个基础设施因素的权重，最大值为 1。

6.5.1.2　区域粮食可实现生产能力测算方法

粮食可实现生产能力是基于粮食理论生产能力，进行土地利用条件修正得到的。土地可实现的生产能力受到当期农业生产技术、投入强度等因素影响。本研究采用耕地利用修正系数，对粮食理论生产能力进行修正，得到可实现生产能力。

具体测算公式如下：

$$Av_{\mathrm{grain}}=Av_{\mathrm{wh}}+Av_{\mathrm{ma}} \tag{6-13}$$

$$Av_{\mathrm{wh}}=P_{\mathrm{mwh}}\times K_{\mathrm{c}} \tag{6-14}$$

$$Av_{\mathrm{ma}}=P_{\mathrm{mma}}\times K_{\mathrm{c}} \tag{6-15}$$

式中：Av_{grain} 为粮食的可实现生产能力，kg/亩；Av_{wh} 为小麦的可实现生产能力，kg/亩；Av_{ma} 为玉米的可实现生产能力，kg/亩；P_{mwh}、P_{mma} 分别为小麦、玉米的理论生产能力，K_{c} 为耕地利用修正系数。

粮食可实现生产能力是指在现实的农业生产技术下，根据粮食理论生产潜力进行修正得到的，在现实生产条件下，可实现的最高粮食生产潜力。耕地利用修正系数计算公式：

$$K_{cij}=\frac{P_{wh}}{P_{ms}} \tag{6-16}$$

式中：K_{cij}为第 i 个乡镇第 j 种指定作物土地经济系数；指定作物包括小麦、玉米；P_{wh}为第 i 个乡镇第 j 种指定作物实际产量，即小麦玉米实际单产之和，单位：kg/亩；P_{ms}为第 i 个乡镇第 j 种作物最高产量，指相应年份试验田水平能够达到的最高单产。

由于数据有限 1982 年 P_{ms}取当年小麦、玉米实际最高单产，其他年份 P_{ms}取当年北京市试验田小麦、玉米最高单产，单位：kg/亩。

6.5.1.3 区域粮食实际单产能力测算方法

参考《农用地分等规程》以及《农用地产能核算技术规程》等规范性文件，粮食的实际单产可查阅区县统计局提供的区县级统计年鉴，结合实地调查，按乡镇进行统计粮食单产和总产水平。

因此，本研究中粮食实际单产是依据北京市大兴区相关年份统计年鉴，得到 1982 年、2000 年、2006 年大兴区各乡镇粮食实际单产能力。

6.5.2 粮食生产能力测算结果

6.5.2.1 粮食理论生产能力

1. 修正因素的分值、权重确定

结合专家知识和研究区域的具体情况，并参考相关的研究成果（党安荣，1998；张凤荣，2007；张晋科，2007，欧阳进良，2003），初步确定的土壤修正因素包括 8 个方面（表 6-9）。

表 6-9 修正因素初步确定说明表

序号	子系统	修正因素
1	土壤因素	表土质地
2		土体构型
3		土壤有机质含量
4		全氮
5		速效磷
6		速效钾
7		pH
8		土壤盐渍化
9	基础条件	排水状况
10		灌溉保证率

注：土壤因素中，1982 年、2000 年、2006 年调研样点均有有机质、全氮、速效磷、速效钾数值，其他因素没有显著变化，同时，1982 年没有样点地块小麦、玉米产量数据，因此，1982 年光温生产潜力修正因素的分级、分值与权重等同 2000 年，但各年份地块光温水土潜力值会有相应改变

(1)土壤修正因素表中土质地和土体构型的分级和赋分采用大兴农用地分等技术报告标准

见表 6-10,表 6-11。

表 6-10　大兴表土质地和土体构型的分级和赋分

分值	小麦		玉米	
	表土质地	剖面构型	表土质地	剖面构型
100	重壤质	1 级	中壤质	1 级
90	黏质	2 级	重壤质	2 级
80	中壤质	3 级	黏质	3 级
70	轻壤质	4 级	轻壤质	4 级
60	砂壤质	5 级	砂壤质	5 级
50	砂质	6 级	砂质	6 级
40		7 级	砾质	7 级
30	砾质			
20				
10				

表 6-11　剖面构型指标分级

1 级	2 级	3 级	4 级	5 级	6 级	7 级
黏身轻壤	夹砂重壤	夹砂轻壤	均质砂壤	夹壤砂土	夹黏砂土	均质砂土
黏底轻壤	砂身重壤	夹黏轻壤	夹壤砂壤	壤身砂土	黏身砂土	均质砾土
均质中壤	砂底重壤	砂身轻壤	夹黏砂壤	壤底砂土	黏底砂土	
夹黏中壤	夹砂黏土	砂底轻壤	壤身砂壤			
黏身中壤	夹壤黏土	夹砂中壤	黏身砂壤			
黏底中壤	砂身黏土	砂身中壤	壤底砂壤			
均质重壤	壤身黏土	砂底中壤	黏底砂壤			
夹壤重壤	砂底黏土		均质黏土			
壤身重壤	壤底黏土					
壤底重壤						
均质轻壤						

(2)土壤有机质和土壤养分分级标准依据李翠珍《京冀平原区农户耕地利用及对粮食生产能力的影响》中的相关标准

大兴土壤养分的分级结果见表 6-12。

表 6-12 大兴土壤养分的分级结果

级别	分值	有机质/(g/kg)	全氮/(g/kg)	速效磷/(mg/kg)	速效钾/(mg/kg)
1	100	＞18.1	＞1.2	＞60.5	＞136.5
2	80	13.3～18.1	0.92～1.2	31.6～60.5	87.7～136.5
3	60	11.0～13.3	0.73～0.92	15.4～31.6	66.7～87.7
4	40	9.14～11.0	0.6～0.73	7.6～15.4	51～66.7
5	20	＜9.14	＜0.6	＜7.3	＜51

注：样点的速效磷含量超过 150，赋分为 50

(3)土壤 pH 与土壤盐渍化因素的分级和分值参照李翠珍《京冀平原区农户耕地利用及其对粮食生产能力的影响》中的相关标准

土壤 pH 和土壤盐渍化的分级赋分标准见表 6-13。

表 6-13 土壤 pH 和土壤盐渍化的分级赋分标准

级别	分值	pH	土壤盐渍化
1	100	6.0～7.9	无盐渍化
2	90		轻度盐渍化
3	80	5.0～6.0,7.9～9.0	
4	70		中度盐化
5	60	4.5～5.0	
6	40		重度盐化
7	30	＜4.5,9.0～9.5	
8	10	＞9.5	

(4)灌溉保证率分级与分值的确定

本研究中，灌溉保证率以地块的土地利用类型为依据进行赋分(表 6-14)。

表 6-14 灌溉保证率的分级赋分标准

土地利用类型	灌溉保证率分值
菜地	100
水浇地	70
旱地	40
荒草地	40

(5)排水条件分级与分值的确定

排水状况是以大兴农用地分等的评价结果，以土壤样点图与农用地分等结果图进行叠加，得到各样点所在地块的排水状况。

(6)权重的确定

为了提高评价结果的客观性和精确性，运用灰色关联度进行土地评价因子的选择、权重的确定。灰色关联度是根据序列曲线几何形状的相似程度来判断因子间的联系是否紧密。测算思路：以大兴调研样点的土壤养分数据和样点的小麦和玉米单产数据为基础，测算评价因素与小麦和玉米单产能力的灰色关联度。根据评价因素与相对关联度为测算评价因素的权重。

最后确定大兴区小麦、玉米修正因素权重值(表 6-15)。

表 6-15　大兴小麦和玉米修正因素权重

修正因素	表土质地	土体构型	土壤有机质含量	全氮	速效磷	速效钾	pH	土壤盐渍化	排水状况	灌溉保证率
小麦	0.09	0.09	0.06	0.13	0.08	0.12	0.06	0.10	0.09	0.18
玉米	0.11	0.11	0.07	0.09	0.06	0.11	0.06	0.11	0.11	0.17

注：由于 1982 年调研样点没有产量数据，2000 年种植粮食作物的样点地块较多，并且获取了相应的小麦和玉米的单产数据，2006 年种植小麦和玉米的农户很少，单产数据有限，所以主要是以 2000 年的灰色关联度结果作为权重。2000 年未获得粮食单产数据或未种植粮食作物的样点的单产水平以样点所在的乡镇的单产水平进行替代。由于 1982—2006 年间，土壤因素基本保持稳定。1982 年，2000 年，2006 年的修正权重取同一标准

2. 粮食理论最高单产测算结果

1982 年土壤养分含量与 2000 年有一定的差别，但由于各种原因没有获取到 1982 年大兴区地块土壤的有机质、全氮、速效磷、速效钾值，但对 1982 年调研样本进行土样化验分析后得到各调研样本点的有机质、全氮、速效磷、速效钾记录值。考虑本研究数据分析基于户均尺度，因此 1982 年粮食理论生产能力测算的对象是调研样点所在的地块。

1982 年大兴区粮食理论产量测算中，修正因素分级、分值与权重同 2000 年。测算结果如图 6-24 所示。

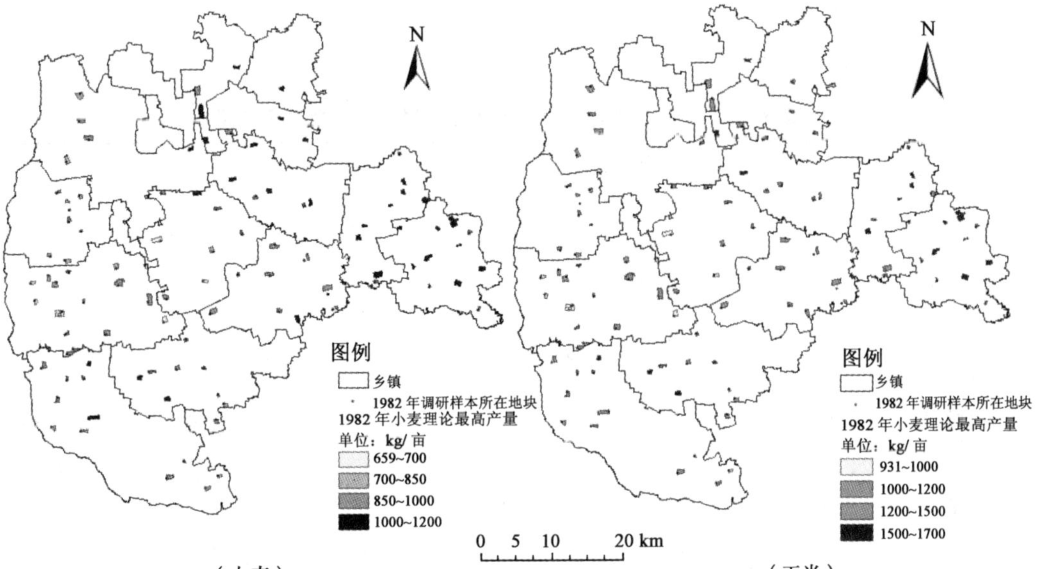

（小麦）　（玉米）

图 6-24　1982 年小麦、玉米样本地块理论最高产量

对大兴区地块光温生产潜力进行土壤修正和基础条件修正，得到 2000 年小麦和玉米的理论单产值。2000—2008 年间，大兴区土壤因素差异比较小，且其灌溉条件和排水条件随时间推移改变并不明显，因此 2006 年、2008 年大兴区小麦、玉米粮食理论单产同 2000 年。

2000 年，小麦地块尺度理论单产能力，采育镇、瀛海镇、亦庄镇一带以及南部榆垡镇中部区域最高。北臧村镇、庞各庄镇、魏善庄镇小麦理论单产能力最低。

2000 年玉米理论单产能力空间差异性比小麦弱，这是由于玉米生产对土壤养分、水分要求低于小麦，大兴区东部玉米理论单产能力高于西部，北部高于南部(图 6-25)。

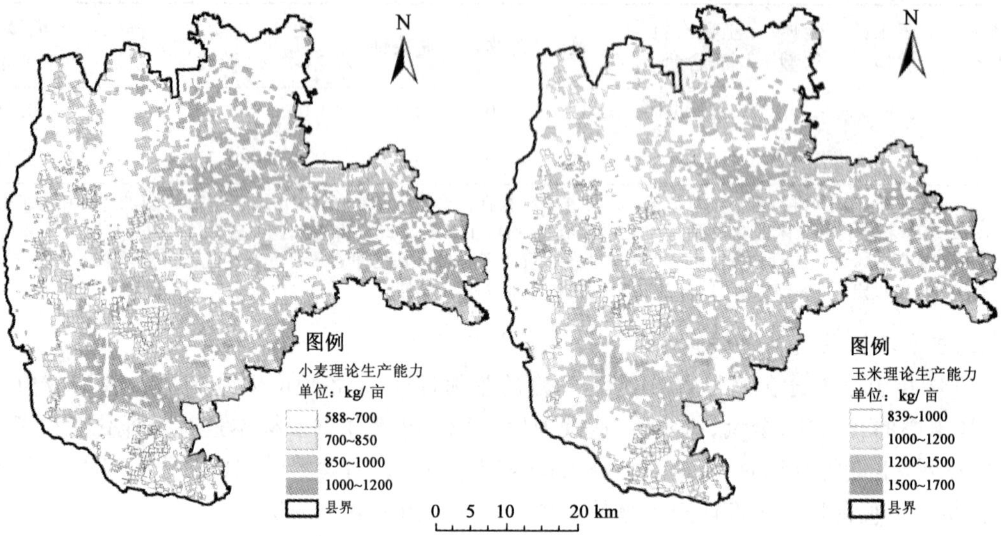

图 6-25　2000 年小麦、玉米地块理论生产能力空间变化

6.5.2.2　粮食可实现生产能力

耕地利用修正系数测算结果如表 6-16 所示。

表 6-16　1982—2006 年大兴区耕地利用修正系数测算结果

乡镇	小麦			玉米		
	1982	2000	2006	1982	2000	2006
旧宫	1.17	0.87	0.45	1.17	0.62	0.80
西红门镇	0.94	0.87	0.76	1.16	0.64	0.65
黄村镇	0.89	0.85	0.77	0.86	0.57	0.73
瀛海镇	0.84	0.82	0.75	0.91	0.51	0.69
北臧村镇	0.80	0.85	0.84	0.67	0.62	0.80
庞各庄镇	0.76	0.81	0.79	0.51	0.56	0.71
采育镇	0.86	0.84	0.82	1.10	0.50	0.72
安定镇	0.87	0.85	0.72	0.90	0.54	0.70
魏善庄镇	0.87	0.86	0.79	0.99	0.68	0.85
长子营镇	0.82	0.85	0.77	0.85	0.55	0.72
青云店镇	0.87	0.84	0.75	0.86	0.59	0.74
礼贤镇	0.79	0.79	0.77	0.60	0.64	0.73
榆垡镇	0.82	0.81	0.74	0.60	0.61	0.78

注：由于没有 2008 年统计年鉴，2008 年各乡镇的修正系数同 2006 年

2000 年与 2006 年大兴区地块尺度，粮食可实现单产能力测算结果见图 6-26、图 6-27。

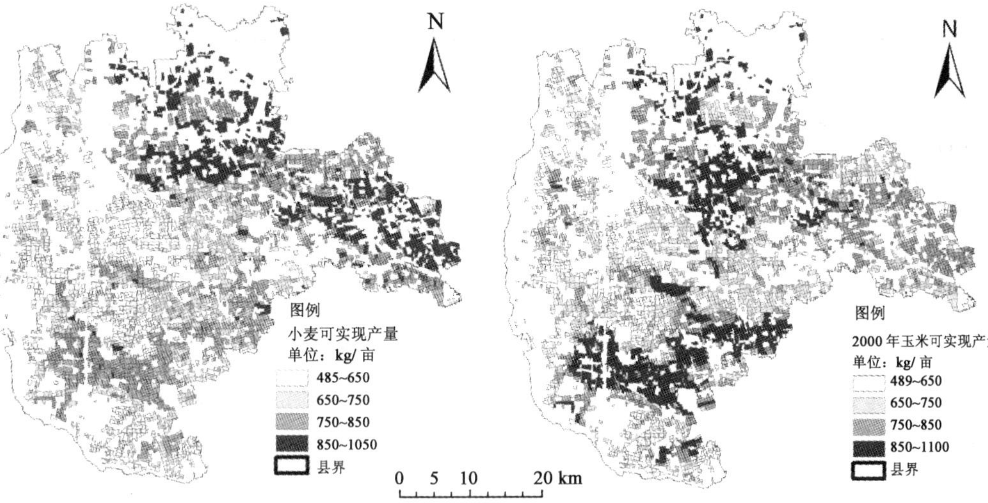

玉米　　　　　　小麦

图 6-26　2000 年大兴区地块尺度小麦、玉米可实现生产能力空间差异

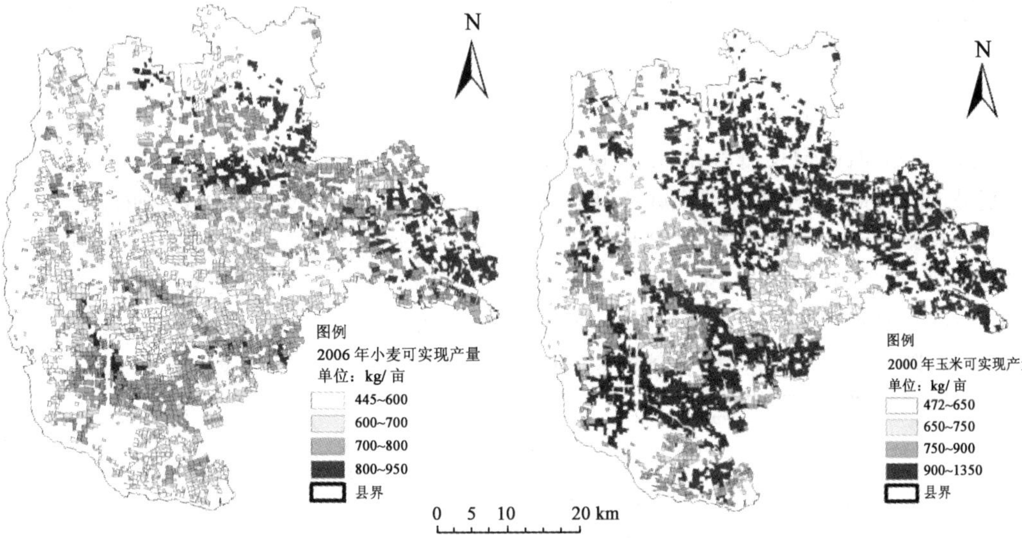

小麦　　　　　　玉米

图 6-27　2006 年大兴区地块尺度小麦、玉米可实现生产能力

对比 2000 年与 2006 年地块尺度小麦、玉米可实现生产能力，小麦可实现生产能力 2006 年低于 2000 年，而玉米可实现生产能力随着时间推移有所上升。

6.5.2.3　粮食实际单产能力

统计大兴区三期统计年鉴，以乡镇为单位，各乡镇的粮食实际单产能力用该年份粮食总产量除以粮食总播种面积得到，单位为 kg/亩，其中，青云店、亦庄、天堂河农场与团河农场数据，这四个乡镇及农场实际单产取大兴区平均水平。

汇总得到各乡镇1982年、2000年、2006年的粮食实际单产能力，如表6-17所示。

表6-17 1982年、2000年、2006年大兴区各乡镇粮食实际单产统计 kg/亩

乡镇	1982年		2000年		2006年	
	小麦	玉米	小麦	玉米	小麦	玉米
黄村镇	224.64	258.55	377.87	320.73	343.43	410.96
西红门镇	238.46	349.12	386.49	358.17	337.53	361.87
旧宫	295.98	353.34	389.40	348.13	200.00	447.15
采育镇	217.44	333.29	375.57	277.37	367.97	401.02
安定镇	220.60	271.15	380.05	302.18	320.51	393.89
礼贤镇	200.42	180.51	351.36	357.68	343.28	409.75
榆垡镇	206.36	179.70	360.84	339.55	332.03	436.36
庞各庄镇	192.73	153.53	360.79	313.03	350.91	395.43
北臧村镇	202.37	203.13	378.26	345.42	374.56	448.28
魏善庄镇	220.81	299.51	382.83	380.04	353.28	478.41
长子营镇	207.52	258.17	380.98	308.66	344.22	405.04
瀛海镇	213.14	273.37	366.81	285.26	335.05	385.61
青云店镇	220.04	259.45	450.58	328.02	333.56	414.48

比较1982—2006年期间三年各乡镇粮食实际单产水平，整体上1982年粮食单产水平最低，平均496.94 kg/亩，2000年增加到708.78 kg/亩，2006年这一数据则为745.74 kg/亩。粮食实际单产随时间增长而增加，增长速度先快后慢。1982年旧宫镇粮食单产水平最高，庞各庄镇最低，实际单产水平相差303.06 kg/亩，到了2000年，粮食单产能力最高的魏善庄镇与最低的瀛海镇单产能力相差126.52 kg/亩，在2006年，粮食单产能力最高的北臧村镇与最低的旧宫镇单产能力相差175.69 kg/亩。随着土地利用条件改善、生产技术的进步，粮食单产能力的空间差异性随着时间增长而减弱，但与此同时，在1982年产量较高的一些乡镇如西红门、旧宫镇，随着时间的推移，粮食单产能力提高的速度明显低于其他乡镇(图6-28)。

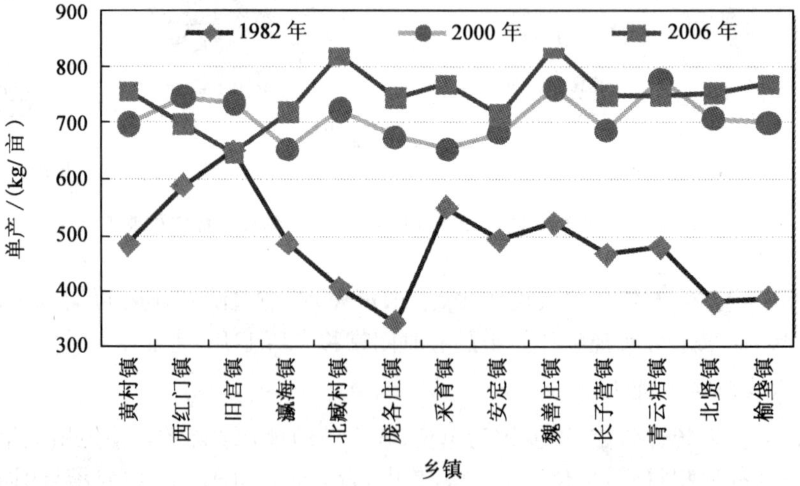

图6-28 大兴区三年粮食实际单产比较图

6.6　北京市大兴区耕地利用变化对粮食生产能力的影响

6.6.1　耕地数量变化对粮食生产能力的影响

前提假设:减少的这部分耕地完全种植粮食作物,且耕作制度为标准耕作制度。

由于目前农户种植作物的多元化,一个区域农户耕地利用对耕地粮食生产能力的变化需要在一个既定的耕作制度下比较才具有意义。根据《农用地分等规程》附录 B 和《北京市农用地分等定级估价技术方案》,查得北京大兴标准耕作制度为小麦—玉米,复种类型为一年两熟。本研究重点分析 1982 年、2000 年、2006 年三期大兴区各乡镇由于耕地面积减少而损失的粮食生产能力,解释耕地数量变化对区域粮食生产能力造成的刚性损失。

6.6.1.1　粮食理论生产能力的损失

耕地数量变化对粮食理论生产能力造成的损失具体是指乡镇尺度上的粮食生产能力损失。乡镇尺度耕地减少对粮食理论生产能力损失计算公式如下:

$$L_{\mathrm{m}}=L_{\mathrm{mwh}}+L_{\mathrm{mma}} \tag{6-17}$$

$$L_{\mathrm{mwh}}=\Delta S\times P_{\mathrm{mwh}} \tag{6-18}$$

$$L_{\mathrm{mma}}=\Delta S\times \dot{P}_{\mathrm{mma}} \tag{6-19}$$

式中:L_{m}、L_{mwh}、L_{mma}分别表示乡镇尺度粮食理论产量刚性损失、小麦理论产量刚性损失、玉米理论产量刚性损失,单位:kg;P_{mwh}、P_{mma}分别表示乡镇尺度农户小麦、玉米理论单产,而各个乡镇尺度小麦和玉米理论单产是根据各乡镇地块尺度的理论单产水平经过汇总平均获得的,单位:kg/亩;ΔS 表示两个比较年期减少的耕地面积,单位:亩。

$$\Delta S-S\quad S' \tag{6-20}$$

其中,S 为比较年,S'为基期年。

测算结果如表 6-18 所示,空间比较如图 6-29 所示。

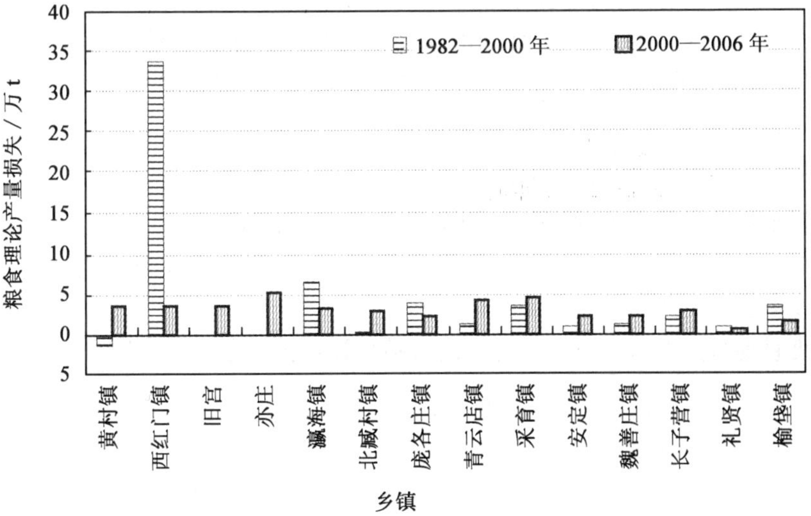

图 6-29　1982—2006 年耕地面积减少造成的粮食理论生产能力刚性损失比较

表 6-18 乡镇尺度大兴区耕地面积减少造成粮食理论生产能力损失统计 10^4 t

区片	乡镇	1982—2000 年粮食理论生产能力损失			2000—2006 年粮食理论生产能力损失		
		小麦	玉米	粮食	小麦	玉米	粮食
A 区	黄村镇	−0.50	−0.73	−1.23	1.44	2.08	3.52
	西红门镇	13.83	19.79	33.63	1.46	2.10	3.56
	旧宫				1.42	2.01	3.43
	亦庄				2.20	3.17	5.36
	瀛海镇	2.75	3.93	6.68	1.31	1.87	3.18
B 区	北臧村镇	0.09	0.13	0.22	1.14	1.65	2.80
	庞各庄镇	1.56	2.27	3.83	0.84	1.22	2.06
C 区	青云店镇	0.51	0.74	1.25	1.71	2.48	4.19
	采育镇	1.37	1.98	3.35	1.83	2.63	4.46
	安定镇	0.42	0.61	1.02	0.86	1.25	2.11
	魏善庄镇	0.51	0.73	1.24	0.86	1.25	2.11
	长子营镇	0.95	1.37	2.32	1.19	1.73	2.92
D 区	礼贤镇	0.40	0.59	0.99	0.23	0.33	0.56
	榆垡镇	1.39	2.00	3.39	0.64	0.93	1.57
总计		23.27	33.41	56.69	17.14	24.70	41.83

注：黄村、2000 年耕地理论产量总损失为负，是因为黄村镇 2000 年耕地面积比 1982 年增加，理论产量没有损失反而增加。旧宫、亦庄镇没有 1982 年耕地面积数据，故没有测算，1982—2000 年粮食产量刚性损失

1982—2000 年，大兴北部经济快速发展，A 区乡镇耕地面积锐减，而在 2000—2006 年间这一区片耕地年减少速度变缓，2000—2006 年耕地面积减少造成 A 区各乡镇粮食刚性损失 19.06 万 t。而除黄村、北臧村、庞各庄、榆垡 4 个乡镇以外，其他乡镇 2000—2006 年间粮食生产能力刚性损失要大于 1982—2000 年间的损失。说明大部分乡镇耕地减少面积随着时间增长而增加。D 区礼贤、榆垡是耕地面积减少最缓，粮食播种面积较多的乡镇，粮食刚性损失要低于其他乡镇。

6.6.1.2 粮食可实现生产能力的损失

因为统计数据是乡镇尺度的，所以这里测算的耕地减少对粮食生产能力的影响指的是乡镇尺度的粮食生产能力实现程度。三个年期中各乡镇的可实现粮食生产能力见 6.5.2.2，各乡镇耕地面积取自相应年份的大兴区统计年鉴。

乡镇尺度耕地减少对粮食可实现生产能力损失计算公式如下。

$$L_a = L_{awh} + L_{ama} \tag{6-21}$$

$$L_{awh} = S \times A_{vwh} \tag{6-22}$$

$$L_{ama} = S \times A_{vma} \tag{6-23}$$

式中：L_a、L_{awh}、L_{ama} 分别为乡镇尺度粮食可实现生产能力刚性损失、小麦可实现生产能力刚性

损失、玉米可实现生产能力刚性损失，单位：kg；Av_{wh}、Av_{ma} 表示乡镇尺度农户小麦、玉米可实现单产，而各个乡镇尺度小麦和玉米可实现单产是根据地块尺度的可实现单产水平按乡镇汇总平均获得的，单位：kg/亩；ΔS 表示各乡镇减少的耕地面积，单位：亩。

$$S=S-S'$$

其中，S 为比较年，S' 为基期年。

测算结果如表 6-19 所示。

表 6-19　乡镇尺度大兴区耕地面积减少造成粮食可实现生产能力损失统计　10^4 t

区片	乡镇	1982—2000 年粮食可实现生产能力损失			2000—2006 年粮食可实现生产能力损失		
		小麦	玉米	粮食	小麦	玉米	粮食
A 区	黄村镇	−0.43	−0.41	−0.84	1.11	1.52	2.63
	西红门镇	12.04	12.67	24.70	1.11	1.36	2.47
	旧宫				0.64	1.61	2.25
	亦庄				1.65	2.34	3.99
	瀛海镇	2.26	2.01	4.26	0.98	1.29	2.28
B 区	北臧村镇	0.08	0.08	0.16	0.96	1.39	2.35
	庞各庄镇	1.26	1.27	2.53	0.66	0.87	1.53
C 区	青云店镇	0.43	0.44	0.86	1.29	1.83	3.12
	采育镇	1.15	0.99	2.14	1.50	1.90	3.40
	安定镇	0.35	0.33	0.68	0.62	0.62	1.23
	魏善庄镇	0.44	0.50	0.94	0.68	1.06	1.74
	长子营镇	0.80	0.75	1.56	0.92	1.24	2.16
D 区	礼贤镇	0.32	0.37	0.69	0.17	0.24	0.42
	榆垡镇	1.13	1.22	2.35	0.48	0.72	1.20
	总计	19.82	20.21	40.03	12.77	18.00	30.76

注：黄村、旧宫镇 2000 年耕地可实现产量总损失为负，是因为这两个乡镇耕地面积较 1982 年增加，可实现产量没有损失反而增加

1982—2000 年间大兴区粮食可实现生产能力刚性损失达到 40.03 万 t，2000—2006 年间粮食可实现生产能力刚性损失为 30.76 万 t。可实现生产能力损失空间差异与粮食理论生产能力损失空间差异类似。14 个乡镇中，除去旧宫、亦庄没有数据无法测算外，有 7 个乡镇 2000—2006 年 6 年间耕地面积减少造成的粮食生产能力刚性损失要大于 1982—2000 年 18 年间的粮食刚性损失。耕地面积锐减对粮食生产造成了相当大的刚性损失。耕地保护刻不容缓。

两个时间段乡镇尺度年均粮食可实现生产能力刚性损失见图 6-30，由图 6-30 可见，除西红门镇外，其他乡镇 2000 年以后耕地面积减少造成的年均粮食可实现生产能力损失要大于

2000 年以前。耕地数量变化导致粮食生产能力的损失随着时间增长而增加，与社会发展，耕地数量逐年下降的现状符合。

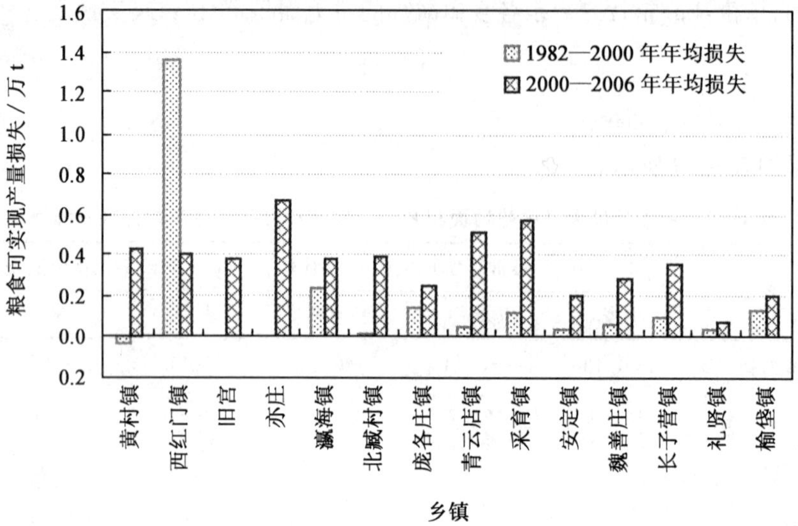

图 6-30 1982—2006 年耕地面积减少造成的年均粮食可实现生产能力刚性损失比较

6.6.1.3 粮食实际生产能力的损失

三个年期中各乡镇的粮食实际单产水平见 6.5.2.3 所示，各个乡镇耕地面积取自相应年份的大兴区统计年鉴。乡镇尺度耕地减少对粮食可实现生产能力损失计算公式如下。

$$L_s = L_{wh} + L_{ma} \quad (6\text{-}24)$$

$$L_{wh} = \Delta S \times P_{wh} \quad (6\text{-}25)$$

$$L_{ma} = \Delta S \times P_{ma} \quad (6\text{-}26)$$

式中：L_s、L_{wh}、L_{ama} 分别为乡镇尺度粮食实际生产能力刚性损失，小麦实际生产能力刚性损失、玉米实际生产能力刚性损失，单位：kg；P_{wh}、P_{ma} 为乡镇尺度农户小麦、玉米实际单产，单位：kg/亩；ΔS 为各乡镇减少的耕地面积，单位：亩。

$$\Delta S = S - S'$$

其中，S 为比较年，S' 为基期年。

测算结果如表 6-20 所示。

1982—2000 年间大兴区粮食实际生产能力损失达到 17.11 万 t，其中小麦实际生产能力损失 9.05 万 t，玉米 8.05 万 t。2000—2006 年间粮食实际生产能力刚性损失为 12.00 万 t，其中小麦 5.36 万 t，玉米 6.63 万 t。2000 年大兴区全区粮食总产量 23.11 万 t，2006 年全区粮食总产量 21.35 万 t。耕地面积减少造成近一半的区域粮食实际生产能力损失。

6.6.1.4 小结

1982—2000 年间，大兴区耕地面积总共减少了 14.77 万亩，18 年间由于耕地面积减少导致粮食理论生产能力损失 56.69 万 t，粮食可实现生产能力损失 41.83 万 t，粮食实际生产能力损失 17.11 万 t。

表 6-20　乡镇尺度大兴区耕地面积减少对粮食实际生产能力影响统计　10^4 t

区片	乡镇	1982—2000 年			2000—2006 年		
		小麦	玉米	粮食	小麦	玉米	粮食
A 区	黄村镇	−0.23	−0.19	−0.42	0.59	0.71	1.30
	西红门镇	5.28	4.90	10.18	0.49	0.52	1.01
	旧宫镇				0.26	0.58	0.85
	瀛海镇	0.97	0.75	1.72	0.42	0.49	0.91
	北臧村镇	0.04	0.04	0.09	0.56	0.67	1.24
B 区	庞各庄镇	0.71	0.62	1.33	0.37	0.42	0.79
	采育镇	0.50	0.37	0.88	0.66	0.72	1.38
C 区	安定镇	0.18	0.14	0.32	0.31	0.38	0.68
	魏善庄镇	0.23	0.23	0.47	0.37	0.50	0.86
	长子营镇	0.37	0.30	0.67	0.42	0.50	0.92
	青云店镇	0.23	0.17	0.40	0.57	0.71	1.28
	礼贤镇	0.16	0.16	0.31	0.09	0.10	0.19
D 区	榆垡镇	0.60	0.57	1.17	0.26	0.34	0.59
	总计	9.05	8.05	17.11	5.36	6.63	12.00

2000—2006 年间，大兴区耕地面积 6 年间减少了 18.83 万亩，耕地面积减少造成了大兴区粮食理论生产能力损失 41.83 万 t，粮食可实现生产能力损失 30.76 万 t，粮食实际生产能力损失 12 万 t。

1982—2006 年，大兴区耕地总共减少了 33.6 万亩，如果这部分耕地全部用来种植粮食作物，并且能够满足小麦-玉米的种植结构，则 24 年间，大兴区粮食理论生产能力可以增加 98.52 万 t，可实现生产能力可以增加 72.59 万 t，实际生产能力可以增加 29.11 万 t。

测算结果表明，耕地数量减少对区域粮食生产能力造成的刚性损失十分巨大，而随着社会经济发展，耕地面积变化对粮食生产能力造成的损失愈来愈明显。对于耕地数量变化造成的粮食生产能力刚性损失，可以通过调整耕地利用方式，提高耕地利用强度，通过提高地块粮食生产潜力来弥补一部分损失，但根本还要靠严格耕地保护来减少损失。

6.6.2　耕地利用方式变化对粮食生产能力的影响

耕地利用方式差异对粮食生产能力的影响是通过农户种植作物选择意愿变化，农户对粮食作物的需求程度的差别，引起农户粮食作物播种面积的变化，从而导致粮食生产能力隐性损失。

衡量耕地利用方式改变对粮食生产能力的影响，主要是通过测算不同时空农户用于粮食播种的耕地面积减少而造成的粮食生产能力的隐性损失。本研究中耕地利用方式变化即指粮食播种面积的变化，利用单位面积粮食理论生产能力损失、单位面积粮食可实现生产能力损失来衡量单位面积耕地上由于耕地利用导致的粮食生产能力损失。

乡镇尺度粮食生产能力总损失测算公式：

$$TL_{fsi}=L_{fmii}\times S_i \tag{6-27}$$

$$TL_{fsi}{}'=L_{fsai}\times S_i \tag{6-28}$$

式中：TL_{fsi}、$TL_{fsi}{}'$分别表示第 i 个乡镇，粮食理论生产能力总损失、粮食可实现生产能力总损失，单位：kg；L_{fmii}、L_{fsai}分别表示第 i 个乡镇单位面积耕地粮食理论生产能力、可实现损失，kg/亩；S_i 表示第 i 个乡镇耕地总面积，单位：亩。

其中单位面积耕地粮食生产能力损失 L_{fs} 测算思路：样点农户家庭损失的粮食播种面积(家庭耕地总面积乘以复种指数，减去目前粮食总播种面积之差)，乘以样点地块理论粮食单产能力，得到农户总损失粮食理论生产能力，除以家庭耕地总面积，得到样点单位面积耕地粮食理论生产能力损失值。单位面积耕地粮食可实现生产能力损失的测算思路类同。

计算公式如下：

$$L_{fsm}=\frac{(P_{mwh}+P_{mma})\times(S_{land}\times r-S_{wh}-S_{ma})/r}{S_{land}} \tag{6-29}$$

$$L_{fsa}=\frac{(A_{vwh}+A_{vma})\times(S_{land}\times r-S_{wh}-S_{ma})/r}{S_{land}} \tag{6-30}$$

式中：L_{fsm}、L_{fsa}分别表示样本点单位面积粮食理论生产能力损失、可实现生产能力损失，单位：kg/亩；S_{wh}、S_{ma}分别表示小麦播种面积与玉米播种面积，单位：亩；S_{land}表示比较年调研农户拥有的耕地面积总和，单位：亩；r 表示与所在区域标准耕作制度相对应的最大复种指数，由于大兴区的标准耕作制度是一年两熟，作物是冬小麦和夏玉米，所以此处粮食作物的最大复种指数取 2。

6.6.2.1 1997—2006 年粮食生产能力损失的时间变化规律

根据大兴区统计年鉴、北京市农村经济统计年鉴，获得大兴区 1997—2006 年耕地面积、粮食播种面积、粮食单产能力等数据，测算 1997—2006 年间，耕地利用方式减少对当年全区粮食生产能力的影响。测算思路是将当年粮食播种损失面积分别乘以当年粮食理论单产、粮食可实现单产，得到当年粮食理论生产能力总损失、粮食可实现生产能力总损失。其中，当年粮食播种损失面积是由当年大兴耕地总面积乘以最大复种指数再减去当年粮食总播种面积得到的差值。1997—2006 年大兴区粮食理论单产、可实现单产取 2000 年地块尺度粮食理论产量、可实现产量的平均值。

测算结果如表 6-21 和图 6-31 所示。

1997—2006 年间，假设种植非粮作物的耕地全部用来种植粮食作物，且复种指数达到 2，则 1997—2006 年的 10 年间，由于耕地利用方式改变，粮食播种面积减少，大兴区粮食理论生产能力损失每年平均达到 43.87 万 t；可实现生产能力每年损失 30.06 万 t。

粮食生产能力损失在时间上存在波动性，1997—2006 年，大兴区粮食播种总面积先减少后增加，2003 年，粮食播种面积占总播种面积达到 10 年最低值，当年粮食理论生产能力损失 45.51 万 t。到了 2006 年，粮食播种比例又有上升，粮食生产能力损失减少。从时间上看，由于耕地利用方式转变造成的粮食生产能力隐性损失随着时间增长先上升后下降，这种损失的时间波动性与年份的粮食政策有关。

表 6-21　1997—2006 年耕地利用方式变化造成的粮食生产能力损失统计　10^4 t

年份	粮食理论产量总损失	粮食可实现产量总损失
1997	40.14	27.50
1998	40.22	27.56
2000	46.99	32.20
2001	57.50	39.40
2003	45.51	31.18
2006	32.86	22.51
总计	263.22	180.35

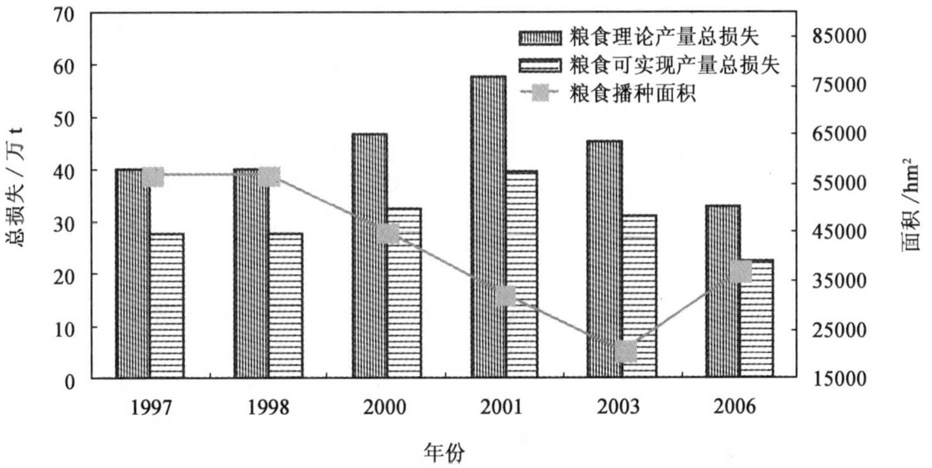

图 6-31　1997—2006 年大兴区耕地利用方式变化导致粮食生产能力隐性损失

6.6.2.2　2008 年粮食生产能力损失的空间差异规律

依据 2009 年农户调研数据，测算 2008 年农户耕地利用方式差异造成的户均尺度单位面积耕地上的粮食理论生产能力损失和粮食可实现生产能力损失，并分析其空间差异性规律。

2008 年调研样点耕地利用方式差异造成的单位面积粮食理论生产能力损失、单位面积耕地粮食可实现生产能力损失如图 6-32 和图 6-33 所示。

2008 年，耕地利用方式差异导致单位面积粮食理论生产能力损失平均为 1260.77 kg/亩，可实现生产能力损失为 950.73 kg/亩。从区片上看，A 区和 B 区单位面积粮食理论生产能力损失最大，这两个区片耕地利用方式也是以经济作物为主，这种利用方式对粮食生产造成直接损失。C 区中，青云店、长子营样点农户单位面积粮食理论生产能力损失较大。相比 2000 年，2008 年大兴区耕地利用方式整体向经济作物进一步倾斜，将 2008 年户均尺度利用方式造成的粮食隐性损失汇总到乡镇尺度，得到各乡镇粮食理论生产能力损失与可实现生产能力损失，见表 6-22。

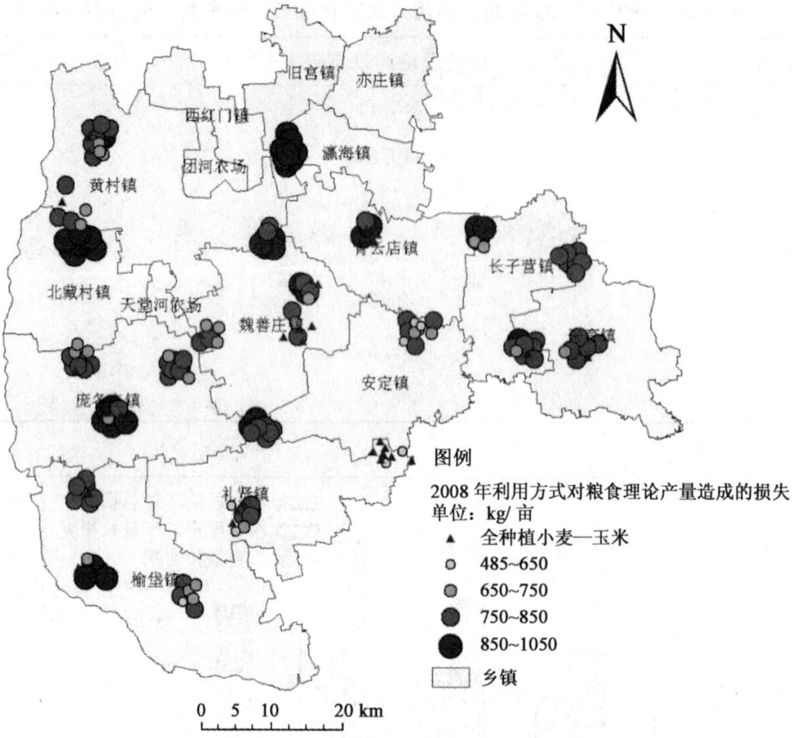

图 6-32 2008 年样点单位面积耕地粮食理论生产能力损失空间

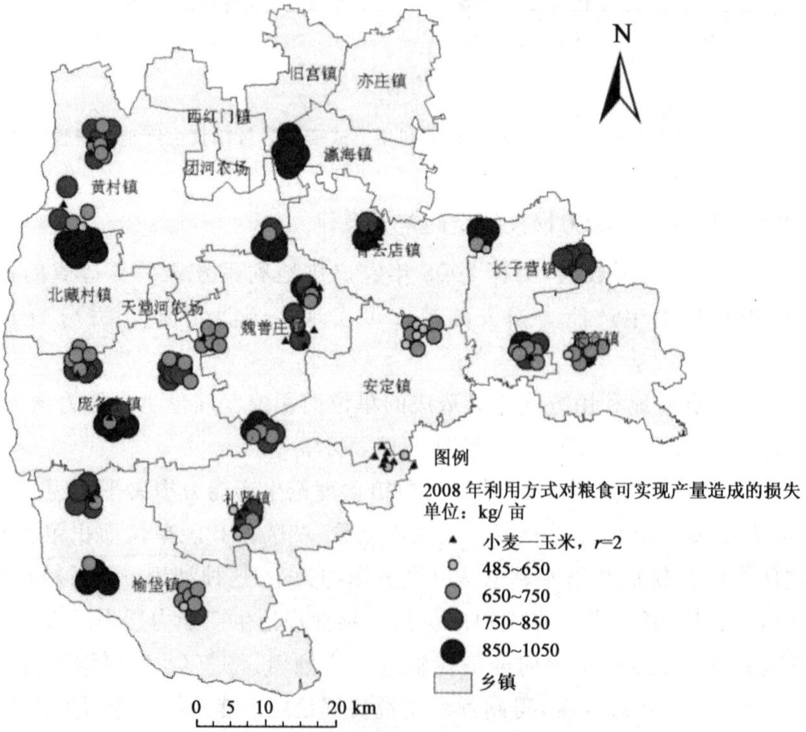

图 6-33 2008 年样点单位面积耕地粮食可实现生产能力损失空间

表 6-22　2008 年乡镇户均尺度耕地利用方式变化导致粮食生产能力损失统计　10^4 t

区片	乡镇	理论生产能力总损失	可实现生产能力总损失
A 区	黄村镇	5.99	4.47
	瀛海镇	4.35	3.11
A 区平均		5.17	3.79
B 区	北臧村镇	4.43	3.72
	庞各庄镇	8.4	6.24
B 区平均		6.42	4.98
C 区	安定镇	3.26	1.95
	采育镇	5.24	3.99
	长子营镇	6.15	4.56
	青云店镇	3.92	2.92
	魏善庄镇	4.76	3.93
C 区平均		4.67	3.47
D 区	礼贤镇	6.93	5.17
	榆垡镇	6.13	4.68
D 区平均		6.53	4.93
总计		59.57	44.74

基于乡镇户均尺度测算结果，2008 年耕地利用变化导致大兴区全区粮食理论生产能力损失 59.57 万 t，粮食可实现生产能力损失 44.74 万 t。比较 2008 年不同区片耕地利用方式导致粮食产能损失量，理论生产能力损失从大到小依次为 D 区＞ B 区＞A 区＞C 区，可实现生产能力损失从大到小依次为 B 区＞ D 区＞A 区＞C 区。在 4.3.2 的分析中也发现 D 区礼贤镇、榆垡镇耕地利用方式随着时间增长快速调整成经济作物占主导的类型，而 B 区一直是经济作物种植占主导的利用方式，C 区是大兴区粮食种植较多的区域。耕地利用方式随着时间变化逐渐由种植粮食作物转为种植经济作物，其转变对粮食生产造成了显著的隐性损失，且这种损失随着时间的增长而增加。如果一个区域粮食播种面积过少，比例过低，则必然更难保障这一区域的粮食安全。

通过耕地利用方式对粮食生产的隐性损失的测算，表明耕地利用方式在很大程度上影响了区域粮食安全的实现。在目前耕地面积日益减少，粮食安全问题形势严峻的背景下，科学调整区域耕地利用，增加粮食收购价格，给予种粮农户粮食补贴，严格保护基本农田，通过多种措施提高粮食播种面积，保障最低粮食播种面积，是保障区域粮食生产水平，保障粮食安全的有力措施。

6.6.3　耕地利用强度对粮食生产能力的影响

耕地集约利用主要是指单位面积耕地上的投入和产出，其集约度在6.4.4中已经按照价值形态、实物形态进行阐述。耕地利用强度的变化对粮食生产能力的影响主要是通过其单位面积粮食作物生产能力实现程度来体现的。耕地利用强度变化造成的粮食生产能力的损失即在一定利用强度下，耕地粮食作物实际产出能力与可实现生产能力、理论生产能力的差值。

乡镇户均尺度粮食生产能力损失：

$$T_{\mathrm{qdmi}}=L_{\mathrm{qdmi}}\times S \tag{6-31}$$

$$T_{\mathrm{qdai}}=L_{\mathrm{qdai}}\times S_i \tag{6-32}$$

式中：T_{qdmi}、T_{qdai}分别表示第i个乡镇，粮食理论生产能力总损失、粮食可实现生产能力总损失，单位：kg；S_i表示第i个乡镇的耕地总面积，单位：亩；L_{qdmi}、L_{qdai}表示第i个乡镇单位面积粮食理论生产能力损失、粮食可实现生产能力损失，单位：kg/亩。

各乡镇单位面积粮食理论生产能力损失、粮食可实现生产能力损失：

$$L_{\mathrm{qdmi}}=\frac{\sum L_{\mathrm{qdm}}}{N_i} \tag{6-33}$$

$$L_{\mathrm{qdai}}=\frac{\sum L_{\mathrm{qda}}}{N_i} \tag{6-34}$$

式中：L_{qdm}、$\sum L_{\mathrm{qda}}$分别表示第i个乡镇所有样点单位面积粮食理论产量损失之和，单位面积粮食可实现产量损失之和，单位：kg/亩；N_i表示对应乡镇样点个数。

各个样点单位面积粮食理论生产能力损失、粮食可实现生产能力损失测算公式如下：

$$L_{\mathrm{qdm}}=(P_{\mathrm{mwh}}-P_{\mathrm{wh}})+(P_{\mathrm{mma}}-P_{\mathrm{ma}}) \tag{6-35}$$

$$L_{\mathrm{qda}}=(A_{\mathrm{vwh}}-P_{\mathrm{wh}})+(A_{\mathrm{vma}}-P_{\mathrm{ma}}) \tag{6-36}$$

式中：前提假设复种指数为2，L_{qdm}、L_{qda}分别表示样点单位面积粮食理论生产能力损失、可实现生产能力损失，单位：kg/亩；P_{mwh}、P_{mma}分别表示小麦、玉米理论单产能力，kg/亩；A_{vwh}、A_{vma}表示小麦、玉米可实现单产能力，kg/亩；P_{wh}、P_{ma}表示小麦、玉米实际单产能力，kg/亩。

6.6.3.1　2000年耕地利用强度对粮食生产能力的影响

如图6-34所示，2000年耕地利用强度导致的单位面积耕地粮食理论产能损失具有明显的空间分异性，大兴区东部乡镇单位面积粮食理论生产能力损失明显高于其他乡镇。从区间上看，单位面积粮食理论生产能力损失由大到小依次为C区＞A区＞D区＞B区。单位面积损失越大，说明该样点粮食实际产出与理论产出的差值越大，粮食生产能力较低。造成这种空间差异性的原因，一是大兴区东部及北部耕地质量较好，土壤条件及基础设施都比较适合粮食作物生产，小麦、玉米理论单产水平都比较高；二是在2000年东北部区域耕地利用逐渐转向种植经济作物，对粮食作物的单位面积投入减少，造成粮食单产水平下降，从而其理论生产能力损失增大。再者，2000年B区和D区都有较多的粮食作物种植，农户对粮食作物的投入较高，重视耕地的粮食生产能力，因此2000年大兴区西部和南部由于耕地利用强度导致的粮食产能损失不大。

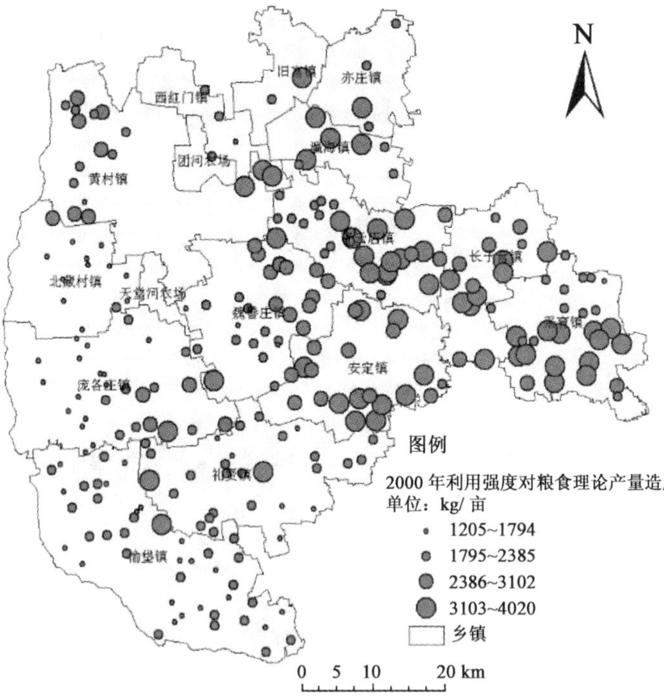

图 6-34　2000 年耕地利用强度导致单位面积粮食理论生产能力损失

2000 年单位面积耕地粮食可实现生产能力损失空间差异性与理论生产能力损失相似，但由于单位面积粮食可实现生产能力还受到区域实际技术水平、单产水平影响，因此这一差异性稍弱于理论生产能力损失空间差异，但总体趋势类似。C 区乡镇单位面积粮食可实现生产能力损失最大，其次是 A 区，以瀛海镇、亦庄等乡镇为典型。B 区北臧村镇、庞各庄镇单位面积粮食可实现生产能力损失最小，2000 年这一区农户家庭种植粮食作物比较多，对单位面积粮食作物投入也比较大，粮食生产实现程度高，相应的耕地利用强度造成的粮食生产损失也较少(图 6-35)。

6.6.3.2　2008 年耕地利用强度对粮食生产能力的影响

2008 年样点农户耕地利用强度导致单位面积耕地粮食理论生产能力损失 683～2748 kg/亩，粮食可实现生产能力损失 156～2040 kg/亩，单位面积粮食生产能力损失较 2000 年有所下降，2008 年大兴区粮食单产与理论单产之间的差值整体比 2000 年小。2008 年大兴区整体耕地利用集约度比 2000 年高，农户对耕地的实物投入较大，耕地的产出能力较高。

从空间上看，单位面积耕地由于利用强度变化导致的粮食生产能力损失从大到小为 A 区＞B 区＞C 区＞D 区，空间差异性与 2000 年有明显不同。A 区与 B 区属于大兴区经济发达区域，有相当部分农户不再从事农业，大部分农户的耕地利用目标是为了获取更多的经济产出，粮食播种比例低，种植结构多为一年一茬，粮食的实际产出能力低，从而粮食生产能力损失增加。C 区和 D 区因其地理位置、经济发展水平等限制，大部分农户耕地利用目标为兼顾耕地粮食生产能力与经济产出能力，因此对粮食作物的投入水平与 2000 年相比有缓慢增加，粮食生产能力隐性损失比 A 区、B 区小。

整体上看，2008 年大兴区单位面积粮食理论生产能力损失、可实现生产能力损失在数值

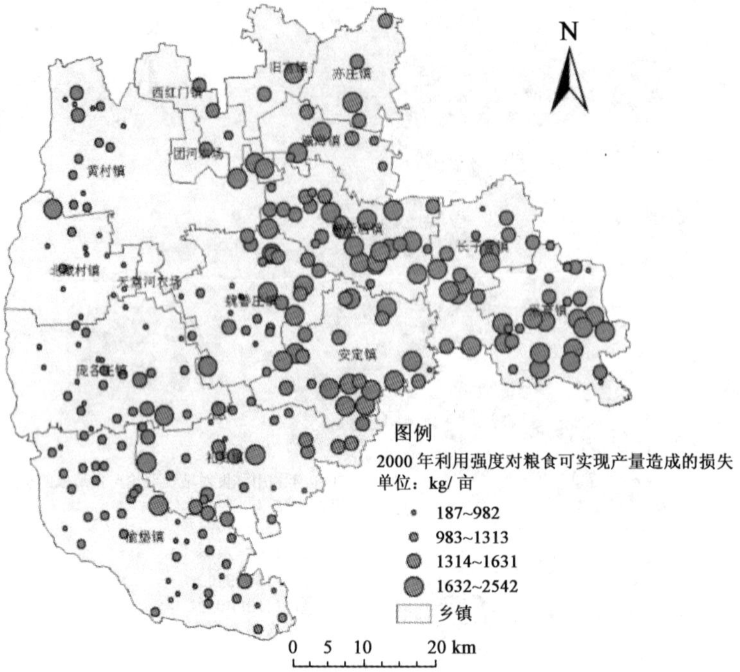

图 6-35　2000 年耕地利用强度导致单位面积粮食可实现生产能力损失

上较 2000 年下降，但空间差异性变弱。原本以种植粮食为主的农户耕地利用强度随着时间增长缓慢增加，而一些原本以种植经济作物为主的农户其对粮食作物投入强度随着时间的增长没有多大改变(图 6-36、图 6-37)。

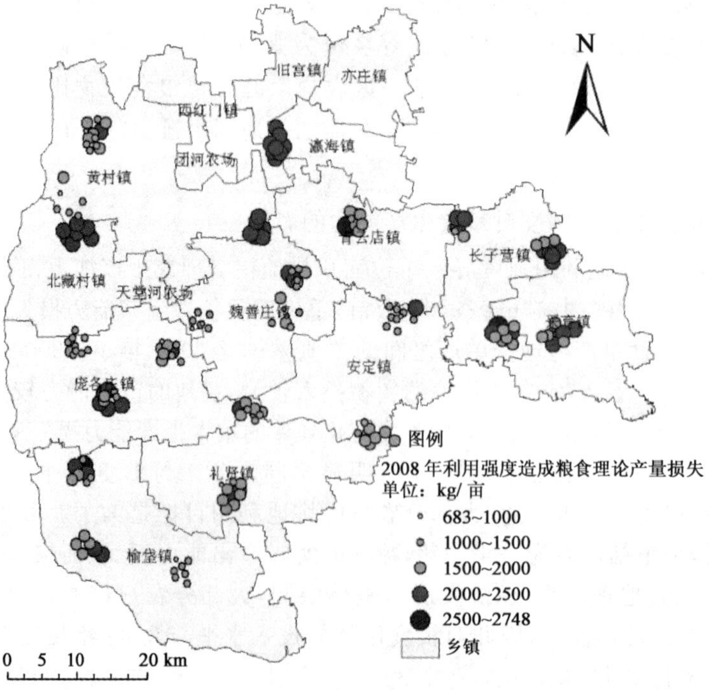

图 6-36　2008 年耕地利用强度导致单位面积粮食理论生产能力损失

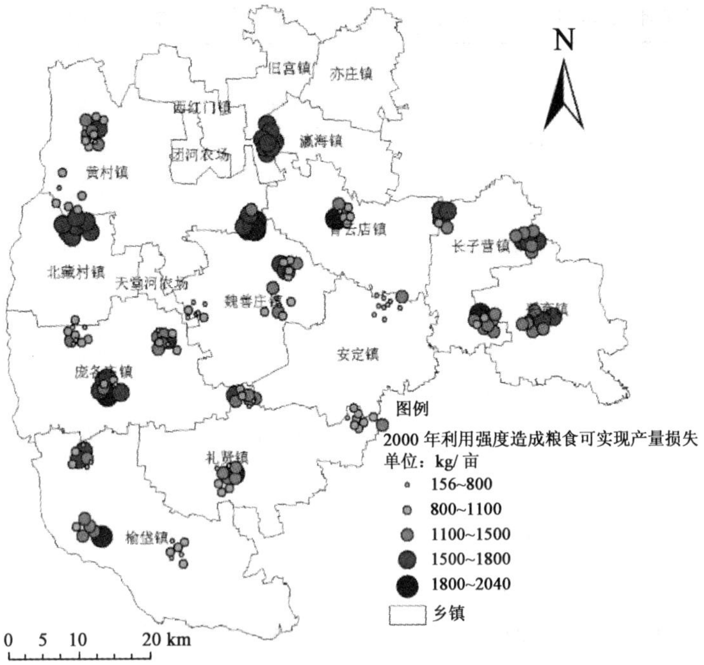

图 6-37 2008 年耕地利用强度导致单位面积粮食可实现生产能力损失

6.6.3.3 耕地利用强度变化对粮食生产能力的影响

将单位耕地面积粮食生产能力损失与当年乡镇耕地面积乘积，得到乡镇尺度耕地利用强度差异导致粮食生产能力总损失。2000 年与 2008 年数据见表 6-23 和表 6-24。

表 6-23 2000 年与 2008 年大兴区各乡镇耕地利用强度导致粮食理论生产能力损失比较

区片	乡镇	单位面积粮食理论生产能力损失/(kg/亩)		粮食理论生产能力总损失/10^4 t	
		2000 年	2008 年	2000 年	2008 年
A 区	黄村镇	2334.87	1692.91	14.11	7.31
	西红门镇	2475.34		5.78	
	亦庄镇	2115.27		4.87	
	瀛海镇	3121.25	2352.03	10.50	4.96
B 区	北臧村镇	1615.85	2038.90	6.03	4.54
	庞各庄镇	1993.12	1610.59	14.50	10.01
C 区	安定镇	3118.64	1279.45	18.65	6.43
	采育镇	2791.26	2032.63	17.57	9.16
	长子营镇	3093.28	2045.72	16.01	8.08
	青云店镇	2755.36	1802.43	18.79	9.21
	魏善庄镇	2718.5	1338.35	18.27	7.60
D 区	礼贤镇	2067.5	1670.53	17.82	13.99
	榆垡镇	1771.9	1534.16	14.74	11.57
	总计	2375.97	1704.61	177.63	92.85

注：由于 2008 年农户调研没有西红门、亦庄镇数据，故这里没有测算这两个乡镇的粮食理论产量损失和可实现产量损失

表 6-24 2000 年与 2008 年大兴区各乡镇耕地利用强度导致粮食可实现生产能力损失统计

区片	乡镇	单位面积粮食可实现生产能力损失/(kg/亩)		粮食可实现生产能力总损失/×10⁴ t	
		2000 年	2008 年	2000 年	2008 年
A 区	黄村镇	1113.21	1178.30	6.73	5.09
	西红门镇	1621.88		3.79	
	亦庄镇	1432.50		3.30	
	瀛海镇	1726.07	1681.38	5.81	3.54
B 区	北臧村镇	797.57	1704.68	2.97	3.80
	庞各庄镇	1101.88	1086.47	8.02	6.75
C 区	安定镇	1640.74	550.08	9.81	2.76
	采育镇	1471.38	1420.98	9.26	6.40
	长子营镇	1605.42	1412.35	8.31	5.58
	青云店镇	1582.55	1167.66	10.79	5.97
	魏善庄镇	1571.88	994.94	10.56	5.65
D 区	礼贤镇	1308.03	1086.31	11.28	9.10
	榆垡镇	1125.38	1072.97	9.36	8.10
	总计	1337.69	1170.81	99.98	62.73

2000 年大兴区耕地利用强度差异造成粮食理论生产能力损失 177.63 万 t,粮食可实现生产能力 99.98 万 t 损失。2008 年大兴区全区由于耕地集约度差异造成粮食理论生产能力损失 59.57 万 t,粮食可实现生产能力损失 44.74 万 t。2000—2008 年,耕地利用强度变化导致显著的大兴区粮食生产能力损失,且 2000 年损失大于 2008 年。这也反映了随着时间推移,粮食作物的播种比例在不断下降,但粮食作物地块集约度也有所上升,粮食作物单产的实现程度随着时间增长有所增加。

比较耕地利用强度导致的 2000 年与 2008 年单位面积粮食理论生产能力损失变化(图 6-38 和图 6-39),2000—2008 年,由于大兴区北部耕地面积大量减少,大兴区东部和南部乡镇理论生产能力总损失要高于北部乡镇。但黄村镇、瀛海镇、北臧村镇等大兴北部乡镇单位面积耕地粮食生产能力损失,要高于南部和东部乡镇。大兴区粮食生产能力损失体现出一定的空间差异性。单位面积耕地粮食理论生产能力损失 2000 年 A 区>C 区>D 区>B 区,2008 年则呈现出 A 区>B 区>C 区>D 区的规律。说明 2000 年 B 区北臧村镇、庞各庄镇粮食单产能力最高,实际单产与可实现单产、理论单产之间的差距最小,相应的耕地集约水平也比较高,到了 2008 年,B 区农户转向多种植经济作物,对粮食作物投入减少,粮食实际生产能力降低,耕地利用强度变化导致 B 区粮食生产能力损失变大。2000—2008 年,D 区耕地利用强度增长缓慢,其耕地利用时间差异不大,因此礼贤镇、榆垡镇粮食单产能力实现程度相对最高,单位面积粮食理论生产能力平均损失 820.17 kg/亩,低于平均值 355.54 kg/亩。

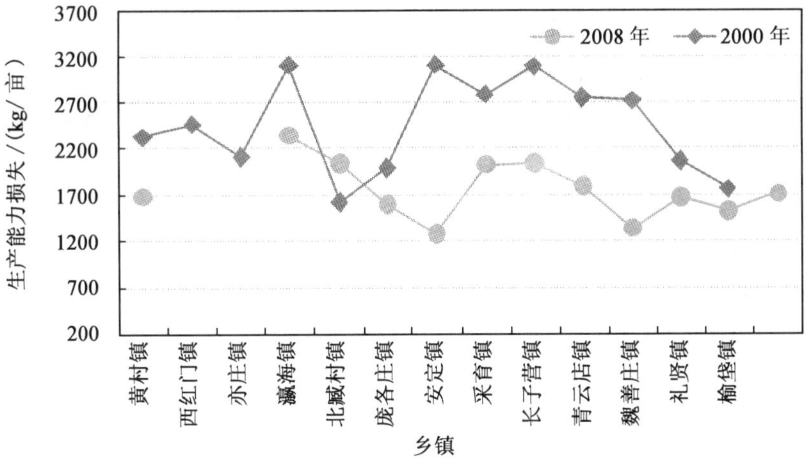

图 6-38　2000 年与 2008 年大兴区单位面积粮食理论生产能力损失比较

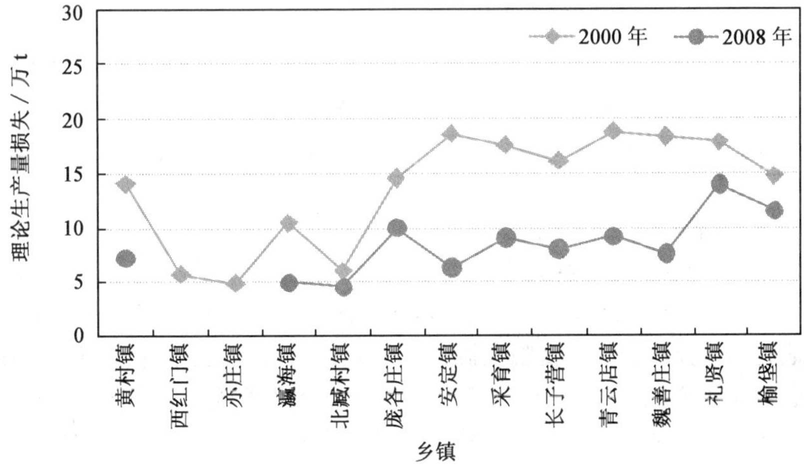

图 6-39　2000 年与 2008 年大兴区各乡镇粮食理论生产能力总损失比较

6.6.4　2008 年耕地利用差异对区域粮食生产能力的影响分析

以调研数据为基础，将利用方式造成的各样点单位面积粮食理论损失与利用强度造成的各样点单位面积粮食理论损失加和，得到各样点由于耕地利用造成的单位面积粮食理论生产能力总损失。同理，得到 2008 年各调研点耕地利用影响下的单位面积粮食可实现生产能力总损失，汇总到乡镇见表 6-25。

基于农户数据，2008 年大兴区耕地利用差异导致全区粮食理论生产能力损失 152.42 万 t，可实现生产能力损失 107.48 万 t，其中，由于耕地利用方式差异导致的粮食理论生产能力总损失 59.56 万 t，粮食可实现生产能力总损失 44.74 万 t，耕地利用强度差异导致区域粮食理论生产能力总损失 92.86 万 t，粮食可实现生产能力总损失 62.73 万 t。与 2000 年比较，2008 年耕地利用方式造成的粮食生产能力损失要大，耕地利用强度造成的粮食生产能力要小。

粮食播种面积随时间增长而减少，耕地利用集约度随着时间增长而增加，耕地利用方式变化对粮食生产能力的影响越来越大，耕地利用强度变化对粮食生产能力的影响则随着时间变化有所减弱。而耕地利用差异对粮食生产能力的影响在空间上存在差异性。

表 6-25 2008 年耕地利用差异导致的粮食生产能力损失分乡镇统计 10^4 t

区片	乡镇	粮食理论生产能力总损失			粮食可实现生产能力总损失		
		TL_{fsm}	TL_{qdm}	理论总损失	TL_{fsm}	TL_{qdm}	理论总损失
A 区	黄村镇	5.99	7.31	13.30	4.47	5.09	9.56
	瀛海镇	4.35	4.96	9.31	3.11	3.54	6.65
B 区	北臧村镇	4.43	4.54	8.97	3.72	3.8	7.52
	庞各庄镇	8.40	10.01	18.41	6.24	6.75	12.99
C 区	安定镇	3.26	6.43	9.69	1.95	2.76	4.71
	采育镇	5.24	9.16	14.40	3.99	6.4	10.39
	长子营镇	6.15	8.08	14.23	4.56	5.58	10.14
	青云店镇	3.92	9.21	13.13	2.92	5.97	8.89
	魏善庄镇	4.76	7.60	12.36	3.93	5.65	9.58
D 区	礼贤镇	6.93	13.99	20.92	5.17	9.1	14.27
	榆垡镇	6.13	11.57	17.70	4.68	8.1	12.78
	总计	59.56	92.86	152.42	44.74	62.73	107.48

分区片看，A 区是大兴区经济中心，2008 年西红门、旧宫、亦庄等乡镇已经鲜有耕地。因此这一区域，2008 年耕地利用方式造成的粮食生产能力损失比例较大。与 A 区类似，在 B 区，限制粮食生产能力的主导因素是耕地利用方式中粮食作物播种面积过少、复种指数低。

C 区耕地利用差异造成的粮食隐性损失介于 D 区与 B 区之间，平均每个乡镇由于耕地利用造成的粮食理论生产能力损失 12.76 万 t，粮食可实现生产能力损失 8.74 万 t，其中，耕地利用强度造成的粮食生产能力损失要高于耕地利用方式造成的粮食生产能力损失。

D 区由于耕地利用导致的粮食隐性总损失最大，礼贤、榆垡两个乡镇 2008 年粮食理论生产能力总损失平均为 19.31 万 t，可实现生产能力总损失 13.53 万 t，其中，耕地利用强度变化造成的粮食生产能力损失要高于利用方式造成的粮食生产能力损失。D 区限制粮食生产能力的主要因素还是耕地利用强度。

比较耕地利用方式与耕地利用强度对单位面积粮食生产能力造成的损失差异（图 6-40 与图 6-41），C 区和 D 区，包括采育、长子营、青云店、安定、魏善庄、礼贤、榆垡等乡镇，单位面积耕地上，由于利用方式导致的粮食理论单产损失要小于耕地利用强度导致的理论单产损失，说明 2008 年，这些乡镇粮食播种比例相对较高，利用方式造成的粮食隐性损失比其他乡镇低，其次，这些区域耕地利用强度并不高，从而粮食实际单产与理论单产之间差距较大。因此，对于这些区域在今后重点是提高耕地利用强度，提高单位面积耕地粮食产出能力，进一步挖掘粮食生产潜力。

大兴区 A 区和 B 区，即东北部及西部，包括旧宫、瀛海、西红门、黄村、北臧村、庞各庄等乡镇，这些区域利用方式导致的粮食理论单产损失要大于或者接近利用强度导致的理论单产损失。这些区域粮食播种面积比例小，耕地利用强度大，因此，在今后重点要提高粮食播种面积比例，减少耕地利用方式引起的粮食生产能力损失，从而挖掘粮食生产能力。

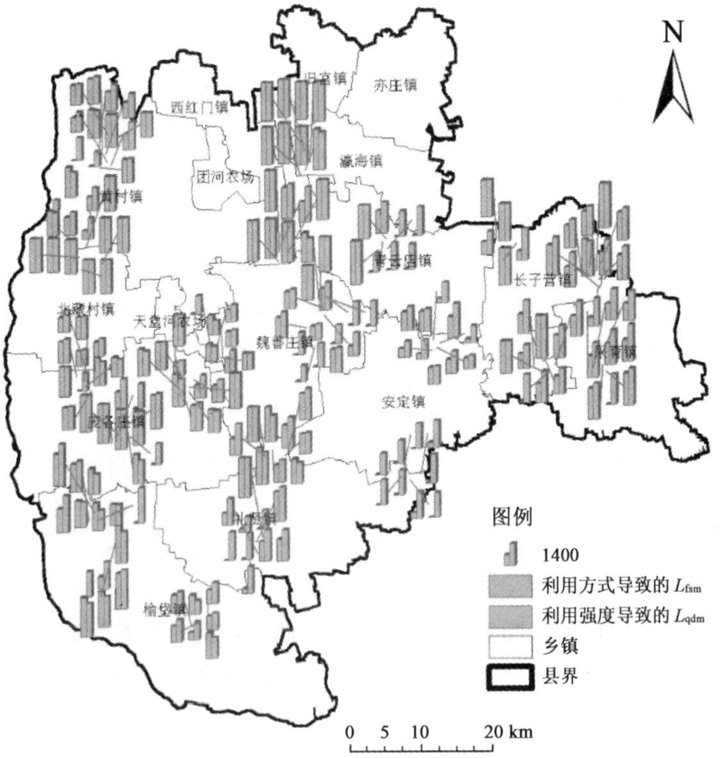

图 6-40　2008 年样点地块单位面积粮食理论生产能力损失空间分布

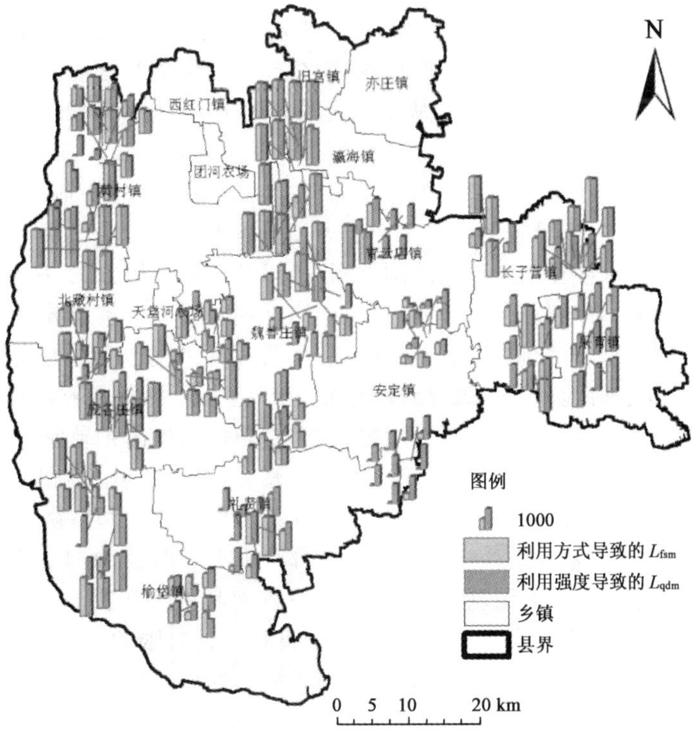

图 6-41　2008 年样点地块单位面积粮食可实现生产能力损失空间分布

通过以上分析，考虑大兴区耕地利用实际情况和社会经济发展情况，今后可以重点在D区和C区挖掘粮食生产潜力，通过提高农业技术水平，提高耕地利用强度，进一步挖掘粮食生产潜力。而在A区和B区，可以采取措施手段引导粮食作物的种植，减少耕地利用方式造成的粮食生产能力损失。

6.6.5 小结

1982—2000年间，大兴区耕地面积减少导致粮食理论生产能力损失56.69万t，粮食可实现生产能力损失41.83万t，粮食实际生产能力损失17.11万t。2000—2006年间，大兴区耕地面积减少造成了大兴区粮食理论生产能力损失41.83万t，粮食可实现生产能力损失30.76万t，粮食实际生产能力损失12.00万t。耕地数量减少对区域粮食生产能力造成的刚性损失十分巨大。

1997—2006年间，假设种植非粮作物的耕地全部用来种植粮食作物，且复种指数达到2，那么1997—2006年的10年间，耕地利用方式变化造成了大兴区粮食理论生产能力总损失263.22万t，可实现产量总损失180.35万t。2008年耕地利用变化导致大兴区全区粮食理论生产能力损失59.57万t，粮食可实现生产能力损失44.74万t。从时间上看，耕地利用方式变化造成的粮食生产能力隐性损失随着时间增长而增加。从空间上看，大兴区北部经济发达地区，西北部经济作物发展区由于耕地利用方式差异造成的粮食生产能力损失要高于大兴区东部和南部地区。

耕地的利用强度也直接影响了地块粮食实际产出水平，2000年大兴区耕地集约度差异造成了粮食理论生产能力总损失177.63万t，粮食可实现生产能力99.98万t损失。2008年，全区由于耕地集约度差异造成粮食理论生产能力损失92.85万t，粮食可实现生产能力损失62.73万t(未包含西红门、亦庄数据)。2000—2008年，耕地利用强度变化导致的粮食生产能力隐性损失有所减少。这是因为随着时间推移，粮食作物地块集约度也有所上升，粮食作物单产的实现程度随着时间增长有所增加。从空间上看，2000年，大兴区四个区片耕地集约度变化引起的粮食生产能力损失由高到低依次为C区＞A区＞D区＞B区，而2008年则呈现出A区＞B区＞C区＞D区的特征。经济越发达的区域，对播种粮食的耕地投入越低，集约度越低，单位面积上耕地利用强度导致的粮食生产能力损失越大。

比较耕地数量减少对粮食生产造成的刚性损失，以及耕地利用方式、耕地利用强度造成的粮食生产能力隐性损失，耕地利用造成的粮食生产隐性损失要大于耕地数量造成的刚性损失。在隐性损失中，耕地利用方式导致的损失与耕地利用强度导致的损失差值体现出明显的空间差异性。经济发达区域，耕地利用方式导致的粮食生产能力损失要大于耕地集约度造成的隐性损失。而在农业发展区，耕地集约度差异是造成粮食隐性损失的主导原因。

随着社会经济发展，建设用地需求短期内不可能减少，耕地数量在未来仍然会保持减少的趋势。对于耕地数量变化造成的粮食生产能力刚性损失，可以通过调整耕地利用方式，提高耕地利用强度，通过提高地块粮食生产潜力来弥补一部分损失。但是，由于受到农业生产技术的限制、地力水平、农业基础设施的限制，以及农户这一耕地利用者在耕地利用中考虑的自身利益问题，现阶段调整耕地利用方式、提高耕地利用强度作用是有限的。耕地利用造成的粮食生产能力损失在短期内，一定的科技水平内只能弥补其中一部分。因此，耕地保护不仅要重视耕地数量保护，更要重视耕地生产能力保护，但耕地数量质量的保护仍然是保障粮食生产能力的重中之重。

6.7　北京市大兴区耕地利用变化驱动机制分析

农用地土地利用单元的转化方式主要有两种形式，一是利用方式的变化，包括农用地利用类型、耕地具体利用方式的维持、转变以及弃耕撂荒；二是耕地集约利用的变化，具体表现在单位面积耕地上资本、劳动、价值等集约度利用的时间与空间差异。而农用地利用单元其利用状态受到多方面限制，包括国家、区域等大背景环境条件、土地资源本底条件、农户家庭综合条件等，农户的耕地利用行为是基于这些条件因素的限制和共同作用下的理性土地利用行为。

本研究从农户角度出发，选取影响农户耕地利用的因素，对耕地利用方式变化和耕地利用强度变化分别进行了驱动机制分析。

6.7.1　农户角度耕地利用方式变化驱动因素分析

农户选择具体的耕地利用方式，受到外部环境和内部环境的综合影响，并根据家庭对耕地产出的需求来选择种植粮食作物还是经济作物。外部环境如国家宏观政策，地方农业引导政策如农业补贴政策、耕地保护政策等对农户耕地利用方式产生的影响，在同一区域内多是均一的，不同个体农户间对于这种外部性政策的反馈差别不大。为了从农户角度探索农户家庭条件及其耕地本底情况对耕地利用方式选择结果造成的影响，以 2009 年农户调研数据为分析对象，选取了农户家庭劳动力水平、农户家庭经济特征、耕地资源本底、耕地区位四个大类来分析这些可能的驱动因素对耕地利用方式选择差异性造成的影响能力大小。

6.7.1.1　农户家庭劳动力结构对耕地利用方式变化的驱动作用

农户劳动力水平是农户耕地利用的必要限制因素。家庭从事农业的人数多则其在耕地上的人力投入相对较大，会更倾向于精耕细作的种植方式，也可以满足经济作物的人员管理需求。

选取家庭总人数、从事农业人数、稳定非农工作人数、从事农业者最高受教育水平、平均受教育水平、农业人口平均年龄 6 个指标作为衡量农户家庭劳动力水平的因素，利用 SPSS 统计分析功能对三种耕地利用方式类型进行测算，得出不同耕地利用方式下农户的家庭人口特征统计表(表 6-26)。

由表 6-26 可见，农户家庭总人数中从事农业的人数越多，有稳定非农工作的人数越少，即农户家庭农业人口比例越高，耕地利用方式更倾向于兼种粮食和经济作物的利用方式。再从农业人口年龄看，这一利用方式类型的农户家庭从事农业人员的平均年龄最小，为 46.40 岁，而利用方式为单一种植粮食作物型的农户这一指标值为 53.57 岁。年龄可以侧面反映农户的身体和思想状况，调研中也发现年龄阶段在 38～45 岁的农户偏好经济作物，认为只有多种植经济作物才能够带来理想的收益。而年龄在 60 岁左右的农户则认为种植蔬菜作物风险比较大，倾向于有粮食补贴且收获较稳定的粮食作物。家庭总人数、农业人口受教育水平这两个因素并没有对耕地利用方式的选择造成很大影响，这是与中国人均耕地面积少，农民受教育水平普遍较低的背景密切相关的。

依靠农业收入作为家庭收入主要来源的农户会更看重耕地的经济产出效益，如果农户家庭有充足的农业劳动力且劳动力年龄适合、受教育水平不高(相对劳动力机会成本低)，农户会更加倾向于多种植经济作物，这种情况也就导致了粮食生产能力隐性损失的扩大。

表 6-26 农户家庭劳动力水平与耕地利用方式选择的统计

利用方式类型	驱动因素	全距	最小值	最大值	均值	标准差	偏度系数		峰度系数	
							数值	标准误差	数值	标准误差
单一种植粮食作物的利用方式	农业人口平均年龄	63	26	89	53.57	11.821	0.190	0.333	0.685	0.656
	从事农业最高教育水平	5	1	6	2.96	1.038	0.304	0.333	0.691	0.656
	平均受教育水平	5	0	5	2.50	1.117	−0.397	0.333	0.102	0.656
	家庭总人数	8	2	10	4.47	1.815	0.697	0.333	0.797	0.656
	从事农业人数	4	1	5	2.04	0.937	1.133	0.333	1.387	0.656
	稳定非农工作人数	5	0	5	1.12	1.351	0.942	0.333	0.030	0.656
粮食与经济作物兼种方式	农业人口平均年龄	61.5	28.5	90	46.40	11.981	1.520	0.378	4.151	0.741
	从事农业最高教育水平	4	1	5	2.90	0.940	−0.188	0.378	−0.193	0.741
	平均学历	4.5	0	4.5	2.08	1.178	−0.245	0.378	−0.578	0.741
	家庭总人数	6	2	8	4.13	1.436	0.607	0.378	0.416	0.741
	从事农业人数	4	1	5	2.13	0.833	1.478	0.378	3.448	0.741
	稳定非农工作人数	3	0	3	0.69	0.893	1.134	0.378	0.443	0.741
单一种植经济作物的利用方式	农业平均年龄	42.3	25.6	68	49.43	9.149	−0.420	0.253	−0.061	0.500
	从事农业最高教育水平	5	1	6	2.89	0.924	−0.036	0.253	0.986	0.500
	平均学历	10	0	6	2.58	1.620	1.351	0.253	4.756	0.500
	家庭总人数	10	1	11	4.43	1.572	0.855	0.253	3.031	0.500
	从事农业人数	3	1	4	2.11	0.795	0.884	0.253	0.839	0.500
	稳定非农工作人数	6	0	6	0.92	1.276	1.657	0.253	2.903	0.500

注：文化程度为 0 从未上过学，1 小学，2 初中，3 高中，4 中专 5 大专及大专以上，这里的平均文化程度取家庭各农业劳动力实际文化水平代码加和平均得到，值越高说明文化程度越高

6.7.1.2 农户经济情况对耕地利用方式变化的驱动作用

农户的家庭经济条件包括农户家庭总收入，家庭总支出，人均纯收入，家庭农业总收入，农业总支出等因素；综合考虑，利用农业收入占家庭收入比例、非农收入这两个指标来衡量农户经济因素对耕地利用方式变化造成的影响。

家庭资金的充裕程度是农户抵御外部风险的保障之一，家庭的收入来源及收入情况差异是导致农户耕地利用目标差异的重要原因。对于经济情况良好，家庭收入以稳定非农业为主的农户，会更倾向于种植省事的粮食作物如小麦玉米，且复种指数低。

基于调研数据，耕地利用方式为单一种植经济作物的农户，农业为农户家庭带来平均 34244.66 元收入，家庭农业收入平均占家庭总收入的 65.34%，这类利用方式对应的农户家庭工资性收入是三类农户中最少的，耕地起到了非常重要的保障农民生活的作用。相比之下，仅种植粮食作物的利用方式对应的农户，其农业收入平均占其家庭总收入的比例仅为 15.88%，耕地利用方式为兼种形式的农户这一比值介于前两种利用类型之间。可以明显看出，缺乏非农收入渠道的农户更愿意去挖掘耕地的经济价值潜力，通过种植单位面积收益高的蔬菜、瓜类或者果树来获取能够最大限度满足其家庭经济需求的效益，因此依靠农业收入作为家庭主要经济来源，非农收入低的农户，在耕地利用方式上更倾向于多种植经济作物（表 6-27）。

表 6-27　农户家庭经济收入与耕地利用方式的联系统计

利用方式	影响因素	全距	最小值	最大值	均值
单一种植粮食作物	家庭经营收入/(元/年)	549836	2964	552800	44426.36
	农户农业总收入/(元/年)	17727	588	18315	7045.97
	工资性收入	198000	0	198000	25490.20
粮食与经济作物兼种	家庭经营收入/(元/年)	220635	2365	223000	52410.87
	农户农业总收入/(元/年)	136100	900	137000	34244.66
	工资性收入	120000	0	120000	18166.21
单一种植经济作物	家庭经营收入/(元/年)	126903	1512	128415	33382.32
	农户农业总收入/(元/年)	76450	900	77350	13639.47
	工资性收入	120000	0	120000	18449.45

6.7.1.3　耕地资源本底特征对耕地利用方式变化的驱动作用

耕地资源的质量好坏关系着作物的产出能力，农户家庭耕地的面积、地块数、耕地综合质量则影响着农户在耕地利用方式选择时的决策。本研究选择了耕地规模、耕地复种指数、耕地收益成本比、耕地质量、耕地破碎度五个指标来揭示耕地资源条件对耕地利用方式选择的影响，统计结果见表 6-28。

表 6-28　耕地资源本底条件与耕地利用方式之间的联系统计

利用方式	影响因素	全距	最小值	最大值	均值	标准差	偏度系数		峰度系数	
							数值	标准误差	数值	标准误差
单一种植粮食	耕地规模	14.00	1.00	15.00	6.92	3.22	0.27	0.33	−0.21	0.66
	复种指数	3.70	0.30	4.00	1.68	0.60	0.53	0.33	3.11	0.66
	收益成本比	9.44	0.36	9.80	2.39	1.51	2.69	0.33	10.84	0.66
	耕地质量	2	1	3	2.35	0.54	−0.22	0.33	−0.48	0.66
	耕地破碎度	4	1	5	2.14	1.06	0.56	0.33	−0.44	0.66
单一经济作物	耕地规模	18.00	2.00	20.00	6.95	4.69	1.31	0.38	1.52	0.74
	复种指数	3.85	0.15	4.00	1.18	0.67	2.20	0.38	7.44	0.74
	收益成本比	12.05	0.24	12.29	3.27	2.74	1.90	0.38	3.28	0.74
	耕地质量	2	1	3	2.15	0.52	−0.04	0.38	0.68	0.74
	耕地破碎度	5	1	6	2.13	1.34	1.10	0.38	0.53	0.75
粮食与经济作物兼种	耕地规模	18.00	2.00	20.00	9.15	3.87	0.96	0.25	1.19	0.50
	复种指数	2.20	0.30	2.50	1.36	0.40	0.16	0.25	−0.07	0.50
	收益成本比	16.61	0.23	16.84	2.73	2.20	3.47	0.25	18.42	0.50
	耕地质量	2	1	3	2.18	0.54	−0.23	0.25	0.14	0.50
	耕地破碎度	5	1	6	3.09	1.15	0.23	0.25	−0.70	0.50

注：耕地规模即农户家庭耕地总面积，单位为亩。

耕地质量因素处理如下，农户根据自己的种植经验以及当地的具体情况判断出自己地块的优劣，调研中将土地质量分为差地、一般、好地三个等级，然后询问农户各个等级的面积，再据此折算出农户耕地资源的质量等级。

耕地破碎度则以实际地块块数衡量，地块数越多，耕地越破碎利用方式为粮食与经济作物兼种形式的农户，家庭平均耕地总面积大于其他两种利用方式农户；利用方式为单一种植粮食的农户耕地复种指数高于其他两种利用方式；种植作物单一的农户家庭耕地破碎度小。明显可见的是，单一种植经济作物的农户耕地收益成本比最高；而不同耕地利用方式对应的耕地质量差别不大。综上所述，耕地资源条件中，农户家庭耕地总面积、耕地破碎度、耕地复种指数是造成农户差异性耕地利用方式的主导驱动因素。

家庭耕地面积越大，农户越倾向于兼种模式的利用方式，尤其对于耕地利用方式为兼种，并且经济作物播种面积大于粮食作物的农户，23.2%农户希望增加耕种面积以其增加经济收入。

耕地块数越多，即耕地越破碎，农户越倾向于兼种粮食和经济作物的利用方式。耕地破碎度低，农户更愿意单一的耕地利用方式，这是因为耕地的连片度越好，耕地质量越一致，越方便农业耕作。反之，耕地过于破碎化，分地块面积零碎，地块间土地质量不一，越不利于耕作，农户就倾向于在不同的地块种植差异性、易于耕作管理的作物。从宏观上看，耕地的质量差异也是造成耕地利用方式空间差异性的原因之一，如在沙质土壤地带农户会选择种植西瓜，而在土地肥沃、灌排水条件较好的地带不少农户会选择种植各种蔬菜。

因此，耕地的资源本底状况是决定耕地现实利用方式的基础条件之一，耕地规模、耕地破碎度、耕地复种指数、耕地质量都是造成耕地利用方式差异性的驱动因素。

6.7.1.4 区位条件对耕地利用方式的影响

区位因素主要包括城镇中心影响度和交通道路影响度。城镇中心作为工农业产品的消费和集散地，不仅直接影响着农产品的销售而且为农业生产提供农业生产资料、技术及生产信息。交通条件对于农业生产的影响程度主要是与地块道路通达度的优劣密切相关。按照经典的屠能农业区位理论，农业区位会以城市为中心，由内向外呈同心圆状分布。在调研中，我们收集到各个受访农户家庭耕地利用具体方式，并利用 GPS 对每户农户定点。结合 GIS 技术，将各个农户的点位导入 GIS 底图中，以小麦、玉米、蔬菜、西瓜、果树为例，得出调研样点五种作物的空间分布图如图 6-42 所示。

由图 6-42 可见，不同作物的空间分布差异比较大，小麦、玉米两种作物分布最均匀，但种植结构有差异，在大兴中南部种植结构一般为冬小麦夏玉米，而在经济发达的区域则为一年一茬。经济作物的分布表现出一定的空间差异性，西瓜多集中在庞各庄镇及其周边村庄，其他区域相对较少。蔬菜作物在各个乡镇都有种植，但种植区域一般距离乡镇中心较近，并且对应的交通道路区位较好。果树种植分布零散，一般位于离中心城镇有一定距离但交通区位条件较好的村庄，种植果树的地方大都依靠现代农业发展都市型观光采摘农业。

可见，经济区位对农户的耕地利用方式产生了一定影响，越靠近城镇的耕地，越倾向于一年多茬型经济作物的种植，以各种蔬菜为主，这点在黄村、瀛海镇尤为明显。在瀛海镇，接近大兴区中心，经济发达，外来流动人员很多，当地农户从农业转为第三产业，家庭收入以房屋出租、零售业、小工业为主，耕地基本上出租给外地务农人员租种，种植方式较单一，大多为油麦菜、油菜、番茄等一年多茬生蔬菜，且多为大棚种植。而随着离中心城镇距离增加，耕地的利用方式逐渐转变，如离中心城镇稍远的庞各庄镇主要发展西瓜和蔬菜种植，兼有小麦玉米粮食作物，到了离中心城镇最远的榆垡南部，耕地利用方式就表现为粮食作物播种面积增多，经济作物相对减少。这种现象也与屠能的农业区位论原理一致。此外，由于大兴处于平原区而且农村公路网络比较完善，基本上达到了“村村通公交”水平，交通区位条件在这里并没有成为限制农户耕地利用方式选择的主要限制因素。

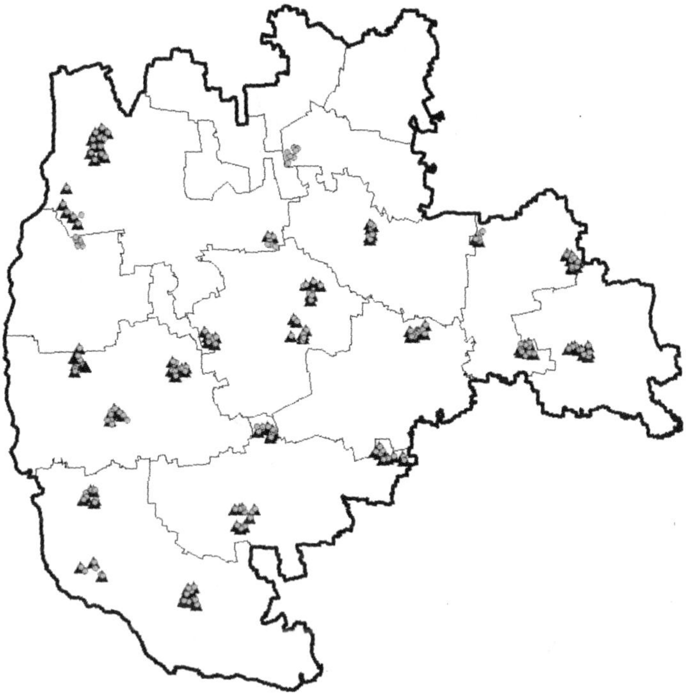

(a)受访农户种植小麦、玉米空间分布

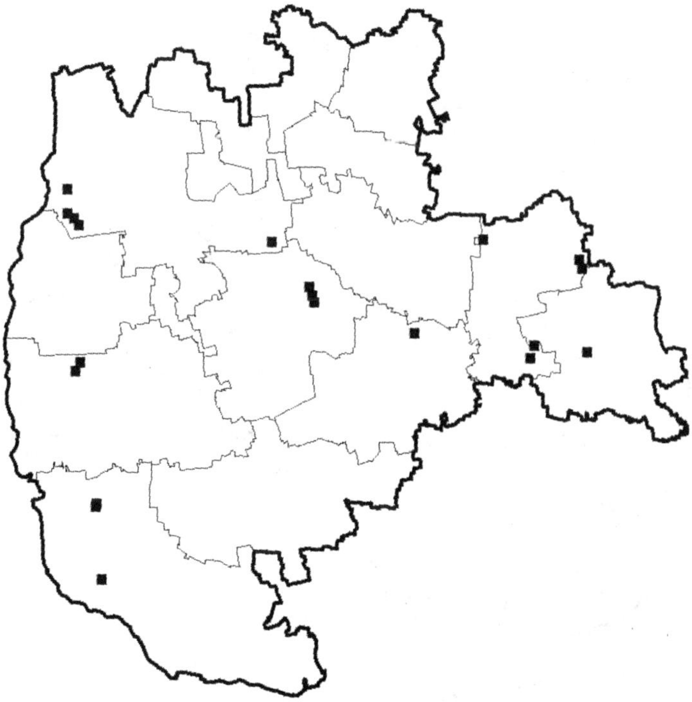

(b)受访农户种植果树空间分布

图 6-42　受访农户不同作物品种选择空间分布

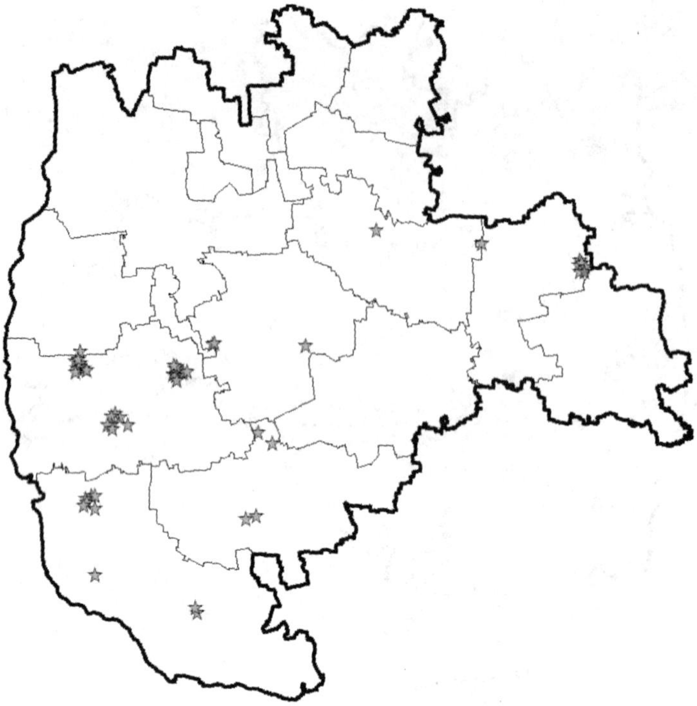

(c)受访农户种植西瓜空间分布

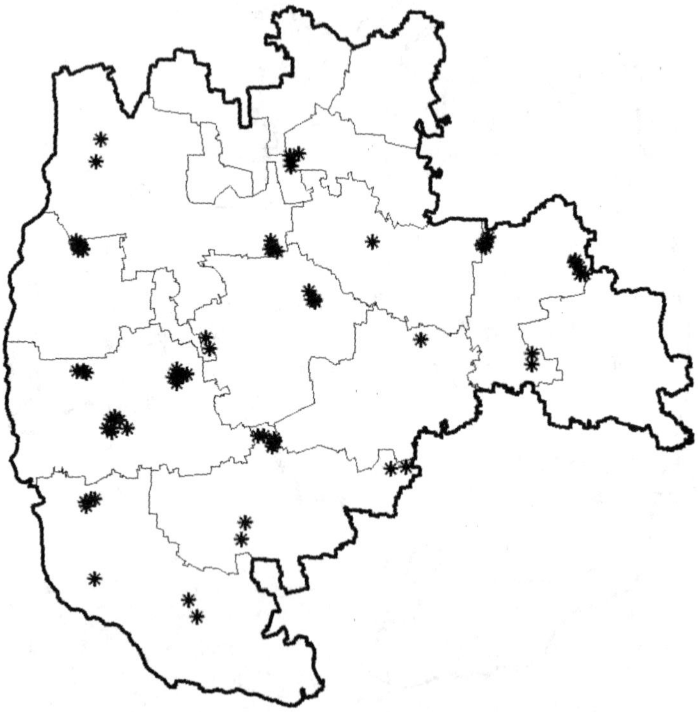

(d)受访农户种植蔬菜空间分布

续图 6-42　受访农户不同作物品种选择空间分布

6.7.1.5 小结

①农户家庭特征对耕地利用方式的影响:农户家庭总人数中从事农业的人数越多,有稳定非农工作的人数越少,即农户家庭农业人口比例越高,耕地利用方式更倾向于兼种粮食和经济作物的利用方式。依靠农业收入作为家庭收入主要来源的农户会更看重耕地的经济产出效益,如果农户家庭有充足的农业劳动力且劳动力年龄适合、受教育水平不高(相对劳动力机会成本低),农户会更加倾向于多种植经济作物。而对于家庭农业劳动力少,年龄结构偏大,非农劳动力多,家庭劳动力文化程度高,抵御风险的能力差或者农业收入并不是主要收入来源的农户可能会倾向于多种植粮食作物。

②农户家庭收入情况也对耕地利用方式造成一定影响。缺乏非农收入渠道的农户更愿意去挖掘耕地的经济价值潜力,非农收入低的农户,在耕地利用方式上更倾向于多种植经济作物。

③耕地的资源本底状况是决定耕地现实利用方式的基础条件之一,耕地规模、耕地破碎度、耕地复种指数、耕地质量都是造成耕地利用方式差异性的驱动因素。

④经济区位对农户的耕地利用方式产生了一定影响,越靠近城镇的耕地,越倾向于经济作物的种植。

⑤在上述驱动因素的综合影响下,农户选择差异性的耕地利用方式,这种差异性导致了区域粮食生产能力损失在空间上的差异性,要挖掘耕地的粮食生产潜力,可以通过适度调整耕地利用结构,提高粮食播种面积,相关政策的制定要从耕地的直接利用者的角度出发,考虑其耕地利用的驱动机制,制定针对性措施。

6.7.2 农户角度耕地利用强度变化驱动因素分析

随着区域经济发展水平的变化,农户的耕地利用目标也会发生相应的变化,农户耕地利用目标可以阶段性地划分为产量最大化阶段、产量最大化与利润最优化阶段、理论最大化阶段。大兴区属于城市快速扩展区,经济较发达。通过对大兴区耕地利用行为的分析,认为大兴区农户耕地利用正逐渐由产量与利润最优化阶段转向利润最大化阶段,并且利润最大化已经成为主导耕地利用目标(图 6-43)。

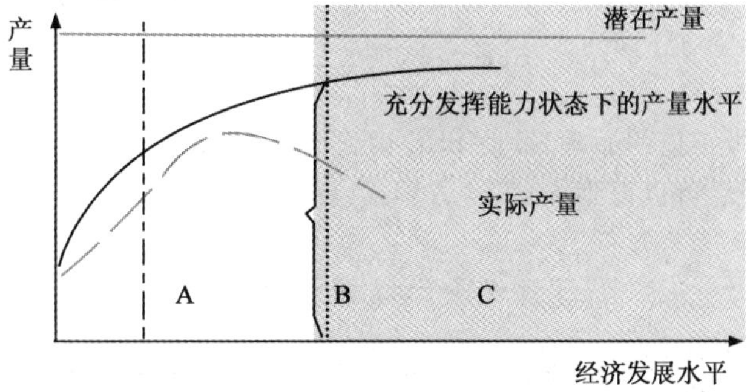

图 6-43　耕地产量与经济发展水平的关系

注:A、B、C 分别指产量最大化阶段、产量最大化与利润最优化阶段、理论最大化阶段。引自《基于农户利用目标的集约化农区土地利用变化驱动机制分析》地理科学进展,2004,23(3)

耕地利用集约度在价值形态上可以分为资本集约度和劳动集约度，这一测度指标是以投入来界定集约度的，与土地利用集约度的定义最为接近，因此本研究分别对资本集约度和劳动集约度的影响因素进行回归分析，选取可能影响大兴区农户耕地利用集约度水平的相关因素，利用 SPSS 逐步回归分析方法，分析农户耕地利用强度的驱动机制。

6.7.2.1 回归模型的选择及影响因素选择

1. 多元回归模型原理

研究在线性相关条件下，两个或两个以上自变量对一个因变量的数量变化关系，称为多元线性回归分析，表现这一数量关系的数学公式，称为多元线性回归模型。

计算公式如下：

设随机变量 y 与一般变量 x_1、x_2、L、x_k 的线性回归模型为：

$$y=\beta_0+\beta_1 x_1+\beta_2 x_2+L\beta_k x_k+\varepsilon \tag{6-37}$$

其中，$\beta_0,\beta_1,\cdots,\beta_k$ 是 $k+1$ 个未知参数，β_0 被称为回归常数，$\beta_1,\cdots,\beta_k$ 称为回归系数，y 称为被解释变量(因变量)，$x_1,x_2,\cdots,x_k$ 是 k 个可以精确测量并可控制的一般变量，称为解释变量(自变量)。ε 是随机误差，通常设定：

$$\begin{cases}E(\varepsilon)=0\\ \mathrm{var}(\varepsilon)=\sigma^2\end{cases} \tag{6-38}$$

同样，多元线性总体回归方程为：

$$y=\beta_0+\beta_1 x_1+\beta_2 x_2+L+\beta_k x_k \tag{6-39}$$

系数 β_1 表示在其他自变量不变的情况下，自变量 x_1 变动一个单位时引起的因变量 y 的平均变动单位。其他回归系数的含义类似。

多元线性样本回归方程为：

$$\hat{y}-\hat{\beta}_0+\hat{\beta}_1 x_1+\hat{\beta}_2 x_2+L+\hat{\beta}_k x_k \tag{6-40}$$

式中：$\hat{\beta}_0,\hat{\beta}_1,\hat{\beta}_2,L,\hat{\beta}_k$ 为 $\beta_0,\beta_1,\cdots,\beta_k$ 的估计值。

多元线性回归方程中回归系数的估计可以采用最小二乘法，残差平方和：

$$\mathrm{SSE}=\sum(y-\hat{y})^2 \tag{6-41}$$

根据微积分中求极小值的原理，欲使 SSE 达到最小，其对 $\beta_0,\beta_0,\cdots,\beta_k$ 的偏导数必须等于零。计算后，加以整理后可以得到 $k+1$ 各方程式(标准方程组)：

$$\frac{\partial SSE}{\partial\beta_0}=-2\sum(y-\hat{y})=0$$

$$\frac{\partial SSE}{\partial\beta_1}=-2\sum(y-\hat{y})x_1=0\quad(i=1,2,\cdots,n) \tag{6-42}$$

通过求解这一方程组分别得到 $\beta_0,\beta_1,\cdots,\beta_k$ 的估计值 $\beta_0,\beta_1,L,\beta_k$。

2. 影响因素选择

以农户家庭粮食实际单产为被解释变量，选取 20 项因素(表 6-29)进行逐步回归分析，研究影响耕地利用强度的驱动因素。

(1)农户家庭特征

选取的指标有农户家庭总人口,劳动力数量,农业劳动力,农业劳动力的年龄及其学历水平。

(2)农户家庭收入和支出

选取的指标有农户家庭总收入,种植业收入,工资性收入,农户家庭总花费,生活花费,教育费用支出。

(3)农户耕地资源情况

耕地总面积,耕地破碎度(耕地块数),耕地质量。

农户根据自己的种植经营以及当地的具体情况,很容易判断出自己地块的优劣,调研中将土地质量分为差地、一般、好地三个等级,然后询问农户各个等级的面积。根据此计算农户耕地资源的质量等级。计算公式为:

$$SL = \sum_{i=1}^{n} \text{area}_i \times G_i / \sum_{i=1}^{n} \text{area} \tag{6-43}$$

式中:SL 为农户耕地质量等级,G_i 为土地质量等级,分为差地、一般和好地三个等级,表示为 1,2,3;area_i 为相应等级的地块面积。土地质量等级取值在 1～3 之间,值越大,表示该农户整体的土地质量越好。

(4)区位因素

区县中心、乡镇中心、道路通达度。

区位因素会影响耕地的利用方式,而不同的利用方式,如经济作物和粮食作物,其利用集约度差异较大。

具体选取指标见表 6-29。

表 6-29　耕地集约度驱动分析指标因素选取

分类	变量名	变量解释	说明
$X1$ 为农户家庭特征	$X11$	家庭总人口	单位:人
	$X12$	家庭农业劳动力数量	单位:人
	$X13$	家庭非农业劳动力数量	单位:人
	$X14$	农业人口最高教育水平	户主最高教育水平:1 为没上学; 2 为小学; 3 为初中; 4 为高中;5 为中专;6 为大专及以上;7 为受过职业教育或技术培训
$X2$ 为农户家庭收入和支出	$X21$	家庭总收入	单位:元
	$X22$	种植业收入	单位:元
	$X23$	工资性收入	单位:元
	$X24$	农户家庭总支出	单位:元
	$X25$	种植业支出	单位:元
	$X26$	生活费用支出	单位:元
	$X27$	教育费用支出	单位:元

续表 6-29

分类	变量名	变量解释	说明
X3 为农户耕地资源	X31	农户家庭经营的耕地资源	单位：hm^2
	X32	土地质量等级	1 为差地，2 为一般，3 为好地
	X33	地块破碎度	平均地块大小，单位：hm^2
	X34	复种指数	=家庭播种面积/家庭耕地面积
	X35	粮食播种面积	单位：hm^2
	X36	经济作物播种面积	单位：hm^2
X4 为土地区位	X41	区县影响	单位：分
	X42	乡镇影响	单位：分
	X43	道路影响	单位：分

6.7.2.2 结果分析

1. 资本集约度驱动机制分析

用 SPSS 进行资本集约度驱动因素逐步回归，分析结果如表 6-30 至表 6-32 所示。

在 5% 的显著性水平上，农户农业总支出、区县、道路三个因素对资本集约度有显著正面影响，农户家庭农业总支出越高，农户家庭耕地离区县越近，越靠近主要道路，其单位面积耕地资本投入越大，资本集约度越高。

农业平均年龄、家庭种植粮食面积、种植经济作物面积、复种指数四个因素对资本集约度有负影响。农户家庭从事农业人口平均年龄越大，则其越倾向于种植粮食作物，进而其对单位面积地块的资本投入就越小。而家庭种植粮食面积越大，其资本集约度就会小于种植经济作物的集约度。但如果家庭经济作物面积越多，其相对资本集约度就会降低。复种指数也是影响资本集约度的一个重要因素，复种指数越大，资本集约度越低。

表 6-30 资本集约度驱动分析方差分析

	Sum of Squares	df	Mean Square	F	Sig.
Regression	12893331886	22	586060540	22.736986	0.000
Residual	4072552266	158	25775647.3		
Total	16965884153	180			

单边检验概率值为 $P(\text{Sig.})=0.000<0.01$，说明回归方程高度显著。

表 6-31 资本集约度驱动分析模型拟合程度

R	*R* Square	Adjusted *R* Square	Std. Error of the Estimate
0.872	0.760	0.727	5076.972

修正的判决系数为 0.727，说明模型的拟合程度比较高。

表 6-32　资本集约度驱动分析回归方程系数

项　目	Unstandardized Coefficients B	Std. Error	Standardized Coefficients Beta	t	Sig.
(Constant)	18351.526	3886.216		4.722	0.000
家庭总人数	11.195	351.171	0.002	0.032	0.975
从事农业人数	275.763	596.358	0.024	0.462	0.644
稳定非农工作人数	−405.766	464.388	−0.052	−0.874	0.384
农业平均年龄	−89.657	39.634	−0.101	−2.262	0.025
农业最高教育水平	−670.003	464.408	−0.067	−1.443	0.151
家庭经营收入/(元/年)	−0.010	0.011	−0.052	−0.924	0.357
农户农业总收入/(元/年)	−0.026	0.046	−0.056	−0.567	0.571
工资性收入	0.047	0.057	0.134	0.821	0.413
人均工资性收入	−0.153	0.236	−0.094	−0.650	0.516
农户家庭总支出/(元/年)	0.103	0.155	0.153	0.666	0.506
农户农业总支出/(元/年)	1.355	0.207	0.843	6.541	0.000
家庭日常食品消费支出/(元/年)	−0.100	0.167	−0.091	−0.599	0.550
文化教育支出/(元/年)	−0.064	0.166	−0.051	−0.386	0.700
粮食面积/亩	−733.298	130.489	−0.302	−5.620	0.000
经济作物面积/亩	−1031.257	168.208	−0.394	−6.131	0.000
复种指数	−4670.733	850.018	−0.265	−5.495	0.000
耕地收益成本比	117.392	263.975	0.026	0.445	0.657
耕地质量等级	−225.981	735.905	−0.013	−0.307	0.759
耕地破碎化	−238.741	399.826	−0.031	−0.597	0.551
区县影响	60.133	33.939	0.080	1.772	0.078
乡镇影响	−6.015	31.212	−0.008	−0.193	0.847
道路分	−43.542	20.167	−0.092	−2.159	0.032

注：某项因素的 t 检验的统计量的显著性概率 P(Sig.)＝0.000＜0.01，则说明该因素对被解释变量有特别显著的影响，当 0.01＜P(Sig.)＜0.05，则说明因素 i 对被解释变量有显著影响，当 P(Sig.)＞0.05，则说明因素 i 对被解释变量没有显著影响

综上所述，农业平均年龄越低，种植粮食作物面积越小，离区县中心和主干道路越近的农户，其单位面积耕地资本集约度越高，回归模型较好地显示出资本集约度的主导驱动因素。

2. 劳动集约度驱动机制分析

用 SPSS 进行劳动集约度驱动因素逐步回归，分析结果如表 6-33 至表 6-35 所示。

表 6-33 劳动集约度驱动分析方差分析

	Sum of Squares	df	Mean Square	F	Sig.
Regression	137662282179.506	22	6257376462.705	15.530	0.000
Residual	63661267111.494	158	402919412.098		
Total	201323549290.999	180			

单边检验概率值为 P(Sig.)＝0.000＜0.01，说明回归方程高度显著。

表 6-34 劳动集约度分析模型拟合程度

R	R Square	Adjusted R Square	Std. Error of the Estimate
0.827	0.684	0.640	20072.853

修正的判决系数为 0.640，说明模型的拟合程度较高。

表 6-35 劳动集约度分析回归方程系数

项　目	Unstandardized Coefficients		Standardized Coefficients	t	Sig.
	B	Std. Error	Beta		
(Constant)	114746.743	15364.954		7.468	0.000
家庭总人数	－939.704	1388.426	－0.045	－0.677	0.500
从事农业人数	19632.661	2357.825	0.496	8.327	0.000
稳定非农工作人数	－393.399	1836.055	－0.015	－0.214	0.831
农业平均年龄	－468.790	156.701	－0.153	－2.992	0.003
农业最高教育水平	－1787.477	1836.132	－0.052	－0.974	0.332
家庭经营收入/(元/年)	0.136	0.042	0.210	3.283	0.001
农户农业总收入/(元/年)	－0.108	0.183	－0.066	－0.588	0.557
工资性收入	0.454	0.224	0.381	2.026	0.044
人均工资性收入	－1.993	0.933	－0.354	－2.137	0.034
农户家庭总支出/(元/年)	0.754	0.611	0.326	1.233	0.219
农户农业总支出/(元/年)	－0.790	0.819	－0.143	－0.964	0.337
家庭日常食品消费支出/(元/年)	－1.066	0.658	－0.282	－1.620	0.107
文化教育支出/(元/年)	－0.617	0.655	－0.143	－0.942	0.348
粮食面积/亩	－4131.442	515.916	－0.494	－8.008	0.000
经济作物面积/亩	－4637.230	665.043	－0.515	－6.973	0.000

续表 6-35

项　目	Unstandardized Coefficients		Standardized Coefficients	t	Sig.
	B	Std. Error	Beta		
复种指数	−22862.563	3360.720	−0.377	−6.803	0.000
耕地收益成本比	−183.576	1043.681	−0.012	−0.176	0.861
耕地质量等级	−1169.090	2909.553	−0.019	−0.402	0.688
耕地破碎化	−4803.960	1580.793	−0.179	−3.039	0.003
区县影响	−321.588	134.186	−0.124	−2.397	0.018
乡镇影响	206.302	123.402	0.082	1.672	0.097
道路分	34.663	79.735	0.021	0.435	0.664

注：某项因素的 t 检验的统计量的显著性概率 P(Sig.)＝0.000＜0.01，则说明该因素对被解释变量有特别显著的影响，当 0.01＜P(Sig.)＜0.05，则说明因素 i 对被解释变量有显著影响，当 P(Sig.)＞0.05，则说明因素 i 对被解释变量没有显著影响。

在 5％的显著性水平上，家庭从事农业人数、农业平均年龄、家庭总收入、家庭工资性收入、粮食播种面积、经济作物播种面积、复种指数、耕地破碎化程度、区县、乡镇等因素都是影响劳动集约度的驱动因素。其中，从事农业人数、农业平均年龄、家庭总收入、粮食播种面积、经济作物播种面积、复种指数、耕地破碎化 7 个因素，t 检验的统计量的显著性概率 $P=0.000<a=0.01$，说明这 7 个因素对劳动集约度的影响特别显著。

从事农业人数、家庭总收入对劳动集约度呈现正向显著，家庭从事农业人数越多，则其投入农业劳动就越多；家庭总收入越高，其雇用的劳动力相对就更高，单位面积耕地上劳动集约度就越高。

农业平均年龄、粮食播种面积、复种指数、耕地破碎化等因素对劳动集约度呈负影响。农业平均年龄越低，相对劳动集约度越高，这是因为农业平均年龄在 40～60 的农户，更关注耕地的产出，付出的劳动也更多。粮食播种面积越大，复种指数越高，单位面积劳动集约度则越低，这是因为粮食作物劳动力的投入相对比较低。耕地越破碎，劳动集约度越低，耕地越破碎，农户消耗在家庭耕地上的劳动力就越分散，单位面积劳动集约度相对就降低了。

3. 耕地利用集约度驱动分析

价值形态集约度＝资本集约度＋劳动集约度。以价值形态集约度为被解释变量，分析耕地集约度的驱动因素。结果如表 6-36 至表 6-38 所示。

表 6-36　耕地利用集约度驱动分析方差分析

	Sum of Squares	df	Mean Square	F	Sig.
Regression	173618457498.217	22.000	7891748068.101	16.591	0.000
Residual	75154818174.073	158.000	475663406.165		
Total	248773275672.290	180.000			

单边检验概率值为 P(Sig.)＝0.000＜＝0.01，说明回归方程高度显著。

表 6-37 耕地利用集约度驱动分析模型拟合程度

R	*R* Square	Adjusted *R* Square	Std. Error of the Estimate
0.835	0.698	0.656	21809.709

修正的判决系数为 0.656，说明模型的拟合程度较高。

表 6-38 耕地利用集约度驱动分析回归方程系数

项 目	Unstandardized Coefficients		Standardized Coefficients	*t*	Sig.
	B	Std. Error	Beta		
(Constant)	133098.269	16694.447		7.973	0.000
家庭总人数	−928.509	1508.564	−0.040	−0.615	0.539
从事农业人数	19908.424	2561.842	0.453	7.771	0.000
稳定非农工作人数	−799.165	1994.924	−0.027	−0.401	0.689
农业平均年龄	−558.447	170.259	−0.164	−3.280	0.001
农业最高教育水平	−2457.480	1995.009	−0.064	−1.232	0.220
家庭经营收入	0.127	0.045	0.176	2.807	0.006
农户农业总收入	−0.134	0.199	−0.074	−0.674	0.502
工资性收入	0.501	0.243	0.378	2.056	0.041
人均工资性收入	−2.146	1.013	−0.343	−2.118	0.036
农户家庭总支出	0.857	0.664	0.333	1.290	0.199
农户农业总支出	0.566	0.890	0.092	0.636	0.526
家庭日常食品消费支出	−1.166	0.715	−0.277	−1.630	0.105
文化教育支出	−0.680	0.711	−0.142	−0.956	0.340
粮食面积/亩	−4864.740	560.557	−0.524	−8.678	0.000
经济作物面积/亩	−5668.487	722.588	−0.566	−7.845	0.000
复种指数	−27533.296	3651.515	−0.409	−7.540	0.000
耕地收益成本比	−66.184	1133.988	−0.004	−0.058	0.954
耕地质量等级	−1395.071	3161.310	−0.020	−0.441	0.660
耕地破碎化	−5042.700	1717.575	−0.169	−2.936	0.004
区县影响	−261.454	145.797	−0.091	−1.793	0.075
乡镇影响	200.288	134.080	0.072	1.494	0.137
道路分	−8.879	86.634	−0.005	−0.102	0.919

在 5%的显著性水平上，家庭农业人口、家庭经营总收入、家庭工资性总收入对耕地集约度产生显著正影响，即家庭从事农业人口越多，家庭总收入越高，工资性收入越高，农户对耕地

的价值投入越大，集约度越高。农业平均年龄、人均工资性收入、粮食种植面积、经济作物种植面积、耕地复种指数、耕地破碎化程度等 6 个指标对耕地集约度产生显著负影响。农户家庭农业人口平均年龄越高，人均工资性收入越高，粮食种植面积越多，复种指数越高，耕地越破碎，其耕地利用价值投入越低，集约度越低。

6.7.2.3　小结

运用 SPSS 软件多元回归分析功能，对 2008 年农户耕地利用集约度驱动机制进行了分析。结果表明如下。

①农户家庭结构因素中，农业人数、农业平均年龄、家庭总收入、农业总支出对耕地利用集约度影响显著。农业平均年龄越低，家庭农业劳动力越多，耕地集约度越高。

②农户家庭收入因素中，农业总支出、家庭年总收入、工资性收入对耕地利用集约度影响显著。其中，农业总支出越多，其家庭耕地利用资本集约度越高，家庭年总收入越高，工资性收入越高，对应的耕地利用集约度越高。

③耕地资源本底条件对耕地利用集约度影响显著。种植粮食作物面积越小，种植经济作物面积越小，其资本集约度和劳动集约度都越低；耕地破碎度与复种指数对耕地集约度产生负影响。

④区位因素对集约度有一定影响，离区县中心和主干道路越近的农户，其单位面积耕地资本集约度越高，而劳动集约度则越低。

6.7.3　基于驱动机制的耕地利用政策建议

基于对耕地利用方式、耕地利用强度的驱动因素分析，对今后耕地利用导向提出以下政策建议。

1. 不同区域的耕地利用有差异，因此需要实施差别性的耕地保护政策

在现实农业生产中，农户有耕地利用方式、利用强度的选择权，这种选择在空间上存在一定的规律性。区位条件良好的耕地，农户会倾向于多种植经济作物的利用方式，同时其耕地投入也较大，资本集约度高，农户耕地利用目标是利润最大化。区位条件优势不明显的地区，种植粮食作物的农户比例较高。因此，在耕地利用、耕地保护的政策上，结合区域耕地利用差异状况，实施差异性耕地保护政策，更有针对性。

2. 根据耕地利用对粮食生产能力的影响，有重点地制定和实施粮食补贴等一系列支农政策

基于耕地利用驱动机制分析发现，家庭结构、家庭收入、耕地资源以及耕地区位都是影响耕地利用的重要条件。根据耕地利用对粮食生产能力造成的显著的隐性损失，为保障区域粮食安全，今后通过加强农田基础设施改造，提高耕地资源质量，提高耕地复种指数，对种粮农户实施粮食补贴等针对性措施，鼓励、引导农户多种植粮食作物，从而减少粮食生产能力隐性损失。

3. 耕地具有多功能性

除了经济产出功能、粮食生产保障功能、社会保障功能，耕地具有生态服务功能与景观文化服务功能，耕地的生态功能在城市快速拓展区表现得尤为重要，而它的生态功能又是通过在耕地上种植农业作物来体现的。因此耕地利用还影响耕地生态功能的发挥。从这个角度来说，在制定农业相关政策中，应当给予种植粮食作物的农户一定的生态补贴，从而提高其种粮积极性，更有利于保障粮食生产。

6.8 结论与讨论

6.8.1 结论

国内外在粮食生产能力核算研究中，重视对耕地生产能力刚性减少损失的研究，而对于耕地资源使用中造成的隐性耕地生产能力损失的研究则很少。农户是耕地资源利用的主体，而我国区域自然条件复杂，经济发展水平差异巨大，农户土地利用行为存在显著地域差异，只有进行耕地生产能力隐性损失与农户土地利用目标、土地利用方式差异驱动机制之间过程研究，才能够核算我国不同区域由于农户土地利用差异导致的耕地生产能力的隐性损失强度，为耕地保护、区域粮食安全提供依据和对策。

本研究以北京市为研究区域，从基本农田保护区内耕地地块的现状入手，分析了不同规模的耕地地块所占比例，定量评价了北京市基本农田保护区内耕地破碎化程度。在此基础上，以大兴区为重点研究区域，测算了耕地数量变化引起的区域粮食生产能力刚性损失，耕地利用方式与利用强度变化导致的粮食生产能力隐性损失，并从农户角度探讨其驱动机制，主要得到以下结论。

1. 北京市基本农田保护区内耕地破碎化程度较高

北京市基本农田保护区内 100 亩以下耕地面积占全区的 27.0%，且多分布于村庄边缘和山地等区域，房山东南片区、延庆片区的耕地自然破碎度较高，这可能与这两大片区的所处地形有关，距山地较近；通州东部片区、顺义东部片区和平谷片区的权属破碎度指数较高。权属的不同在一定程度上加剧了耕地破碎化程度，并且权属分割造成的耕地边界密度指数变化在延庆片区和房山片区较为显著。从对大兴的农户调研结果来看，大兴区基本农田保护区内农户户均地块数为 1.9 块，户均面积为 7.0 亩。

2. 耕地利用的时空变化特征

1982—2006 年，大兴区各个乡镇的耕地利用方式都呈现出以粮食作物种植为主导的耕地利用方式转变为粮食作物播种面积逐渐减少，经济作物播种面积逐渐增加的耕地利用方式的趋势，这种变化趋势在离区县中心越远的乡镇表现得越明显。2000—2006 年的大兴区农户调研数据也表明，从农户角度上看，耕地利用方式的差异性随着区域的经济发展和农户对于耕地的产出需求呈现一定的对应性。

3. 耕地数量变化对粮食生产造成的刚性损失

1982—2006 年，大兴区耕地总共减少了 33.6 万亩，如果这部分耕地全部用来种植粮食作物，并且能够满足小麦—玉米的种植结构，则 24 年间，大兴区粮食理论产量可以增加 98.52 万 t，可实现产量可以增加 72.59 万 t。耕地数量减少严重影响了区域粮食生产，耕地保护形势严峻，刻不容缓。

4. 耕地利用变化对粮食生产造成的隐性损失

耕地利用方式直接影响了粮食作物的播种面积，粮食播种面积的减少直接导致粮食生产能力的损失。1997—2006 年的 10 年间，由于耕地利用方式改变，粮食播种比例减少，大兴区粮食理论产量损失平均每年达到 43.87 万 t，可实现产量每年损失 30.06 万 t。2009 年农户调研数据测算结果显示，耕地利用方式变化导致 2008 年大兴区全区粮食理论产量损失 59.57 万 t，粮食可实现产量损失 44.74 万 t，粮食隐性损失随时间增长进一步扩大。

耕地的利用强度也直接影响了地块粮食实际产出水平，2000 年大兴区由于耕地利用强度造成了粮食理论产量总损失 177.63 万 t，粮食可实现产量 99.98 万 t 损失。2008 年，大兴区全区由于耕地集约度差异造成粮食理论产量损失 59.57 万 t，粮食可实现产量损失 44.74 万 t(未包含西红门、亦庄数据)。由于粮食单产能力提高，利用强度对粮食生产造成的隐性损失随时间增长有所下降。

5. 从农户角度出发，讨论家庭人口特征、家庭经济特征、耕地本底、耕地区位四大类因素对耕地利用方式的驱动作用

农户家庭农业人口比例、农业人员年龄、农业收入占家庭总收入比例、耕地规模与破碎度、耕地的城镇区位因素都是影响耕地利用方式区域差异的主要因素。农户家庭收入以农业为主，从事农业人员越多，耕地连片性越好，耕地区位优越，会促使农户在耕地利用方式上偏向多种植经济作物。农户选择不同的耕地利用方式是基于其家庭特征和耕地资源本底情况做出的理性决策。因此，在制定粮食生产政策、耕地保护政策时，可根据不同农户类型特点，制定具有针对性的政策。

6.8.2　讨论

①实际调研中，一户农户家庭一般拥有不止一个地块的耕地，但是目前调研中一个农户样本只定了一次坐标，在应用中将此坐标作为各个样点的坐标，模糊了农户与地块的关系。在今后调研中，要记录各个地块的坐标，将研究尺度进一步深入到地块尺度，可以更精确地反映地块间的差异，及农户对家庭不同地块的利用规律。

②本研究中，粮食生产能力体系参照了孔祥斌《构建基于农户土地利用行为的耕地生产能力隐性损失核算研究》，地块尺度粮食理论生产能力的测算体系与指标权重分值确定参考了《北京市农用地分等定级》、李翠珍博士论文《京冀平原区农户耕地利用及其对粮食生产能力的影响》。目前对于地块尺度粮食可实现生产能力的测算方法没有一致的结论，本研究利用耕地利用系数对理论生产能力进行修正，得到可实现生产能力，修正系数的确定需要进一步深入探讨。

③在测算耕地数量变化、耕地利用方式变化导致的粮食生产能力损失中，假设损失的耕地面积以及播种非农作物的耕地全部用来种植粮食作物，测算得到单位面积耕地上的粮食生产能力损失。但实际上，不可能 100% 的耕地全部用来种植粮食，耕地具体利用方式受到耕地直接利用者——农户的选择作用。因此，本文测算的损失值是最高值，反映的是在一定的耕地利用下，粮食的最高产出潜力。

④耕地利用与粮食安全息息相关，粮食安全问题是人口众多、土地相对贫瘠的中国持续发展面临的重大问题，如果一个区域粮食播种面积大量减少，粮食实际单产过低，则很难保证区域的粮食自给自足。从保证区域粮食安全，提高耕地粮食生产能力的角度来看，基于目前大兴区的耕地利用方式和利用强度，还需要在农业政策、产业政策上加以引导，如增加农业基础设施投入，提高粮食单产能力，增加粮食农业补贴，增加农村居民外出就业机会，完善农村社会保障体系等措施来提高农户种粮积极性，稳定区域的粮食种植面积保障区域粮食安全。

参考文献

[1] Bender D J, Tischendorf L, Fahrig L. Using patch isolation metrics to predict animal movement in binary landscapes[J]. Landscape Ecology, 2003: 17-39.

[2] Frankham F. Inbreeding and extintion: a threshold effect[J]. Conversation Biology, 1995: 792-799.

[3] Fu M C, Hu Z Q, Wu G. Analysis of evolutionary law rule of farmland landscape[J]. Transactions of the Chinese Society of Agricultural Engineering, 2005: 54-57.

[4] G S Niroula, G B Thapa. Impacts of land fragmentation on input use, crop yield and production efficiency in the mountains of Nepal[J]. Land degradation & development, 2007: 237-248.

[5] Gehring T M, Swihatr R K. Body size, niche breadth and ecologically scaled responses to habitat fragmentation: mammalian predators in an agricultural landscape[J]. Biological Conservation, 2003: 283-295.

[6] Julio Penas, Blas Benito, Juan Lorite, et al. Habitat Fragmentation in Arid Zones: A Case Study of Linaria nigricans Under Land Use Changes (SE Spain) [J]. Environmental Management, 2011: 168-176.

[7] Babbitt K J B J, Baber M J B J, Brandt L A B A. The effect of woodland proximity and wetland characteristics on larval anuran assemblages in an agricultural landscapeThis is contribution No. 82 of the MacArthur Agro-Ecology Research Center[J]. Canadian Journal of Zoology, 2006, 84(4): 510-519.

[8] Rathke B J, Tremblay, James D A. Gene flow and effective population size in Lepanthes (Orchidaceae): a case for genetic drift[J]. Biological Journal of the Linnean Society, 2001: 47-62.

[9] Salvatore D F, Ivan P, Aleksi A, et al. Agro biodiversity, farm profit and land fragmentation: Evidence from Bulgaria [J]. Land Use Policy, 2010: 763-771.

[10] Warburton C L, James E A, Fripp Y J, et al. Clonality and sexual reproductive failure in remnant populations of Santalum lanceolatum (santalaceae) [J]. Biological Conservation, 2000: 1-25.

[11] Yu Z R, Hu D X, Wang J W. Landscape ecological functions of field boundary[J]. Chinese Journal of Ecology, 1998: 53-58.

[12] Zhang L, J Huang, S Rozelle. Land policy and use in China[M]. Agricultural Policies in China. 1997.

[13] 陈美球，刘中婷，等. 农村生存发展环境与农民耕地利用行为的实证分析——基于江西 21 个村 952 户农户的调查[M]. 中国农村经济，2006，2：49-54.

[14] 崔丽，许月卿. 河北省农用地利用集约度时空变异分析[J]. 地理科学进展，2007，26(2)：116-125.

[15] 邓劲松，王珂，李君，等. 乡镇耕地整理对耕地景观破碎度的影响研究[J]. 应用生态学，2006，17(1)：41-44.

[16] 董祚继.国土资源管理手册系列丛书[M].北京:中国大地出版社,2002.

[17] 樊闽,程锋.中国粮食生产能力发展状况分析[J].中国土地科学,2006,20(4):46-51.

[18] 方立明.规范农村土地流转推进新农村建设——以温州市龙湾区农村土地流转为个案[J].中共浙江省委党校学报,2008(5):123-128.

[19] 方鹏,黄贤金,陈志刚,等.区域农村土地市场发育的农户行为响应与农业土地利用变化——以江苏省苏州市、南京市、扬州市村庄及农户调查为例[J].自然资源学报,2003,18(3):319-325.

[20] 孔祥斌,张凤荣,齐伟.基于农户利用目标地集约化农区土地利用驱动机制分析——以河北省曲周县为例[J].地理科学进展,2004,23(5):50-57.

[21] 李翠珍,孔祥斌,孙宪海.北京市耕地资源价值体系及价值估算方法[J].地理学报,2008,63(3):321-329.

[22] 李建林,陈瑜琦,江清霞,等.中国耕地破碎化的原因及其对策研究[J].土地问题,2006(6):21-23.

[23] 刘成武,李秀彬.基于生产成本的中国农地利用集约度的变化特征[J].自然资源学报,2006,21(1):9-15.

[24] 刘同,李红,孙丹峰,等.农村土地经营权流转对区域景观的影响——以北京市昌平区为例[J],生态学报,2010,30(22):6113-6125.

[25] 龙方.新世纪中国粮食安全问题研究[J].湖南农业大学学报(社会科学版),2007,8(3):7-14.

[26] 鲁靖,许成安.构建中国的粮食安全保障体系[J].农业经济问题,2004(8):29-32.

[27] 石敏俊,王涛.中国生态脆弱带人地关系行为机制模型及其应用[J].地理学报,2005,60(1):165-174.

[28] 石淑芹,陈佑启,姚艳敏,等.耕地变化对粮食生产能力的影响评价——以吉林中西部地区为例[J].资源科学,2007,29(5):143-149.

[29] 宋承国.世界粮食危机与中国粮食安全[J].当代经济研究,2009(2):53-56.

[30] 谭书豪,曲福田.土地细碎化对中国东南部水稻小农户技术效率的影响[J].中国农业科学,2006,39(12):2467-2473.

[31] 万广华,程恩江.规模经济、土地细碎化与我国的粮食生产[J].中国农村观察,1996:31-36.

[32] 向长玉,宋戈.基于层次分析法的黑龙江省耕地集约利用程度分析[J].东北农业大学学报,2009,7(6):41-43.

[33] 谢俊奇,蔡玉梅,郑振源,等.基于改进的农业生态区法的中国耕地粮食生产潜力评价[J].中国土地科学,2004,18(4):31-37.

[34] 张凤荣,张晋科,张迪,等.1996—2004年中国耕地的粮食生产能力变化研究[J].中国土地科学,2006,20(2):8-14.

[35] 张海林,李常锁,张中祥,等.基于GIS的龙口市耕地景观空间格局变化研究[J],山东科学,2008,21(1):47-50.

[36] 张琳,张凤荣,安萍莉,等.不同经济发展水平下的耕地利用集约度及其变化规律比

较研究[J]. 农业工程学报,2008,1:108-112.

[37] 周静,吴志峰,李定强,等. 珠江口两岸耕地景观破碎化定量分析[J]. 热带地理,2005,25(2):107-110.

[38] 周丽. 后金融危机时代中国粮食安全的路径选择[J]. 财政金融,2009:63-64.

[39] 周尚意,朱阿兴,邱维理,等. 基于 GIS 的农用地连片性分析及其在基本农田保护规划中的应用[J]. 农业工程学报,2008,24(7):72-77.

[40] 周小萍,陈百明,张添丁. 中国"藏粮于地"粮食生产能力评估[J]. 经济地理,2008,28(3):475-478.

[41] 朱会义,李秀彬,辛良杰. 现阶段我国耕地利用集约度变化及其政策启示[J]. 自然资源学报,2007,22(6):907-915.

[42] 祝小迁,程久苗,费罗成. 安徽省耕地集约利用及其驱动力分析[J]. 中国土地科学,2009,23(2):11-17.

[43] 邹健,龙花楼. 改革开放以来中国耕地利用与粮食生产安全格局变动研究[J]. 自然资源学报,2009,24(8):1366-1377.

第7章　集约化农区耕地利用对生产能力的影响

7.1　问题的提出

7.1.1　研究背景

农业是国民经济的基础，是其他部门存在与发展的必要条件，支撑整个国民经济不断发展与进步。随着经济的不断发展，农业在GDP中的份额将会越来越小，但在国计民生中的作用却不会降低。

1998年我国粮食产量上升到5.12亿t，出现了粮食的相对剩余和库存压力，随着其后种植结构的调整，粮播面积连年减少，总产量持续下降。2003年我国粮食产量降到最低点，引起了中央政府的高度重视，随后发布了一系列的1号文件，凸显出该问题的紧迫性和重要性。2008年7月国务院常务会议讨论并通过了《国家粮食安全中长期规划纲要》，目标是使我国粮食自给率稳定在95%以上，2020年粮食综合生产能力达到5.4亿t以上，即年新增粮食0.5亿t；如果要达到5.0亿t的粮食产量，至少要保证16亿亩的粮食播种面积。我国的人口正在以每年1000万人的速度递增，到2030年，预计将达到16亿人的最高峰，与此相反的是，随着我国城镇化的加速，大量的土地用来搞建设，尤其是优质的耕地，耕地的质量也在下降，靠科技进步提高粮食单产的速度在放缓。并且粮食是一种特殊的商品，在复杂多变的国际形势下，更是一种重要的战略物资，这一点在2008年发生的国际粮价上涨、粮食危机中得到了验证。因此如何保证未来国家的粮食安全将是我们长期面临的一个难题。

而决定粮食生产能力的高低的主要因素是耕地，它是农业生产不可替代的生产资料，为人类生存、繁衍和发展提供最直接的物质保障。从“民以食为天”、“土为粮之母”的古训也能看出来耕地对实现粮食安全、社会经济稳定、发展的作用和地位是无法取代的。

自从我国实行家庭经营承包责任制以来，耕地主要集中在以家庭为生产单位的农户手中，但随着经济体制改革的不断深化，农户的经营环境发生了较大变化。在市场经济条件下，农民种粮效益较低，种粮的积极性持续降低，是我国粮食产量下降的主要因素。据最新统计资料，2009年我国总人口13.35亿人，其中乡村人口7.13亿人，占总人口的53.4%(2009国家统计局公报)，超过一半的人口仍然居住在农村。由于农村人口基数太大，即使城镇化到2020—2030年能够达到50%～60%，也仍然会有大约7亿人口生活在农村。因此，农户仍然是我国粮食生产的主要力量。

地处黄淮海平原中部的曲周县，人多地少，人均耕地面积1.66亩，全县农业人口所占的比例高达92%，城镇化水平较低，是典型的集约化农区。而随着劳动力机会成本的增加，农民种粮的积极性大大降低，大量的农民外出务工，以及种植结构的调整，导致粮食产量下降，如果持续下去将会对区域的粮食安全产生影响。因此，如何保障区域粮食安全、合理利用和保护耕地，是摆在我们面前的主要问题。本研究试图通过对黄淮海集约化农区典型农业县的研究，试图找到解决这一问题的方法。

7.1.2 研究意义

土地在农业生产中具有特殊的意义和不可替代的作用，是稀缺的，要发展农业生产。就必须首先充分合理地利用土地资源。从土地资源同其他农业生产要素之间的关系来看，土地是组织农业生产的中枢，农业生产的过程就是利用土地的过程。

自 20 世纪 70 年代我国农村实行家庭联产承包责任制实行以来，农户已成为我国农业的微观经济主体，农户是我国耕地利用的主体，是农业生产经营最基本的单元，不仅是一个经济单位、也是一个社会单位，对农户耕地利用行为的研究也是解决"三农"问题的基础。农户作为耕地生产利用的组织者、当前耕地保护政策最基层的执行主体，是耕地的直接使用者和耕地持续利用的重要承担者，其行为直接影响耕地可持续利用效果，农户的耕地生产行为是决定农业生产总量及增长速度的直接力量。农户耕地利用行为不仅直接关系到耕地的产出效益，而且还与耕地质量、生态环境的持续发展息息相关。

在耕地与粮食生产能力之间，以往主要是研究耕地的数量、质量的变化对粮食生产能力的影响，集约对粮食生产能力的影响也多是从物质投入和能量投入强度的时空变化来分析，鲜有从农户行为角度出发，研究利用方式和利用强度对粮食生产能力的影响。因此本研究主要从农户行为角度出发，重点研究农户耕地利用方式和利用强度的变化对粮食生产能力的影响。深化对农户微观主体在耕地利用中的行为研究，对进一步完善我国耕地可持续利用政策，强化耕地利用效果、合理配置和利用农村资源、增加农民收入、农地合理流转、提高区域粮食产量等都具有十分重要的意义。

7.1.3 研究进展

7.1.3.1 耕地利用变化研究进展

目前，国际上对耕地利用变化的研究主要依托对土地利用/土地覆被变化(LUCC)的研究。Jacques 用 1955 年、1985 年和 1995 年三期航片和卫片对非洲肯尼亚高原的土地利用变化进行了分析研究，认为人口数量的变化在所有影响耕地变化的因素中是最活跃的，作用也是最明显的。Ralph J Alig 等利用美国 1982—1997 年间土地利用变化的数据进行分析，认为城市化的发展导致了城市人口密度和人均收入的增加，从而这期间的城市建设用地增加了 34%。Riebsame 等在研究美国大平原农业区域的过程中，构建了一个综合性的土地利用变化分析模型，涵盖人类环境中的驱动力、自然条件下的驱动力、土地利用决策过程及生态过程共四个部分。人类环境驱动力方面包括了经济、技术和政策等社会驱动力，自然条件方面则包括土壤、气候、生化循环等多个因子。Shoshany 等研究了以色列土地利用与人口密度的变化，结合他人的研究，总结出导致土地利用变化的驱动力：人口数量增加、政府规划政策、经济发展过程中的土地资源的开发利用及配置、生态变化及农业结构调整变化。

许多学者针对我国耕地利用变化也进行了很多研究，研究成果颇多，包括关于定性和定量及建模模拟等许多方面。蔡运龙等对我国耕地非农化的供给驱动进行了的研究，认为地方政府在耕地用途转化中起着非常关键的作用，是耕地非农化最主要的推动者，主要受经济利益和权利的驱使。孙燕等采用小波变换对我国耕地数量变化的突变特征及驱动机制进行了研究，结果发现我国耕地面积的波动绝大多数是由于政策变化所导致的。邹亚荣对我国农牧交错区耕地、草地的利用变化分析，认为耕地变化受人口数量增加、经济发展、农业结构调整等因素驱动。牛海鹏等以生态位理论为基础，构建了效益生态位驱动力系统及其测度模型，从局部空间具体分析了效益生态位驱动力系统的作用机制及其过程。结果表明，耕地与建设用地所主导的经济效益生态位存在较大的差异性和不平衡性，是耕地数量减少和空间结构变化差异性的重要原因。杨桂山等运用相关分析、主成分分析和多元回归分析等数理统计方法，对近年来长江三角洲耕地数量变化驱动因子进行定量分析，得出人口增长、经济发展和国家及地方政策是其耕地数量减少的主要驱动力。

许月卿等分析并探讨了河北省近 50 年来影响耕地变化的驱动力，结果表明，非农建设占用、种植业结构调整、开荒和灾毁等因素是引起耕地变化的直接驱动因子，经济利益驱动、农业政策和技术进步等因素是引起耕地变化的间接驱动因子。

7.1.3.2　耕地生产能力研究进展

对于耕地生产能力的研究，目前研究较多是耕地的综合生产能力和耕地的粮食生产能力，也有对耕地平均粮食生产力、耕地粮食总生产能力、耕地生产力指数、耕地生产力的变化等进行的研究。

20 世纪 90 年代，陈百明曾对全国耕地资源的综合生产能力进行了全面的比较分析，运用农业生态区法(AEZ)预测了 2010 年、2030 年和 2050 年我国耕地的生产潜力。随后一些研究者对区域性耕地生产潜力进行了研究和探讨，张凤荣等在以粮食作物审定品种的区域试验产量为基础，在确定充分发挥气候资源潜力的种植制度基础上，计算了各类耕地的粮食单产能力；赵齐阳等依托 GIS 软件平台，应用“机制法”计算区域性的耕地生产潜力；邵晓梅等采用农户调查方法模拟分析鲁西北地区的土地现实生产力。

对于耕地生产能力研究的另一个热点是耕地粮食生产能力，主要从耕地资源的变化与耕地粮食生产能力的变化的角度去分析。陈百明等探讨 1996—2003 年间中国耕地面积、粮食播种面积、粮食单产和粮食总产量的年际变化率以及其关系；张晋科等对全国的耕地粮食生产能力与耕地的实际粮食生产能力进行对比分析；樊闽等对全国及各省 40 多年来的粮食生产能力变化进行比较分析。此外，姚慧敏等对黄淮海平原、杨建锋等对河南省、谢红霞等对陕西等区域耕地粮食生产能力问题进行了研究和探讨。

耕地平均粮食生产力是指一定区域内耕地资源产出粮食的平均水平，是具体反映区域耕地人口承载力实际水平的基础；耕地粮食总生产能力是指区域内全部耕地资源所能生产粮食的能力，相当于粮食总产量，大致可反映出区域耕地承载人口的情况。王克勤、陈奇伯等和傅伯杰、张秋菊等则通过研究耕地平均粮食生产力来分析县域耕地生产力水平的变化，张凤荣、张晋科等研究了 1996—2004 年间中国耕地的粮食总生产能力的变化。

耕地生产力指数是研究区域范围内某种作物在某地区的平均单产和整个地域平均单产的比值。此值削弱或抵消了一些影响单产的其他因素，突出体现耕地质量或土壤肥力水平和种植优势。张秋菊、傅伯杰等依据统计资料，采用耕地动态度、耕地粮食生产力相对指数和粮食自给能力相对指数三个指标对研究区各乡镇在全县粮食生产中的相对重要性作了定量分析，为合理制定县域不同水土保持分区内各乡镇退耕还林、还草制度以及相应的基本农田布局提供了参考。魏晓按照耕地生产力和承载力指数把研究区划为富余、临界两类，随后提出协调人地关系和提高人口承载量的对策。陈清硕利用这一有力手段对扬州市里下河地区兴化县、邢江县作出农业生态系统功能评价和土壤肥力研究，结果表明，该指数主要与土壤形成特点以及肥水输入势有关。

也有学者比较关注耕地生产能力的变化。刘爱智运用生产率变动法分析了耕地生产力的变化在可持续利用中存在的问题；刘国助等、顾和和等均应用模糊聚类方法，对其研究区域的耕地生产力变化进行了定量评价；陈奇伯、王克勤等从可持续发展利用这一角度定性地评价了耕地生产力的变化；刘忠杰等通过分析中低产田的主要成因及改良途径提出了提高耕地生产力的措施；许皞和常金华根据耕地生产力的形成原理采用长期定位耗竭试验方式从内源和外源两部分解译研究了耕地生产力的更新，提出了不同目标生产力下的施肥养分组合方案并为耕地养分持续管理提供了基础参考依据。

7.1.3.3 农户行为研究进展

对于农户行为，国内外学者做了大量的研究，主要分为三个研究学派。一个是以俄国A·恰亚诺夫为代表的组织生产学派。该学派认为，农户经济发展依靠的是自身的劳动力，而不是雇佣劳动力，它的产品主要是为满足家庭自给需求而不是追求市场利润的最大化，建议俄国农户经济应顺其自然地组成小型合作社，而不是走斯大林式的集体化道路；另外一个是以西奥金·舒尔茨为代表的理性小农学派。该学派认为农户是最大利润的追求者，改造传统农业的生产方式不应选择削弱农户生产组织功能，而是合理成本下的现代投入；第三个是以黄宗智为代表的历史学派。该学派认为农户家庭没有边际报酬概念，由于受其他因素的制约，劳动的机会成本几乎为零。

我国农户行为的研究开始于20世纪80年代中后期，但多数学者对农户行为的研究多限于描述性的。主要是从农户的行为目标和行为影响因素来进行研究分析的。

在农户行为目标上，史清华以江西、浙江两省1956—1999年间农村连续跟踪农户观察资料为基础，对两省农户家庭经济利用效率及其配置方向进行比较分析，发现农户在进行家庭资源配置上行为完全是理性化的；宋洪远认为农户行为是指农户在特定的社会经济环境中，为了实现自身的经济利益面对外部经济信息所做出的反应，农村的经济体制对农民的经济行为有很大的影响；张启明认为家庭联产承包责任制确立了农户独立经济主体的地位，决定了农户的行为目标是效用或利益最大化；孔祥斌提出了农户土地利用目标的阶段性变化，从产量最大化→产量与利润最优化→利润最大化，并基于此对集约化农区的土地利用驱动机制及在耕地质量评价等方面进行了研究。

在农户行为影响因素上，姚梅认为农户的劳动力素质会对农户行为产生影响，通过调查得出初中文化程度的劳动者较为适应当前农户经济发展的要求；叶依广认为农户行为受多种因素制约，主要是农户目标、农户能力、外部经济环境；孔祥智对区域市场程度、农户的收入水平与农户行为目标的关系进行了分析，指出市场化程度的提高、农民收入水平的提高会相应改变区域内农户的经济行为；洪明荣认为影响农户行为的一般因素包括土地因素、资产因素、兼业因素和市场因素等；孙德凤、高伟等通过调查问卷，分析在市场经济条件下农户经营决策的影响因素；张林秀等利用江苏省300个农户1993—1999年间的历史资料，采用计量经济学方法对农户生产性投入行为的决定因素进行了分析，认为农户的土地规模、借贷的可获性、非农就业比例、房屋资产以及农村基础设施等是主要决定因素；池泽新则把农户行为研究与农户所担当的生产者，消费者和要素所有者的角色联系起来，认为农户作为生产者的角色，其行为主要受土地利用方式、农产品商品率、资产专用性程度、兼业程度、农产品市场结构的影响；文峰、冯先宁从制度经济学的角度，分析了农户的经济行为，认为农户经济行为虽然从微观层面看是理性的，但从宏观层面看却是低效的。邱兴平从历史与现实的角度出发，对农户的经济理性、农户经营环境的变化、农户的经营行为进行了分析，认为由于农户具有生产和消费生产融入一体的基本特征，其对市场的参与是不完全的。

7.2　研究内容、数据来源与方法

7.2.1　研究内容

(1)生产能力测算

根据曲周县小麦和玉米的光温生产潜力，进行土壤和基础条件的修正，得到地块尺度的小麦和玉米的理论产量；再依据小麦和玉米的实际产量和曲周县试验田最高产量修正，得到地块尺度的小麦和玉米的可实现产量；以曲周县统计年鉴各乡镇小麦和玉米的产量作为实际产量。

(2)生产能力损失

依据小麦和玉米的理论产量、可实现产量，结合农户调研数据和乡镇耕地资源数量，分别从农户耕地利用方式、耕地利用强度，测算其对粮食理论产量、可实现产量造成的损失。并从时间和空间上分析损失的差异。

(3)驱动机制研究

以农户调研数据位基础，结合农户耕地利用有关理论和数理统计原理，从农户家庭状况、耕地资源禀赋状况、耕地投入产出等方面，分析由耕地利用方式变化、耕地利用强度变化的驱动机制。为集约化农区粮食生产能力的提高、种植结构调整、耕地利用保护等，提出相应的对策和建议。

7.2.2　数据来源

7.2.2.1　基础图件、资料获取

基础图件主要包括：

①2000 年、2008 年曲周县土地利用现状图。

②曲周县行政界线图，包括各乡镇、各村庄界线图。

③曲周县 1981 年土壤图(1∶5 万)。

④曲周县农用地分等定级图。

收集的数据、资料主要包括：

曲周县 2000—2008 年的《曲周统计年鉴》及网络上查找的相关资料和数据。

7.2.2.2　农户实地调研数据

2000 年对曲周土壤取样进行化验，获得土壤样点的有机质、土壤养分等数据。此外，在 2009 年 6 月对曲周进行农户耕地利用调研。调研布点如图 7-1 所示。

通过调研，获得了农户耕地利用的第一手资料，主要包括农户家庭状况、农户土地概况、农户土地流转及农资状况、农户土地投入收益状况和农户土地经营意愿状况。

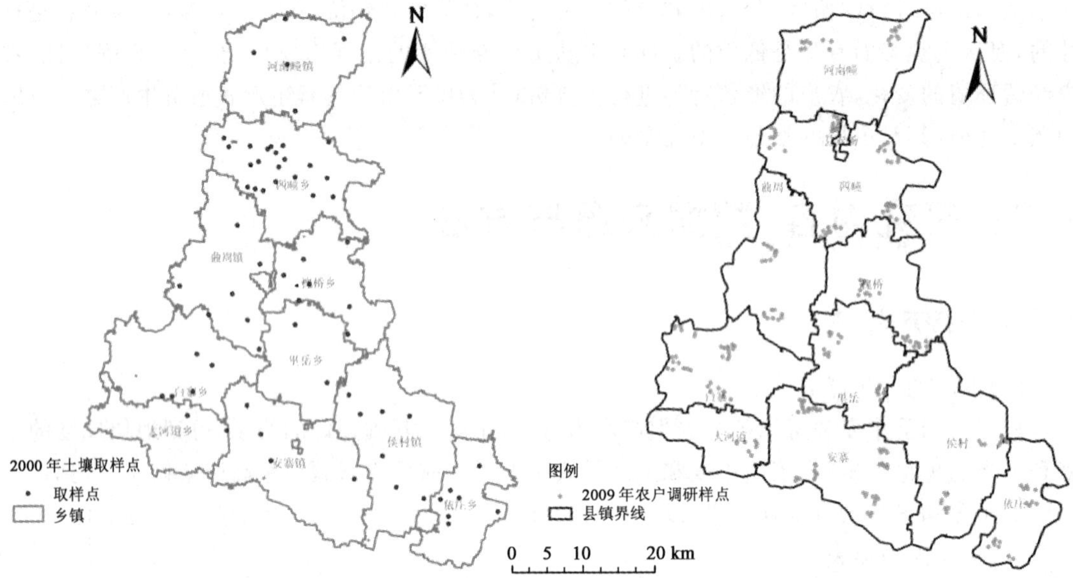

图 7-1 2000 年土壤取样点和 2009 年农户调研样点

7.2.3 研究方法

(1)理论分析方法

以农户行为学相关理论、土地可持续利用相关理论、数理统计相关理论为主要指导理论,从理论上揭示农户耕地利用与粮食生产能力变化之间的关系。

(2)农户调查方法

本研究是在基于农户耕地利用行为特点下进行的研究,涉及较多农户行为学的知识。然而现实的统计数据又有一定的局限性,所以通过实地调查,了解农户耕地利用有关的家庭状况、收入状况、土地的投入收益状况及未来的意愿打算等方面的情况,可以深入分析农户耕地利用行为及对耕地生产能力等的影响。

(3)GIS 分析方法

依托 GIS 软件,建立各地块尺度和乡镇尺度相关的空间和数据属性,借助其强大的空间数据分析功能,探讨耕地利用变化及对粮食生产能力的影响。

(4)实证研究方法

以华北平原集约化农区——河北省曲周县为典型案例,在收集该区域现有图件、文字、数据等资料,获取土壤、交通、区位和土地利用等数据的基础上,结合实地调研,获取农户家庭信息特征、耕地投入与产出、未来耕地利用意愿等数据,从农户角度出发,对耕地利用的变化驱动机制进行分析。

7.3 研究区概况

本研究以华北平原集约化农区——河北省曲周县为研究区域,主要数据来源为农户调研和曲周县统计年鉴。

7.3.1　自然状况

7.3.1.1　地理位置

曲周县隶属于河北省邯郸市，位于该市的东北部，是黑龙港上游地区的一部分。东接邱县、馆陶，南邻广平、肥乡，西连永年、鸡泽，北靠邢台市的平乡县。地处东经 114°50′30″～115°13′30″，北纬 36°34′45″～36°57′57″之间(图 7-2)。

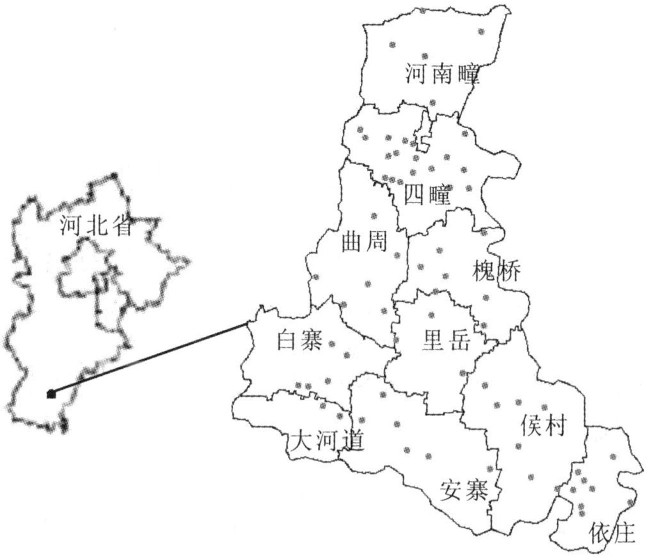

图 7-2　研究区域位置

7.3.1.2　地形地貌

地质地貌是土地利用的重要基础，它以其不同的海拔高度、地势起伏和地面坡度、坡向特征，通过土壤、气候和水文的再分布直接影响土地利用类型及其结构特性，继而影响到农用地的分布及其利用方式和水平，甚至影响到工业、交通和城镇建设用地与布局。

曲周县地处太行山东麓，大地貌上属山前平原，处在漳河冲积扇、漳河-滏阳河冲积平原和黄河冲积平原交汇处。漳河冲积扇的北缘居于县境的西南部，地貌类型包括废河道及河床砂地、河泛高平地及外缘微倾平地、河间槽形低地等；冲积扇向北逐渐过渡到漳河、滏阳河冲积平原。平原地貌包含漳河故道自然堤缓岗及分布于其两侧的古决口扇形地、河间微倾平地、黏质低平地及滏阳河沿岸高岗地及两侧决口扇形地；黄河支流古河床砂地、占河漫低平地以及故道高平地位于县东南地区。

地势自西南向东北倾斜，地面海拔高度 45.4～32.7 m，相对高差 12.7 m，地面坡降为 1/2500～1/8000，所以全县整体地势平坦，地基承载力良好，同时也决定了它自古以来以农业生产为主的特点。

由于历史上受漳河、滏阳河及古黄河等河流多次泛滥冲积的影响，形成了缓岗地、二坡地、河间洼地、决口扇形地、古自然堤及各种背河洼地等复杂的微地貌类型，变化多端，差异明显，并基本形成了四个不同的地貌区，即东南部风沙和高上地，北部沙碱洼地，中部条带状红土洼地以及西南部壤土高上地、缓坡地。

但变化多端的地貌类型容易造成境内水热状况的差异和水盐运动类型的分异，使排水不畅，造成盐渍化土壤在县域内广泛分布，涝灾也时有发生，并且在历史上影响很大。

7.3.1.3　气候

气候条件对农业土地利用具有限制作用，这种限制作用主要反映在对农作物种植品种及其分布、组合、熟制和产量的影响上。其中气候的急剧变化，特别是气候灾害，会引起人类活动和土地利用条件的非正常变化，直接或间接的影响土地的开发利用以及土地覆盖的变化。

曲周属于华北暖温带半湿润大陆性季风气候区，多年平均气温(1965—1998 年)13.2℃。7 月最热，平均气温为 26.8℃，极端最高气温为 41.1℃，1 月最冷，平均气温为－2.9℃，极端最低气温为－19.9℃。无霜期平均 201 d，≥10℃积温为 4472℃ · d，多年平均降水(1951—1998 年) 534.7 mm，且降水主要集中在 7～9 月，降水量占全年的 2/3，年均蒸发量是降水量的 3.3 倍。

气候具有四季分明的特点：冬季较长，春秋季较短。雨热同期，光、热、水等气候资源可满足冬小麦-夏玉米一年两熟的轮作制度，对农业生产非常有利。但春季干旱多风，十年九旱，夏季炎热多雨，秋季温和凉爽，冬季寒冷，雨量稀少。

由于受东南季风边缘的气候波动和全球气温增加的影响，使曲周的气候条件处于不稳定的状态，极易形成农业气象灾害。其中，旱灾和病虫害是对农业生产危害最大的自然灾害。

7.3.1.4　土壤

土壤是构成土地的重要因素，是植物生长的基础。土壤对土地利用的影响，通过土壤类型、土壤养分变化、物理性质和耕作性能等产生影响。曲周县土壤均发育在近代河流冲积母质之上，土壤条件的分异主要受到河流冲积和改道的影响，河流的冲积和河床的摆动不但造成微地貌上的差异，而且使土壤质地、地下水埋深和水质、土壤肥力、盐碱化程度都出现明显的分异。

曲周县的土壤成土母质为漳河、沙河、洺河的冲积物和黄河的洪冲积物。据土壤普查资料，境内土壤分为三个土类(潮土、盐土、褐土)；八个土属(壤质褐土化潮土、黏质褐土化潮土、壤质潮土、黏质潮土、硫酸盐氯化物盐化潮土、氯化物硫酸盐盐化潮土、壤质硫酸盐氯化物内陆盐土以及砂质褐土性土)；下分 57 个土种。在土类中，潮土面积占总面积的 95.96％ (曲周县农业局，1981)。复杂的土壤类型，以及潜在的盐渍化土壤，极大地影响着曲周县土地的适宜性和农业生产。

7.3.1.5　水资源

曲周县水资源可分为三部分：自然降水、过境地上水和地下水。据统计，自然降水多年平均为 536.87 mm(1949—1992 年)，且 80％雨量集中在 7～9 月份，自产径流为 1725.8 万 m^3；过境地上水总量为 26671.7 万 m^3，因绝大部分无法利用(主要在雨季汛期)而流出境外，其可供量仅为 5061.3 万 m^3。全县第四系含水岩层中储存有浅层淡水、咸水和深层淡水三种类型的地下水。浅层淡水主要是南部埋藏在漳河、黄河故道的带型淡水和滏阳河侧向入渗淡化型淡水。咸水分布广且底部埋深起伏大，底部埋深最浅小于 60 m，最深可达 250 m，般厚度为 110 m。深层淡水分布具有河道带特征，目前一般开采深度为 230～300 m。

曲周县所属的黑龙港流域是华北平原水资源最为缺乏的地区，境内只有滏阳河经西北部蜿蜒而过，是全县唯一有径流的河道，历史上曾常年有水，可通木船。但 1975 年后因上游邯郸工业发展，滏阳河曲周境内河道除汛期外径流很小，甚至汛期无径流。其他骨干排水河道有老沙河、老漳河，另外境内还有省定排水"较大支沟"3 条、"一般支沟"17 条。经过多年的工程建设，排涝骨干工程系统排涝标准已达连续 3 d 降水 250 mm 不淹地。

20 世纪 80 年代中期以前，受强烈季风气候、地下咸水、疏松土壤母质和常年较浅地下水位影响，该区土壤盐渍化状况严重，冬小麦平均产量仅为 1500～2250 kg/hm^2。经几十年的努力，目前这一状况已得到较好的控制。1998 年全县冬小麦平均产量达 5310 kg/hm^2，部分地块的产量已突破 7500 kg/hm^2。但由于种植强度的增加和新灌溉技术的使用，灌溉用水量急剧升高，常年超量开采地下水，使地下水位已从原来的 1～3 m，下降到 8～10 m，淡水资源短缺已不容忽视。

7.3.2　社会经济状况

7.3.2.1　行政区划

曲周县历史悠久，早在西汉时期封郦商为曲周侯，曲周之名始见记载。唐武德四年(621 年)与汉县复置曲周县，属河北道洺州。宋熙宁三年(1070 年)并入鸡泽县。金大定二十九年(1189 年)省平恩县为镇，并入曲周县。明洪武元年(1368 年)改路为府，曲周县属河南分省广平府。清朝曲周县属直隶广平府。1949 年 10 月新中国成立后恢复曲周名。1958 年邱县、鸡泽、肥乡、广平县并入曲周，1962 年各县先后恢复原县建制，仍属河北省邯郸专区。1993 年曲周为邯郸市远郊县至今。传说古时候有凤凰在此筑巢育雏，因此，曲周县城亦称凤凰城。

截至 2008 年底，全县共辖 10 个乡(镇)，342 个行政村。四镇六乡分别为：曲周镇、安寨镇、侯村镇、河南疃镇、槐桥乡、南里岳乡、白寨乡、大河道乡、依庄乡、第四疃乡，县城位于县境西部的曲周镇。

曲周县图呈现南宽北窄三角形状，东西最宽处 23 km，南北最长处 45 km，总面积 676 km^2。

7.3.2.2　人口、经济

截至 2008 年底，曲周县总人口达 43.32 万人，其中，农业人口 39.73 万人，农业人口占总人口的 91.7%。

2008 年，曲周县国内生产总值为 49 亿元，比去年同期增长 11.5%。第一产业、第二产业、第三产业分别为 13 亿元、19.3 亿元和 16.3 亿元。全社会固定资产投资完成 33.34 亿元，较上年增长 26.2%；全部财政收入完成 1.15 亿元，其中地方财政收入完成 4965 万元；全县存款余额达到 27.5 亿元，较年初净增 4.13 亿元；农民人均纯收入 4916 元，比上年增长了 10%。

县内有干线公路 5 条，其中有 2 条省道，3 条县级公路，其他主要为乡级公路和乡村道路。邯临公路和定魏公路省道两条，纵贯全县，邯临公路西交 309 和 107 国道，东到 106 国道和山东的临清市；定魏公路南接邯大路，北接邢威公路。

7.3.3　农业生产状况

土地利用呈现出农业人口多、土地复种指数高、农业投入大、第一产业产值比例大等特点。农业作物以小麦、玉米、棉花、大豆、谷子为主。蔬菜种植面积达到 1 万 hm^2 以上，形成沿滏阳河蔬菜种植带。畜牧业养鸡、养羊、养猪为主，鸡存栏 10 万只以上，为养鸡大县。全县已形成“两白（奶牛养殖、优质棉）两绿（林果、蔬菜）中药材”发展格局。

7.3.3.1 粮食生产

曲周县地处黄淮海平原中部，是典型的以粮、棉、油为主的农区，自 1973 年开展“旱涝碱咸综合治理”以来。农业投入持续大幅度提高，生产水平也达到了高产稳产水平，农业生产和区域水盐状况发生了巨大的变化。由于中国农业大学试验站的建立，更是大大提高了当地的粮食生产能力。

曲周试验区在综合治理前，粮食和其他作物产量低而不稳，没有抗御自然灾害的能力，群众生活困苦，每逢灾荒，过去是逃荒要饭，家破人亡；新中国成立后，则靠国家救济。但是这里的农业生态资源潜力是巨大的：有可供两熟的光能和热量资源；土层深厚，土壤肥力易于控制；地势平坦；相对的人少、地多；有一定的水资源，并有经济地理的优越性。为了充分挖掘这一地区的农业生态资源潜力，彻底改变这一地区贫穷落后的面貌，自 1973 年秋，北京农业大学在这里建立了综合治理试验区，开展了盐渍化低产地区的综合治理研究，并分别建立了以张庄为中心的一代试验区、王庄为中心的二代试验区，从 1980 年开始又引进外资进行 1.87 万 hm^2 盐碱地治理，同时建立了以县农场、四疃乡为中心的第三代试验区。

自 20 世纪 70 年代以来，经过了“六五”、“七五”、“八五”和“九五”攻关研究，农业科技工作者采用了一系列的措施和配套技术，应用生态学理论对盐渍化土壤进行了治理和培肥，使其在抗旱、防涝、盐碱面积缩小等方面有了明显的改变，土壤肥力也得到了明显提高，土壤有机质含量已从过去的 7 g/kg 提高到 10～15 g/kg。在此基础上，试验区及时地调整了研究思路，由单一的技术攻关转化为技术—生态—经济—社会的综合攻关，由传统型技术转化为传统技术、现代技术、超前技术的综合研究。主要产量指标分别达到了：四疃达到了 11145 kg/hm^2，张庄、王庄粮食产量为 13544 kg/hm^2，棉花产量也有较大的提高，四疃达到了 920 kg/hm^2，张庄和王庄也达到了 1095 kg/hm^2。农业的集约化程度逐步提高。

7.3.3.2 物质投入

2008 年全县农村用电量 13568℃，化肥施用量 22.46 万 t，其中氮肥 11.19 万 t、磷肥 9.95 万 t，复合肥 0.94 万 t。农用薄膜施用量 1045 万 t，农药 516 万 t，柴油 2417 万 t，农用机械 85.74 万 kW。2008 年年末实有机电井 7505 眼，其中深井 862 眼。

7.3.3.3 耕地资源

2008 年年末全县耕地面积 47782 hm^2，占全县土地面积的 70.61%，人均耕地面积 1.65 亩。水浇地面积 40436 hm^2，旱涝保收高产稳产面积 30794 hm^2，分别占耕地面积的 84.63%、64.45%。耕地复种指数 1.57，主要作物为小麦、玉米、棉花和蔬菜。总播种面积 75188 hm^2，其中粮食作物播种面积 51189 hm^2，占总播种面积的 68.08%。

7.4 曲周县耕地利用变化特征

本章节主要从耕地数量、耕地利用方式和耕地利用强度三个方面来分析曲周县耕地利用变化的特点。从时间和空间上，基于曲周统计年鉴和 2008 年农户调研数据，对耕地数量和利用方式的变化进行分析；以地块为尺度对耕地利用的强度，从实物形态和价值形态进行分析。

7.4.1　耕地数量的变化特征

2000—2008 年曲周县的耕地及粮食播种面积变化情况如图 7-3 所示。从 2000 年以来，曲周县各乡镇的耕地面积均未发生变化，为 47782 hm^2，从而也说明了曲周县政府在保护耕地上确实响应国家号召，没有使耕地面积减少。但粮食播种面积变化幅度大，2000 年较高，为 62743 hm^2，随后总体趋势一直在下降，到 2003 年达到最低点，为 50437 hm^2，随后粮食播种面积又逐渐回升，但仍达不到 2003 年前的水平。纵观当时全国的大背景，自 1998 年我国粮食大丰收达到最高点，其后五年，随着种植结构的调整，粮播面积和粮食产量持续下降，在 2003 年达到低谷。随后国家发分布一系列文件、出台惠农政策等，使粮食播种面积和产量开始回升。可以说，曲周县的粮食播种面积和粮食产量就是我国的大形势下的一个缩影。

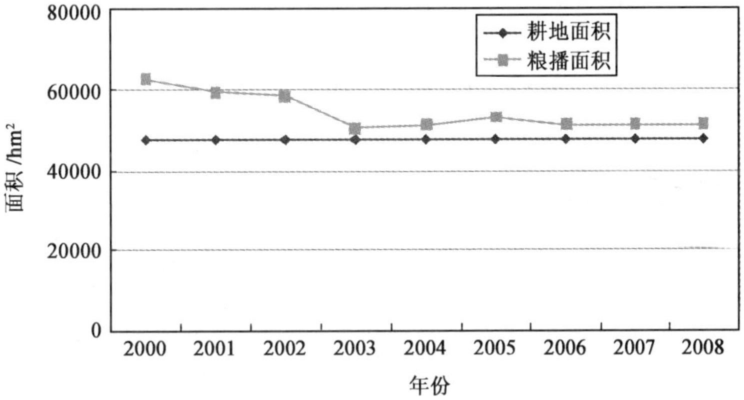

图 7-3　曲周县耕地面积及粮食播种面积变化

7.4.2　耕地利用方式的变化特征

据统计年鉴，曲周县的种植作物分三大类：粮食作物、经济作物和其他作物。根据其播种面积所占的比例，主要种植作物为小麦、玉米、棉花和蔬菜四种类型。

曲周县小麦的播种面积总体趋势不断下降，2000—2003 年急剧下降，并在 2003 年降至最低点，随后的 2004 年和 2005 年又有所上升，2005—2008 年持续降低，但变化不大；玉米的播种面积持续上升，2000—2003 年，增加较快；棉花的播种面积也是持续上升，在 2003 年达到 14843 hm^2 的最大值，从 2003—2008 年变化趋势较为稳定；总体上来看，蔬菜的播种面积变化不大，基本稳定在 6600 hm^2 左右，在 2008 年达到最高，为 7128 hm^2。

总体来看这四种作物的播种面积，除小麦播种面积下降外，其余作物的播种面积均有不同程度的上升。四种作物播种面积的变化幅度以 2003 年为分界线，在 2003 年以前，小麦播种面积持续下降，与其他三种作物的播种面积变化呈相反的趋势，2003—2008 年间，四种作物的播种面积变化逐渐趋于稳定。小麦的播种面积一直最大，但其所占的比例越来越小；玉米和棉花的播种面积越来越大，并且玉米的播种面积在 2006—2008 年间与小麦的播种面积基本相同。

四种作物播种面积的变化表明，农户以追求粮食需求为主转变到以追求经济利益为主。

在保障口粮的基础上，扩大经济作物的播种面积。此外也表明了受区域资源本底的限制，特别是水资源的限制，农户倾向于种植需水少的玉米和棉花，减少需水较多的小麦的播种面积，蔬菜的种植面积也一直变化不大，主要集中在沿滏阳河一带(图 7-4)。

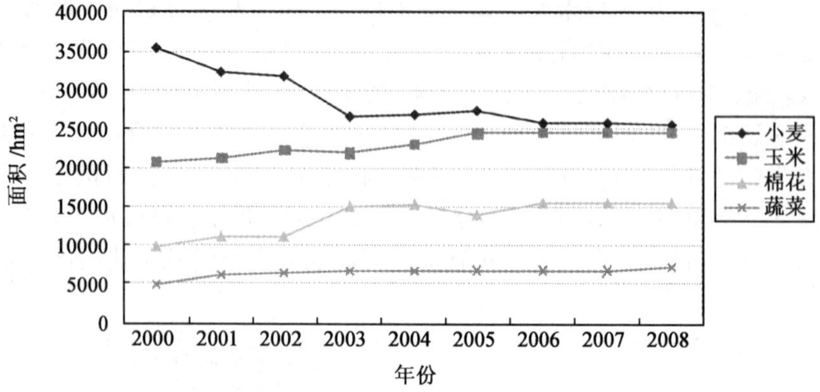

图 7-4 主要种植作物播种面积的变化

7.4.3 耕地利用强度的变化特征

耕地的利用强度主要是从对耕地的投入来说的，指用于耕地利用的资金或物质、劳力、技术等方面。土地投入主要表现为将资金和劳动力通过一定的物质载体运用一定的方式投入到土地之中。包括对土地的化肥投入、农业机械的投入与使用、科学耕种技术和方法的采用等。不同的投入要素对耕地的产出影响也不尽相同，在其衡量标准上，主要以集约度来说明耕地利用的强度。但由于各区域之间的土地利用方式差异较大，单纯用劳动力投入、化肥施用量、机械使用量、农业用电量等指标来分别衡量，并不能综合反映不同区域，以及区域不同时间内耕地利用集约度的差异。

农户在耕地利用中，投入的不仅包括种子、化肥、农药等物资资料，还包括生物辅助能、工业辅助能等，因此耕地利用集约度，既包括实物形态、价值形态的投入，也包括能量形态的投入。为了使单位统一，便于比较，本研究就耕地集约度包含价值形态和实物形态两个方面。

7.4.3.1 耕地价值形态集约度的变化

在农户调研中发现，农户的投入一般都是以货币形式为主，在研究其集约度时，将其分为资本集约度和劳动集约度，劳动集约度指单位面积上农户自家用工和雇工用的开支费用，资本集约度指单位面积上除劳动用工以外的所有资本投入。集体测算方法如下所述。

根据德国农业经济学家 Brinkmann 提出的集约度测算方法进行修改而成，公式为：

$$I = (A + K + Z)/F \tag{7-1}$$

式中：I 为集约度，A 为劳动工资，K 为资本消费额，Z 为资本经营利息，F 为经营土地面积。

这一测度指标是以投入来界定集约度的，与土地利用集约度的定义最为接近，并且有许多研究者应用此公式进行了相关研究。本研究耕地利用集约度的价值形态测度亦主要以此公式为基础，只不过在地块尺度和农户尺度其指标计算略有不同。由于农业投资周期一般较短，所以资本经营利息忽略不计。

因此，本研究中耕地利用集约度的价值形态主要包括两部分，资本集约度和劳动集约度。而资本集约度和劳动集约度的公式表达为：

$$I_{\mathrm{A}} = A/F \qquad I_{\mathrm{K}} = K/F \tag{7-2}$$

式中：I_{A}，I_{K} 分别为劳动集约度和资本集约度，A、K、F 含义同上。

此外，需要注明的是，本研究中劳动工资指农户经营耕地的劳动力成本，包括农户自家的用工成本和雇佣劳动力成本，在计算中对于农户自家用工和雇工工价使用统一工价。在农业成本资料汇编中，对于这两者使用两种价格，雇工工价一般高于农户自家用工。由于本研究的考虑角度主要出于农户劳动力在很大程度上受到非农机会成本的影响，农户会将经营农业的收入和从事其他行业获得的收入进行比较，所以对使用统一工价。

(1)地块尺度耕地利用集约度价值形态测算

$$I_{\mathrm{s}} = (A_{\mathrm{s}} + K_{\mathrm{s}})/F_{\mathrm{s}} \qquad I_{\mathrm{sA}} = A_{\mathrm{s}}/F_{\mathrm{s}} \qquad I_{\mathrm{sK}} = K_{\mathrm{s}}/F_{\mathrm{s}} \tag{7-3}$$

式中：I_{s} 为地块尺度耕地利用集约度，元/hm^2；A_{s} 为对应地块在相应种植周期内所需要的人工成本，元；K_{s} 为对应地块在相应种植周期内所需的资本投入，也可以称之为物质和服务费用，包含种子、化肥、农药、灌溉等费用，元；F_{s} 为对应地块的面积，hm^2。I_{sA}，I_{sK} 表示地块尺度的耕地利用劳动集约度和资本集约度。

(2)农户尺度耕地利用集约度价值形态测度

$$I_{\mathrm{h}} = (A_{\mathrm{h}} + K_{\mathrm{h}})/F_{\mathrm{h}} \qquad I_{\mathrm{hA}} = A_{\mathrm{h}}/F_{\mathrm{h}} \qquad I_{\mathrm{hK}} = A_{\mathrm{h}}/F_{\mathrm{h}} \tag{7-4}$$

式中：I_{h} 为农户尺度的耕地利用集约度，元/hm^2；A_{h} 为农户家庭当年的农业投入资金，元；K_{h} 为农户当年的人工投入成本，元；F_{h} 为农户经营的耕地总面积，hm^2。I_{hA}，I_{hK} 分别为农户尺度的耕地利用劳动集约度和资本集约度。

通过从调研数据中农户种植的各类作物的和来求得农户总的农业资本投入和劳动力投入，来计算耕地利用集约度的价值形态。具体计算公式如下。

$$A_{\mathrm{h}} = \sum_{i=1}^{n} (a_i \times s_i \times p) \tag{7-5}$$

式中：a_i 为第 i 种作物的劳动力投入，d/hm^2；s_i 为第 i 种作物的播种面积，hm^2；p 为劳动力工资，元/d；n 为农户种植作物的种类数。

$$K_{\mathrm{h}} = \sum_{i=1}^{n} (k_i \times s_i) \tag{7-6}$$

式中：k_i 为第 i 种作物的物质成本投入，元/hm^2；s_i 为第 i 种作物的播种面积，hm^2；n 同上。

基于 2008 年农户调研的数据，以此数据为基础计算得到曲周地块尺度耕地利用集约度的价值形态和资本形态的水平，样本地块资本集约度的描述性统计见表7-1，空间差异见图7-5。总集约度平均值为16265.24元/hm²，主要分布在12000～17000元/hm²之间；资本集约度平均值为5708.09元/hm²，多分布在2500～7500元/hm²之间；劳动集约度平均值为9130.13元/hm²，多集中在5000元/hm²左右。从集约度的构成来看，调研地块农户劳动集约度的平均比例为63.93%，而资本集约度的平均比例为36.07%。可见，大部分的农户仍然以劳动投入为主。

表7-1 2008年曲周地块资本集约度和劳动集约度

项目	资本集约度/(元/hm²)	劳动集约度/(元/hm²)	总集约度/(元/hm²)	资本集约度所占比例/%
样本数	241	241	241	241
均值	5708.09	9130.13	16265.24	36.07
标准差	2392.50	4063.38	6190.57	7.72
最小值	2502	3165.75	6975.75	12.37
最大值	18583.2	19831.5	40329	60.74

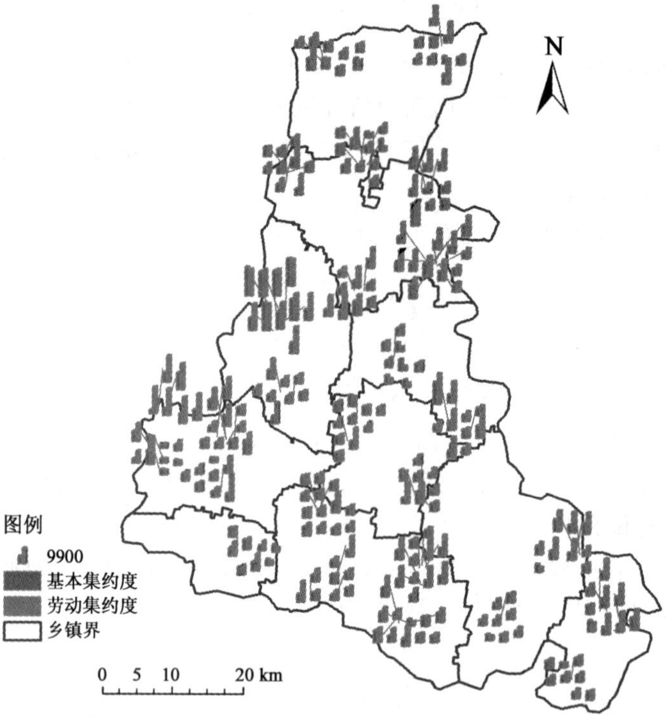

图7-5 2008年地块价值集约度(单位：元/hm²)

从图7-5可以看出，曲周镇、河南疃乡和四疃乡的价值形态的集约度较高，东南部各乡镇的价值形态的集约度较低，主要与各乡镇的种植结构有很大的关系。

上述三个乡镇中，河南疃乡和四疃乡主要以种植棉花为主，投入的劳力和物力较多，尤其是在棉花打药的时期，每隔三四天就得打一次，用工量多，在收获的时候需要雇佣别人进行采摘。而曲周镇是曲周县政府的驻地，种植蔬菜的农户较多，资金和劳力投入都要高于种植粮食和棉花作物的农户。在实地调研当中,当问及农户每年的农闲时间时,大部分农户的回答是一年四季都在忙,而在对种植粮食和棉花作物农户问同样的问题时,大部分表示至少有半年的农闲时间。这也说明了种植蔬菜农户的耕地价值形态较高的原因。

农户调研的资本集约度与农户的价值集约度在空间上呈现相似的规律:北部和西部较高,东南部较低。特别是侯村镇和依庄乡的样点,其资本集约度更低,主要和种植结构有关。北部和西部主要以种植棉花和蔬菜为主,南部以种植粮食作物为主,资本投入自然要低于种植蔬菜和棉花的作物。可以说,是种植结构的空间差异导致资本集约度的差异(图 7-6)。

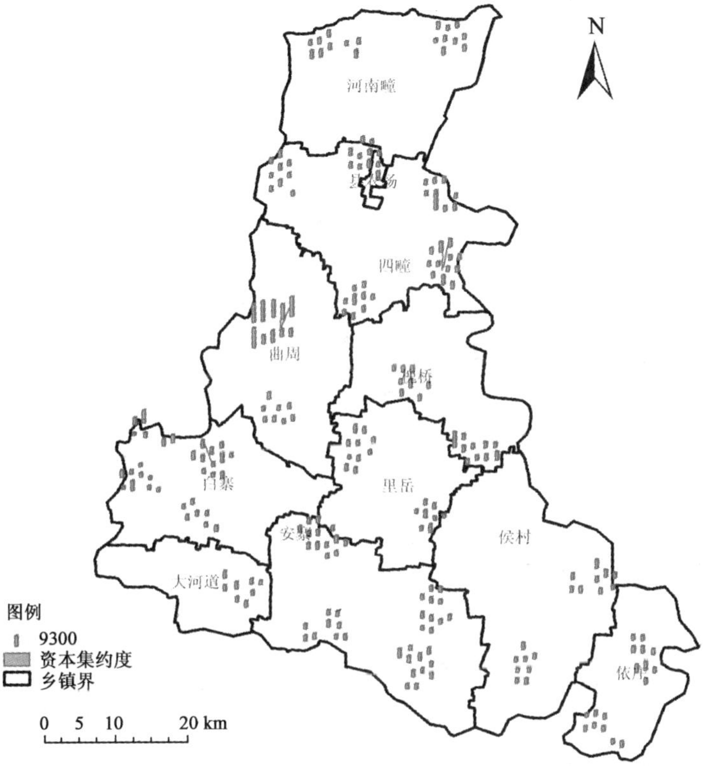

图 7-6　2008 年地块资本集约度(单位:元/hm^2)

7.4.3.2　耕地实物形态集约度的变化

在对农户耕地利用调查上,大多以货币的形式计算的,而以实物形式且调查比较详细的是肥料投入,包括化肥和有机肥。因此实物形态的集约度主要以肥料的投入进行分析,具体计算公式如下。

$$
\begin{aligned}
F &= \mathrm{Fer} + \mathrm{Org} \\
\mathrm{Fer} &= \sum_{i=1}^{n} (\mathrm{Fer}_i \times s_i)/S \\
\mathrm{Org} &= \sum_{i=1}^{n} (\mathrm{Org}_i \times s_i)/S
\end{aligned}
\tag{7-7}
$$

式中:F、Fer、Org 表示单位耕地面积的肥料投入、化肥投入、有机肥投入,kg/hm^2;Fer_i 表示

第 i 种作物的化肥投入，kg/hm²；s_i 表示第 i 种作物的播种面积，hm²；S 表示耕地面积，hm²。

因农户所用的化肥种类较多，为了增加数据的可比性，对各种化肥进行折纯，进行求和。对于不同种类的有机肥也作相应的折纯计算。

根据 2008 年农户调研的数据，得到各样点农户实物形态的集约度，如图 7-7 所示。

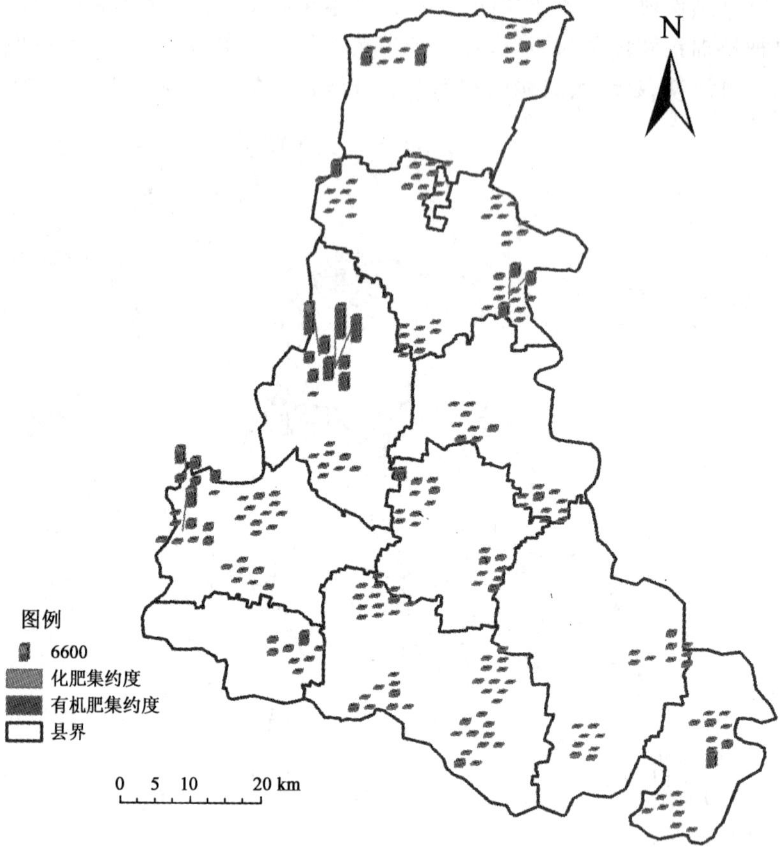

图 7-7　2008 年曲周县各乡镇实物形态集约度(单位：kg/hm²)

从图 7-7 可以看出，总体趋势是：北部的实物集约度高于南部的实物集约度，西部的实物集约度高于东部的实物集约度。曲周镇的有机肥集约度较高，而南部的化肥集约度则较低。

这主要和各乡镇的资源本底及区位条件有很大的关系。沿滏阳河一带的村庄，如四疃乡的马疃、河南疃的石韩村、白寨乡的滏阳集等，因为水资源充足，主要以种植蔬菜为主，对耕地的肥料投入自然会增大，特别是使用大量的有机肥。在县城驻地的曲周镇靠近滏阳河的地方，当地农民基本上都是在种植蔬菜，既有丰富的水资源又有好的区位条件，有机肥的使用量是曲周县最多的。其他地区，则由于水资源的限制和盐渍化的影响，主要以种植小麦、玉米和棉花为主，北部主要种植棉花，东南部主要种植小麦和玉米，因有机肥价格高且也无足够的有机肥，主要以化肥投入为主。近年来，农户也知道过多的施用化肥会导致土壤板结、地力下降，但没有足够的有机肥来替代化肥，并且有机肥的成本较高，不得不大量施用化肥。

7.4.4 小结

本章节主要从耕地利用方式、耕地利用强度的变化，并基于 2008 年农户调研数据，以样点地块为基础，分析曲周县耕地利用变化的特点。

(1)耕地利用方式的变化

粮食播种面积持续下降，在 2003 年达到最低点，其后虽有所上升，但也未能恢复到 2003 年前的水平。

小麦播种面积持续减少，玉米、棉花和蔬菜的播种面积逐渐增加，特别是玉米和棉花增加面积特别大。四种作物也都以 2003 年为拐点，小麦播种面积迅速降低，其余三种作物陡增，在 2003 年以后的年份里，四种作物的播种面积变化幅度较小，但小麦和玉米的播种面积仍居前列。

(2)耕地利用强度的变化

用耕地的集约度的变化来反映耕地利用强度的变化，并将集约度进一步分为价值集约度和实物集约度。价值集约度又分为资本集约度和劳动集约度，实物集约度以化肥的集约度和有机肥的集约度来衡量。

①价值集约度。总价值集约度平均值为 16265.24 元/hm^2，主要分布在 12000～17000 元/hm^2；资本集约度平均值为 5708.09 元/hm^2，多分布在 2500～7500 元/hm^2；劳动集约度平均值为 9130.13 元/hm^2，多集中在 5000 元/hm^2 左右。在地块尺度上，农户的劳动集约度均高于资本集约度。

从空间分布上看，曲周镇、河南疃乡和四疃乡的价值形态的集约度较高，东南部各乡镇的价值形态的集约度较低，主要与各乡镇的种植结构有很大的关系。

②实物集约度。总体趋势是：北部的实物集约度高于南部的实物集约度，西部的实物集约度高于东部的实物集约度。曲周镇的有机肥集约度较高，而南部的化肥集约度则较低。

7.5 耕地利用变化对粮食生产能力的影响

本章节主要对理论粮食生产能力、可实现粮食生产能力和实际粮食生产能力进行核算，并从结合从 2000—2008 年间，由于耕地利用方式的变化、耕地利用强度的变化引起理论粮食生产能力和可实现粮食生产能力的隐性损失。

7.5.1 耕地生产能力核算

本研究目标之一是测算耕地利用变化所导致粮食生产能力的隐形损失，涉及粮食的理论产量、可实现产量和实际产量，并分析时空差异。在农用地分等定级中，每个县一个光温生产潜力值，无法体现出每个乡镇的差异，更谈不上地块尺度的生产能力了。

本研究的粮食理论产量是指在地块尺度上，光、温、水、肥、热等环境及农业生产条件处于最佳状态，粮食作物所能达到的最高产量。根据该县的光温生产潜力，进行土壤因素和基础设施条件的修正，得到地块的光温水土潜力值，依此作为粮食理论最高生产能力。

粮食可实现生产能力是指在现实的农业生产条件下，根据粮食的理论产量进一步修正得到的粮食生产潜力。

实际粮食生产能力是指农户在既定的气候因素、土壤因素、农业政策等因素的共同作用下，根据个人的偏好、家庭状况、资金状况等而决定耕地的投入水平和强度，实际获得的粮食产量。

7.5.1.1 理论粮食产量测算

(1)理论粮食产量测算公式

在对曲周县光温生产潜力进行土壤条件修正，最后得到光温水土生产潜力，作为地块粮食理论生产能力。具体计算公式如下：

$$P_{m}=P_{mwh}+P_{mma} \tag{7-8}$$

$$P_{mwh}=P_{w}\text{光温}\times K_{slw}\times K_{jcw} \tag{7-9}$$

$$P_{mma}=P_{m}\text{光温}\times K_{slm}\times K_{jcm} \tag{7-10}$$

式中：P_{mwh}、P_{mma}分别指小麦、玉米的理论生产能力，P_{w}光温、P_{m}光温分别指小麦光温生产潜力，玉米光温生产潜力；K_{slw}、K_{slm}分别指小麦、玉米的土壤修正分；K_{jcw}、K_{jcm}分别指小麦、玉米的基础条件修正分。

其中，K_{slw}、K_{slm}的测算公式如下：

$$K_{slw}=(\sum F_{isw}\times W_{isw})/100 \tag{7-11}$$

$$K_{slm}=(\sum F_{ism}\times W_{ism})/100 \tag{7-12}$$

式中：F_{isw}、F_{ism}表示分等单元小麦、玉米第i个土壤因素的分值，满分为100；W_{isw}、W_{ism}分别表示分等单元小麦、玉米第i个土壤因素的权重，最大值为1。

同理，K_{jcw}、K_{jcm}的测算公式如下：

$$K_{jcw}=(\sum F_{ijw}\times W_{ijw})/100 \tag{7-13}$$

$$K_{jcm}=(\sum F_{ijm}\times W_{ijm})/100 \tag{7-14}$$

式中：F_{ijw}、F_{ijm}表示分等单元小麦、玉米第i个基础修正条件因素的分值，满分为100；W_{ijw}、W_{ijm}分别表示分等单元小麦、玉米第i个基础设施因素的权重，最大值为1。

(2)理论粮食产量测算过程

结合有关专家经验，并参考相关的研究成果，初步确定的土壤修正因素包括10个方面(表7-2)。

关于地块尺度土壤修正因素的权重和分级赋分，农用地分等规程里的分级标准是众多专家讨论的结果，具有较好的代表性，所以此处部分评价指标的分级标准和分级分值是借鉴农用地分等的成果。此外，有些研究者对曲周做了相关的研究，也作为本研究确定土壤修正因素的分级和权重的借鉴和参考。

表 7-2　土壤质量和基础条件因素说明

序号	子系统	修正因素
1	土壤因素	表土质地
2		土体构型
3		土壤有机质含量
4		全氮
5		速效磷
6		速效钾
7		pH
8		土壤盐渍化
9	基础条件	排水状况
10		灌溉保证率

各修正因素的分级标准和赋分情况如下。

①表土质地和土体构型的分级。曲周表土质地和土体构型指标的分级及分级分值是以农用地分等中的分级标准并参考相关研究，综合考虑确定。曲周县的土壤质地类型有：砂质、砂壤、轻壤、中壤、黏质。曲周县的土体构型有 17 种，分别为：壤质底沙、壤质底黏、壤质夹黏、壤质漏沙、壤质体黏、壤质腰沙、壤质腰黏、沙壤质体壤、沙壤质腰壤、通体轻壤、通体沙壤、通体沙质、通体黏质、通体中壤、黏质底沙、黏质漏沙、黏质体壤（表 7-3）。

表 7-3　曲周表土质地和剖面构型的分级赋分

分值	冬小麦		夏玉米	
	表土质地	剖面构型	表土质地	剖面构型
100	轻壤	壤质腰黏，壤质腰沙，壤质底黏	中壤	壤质腰沙，壤质腰黏，黏质体壤
90		通体轻壤，通体中壤，壤质漏沙，壤质体黏，黏质漏沙		通体黏质，通体中壤，壤质底黏，黏质底沙
80	中壤	通体黏质，壤质底沙，黏质体壤，黏质底沙	轻壤	壤质夹黏，通体轻壤，通体沙壤，壤质漏沙，壤质体黏
60	黏质	沙壤质腰壤，壤质夹黏，沙壤质体壤	黏质	黏质漏沙，沙壤质腰壤，壤质底沙
50	砂壤		砂壤	
40	砂质	通体沙质，通体沙壤	砂质	通体沙质，沙壤质体壤

②土壤养分类指标的分级。土壤有机质是土壤的重要组成部分，它在土壤肥力、农业持续发展等方面都有着重要的作用和意义，它的含量是土壤肥力水平的一项重要指标。土壤养分与作物产量具有非常大的相关性，对样点地块的 1982 年、2000 年、2006 年三个时期的小麦和玉米产量及样点对应的土壤养分数据运用 SPSS 软件进行相关性分析，土壤的有机质、全氮、速效磷、速效钾与小麦和玉米单产水平有较大的正相关性，玉米单产与速效钾的相关性系数大于 0.7，其他相关系数也在 0.5 左右。对于地块的土壤的有机质、全氮、速效磷、速效钾进行数据统计性描述，得到其 25、50、75 的百分位数，并将其作为养分分级的依据，将均值与二倍标准

差的和作为一级的分界点，以求得 90%左右的观测量落在均数周围 2 个标准差的范围之内。此外，参考了欧阳进良(2001)对曲周土壤有机质、全氮、速效磷、速效钾的做过指标分级的相关研究(表 7-4，表 7-5)。

表 7-4 曲周样点地块土壤有机质和土壤养分描述性统计

项目	有机质/(g/kg)	全氮/(g/kg)	速效磷/(mg/kg)	速效钾/(mg/kg)
样本数	201	201	201	201
均值	10.76	0.79	22.84	119.55
标准差	2.98	0.28	22.66	57.55
最小值	4.70	0.28	1.00	33.00
最大值	19.81	1.75	115.37	285.00
百分位数 25	8.39	0.56	5.12	71.28
百分位数 50	10.41	0.75	16.90	106.80
百分位数 75	12.62	0.99	30.84	152.89

表 7-5 曲周土壤有机质和养分分级

级别	分值	有机质/(g/kg)	全氮/(g/kg)	速效磷/(mg/kg)	速效钾/(mg/kg)
1	100	>16.8	>1.4	>68.2	>234.7
2	80	12.6～16.8	1.0～1.4	30.8～68.2	152.9～234.7
3	60	10.4～12.6	0.8～1.0	16.9～30.8	106.8～152.9
4	40	8.4～10.4	0.6～0.8	5.1～16.9	71.3～106.8
5	20	<8.4	<0.6	<5.1	<71.3

③土壤 pH 和土壤盐渍化。以农用地分等规程中黄淮海区土壤指标分级及其分值中的 pH 分级标准为基础。根据土壤含盐全量进行土壤盐渍化的分级赋分，为 0.7%以上为 40 分，0.5～0.7 为 60 分，0.3～0.5 为 80 分，0.3 以下为 100 分(表 7-6)。

表 7-6 土壤 pH 和土壤盐渍化的分级赋分标准

级别	分值	pH	土壤盐渍化
1	100	6.0～7.9	无盐渍化
2	90		轻度盐渍化
3	80	5.0～6.0,7.9～9.0	
4	70		中度盐化
5	60	4.5～5.0	
6	40		重度盐化
7	30	<4.5,9.0～9.5	
8	10	>9.5	

④排水状况和灌溉保证率的分级。排水状况是以曲周农用地分等的评价结果，以土壤样点图与农用地分等结果图进行叠加，得到各样点所在地块的排水状况。灌溉保证率则以各样点地块的土地利用类型为根据进行赋分。现状中的菜地，由于菜地对于灌溉要求严格，种植上要求土地能够随时保障灌溉，因此确定为充分满足，确定其分值为 100 分；水浇地一般有一定的灌溉设施，其分值为 70 分；而旱地和荒草地一般没有灌溉设施，其分值为 40 分。

⑤土壤修正因素权重的确定。采用灰色关联度来进行土地评价因子的选择、权重的确定、评价单元的划分、分级评定、等方面的工作，它是根据序列曲线几何形状的相似程度来判断其联系是否紧密，广泛地被用于农用地分等定级，避免了不同研究工作者的主观干扰，使评价结果更具可比性。

以曲周调研样点的土壤养分数据和样点的小麦和玉米单产数据为基础，测算评价因素与小麦和玉米单产能力的灰色关联度，权重确定见表 7-7。

表 7-7　曲周小麦和玉米修正因素权重

修正因素	表土质地	土体构型	土壤有机质含量	全氮	速效磷	速效钾	pH	土壤盐渍化	排水状况	灌溉保证率
小麦	0.09	0.12	0.07	0.10	0.10	0.10	0.06	0.09	0.11	0.16
玉米	0.10	0.11	0.08	0.10	0.10	0.10	0.06	0.10	0.11	0.14

(3)理论产量测算结果

根据 2000 年在靠近第二次土壤普查样点的基础上进行土壤取样，获得有机质和土壤养等数据，通过修正得到该地块尺度的理论产量。以此地块产量，按乡镇地块进行汇总，获得乡镇尺度的理论产量。此外，由于 2008 年与 2000 年时间很接近，所以其修正因素的权重采用同一标准。

参考曲周县农用地分等定级关于冬小麦、夏玉米的光温生产潜力，冬小麦 16440 kg/hm^2，夏玉米 40500 kg/hm^2。与上面的修正系数在 arcgis 中进行地块尺度的计算，得到小麦和玉米理论产量的分布图，如图 7-8 所示。

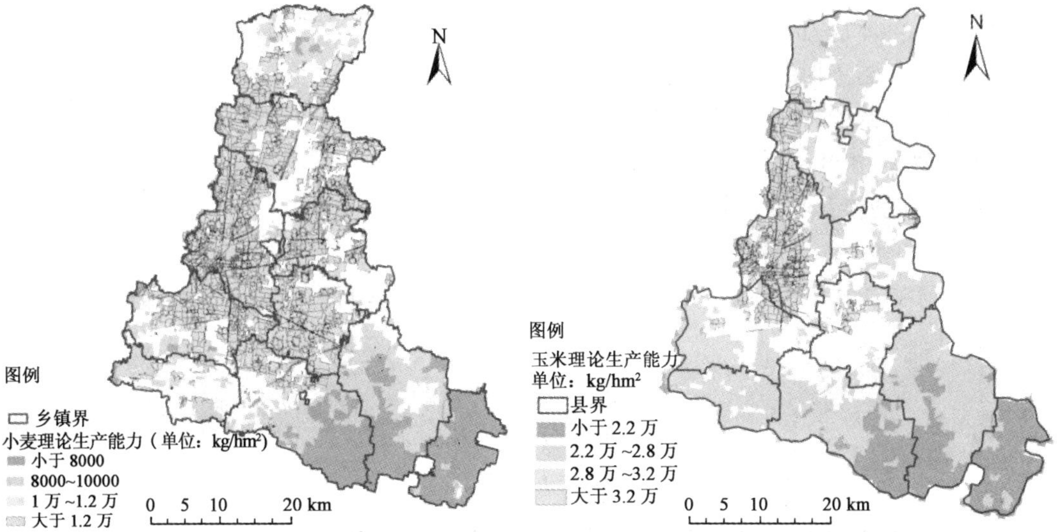

图 7-8　曲周县地块尺度小麦和玉米的理论生产能力

从以上两图中可以看出，小麦和玉米的理论生产能力都呈现南低北高的趋势，越是靠近县城的地区，其理论生产能力也越高。东南部的依庄和侯村镇的理论产量较低，曲周县的中心镇曲周镇的理论产量较高。

将各地块尺度的小麦和玉米的生产能力统一到乡镇尺度上，得到乡镇尺度的小麦、玉米的理论产量，如表 7-8 所示。

表 7-8 2000 年和 2008 年曲周县各乡镇小麦、玉米理论产量 kg/hm^2

乡镇	小麦理论产量	玉米理论产量
平均值	12124	29179
曲周镇	13004	31410
河南疃镇	12047	28536
侯村镇	11928	29212
安寨镇	11815	28249
南里岳乡	13037	30942
槐桥乡	12108	29535
大河道乡	12347	29325
依庄乡	10491	26204
白寨乡	12190	28785
四疃乡	12272	29594

小麦和玉米的平均理论产量分别为 12124 kg/hm^2、29179 kg/hm^2。曲周镇和里岳乡的小麦理论产量以及玉米理论产量均较高，里岳乡：13037 kg/hm^2（小麦）、30942 kg/hm^2（玉米）；曲周镇：13004 kg/hm^2（小麦）、31410 kg/hm^2（玉米）；依庄乡和安寨镇的小麦理论产量以及玉米理论产量均较低，安寨镇：11815 kg/hm^2（小麦）、28249 kg/hm^2（玉米）；依庄乡：10491 kg/hm^2（小麦）、26204 kg/hm^2（玉米）。从理论产量上我们可以知道，越是理论产高的地方，其土壤因素和基础设施条件的限制因素也越小，与曲周县的实际情况比较相符。如曲周镇和里岳乡土壤障碍因素较少、基础条件好，其理论产量不论是小麦还是玉米都较高。而依庄乡和安寨镇的盐渍化较重，距县城较远，基础条件差，所以得到的理论产量均较低。

7.5.1.2 可实现粮食产量测算

(1)可实现粮食产量测算公式

粮食可实现生产能力是根据粮食理论生产能力乘以耕地利用修正系数而得到的，具体测算公式如下：

$$A_{vgrain} = A_{vwh} + A_{vma} \quad (7\text{-}15)$$

$$A_{wh} = P_{mwh} \times K_c \quad (7\text{-}16)$$

$$A_{ma} = P_{mma} \times K_c \quad (7\text{-}17)$$

式中：A_{wh} 为小麦的可实现生产能力，kg/hm^2；A_{ma} 为玉米的可实现生产能力，kg/hm^2；P_{mwh}、P_{mma} 分别为小麦、玉米的理论生产能力；K_c 为耕地利用修正系数。

耕地利用修正系数计算公式：

$$K_c = P_{wh} / P_{ms} \tag{7-18}$$

式中：K_{cij}为第 i 个乡镇第 j 种指定作物土地经济系数；指定作物包括小麦、玉米。P_{wh}为第 i 个乡镇第 j 种指定作物实际产量，单位：kg/hm^2。P_{ms}为第 i 个乡镇第 j 种作物最高产量，指相应年份试验田水平能够达到的最高单产，小麦、玉米试验田最高产量取自中国农业大学在曲周建立的试验站所测数据，单位：kg/hm^2。

(2)可实现粮食产量测算过程及结果

根据中国农业大学曲周试验站 300 亩高产创建基地所测的小麦和玉米的最高实验产量，将其算作各乡镇的最高产量(表 7-9)。

表 7-9　2000 年和 2008 年实验条件下小麦、玉米的最高产量　kg/hm^2

年份	小麦产量	玉米产量
2000 年	6000	7500
2008 年	7170	11826

根据试验田小麦、玉米产量及公式，得到曲周各乡镇耕地利用修正系数，如表 7-10 所示。

表 7-10　曲周县各乡镇耕地利用修正系数

乡镇	小麦		玉米	
	2000 年	2008 年	2000 年	2008 年
曲周镇	0.92	0.78	0.93	0.54
河南疃镇	0.83	0.78	0.68	0.54
侯村镇	0.79	0.78	0.64	0.54
安寨镇	0.81	0.78	0.66	0.54
南里岳乡	0.84	0.78	0.71	0.54
槐桥乡	0.74	0.78	0.64	0.54
大河道乡	0.76	0.78	0.80	0.54
依庄乡	0.59	0.78	0.61	0.54
白寨乡	0.87	0.78	0.68	0.54
四疃乡	0.83	0.78	0.85	0.54

根据理论产量和各乡镇的统计的产量，得到小麦、玉米的可实现产量，如表 7-11 所示。

与 2000 年相比，2008 年的小麦和玉米的可实现产量均有所降低。表明在大田实验条件下增产的速度快于实际作物的增产速度。小麦的可实现产量除槐桥乡和依庄乡增加外，其余乡镇均有不同程度的减少，而各乡镇的玉米可实现产量都在减少。

表 7-11 2000 年、2008 年曲周县各乡镇小麦和玉米的可实现产量 kg/hm²

乡镇	2000 年小麦可实现产量	2008 年小麦可实现产量	2000 年玉米可实现产量	2008 年玉米可实现产量
平均值	9790	9461	29179	15655
曲周镇	11964	10147	31410	16813
河南疃镇	9939	9401	28536	15310
侯村镇	9423	9308	29212	15673
安寨镇	9600	9220	28249	15156
南里岳乡	10918	10173	30942	16601
槐桥乡	8930	9448	29535	15884
大河道乡	9322	9635	29325	15771
依庄乡	6163	8186	26204	14059
白寨乡	10605	9512	28785	15444
四疃乡	10124	9576	29594	15878

7.5.1.3 实际粮食产量测算

参考《农用地分等规程》以及《农用地产能核算技术规程》等规范性文件，粮食的实际单产可查阅曲周县统计年鉴，按乡镇进行统计粮食单产和总产水平。

因此，本文中粮食实际单产是依据曲周县统计年鉴，获得 2000 年和 2008 年曲周县各乡镇粮食实际单产能力。如表 7-12 所示。

表 7-12 2000 年、2008 年曲周县各乡镇小麦和玉米的实际产量 kg/hm²

乡镇	2000 年小麦实际产量	2008 年小麦实际产量	2000 年玉米实际产量	2008 年玉米实际产量
平均值	4845	5595	5355	6345
曲周镇	5520	5595	6975	6330
河南疃镇	4950	5595	5100	6345
侯村镇	4740	5595	4800	6345
安寨镇	4875	5595	4950	6345
南里岳乡	5025	5595	5325	6345
槐桥乡	4425	5595	4800	6360
大河道乡	4530	5595	6030	6360
依庄乡	3525	5595	4575	6345
白寨乡	5220	5595	5130	6345
四疃乡	4950	5595	6375	6345

从表 7-12 可以得知，曲周县小麦和玉米的实际产量都有所增加，小麦实际产量从 2000 年的 4845 kg/hm^2 增加到 2008 年的 5595 kg/hm^2，玉米从 2000 年的 5355 kg/hm^2 增加到 2008 年的 6345 kg/hm^2，年均分别增加 94 kg/hm^2、124 kg/hm^2。

2000 年的小麦实际产量在 4800 kg/hm^2 左右，除依庄乡（3525 kg/hm^2）外，其余乡镇的实际产量均高于 4000 kg/hm^2；2008 年各乡镇小麦的实际产量均一致，都为 5595 kg/hm^2；依庄乡小麦产量增加最大，从 3525 kg/hm^2 增加到 5595 kg/hm^2，增加了 58.72%；曲周镇的小麦产量变化最小，仅增加了 75 kg/hm^2，增幅也最小，1.36%。

2000 年的玉米实际产量平均为 5355 kg/hm^2，曲周镇最高（6975 kg/hm^2），依庄乡最低（4575 kg/hm^2）；2008 年玉米实际产量平均为 6345 kg/hm^2，各乡镇之间变化不大，比较均一。从两期的玉米产量来看，曲周镇和四疃乡的产量较 2000 年有所降低，分别降低了 645 kg/hm^2、30 kg/hm^2，其余乡镇都有不同程度的增加。但玉米产量总体还是增加的。

7.5.2　耕地利用变化对生产能力的影响

因曲周县各乡镇耕地面积自 2000—2008 年均未发生变化，所以此部分主要分析耕地利用方式变化和耕地利用强度的变化对粮食生产能力的影响。

7.5.2.1　耕地利用方式的变化对粮食生产能力的影响

农户主要从两个方面对耕地粮食生产能力产生影响，一是农户对作物种植及播种面积的选择，二是对耕地粮食单产能力的影响，即由于农户自己对土地的投入、管理等因素的不同而导致作物实际单产能力的变化。测算耕地利用方式的改变对粮食生产能力的影响，主要是通过估算不同时期、不同空间，耕地用于生产粮食的面积减少而造成的粮食生产能力的损失。

本研究中耕地利用方式变化即指主要作物种植结构的变化，以调研农户样本数据为依据，利用单位面积粮食理论产量损失、单位面积粮食可实现产量损失来衡量单位面积耕地上粮食生产能力的损失量。

乡镇尺度粮食生产能力损失：

$$\mathrm{TL}_{\mathrm{fs}i}=L_{\mathrm{fm}ii}\times S_i/1000 \tag{7-19}$$

$$\mathrm{TL}_{\mathrm{fs}i'}=L_{\mathrm{fsa}i}\times S_i/1000 \tag{7-20}$$

式中：$\mathrm{TL}_{\mathrm{fs}i}$、$\mathrm{TL}_{\mathrm{fs}i'}$ 分别表示第 i 个乡镇，粮食理论生产能力总损失、粮食可实现生产能力总损失，单位：t；$L_{\mathrm{fm}ii}$、$L_{\mathrm{fsa}i}$ 分别表示第 i 个乡镇单位面积耕地粮食理论生产能力、可实现损失，kg/hm^2；S_i 表示第 i 个乡镇耕地总面积，单位：hm^2。

其中单位面积耕地粮食生产能力损失 L_{fs} 测算方法如下：

$$L_{\mathrm{fsm}}=(P_{\mathrm{mwh}}+P_{\mathrm{mma}})\times(S_{\mathrm{land}}\times r-S_{\mathrm{wh}}-S_{\mathrm{ma}})/(r\times S_{\mathrm{land}}) \tag{7-21}$$

$$L_{\mathrm{fsa}}=(A_{\mathrm{vwh}}+A_{\mathrm{vma}})\times(S_{\mathrm{land}}\times r-S_{\mathrm{wh}}-S_{\mathrm{ma}})/(r\times S_{\mathrm{land}}) \tag{7-22}$$

式中：L_{fsm}、L_{fsa} 分别表示样本点单位面积粮食理论产量损失、可实现产量损失，单位：kg/hm^2。S_{wh}、S_{ma} 分别小麦播种面积与玉米播种面积，单位：hm^2。S_{land} 表示比较年调研农户拥有的耕地面积总和，单位：hm^2；表示与所在区域标准耕作制度相对应的最大复种指数，由于曲周县的标准耕作制度是一年两熟：冬小麦和夏玉米，所以此处粮食作物的最大复种指数取 2（图 7-9）。

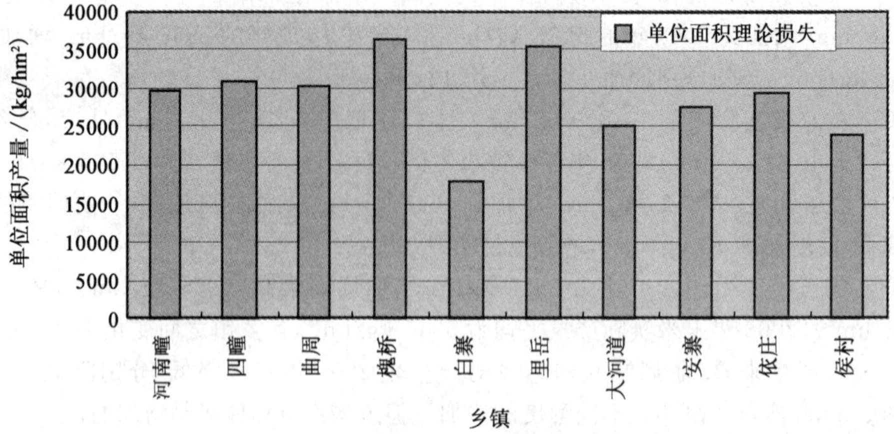

图 7-9 耕地利用方式变化导致曲周县各乡镇单位面积粮食理论产量的损失

从图 7-9 我们可以看出由耕地利用方式变化导致各乡镇单位面积粮食理论产量的损失状况。其中,槐桥乡和大河道乡损失较多,白寨乡和侯村镇损失较少。主要原因是前者的土壤及基础条件较好,后者的土壤障碍多、基础条件不是太好,光温生产潜力经修正后得到的单位面积粮食高低不同所造成的。

从图 7-10 可以看出,与 2000 年相比,2008 年曲周县各乡镇单位面积粮食可实现损失量都有所增加。其中里岳乡、槐桥乡、安寨镇和四疃乡损失量增加较多,其余乡镇变化不大。这主要和乡镇的种植结构变化有很大的关系,随着经济的发展和水资源的限制,上述四乡镇由种植粮食作物向经济作物的转变较多,导致单位面积粮食可实现的损失较多。与实际调研比较相符,尤其四疃乡和安寨镇,随着近年来农业税的免除,农户可自由安排种植作物,大部分农户都追求经济收入的最大化为目的,又加之水资源的短缺,所以农户大面积的种植棉花,仅种植少量的小麦作为口粮(表 7-13)。

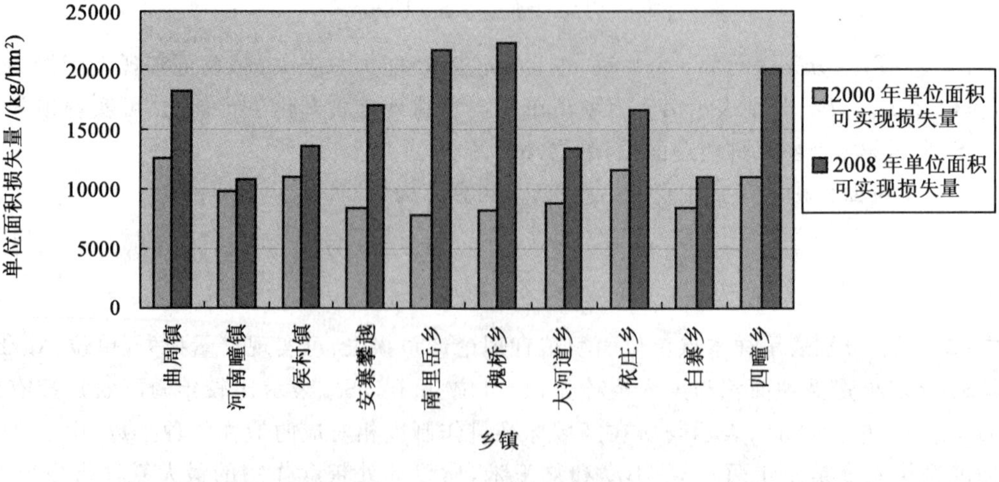

图 7-10 耕地利用变化导致曲周各乡镇单位面积粮食可实现损失的产量

表 7-13　理论总损失、2000 年可实现总损失和 2008 年可实现总损失　万 t

乡镇	理论损失	2000 年可实现损失	2008 年可实现损失
合计	132.61	46.6	77.18
曲周镇	13.9	5.84	8.44
河南疃镇	15.37	5.31	5.9
侯村镇	15.86	7.77	9.63
安寨镇	18.82	5.68	11.45
南里岳乡	14.61	3.19	8.89
槐桥乡	13.51	3.02	8.22
大河道乡	6.02	2.41	3.67
依庄乡	8.93	3.76	5.41
白寨乡	8.62	4	5.25
四疃乡	16.98	5.61	10.32

从各乡镇的理论损失量来看，除大河道乡、依庄乡和白寨乡损失低于 10 万 t 外，其余乡镇均达到了两位数，其中四疃乡损失较多，达 16.98 万 t。

2008 年曲周县可实现损失量 77.18 万 t，比 2000 年的损失量 46.6 万 t，增加了 30.58 万 t，年均损失量增加 3.8 万 t。各乡镇的损量都有不同程度的增加，其中安寨镇损失最多(5.8 万 t)，河南疃镇损失最少(0.59 万 t)。从变化幅度来看，各乡镇平均损失增加了 65.6%，里岳乡增加幅度最大(178.7%)，河南疃镇最小(11.1%)。

7.5.2.2　耕地利用强度变化对粮食生产能力的影响

耕地利用强度主要是指单位面积耕地上的投入与产出，其价值形态和实物形态已经在前面的章节中进行了解释。其对粮食生产能力的影响主要是通过其单位面积粮食作物产量实现程度来体现的。它所造成的粮食生产能力的损失即在该种利用强度下，耕地粮食作物实际产出能力与可实现生产能力、理论生产能力的差值。

乡镇户均尺度粮食生产能力损失：

$$T_{qdmi}=L_{qdmi}\times S_i/1000 \tag{7-23}$$

$$T_{qdai}=L_{qdai}\times S_i/1000 \tag{7-24}$$

式中：T_{qdmi}、T_{qdai}分别表示第 i 个乡镇，粮食理论生产能力总损失、粮食可实现生产能力总损失，单位：t；S_i 表示第 i 个乡镇的耕地总面积，单位：hm^2；L_{qdmi}、L_{qdai}表示第 i 个乡镇单位面积粮食理论生产能力损失、粮食可实现生产能力损失，单位：kg/hm^2。

其中，L_{qd}测算方法如下。

$$L_{qdm}=(P_{mwh}-P_{wh})+(P_{mma}-P_{ma}) \tag{7-25}$$

$$L_{qda}=(A_{vwh}-P_{wh})+(A_{vma}-P_{ma}) \tag{7-26}$$

式中：前提假设复种指数为 2，L_{qdm}、L_{qda}分别单位面积粮食理论生产能力损失、可实现生产能力损失，单位：kg/hm^2；P_{mwh}、P_{mma}分别表示小麦、玉米理论单产，kg/hm^2；P_{wh}、P_{ma}表示小麦、玉米实际单产，kg/hm^2；A_{vwh}、A_{vma}表示小麦、玉米可实现单产，kg/hm^2。

根据以上公式，测算曲周县各乡镇2000年和2008年的理论产量损失和可实现产量损失如下。

从图7-11可知，2000年和2008年曲周各乡镇由于耕地利用强度变化导致单位面积粮食理论产量的损失差异不大。除曲周镇2008年单位损失大于2000年单位损失外，其余乡镇均都小于2000年的单位损失。此外，依庄乡、安寨镇变化幅度稍大一些，其余均不差上下。

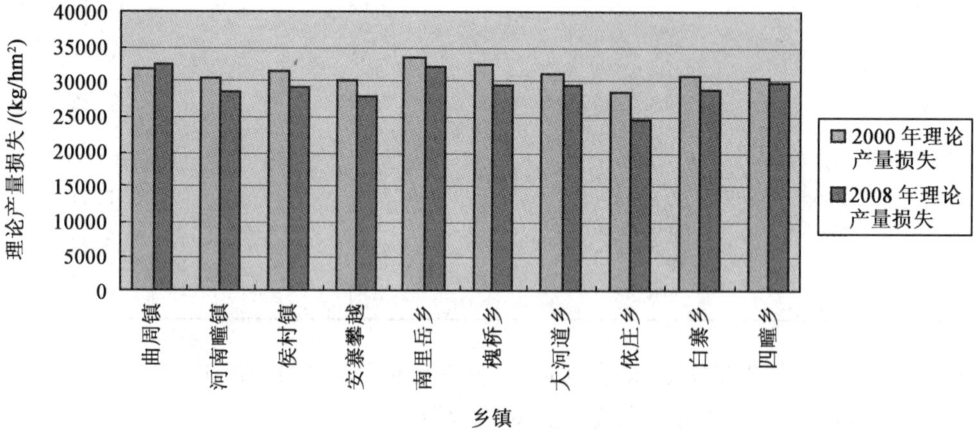

图7-11　耕地利用强度变化导致曲周县各乡镇单位面积粮食理论产量的损失

2008年与2000年相比，各乡镇单位面积粮食可实现产量的损失都大幅增加，主要的原因是2008年可实现产量降低，同时实际产量上升，使可实现产量与实际产量之间的产值比2000年小，从而导致单位面积可实现产量的降低，再加上各乡镇的耕地面积均未发生变化，所以才出现图7-12所示的差异。

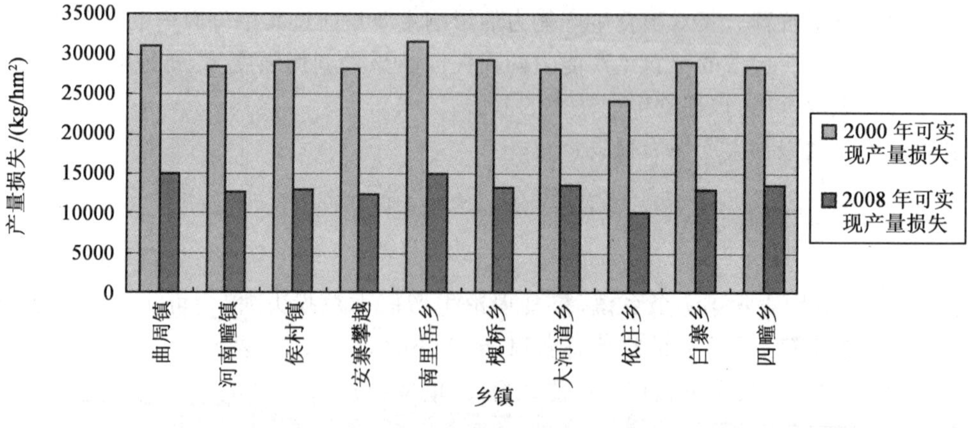

图7-12　耕地利用强度变化导致曲周县各乡镇单位面积粮食可实现产量的损失

与2000年相比，2008年的理论产量损失和可实现损失都有所降低。理论产量从2000年的148.65万t降低到2008年的140.35万t，年均减少约1万t；可实现产量从2000年的137.57万t降低到2008年的63万t，降幅54.21%，年均减少约8万t(表7-14)。

表 7-14 耕地利用强度对曲周各乡镇耕地理论产量、可实现产量的损失 万 t

乡镇	理论产量损失		可实现产量损失	
	2000 年	2008 年	2000 年	2008 年
合计	148.65	140.35	137.57	63
曲周镇	14.77	15.03	14.28	6.96
河南疃镇	16.76	15.72	15.6	7.01
侯村镇	22.49	20.78	20.71	9.28
安寨镇	20.5	19.06	18.99	8.43
南里岳乡	13.82	13.17	12.95	6.1
槐桥乡	12.03	11.01	10.85	4.96
大河道乡	8.53	8.15	7.7	3.69
依庄乡	9.25	8.01	7.85	3.33
白寨乡	14.8	14.03	14.03	6.29
四疃乡	15.7	15.39	14.6	6.95

从各乡镇的变化来看，理论产量损失除曲周镇增加外，其余乡镇的理论损失量都在减少，侯村镇减少最多(1.7 万 t)，依庄乡减幅最大(13.4%)；各乡镇的可实现损失量较 2000 年都有较大幅度的减少，减幅相对均一，但也都超过了 50%。

各乡镇的理论损失和可实现损失除与单位面积的理论损失和可实现损失有关外，还与各乡镇的耕地面积有关。单位面积损失量大，耕地面积多的乡镇，其总损失量也大。如安寨镇和侯村镇的耕地面积较大，一般测算的其总损失的量所占的比例也很高；依庄乡和槐桥乡的耕地面积较少，其乡镇总损失的量也相对较少。

7.5.3 生产能力损失时空变化

主要分析 2000 年、2008 年曲周县各乡镇由利用方式和利用强度变化导致耕地粮食生产能力的损失，并与相对应年份的实际产量比较，试图找出损失的主要原因、规律以及产量提高的潜力。

7.5.3.1 理论产量损失时空变化

不论是利用方式还是利用强度所造成的损失，都要比相对应年份的实际产量高出很多，可以说耕地的粮食产量还有很大的上升空间。

两期的耕地利用方式损失小于利用强度损失，但 2008 年之间损失的差值比 2000 年小。除里岳乡、槐桥乡和四疃乡 2000 年、2008 年的耕地利用方式所造成的损失大于利用强度造成的损失外，其余 7 个乡镇利用方式所造成的损失小于利用强度造成的损失。可见，种植方式的变化对耕地粮食生产能力的影响不及集约度的变化对耕地粮食生产能力的影响。

安寨镇、四疃乡、侯村镇和河南疃镇的理论损失量较大，同时这 4 个乡镇的实际粮食产量也较大，主要与这 4 个乡镇的耕地面积、粮食单产能力有很大的关系，他们的耕地面积大、粮食单产高。在单产一定时，耕地面积越大，其粮食产量也就越大；而当耕地面积一定时，粮食能力越大，粮食产量也就越高。由于耕地面积大、粮食单产高，利用方式或利用强度稍微变化时，相应的损失量也会很大(表 7-15)。

表 7-15　各乡镇理论产量损失量和实际产量　　万 t

乡镇	2000 年理论损失		2008 年理论损失		2000 年实际产量	2008 年实际产量
	利用方式	利用强度	利用方式	利用强度		
合计	132.61	148.65	132.61	140.35	30.76	30.33
曲周镇	13.9	14.77	13.9	15.03	2.93	2.71
河南疃镇	15.37	16.76	15.37	15.72	3.37	2.98
侯村镇	15.86	22.49	15.86	20.78	4.01	5.08
安寨镇	18.82	20.5	18.82	19.06	4.61	4.82
南里岳乡	14.61	13.82	14.61	13.17	3.20	2.92
槐桥乡	13.51	12.03	13.51	11.01	2.32	2.08
大河道乡	6.02	8.53	6.02	8.15	2.28	1.53
依庄乡	8.93	9.25	8.93	8.01	1.16	1.41
白寨乡	8.62	14.8	8.62	14.03	3.52	3.72
四疃乡	16.98	15.7	16.98	15.39	3.18	2.93

7.5.3.2　可实现产量损失时空变化

2000 年利用方式造成的损失(46.6 万 t)远远小于利用强度造成的损失(137.57 万 t)，而 2008 年利用方式造成的损失(77.18 万 t)稍比利用强度造成的损失(63 万 t)大，但不论是 2000 年或是 2008 年由利用方式、利用强度造成的损失，均比相对应年份的实际产量高。

2000 年总利用方式的损失远低于总利用强度造成的损失，而且各乡镇由耕地利用方式造成的损失也都小于由耕地利用强度变化造成的损失。其中，有 4 个乡镇利用方式与利用强度造成的损失之间的差距较大：安寨镇 13.31 万 t、侯村镇 12.94 万 t、河南疃乡 10.29 万 t、白寨乡 10.03 万 t。主要分布在以种植小麦和玉米为主的南部地区，那里种植结构比较单一，劳动集约化水平较高，所以导致损失之间的差距较大。

2008 年利用方式造成的损失(77.18 万 t)与利用强度造成的损失(63 万 t)相差不大。除河南疃乡和大河道乡利用方式造成的损失小于利用强度造成的损失外，其余 8 个乡镇利用方式的损失均大于利用强度造成的损失。5 个乡镇的利用方式与利用强度之间的差距较大：四疃乡 3.37 万 t、槐桥乡 3.26 万 t、安寨镇 3.02 万 t、里岳乡 2.79 万 t、依庄乡 2.08 万 t。主要分布在曲周县的东半部，特别是东南部，那里的种植结构变化较大，是导致差距大的主要原因。

将 2008 年与 2000 年的可实现损失量相比，最大的变化就是 2000 年的利用方式的损失远远小于利用强度的损失，但到了 2008 年，利用方式造成的损失反而比利用强度造成的损失大。2008 年的种植结构已经发生了很大的变化，由于受水资源的限制和劳动力就业机会成本的增加，农户以追求经济利用为主，往往种植需水少、比较利益高的棉花，利用方式变化大，特别是四疃乡和槐桥乡，已经大面积地种植棉花，而小麦玉米较少，仅作为口粮、饲料，是差距较大的主要原因。

综上所述，由耕地利用方式的变化导致可实现产量的损失越来越大，利用强度造成的可实现产量的损失逐渐下降。但两者造成的可实现损失都比实际的产量高，耕地粮食生产能力的提高还有很大的潜力空间(表 7-16)。

表 7-16　曲周县各乡镇可实现损失产量和实际产量　万 t

乡镇	2000 年可实现损失		2008 年可实现损失		2000 年实际产量	2008 年实际产量
	利用方式	利用强度	利用方式	利用强度		
合计	46.6	137.57	77.18	63	30.76	30.33
曲周镇	5.84	14.28	8.44	6.96	2.93	2.71
河南疃镇	5.31	15.6	5.9	7.01	3.37	2.98
侯村镇	7.77	20.71	9.63	9.28	4.01	5.08
安寨镇	5.68	18.99	11.45	8.43	4.61	4.82
南里岳乡	3.19	12.95	8.89	6.1	3.20	2.92
槐桥乡	3.02	10.85	8.22	4.96	2.32	2.08
大河道乡	2.41	7.7	3.67	3.69	2.28	1.53
依庄乡	3.76	7.85	5.41	3.33	1.16	1.41
白寨乡	4	14.03	5.25	6.29	3.52	3.72
四疃乡	5.61	14.6	10.32	6.95	3.18	2.93

7.5.4　小结

本章分析了耕地利用变化对粮食生产能力的影响，主要是从耕地利用方式的变化、耕地利用强度的变化两方面进行分析，并测算了曲周县各乡镇的耕地利用方式的变化和利用强度的变化对粮食理论产量、可实现产量的损失，并对各区域的差异进行了一定的分析。

(1)生产能力的核算

根据曲周县农用地分等定级小麦和玉米的光温生产潜力，在对各地块进行土壤和基础条件修正的基础上，得到各地块小麦和玉米的理论产量，再将各地块的值汇总到乡镇一级，最后得到各乡镇小麦和玉米的理论产量，以及曲周县小麦和玉米的平均理论产量。

曲周县小麦和玉米的理论产量分别为 12124 kg/hm^2、29179 kg/hm^2。

2000 年小麦和玉米的可实现产量分别为 9790 kg/hm^2、29179 kg/hm^2；2008 年小麦和玉米的可实现产量分别为 9461 kg/hm^2、15655 kg/hm^2。

2000 年小麦和玉米的实际产量分别为 4845 kg/hm^2、5355 kg/hm^2；2008 年小麦和玉米的实际产量分别为 5595 kg/hm^2、6345 kg/hm^2。

(2)耕地利用方式的变化对生产能力的影响

主要从耕地种植结构的变化，以农户调研样本来分析其对耕地粮食生产能力的影响，包括单位面积粮食理论产量损失、单位面积粮食可实现产量损失，以及相应的乡镇损失的总量。

单位面积理论产量的损失为 28045 kg/hm^2,2000 年、2008 年单位理论产量损失分别为 9722 kg/hm^2、16425 kg/hm^2。

由耕地利用方式的变化引起粮食理论产量的损失为 132.61 万 t;2000 年和 2008 年造成的可实现损失分别为 46.6 万 t、77.18 万 t。

(3)耕地利用强度的变化对生产能力的影响

主要从耕地利用强度变化造成的粮食生产能力的损失,即实际生产能力与理论生产能力、可实现生产能力之间的差值。从农户地块尺度汇总到乡镇尺度,再与各乡镇耕地面积联系起来,得到各乡镇的损失量。

2000 年单位面积耕地生产能力的理论损失和可实现损失分别为 31121 kg/hm^2、28696 kg/hm^2;2008 年单位面积耕地生产能力的理论损失和可实现损失分别为 29362 kg/hm^2、13178 kg/hm^2。

2000 年由耕地利用强度变化造成曲周县理论粮食产量、可实现产量的损失分别为 148.65 万 t、137.57 万 t;2008 年由耕地利用强度变化造成曲周县理论粮食产量、可实现产量的损失分别为 140.35 万 t、63 万 t;

(4)各乡镇损失的空间变化

在理论产量损失上,2000 年与 2008 年利用方式造成的损失小于利用强度造成的损失,但 2008 年之间损失的差值比 2000 年小。种植方式的变化对耕地粮食生产能力的影响不及集约度的变化对耕地粮食生产能力的影响。

在可实现产量损失方面,2000 年利用方式造成的损失(46.6 万 t)远远小于利用强度造成的损失(137.57 万 t),而 2008 年利用方式造成的损失(77.18 万 t)稍比利用强度造成的损失(63 万 t)大。

与实际产量相比,不论是 2000 年或是 2008 年由利用方式、利用强度造成的损失,均比相对应年份的实际产量高,表明耕地的粮食生产能力的提升还有很大的空间。

综上所述,2000 年由耕地利用方式造成的理论粮食产量损失低于由 2008 年利用强度所造成的损失;2000 年由耕地利用方式变化造成的理论损失和可实现损失均低于 2008 年造成的损失。可见由耕地利用方式和利用强度的变化造成耕地粮食生产能力的隐形损失的比较大,应当引起足够的重视。并且利用方式造成是损失影响越来越大,实际的粮食产量较低,与隐性损失相比还有很大的提升空间。

7.6 耕地利用变化对生产能力影响的驱动机制

结合农户实地调研数据,从农户耕地利用行为出发,根据农户的种植结构将农户划分成三种类型:粮食作物、粮食作物和经济作物兼种、经济作物,选取相关指标,分析不同耕地利用方式的驱动机制。

以 SPSS 分析软件为主,选取与耕地利用强度有关的农户调研指标,从劳动集约度和资本集约度两个方面来分析耕地利用强度变化的驱动机制。

最后依据耕地利用方式变化和强度变化驱动机制的分析,结合曲周县耕地利用、当地资源概况、当地政策等实际情况,提出耕地利用的政策和建议。

7.6.1　农户耕地利用变化的机理分析

农户土地利用决策过程是与土地利用单元之间的感知-响应的反馈环路过程，农用地利用单元是农用地利用方式及其变化的基本单元，其利用能力表现为粮食生产能力和经济价值生产能力。粮食生产能力表现为现实产量、可实现产量、理论产量三个层次。

农用地土地利用单元的转化方式主要有两种形式，一是利用方式的变化，包括农用地利用类型、耕地具体利用方式的维持、转变以及弃耕撂荒；二是耕地集约利用的变化，具体表现在单位面积耕地上资本、劳动、价值等集约度利用的时间与空间差异。

而农用地利用单元其利用状态受到多方面限制，包括国家、区域等大背景环境条件、土地资源本底条件、农户家庭综合条件等，农户的耕地利用行为是基于这些条件因素的限制和共同作用下的理性土地利用行为。

不同利用方式、强度和类型产生的生产能力和价值能力存在差异，农户对不同利用方式生产能力和经济价值能力的追求是导致农用地利用方式转变的前提。农户在家庭消费的强约束下，首先满足家庭粮食消费需求，其决策依据是家庭粮食消费能力的满足程度。在家庭消费满足以后，则是对于土地经济价值能力的需求，不同利用方式单位面积的经济价值能力的差异与农户劳动力机会成本之间的均衡是农用地利用方式转化的直接动力。

在具体的利用方式中，农户会依据劳动力、技术、资本和土地的限制程度，为达到最大的经济价值，而实施的不同投入要素的替代下的土地利用行为，而导致了在利用方式下的土地集约利用程度及其集约利用结构的变化。在劳动力约束下，对于单位劳动力效益预期是农户进行转换农用地利用方式的关键；在资本约束下，首先实现的劳动力、土地要素的替代，导致资本集约度投入降低；在土地规模的约束下，则实施的劳动力和资本投入强度增加，导致了劳动力和技术集约度程度的提高。

7.6.2　农户耕地利用方式变化驱动因素分析

农户对实际耕地利用方式的选择，主要受内因和外因的影响。外部的因素主要包括区域的自然条件、国家或区域政策等宏观因素，但其影响是整个区域的，可以认为对单个的农户影响是相对均一的；而内部因素则因农户个体的差异而不同，主要有农户家庭经济状况、劳动力状况、耕地资源状况、农户习惯等因素，其对农户对种植方式的选择影响较大。所以本部分只讨论农户耕地利用方式的内因，不讨论外因。以 2009 年调研的农户数据为基础，选取农户家庭劳动力状况、家庭经济状况、耕地资源状况三个方面来分析耕地利用变化的驱动机制。

在农户调研的中，根据农户的种植结构，将农户分成三大类：种植粮食作物、粮食和经济兼种、种植经济作物。在调研的 241 份问卷中，只种植粮食作物为 17 户，只种植经济作物的 76 户，种植粮食作物和经济作物的 148 户，占总户数的 61.4%。在粮经混种中，90%的农户都种植了棉花。只种植经济作物的 76 户中，15 户只种植了蔬菜，其余是蔬菜与其他经济作物混种。只种植粮食作物的农户中，一般都是为了口粮，而不是为了获得更多的经济收入，他们一般都是靠非农收入来生活(图 7-13)。

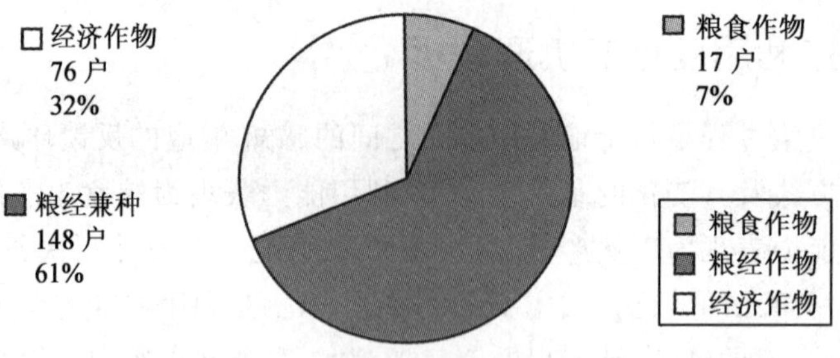

图 7-13 不同种植结构的农户

7.6.2.1 农户家庭劳动力水平对耕地利用方式变化影响

一定条件下，农户劳动力的多寡制约着农户的耕地利用。劳动力较多的农户，越是倾向于增加在耕地上的劳动投入，甚至精耕细作。所以在农户家庭劳动力对耕地利用方式的变化时，我们选取了以下几个指标：家庭总人数、从事农业人数、稳定非农工作人数、农业平均年龄、农业最高教育水平、平均受教育水平，通过 SPSS 统计分析功能对三种耕地利用方式类型分别进行测算，结果如表 7-17 所示。

表 7-17 农户家庭劳动力水平与耕地利用方式选择的统计

利用方式	驱动因素	全距	最小值	最大值	均值	标准差	偏度系数		峰度系数	
							数值	标准误差	数值	标准误差
粮食作物	家庭总人数	7	1	8	5.0588	1.63824	−0.589	0.55	1.384	1.063
	从事农业人数	5	1	6	2.5882	1.37199	1.19	0.55	1.312	1.063
	稳定非农工作人数	1	1	2	1.5714	0.53452	−0.374	0.794	−2.8	1.587
	农业平均年龄	55	25	80	49.4444	14.87609	0.23	0.354	−0.523	0.695
	农业最高教育水平	3	1	4	3	1	−0.85	0.55	−0.114	1.063
	平均受教育水平	6	1	7	2.5647	1.37565	2.227	0.55	6.645	1.063
粮经兼种	家庭总人数	7	2	9	4.8716	1.64247	0.321	0.199	−0.108	0.396
	从事农业人数	7	0	7	2.9662	1.27996	0.794	0.199	0.285	0.396
	稳定非农工作人数	4	1	5	1.5	0.83374	2.254	0.365	6.563	0.717
	农业平均年龄	65	15	80	45.5622	15.06804	0.1	0.117	−0.789	0.234
	农业最高教育水平	5	1	6	2.7211	0.86628	0.477	0.2	2.053	0.397
	平均受教育水平	3.5	1	4.5	2.2803	0.68932	0.264	0.2	0.595	0.397
经济作物	家庭总人数	6	2	8	4.8158	1.52936	0.067	0.276	−0.275	0.545
	从事农业人数	5	1	6	2.8289	1.22625	0.603	0.276	−0.474	0.545
	稳定非农工作人数	3	1	4	1.5714	0.81064	1.613	0.501	2.821	0.972
	农业平均年龄	53	17	70	43.7767	13.98452	−0.028	0.166	−1.218	0.33
	农业最高教育水平	3	1	4	2.6842	0.69686	−0.935	0.276	0.813	0.545
	平均受教育水平	2.8	1	3.8	2.3026	0.65625	−0.19	0.276	−0.354	0.545

注：文化程度为 0 从未上过学，1 小学，2 初中，3 高中，4 中专，5 大专及大专以上，这里的平均文化程度取家庭各农业劳动力实际文化水平代码加和平均得到，值越高说明文化程度越高

由表 7-17 可以看出，农户家庭总人数越多、农业平均年龄越大，农户越倾向于种植粮食作物。由于农户家庭人数较多，生活压力大，往往外出务工以维持家庭开支；年龄越大的农户，为了省事，以种植粮食为主。

农户农业人数越多、农业平均受教育水平及农业最高受教育水平越高，农户越倾向于种植经济作物，尤其是在保障家庭口粮的基础上，种植较多的棉花来提高农业收入。因经济作物需要较多的人力和物力，如家庭劳动人员不足，则难以种植较多的经济作物。并且随着农户受教育水平的提高，农户的农业技能和农业知识面也得到了扩大，更注重农业的收入，追求更多的经济利益，只能靠种植经济作物来实现。

稳定非农工作人数对耕地种植方式的影响不是太明显。

在农户调研中也验证了以上结果。尤其是在农业新技术的使用上，越是年轻的农户、受教育水平高的农户，越愿意使用。为了追求更多的经济收入，甚至两三年才种植一次少量的粮食作物，大面积的种植棉花，家庭农业劳动力越多，越希望租种更多的土地来种植棉花。

7.6.2.2　农户家庭经济状况对耕地利用方式的影响

农户的家庭的收入来源及收入情况差异与耕地利用有很大的关联性。以农业收入为主的农户，往往希望扩大种植面积，种植更多的经济作物；而靠在外打工收入为主的家庭，把耕地收入看得并不重要，只是希望能有点收成，种植省事的粮食作物，对产量要求也不高，只要不把地荒废就可以了。

农户家庭经济状况包括家庭总收入、总支出、人均收入、农业收入、农业支出、外出务工收入等，结合曲周农户调研实际，选取农户家庭总收入、农户农业收入和外出务工收入三个指标，作为衡量农户家庭经济状况对耕地利用方式变化造成的影响(表 7-18)。

表 7-18　农户家庭经济收入与耕地利用方式的关联统计　元/年

利用方式	影响因素	全距	最小值	最大值	均值	标准差	偏度系数		峰度系数	
							数值	标准误差	数值	标准误差
粮食作物	家庭总收入	76940	2040	78980	23190	21363.61	1.617	0.55	2.262	1.063
	农户农业总收入	16321	155	16476	5286.588	4401.739	0.958	0.55	0.994	1.063
	外出打工收入	24000	0	24000	9764.706	9498.483	0.927	0.55	−0.988	1.063
粮经兼种	家庭总收入	163641	1799	165440	23350.24	24626.85	3.354	0.199	13.555	0.396
	农户农业总收入	75113	200	75313	8502.358	7731.271	4.956	0.199	38.061	0.396
	外出打工收入	120000	0	120000	6832.378	15820.06	4.063	0.199	21.268	0.396
经济作物	家庭总收入	133900	1240	135140	24016.08	21813.39	2.577	0.276	9.377	0.545
	农户农业总收入	39247	370	39617	9874.816	7302.545	1.544	0.276	3.374	0.545
	外出打工收入	66000	0	66000	5477.632	12635.59	3.121	0.276	10.804	0.545

从表 7-18 三种类型的农户收入状况来看，农户家庭的平均收入差异不是很明显，粮食作物收入最低，粮经兼种次之，经济作物最高。农户农业收入与外出务工收入相反，种植粮食作物的农户，农业平均收入是种植经济作物平均收入的 53.54%，但在农户外出务工收入方面，种植经济作物的农户平均收入是种植粮食作物收入的 62.5%，粮经兼种的农户的收入处于两

者之间。也说明了农户在外出务工无门路或收入低的情况下，更愿意通过土地种植经济作物来获得更多的收益，外出务工收入高的农户对耕地的投入与产出不是特别的重视。

7.6.2.3　耕地资源本底特征对耕地利用方式变化的驱动作用

耕地的利用方式与耕地资源质量的好坏有很大的关系，特别是对耕地的生产能力的影响。农户在选择具体的种植方式的时候，势必要考虑自家耕地的状况：耕地面积大小、耕地质量、地块大小、到地块的方便程度等，本研究从农户耕地利用角度出发，选取耕地规模、复种指数、投入产出比、耕地质量、地块破碎度共五个指标来揭示农户耕地资源状况对其耕地利用方式选择的影响。统计结果如表 7-19 所示。

表 7-19　耕地资源本底与耕地利用方式之间的关联统计

利用方式	影响因素	全距	最小值	最大值	均值	标准差	偏度系数		峰度系数	
							数值	标准误差	数值	标准误差
粮食作物	耕地规模	11.8	1.2	13	5.9706	3.93315	0.416	0.55	−1.275	1.063
	复种指数	1	1	2	1.8824	0.33211	−2.61	0.55	5.44	1.063
	收益成本比	2.18	1.44	3.62	2.2118	0.60413	0.982	0.55	0.667	1.063
	耕地质量	1	1	2	1.4706	0.1248	0.13	0.55	−2.267	1.063
	耕地破碎度	9.76	0.24	10	2.55	2.96985	2.092	0.55	3.682	1.063
粮经兼种	耕地规模	24	2	26	9.9169	4.64303	0.947	0.199	1.055	0.396
	复种指数	3.07	0.93	4	1.3974	0.33684	3.408	0.199	23.551	0.396
	收益成本比	12.56	1.01	13.57	2.5326	1.13462	6.447	0.199	60.876	0.396
	耕地质量	2	1	3	1.6284	0.0463	0.174	0.199	−0.781	0.396
	耕地破碎度	14.57	0.43	15	2.4829	1.93405	3.318	0.199	16.693	0.396
经济作物	耕地规模	29	1	30	8.3724	5.55917	1.372	0.276	2.207	0.545
	复种指数	4.58	0.42	5	1.1675	0.64392	4.383	0.276	21.383	0.545
	收益成本比	7.92	1.05	8.97	3.1675	1.27741	1.878	0.276	5.725	0.545
	耕地质量	2	1	3	1.6974	0.58923	0.184	0.276	−0.562	0.545
	耕地破碎度	10.5	0.5	11	2.5416	2.1466	2.44	0.276	5.855	0.545

从耕地规模上看，种植粮食作物的农户家庭耕地规模较小，平均 6 亩，而粮经兼种的耕地规模平均达 10 亩之多，种植经济作物的也达到了 8 亩。表明随着耕地面积的增加，农户越倾向于种植经济作物，在保障基本生活的前提下，追求更多的经济利益。

从种植粮食作物类型到种植经济作物类型，复种指数一直在下降，平均从种植粮食作物的 1.89 下降到经济作物的 1.17。主要是因为小麦玉米耕地的复种指数为 2，而经济作物中主要是棉花，其复种指数为 1，个别地方种植蔬菜，复种指数最高达到 5，但其所占的比例少，导致经济作物的复种指数降低，对耕地了利用方式产生很大的影响。

在种植作物的收支比当中，粮食作物收支比较低，经济作物收支比最高，粮经兼种收支比居中。这也从侧面说明了种植粮食作物的收入较低，农户为了从耕地上获得更多的收入，减少粮食作物的种植，增加经济作物的种植面积，以期获得更大的经济收入。

不同种植类型的耕地质量之间的差异不大，种植粮食作物的耕地质量稍高于其他两种类型。主要是从 20 世纪 70 年代起，中国农业大学对曲周县实行土壤改良及近年来地下水位的下降，导致当地盐渍化面积大幅度减少，耕地自然质量基本趋于一致。

三种种植类型的耕地破碎度差异也不大，但粮经兼种要稍低于种植粮食作物和种植经济作物。主要原因是在当年分土地的时候，按照"远近搭配、肥瘦搭配"的原则，好劣地全村的农户都要有，而目前耕地又没有进行调整，所以农户的耕地块数都差不多。

综上所述，在农户的耕地资源禀赋方面，农户的耕地规模、耕地复种指数、耕地的收支比是造成农户耕地利用方式差异的主要驱动因素。

7.6.3　农户耕地利用强度变化驱动因素分析

随着区域经济发展水平的变化，农户的耕地利用目标也会发生相应的变化，农户耕地利用目标可以阶段性地划分为产量最大化阶段、产量最大化与利润最优化阶段、理论最大化阶段和景观效用最大化。曲周县属于城市快速扩展区，经济较发达。通过对 2008 年曲周县农户耕地利用行为的分析，认为曲周县农户耕地利用正逐渐由产量与利润最优化阶段转向利润最大化阶段，并且利润最大化已经成为主导耕地利用目标。

耕地利用集约度可以通过实物形态、价值形态等指标来衡量，价值形态集约度可分为资本集约度和劳动集约度，其中耕地利用资本集约度表征单位面积耕地上的种植业价值投入，资本集约度越高，该农户的农业资本投入越高，相应的其对产出的要求也就越高；劳动集约度表征单位面积耕地上的农业劳动人工投入。本章分别以资本集约度和劳动集约度作为被解释变量，选取可能影响曲周县农户耕地利用集约度水平的相关因素，利用 SPSS 逐步回归分析方法，分析影响农户耕地集约度的驱动因素。

7.6.3.1　因素及模型选取

选取与农户资本集约度和劳动集约度相关联的主要因子，对其进行回归分析，研究其对耕地利用强度影响的大小。主要包括农户家庭基本情况、家庭收支状况和农户耕地资源状况三个主要方面，具体如下。

1. 农户家庭基本情况

农户家庭总人口，农业劳动力数量，农业劳动力的平均年龄及其平均学历，共 4 个指标。

2. 农户家庭收支状况

农户家庭总收入，农业收入，外出务工收入，农户家庭总支出，农业支出，家庭食品等消费，教育费用支出，医疗费用支出，共 8 个指标。

3. 农户耕地资源状况

耕地资源数量，耕地质量等级，地块破碎度，复种指数，粮食作物和经济作物播种面积，共 6 个指标。

在实际调研当中，耕地质量状况主要让农民根据自家的种植及当地的实际情况，判断自家耕地质量的优劣，主要分：1 为好地、2 为一般、3 为差地三个等级，逐地块进行记录，依此综合判断农户耕地资源的质量等级。

以上指标共 18 个，具体指标及各指标单位见表 7-20。

表 7-20 定义变量

分类	变量名	变量解释	说明
农户家庭基本情况	X1	家庭总人口	单位:人
	X2	家庭农业劳动力数量	单位:人
	X3	农业劳动力平均年龄	单位:岁
	X4	农业劳动力最高教育水平	1 为没上学;2 为小学;3 为初中;4 为高中;5 为中专;6 为大专及以上;7 为职业教育或技术培训
农户家庭收支状况	X5	家庭总收入	单位:元
	X6	农业收入	单位:元
	X7	外出务工收入	单位:元
	X8	农户家庭总支出	单位:元
	X9	农业支出	单位:元
	X10	食品消费等支出	单位:元
	X11	教育费用支出	单位:元
	X12	医疗支出	单位:元
农户耕地资源状况	X13	耕地资源数量	单位:亩
	X14	土地质量等级	1 为好,2 为一般,3 为差
	X15	地块破碎度	平均地块大小,单位:亩
	X16	复种指数	家庭播种面积/家庭耕地面积
	X17	粮食播种面积	单位:亩
	X18	经济作物播种面积	单位:亩

7.6.3.2 回归结果分析

将上述农户家庭各指标因子及相对应农户家庭的劳动集约度和资本集约度,导入 SPSS,进行多元回归分析自变量对因变量的影响程度,主要结果如下。

(1)劳动集约度驱动机制

劳动集约度模型拟合程度见表 7-21。

表 7-21 劳动集约度模型拟合程度

Model	*R*	*R* Square	Adjusted *R* Square	Std. Error of the Estimate	Durbin-Watson
劳动集约度	0.854	0.841	0.835	3100.29783	1.196

相关系数 $R=0.854$,判决系数 $R^2=0.841$,修正的判决系数 $R^2=0.835$。可见,模型的拟合效果比较理想。

劳动集约度方差分析见表 7-22。

表 7-22　劳动集约度方差分析

Model		Sum of Squares	df	Mean Square	F	Sig.
劳动集约度	Regression	1785845977.439	18	105049763.379	10.929	0.000
	Residual	2114606258.779	222	9611846.631		
	Total	3900452236.218	240			

单边检验概率值为 $P=0.000<a=0.01$，说明回归方程高度显著。

从表 7-23 可以看出，劳动力最高教育水平、外出务工收入、耕地资源数量及复种指数与劳动集约度呈负相关，农业劳动力数量、劳动力平均年龄、土地质量等级、地块破碎度、粮食播种面积与劳动集约度呈正相关。

表 7-23　劳动集约度回归方程系数

变量	回归系数	t	Sig.
a	12812.067	6.118	0.000
农业劳动力数量	54.343	2.221	0.003
劳动力平均年龄	6.049	2.272	0.000
劳动力最高教育水平	−404.693	−1.715	0.001
外出务工收入	−0.024	−1.892	0.000
耕地资源数量	−801.521	−3.605	0.000
土地质量等级	458.056	1.853	0.002
地块破碎度	128.548	1.660	0.004
复种指数	−2107.585	−2.404	0.000
粮食播种面积	58.820	3.403	0.003

注：因素 i 的 t 检验的统计量的显著性概率 $P=0.000<a=0.01$，则说明因素 I 对被解释变量有特别显著的影响，当 $0.01<a<0.05$，则说明因素 i 对被解释变量有显著影响，当 $a>0.05$，则说明因素 i 对被解释变量没有显著影响

农户家庭农业劳动力数量越多，其往往精耕细作，用工较多，用人力劳动来代替资金投入；劳动力平均年龄越大，受传统影响较大，主要以劳力投入为主；土地质量越好，农户在其上面的劳动投入也就越大，对于不好的耕地，农户的投入很少；地块破碎度越高，地块越多越小，使用机械操作越困难，必须靠较多的劳动来代替；农户的粮食播种面积越多，导致其花在耕地上的时间及用工量也较多，包括雇佣别人，劳动投入自然会增多。

劳动力受教育的水平越高，其劳动投入就越少，主要由于农户接受了先进的农业技术，使用良种等，大大降低了劳动力的投入；外出务工收入越高，农户在耕地上的劳动投入就越少，有的甚至就不怎么投入，只要能有收成农户就满意了，因为农户不是靠土地收入为主要生活来源，而使靠外出务工挣钱生活；复种指数越高，表明农户种植的一般是蔬菜，其资金投入所占的比例要远远高于劳动的投入。

(2)资本集约度驱动机制分析

资本集约度模型拟合程度见表 7-24。

表 7-24　资本集约度模型拟合程度

Model	R	R Square	Adjusted R Square	Std. Error of the Estimate	Durbin-Watson
资本集约度	0.832	0.764	0.747	2341.40772	1.457

相关系数 $R=0.832$，判决系数 $R^2=0.764$，修正的判决系数 $R^2=0.747$。可见，模型的拟合效果比较理想。

资本集约度方差分析见表 7-25。

表 7-25　资本集约度方差分析

Model		Sum of Squares	df	Mean Square	F	Sig.
资本集约度	Regression	164750756.567	18	9691220.975	1.768	0.000
	Residual	1206081825.013	222	5482190.114		
	Total	1370832581.580	240			

单边检验概率值为 $P=0.000<a=0.01$，说明回归方程高度显著。

从表 7-26 可知，家庭总支出、农业支出、复种指数、经济作物播种面积与耕地的资本集约度呈正相关，农业劳动力平均年龄、地块破碎度与耕地的资本集约度呈负相关。

表 7-26　资本集约度回归方程系数

变量	回归系数	t	Sig.
a	6201.213	3.921	0.000
农业劳动力数量	−34.379	−2.185	0.004
劳动力平均年龄	−1.464	−1.087	0.001
家庭总支出	0.019	1.864	0.003
农业支出	0.041	2.585	0.000
地块破碎度	−56.101	−1.670	0.003
复种指数	1034.173	1.662	0.000
经济作物播种面积	299.764	1.960	0.001

注：因素 i 的 t 检验的统计量的显著性概率 $P=0.000<a=0.01$，则说明因素 I 对被解释变量有特别显著的影响，当 $0.01<a<0.05$，则说明因素 i 对被解释变量有显著影响，当 $a>0.05$，则说明因素 i 对被解释变量没有显著影响

农户家庭总支出、农业支出越多，其耕地的资本集约度也越高，表明其主要支出都用在了耕地上面；复种指数越高，农户由种植粮食作物向蔬菜转变，耕地的资本集约度必然要提高；经济作物的播种面积增加也与复种指数类似。

农户家庭农业劳动力平均年龄越大，其对耕地的劳动力投入增加，耕地的资本投入降低；农户家庭的地块越多、越碎，越不利于农户的资金投入，尤其是机械的投入，往往用劳动投入来代替，并且对耕地的产出希望也不是很高。

7.6.4　基于驱动机制的耕地利用政策建议

农户是土地利用和农业生产经营的主体，是耕地保护和保障国家粮食安全的微观层面能动主体，也是中观和宏观尺度耕地利用变化的动因所在。因此，农户的行为响应在很大程度上影响到耕地利用政策、粮食安全政策、农业政策等政策的实施效果。所以，需要加深农户本身与社会等各因素的作用机理、政策响应等农户尺度的多角度多方面的研究。

通过 2008 年曲周县农户实地调研，并结合对耕地利用方式、耕地利用强度的驱动因素分析，对今后曲周县的耕地利用、提高农民收入和增加粮食产量提出以下政策建议，同时也为其他集约化农区提高一定的参考和依据。

1. 加强耕地的基础设施建设

农业基础设施是农业可持续发展的关键，其基础地位不能丢失。农业是国民经济的基础，而农田设施的改善是基础的基础，目前曲周县的农田基础设施严重制约着农业的发展，影响农民收入和粮食生产能力的提高。在集约化农区，由于经济发展水平较低，土地是农户家庭生活最主要的保障，农民对土地有着深厚的感情。虽然有提高地力和产出的意识，但受经济水平的限制，没有更多的资金对土地进行投资和保护，土地的基础设施条件差，农户的耕地利用水平也会受到限制，不利于耕地质量的保护和提高。政府应当结合新农村建设，统筹兼顾，合理安排，对农田进行田、林、路、渠的科学规划，建成田面平整、格田成方、绿化成行、灌排设施配套、地力水平较高的高标准农田，解决农村目前可耕地高低不平，农田环境面貌零乱，农田灌排系统不配套，抗灾能力降低，机耕作业不方便等问题，提高土地产出率。将加强农田基础设施建设作为集约化农区农业生产可持续发展重要内容来抓，典型引路，稳步推进，并出台一系列支持农田基础设施建设的具体措施，加快农田基础设施建设力度，逐步向高效农业、现代农业转变。

2. 促进农村土地流转，扩大种植规模

在集约化农区，虽然农业收入一般来说比较稳定，但与非农收入来说差之甚远。随着农户劳动力非农机会成本的持续增加，即使将粮食作物全部用来种植经济作物也没有非农劳动收入多，并且农业劳动还使人比较劳累，所以大部分的年轻人都举家外出务工，导致一些土地的复种指数降低，粮食产量减少，甚至一些农户将土地撂荒。同时少数的农户由于掌握了先进的农业技术，不愿意常年在外地务工，愿意在家种田。但限于自家土地面积少，又想多种一些地，在承包其他农户的土地时，还特别不稳定，地块比较分散，导致无法集中资源提高效益。在实地的调研中，有近 40%的农户希望扩大种植规模，但是他们租不到土地；60%的农户说自己的耕地比较破碎，不利于耕种，浪费时间和物力。此时应当制定一些土地流转的政策，给一些愿意种田的农户提供一个好的氛围，满足他们的愿望，促进耕地流转。同时，对于一些愿意调整耕地地块大小的农户或合并耕地的农户，给予鼓励，促进耕地规模的形成。

3. 良好作物品种和先进农业技术的推广及使用

曲周县粮食生产能力的提高主要得益于农业科技的进步，尤其是粮食单产的提高。从靠人力和畜力来耕地，到大规模的使用机械，大大提高效率；化肥的使用，更是使粮食的产量得到大幅度的增加。

目前科技进步有限，需要加大对科技的投入，特别是良好的品种，培育耐旱、耐盐的新品种，以便适应曲周县近年来地下水位下降导致的缺水、盐渍化的状况。通过新的耕作技术，如近年推广的秸秆还田，能够增加耕地的有机质和其他养分的含量，增加土地微生物的活性，有利于作物对养分的吸收和作物产量的提高。在实地调研中，问及农户对秸秆粉碎还田的看法：不使用，因为现在的方法就很好；不会使用；会学习采用；其他。有73.5%的农户选择了“会学习采用”，说明此项技术还是能给农户带来实实在在的好处，确实对提高耕地的粮食生产能力有一定的影响。

此外，还要与中国农业大学在曲周建立的试验站相联系。随着农业高产高效示范田的建立、测土配方工程，应当进一步推广和普及，使农户耕地的投入产出比得到提升。

4.据农户对粮食生产能力的影响，重点实施粮食补贴等惠农政策

对于曲周南部乡镇的农户，由于其种植的粮食作物较多，经济作物比较少，对曲周县粮食产量的影响较大，应当提高农户种粮的补贴，使农户能安心在土地上耕种；对于离城镇较近的乡镇，交通比较方便，消息也比较灵通，种植的经济作物较多，应适当降低对其的农业补贴，把给予他们那部分的补贴发放到种植粮食作物的农户手中，增强农户种粮的积极性。

在调研中也发现，各乡镇农户的补贴基本上都是一样的，并不因为你种植的粮食多而多补，也并没有因为种植了经济作物而少补。有的乡镇的补贴方式不是从农民的意愿出发，他们将农业补贴的资金“替”农户买好种子，但这样的种子往往质量很差，不仅起不到增产的效果还大大减产，严重损害了农民的利益，最好直接将资金打入农户的户头，避免中间环节造成的损失。本来粮食作物的收支比就较低，这样更是挫伤农民种植粮食作物的积极性。而且国家给予的农业补贴还远远不够，农药、化肥等农资上涨的非常快，甚至比农业补贴前要花费的资金更多，农户更没那么多的资金用来农业投资了。在调研中，当问及化肥价格上涨时，农户做出什么选择：少用化肥；没办法，不能少用；少种或不种；其他。90%以上调研的农户都选择了：没办法，不能少用。并且农户的观点认为：在一定范围内，化肥用得越多产量越高，少用或不用的话，还不如撂荒。因此，即使化肥的价格再涨，农户也只有被动地接受，没其他选择，但这样将会打击农户种地、保护耕地的积极性，不利于农业生产。

因此，在农业补贴方面，不要搞一刀切，要根据种植结构的不同，有针对性的补贴，特别要加大对化肥、农药等农资的补贴，直接将资金发放到农户的手中，不要变相地给农民补贴。这样才能提高农户种粮的积极性。

5.破除水资源的限制，充分发挥政府的作用

由于我国人口众多，工业、农业耗水多，特别是华北平原的农业生产大部分都是抽取地下水进行灌溉，耗水严重，地下水位下降很快。处于华北平原区的曲周也不例外，地下水位连年下降，并已出现了漏斗区，逐渐成为曲周农业发展的一大障碍。由于曲周县的盐渍化比较严重，又加上近年来水位的快速下降和打井成本的提高，浇地成本越来越大，农户逐渐减少小麦的种植，转种需水少的玉米、棉花等作物。

在实际的调研中，20年前的地下水埋深约10 m，10年前的地下水埋深约18 m，目前(2009年)地下水埋深约30 m，前10年地下水位年均下降0.8 m，近10年年均下降1.2 m。打一眼深水机井的平均费用约8万元，一眼浅井的平均费用约3000元。一眼深井的平均费用约是浅井的27倍，对于深井如此高的费用，基本上没有那个农户能独立承担起的，有的是一个村庄的农户集资或者靠政府有限的补贴来打深水井，平均每村近6眼，在农忙的时候远远不能满足农户的需求，作物浇水不及时，导致产量下降，农民的收入减少。

因此，在面对水资源短缺的现实时，政府应当加大投资，为农民多打几口井，降低农业的生

产成本。另外，为了保护有限的地下水资源，实现农业的可持续利用，应关注节水工程技术、节水种植方式、节水作物品种的研究和推广。推进大中型灌区续建配套和节水改造，综合运用工程、农艺、管理等措施，发展节水灌溉农业，鼓励有条件的地方推广滴灌、喷灌等节水技术。

6. 合理施肥用药，避免浪费、污染

由于受农业技术的限制，目前农户增产的主要来源是靠肥料的投入，尤其是化肥。与此同时也带来了负面效益，过多的施用化肥导致土壤板结、水资源受污染，耕地的产能下降。过量的施用农药也存在同样的问题。因此，如何合理施肥、用药，不仅是曲周农户面临的一个难题，也是全国性的问题。

在问及农户如何施肥的时候，大多农户的回答都是越多越好，这肯定是不行的。农户自己也看不出来施用的化肥过量了没有，反正若是用少了还不如不用。农户也意识到了使用有机肥的好处，每隔两三年也对自家的耕地施用一次有机肥，以改善耕地的环境。但由于有机肥的价格高、来源少，很难满足农户的需求。

当问及农户在使用农药状况的时候：药量如何？有：按照说明；比说明多；比说明少；随别人用量。高达 88%的农户选择“比说明多”。说明农户在实际利用的农药的时候比较盲目，认为用得越多药效越好，只想把病虫害清除，而不考虑农药残留对作物、土壤、农田环境等的影响，没意识到过多使用农药也会导致产量的下降。

此外，在问及药效如何的时候：比较好；一般；差；其他。10%的农户选择“比较好”、70%的农户选择“一般”，其余 20%的农户选择“差”和“其他”。因而由于药效不好，导致农户施用更多的农药，加重了农田的污染，使耕地退化，产量降低。特别是现在市场上的农药种类繁多，令农户眼花缭乱，为求效果不惜大量使用农药。

因此，要采取诸如测土配方、培育抗病虫的新品种等农业先进技术，引导农户合理使用农药化肥，保持农田的生态环境良好，促进集约化农区农业的可持续发展。

7.6.5　小结

以 2008 年曲周县农户调研的数据为依据，利用 SPSS 多元线性回归分析农户耕地利用方式的变化和耕地利用强度的变化驱动机制，主要结果如下。

(1)耕地利用方式变化的驱动机制

主要从农户家庭劳动力方面、农户家庭经济状况、农户家庭耕地资源状况，三个方面来进行分析。

①在农户家庭劳动力方面，主要的驱动因子是：农户家庭总人数、农业平均年龄、从事农业人员数量、农业平均受教育水平和农业最高受教育水平。

②农户家庭经济状况：农户农业收入和外出务工收入是主要驱动因子。

③农户家庭耕地资源状况：耕地规模、耕地复种指数和耕地的收支比是主要驱动因子。

(2)耕地利用强度变化的驱动机制

主要从农户耕地利用的劳动集约度和资本集约度两个方面来进行分析。

①农户耕地利用的劳动集约度。劳动力最高教育水平、外出务工收入、耕地资源数量及复种指数与劳动集约度呈负相关；农业劳动力数量、劳动力平均年龄、土地质量等级、地块破碎度、粮食播种面积与劳动集约度呈正相关。

②农户耕地利用的资本集约度。家庭总支出、农业支出、复种指数、经济作物播种面积与

耕地的资本集约度呈正相关；农业劳动力平均年龄、地块破碎度与耕地的资本集约度呈负相关。

此外，还就曲周县的实际情况，对耕地利用与保护等方面，提出了一定的建议和政策。

7.7 结论与讨论

7.7.1 结论

(1)曲周县耕地利用变化的特征

分析 2000—2008 年间，曲周县耕地数量、耕地利用方式、耕地利用强度的变化。

①耕地数量的变化。由于曲周县政府严格执行国家耕地保护政策，各乡镇耕地面积自 2000—2008 年为止，耕地面积均未发生变化。但粮食播种面积较 2000 年以来，一直降低。在 2003 年，粮食播种面积降到最低点，随后虽有所上升，但仍达不到 2003 年以前的水平。

②耕地利用方式的变化。主要通过曲周县主要种植作物的播种面积变化来体现。主要种植作物为小麦、玉米、棉花和蔬菜四种类型。总体上来说，小麦的播种面积持续下降，其他三种作物的播种面积呈上升的趋势；从时间上来看，2000—2003 年间，小麦播种面积与其他三种作物的播种面积呈相反的趋势，持续下降，在 2003 年以后，四种作物的播种面积变化趋于稳定，但小麦的播种面积仍然最大，但其所占的比例比以前降低了很多。

③耕地利用强度的变化。主要用耕地的集约度来衡量耕地利用的强度，包含价值形态和实物形态两个方面，以 2008 年农户调研数据为基础，测算农户地块尺度的集约度，探讨其空间变化规律。

总集约度平均值为 16265.24 元/hm^2，资本集约度平均值为 5708.09 元/hm^2，劳动集约度平均值为 9130.13 元/hm^2。从集约度的构成来看，调研地块农户劳动集约度要远高于资本集约度。

价值形态集约度的高低与农户的种植结构有很大的关系。曲周镇、河南疃乡和四疃乡的价值形态的集约度较高，东南部各乡镇的价值形态的集约度较低。

在实物形态集约度方面，北部的实物集约度高于南部的实物集约度，西部的实物集约度高于东部的实物集约度。这主要和各乡镇的资源本底及区位条件有很大的关系。

(2)耕地利用变化对生产力的影响

测算曲周县各乡镇的耕地利用方式的变化和利用强度的变化对粮食理论产量、可实现产量的损失。

①生产能力的核算。根据曲周县农用地分等定级小麦和玉米的光温生产潜力，在对各地块进行土壤和基础条件修正的基础上，得到各地块小麦和玉米的理论产量，再将各地块的值汇总到乡镇一级，最后得到各乡镇小麦和玉米的理论产量，以及曲周县小麦和玉米的平均理论产量。

②耕地利用方式的变化对生产能力的影响。主要从耕地种植结构的变化，以农户调研样本来分析其对耕地粮食生产能力的影响，包括单位面积粮食理论产量损失、单位面积粮食可实现产量损失，以及相应的乡镇损失的总量。

由耕地利用方式的变化引起粮食理论产量的损失为 132.61 万 t；2000 年和 2008 年造成

的可实现损失分别为 46.6 万 t、77.18 万 t。

③耕地利用强度的变化对生产能力的影响。主要从耕地利用强度变化造成的粮食生产能力的损失，即实际生产能力与理论生产能力、可实现生产能力之间的差值。从农户地块尺度汇总到乡镇尺度，再与各乡镇耕地面积联系起来，得到各乡镇的损失量。

2000 年由耕地利用强度变化造成曲周县理论粮食产量、可实现产量的损失分别为 148.65 万 t、137.57 万 t；2008 年由耕地利用强度变化造成曲周县理论粮食产量、可实现产量的损失分别为 140.35 万 t、63 万 t。

(3)基于农户行为，建立农户耕地利用变化的驱动机制

以 2008 年曲周县农户调研的数据为依据，利用 SPSS 多元线性回归分析农户耕地利用方式的变化和耕地利用强度的变化驱动机制，主要结果如下。

①耕地利用方式变化的驱动机制。在农户家庭劳动力方面，主要的驱动因子是：农户家庭总人数、农业平均年龄、从事农业人员数量、农业平均受教育水平和农业最高受教育水平；农户家庭经济状况：农户农业收入和外出务工收入是主要驱动因子；农户家庭耕地资源状况：耕地规模、耕地复种指数和耕地的收支比是主要驱动因子。

②耕地利用强度变化的驱动机制。农户耕地利用的劳动集约度：劳动力最高教育水平、外出务工收入、耕地资源数量及复种指数与劳动集约度呈负相关；农业劳动力数量、劳动力平均年龄、土地质量等级、地块破碎度、粮食播种面积与劳动集约度呈正相关。

农户耕地利用的资本集约度：家庭总支出、农业支出、复种指数、经济作物播种面积与耕地的资本集约度呈正相关；农业劳动力平均年龄、地块破碎度与耕地的资本集约度呈负相关。

7.7.2 讨论

以农户调研数据为基础，测算耕地利用变化对粮食生产能力的影响，以及从农户角度出发，研究其驱动机制，基本上反映了集约化农区曲周县的特点。但也存在以下不足和需要进一步完善的地方。

①以农户调研样点的数据汇总到乡镇级，作为乡镇级数据，但由于各乡镇农户样本的不同，可能使一些样本的代表性有所降低。在今后的布点上，在考虑各个乡镇差异的基础上，应进一步考虑乡镇内部的差异，使样点具有更好的代表性。

②在计算耕地生产能力的隐性损失时，太过于理想化，认为所有的耕地都应该用来种植粮食作物，并且复种指数达到 2，导致损失的量特别大。在今后的研究中应当根据各乡镇的差异，按一定的比例进行测算，使结果更能与现实相符。

③在分析耕地利用变化的驱动机制时，采用了 SPSS 进行多元线性回归分析，没能够进一步研究建立农户耕地利用变化的模型对未来的变化进行预测，希望下一步能够得到完善。

参考文献

[1] Alig R J, J D Kline, M Lichtenstein. Urbanization on the US landscape: looking ahead in the 21st century [J]. Landscape and Urban Planning, 2004, 8(2): 219-234.

[2] Imbernon, J. 1999b. Pattern and development of land-use changes in the Kenyan highlands since the 1950s[J]. Agriculture, Ecosystems and Environment, 1999, 76: 67-73.

[3] Riebsame, W. E., Parton W J, Galvin K A, et al. Integrated modeling of land use and

cover change [J]. Bioscience,1994,44(5):350-356.

[4] Shoshany. M,Goldshleger. N. Land-use and population density changes in Israel—1950 to 1990:analysis of regional and local trends[J]. Land Use Policy,2002,19:123-133.

[5] A·恰亚诺夫. 农民经济组织[M]. 萧正红,译. 北京:中央编译出版社,1996.

[6] 蔡运龙,霍雅勤. 耕地非农化的供给驱动[J]. 中国土地,2002(7):20-22.

[7] 陈百明,周小萍. 中国近期耕地资源与粮食综合生产能力的变化态势. 资源科学,2004,26 (5):37-45.

[8] 陈百明. 中国农业资源综合生产能力与人口承载能力[M]. 北京:气象出版社,2001.

[9] 陈奇伯,王克勤,齐实,等. 黄土丘陵区宁夏西吉县土地利用动态与坡耕地生产力变化[J]. 水土保持学报,2002,16(3):28-32.

[10] 陈清硕. 长江下游人口密集区农田生态系统耗散结构:扬州市耕地生产力指数分析[J]. 江苏农学院学报,1989,10(1):13-16.

[11] 池泽新. 农户行为的影响因素、基本特点与制度启示[J]. 农业现代化研究,2003,24(5):368-371.

[12] 樊闽,程锋. 中国粮食生产能力发展状况分析[J]. 中国土地科学,2006,29 (4):46-51.

[13] 傅泽强,蔡运龙,杨友孝. 中国粮食安全与耕地资源变化的相关分析[J]. 自然资源学报,2004,16(4):313-318.

[14] 顾和和,刘德辉. 开采沉陷对耕地生产力影响的定量评价[J]. 中国矿业大学学报,1998,27(4):414-417.

[15] 洪明荣. 农户行为与农户政策[J]. 中国经济问题,1997(3):23-31.

[16] 黄宗智. 华北的小农经济与社会变迁[M]. 北京:中华书局,2000:25-32.

[17] 黄宗智. 中国农村的过密化与现代化:规范认识危机及出路[M]. 上海:上海社会科学院出版社,1992.

[18] 黄祖辉,胡豹,黄莉莉. 谁是农业结构调整的主体[M]. 北京:中国农业出版社,2005.

[19] 基于农业综合生产能力需求的耕地资源安全阈值研究 2008 年博农科院.

[20] 康云海. 农业产业化中的农户行为分析[J]. 农业技术经济,1998(1):6-11.

[21] 孔祥斌,刘灵伟,秦静,等. 基于农户行为的耕地质量评价指标体系构建的理论与方法[J]. 地理科学进展,2007,26(4):75-85.

[22] 孔祥斌,张凤荣,齐伟. 基于农户利用目标的集约化农区土地利用驱动机制分析——以河北省曲周县为例[J]. 地理科学进展,2004,23(3):51-57.

[23] 孔祥斌,张凤荣. 中国农户土地利用阶段差异及其对粮食生产和生态的影响[J]. 地理科学进展,2008(2):112-120.

[24] 孔祥斌. 华北集约化农区土地利用变化及其可持续研究[M]. 北京:中国农业大学出版社,2006.

[25] 刘爱智. 沧州市耕地生产力变化分析及其对策研究[J]. 安徽农业科学,2006,34(12):2897-2899.

[26] 刘国韵,宋玉玲. 松嫩平原耕地生产力的模糊聚类分区[J]. 农业系统科学与综合研究,1995,11(2):153-154,158.

[27] 刘忠杰,廉仁律.提高图们江下游地区耕地生产力的途径[J].延边大学学报,2001,27(4):279-283.

[28] 牛海鹏,张安录.基于生态位理论的耕地数量变化驱动机制分析[J].资源科学,2008,30(10):1533-1540.

[29] 邵晓梅,刘春玲,等.鲁西北地区土地现实生产力调查与估算.地理研究 2005,24(4):535-541.

[30] 石元春,李韵珠.季风气候下盐渍土水盐动态及其调控[C].国际盐渍土改良学术讨论会论文集.山东:山东科学技术出版社,1979:198-221.

[31] 史清华,卓建伟.农户粮作经营及家庭粮食安全行为研究[J].农业技术经济,2004,(5):23-32.

[32] 史清华.农户经济活动及行为研究[M].北京:中国农业出版社,2001.

[33] 宋洪远.经济体制与农户行为——一个理论分析框架及其对中国问题的应用[J].经济研究,1994(8):63-69.

[34] 孙燕,林振山,刘会玉.中国耕地数量变化的突变特征及驱动机制[J].资源科学,2006,28(5):57-61.

[35] 谭淑豪,曲福田,黄贤金.市场经济环境下不同类型农户土地利用行为差异及土地保护政策分析[J].南京农业大学学报,2001,24(2):110-114.

[36] 唐文金.农户土地流转意愿与行为研究[M].北京:中国经济出版社,2008.

[37] 王鹏,田亚平,张兆干,等.湘南红壤丘陵区农户经济行为对土地退化的影响——以祁东县紫云村为例[J].长江流域资源与环境,2002,11(4):370-375.

[38] 魏晓.湖南省未来人地关系与人口承载量研究[J].经济地理,1999,19(6):41-15.

[39] 文峰,冯天宁.破解农户经济行为的悖论[J].电子科技大学学报,2004(1):43-48.

[40] 西奥多·舒尔茨.改造传统农业[M].梁小民,译.北京:商务印书馆,2006.

[41] 谢红霞,李锐,等.基于指数法的陕西省耕地和粮食时空变化分析[J].资源科学,2007,29 (3):170-176.

[42] 许皞,常金华.耕地生产力更新能力研究[J].中国土地科学,1999,13(3):17-20.

[43] 许皞,孙丹峰.对可持续利用下耕地生产力评价的再认识[J].中国土地科学,1999,13(5):38-41.

[44] 许月卿,李秀彬.河北省耕地数量动态变化及驱动因子分析[J].资源科学,2001,23(5):28-32.

[45] 杨桂山.长江三角洲近50年耕地数量变化的过程与驱动机制研究[J].自然资源学报,2001,16(2):121-127.

[46] 杨建锋,王国强,等.河南省近期耕地资源与粮食生产能力变化研究[J].地域研究与开发,2006,25 (2):101-104.

[47] 姚慧敏,张凤荣,等.黄淮海平原区耕地变化对粮食生产能力的影响[J].农村经济,2004(10):31-33.

[48] 姚梅.农户劳动力素质与农户经济行为分析[J].中国农村观察,1995(3):45-50.

[49] 叶依广.引导与优化农户经济行为促进可持续农业发展[J].经济问题,1997(2):26-29.

[50] 张凤荣,张晋科,张迪,等.1996—2004 年中国耕地的粮食生产能力变化研究[J].中国土地科学,2006,20(2):8-14.

[51] 张晋科,张凤荣,等.中国耕地的粮食生产能力与粮食产量对比研究[J].中国农业科学,2006,39 (11):2278-2285.

[52] 张立峰.试论耕地生产力的开发与可持续发展[J].河北农业大学,1999,22(1):6-8.

[53] 张林秀.农户经济模型概述[J].农业技术经济,1996(3):46-49.

[54] 张启明.农户行为分析与农业宏观调控政策[J].中国农村经济,1997(6):35-38.

[55] 张秋菊,傅伯杰,陈利顶,等.黄土丘陵沟壑区县域耕地生产力与粮食自给能力变化差异——以安塞县为例[J].资源科学,2004,26(4):126-131.

[56] 赵齐阳,邓良基,等.基于 GIS 的雅安市土地生产潜力研究[J].四川大学学报(自然科学版),2005,42 (4):811-817.

[57] 赵献林,王爱玲.农村劳动力危机与国家粮食安全隐患[J].河南农业科学,2009(1):9-11.

[58] 周立华,杨国靖,张明军,等。农户经营行为与生态环境的研究[J].生态经济,2002(9):29-31.

[59] 周小萍,陈百明,等.中国未来粮食综合生产能力与粮食安全保障[J].北京师范大学学报(社会科学版),2006(6):134-140.

[60] 邹凤羽.中国粮食生产与粮食安全的长效机制研究[J].农村经济,2005(9):7-9.

[61] 邹亚荣,张增祥,周全斌,等.中国农牧交错区土地利用变化空间格局与驱动力分析[J].自然资源学报,2003,18(2):222-227.

第8章　耕地质量监测层次体系

8.1　问题的提出

8.1.1　研究背景及意义

土地问题关系到国民经济的发展和国家安全与社会稳定，关系着中华民族的生存与振兴。人多地少、后备土地资源不足是我国的基本国情之一，也是制约我国经济社会可持续发展的重要因素。当前我国耕地利用的现状突出表现如下。

1.耕地数量不断减少

随着我国经济的持续发展和城市化进程的加快，土地供需矛盾尖锐，建设用地占用耕地不可避免。同时，由于近几年生态退耕和农业结构调整力度的加大，对耕地保有量和基本农田保护产生了重大影响，这也成为耕地面积减少的主要原因。耕地数量是粮食综合生产能力的最根本保障，也是关系到整个国民经济可持续发展和社会稳定的重大战略问题，任何时候都必须予以高度重视。保持耕地总量动态平衡、实现耕地和土地资源的可持续利用是实现21世纪中国社会和经济可持续发展的重要条件。随着我国人口的持续增长以及工业化和城市化进程的加快，已有大量的耕地资源被挤占，耕地数量不断减少，耕地沙化、盐碱化及耕地污染的面积不断增加，耕地质量日趋下降。解决13亿人口的吃饭问题需要保证有一定数量的耕地，生态环境保护要退出一部分坡耕地，发展还要占用相当多的耕地。可以说，我国已经十分有限且仍呈减少趋势的耕地资源及其保护面临着严峻的形势。

2.耕地质量逐渐下降

对耕地的利用保护不只是量的问题，更是质的问题，据调查统计，由于人口、环境和社会发展的影响，我国有50%左右的耕地在不同程度上存在环境恶化和地力下降问题，主要是土壤养分下降，工农业生产对耕地污染，土壤荒漠化和盐碱化等情况的加剧。由于水蚀、风蚀等原因，加上人口和经济的双重压力，人们对国土资源尤其是土地资源和水资源的利用活动加剧，破坏的速度超过治理的速度；过度放牧，草场退化，滥开滥垦，滥采滥伐，致使大量宝贵的资源遭到破坏，这些都是造成土地荒漠化、沙化扩展，以致耕地质量不断下降的不利因素和主要原因。

农用地分等作为国土资源管理的一项重要基础性工作，进行农用地分等成果国家级汇总，有助于总结全国农用地的数量、质量、生产潜力、利用状况以及空间分布等规律。能够促进城镇建设与农业的协调发展、确保国家粮食安全、有效开展耕地的占补平衡、实现土地的合理利用等各项土地管理工作，对于国家制定各项发展规划都有着重要的指导意义。我国农用地分等定级工作不断进行，全国各省份也相继完成了县级、省级、国家级标准样地的设置工作，并取得了丰硕的成果，获得了大量翔实的农业基础数据。随着时间的推移和农户土地利用行为的改变，农用地等级会发生改变，所以对耕地实施长期有效的等级监测，对于协调城镇建设与农业的发展、确保国家粮食安全有着重要的意义，探索耕地等级监测体系，从而直接对农用地等级变化进行动态监测和管理。建立耕地等级监测数据库系统用以改善管理模式、降低管理成本、提高管理效率，同时为今后更为广阔的耕地质量动态监测应用服务，这已经成为目前值得探讨研究的重要问题。

本研究在继承农用地分等技术方法和科技成果的基础上，从建立健全耕地等级变化监测技术方法、提升耕地资源保障能力出发，针对国土资源管理中耕地资源等级变化、等级结构变化和等级布局变化监测缺失的现状，研究满足野外监测需要的监测样区的布控监测方法，瞄准不同区域影响耕地等级变化的共性和特性的关键“因素-因子-属性”，创新耕地等级监测指标集成“定位、定量、快速”的监测技术和监测方法，为强化国家和地方的耕地资源安全管理水平，提升维护国家粮食安全的资源保障能力提供科技支撑。

8.1.2　国内外研究进展

8.1.2.1　耕地质量监测的研究

1.耕地质量监测目标的研究

1977年开始，美国用立法形式正式确立了每5年进行一次国家资源清查的制度，并曾分别在1977年、1982年、1987年、1992年和1997年进行，2000年后开始每年清查。国家资源清查是对全美领土约75%的非联邦土地上的土地利用、自然资源条件和趋势进行统计调查，调查重点为不同层次抽样点上的土地覆盖和利用，土壤侵蚀、基本农田、湿地、居民地多样性，资源保护措施，以及相关的资源分布等，同时也与土壤普查调查数据结合。美国国家资源清查发展到今日，为美国联邦政府提供了极为有价值的土壤水以及相关资源的状况、条件和变化趋势等方面的信息，在政府制定全国保护政策、规划项目等方面发挥了巨大作用。同时为公众提供了丰富的信息，加深了公众对国家自然资源和环境问题的关注与认识，对资源与环境问题的深入研究有着极其重要的影响。加拿大为了应对日益严峻的耕地退化问题，于20世纪80年代后期开始研究建立土壤质量监测系统，并按照一定标准，于1992年确定了23个监测样点(区)并取样。加拿大土壤监测的目的是为了评价土地生产力、检验生产力与土壤退化模型、农业系统的适宜性评价及为学科研究提供基础数据等。澳大利亚从1997年开始进行国家土地与水资源清查，历时4年，共分7个专题对全国当前和欧洲移民定居前的土地和水资源现状及其变化进行调查和评估，其中涉及土壤质量、肥力等方面的调查。但尚没有以耕地质量动态监测为核心的调查。荷兰建立环境质量监测系统的目的是对环境污染和自然空间的变异性，尤其是土地的分割破碎现象进行监测。新中国成立以来，先后进行过多次土地资源清查或概查：1951—1953年间为配合土改和农业税收，进行查田定产，主要清查耕地面积、调查产量、查清耕地类别、编造清册，这是新中国成立以来第一次较为系统、规模较大、以耕地数量、产量为主的土地资源调查。1958年全国开展了第一次群众性土壤普查工作，主要调查了耕地土壤，但没有量算土地利用分类面积。1980年以后，全国开展了第二次土壤普查，结合进行了全国土地利用现状概查、土地利用现状详查，基本查清了全国主要土地资源的面积、分布、利用结构等。

2.耕地质量监测方法的研究

荷兰建立环境质量监测系统在国家尺度上的监测方法是：在全国范围内选取十个具有全

国代表性的不同土壤类型和土地利用方式的地区，每个地区选取四个样本点，每个样本点为大约 20 m×20 m 的大小，每个样本点在两个深度上各选四个样本点(0～10 cm 和 30～50 cm)，这样总共 320 个子样本点，在每个子样本点上分析金属、杀虫剂等的含量，通过对比就能得出污染原因和造成的后果。省一级尺度上与国家的方法框架基本一致，根据地方特点对不同的环境污染敏感的地区制定具有针对性的监测密度和内容。我国耕地土壤监测工作始于 1985 年，采用了分层监测的方法。监测点分为国家级、省级和县级，至 1997 年连续 5 年以上的国家级监测点为 153 个，分布在 17 个省(自治区、直辖市)的 9 个县 16 个主要土类上，省县级监测点有 2000 多个。国家级监测点根据耕地基础地力高低，选择有代表性的地块作为监测点，设不施肥(空白区)和施肥(农民习惯施肥和田间管理)两个处理。县级监测点多采用农业部统一规范方法——网格布点。所有这些成果曾在各个不同时期发挥了较大的作用，然而中国进行的所有土地调查均没能按照某种原则长期进行下去，从而无法进行动态变化分析，但不能否认各种不同的调查结果，为今天乃至以后进行的各种动态监测的实施打下了坚实基础。

8.1.2.2　耕地质量评价的研究

1. 评价系统的研究

德国是世界上最先提出土地评价系统的国家之一，该系统同时也是世界上最早的加(减)法农用地分等定级估价系统，由于国外市场化程度较高，其农用地估价不是在农用地分等定级估价的基础上进行，而是直接对农用地进行估价。真正的耕地质量评价应追溯到 20 世纪 30 年代早期，当时在美国的中西部地区出现了严重的土壤侵蚀和水土流失，因此基于土地利用不合理导致环境退化而提出了以土壤分类为基础的土地利用潜力级，1961 年，美国农业部土壤保持局正式颁布了世界上第一个较为全面的土地资源评价系统——土地潜力分级。这个体系按土壤利用的可能和限制性因素将土地分为潜力级、潜力亚级和潜力单元三级。其中，潜力级中根据土地对大田或牧草的限制性强度，把所有土地分为八个潜力级，将复杂的土地类别仅以八级概括，易于掌握，但不能说明土地对特定作物的适宜性和生产力(傅伯杰，1987)。1963 年加拿大、1969 年英国各自在美国土地潜力评价系统的基础提出了自己的土壤潜力分级(D·A·戴维森，1988)。进入 20 世纪 70 年代，世界各国都相应开展了各自的农用地评价研究，并制订了评价系统，由于采用不同的分类和评价体系，因此造成了国际学术交流的困难，鉴于此，联合国粮农组织于 1972 年举行了荷兰瓦格宁根国际专家会议，并起草了“土地评价纲要”初稿，最终于 1976 年颁布了《土地评价纲要》，该纲要从土地的适宜性角度出发，分为纲、类、亚类、单元四级，主要反映土地的适宜性程度及土地的限制性因素和改良管理措施，为世界各国的各类土地评价提供了提纲式指南，在一定程度上实现了耕地质量评价的标准化。20 世纪 80 年代，随着计算机的应用，耕地评价的理论和方法不断改进、完善，向综合化、精确化方向发展(King，1987)。1981 年，美国农业部土壤保持局提出了主要用于农业目的的“土地评价和立地评价”系统(傅伯杰，1987)，它主要是为规划工作者和管理工作者做出合理的土地利用决策而制订的。20 世纪 80 年代末期，随着“3S”技术和地图、自动制图技术等高新技术的发展与应用，在数据更新、土地动态评价、评价精度方面取得了很大进展，并能快速完成多维、多元信息复合分析(David and Rossiter，1990；Tumer，1998)。在耕地评价与管理中，逐渐建立了一系列土壤管理信息系统，如 FAO 世界土壤图和世界土壤资源数据库、SOTER(Soil and Terrain digital database) (Oldemanetal，1993)、国际土壤参比中心世界土壤排放清单项目建立的全球土壤数据库(Batjes 等，1994)、加拿大国家土壤信息系统、澳大利亚 SIRO 土地利用规划信息系统、英国的土地资源信息系统、美国土壤信息系统等。随着景观生态学研究的发展，服务于城市景观生态、环境保护等的土地生态评价将成为土地评价研究的新方向。

2. 评价指标体系的研究

1991 年和 1992 年在美国连续召开了两次土壤质量评价的学术讨论会，并于 1994 年正式出版了《Defining Soil Quality for a Sustainable Environment》一书。这两次学术讨论会着重探讨了土壤质量评价的指标、定量化方法以及土壤质量与土壤特性和适度利用之间的关系，明确土壤质量应从生产力、环境质量、人类和动植物健康三个方面进行评价，高质量土壤的定向培育应以上述三个方面为目标。之后，1997 年 11 月在韩国召开的"土壤质量管理与健康的农业生态系统建设"国际学术讨论会和 1998 年在法国召开的第 16 届国际土壤学大会也均把土壤质量评价作为学术讨论的重要内容，许多学者认为研究土壤质量的演变过程是防止土壤质量退化，构建良性生态系统的最重要的前提。只有揭示在自然特别是在人为干扰下产生的土壤侵蚀、土壤次生盐渍化、土壤养分贫瘠化、土壤酸化和土壤污染等的机理，才能建立最有效的调控措施，对土壤进行定向培育，最终保持土壤资源的持续利用。由于土壤生物多样性及人为干扰对土壤生物多样性的影响，土壤质量退化与全球环境变化的关系、污染土壤的恢复重建等已成为土壤质量研究的主要内容。我国从 20 世纪 80 年代中期开始的土地详查工作，搞清了土地的数量家底，其中包含有土地评价的内容，农业部也试点划分了土地等级，产生了全国第二次土壤普查暂行技术规程中的土地生产力分级和中科院综考会的 1/100 万土地资源图分类体系；制定了《县级土地评价技术规程(试行草案)》，主要以水、热、土等自然条件为评价因素，划分农用地自然生产潜力的级别(王万茂等，2001；邵景安，2002)。"七五"期间，中国农业科学院区划所和农业部土肥总站按土壤肥力、土壤理化性状、土壤障碍因素与农用地生产水平等条件综合比较，把全国农用地划分为 5 个等级。1995 年，中国农业科学院农业自然资源和农业区划所，以县级为单位对耕地进行了分区评价，并给出了每个县级单位的耕地质量指数。1997 年，农业部颁布了农业行业标准《全国耕作类型区、耕地地力等级划分》，本标准根据粮食单产水平把全国耕地划分为七个耕地类型区、十个耕地地力等级，并分别建立了各类型区耕地部分的等级范围及基础地力要素指标体系(农业部，1997)。20 世纪 80 年代末期，随着"3S"技术和地图、自动制图技术等高新技术的发展与应用，在数据更新、动态评价、评价精度方面取得很大进展，并能快速完成多维、多元信息复合分析(傅伯杰，1990)。近年来发展的空间决策支持系统通过 GIS 技术与专业模型和数学方法的集成，更有利于土地资源的合理管理与使用。从 20 世纪 90 年代开始，由于资源不合理利用引起了一系列问题，许多专家、学者从自然、环境、经济和社会各个方面探讨了可持续土地利用管理评价的指标和方法(傅伯杰等，1997；陈百明，2002)，耕地评价研究进一步向综合化、多元化、精确化、定量化和动态化方向发展。2002—2006 年农业部在 30 个省(市、区)开展了耕地地力评价指标体系建立工作，并建立了全国耕地分等定级数据库和管理信息系统。

8.1.2.3 关于监测网络构建和监测方法的研究

20 世纪中叶之后，随着资源与环境问题日益成为全世界普遍关注的焦点，一些国际组织和部分发达国家在已有生态监测站的基础上开始组建资源与环境监测网络及其数据信息管理系统。如 1957 年国际科联建立了世界数据中心；1972 年联合国开发计划署建立了全球环境监测系统，1985 年又在此基础上建立了全球资源信息库，目前已在 10 个国家和地区建立了全球共享的数据网。联合国环境规划署相继建立了全球资源信息数据库、国际环境信息系统等大型生态信息系统。

自英国洛桑试验站建立以来，各国陆续建立了自己的农业试验站。目前，世界上已持续观测 60 年以上的长期土壤生态环境定位农业试验站有 30 多个，主要集中在欧洲、苏联、美国、日本、印度等。如美国的 Sanborn 试验田、德国的 Weishenstepham 试验站、荷兰的 Geert Veenhuizenhoeve 试验站、芬兰的 Heteemsuo 试验站、奥地利的 Grossenzerdorf 试验场、波兰的 Skierniwice 试验场、日本的 Konosu 中央农业试验站、Aomori 县农业试验站、Hokkaido 农业试验站等，这些基地多是以地名或人名来命名的。

农业环境监测是对进入农业环境中的污染物进行经常性监测，监测内容包括农田大气监测、农用水质监测、农田土壤(环境)监测和农产品监测，是国家环境监测网点一部分。监测单元按土壤接纳污染物的途径划分为基本单元、主要单元，包括大气污染型土壤监测单元；灌溉水污染型土壤监测单元；固体废弃堆污染型土壤监测单元；农用固体废弃物污染型土壤监测单元；农用化学物质污染型土壤监测单元；综合污染型土壤监测单元：土壤监测的布点数量要根据调查目的、调查精度和调查区域环境状况等因素确定。必测指标包括镉、总汞、总砷、铜、铅、总铬、总镍、DDT、pH；选测指标包括铁、锰、总钾、有机质、总氮、有效磷、总磷、水分、总硒、有效硼、总硼、总钼、氟、氯化物、矿物油、全盐量。

耕地基础地力监测工作始于 1986 年，国家级监测点 200 个，分布在 30 个省、自治区、直辖市的 149 个县，涵盖 26 个主要土类，由全国农业技术推广服务中心负责管理运行。监测点的设置考虑不同的土类，即每省超过 500 万亩的土类均设立部级监测点，此外，在当地重要的土类也可建立。耕地基础地力监测的主要内容有：土壤肥力监测；气象调查；植株样采样分析；作物产量测定；施肥和耕作情况记录。其中土壤肥力监测采样周期分为五年一次和一年一次两种形式。五年一次的采样在常规施肥区采集土样，采集耕层和亚耕层的土样。一年一次一般仅采集耕层土样。监测的土壤指标主要有机械组成、容重、酸碱度、碳酸钙、交换量、有机质、全氮、碱解氮、全磷、有效磷、全钾、缓效钾、速效钾、速效铜、速效锌、速效铁、速效锰、速效硼、速效钼和植株的全氮、全磷、全钾。

全国水质监测网络由 2600 多个水质监测站组成，定期监测评价地表水、地下水的水质，直接为水资源管理与保护等服务。1997 年，在全国七大流域主要水系的省界水体共设置了 329 个监测站点，定期测报省界水体水环境质量状况。目前水利部门已基本系统掌握了七大流域水系、浙闽台河流、内陆河湖和藏南滇西河流地表水、地下水及省界水体水质基本状况。

国家环境监测网由省级环境监测中心站、国家各部门的专业环境监测站及各大水系、海域监测网的牵头单位等组成，监测网的监测内容包括大气、地面水、噪声、酸雨、放射性和生态监测。目前，全国环保系统 2200 多个监测站，国控的空气质量监测网站 103 个、酸雨监测网站 113 个、水质监测网站 135 个。此外还建有噪声监测网、辐射监测网、区域监测网等。为了加强流域环境的管理，国家环保局分别组建了“长江暨三峡生态环境监测网”，“淮河流域环境监测网”，“太湖流域环境监测网”和“近岸海域环境监测网”。已制定各类国家环境标准 410 项，覆盖了大气、水质、土壤、噪声、辐射、固体废物、农药等领域。已开展了环境质量监测、环境质量周报、日报、预报监测；污染源监测、污染事故应急监测、污染物总量控制监测、污染源解析监测、环境污染治理工程效果监测等。需监测的污染因子达百余种。

8.2 研究内容、数据来源与方法

8.2.1 研究内容

①以北京市大兴区为研究区域，获取农用地分等技术相关数据，运用农用地分等理论及成果，分析大兴区耕地等级空间分布特征，探索造成大兴区耕地等级空间分布差异的原因，初步提出耕地等级变化的驱动机制。

②基于对农用地分等技术和成果的研究，国家标准耕作制度分区，选择光照、温度、土壤条件、耕地破碎化程度、区位影响、交通影响等因素，建立受光温水土条件、土地利用条件到社会经济条件等因素影响的不同级别的耕地质量评价指标体系，层层深入地划分出耕地等级监测一级控制区、二级控制区、三级控制区、四级控制区、五级控制区、六级控制区。

③在耕地等级监测控制区中选取具有代表性的地块作为耕地等级监测样点，构建耕地等级监测样带，建立适合大兴区的耕地等级监测指标体系，确定重点监测目标，及其监测周期，形成完整的耕地等级监测方法和体系。

④在以大兴区为例研究耕地等级监测布控技术的基础上，将研究成果推广到全国范围，探索不同尺度和区域下，耕地等级监测布控技术的研究重点和技术要点，提出在全国范围内进行耕地等级监测布控技术研究的方法和建议。

8.2.2 研究数据获取

8.2.2.1 基础图件

①2006 年大兴区土地利用现状图。

②大兴区行政区划图，包括乡镇区划图、村区划图。

③大兴区土壤图。

④大兴区农用地分等定级图。

⑤其他图件。

8.2.2.2 统计数据

①统计数据主要包括 2001—2005 年《北京市大兴区统计年鉴》。

②大兴区各期社会经济统计资料汇编。

③北京市农业资料汇编。

8.2.2.3 调研数据

2009 年大兴区农户调研数据。

8.2.3 研究方法

(1)理论分析法

采用理论分析的方法。将农用地分等定级理论、耕地质量监测理论、监测样点布点技术理论、经济地理学区位理论、土地可持续利用的相关理论为指导，在理论上揭示耕地质量变化影响因素、监测样点的布设规律，为选区合理的耕地等级监测主要监测指标以及其影响因子提供理论依据。

(2)文献归纳法

对前人相关研究进行归纳总结，特别是土壤调查、耕地质量评价、农用地分等定级以及样点布设的相关理论，以作为本研究的基础。

(3)数理统计分析法

本研究的基础数据为 2008 年大兴区农用地分等定级数据，2009 年大兴区农户调研数据，对于相关数据的分析，运用了 SPSS 软件中聚类分析法，熵值法等数理统计方法。对相关数据进行权重的确定和聚类分析，根据聚类结果划分各级监测控制区。

(4)GIS 分析法

利用 ArcGIS 软件，基于农用地分等数据库数据成果，编辑研究区域空间属性、建立空间属性数据库，运用 ArcGIS 空间分析功能，探讨研究样地耕地等级空间分布情况，耕地破碎化程度，交通和区位因素对不同样地的影响程度，得出相应研究成果。

(5)实证分析法

以大都市边缘区域北京市大兴区作为典型案例，在收集该区域现有图件、数据、文字等资料，获取土壤、区位、交通和土地利用等基础数据，并在野外实际调查的基础上，获取土壤养分数据、农用地投入产出等数据，对耕地等级监测布控技术研究进行实证分析。

(6)相关研究推广法

本研究以大兴区为例研究耕地等级监测布控技术相关理论和方法，在大兴区的研究方法上，针对全国区域、不同尺度耕地等级变化影响因素的不同，将其研究方法进行改进和推广，提出在全国范围内进行耕地等级监测布控技术研究的方法和建议，为全国耕地等级监测的研究提供辅助和参考作用。

8.3 耕地等级监测布控技术的研究

8.3.1 耕地质量动态监测研究技术方法

1. 监测空间分区划定技术

从满足监测样地布设的典型性、代表性、经济可行性的技术需求出发，进行耕地等级监测空间分区技术研究。从影响耕地自然等别空间变异因素入手，依据样地自然质量等别空间分布规律，结合耕地土壤的风蚀、水蚀、盐渍化、酸化和污染的影响因素；田、水、路、林、渠等耕地基础设施条件变化的影响因素，利用区县农用地自然等别成果、国家级、省级和区县级标准样地成果，分析区县的基本农田建设、土地整治工程、区县相关部门的农田基础设施改造、农民基础设施投入等耕地基础设施保障条件对耕地等级变化的影响强度、影响周期、影响幅度，进行耕地自然等别要素、耕地土壤退化要素和耕地基础设施条件要素的空间分析，进行空间监测分区。形成监测空间分区的因素选择指标体系及其监测分区划定技术。

2. 监测样点布局设计

根据统计抽样原理，依据监测项目类型（点面型，线型）、项目特点，以及跨越地形地貌特征等，对项目的监测区域进行区划，即控制区分区，再通过分层抽样法，确定监测点数量，并根据监测区总体和各分区的特征制定具体的布点策略。

(1)对项目监测区域进行划分

点面型项目主要是依据项目的功能分区对监测区域进行划分。线型项目一般会穿越多种地形地貌类型，所以主要依据所穿越的地形地貌类型并结合功能分区和土地利用类型进行划分。

(2)监测样本单元的确定

依据项目类型，监测区域的划分情况，确定监测样本单元的形状与大小，并计算样本总量。

(3)抽样点数量的确定

利用抽样调查中样本容量计算的方法或其他方法确定项目中布设的监测点的总数。然后依据监测区域分区的情况，确定抽样调查的分层数，并确定各层（区）的监测点数量。

(4)确定各层的抽样策略

根据项目各个分区的特点，确定该区的抽样策略与相应的布点方式。

(5)确定监测点布设位置

根据各分区的监测点数量分配情况、地形地貌特征以及监测对象的实际情况确定监测点布设的具体位置。

3. 监测样点选择的原则

(1)控制性

监测点的布设要能控制该研究对象范围的整体区域，能反映研究区域中监测因子的变化，保证每个监测时段的监测工作都可以顺利进行。

(2)针对性

监测点的布设要有针对性，针对不同土壤类型，不同的地形地貌，不同的土地利用方式等选择与之相适应的布局方法。

(3)层次性

监测点布局要有层次性，一方面，对监测区域进行划分，根据不同区划单元的特点，采取相应的布局方法，以提高监测布局的科学性和合理性，提高监测工作的效率与质量；另一方面，受必要性、监测成本和技术条件等的影响，监测工作不可能在整个项目区域内开展、需要对监测对象进行划分，确定重点监测地区和典型区域，并将监测点划分为长期监测点和临时监测点。

(4)经济性

在进行监测点布局设计时，将监测成本、效费比等作为主要的决策因素之一，把如何减少监测成本，提高监测效率作为监测点布局选择的重要参考标准。

4. 监测周期的确定技术

根据目前国家提出的耕地总量动态平衡的理念，综合面积和质量的动态变化，引出耕地质量动态监测的概念，即充分利用现有农用地分等、标准样地的成果体系，以区域耕地基础地力为衡量指标，针对区域耕地基础地力的变化来进行耕地质量动态平衡的实时监测分析。主要是一种耕地质量的自然影响因素的监测，另外，我们还需要对作物产出、农户投入、土地利用条件变化、环境质量变化等进行相应的监测，根据以上分析，可以将耕地质量监测的内容划分为耕地自然质量监测(长期监测)、短期监测和环境监测三种体系，其中环境监测可以属于长期监测或短期监测的范畴。

(1)自然质量监测(长期监测)

主要包括影响耕地基础地力与农用地分等相关的因素，如土壤有机质、pH、土层厚度、剖面构型、地下水埋深等。

(2)短期监测

主要包括短期内对耕地基础地力产生影响的一些易变因素，包括作物产量水平、农户投入变化、土地利用强度、土地利用条件变化。

作物产量水平：主要包括种植作物种类、实际产量水平，主要作物的产量趋势、变化率、生产风险、潜在产量的比较，另外还要考虑市场、气候、补贴和土地监测与管理，可以间接地对耕地质量变化进行动态监测管理。

农户投入变化：主要包括物质投入、劳动力投入、资本投入。

土地利用强度：主要包括土地复种指数、耕作制度的变化，各种投入变化可能造成养分流失、土壤侵蚀退化等指标。

土地利用条件变化：包括田块面积、田块平整程度、田块的破碎化程度、田块经营规模，灌溉设施、排水设施，田间道路等与土地利用条件密切相关的影响因素，控制区内最高产量和标准样地最佳产量的变化，并确定土地利用系数的变化。

(3)环境质量监测

主要包括重金属、农药污染等指标。

8.3.2 耕地等级监测控制区划分

8.3.2.1 控制区建立的指导思想

控制区划分的依据主要是标准耕作制度划分的思路和农用地分等定级指标建立的思路，《农用地分等定级规程》的基本思路是应用联合国粮农组织的土地承载力“农业生态区法

(AEZ)”原理，首先根据作物气候生产力模型，计算地形、土壤条件无限制情况下，在一定的耕作制度、田间管理技术、劳动投入与物化劳动投入下的最大潜在气候生产力；然后根据地形、土壤、灌溉、排水等限制因子及其限制程度，用土壤适宜性评级的方法修正气候生产力。标准耕作制度应农用地分等定级的要求，为减少工作量，同时为使生产力的计算结果有统一的可比性而确定的“耕作制度、田间管理技术、劳动与物化劳动投入”的统一计算条件，其最终目的是通过耕作制度区划，使同一分区在相同的耕作制度水平下进行农用地分等定级，以使分等定级结果公平、可比和稳定。

8.3.2.2 各级控制区的建立

本研究将标准耕作制度分区的一级指标区，作为耕地等级监测一级控制区(图 8-1)，标准耕作制度二级指标区作为耕地等级监测二级控制区(图 8-2)，本研究主要研究内容是在此基础上依次结合光温水土条件、基础设施条件、土地利用条件、经济区位条件层层深入的逐级划分控制指标区，在下一章节中将以大兴区为例，对耕地等级布控技术进行实证研究。

不同二级控制区由于其光温水土条件和土地利用方式的不同，在进行更加深入的控制分区时，针对不同的土壤条件和土地利用条件等，要选取不同的控制指标。在满足相关区域耕地等级变化监测的需要的前提下，在耕地的气候状况、土壤条件(有效土层厚度、质地、肥力、盐碱等)、水分、基础设施条件(田间道路等级、灌溉条件、平整度等)、环境污染状况以及土地利用状况(耕地产能实现程度、投入产出水平、集中连片程度)等方面研究其耕地等级变化监测的重点。

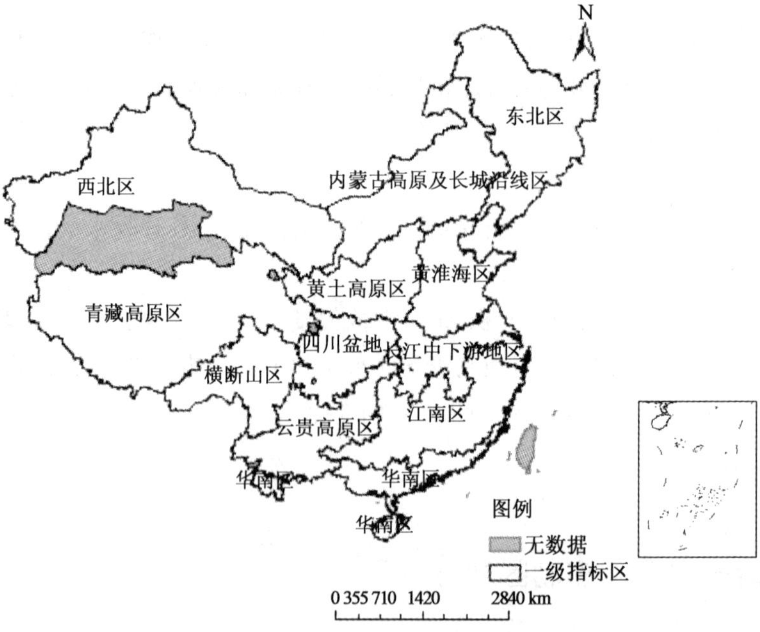

图 8-1 耕地等级监测一级控制区分布图

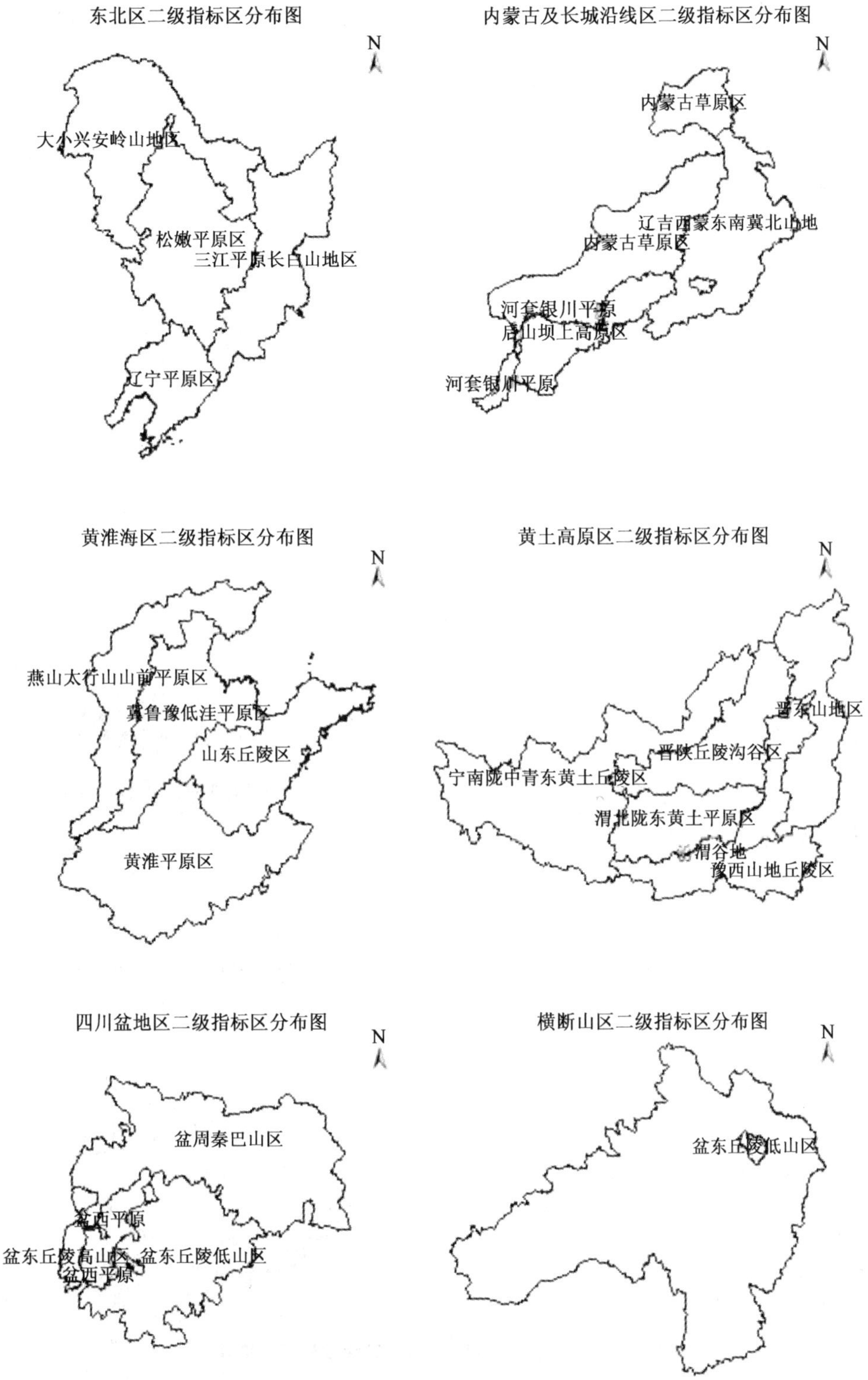

图 8-2　全国标准耕作制度二级指标区分布图

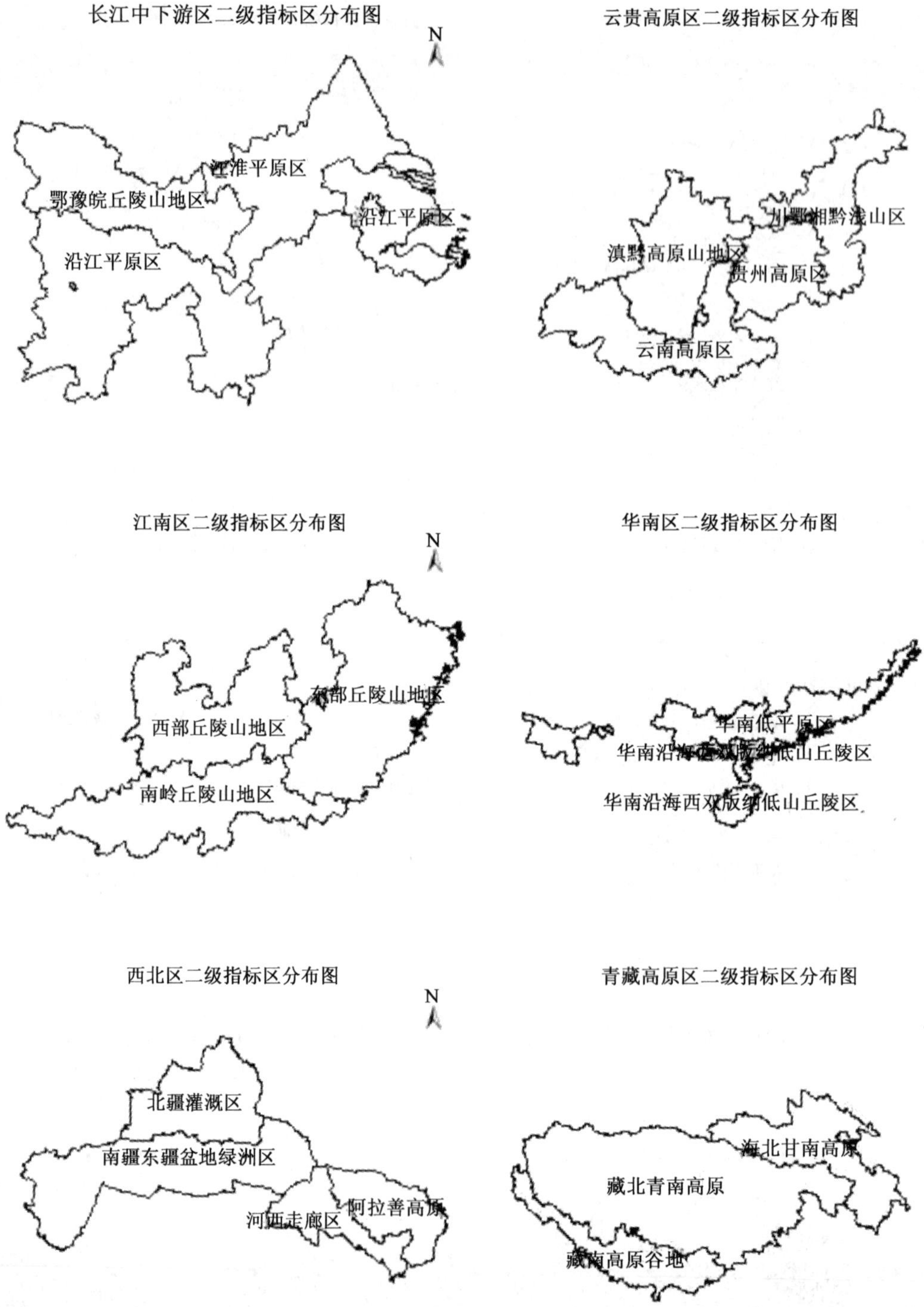

续图 8-2　全国标准耕作制度二级指标区分布图

8.3.3　耕地等级监测样点的选择和监测周期的确定

在完成耕地等级监测控制分区之后，在不同控制区内选取 2～3 个监测样点，依照地形地貌特点，将样点连接成监测样带，以农用地分等和耕地质量空间变异理论，确定相应的监测指标和监测周期，耕地等级变化类型主要可以概括为耕地土壤条件变化和耕地基础设施变化两大类型，其耕地等级变化指标、耕地等级变化驱动因素以及监测周期见表 8-1。

表 8-1　耕地等级变化监测类型划分

耕地等级变化类型	耕地等级变化监测指标	耕地等级变化影响驱动因素	监测周期
耕地土壤条件变化（等级累积变化）	土壤有机质含量	土地种植方式和管理方式	3 年
	土壤盐碱化	不合理的利用方式：湿地—耕地；耕地过度利用；灌溉	1 年
	土壤酸化	工业污染以及不合理的利用方式	1 年
	土壤污染	农药、化肥以及工矿业产生的固体废物、废水、废气等	1 年
	水蚀风蚀导致耕作土层厚度变化	不合理的土地利用类型转换，包括林地-耕地；草地-耕地；陡坡种植；草地-耕地；湿地-耕地	1 年
	土壤表层质地变化	不合理的土地利用类型转换，包括林地-耕地；草地-耕地；陡坡种植；草地-耕地；湿地-耕地	1 年
耕地基础设施条件（等级突变）	田块规模、大小、破碎化程度	土地整治、基本农田建设、农业综合开发；村庄扩展、道路分割、建设占用、设施农业、地质灾害	1 年
	灌溉保障率变化	土地整治、基本农田建设、农业综合开发；水源水位变化、降水变化	1 年
	灌溉水质变化	水源水质变化，降水与蒸发量变化、温度变化	按季节
	排水条件变化	土地整治、基本农田建设、农业综合开发；建设侵占	1 年
	田间道路变化	土地整治、基本农田建设、农业综合开发	1 年
	位置（与农村居民点）	农村居民点扩张	1 年
	交通状况	交通路网建设	1 年
	田块平整	土地整治、基本农田建设、农业综合开发	1 年
	田块梯田状况	海拔、坡度、坡向、坡型、地形部位等支撑条件变化影响；土地整治、基本农田建设、农业综合开发影响	1 年

8.4　研究区域的选择和农用地质量

8.4.1　研究区域选择

城市快速拓展区经济发展速度快，建设用地快速扩张，农用地数量锐减，耕地保护形势严峻，在此区域研究耕地等级监测布控技术，对保护耕地资源质量不降低、数量不减少，保障城市居民粮食安全有重要积极作用。本研究选择北京市大兴区作为研究区域。

8.4.1.1　大兴区自然状况

大兴区属暖温带半湿润季风气候，春季少风多雨，夏季炎热多雨，秋季天高气爽，冬季寒冷干燥。年均气温 11.5℃，最热 7 月，月均气温 25.9℃，最冷 1 月，月均气温 −5℃，年较差高达 30.9℃；>10℃活动积温 4161℃，无霜期 190 d。这样的热量条件既适合于冬小麦等喜凉作物的生长，又适合于水稻、花生等喜温作物生长，但积温一年一熟有余，一年两熟略感不足。

大兴区位于北京湾小平原上，属于华北平原的一部分，整个平原属永定河冲积物。总的地势自西北向东南倾斜，海拔高程在 15～45 m，坡度在 0.8‰～1.0‰，全区成土母质为永定河冲积物，大致分为 3 个地貌单元：北部为永定河冲积扇，地表冲积物以沙土、沙壤土为主；南部为永定河冲积平原，表土以沙性土、沙壤土为主，局部地区出现连续性黏性土，受永定河决口的影响，形成了多条条形沙带和固定沙丘；西部为永定河河床自然堤，地表以砂砾石、粗砂和中细砂组成。由此可知，地形因素（如坡度和坡向）的差异性也不明显，不对作物生长和土地耕作产生限制。但由于永定河多次改道，使不同地区土壤的形成过程和形成时间有很大差异，土壤属性的空间变化呈现明显的地带分布，由西南向东偏北，土壤质地由砂变黏、地下水位也由浅变深。

8.4.1.2　大兴区区位条件

大兴区位于北京市南部，地理坐标介于东经 116°12′～116°43′，北纬 39°26′～39°50′之间，东西宽、南北长均为 44 km，土地总面积 1039 km^2，周边分别与房山区、丰台区、朝阳区、通州区相邻，是距离北京市最近的远郊区。处于东南现代制造业发展带上，大兴区位优势得天独厚，拥有两个新兴卫星城，黄村镇卫星城和亦庄新城；境内有北京经济技术开发区和北京生物工程与医药产业基地两大国家级产业园区，是北京市重要的现代制造业区域。

大兴区交通发达，其中京开高速公路和 104 国道、京津塘高速纵贯南北，北京五环、六环路横穿东西，与区内公路形成密集的交通网络。京津、京九铁路在大兴交汇，区内有南苑机场，综合交通运输条件优良。

2008 年，辖区总人口 58.1 万人，全区辖 14 个建制镇，527 个行政村。2006 年实现工业总产值 274.2 亿元。近年来，为了更好地发展农业生产，大力调整了农业产业结构，逐步形成了以粮食为基础，瓜果菜为主的新的产业格局。截至 2005 年，大兴区已经形成 10 个蔬菜标准化基地和 8 个果品标准化基地。

8.4.1.3　大兴区农业发展情况

大兴区 2008 年有耕地面积 57.6 万亩，其中，种植蔬菜 22 万亩，西甜瓜 10 万亩，甘薯 4.5 万亩，果树 20 万亩。2008 年全区农业总产值实现 47.4 亿元，同比增长 12.3%；农民人均纯收入实现 10103 元，同比增长 11.8%。

随着耕地面积减少、农业种植结构的调整，大兴区粮食作物的播种面积随时间增长呈现下降趋势。在 1992 年之前，大兴区耕地面积每年减少的速度比较缓慢，1992 年之后快速减少，1978 年大兴区耕地总面积为 91.98 万亩，到了 2007 年仅为 57.4 万亩。1978—2006 年间耕地面积减少了 34.58 万亩。耕地类别中，灌溉水田、旱地面积都是随着时间增长而快速减少。水浇地、菜地面积随着时间增长先增加后减少。

8.4.2 大兴区农用地分等

8.4.2.1 研究区域农用地分等标准耕作制度情况概述

研究区域大兴区位于北京市南部，北京市分布在国家标准耕作制度分区一级指标区中的黄淮海区和内蒙古及长城沿线区，北部地区包括延庆县、密云县、怀柔区、昌平区位于内蒙古及长城沿线区，南部地区包括平谷区、顺义区、通州区、大兴区、门头沟区、房山区及北京市辖区位于黄淮海区，如图 8-3 所示。

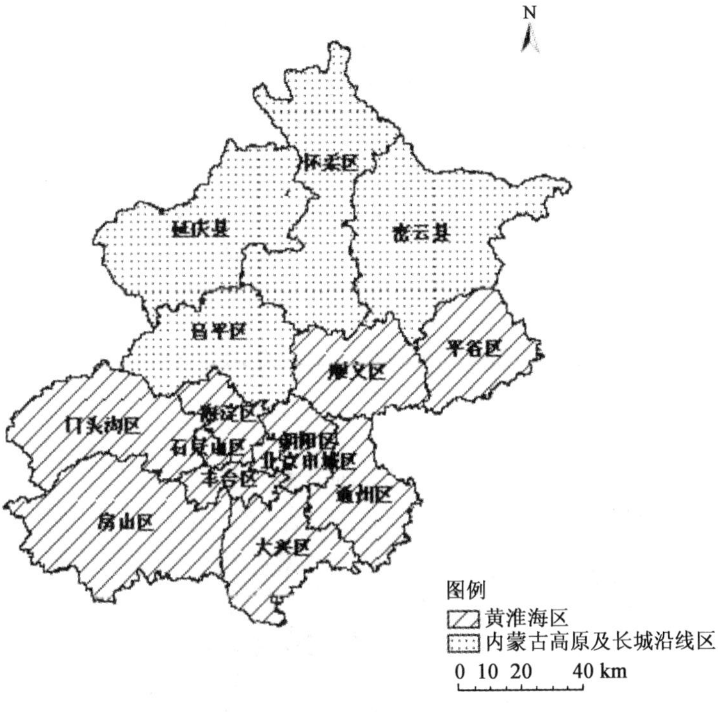

图 8-3　国家标准耕作制度一级指标区（北京市）

国家标准耕作制度二级指标区的分布中，北京市主要分布在燕山太行山山前平原区和辽吉西蒙东南冀北山地区，具体分布情况为平谷区、顺义区、通州区、大兴区、门头沟区、房山区及北京市辖区位于燕山太行山山前平原区，密云县、怀柔区、昌平区位于辽吉西蒙东南冀北山地区，如图 8-4 所示。

研究区域北京市大兴区位于国家标准耕作制度分区，一级指标区中的黄淮海区，二级指标区中的燕山太行山山前平原区。

大兴区农用地分等定级分等单元分布在大兴区整个辖区，其分布特点是北部地区样地数量相对较少，中部地区、南部地区分等单元较为集中连片，其分布情况如图 8-5 所示。

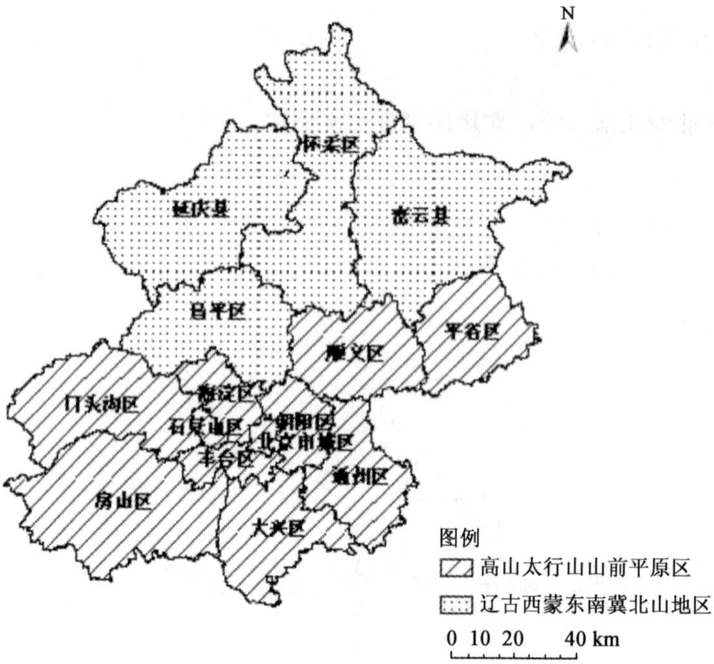

图 8-4 国家标准耕作制度二级指标区(北京市)

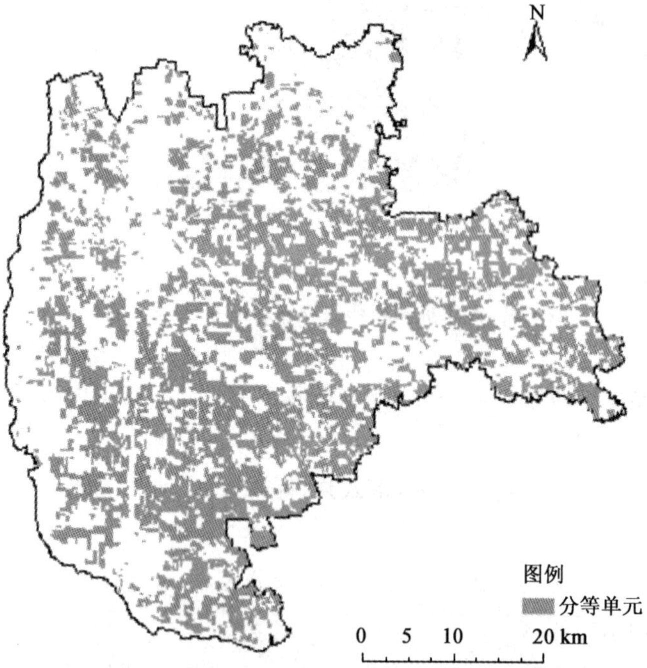

图 8-5 大兴区农用地分等单元分布情况

8.4.2.2　大兴区农用地质量等别等级分布情况分析

大兴区农用地分等质量等别主要集中在十一等、十二等、十三等、十四等，其分布特点为：东北部地区自然等别较高，耕地质量相对较好，主要的分等级别为十三等和十四等；中部和西部地区耕地质量相对较差，主要的分等级别为十一等和十二等(图 8-6)。

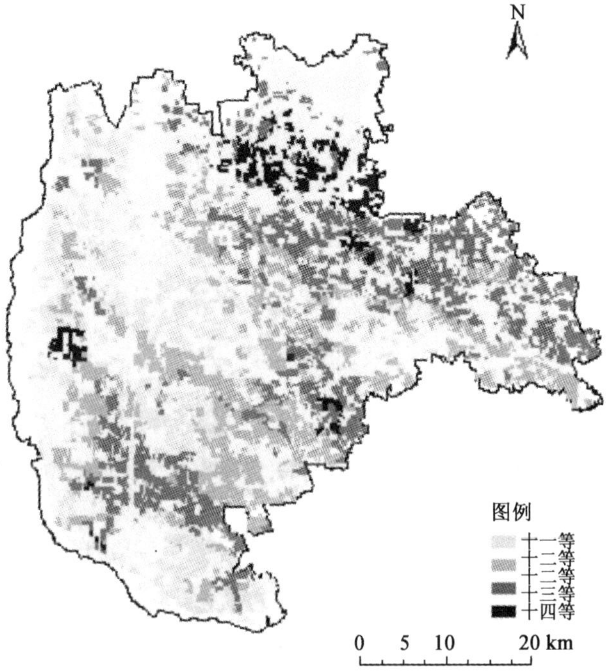

图 8-6　大兴区农用地分等等别分布情况

不同等别分布规律为，十四等地主要集中在大兴区瀛海镇，在青云店镇、长子营镇、庞各庄镇、榆垡镇、安定镇、礼贤镇零星分布；十三等地只要集中在大兴区东部地区和南部地区，主要涉及乡镇为青云店镇、长子营镇、采育镇、安定镇、礼贤镇和榆垡镇，在其他乡镇有零星分布；十二等地主要集中在中部和西部地区，主要涉及魏善庄镇、安定镇、庞各庄镇、礼贤镇，在其他乡镇有零星分布；十一等地主要集中在西部地区，涉及乡镇主要为黄村镇、北臧村镇、魏善庄镇、庞各庄镇、礼贤镇和榆垡镇，其他乡镇零星分布(图 8-7)。

大兴区农用地分等共有分等单元 5191 块，其中十一等地 1175 块，十二等地 1733 块，十三等地 1940 块，十四等地 343 块(图 8-7)，各个乡镇分布情况如表 8-2 所示；大兴区农用地分等单元总面积为 630928.49 亩，其中十一等地面积为 133330.90 亩，占分等单元总面积的 21%，十二等地面积为 222003.34 亩，占分等单元总面积的 35%，十三等地面积为 227045.14 亩，占分等单元总面积的 36%，十四等地面积为 48549.11 亩，占分等单元总面积的 8%(图 8-8)。

各乡镇农用地等别分布情况见表 8-2、表 8-3、图 8-9 所示。

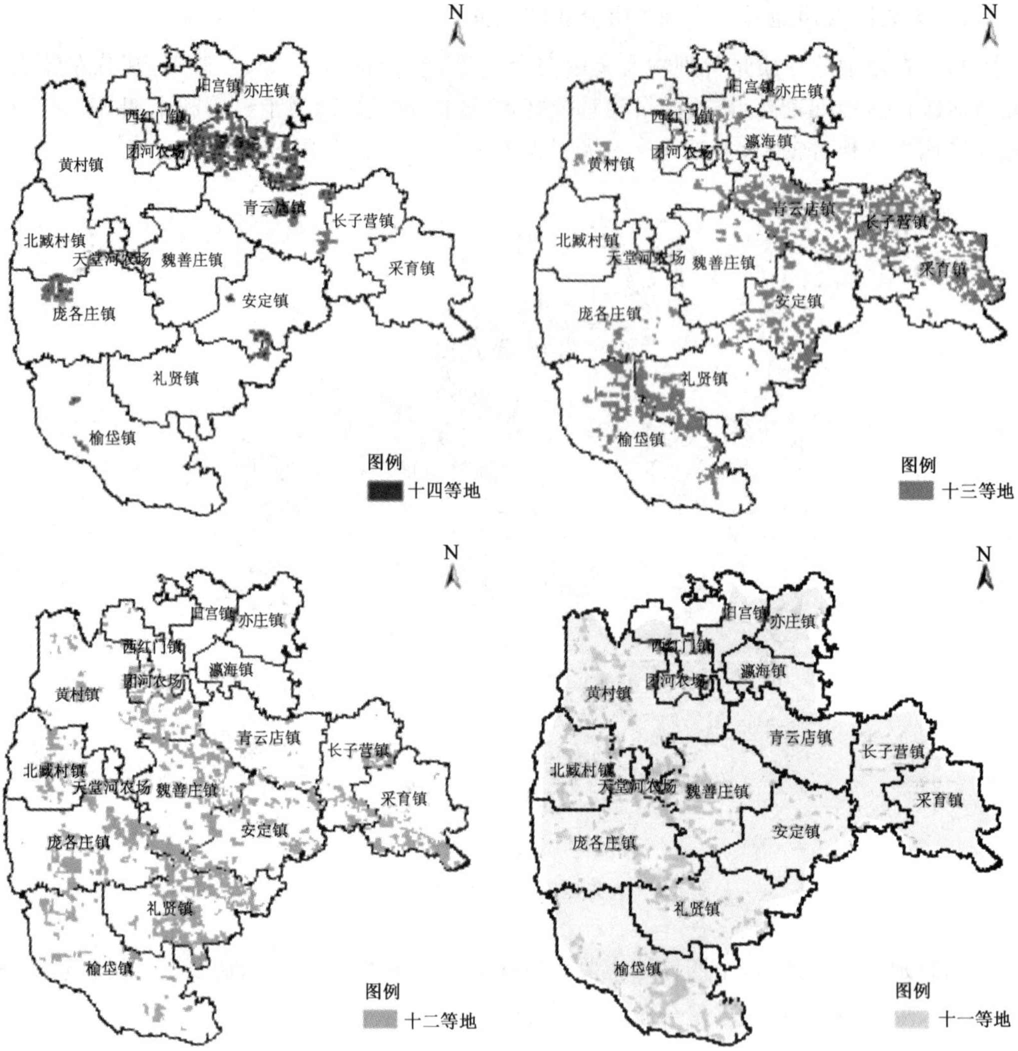

图 8-7　大兴区农用地分等各等级分等单元分布情况

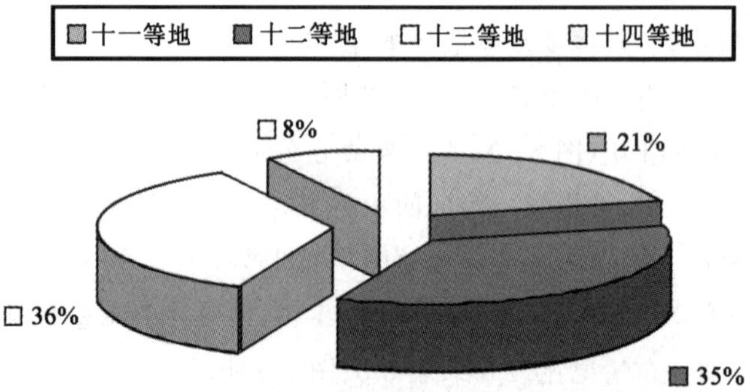

图 8-8　大兴区农用地各等别面积比例

表 8-2　大兴区农用地分等各等级分等单元个数汇总

乡镇名称	十一等地	十二等地	十三等地	十四等地	合计
安定镇	41	202	172	7	422
北臧村镇	127	68	15	7	217
采育镇	15	186	335		536
黄村镇	191	144	43	1	379
旧宫镇	0	0	39	11	50
礼贤镇	119	360	232	13	724
庞各庄镇	198	212	46	36	492
青云店镇	2	47	399	81	529
天堂河农场	24	0	0	0	24
团河农场	3	37	5	0	45
魏善庄镇	169	245	45	0	459
西红门镇	0	15	39	17	71
亦庄镇	0	0	25	2	27
瀛海镇	0	0	23	151	174
榆垡镇	273	132	239	6	650
长子营镇	13	85	283	11	392
合计	1175	1733	1940	343	5191

表 8-3　大兴区农用地分等各等级分等单元面积汇总　亩

乡镇名称	十一等地	十二等地	十三等地	十四等地	合计
安定镇	3910.80	23794.97	24061.18	2144.91	53911.86
北臧村镇	14365.31	8073.70	2613.08	1165.18	26217.27
采育镇	564.01	16600.67	31893.46	0	49058.14
黄村镇	20902.02	20069.46	7370.17	278.26	48619.91
旧宫镇	0	0	5558.18	2933.15	8491.33
礼贤镇	12051.80	48518.32	28167.28	1351.53	90088.93
庞各庄镇	23756.24	32730.90	6097.11	4788.23	67372.48
青云店镇	74.80	5087.78	41353.61	9720.67	56236.85
天堂河农场	2985.57	0	0	0	2985.57
团河农场	333.51	4459.73	832.03	0	5625.28
魏善庄镇	23567.19	32167.48	6666.09	0	62400.76
西红门镇	0	1677.69	5017.58	3291.50	9986.77
亦庄镇	0	0	2657.34	130.84	2788.18
瀛海镇	0	0	2179.81	20850.82	23030.63
榆垡镇	29876.92	18143.78	30882.22	1033.90	79936.81
长子营镇	942.73	10678.87	31696.02	860.12	44177.73
合计	133330.90	222003.34	227045.14	48549.11	630928.49

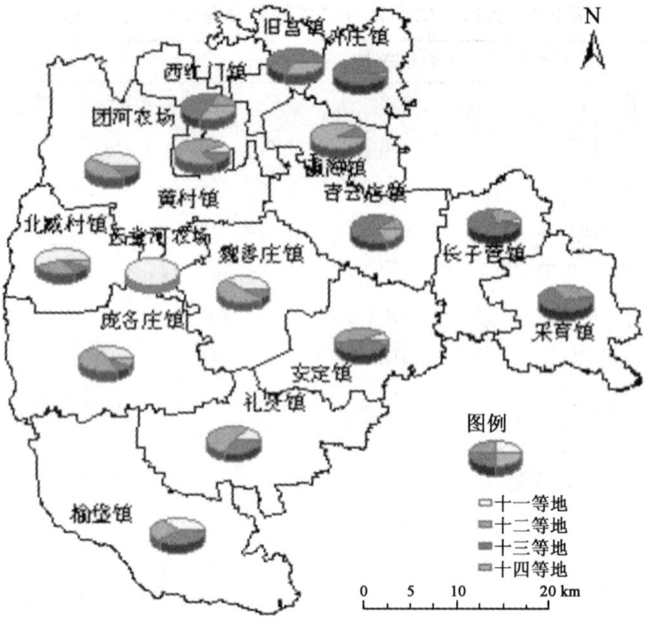

图 8-9 大兴区各乡镇农用地等别分布比例

8.4.2.3 大兴区农用地利用等别等级分布情况分析

大兴区农用地分等利用等别主要集中在十四等、十五等、十六等、十七等、十八等、十九等、二十等，其分布特点为：东北部地区利用等别较高，主要的利用等级别为十八等、十九等和二十等；中部和西部地区耕地利用等别相对较低，主要的分等级别为十四等、十五等、十六等和十七等(图 8-10)。

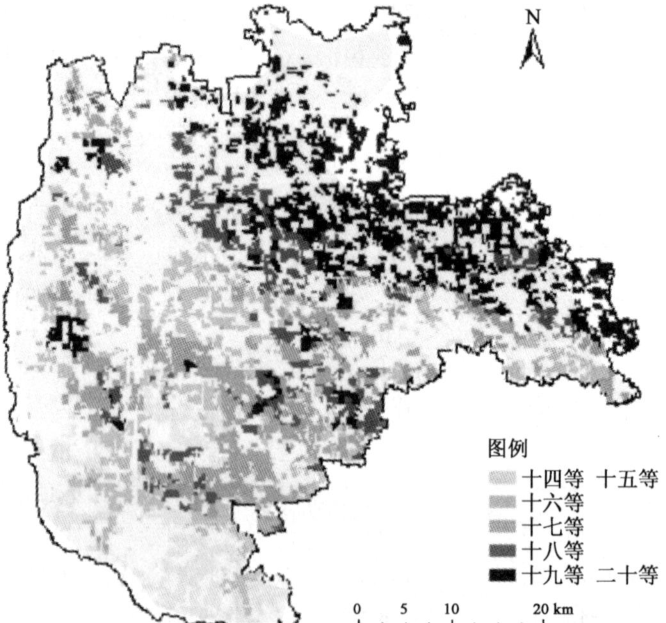

图 8-10 大兴区农用地分等利用等别分布情况

不同等别分布规律为，十九等、二十等地主要集中在大兴区西红门镇、瀛海镇，青云店镇、长子营镇、采育镇，在其他乡镇零星分布；十八等地主要集中在大兴区中部地区，主要涉及乡镇为黄村镇、魏善庄镇、安定镇，在青云店镇、长子营镇、采育镇、礼贤镇、庞各庄镇等有零星分布；十七等地主要集中在南部地区，主要涉及魏善庄镇、安定镇、庞各庄镇、北臧村镇、礼贤镇，在黄村镇、采育镇、长子营镇、榆垡镇有零星分布；十六等地主要集中在西南部地区，涉及乡镇主要为北臧村镇、庞各庄镇、榆垡镇等，在其他乡镇也有分布；十四等、十五等地主要分布在南部地区，主要涉及乡镇为榆垡镇，在庞各庄镇、礼贤镇、长子营镇、采育镇有零星分布(图 8-11)。

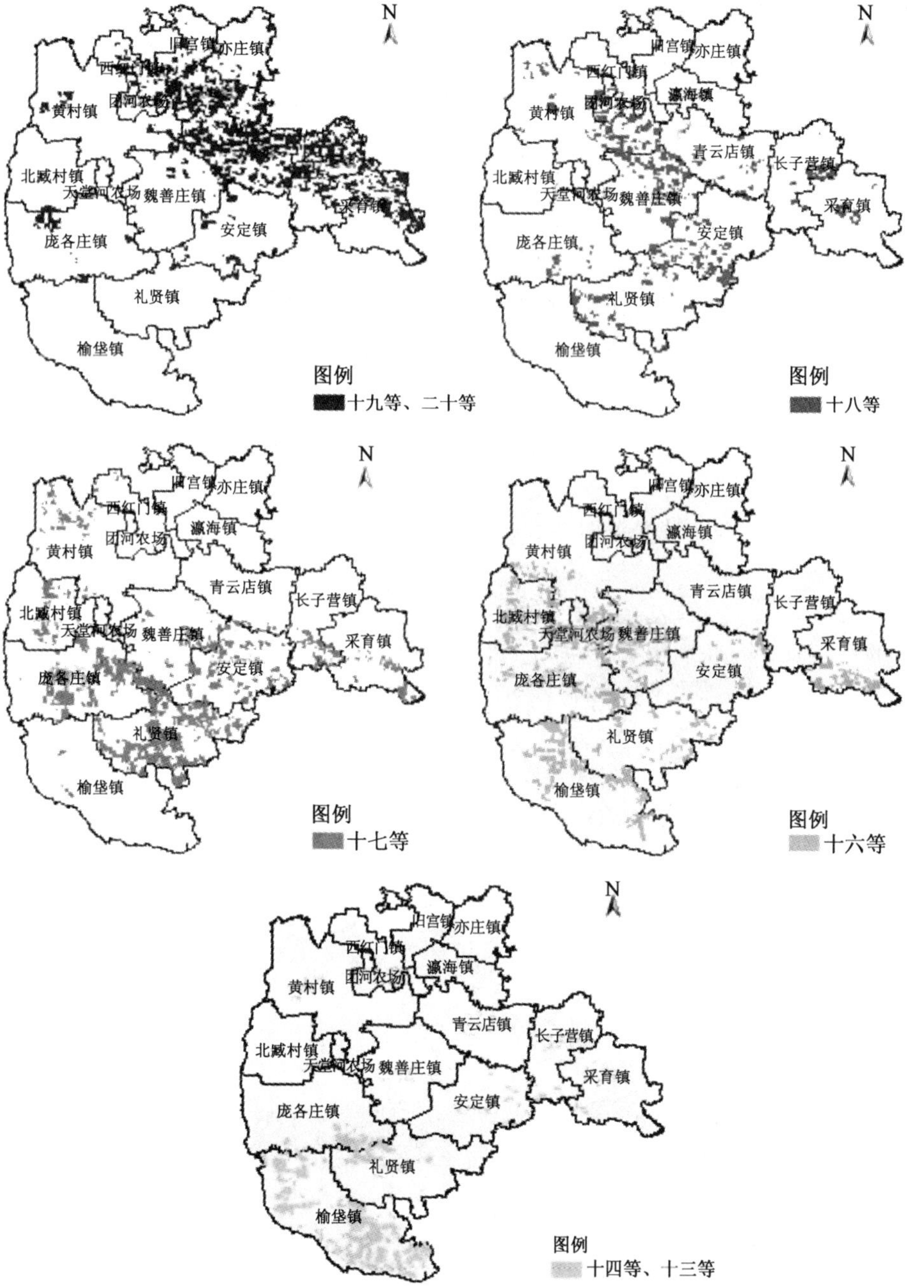

图 8-11　大兴区农用地分等各利用等级分等单元分布情况

大兴区农用地分等共有分等单元5191块，其中利用等为二十等地312块，十九等地1219块，十八等地784块，十七等地1212块，十六等地1091块，十五等地282块，十四等地291块，各个乡镇分布情况如表8-4所示；大兴区农用地分等单元总面积为630928.49亩，其中利用等为二十等地面积为43482.84亩，占分等单元总面积的7％，十九等地面积为135568.06亩，占分等单元总面积的21％，十八等地面积为101300.56亩，占分等单元总面积的16％，十七等地面积为156219.53亩，占分等单元总面积的25％，十六等地面积为128163.95亩，占分等单元总面积的20％，十五等地面积为35322.24亩，占分等单元总面积的6％，十四等地面积为30871.30亩，占分等单元总面积的5％(图8-12)。

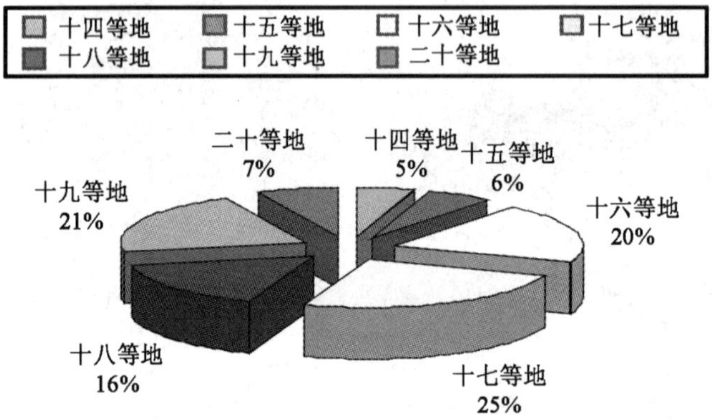

图8-12　大兴区农用地各等别面积比例图

各乡镇农用地等别分布情况见图8-13、表8-4、表8-5所示。

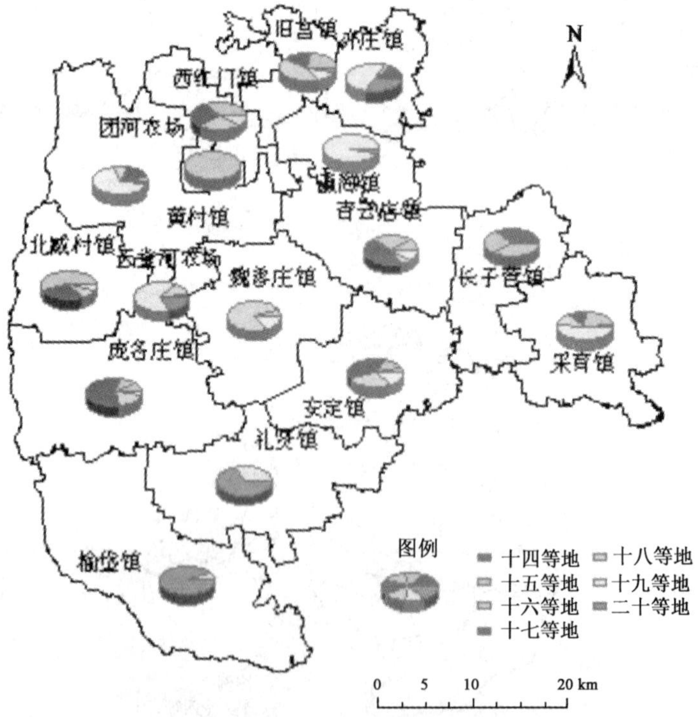

图8-13　大兴区各乡镇农用地等别分布比例

表 8-4　大兴区农用地分等各利用等级分等单元个数汇总

乡镇名称	十四等地	十五等地	十六等地	十七等地	十八等地	十九等地	二十等地	合计
安定镇	0	24	63	173	126	36	0	422
北臧村镇	0	0	127	68	15	7	0	217
采育镇	13	0	136	63	37	287	0	536
长子营镇	0	12	2	57	43	267	11	392
黄村镇	0	0	89	102	144	36	8	379
旧宫镇	0	0	0	0	0	22	28	50
礼贤镇	0	72	88	411	131	22	0	724
庞各庄镇	4	44	160	202	36	46	0	492
青云店镇	0	0	4	12	55	373	85	529
天堂河农场	0	0	24	0	0	0	0	24
团河农场	0	0	3	0	37	5	0	45
魏善庄镇	0	0	162	110	146	41	0	459
西红门镇	0	0	0	7	8	39	17	71
亦庄镇	0	0	0	0	0	25	2	27
瀛海镇	0	0	0	0	0	13	161	174
榆垡镇	274	130	233	7	6	0	0	650
总计	291	282	1091	1212	784	1219	312	5191

表 8-5　大兴区农用地分等各利用等级分等单元面积汇总　亩

乡镇名称	十四等地	十五等地	十六等地	十七等地	十八等地	十九等地	二十等地	合计
安定镇	0	2010.25	6600.16	21278.88	17423.56	6599.00	0	53911.86
北臧村镇	0	0	14365.31	8073.70	2613.08	1165.18	0	26217.27
采育镇	544.51	0	11185.67	6937.18	4899.56	25491.21	0	49058.14
长子营镇	0	903.87	69.80	7200.12	5113.28	30030.55	860.12	44177.73
黄村镇	0		10701.97	9878.14	20391.37	6091.87	1556.56	48619.91
旧宫镇	0	0	0	0	0	2719.23	5772.10	8491.33
礼贤镇	0	7910.71	9789.09	53753.61	16393.95	2241.57	0	90088.93
庞各庄镇	408.65	6446.09	18854.34	30778.04	4343.89	6541.46	0	67372.48
青云店镇	0	0	256.26	1154.71	5875.64	38548.22	10402.02	56236.85
天堂河农场	0	0	2985.57	0	0	0	0	2985.57
团河农场	0	0	333.51	0	4459.73	832.03	0	5625.28
魏善庄镇	0	0	22834.47	14944.40	18550.00	6071.89	0	62400.76
西红门镇	0	0	0	1135.60	542.09	5017.58	3291.50	9986.77
亦庄镇	0	0	0	0	0	2657.34	130.84	2788.18
瀛海镇	0	0	0	0	0	1560.92	21469.71	23030.63
榆垡镇	29918.13	18051.32	30187.81	1085.15	694.40	0	0	79936.81
总计	30871.30	35322.24	128163.95	156219.53	101300.56	135568.06	43482.84	630928.49

8.4.2.4　大兴区农用地分等等级分布情况分析

大兴区农用地分等质量等别主要集中在八等、九等、十等、十一等、十二等、十三等、十四等,其分布特点为:北部地区等别较高,耕地质量相对较好,主要的分等级别为十二等、十三等和十四等;南部地区等别相对较低,主要的分等级别为八等、九等、十等和十一等(图 8-14)。

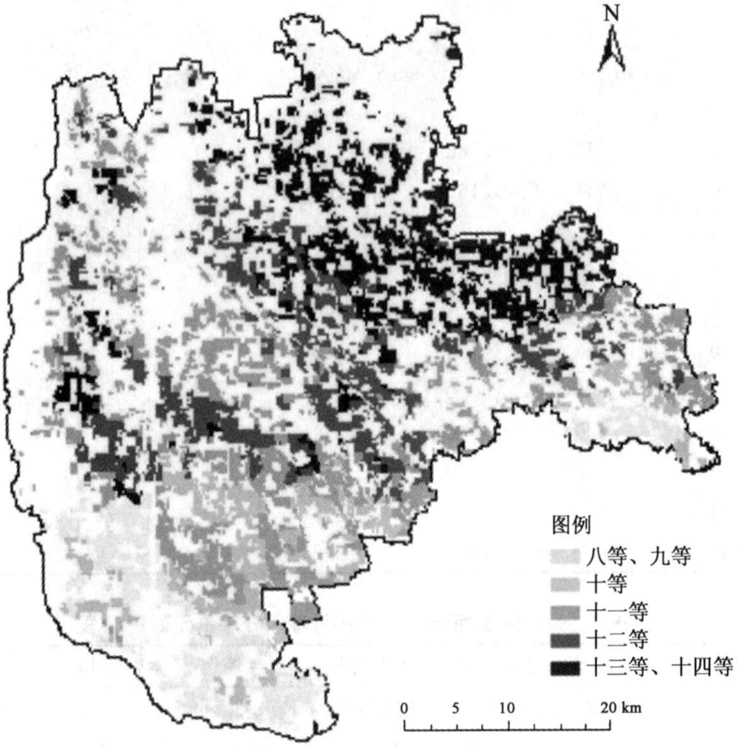

图 8-14　大兴区农用地分等等别分布情况

不同等别分布规律为十三等、十四等地主要集中在大兴区东北部地区,涉及乡镇为旧宫镇、西红门镇、瀛海镇、青云店镇、长子营镇,在其他乡镇有零星分布;十二等地、十一等地主要集中在大兴区中部地区和西部部分乡镇,主要涉及乡镇为黄村镇、魏善庄镇、北臧村镇、安定镇,在礼贤镇、采育镇、长子营镇有零星分布;十等地主要集中在南部地区,主要涉及安定镇、榆垡镇、采育镇、礼贤镇,在其他乡镇有零星分布;八等地、九等地主要集中在榆垡镇、采育镇,其他乡镇零星分布(图 8-15)。

大兴区农用地分等共有分等单元 5191 块,其中八等地 149 块,九等地 493 块,十等地 616 块,十一等地 1488 块,十二等地 1181 块,十三等地 952 块,十四等地 312 块(图 8-14),各个乡镇分布情况如表 8-6 所示;大兴区农用地分等单元总面积为 630928.49 亩,其中八等地面积为 16551.99 亩,占分等单元总面积的 3%,九等地面积为 51849.00 亩,占分等单元总面积的 8%,十等地面积为 79463.61 亩,占分等单元总面积的 13%,十一等地面积为 174696.81 亩,占分等单元总面积的 27%,,十二等地面积为 152844.57 亩,占分等单元总面积的 24%,十三等地面积为 112039.67 亩,占分等单元总面积的 18%,十四等地面积为 43482.84 亩,占分等单元总面积的 7%(图 8-16)。

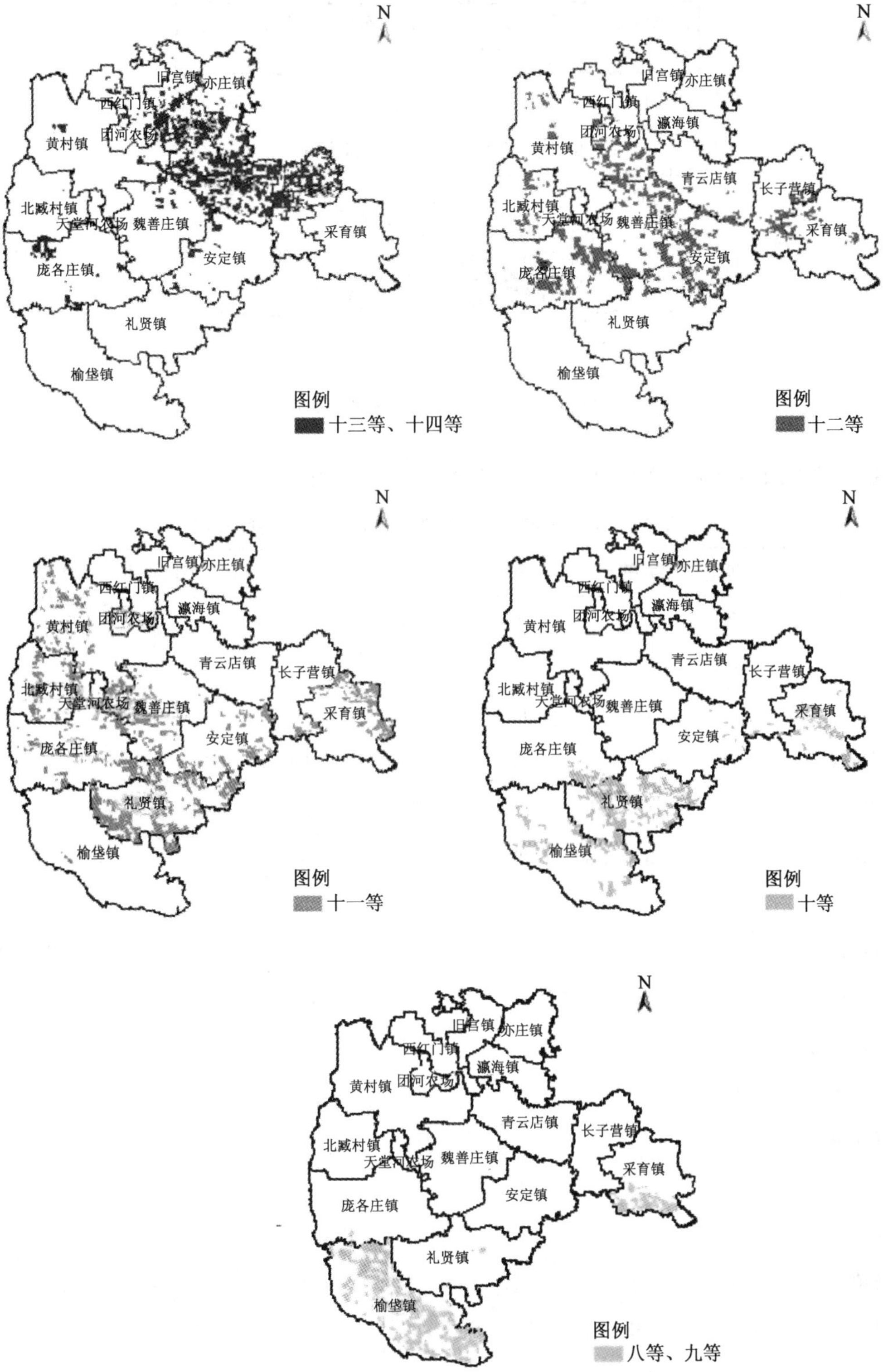

图 8-15　大兴区农用地分等各等级分等单元分布情况

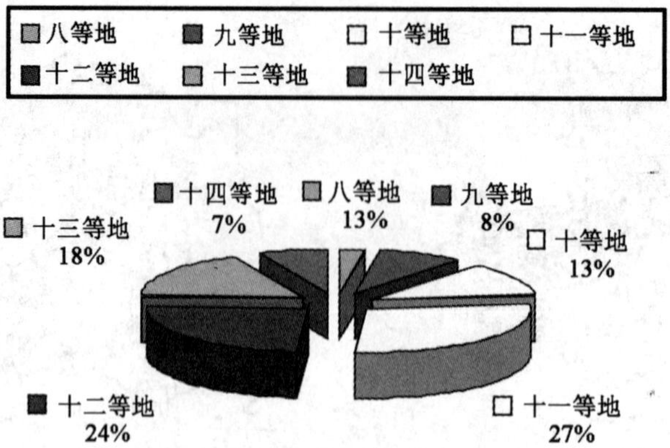

图 8-16 大兴区农用地各等别面积比例

各乡镇农用地等别分布情况见表 8-6、表 8-7、图 8-17 所示。

表 8-6 大兴区农用地分等各等级分等单元个数汇总

乡镇名称	八等地	九等地	十等地	十一等地	十二等地	十三等地	十四等地	合计
安定镇	0	0	26	135	225	36	0	422
北臧村镇	0	0	0	127	67	23	0	217
采育镇	13	125	98	222	74	4	0	536
长子营镇	0	0	12	23	85	261	11	392
黄村镇	0	0	0	188	147	36	8	379
旧宫镇	0	0	0	0	0	22	28	50
礼贤镇	0	6	283	413	22	0	0	724
庞各庄镇	5	0	43	178	211	55	0	492
青云店镇	0	0	0	4	50	390	85	529
天堂河农场	0	0	0	23	1	0	0	24
团河农场	0	0	0	3	37	5	0	45
魏善庄镇	0	0	0	169	247	43	0	459
西红门镇	0	0	0	0	15	39	17	71
亦庄镇	0	0	0	0	0	25	2	27
瀛海镇	0	0	0	0	0	13	161	174
榆垡镇	131	362	154	3	0	0	0	650
合计	149	493	616	1488	1181	952	312	5191

表 8-7　大兴区农用地分等各等级分等单元面积汇总　　亩

乡镇名称	八等地	九等地	十等地	十一等地	十二等地	十三等地	十四等地	合计
安定镇	0	0	2370.79	15512.85	29994.06	6034.16	0	53911.86
北臧村镇	0	0	0	14365.31	7989.35	3862.61	0	26217.27
采育镇	544.51	10546.57	10885.32	20312.59	6373.97	395.16	0	49058.14
长子营镇	0	0	903.87	3184.37	10248.00	28981.38	860.12	44177.73
黄村镇	0	0	0	20382.45	20589.03	6091.87	1556.56	48619.91
旧宫镇	0	0	0	0	0	2719.23	5772.10	8491.33
礼贤镇	0	461.67	35940.41	51445.28	2241.57	0	0	90088.93
庞各庄镇	538.56	0	6283.00	21875.92	31167.88	7507.12	0	67372.48
青云店镇	0	0	0	256.26	5589.40	39989.17	10402.02	56236.85
天堂河农场	0	0	0	2920.87	64.70	0	0	2985.57
团河农场	0	0	0	333.51	4459.73	832.03	0	5625.28
魏善庄镇	0	0	0	23560.49	32449.18	6391.09	0	62400.76
西红门镇	0	0	0	0	1677.69	5017.58	3291.50	9986.77
亦庄镇	0	0	0	0	0	2657.34	130.84	2788.18
瀛海镇	0	0	0	0	0	1560.92	21469.71	23030.63
榆垡镇	15468.92	40840.76	23080.22	546.92	0	0	0	79936.81
总计	16551.99	51849.00	79463.61	174696.81	152844.57	112039.67	43482.84	630928.49

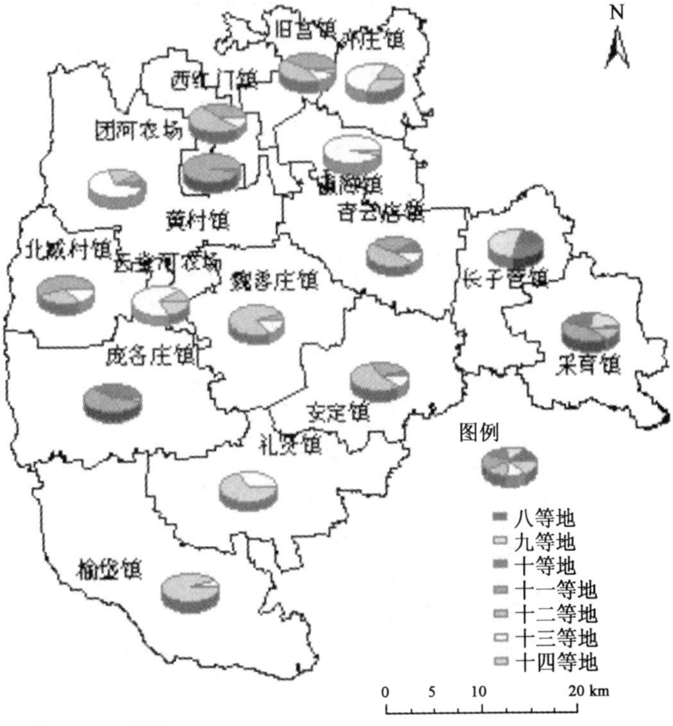

图 8-17　大兴区各乡镇农用地等别分布比例

8.5 耕地等级监测布控技术的应用

8.5.1 耕地质量监测指标体系的建立以及各级监测指标区的建立

研究区域北京市大兴区位于国家标准耕作制度分区，一级指标区中的黄淮海区，二级指标区中的燕山太行山山前平原区。基于国家标准耕作制度分区结果大兴区耕地等级监测一级控制区和二级控制区分区结果如图 8-18 所示。

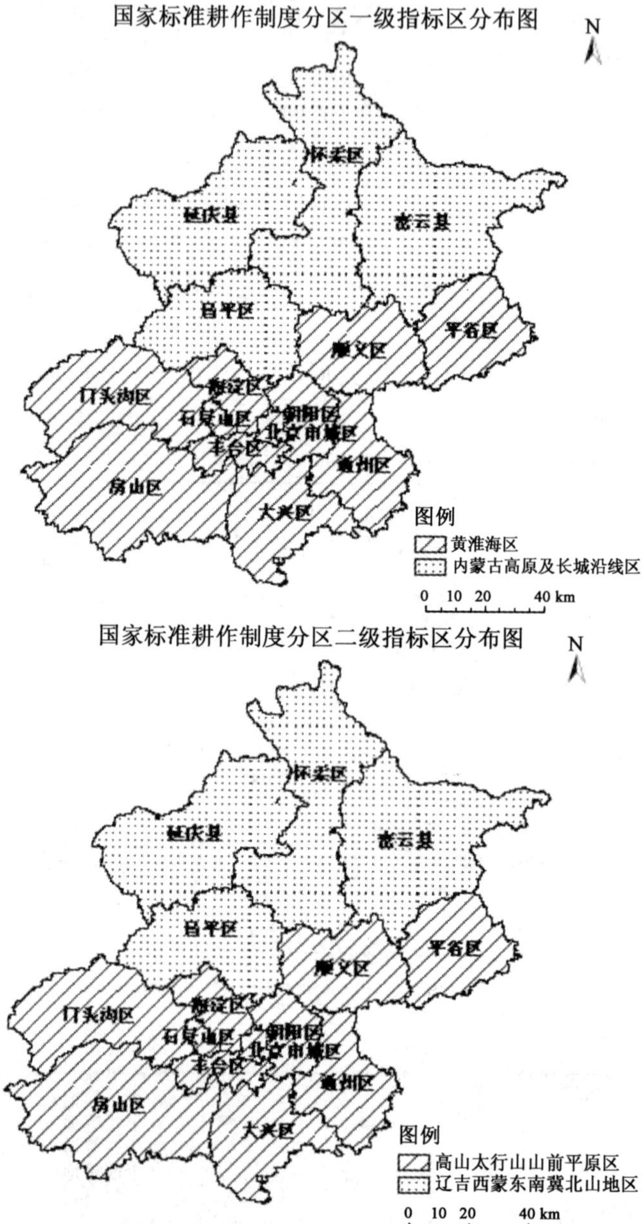

图 8-18 大兴区耕地等级监测一级、二级控制分区结果

8.5.1.1　三级控制区指标体系的建立及分区

1. 三级控制区分区的理论思想

三级控制区主要考虑的分区影响因素为自然条件因素，即光照、温度、降水和土壤条件，由于大兴区区域内的光照、温度、降水条件差异性不显著，这里主要考虑光温水土条件中的土壤条件差异，来进行耕地等级监测分区三级控制区的划分，根据农用地分等有关资料，具体影响因子包括土壤类型、有机质含量、表土质地、剖面构型、有效土层厚度、障碍层深度、地形坡度、盐渍化程度。

建立分区指标体系，采用熵值法确定指标权重和每个地块的综合得分，将综合得分进行SPSS 聚类分析，得出最终分区结果。

2. 三级控制区指标体系的建立以及权重的确定

(1)按照土壤类型的划分成果

北京市大兴区的土壤类型包括八个亚类，分别为：湿潮土、潮土、潮褐土、盐化潮土、草甸沼泽土、草甸风沙土、褐土性土、褐潮土，主要类型为潮土和褐土两种土壤类型，根据研究区域土壤类型的不同，可以将大兴区划分为两个区域(图 8-19)，为后面研究做基础。

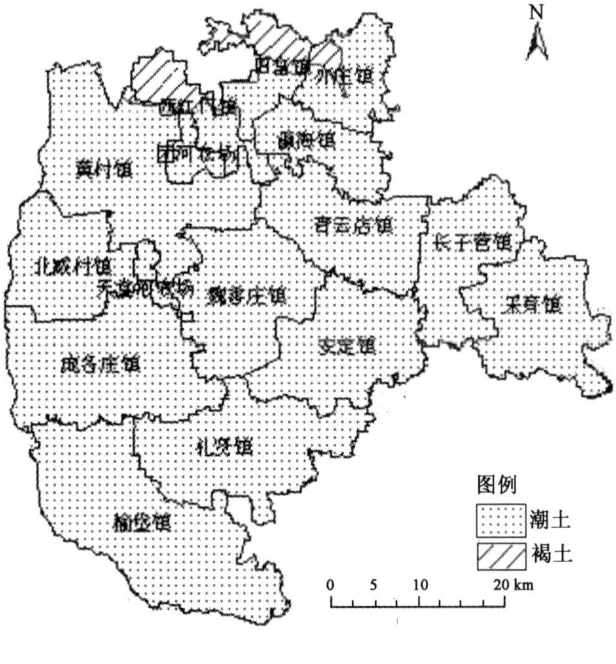

图 8-19　大兴区土壤类型分布

(2)指标体系的建立和量化

针对研究区域自然地理和土壤条件特点，建立大兴区耕地等级监测三级控制指标区的评价因子，主要包括有机质含量、表土质地、盐渍化程度、灌溉保证率、地形坡度、距障碍层深度、有效土层厚度、剖面构型八个影响因子，为了更准确地评价各个指标的优劣程度，将每一个指标进行标准的量化，其结果如表 8-8 所示。

表 8-8 三级控制区监测指标得分

分值	有机质/(g/kg)	表土质地	盐渍化程度	灌溉保证率	地形坡度	距障碍层深度/cm	有效土层厚度/cm	剖面构型
100	>40.0	重壤质	无	充分满足	<2°	60～90	≥150	通体壤、壤/黏/壤
90	30.0～40.0	黏质	轻度盐化	基本满足	2°～5°		100～150	壤/黏/黏、壤/砂/壤、砂/黏/黏
80	20.0～30.0	中壤质			5°～8°	30～60		黏/砂/黏、通体黏
70	10.0～20.0	轻壤质	中度盐化	一般满足			60～100	砂/黏/砂
60	6.0～10.0	砂壤质			8°～15°	<30		壤/砂/砂
50	0.0～6.0	砂质		无灌溉条件			30～60	黏/砂/砂
40			重度盐化					通体砂/通体砾
30		砾质			10°～25°		<30	
20								
10					≥25°			

(3)熵值法确定权重和地块综合得分

熵值法确定权重的原理。

进行耕地等级监测布控技术研究，在完成指标体系的建立后，需要确定评价指标的权重。某一指标的权重是指该指标在整体评价中的相对重要程度。本研究采用熵值法来确定指标权重。

熵的概念源于热力学，表示不能用来做功的热能，为热能的变化量除以温度所得的商，后来美国数学家申农(C. E. shannon)引入信息论，现已在工程技术、社会经济等领域得到了广泛的应用。信息熵(简称熵)是系统无序程度的一个度量，是系统状态不确定性的一种度量。信息熵越小，系统无序化程度越大，表明其指标值的变异程度越大，提供的信息量越大，在综合评价中所起的作用越大，则该指标的权重也应越大；反之，则该指标的权重也应越小。因此，可以根据各个指标值的变异程度，利用信息熵这一工具，计算各指标的权重。

计算步骤如下：

①将各指标值做规范化处理。设有 m 个参评对象，n 项评价指标，形成原始指标数据矩阵 $X_0=(x_{0ij})_{m\times n}$。为了便于各指标间的比较，需要对原始指标值进行规范化处理，将其化为[0,1]区间内的数，即进行各指标无量纲化处理。形成新的评价指标数据矩阵 $X=(x_{ij})_{m\times n}$。其计算公式为：

a. 对于越大越优的指标，
$$x_{ij}=\frac{x_{0ij}-x_{0j\min}}{x_{0j\max}-x_{0j\min}} \tag{8-1}$$

b. 对于越小越优的指标，
$$x_{ij}=\frac{x_{0j\max}-x_{0ij}}{x_{0j\max}-x_{0j\min}} \tag{8-2}$$

式中：$x_{0j\min}$ 为 x_{0ij} 所在列的最大值，$x_{0j\max}$ 为 x_{0ij} 所在列的最小值。

②对规范数据矩阵 $X=(x_{ij})_{m\times n}$ 作标准化处理，得到标准化矩阵 $Y=(y_{ij})_{m\times n}$，计算公式为：

$$y_{ij}=\frac{x_{ij}}{M_j}\quad(i=1,2,\cdots,m;j=1,2,\cdots,n)\tag{8-3}$$

式中：M_j 为第 j 项指标的最大值。

③计算第 i 个方案下第 j 项指标的指标值的比重 P_{ij}：

$$P_{ij}=\frac{y_{ij}}{\sum_{i=1}^{m}y_{ij}}\quad(1\leqslant i\leqslant m,1\leqslant j\leqslant n)\tag{8-4}$$

计算第 j 项指标的熵值 e_j：

$$e_j=-k\sum_{i=1}^{m}p_{ij}\ln P_{ij}\quad(i\leqslant j\leqslant n)\tag{8-5}$$

其中，$k=\frac{1}{\ln m}$，　则 $e_j=\frac{-1}{\ln m}\sum_{i=1}^{m}p_{ij}\ln P_{ij}(0\leqslant e_j\leqslant 1)$

④计算第 j 项指标的差异性系数：

$$g_i=1-e_j(1\leqslant j\leqslant n)\tag{8-6}$$

其值越大，指标就越重要。

⑤确定指标权重，第 j 项指标的权数：

$$\omega_j-\frac{g_j}{\sum_{i=1}^{m}g_i}\quad(1\leqslant j\leqslant n)\tag{8-7}$$

通过熵值法来计算耕地等级监测一级控制区分区各个评价指标的权重值。

(4)各个指标的权重

通过熵值法确定耕地等级监测三级控制区的各个评价因子的权重，结果见表 8-9。

表 8-9　三级控制区监测指标权重

控制指标	有机质/(g/kg)	表土质地	盐渍化程度	灌溉保证率	地形坡度	距障碍层深度/cm	有效土层厚度	剖面构型
权重	0.06	0.08	0.12	0.30	0.06	0.03	0.25	0.10

3. 三级控制区分区成果

(1)K-mean 聚类方法的原理

K-mean 聚类法也称快速聚类法，是指定聚类数的大样本资料逐步聚类分析。

快速聚类分析的计算过程一般经过下面几个步骤。

第 1 步为指定聚类类数。

在获得大量预测样本资料的基础上，根据生产需要和预测的目的，选择不同的聚类类数。

第 2 步为确定各类的初始类中心点。

在利用 SPSS 软件进行分析时，系统会根据样本数据的特点，选择与指定类数相同个数的，由具有代表性的样本数据作为初始类的中心点。

第 3 步为计算样本数据到各类中心点的欧氏距离。

快速聚类分析按照距离各类中心点距离最近的原则，将所有样本划分到各中心点所在的类中，形成一个新的与指定类数相等的类数，完成 1 次迭代过程。完成第 1 次迭代后，计算各类中各变量的平均值作为心得类中心点，进行第 2 次迭代分析。重复以上过程，直到达到指定的迭代次数或终止迭代的判断为止。

(2)聚类分析结果

对研究对象地块的得分进行 K-mean 聚类分析，将研究对象分成四类(图 8-20)，5191 各样本全部为有效案例，每个类别所包含的样本数分别是 559、616、1904、2112。

➡ 快速聚类

[数据集 0]

初始聚类中心

	聚类			
	1	2	3	4
VAR00002	73.24	74.57	76.28	92.00

最终聚类中心

	聚类			
	1	2	3	4
VAR00002	73.24	74.57	80.69	87.27

每个聚类中的案例数

聚类	1	559.000
	2	616.000
	3	1904.000
	4	2112.000
有效		5191.000
缺失		0.000

图 8-20 样本快速聚类过程

(3)耕地等级监测三级控制区分区结果及监测指标体系

结合乡镇界限及样本聚类结果，将大兴区划分为七个区域(图 8-21)，作为大兴区耕地等级监测三级控制区分区结果。

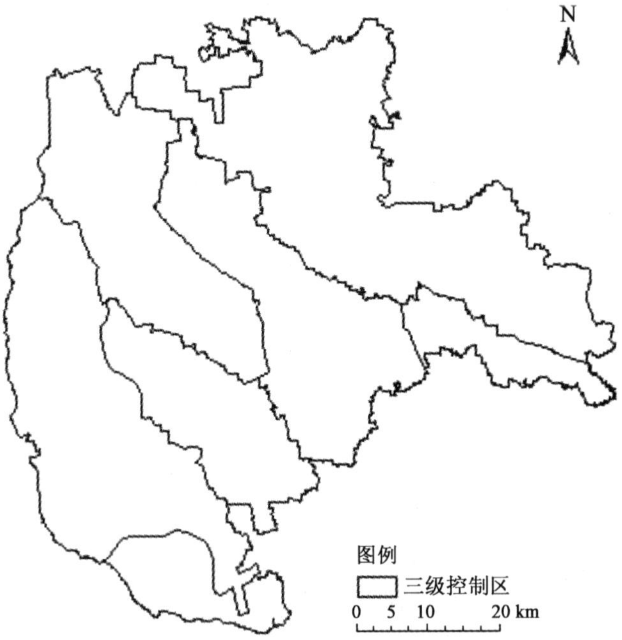

图 8-21　三级控制区分区结果

8.5.1.2　四级控制区指标体系的建立及分区

1. 四级控制区分区的思路

在三级控制区划分的基础上，加入土地利用因素，主要研究耕地破碎化程度，选取科学的评价指标，对研究区域耕地的破碎化程度进行计算，将耕地破碎化程度分区结果和三级控制区分区结果进行空间叠加，得出四级控制区分区结果。

2. 耕地空间破碎化程度研究

(1)耕地破碎化程度定量分析的理论

土地破碎化已经引起很多学者的关注，土地破碎度分析是景观格局分析的一部分。

总结土地破碎度定量分析的指标，有景观破碎度指数(Fk)、边界密度指数(ED)、斑块密度指数(PD)、斑块数量破碎化指数(FN)、聚集度指数(AI)等。

①景观破碎度指数(Fk)。破碎度指景观被分割的破碎程度，斑块平均面积越小，景观破碎度越大，其计算公式为：

$$\text{Fk}=(K-1)/Q \tag{8-8}$$

式中：K 为某一景观类型的斑块数，Q 为研究区某一景观类型的斑块平均面积。

②边界密度指数(ED)。边界密度指数揭示了景观边界的分割程度，是景观破碎化程度的直接反映。

$$\text{ED}=E/A \tag{8-9}$$

式中：E 为耕地斑块的边界长度，A 为耕地面积，单位面积的周长值越大，则景观类型被边界分割的程度越高。

③斑块密度指数(PD)。斑块密度指数为研究区内耕地斑块个数与面积的比值。

$$PD = \sum N_i / A \tag{8-10}$$

式中:PD 表示斑块密度指数,$\sum N_i$ 表示研究区耕地斑块总数,A 表示研究区耕地总面积。

④斑块数量破碎化指数(FN)。斑块数量破碎化指数用以测定景观破碎化的程度,FN 的取值范围在 0～1 之间,0 表示无破碎化存在,1 则代表已完全破碎。

$$FN = (Np - 1)/Nc \tag{8-11}$$

其中,FN 表示耕地斑块数量破碎化指数,Np 表示耕地斑块的总数,Nc 用研究区耕地总面积与最小的耕地斑块面积之比表示,以减少由于网格尺度不同而造成的数据变化,而使该指数在某一研究的某一分类系统下相对稳定。

⑤聚集度指数(AI)。聚集度指数描述不同耕地斑块间的团集程度,是以景观内各景观要素的边界在不同景观类型之间的分配关系为基础建立的指标,不受相邻异质性景观之间的生态学差异的影响。该指数包含空间信息,被广泛运用于景观生态学领域。取值范围介于[0,100],该数值高说明耕地由相对较少的大斑块组成,反之说明景观由许多不同类型的小斑块相互交错配置而成,耕地破碎化程度也越高,计算公式为:

$$AI = \left[1 + \sum_{i=1}^{m}\sum_{j=1}^{m} \frac{P_{ij}\ln P_{ij}}{2\ln m}\right] \times 100 \tag{8-12}$$

式中:m 是耕地斑块类型总数,P_{ij} 是随机选择的两个相邻栅格单元属于类型 i 与 j 的概率。

这些指标可以帮助确定耕地破碎化程度调查的内容,可以为本研究的耕地破碎度定量分析提供借鉴。

(2)耕地破碎化程度研究

将相邻图斑进行合并,得到研究区域斑块总数为 607 块,空间分布情况见图 8-22。

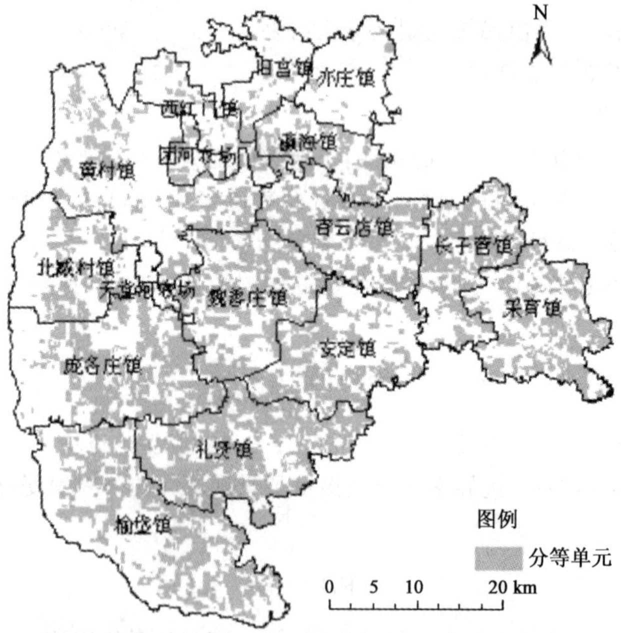

图 8-22 大兴区分等单元分布

选取景观破碎度指数,边界密度指数二项指标,以乡镇为景观类型划分,以农用地分等单元为数据基础,计算各个乡镇的以上两项指标,结果见表 8-10。

表 8-10　耕地破碎化程度指标列

乡镇名称	耕地面积/亩	斑块个数/个	斑块平均面积/m²	边界长度/m	景观破碎度指数	边界密度指数
安定镇	53911.86	53	678136.56	249742.72	0.77	0.37
北臧村镇	26217.27	41	426297.02	134871.11	0.94	0.32
采育镇	49058.14	66	495536.74	261840.67	1.31	0.53
长子营镇	44177.73	36	818106.15	226673.55	0.43	0.28
黄村镇	48619.91	88	368332.68	291031.80	2.36	0.79
旧宫镇	8491.33	21	269565.98	49857.78	0.74	0.18
礼贤镇	90088.93	17	3532899.07	333689.36	0.05	0.09
庞各庄镇	67372.48	51	880686.01	288010.35	0.57	0.33
青云店镇	56236.85	38	986611.32	263776.20	0.38	0.27
天堂河农场	2985.57	9	221153.60	17360.70	0.36	0.08
团河农场	5625.28	15	250012.31	36777.37	0.56	0.15
魏善庄镇	62400.76	45	924455.72	289215.17	0.48	0.31
西红门镇	9986.77	31	214769.18	74042.44	1.40	0.34
亦庄镇	2788.18	14	132770.51	21425.50	0.98	0.16
瀛海镇	23030.63	26	590528.93	130676.88	0.42	0.22
榆垡镇	79936.81	56	951628.74	364173.75	0.58	0.38

(3)大兴区耕地破碎化程度分区成果

将景观破碎度指数,边界密度指数二项指标的数值进行聚类分析(图 8-23),按照聚类结果将大兴区划分区域。

通过 K-mean 聚类分析,将大兴区乡镇按照耕地利用破碎化程度分成三个区域,黄村镇耕地破碎化程度较高;其次为安定镇、北臧村镇、采育镇、旧宫镇、西红门镇和亦庄镇;长子营镇、礼贤镇、庞各庄镇、青云店镇、天堂河农场、团河农场、魏善庄镇、瀛海镇和榆垡镇的耕地利用方式相对集中连片,其空间分布特点为由北部向南部,耕地破碎化程度减弱,耕地利用方式越来越集中连片(图 8-24)。

➡ 快速聚类

[数据集 1]

初始聚类中心

景观破碎度指数	聚类		
	1	2	3
景观破碎度指数	0.05	1.40	2.36
边界密度指数	0.09	0.34	0.79

迭代历史记录[a]

迭代	聚类中心内的更改		
	1	2	3
1	0.404	0.375	0.000
2	0.000	0.000	0.000

a. 由于聚类中心内没有改动或改动较小而达到收敛。任何中心的最大绝对坐标更改为 0.000。当前迭代为 2。初始中心间的最小距离为 1.032。

最终聚类中心

	聚类		
	1	2	3
景观破碎度指数	0.42	1.02	2.36
边界密度指数	0.23	0.32	0.79

最终聚类中心间的距离

聚类	1	2	3
1		0.604	2.016
2	0.604		1.421
3	2.016	1.421	

每个聚类中的案例数

聚类	1	9.000
	2	6.000
	3	1.000
有效		16.000
缺失		0.000

聚类成员

案例号	聚类	距离
1	2	0.261
2	2	0.084
3	2	0.358
4	1	0.043
5	3	0.000
6	2	0.310
7	1	0.404
8	1	0.171
9	1	0.059
10	1	0.168
11	1	0.162
12	1	0.094
13	2	0.375
14	2	0.162
15	1	0.013
16	1	0.214

最终聚类中心

	聚类		
	1	2	3
景观破碎度指数	0.42	1.02	2.36
边界密度指数	0.23	0.32	0.79

图 8-23 聚类结果

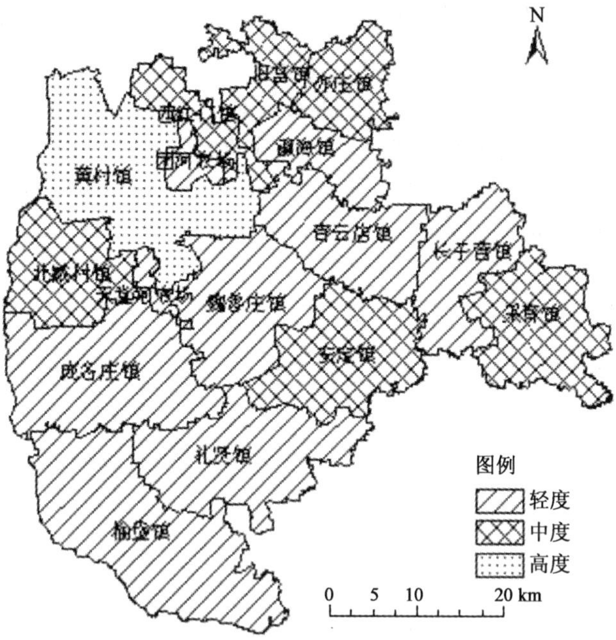

图 8-24 大兴区耕地破碎化程度空间分布

3. 四级控制区分区成果

将大兴区三级指标区分区结果(图 8-21)和大兴区耕地破碎化程度空间分布图(图 8-24)进行空间叠加,可以得到四级控制区分区成果(图 8-25)。

图 8-25 四级控制区分区成果

8.5.1.3 五级控制区指标体系的建立及分区

1. 五级控制区分区的理论思想

以 2008 年农户调研数据为基础数据，分析农户对土地的投入和收益水平，从投入产出层面，运用 SPSS 聚类分析功能对大兴区进行空间区域的划分，将研究区域的分区结果与四级控制区分区结果在 ArcGis 中进行空间叠加，得到大兴区耕地等级监测五级控制区。

2. 农户土地利用投入和产出研究

(1)数据基础

为了保证数据的时点一致性，选择 2009 年 7 月在大兴区进行农户耕地利用调查获取的 2008 年大兴区农户土地利用数据，主要调查内容包括农户耕地利用情况、农户家庭农业生产投入、产出等，这里主要利用农户农业生产投入、产出数据。农户调研样点空间分布如图 8-26 所示。

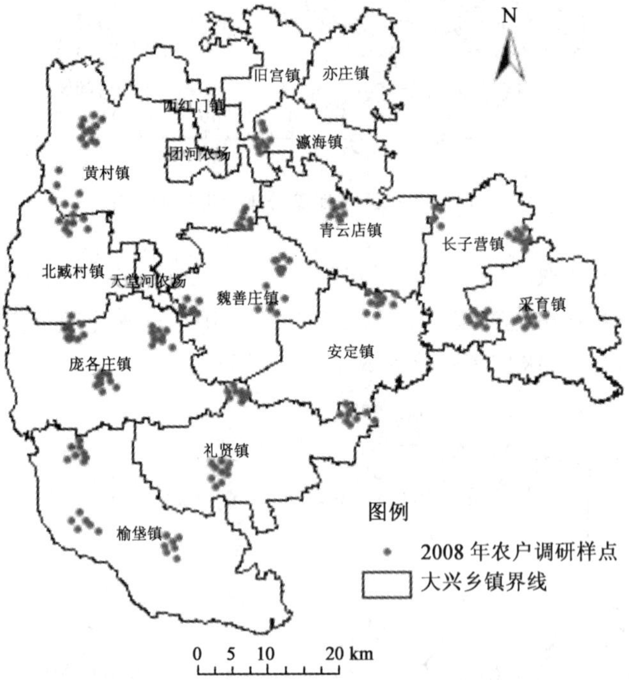

图 8-26 2008 年大兴区调研样点空间分布

(2)农户土地投入产出水平空间分布差异分析

本研究选择调研样点农业纯收益、化肥量投入、其他投入作为聚类分析的自变量，对农户土地利用投入产出情况进行聚类分析(图 8-27)。

由聚类分析结果，挂接至样点分布图，得到样点土地投入产出程度分布情况(图 8-28)。

全区农用地投入产出水平差异不十分显著，主要差异集中在北臧村镇和庞各庄镇的投入产出比率较高，这两个乡镇位于大兴区中西部，主要以发展特色农业为主，耕地利用形式多样。

(3)农户土地利用收益率分区结果

根据快速聚类分析成果，结合分区遵循的原则和大兴区实际地域特点，将北京市大兴区按照农户土地利用投入产出行为划分区域(图 8-29)。

初始聚类中心

	聚类		
	1	2	3
农业纯收益	−13280.40	106690.00	48000.00
化肥量投入	792.47	3411.18	1542.60
农肥量投入	487.04	282.02	146.99

迭代历史记录[a]

迭代	聚类中心内的更改		
	1	2	3
1	18220.769	18548.675	16891.251
2	0.000	5626.742	1160.762
3	0.000	0.000	0.000

a. 由于聚类中心内没有改动或改动较小而达到收敛。任何中心的最大绝对坐标更改为 0.000。当前迭代为 3。初始中心间的最小距离为 58719.894。

最终聚类中心

	聚类		
	1	2	3
农业纯收益	4938.35	82626.20	29965.98
化肥量投入	577.81	1230.27	882.37
农肥量投入	321.06	205.72	512.74

最终聚类中心间的距离

聚类	1	2	3
1		77690.677	25030.214
2	77690.677		52662.268
3	25030.214	52662.268	

聚类成员

案例号	聚类	距离
1	1	6976.357
2	2	4511.902
3	3	8434.360
4	1	6979.952
5	1	2312.402
6	2	1979.640
7	3	8416.905

每个聚类中的案例数

聚类	1	161.000
	2	5.000
	3	25.000
有效		191.000
缺失		0.000

图 8-27　农户土地投入产出水平聚类结果

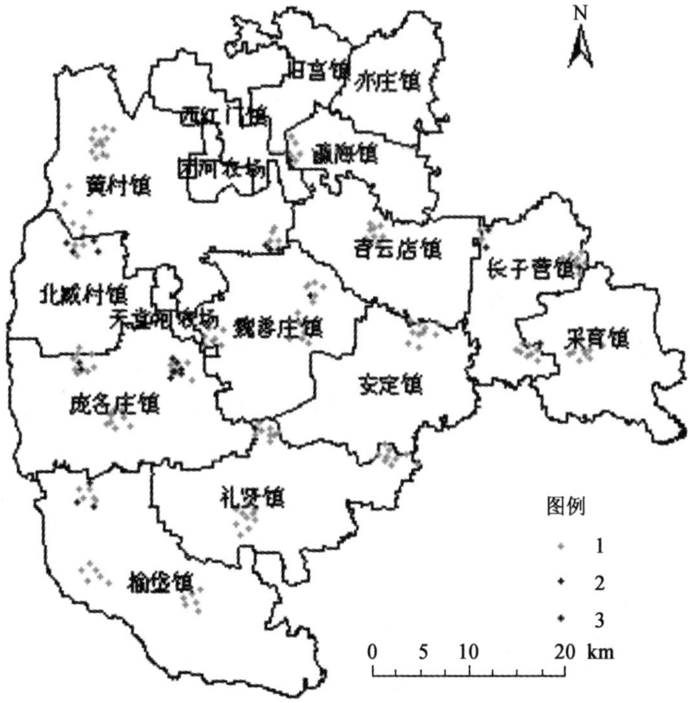

图 8-28　农户土地投入产出水平空间

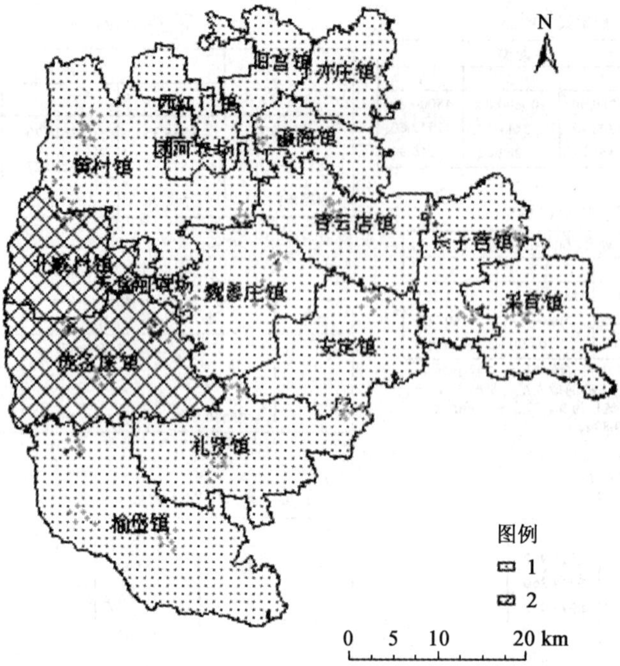

图 8-29 农户土地投入产出水平分区

3. 五级控制区分区成果

综合上述分析，将大兴区耕地等级监测四级控制分区图(图 8-25)和农户土地利用投入产出水平分区图(图 8-29)进行空间叠加，综合各种属性特征，得到大兴区耕地等级监测五级控制区分区图(图 8-30)。

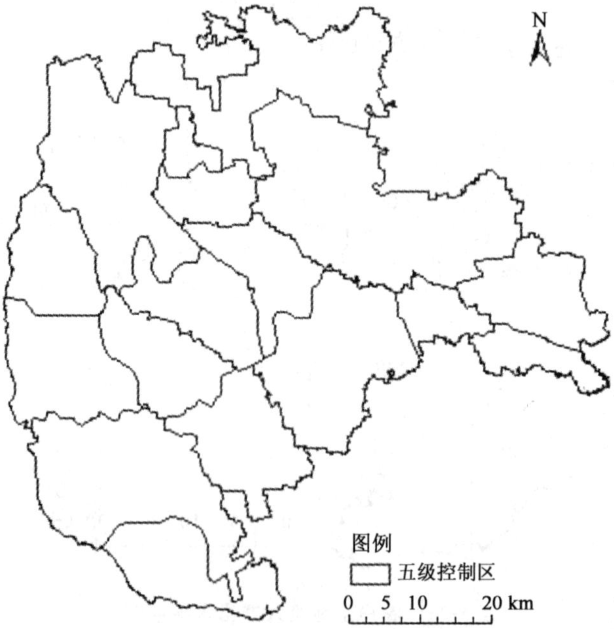

图 8-30 五级控制区分区结果

8.5.1.4　六级控制区指标体系的建立及分区

1. 六级控制区分区的理论思想

耕地等级变化受到社会经济因素的影响，本小节主要考虑区位因素和交通因素的影响(图 8-31)，以大兴区城区为中心，做一定范围的缓冲区，评定城区对全区农用地等级变化的影响程度；以大兴区内交通网络为中心，根据不同级别道路，做不同范围的缓冲区，评定交通因素对农用地等级变化的影响程度。综合以上两种因素，绘制大兴区城镇交通影响范围图，与大兴区耕地等级监测五级控制区进行空间叠加，得出大兴区耕地等级监测六级控制区分区图，完成对大兴区耕地等级监测六级控制区的分区。

图 8-31　大兴区交通和城区区位

2. 城镇、交通因素影响研究

以大兴区城区中心为中心，分别做缓冲范围为 1000 m、2000 m、3000 m、4000 m、5000 m 的缓冲区，由 1000～5000 m 的缓冲范围内，地块受城镇效应影响逐渐减弱，缓冲区的分布结果可以作为耕地等级监测六级控制分区中，由于城镇影响因子作用，控制区的分区的进一步划分的依据。

大兴区拥有现代化的立体交通体系，有“北京门户”之称。北京四环路、五环路、六环路和北京南中轴路延长线、京开高速公路、京津塘高速公路、104 国道组成了“三横四纵”的公路交通网络；京沪、京九铁路在大兴交汇；地铁大兴线与地铁四号线相连，沿途经过丰台区南苑地区、大兴区西红门地区、大兴新城主城区、生物医药产业基地；地铁亦庄线是连接北京市中心城和亦庄经济开发区的轨道交通线路。按照不同的交通道路级别对大兴区交通线路做缓冲区，具体情况见表 8-11。

表 8-11　不同级别道路缓冲半径

道路级别	缓冲范围/m
国道	1000
省道	1000
高速公路	1000
环道	1000
县道	500
铁路	1000
地铁线路	1000

对大兴区进行城镇影响和交通因素影响分别做缓冲分析，结果见图 8-32。

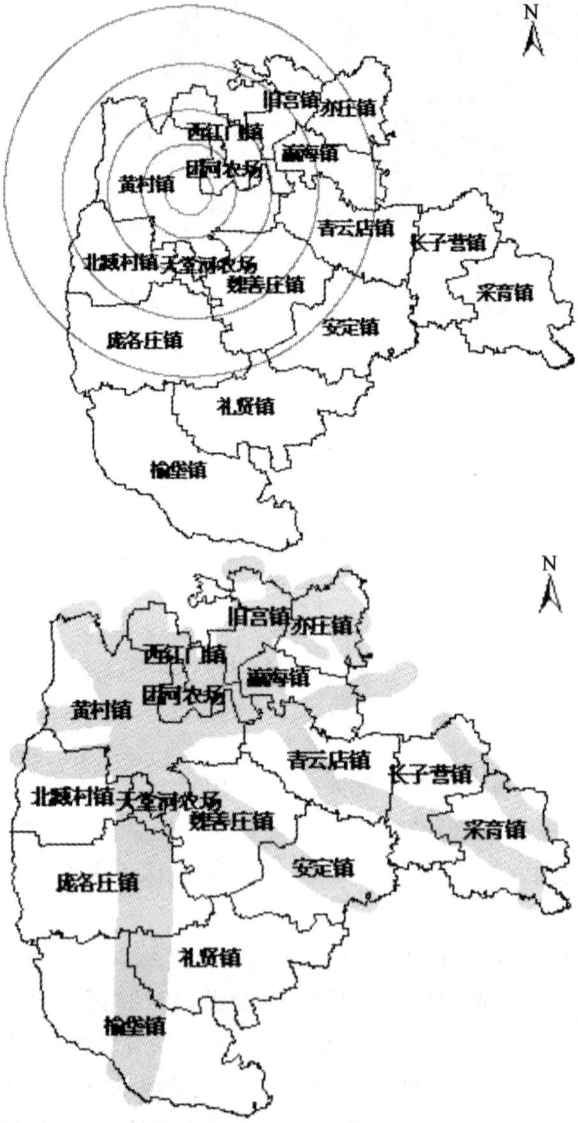

图 8-32　大兴区交通和城区影响范围

3. 六级控制区分区成果

综合对大兴区区位和交通因素对大兴区全区土地利用的影响，运用 ArcGis 空间叠加分析功能，将大兴区城中心缓冲区图和大兴区交通影响缓冲区图（图 8-32）和大兴区耕地等级监测五级控制区分区图进行空间叠加，得到大兴区耕地等级监测六级控制区分区图（图 8-33）。

图 8-33　六级控制区分区成果

耕地等级监测六级控制区把大兴区分成 30 个区域，是研究耕地等级监测样点选择的基础，本研究将在下一节中根据六级控制区的分布，结合样点选择埋论，对大兴区耕地质量监测进行样点的布控。

8.5.2　耕地等级监测样点的选取

8.5.2.1　耕地等级监测样点选取的原则和技术

1. 耕地等级监测样点选取的原则

(1)随机性原则

对于同一监测区域内的样点的选取应附和简单随机抽样的原则，样本在保证数量的基础上随机抽取。

(2)层次性原则

监测分区分为多层指标控制区，在选择监测样点的过程中，要考虑不同监测控制分区层面下的样点选择。

(3)代表性原则

监测样点应能代表土地开发整理复垦项目区或监测区的综合自然地理特征和农业生产状况。

(4)全面性原则

根据监测控制区的划分，同一控制级别的不同分区区域内，必须有相应的样点布设，不能存在监测区域内无样点布设的情况。

(5)点面结合原则

国土部门土地开发整理复垦项目，以及农、林、水等相关部门的农田水利、道路、林网等基础设施建设项目均应布控监测点，并布设适量样点对现有耕地质量的变化进行监测。

(6)等别控制原则

以监测区为基础，不同等别的耕地均应布设样点进行监测。

(7)空间连续性原则

监测样点的选择要兼顾空间连续性原则，即选择的监测样点在空间分布可以并连续成带。

(8)稳定性原则

为保证对监测样点进行长期的监测，并以此作为监测样点所在区域的耕地等级变化的标志，监测样点在土地利用方式上需要具有一定的稳定性，尽量避免选择未来作为新增建设用地的地块。

2. 耕地等级监测样点选取的技术要点

①每个控制区必须都有监测样点分布，这个研究区域内监测样点不少于 40 个。

②将监测样点与耕地图斑相对应，实现空间数据和属性数据统一管理。

③监测样点对应耕地面积要集中连片，图斑面积不少于 100 亩。

8.5.2.2 耕地等级监测样点的选取和监测样带的建立

1. 耕地等级监测样点的选取

根据以上原则和技术，运用 ArcGis 软件，对北京市大兴区耕地等级监测样点进行选取，结果见图 8-34。

图 8-34 大兴区耕地等级监测样点分布

2. 耕地等级监测样带的建立

结合北京市大兴区地形地貌特点以及监测样点的分布规律，将监测样点连接成监测样带（图 8-35）。监测样带的分布特点是：走向为由东北-西南向，均匀分布在大兴区整个辖区内，每条监测样带中监测样点均匀分布。

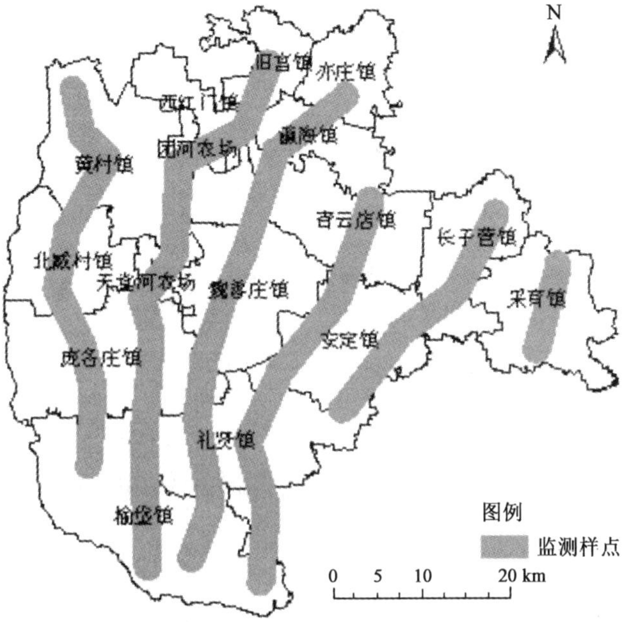

图 8-35　大兴区耕地等级监测样带分布图

8.5.2.3　耕地等级监测指标及监测周期的确定

1. 耕地等级监测类型的选择

结合研究区域地形地貌特征和土地利用特点，大兴区耕地等级监测主要监测因子涉及光温条件、水土条件、投入条件、社会条件四个方面。具体监测因子包括水温、土壤、地貌、农田基本建设、物质投入、活劳动投入、技术投入、产出、土地利用方式、农户土地利用意愿、耕地数量变化等指标类型（表 8-12）。

以上监测类型包含多种监测指标，对于监测指标的选择，需要结合具体监测过程中监测指标数据的获取情况以及变化情况选择，针对不同的监测指标的自身特性，参考已有监测指标系统研究和农用地分等理论，确定具体指标。

2. 耕地等级监测指标及其监测周期的确定

(1)监测指标选择遵循的基本原则

①综合因素研究与主导因素分析相结合原则。土地是一个自然经济综合体，是人们利用的对象，对土地质量的鉴定涉及自然和社会经济多个方面，耕地质量也是各类要素的综合体现。所谓综合因素研究是指对地形地貌、土壤理化性状、相关社会经济因素之总体进行全面的研究、分析与评价，以全面了解耕地质量状况。主导因素是指对耕地质量起决定作用的、相对稳定的因子，在评价中要着重对其进行研究分析。因此，把综合因素与主导因素结合起来进行评价则可以对耕地质量做出科学准确的评定。

表 8-12　耕地等级监测指标及监测周期

指标类型	监测指标	监测方法	监测周期
水文	水源类型(地表水、地下水)、水量、水质等	实地调查、化验分析	3 年
土壤	土壤表层有机质含量、土壤 pH、表层土壤质地、有效土层厚度、地表岩石露头度、土壤盐碱状况、土壤侵蚀状况、障碍层次、土体构型等	遥感、实地调查、化验分析	
地貌	坡度、坡向、坡型、地形部位	实地调查、地形图	
农田基本建设	灌溉条件(水源保证率、灌溉保证率)、排水条件、道路通达性、田块平整度、田块集中连片程度、林网密度等	遥感、土地利用调查	1 年
物质投入	种子、化肥、农家肥、农药、地膜、水电、农机具等投入	实地调研	
活劳动投入	各生产环节的劳动力投入和必要的农田维护劳动力投入	实地调研	
技术投入	作物品种	实地调研	
农地产出	单产、样方产量、市场价格、副产品产量、副产品价格、省级二级区内最高标准粮单产	实地调研、农调队数据	
土地利用方式	种植制度	实地调研	
农户土地利用意愿	最优管理利用条件下的产投比	实地调研	
耕地区位影响	包括城镇、交通等各种区位因素	遥感、实地调查	
耕地数量变化	开发、整理、复垦、非农占用、灾毁、调整、退出	遥感、土地利用调查	

②共性评价与专题研究相结合原则。研究区耕地利用存在菜地、农田等多种类型，土壤理化性状、环境条件、管理水平等不一，因此耕地质量水平有较大的差异。考虑区域内耕地质量的系统、可比性，针对不同的耕地利用等状况，应选用的统一的共同的评价指标和标准，即耕地质量的评价不针对某一特定的利用类型。另一方面，为了了解不同利用类型的耕地质量状况及其内部的差异情况，则对有代表性的主要类型如蔬菜地等进行专题的深入研究。这样，共性的评价与专题研究相结合，使整个的评价和研究具有更大的应用价值。

③定量和定性相结合的原则。土地系统是一个复杂的灰色系统，定量和定性要素共存，相互作用，相互影响。因此，为了保证评价结果的客观合理，宜采用定量和定性评价相结合的方法。在总体上，为了保证评价结果的客观合理，尽量采用定量评价方法，对可定量化的评价因子，如有机质等养分含量、土层厚度等按其数值参与计算，对非数量化的定性因子，如土壤表层质地、土体构型等则进行量化处理，确定其相应的指数，并建立评价数据库，以计算机进行运算和处理，尽力避免人为随意性因素影响。在评价因素筛选、权重确定、评价标准、等级确定等评价过程中，尽量采用定量化的数学模型，在此基础上则充分运用人工智能和专家知识，对评价的中间过程和评价结果进行必要的定性调整，定量与定性相结合，从而保证了评价结果的准确合理。

④采用 GIS 支持的自动化评价方法原则。自动化、定量化的土地评价技术方法是当前土

地评价的重要方向之一。近年来，随着计算机技术，特别是 GIS 技术在土地评价中的不断应用和发展，基于 GIS 的自动化评价方法已不断成熟，使土地评价的精度和效率大大提高。本次的耕地质量评价工作将通过数据库建立、评价模型及其与 GIS 空间叠加等分析模型的结合，实现了全数字化、自动化的评价流程，在一定的程度上代表了当前土地评价的最新技术方法。

(2)监测指标体系的建立

耕地等级监测指标主要分为短期监测指标和长期监测指标两类，其中短期监测指标的监测周期为一年，主要是受人为因素影响比较明显的指标类型，其变化周期比较短，包括农田基本建设、物质投入、活劳动投入、技术投入、农地产出、土地利用方式、农户地利用意愿和耕地数量变化；长期监测指标主要指自然地理因素，其性状相对比较稳定，包括水文、土壤、地貌等指标类型。具体监测指标和监测周期见表 8-12。

8.6　结论与讨论

8.6.1　结论

本研究以国家标准耕作制度指标区的划分和农用地分等技术为基础，研究耕地等级监测布控技术。以大都市城市边缘区北京市大兴区为例，研究耕地等级监测的布控技术，为实时监测耕地等级变化提供科学的方法，针对研究目标，本研究主要得到以下结论，同时也存在一些不足。

8.6.1.1　大兴区农用地质量分布特点

大兴区农用地分等质量等别主要集中在八等、九等、十等、十一等、十二等、十三等、十四等，大兴区农用地分等单元总面积为 630928.49 亩，其中八等地总面积最小，占分等单元总面积的 3%，十一等地总面积最大，占分等单元总面积的 27%。其分布特点为：东北部地区等别较高，耕地质量相对较好，主要的分等级别为十二等、十三等和十四等；南部地区等别相对较低，主要的分等级别为八等、九等、十等和十一等。

8.6.1.2　耕地等级监测布控的方法

本研究将标准耕作制度分区的一级指标区作为耕地等级监测一级控制区，标准耕作制度二级指标区作为耕地等级监测二级控制区。并在此基础上依次结合光温水土条件、基础设施条件、土地利用条件、经济区位条件层层深入的逐级划分控制指标区；在控制区中依据监测样点选择的原则选择监测样点，依托于地形地貌和土地利用特点，将监测样点连成监测样带；针对控制区的土地自然和利用特点，选择监测指标体系，确定监测周期，完成耕地等级监测布控的过程。

8.6.1.3　大兴区实证分析

1. 控制区的划分结果

根据标准耕作制度指标区分区，在光热条件的影响下，大兴区位于一级控制区的黄淮海区；根据光温水条件，大兴区位于二级控制区的燕山太行山山前平原区；在光温水土因素的影响下，本研究将大兴区划分成八个区域，作为三级控制区，各个区域为东南-西北走向；在三级控制区的基础上，加入耕地破碎化程度影响因子，分轻度、中度、重度将大兴区划分成三个区域，黄村镇的耕地破碎化程度较为高，大兴区中部和南部粮食主产区的耕地破碎化程度相对较低，将耕地破碎化程度分区结果和三级控制区叠加，得到十五个区域，作为四级控制区；由于北臧村镇和庞各庄镇的土地投入产出比率较高，将大兴区分为两个区域，在四级控制区的基础上结合土地投入和收益水平分区，将大兴区分成 17 个区域，得到五级控制区分区结果；最后结合城镇和交通区位影响，将大兴区五级控制区按照城镇效应辐射半径的不同和交通通达程度的影响，分成三十个区域，作为六级控制区。

2. 监测样点和检测样带设置结果

在六级控制区中选择监测样点，每个分区中必须有样点分布，并且样点的选择要依托于研究区域地形地貌和人文社会条件，遵循随机性、代表性、全面性等原则，全区选择 45 个监测样点，形成六条监测样带，均为东北-西南走向，对研究区域进行长期耕地等级监测。

3. 监测指标和监测周期的确定

围绕光温水土条件、土地投入产出条件、社会条件等因素，监测指标分为水温、土壤、地貌、农田基本建设、物质投入、活劳动投入、技术投入、农地产出、土地利用方式、农户土地利用意愿、耕地数量变化等类型，其中农田基本建设、物质投入、活劳动投入、技术投入、农地产出、土地利用方式、农户地利用意愿和耕地数量变化属于短期监测指标类型，监测周期为 1 年，光温、水土、地貌条件属于长期监测指标类型，检测周期为 3 年。

8.6.2 讨论与展望

耕地等级监测布控技术研究，主要解决的难点和创新点包括如下。

①耕地等级变化监测样区布控技术。

②基于等级变化类型抽样的耕地等级监测方法。

本课题在继承农用地分等技术方法和科技成果的基础上，完成大兴区农用地等级监测样点的布设，监测指标体系和监测周期的建立，验证了研究方法的可行性。但是对于构建全国耕地等级监测体系，完成对全国范围内的区域-示范基地-监测样区多个尺度上的耕地等级变化野外监测网络，本方法还不够成熟，需要改进和深化的重点包括如下。

①研究适合不同区域耕地等级变化的监测指标体系，结合东部经济发达区、中部粮食主产区和西部生态脆弱区，要选择适宜的评价因素及监测周期。

②对耕地等级突变型地块的监测技术，如土地开发整理复垦等做进一步部补充研究。

③揭示我国各个区域示范基地（区县）耕地等级变化特征，分析耕地等级变化的影响机制，提出区域耕地等级提升策略，为区域耕地等级变化动态监测提供科学和技术基础。

参考文献

[1] Barry Smit. Prime land, land evaluation and land use policy. Journal of soil and water conservation, 1981(7): 209-215.

[2] Carol A. Ferguson, Richard L. Bowen, M. Akram Kahn. 1991. A State wide LESA System for Hawaii. Journal of Soil and Water Covervation, 1: 263-267.

[3] Davidson D. A. Land Evaluation. New York: Van North Reinhold Company, 1986.

[4] Davidson D. A. 1999. The influence of land capability on rural land sales: a case stud-

y in Renfrewshire, Scotland. Soil use and management, 1: 38-44.

[5] Elizabeth Cromwell, David Cooper, Patrick Mulvany. Agriculture, Biodiversity and Livehoods: isues and Entry Ponits for Development Agencies. Reports on Cultivated Conservation research (UKABC), 2002: 5-6.

[6] Graham Sparling. Louis Schipper. Soil quality monitoring in New Zealand: trends and issues arising from a broad-scale survey, Agriculture, Ecosystem and Environment, 2004, 104: 545-552.

[7] Lloyd E. Wright. Cultivated Land Evaluation and Site Assessment-A New Cultivated. Land Protection Tool in the U. S. A., 1984.

[8] Robert E. Coughlin. The USDA Land Capability Classification and Storie Index Rating: A Comparison, 1994.

[9] 艾海滨等. 多媒体数据在地 000000 理信息系统中的组织、管理及方法实现的研究. 测绘通报, 2003(3): 40-43.

[10] 蔡运龙, 霍雅勤. 中国耕地资源的价值重建及其区域差异. 地理学报, 2006, 61(10): 1084-1092.

[11] 曹富友, 王蓉芳. 德国土地评价. 土地评价参考资料, 1984, (10): 15-28.

[12] 曹富友. 联邦德国农用地的评价方法. 土地评价参考资料, 1985(5): 25-36.

[13] 陈百明. 加拿大耕地质量监测概述. 资源科学, 1996, 2: 77-80.

[14] 陈本兵. 基于尺度理论的水土保持监测点布局探讨. 陕西: 西北农林科技大学, 2009.

[15] 陈浮, 彭补拙, 刘伟, 王铁卫. 农用地价格评估. 自然资源学报, 1998(2): 162-167.

[16] 陈美君. 农业地质环境调查、分析与评价-以浙江省上虞市为例. 上海: 上海师范大学, 2006.

[17] 陈美球, 刘中婷等. 农村生存发展环境与农民耕地利用行为的实证令析—基于江西21个村952户农户的调查. 中国农村经济, 2006, 2: 49-54.

[18] 程小东. 基本农田土壤环境质量监测中的质量保证和质量控制实践. 农业环境与发展, 2004, (3): 40-42.

[19] 丁琦. 开发建设项目水土流失监测点布设研究. 西安: 西北大学硕士论文, 2008.

[20] 樊红. ARC/INFO 应用与开发技术. 武汉: 武汉测绘科技大学出版社, 1999.

[21] 傅伯杰. 土地评价的理论与实践. 北京: 北京大学, 1989.

[22] 傅伯杰. 土地评价研究的回顾与展望. 自然资源, 1990.

[23] 葛向东, 彭补拙, 濮励杰. 耕地总量动态平衡的监测和预警研究. 自然资源学报, 2002, 17(1): 36-41.

[24] 关文荣. 农用地分等定级估价与标准样地建设研究现状与展望. 农用地分等标准样地建设与可持续土地利用. 北京: 国土资源部土地利用管理司, 2006, 1-3.

[25] 郭丽娜. 基于标准样地的国家级农用地质量监测体系建设研究-以冀豫鄂三省为例. [D]. 河北: 河北师范大学, 2007.

[26] 侯华丽. 卧龙区耕标准样地设计与应用. 北京: 中国农业大学, 2004.

[27] 胡晓斌. 3S 技术在土壤调查中的应用. 西安: 西安科技大学, 2010.

[28] 黄杏元, 马劲松, 汤勤. 地理信息系统概论. 北京: 高等教育出版社, 2001.

[29] 霍雅勤,蔡运龙.耕地资源价值的评价与重建.干旱区资源与环境,2003,17(5):81-85.

[30] 焦雪瑾.基于标准样地国家级汇总的耕地质量动态监测点构架研究.北京:中国地质大学,2008.

[31] 孔祥斌,刘灵伟,秦静.基于农户土地利用行为的北京市大兴区耕地质量评价.地理学报,2008,63(8):856-868.

[32] 孔祥斌,张凤荣,李霖.农用地估价方法探讨.河北农业大学学报,2002,25(4):57-61.

[33] 李丽,周勇,张贵毅.浅谈 3S 技术在标准样地设置和管理中的应用.农用地分等标准样地建设与可持续土地利用.北京:国土资源部土地利用管理司,2006.69-74.

[34] 李维钧.低山丘陵区水田地力评价研究.重庆:西南大学,2009.

[35] 李小建.经济地理学中的农户研究.人文地理,2005,83(3):1-5.

[36] 刘宝元,谢云,张科利,等.土壤侵蚀预报模型.北京:中国科学技术出版社,2001.

[37] 刘丽.农用地分等县级标准样地的设计和应用.[硕士学位论文].北京:中国农业大学,2002.

[38] 刘耀林,刘洋.基于多媒体 GIS 技术标准样地管理系统的设计与实现.农用地分等标准样地建设与可持续土地利用.北京:国土资源部土地利用管理司,2006:31-37.

[39] 刘友兆,马欣,徐茂.耕地质量预警.中国土地科学,2003,17(6):23-26.

[40] 倪绍祥,陈传康.我国土地评价研究的近今进展.地理学报,1993(1):75-83.

[41] 倪绍祥,秦昆,蒋建军,等.农耕地地价评估方法的探讨——以南京市六合县玉带乡为例.地理学报,1999(2):116-123.

[42] 聂艳,陈平.农用地分等标准样地的空间定位级数量配置研究.农用地分等标准样地建设与可持续土地利用.北京:国土资源部土地利用管理司,2006.57-61.

[43] 聂艳.耕地质量评价的模型方法与信息系统集成及应用研究.武汉:华中农业大学,2005.

[44] 彭建,将一军,刘松,等.标准样地在农用地分等成果汇总中的应用设想.中国土地科学,2004,18(3):41-45.

[45] 齐昕等.多媒体技术在 GIS 中的若干应用.微型电脑应用,1995(5).

[46] 邱振龙.多媒体技术在目标信息管理系统中的应用.解放军测绘学院学报,1999,12(4).

[47] 田有国.基于 GIS 的全国耕地质量评价方法及应用.武汉:华中农业大学,2003.

[48] 王德保.GPS 在城市控制网中的应用研究.山东:山东科技大学,2004.

[49] 王洪波.系统化耕地质量评价体系的构建与应用-以太原市万柏林区为例.北京:中国农业大学,2004.

[50] 王蓉芳,黄德明,崔勇.我国不同地区土壤肥力监测报告(1988—1997)——南方二熟制稻田区土壤肥力变化趋势及原因分析.土壤肥料,2002(2):35-40.

[51] 温修春.样地法农用地定级的技术方法与应用研究——以江都市大桥镇为例.南京:南京大学,2004.

[52] 吴克宁,付宗堂,黄勤.基于标准样地的农用地质量动态监测探讨.农用地分等标准

样地建设与可持续土地利用. 北京:国土资源部土地利用管理司,2006. 20-24.

[53] 吴群. 耕地质量、等级与价格刍议. 山东省农业管理干部学院学报,2002,18(1):15-21.

[54] 吴信才. 地理信息系统设计与实现. 北京:电子工业出版社,2002.

[55] 向长玉,宋戈. 基于层次分析法的黑龙江省耕地集约利用程度分析. 东北农业大学学报,2009,7(6):41-43.

[56] 许云涛. 面向对象的多媒体空间数据库设计. 武汉测绘科技大学学报,1999,9(24.3).

[57] 颜国强,杨洋. 耕地质量动态监测初探. 国土资源情报,2005(3):41-43.

[58] 姚兰,孔祥斌,刘忆,林晶. 国外经验对建立我国国家级标准样地质量监测体系的启示. 北京:国土资源部土地利用管理司,2006. 25-30.

[59] 于雷,周勇,姚光强,陈家赢. 标准样地管理信息系统分析与设计. 农用地分等标准样地建设与可持续土地利用. 北京:国土资源部土地利用管理司,2006. 38-41.

[60] 袁秀杰. 不同地貌区及不同尺度的耕地质量评价与衔接研究. 山东:山东农业大学,2009.

[61] 郧文聚,王志刚. 农用地分等国家即数据库系统总体设计与关键技术. 农业工程学报,2005,21(4):61-64.

[62] 张晓东,陆红,王建国. 基于 GIS 与工作流技术的图文一体化地籍管理信息系统的设计. 吉林大学学报(地球科学版),2004,10,34:169-173.

[63] 中华人民共和国国土资源部. 农用地分等规程. TDT1004～2003. 北京:中国标准出版社,2003.

[64] 周慧珍,曹子荣,蒋晓. 基本农田动态监测及预警研究. 土壤学报,1999,36(2):31-36.

[65] 周勇,陈年山,戴维彬. 农用地分等空间数据库中图形接边方法. 中国土地科学,2003

[66] 朱德举. 标准样地汇总与数据库建设总体方案研究报告. 北京:国土资源部土地整理中心,中国农业大学资源环境学院,2005.

[67] 朱德举. 农用地分等定级标准样地理论与实践. 北京:中国财政经济出版社,2006.

[68] 朱德举. 土地评价. 北京:中国大地出版社,1996.

[69] 邹自力,汤江龙. 国土资源与管理. 北京:原子能出版社,2004.

第9章 省级尺度耕地质量监测布设样点

9.1 问题的提出

9.1.1 研究背景与意义

FAO预测全球的人口在2050年将达到90亿人，为了养活全球的人口，粮食产量必须在现有的基础上，增加一倍，达到46亿t(王正友等，2010)，而现在全球的粮食贸易量为3.95亿t(曾福生等，2015)，因此美国学者莱斯特·布朗再次发表文章，认为中国未来的粮食安全不能完全依赖世界市场，这是他在提出"谁来养活中国人"的问题、提出"美国养活中国人"的论断之后抛出的最新的观点(BROWN L R，2002)。作为一个负责任的大国，习近平总书记提出要将"中国人的饭碗牢牢端在自己的手中"，这是一个负责的承诺(韩明涛等，2015)。万物土中生，要保障粮食安全，就必须保障一定数量和质量的耕地资源，而且在我国后备耕地资源匮乏的背景下(张凤荣等，2009)，耕地的质量保持就更加重要。

虽然支撑中国粮食安全的"18亿亩耕地红线"得到了保障，但是，支撑粮食安全的耕地问题依然严峻。2009年，国土资源部发布的全国农用地分等成果，"全国耕地质量评定为15个等别，1等耕地质量最好，15等最差，平均别为9.80等，等别总体偏低"(国土资源部农用地质量与监控重点实验室，2013)。现在距国土资源部全国农用地分等成果发布已经过去5年，5年里全国耕地的生产状况正发生着巨大变化(高尚，2012)。在2012年的粮食增产中，1 478 t的增产来源于作物单产的增加，占了增产比例的80%。然而，中国粮食产量增加更多的是借助"大水、大肥"等外源物质投入持续增加和实现的。中国这种通过不断增加提高投入水平的粮食安全保障方式已经导致了资源的耗竭，并且已经威胁到了中国的环境安全，也对粮食产量的持续增加产生了严重的影响。华北平原的粮食生产已经导致了大约2000亿m^3地下水的消失，这种趋势的加剧，会导致了地面下沉、海水入侵，更有可能使整个华北平原呈现荒漠化趋势，影响35.47%区域的生存问题，并且会导致产量(占中国60%～80%的小麦和30%～40%玉米)大幅度下降，进而威胁到中国的粮食安全。与此同时，大量的氮肥投入还导致了中国农田土壤酸化和地下水污染(Xiang bin Kong，2014)。最新研究结果表明，气候变化趋势抵消了技术进步对粮食生产能力支撑作用的15%。气候变暖使中国北方呈现干旱化趋势，降水量将逐渐减少，而对中国粮食生产薄弱的西部产生有利影响，降水量逐渐增加。在全球气候变化对中国粮食产生不利局面下，在有限的耕地上，依靠"大水大肥"的粮食增长模式导致了巨大的生态和环境问题(B L D, Wolfram S, Justin C，2011；Piao S，et al，2010)。与此同时，中国耕地质量还总体偏低，因此，中国的粮食安全必须转移到依靠耕地质量提升的路径上来(郧文聚等，2015)。

通过对耕地质量、数量及生产能力变化情况的长期定位监测，可以发现耕地质量变化的规律和特征，有助于制定保持和提高耕地质量的利用方法，促进自然资源的可持续发展并对粮食生产能力做出科学的评价和预警，为实施保障国家粮食安全的政策法规提供科学依据（马嵩，2011）。

9.1.2　国内外研究进展

耕地资源的质量是土地学科研究的重中之重，其中耕地资源质量的监测方法研究更是质量研究的中心。国内外众多学者对不同区域影响耕地质量的主要因素，引起耕地质量变化的主控因素，以及不同影响因素的作用时间以及作用强度进行了大量研究。

9.1.2.1　国外研究进展

对于土地质量的监测评价向来是土地科学中最为活跃和前沿性的重要领域。近十多年来土地评价仍以土地生产力和适宜性评价、定性与定量相结合，为农林牧业服务为主。

1993 年，联合国粮农组织 FAO 考虑土地利用与生态、环境相互作用，首次将可持续利用的概念引入土地利用学科，发布《土地持续利用评价纲要》。1995 年，世界银行在美国华盛顿召开有关土地质量评价会议，会议中 FAO、联合国开发计划署、联合国环境规划署和世界银行联合提出土地质量指标体系研究工作，并于当年出版《土地质量指标》报告，创新性地构建了一套专用于土地质量评价的指标体系。该指标体系从三个方面描述土地质量，即土地资源压力、状态变化以及响应，因此该指标体系也被称为“压力-状态-响应”（PSR）模型。在该指标体系的基础上可以研究在自然、经济、社会影响下，土地利用响应方式以及土地质量的变化，进行监测全球与区域生态系统动态演变规律（Huffman E E R G P，2000；Doran John W，2002；Hague U T，1993）。

为应对日益严峻的耕地退化问题，1989 年，加拿大开始推进建立土壤质量监测系统，是世界上首次开展土壤质量监测工作的国家。加拿大农业部将监测农业土壤健康状况变化纳入部门工作，特别是监测由人类活动造成的土壤质量变化，以达到评价土地生产力、土壤退化模型、检验生产力与农业系统的适宜性评价以及为学科研究提供基础数据等目的。1992 年，加拿大在全国选择了 23 个样点作为基准点，建立起基准监测网络（孔祥斌等，2005）。

从 1977 年开始，美国农业部自然资源保护局开展国内土壤、水和其他自然资源的质量监测工作——美国国家资源清单计划，采用立法形式制订了每 5 年在全国范围内开展资源清查工作（Nusser S M G J J，1997），国家资源清单项目得到了约 323000 个监测样本地块和 844000 个监测样本点在土地利用与覆盖、土壤侵蚀、湿地、生境多样性、保护措施和相关资源分布的情况（Goebel J J，2009）。

荷兰采用典型土地资源地区采样的方式建立起环境质量监测系统，用来针对随着人类活动、土地利用行为对环境造成的污染和自然资源的变化情况进行监测。荷兰环境质量监测系统通过自上而下的样点布控达到监测的目的，首先在全国尺度上选取典型性的地区，再在每个地区内布设四个 20 m×20 m 的监测地块，每个监测地块内从不同位置和不同深度采取 8 个样本，一般为 0～10 cm 和 30～50 cm 两个深度。通过对 320 个样本的分析，对比得到土地资源变化情况在国家尺度上的监测基础上，开展省级尺度更有针对性的监测（Maiti T M C P，2008；姚兰等，2005）。

2006—2008 年间，欧盟成员国通过网格布点，逐级加密的方式开展土壤环境评价监测项目。具体监测方式为通过在全国尺度上铺设 16～17 km 网格，对网格点加以优化，确保覆盖每个土地利用类型，以此作为一级监测点。在一级监测点的基础上，通过加密得到二级监测点，二级监测点面积为 100 m^2 至 1 hm^2，根据土壤类型和实际情况布设。土壤环境评价监测项目最终选出能够包含所有威胁的 27 个关键问题和 27 个监测指标组成监测指标的最小数据集，并确定欧盟国家土壤质量变化主导因素为侵蚀、有机物含量下降、污染、土壤压实、土壤盐渍化、生物多样性下降、土壤封闭、山体滑坡和荒漠化（Maiti T M C P，2008；姚兰等，2005）。

国际上已经形成很多对于耕地质量成熟的监测体系及抽样方法，对我国开展耕地质量等别变化监测研究有借鉴意义，并完全可以将适合我国耕地情况的方法引用到我国耕地质量等别监测工作中来。

9.1.2.2 国内研究进展

国内耕地质量变化监测的研究也十分受到青睐，许多学者们从不同的角度对耕地质量监测方法进行研究。随着 3S 技术在国内的应用普及，耕地质量监测的方法与 20 世纪 80 年代土地资源调查方法相比有很大区别（黄自立等，1978；李孝芳，1981），姜广辉等将 GIS 空间分析与模拟技术相结合，首先利用 GIS 技术对北京市山地区耕地进行空间分析，然后对不同地区耕地质量变化方向及未来趋势进行了模拟，发现北京市山区和半山区耕地质量不断增加，而平原区耕地质量出现了降低（姜广辉等，2010）。张鸿辉等以耕地质量空间变化特征分析为基础，利用 GIS 技术和数学方法，以江苏省金坛市为例进行耕地质量变化预警系统的探索，并系统地设计了预警系统功能、内容、体系、原理及应用方法（张鸿辉等，2008）。

也有很多学者尝试将国外已经成熟的耕地质量监测方法引入到我国耕地质量监测工作中来，孔祥斌等从农户种植行为和经营投入行为两个方面出发，借鉴联合国开发计划署、联合国环境规划署和世界银行联合提出的监测理论，创建了基于农户土地利用行为的"压力-状态-响应"耕地质量变化框架模型，在此基础上通过不同经济发展阶段下"压力-状态-响应"的变化特征，构建了基于农户土地利用行为的"耕地质量评价指标体系"（孔祥斌等，2007）。

为准确掌握我国耕地资源质量家底，国土资源部从 1999 年开始在全国范围内开展农用地质量分等定级工作，并于 2009 年全面完成农用地分等，定量化了耕地资源质量等别与空间分布，实现了全国耕地质量统一可比（王美力，2013）。然而农用地质量分等成果只是一期静态数据，经过多年耕作，实际情况不可避免的出现差异。很多学者以农用地分等成果为耕地质量定量表现，开展了一系列耕地质量监测研究。郭力娜等以冀豫鄂三省省级以上标准样地为切入点，对标准样地的空间代表性进行分析，认为省级及以上标准样地在宏观尺度上可以反映耕地质量变化趋势，并以此提出了耕地质量宏观尺度上的监测方法（郭力娜，2007）。吴克宁等以国家级标准样地布设成果为基础，通过对国家级标准样地的分析，认为已有的标准样地尚需进一步优化，并尝试构建了基于国家级标准样地的耕地质量监测点的选取方法，在此基础上以我国中部九个省份为例进行信息汇总、分析，并布设耕地质量的动态监测样点（吴克宁等，2008）。

也有很多学者围绕农用地分等成果，将视野扩宽，探索耕地质量等别变化监测的具体方法，并取得了大量有价值的成果。王洪波等提出监测控制区与监测样点相结合的监测思路，以可持续利用的思想为指导，设计了耕地产能监测的体系，构建了监测样点与监测样区相结合、重点监测和基线监测相结合的耕地等别及其产能监测流程（王洪波等，2008）。邹一旻从引起耕地等别变化因素入手，通过分析土地整理区质量突变、补充耕地、占用耕地等情况，对海伦市耕地质量突变区质量变化情况进行监测(邹一旻,2009)。相慧等以内蒙古自治区达拉特为例,借鉴监测控制区与监测样点相结合的监测思路,构建了一套完整的县级耕地质量等别变化监测方法体系,包括县级监测控制区划分方法、县级监测样点布设方法(相慧,2013)。

目前,县级尺度的耕地等级监测方法趋于成熟,然而以县为单位进行耕地质量等级变化监测工作量大、耗资大,从经济角度考虑其不适宜采取这种方法完成全国范围耕地等级变化监测。而从省级尺度对耕地等级进行监测有其特有的优势,因此需要探索一种更加经济、便捷、可行的耕地质量监测方法。本研究在相关研究的基础上,构建能够在省级尺度、县级尺度联动,科学、精确、可行的耕地质量等别变化监测的方法。

9.2　研究内容、数据来源与方法

9.2.1　研究内容

①省级监测分区方法研究,包括省级耕地气候-地貌类型分区方法、土地利用限制因素识别方法、省级监测分区耕地质量均质性检验方法,并以内蒙古自治区为例进行实证研究。

②基于标准样地的省级监测样地体系构建,包括省级标准样地数量需求和空间代表性的分析方法,以及基于标准样地的省级监测样地布设方法,并以内蒙古自治区为例进行实证研究。

③耕地等别变化监测指标体系确定,包括由于分等因素变化导致等别变化程度的量化方法、耕地质量变化主导因素识别方法、耕地等别变化监测指标体系构建方法,并以开鲁县等六个县(旗、市)组成的省级监测分区为例进行实证研究。

④耕地等别变化年度监测实例研究,本研究选择开鲁县为例,完成省、县两级监测工作的对接。包括县级耕地控制区划分、县级监测样点布设、分等因素信息获取、等别划分等。

9.2.2　数据来源

9.2.2.1　基础资料收集

本研究所需的主要基础资料如下。

①内蒙古自治区农用地分等及农用地分等完善成果(包括等别成果、基础资料汇编、省级及以上标准样地空间分布等),由内蒙古自治区国土资源厅利用处提供。

②中国 1∶100 万土地资源图土地资源分类工作内蒙古自治区相关成果。

③内蒙古自治区土壤类型分布图,采用第二次土壤普查数据。

④100 m×100 m 精度内蒙古自治区土地利用现状栅格图,采用中国科学院地理研究所数据。

⑤内蒙古自治区县级行政区界线。

⑥内蒙古自治区 30 m×30 m 精度 DEM 数据,采用 ASTER GDEM 第 2 版数据,由日本 METI 和美国 NASA 联合研制并免费向公众分发。

⑦开鲁县农用地分等及农用地分等完善成果,由开鲁县国土资源管理局提供。

⑧开鲁县土地利用现状变更调查图，由开鲁县国土资源管理局提供。

⑨开鲁县研究期内土地整治项目边界图及相关社会经济数据，由开鲁县国土资源管理局提供。

通过内蒙古自治区省级耕地质量监测样点和开鲁县县级监测样点实地调研和取样，获取有效土层厚度、表层质地、剖面结构、有机质含量、障碍层埋深、土壤侵蚀程度、土壤盐渍化程度、坡度、灌溉水源、灌溉保证率、排水条件等11项评价指标数据；通过实地调研获取监测样点指定作物的亩均粮食产量、亩均投入与亩均产出及土地整治区的相关数据。

9.2.2.2 数据预处理

本研究首先根据内蒙古自治区农用地分等基础资料，划分内蒙古自治区地形地貌-气候均质分区。然后通过土壤类型分布图、内蒙古自治区DEM数据、内蒙古自治区土地利用现状栅格图，结合1∶100万土地资源图土地资源分类工作成果，识别土地利用主要限制因素。

实地调研采样数据，利用ArcGIS软件进行建库储存以备研究使用。

9.2.3 研究方法

本研究应用以下方法进行。

1.文献研究方法

本研究通过浏览各网络数据库、查阅各图书馆等方式，借鉴国内外针对耕地质量变化监测的文献和研究结果，学习国内成熟的县级尺度的耕地质量等别变化监测方法，同时吸收针对宏观尺度上的各类自然资源监测体系中的可取之处，最终形成本研究在省级尺度到县级尺度的自上而下完整的耕地质量等别变化监测体系。

2.对比分析法

实验多种耕地等别数据汇总方法，对比耕地等别数据在县、二级区、省级监测分区不同尺度上汇总时的方差分布情况，来验证省级监测分区内耕地质量的均质性。对比分区内省级监测样地耕地分等因素对等别形成的贡献值变化，确定分区耕地等别变化主导因素。

3.GIS空间分析方法

研究中多次应用GIS空间分析方法，借助ArcGIS软件空间叠加分析功能，在省域尺度上划分耕地地形地貌-气候-利用限制因素均值区，实现省级监测分区划分。基于开鲁县县级监测样点实地调研取样数据，利用ArcGIS软件中Spatial Analysis模块对监测样点数据进行面状表达。

4.空间抽样法

由于在抽样时，耕地质量的许多属性由于受到空间相互作用和空间扩散的影响，彼此之间不是相互独立，而是存在空间自相关关系，即某些变量在同一分布区内的属性数据之间存在潜在的相关关系。在省级监测样地和县级监测样地的布设时均应用空间抽样的方法确定监测样点数量。

5.3S技术集成方法

近年来，3S技术的快速发展，实现本研究中针对耕地质量变化数据的综合分析功能。

6.实地调查与统计数据相结合

采用实地调查得到研究中涉及耕地质量相关数据。通过野外调查和遥感图像的分析，结合相关资料及统计年鉴，获取评价研究区的气候、地形地貌、土壤、社会经济状况等基础资料。

9.3　研究区概况

9.3.1　内蒙古自治区概况

本研究以内蒙古自治区全域为例，进行耕地质量监测省级监测分区划分研究和省级监测样地布设方法研究。

内蒙古自治区位于我国北部边疆，地形复杂，东跨中国东北，西跨中国西北地区，南北跨越纬度为北纬 37°24′～53°23′，宽约 1700 km。东西自东经 90°12′～126°04′，是我国跨经度最大的省级行政区，东西间直线距离为 2 400 多千米。内蒙古东北部与黑龙江、吉林、辽宁三省毗邻，南部、西南部与河北、山西、陕西、宁夏四省区接壤，西部与甘肃省相连，北部与蒙古国为邻，东北部与俄罗斯交界，国界线长达 4221 km。面积约为 118.3×10^4 km^2，约占全国总面积的 1/8。

1. 地理位置与地形地貌

内蒙古自治区位由东北向西南斜伸，呈狭长形，自治区地处内蒙古高原的东南部，有一半以上地方在海拔 1000 m 以上。除了高原外，还有山地，丘陵，平原和沙漠戈壁。大地貌由东向西或由南向北呈现平原，山地与高原镶嵌的带状分布。

2. 土地利用特征

内蒙古截至 2010 年共有耕地 549 万 hm^2，人均占有耕地 0.24 hm^2，是中国人均耕地的 3 倍，实际可利用的耕地面积超过 800 万 hm^2，人均耕地面积居中国首位。内蒙古农业区和半农半牧区主要分布在大兴安岭和阴山山脉以东和以南。河套、土默川、西辽河、嫩江西岸平原和广大的丘陵地区，有适于农作物生长的黑土、黑钙土、栗钙土等多样性土壤地带和可利用的地上地下资源，从而形成自治区乃至中国北方的重要粮仓。

3. 水资源特征

自治区受季风环流过渡带影响，水资源较为缺乏。自治区内过境黄河、辽河、嫩江、额尔古纳河、海滦河五大水系以及内陆河流域。外流水系面积占总面积 53%，内陆河流域面积占总面积 47%，全区多年平均水资源总量为 509 亿 m^3，其中地表水 370.92 亿 m^3，地下水 137.89 亿m^3，全区人均水资源量为 2170 m^3，处于全国平均水平，每公顷耕地占有水资源量仅 9150 m^3，低于全国平均水平(阎静红等，2002)。

4. 气象特征

内蒙古自治区东南部分距海较近，在夏季，易受海洋季风的影响，但时间短，势力弱。愈向西北距海愈远，西部已深入亚洲大陆内部，全年受冬季风的影响，时间长，势力强。气候属于亚洲大陆性温带气候。大部分地区降水小于 300 mm，降水集中在夏季，占年降水量的 55%～85%，全区平均年降水量为 3194 亿 m^3，降水深度 275.4 mm。大兴安岭北麓东侧最多，可为 500 mm，往西渐少，大部分地区在 300 mm 左右。

5. 水土流失

内蒙古土壤侵蚀的空间分布受侵蚀外营力与环境系统的制约，具有明显的地域分布规律。水蚀主要分布在大兴安岭低山、丘陵和山前平原，燕山北坡低山、丘陵、台地，阴山中低山地、丘陵、台地，呼和浩特市一带黄土丘陵地区。水力侵蚀区年侵蚀模数多在 2000～13800 t/km^2，最高达 40000 t/km^2。水土流失严重制约了经济社会发展,导致部分群众生活贫困。

9.3.2 西辽河平原区概况

本研究以内蒙古西辽河平原区为例,进行省级耕地质量监测指标体系确定研究。

1.地理位置

西辽河流域位于辽河上游,介于北纬 41°05′～45°13′、东经 116°10′～123°35′,土地面积约为 13.6 万 km^2,占辽河流域的 43%。流域内涉及的行政区划包括通辽市、赤峰市、兴安盟、锡林郭勒盟、四平市、白城市、松原市、承德市、朝阳市与沈阳市 10 个盟市,27 个旗/县/区。本研究中,耕地等别监测指标体系研究在西辽河平原区的科尔沁左翼中旗、开鲁县、通辽市市区、科尔沁左翼后旗、奈曼旗、库伦旗 6 个旗/县/区开展。

2.地形地貌

西辽河流域位于蒙古高原向辽河平原递降的斜坡地带,其北侧为霍林河南侧分水岭,南侧为燕山山脉东段(七老图山、医巫闾山和努鲁儿虎山),东部为西辽河平原,西部为大兴安岭南段。山区海拔高度 580～1500 m,面积约为 8.4 万 km^2,占流域总面积的 61.8%;平原海拔高度 110～580 m,面积约为 5.2 万 km^2,占流域总面积的 38.2%。

西辽河平原自西、西南、西北向东、东南、东北缓慢倾斜,地面坡降在 1/1000～1/2000,呈波状起伏。西北缘为大兴安岭山前冲洪积台地,海拔一般为 500～800 m,向东南方向倾斜;东北部为松辽平原与松嫩平原的分水岭,海拔为 170～350 m;西南为燕山山地,海拔为 300～1000 m。

西辽河平原主要地貌类型为微起伏平地、河漫滩、阶地、沙丘、沙地。平原区除主要河流河漫滩及一二级阶地外,大部分为风积沙覆盖,沙垄间分布由垄间低地,可作为天然牧场。平原区主要地貌单元为剥蚀堆积地形与堆积地形,近山地段存在山前冲洪积倾斜平原,向东为第四系冲积物堆积而成的冲积平原。东部为典型的冲湖积平原,具体表现为大兴安岭东部、燕山山地北部斜坡冲洪积台地、洪积高平原及冲湖积、冲积低平原。

3.土壤与土地利用

根据全国土种志采用的分类系统,西辽河流域土壤总计 56 种,种类繁多。主要有草原风沙土、栗钙土、潮土、栗钙土性土、黑钙土、暗栗钙土等。上述主要土壤占流域面积达到 60%。其中草原风沙土、潮土和栗钙土性土主要分布在平原区,栗钙土、栗钙土性土和黑钙土主要分布在山区。草原风沙土面积最大,为 2.92 万 km^2,占西辽河流域总面积的 21%,主要分布在平原区;其次为栗钙土,面积 2 万 km^2,主要分布在山区。

西辽河流域地处半干旱区,属草原沙地农牧生态区。流域生态植被主要是典型草原植被、乔木、灌木半灌木草原植被和草甸植被。根据 2005 年遥感数据,西辽河流域土地利用类型共有 23 种,主要包括旱地(含耕地、未利用地)、草地、林地、建筑用地等。旱地面积 3.6 万 km^2,约占西辽河流域总面积的 27%;草地 6.7 万 km^2,约占 52%;林地 1.8 万 km^2,约占 13%;建设用地共 0.31 万 km^2,约占 2%。

在西辽河平原区,由于人类活动影响,草地面积正在迅速减少,旱地面积迅速增加。根据遥感资料显示,自 1995 年至 2010 年,西辽河平原大约有 4834.87 km^2 草地转化为旱地,草地面积减少 25%,旱地面积增加 41%。1995 年,草地是平原区主要土地利用类型,占平原区面积的 44%,旱地占 34%;2010 年旱地已成为平原区最主要的土地利用类型,约占平原区面积的 47%，草地减少至 32%。草地面积的减少反映了平原区生态系统退化问题。

4. 气候特征

西辽河流域大部分处于干旱、半干旱气候区。年平原气温 5.0～6.5℃，年均日照时数 3800～3100 h，相对湿度 45%～58%，年均降水量 350～400 mm，蒸发量 1199～2200 mm。

西辽河平原主体处于半干旱季风气候区，表现为春季干旱多风、夏季湿热多雨、秋季气候凉爽、冬季严寒少雪。降水时空分布不均，空间上自西北向东南增加，时间上 80%的降水出现在 6～9 月。多年平均蒸发量由西北向东南减少，年最大蒸发量 2713.9 mm，最小1323.1 mm。多年平均风速 2.7～4.0 m/s。

5. 河流水系与水资源分区

西辽河流域主要河流包括西辽河干旱及老哈河、西拉木伦河、新开河、乌力吉木仁河和教来河。主要河流流域情况如图 9-1 所示。

图 9-1　西辽河流域主要河流

9.3.3　开鲁县概况

本研究以开鲁县为例，进行耕地质量等别变化监测实践。

1. 开鲁县基本概况

(1)地理位置

开鲁县位于内蒙古自治区东部、通辽市西部。属西辽河冲积平原腹地，平均海拔 241 m，地处东经 121°25′～122°52′、北纬 43°16′～44°09′区间，东与科尔沁区毗连，西与赤峰市阿鲁科尔沁旗、翁牛特旗接壤，南与奈曼旗、科左后旗为邻，北与扎鲁特旗、科左中旗交界。西辽河、新开河、西拉木伦河、教来河、乌力吉木仁河五条河流穿境而过。国道 303 线、111 线、集通铁路横贯县境。县政府所在地开鲁镇距通辽市区 80 km，距自治区首府呼和浩特市 1650 km，区位上属于西部大开发、振兴东北老工业基地地区，经济上属于东北经济区、环渤海经济圈内(图 9-2)。

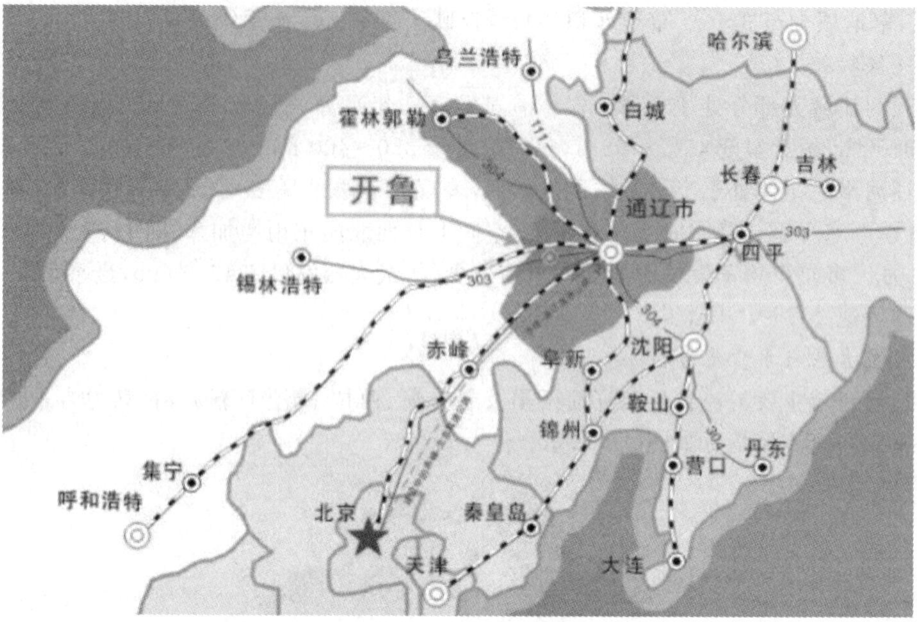

图 9-2 开鲁县行政区空间位置

(2)自然条件

①地质地貌。开鲁县属西辽河冲积平原,平均海拔 242 m。地势西高东低,境内无山,自南向北,分布着三条东西走向的沙丘,南北向中间稍微倾斜。海拔高度,自台河口至兴安村一线为 330-250-210 m,高差 120 m,平均高度 242 m,自然比降约 1 m/km。

开鲁县地处西辽河冲积平原西部,地貌成因属堆积类型,西辽河水系泛滥沉积,使沿河两岸出现了宽阔的河漫滩。风力搬运和堆积作用,使中地形和微地形出现了沙地叠加于平地的垂直结构。形成了平原与沼坨相间排列的现代地貌轮廓。泛滥平原湖积水成地貌特征十分鲜明。

②气候条件。属温带大陆性季风气候,年平均气温 6.6℃,1 月平均气温－13.3℃,极端最低气温－33.6℃,7 月平均气温 24.1℃,极端最高气温 41.7℃。无霜期 137 d,年日均 0℃以上的持续时期 195 d。平均年降水量 334.3 mm,最高年降水量 559.3 mm,最低年降水量 171.4 mm。

③水文条件。开鲁县地下水为古湖盆地第四纪松散堆积层孔隙潜水,含水层厚度 90～200 m。单井出水量(降深 5 m)可达 60～328 t/h。地下水静储量 126.13 亿 m^3。地下水补源丰富。境内地势平缓,表层为砂性,对接收大气降水有利;西辽河,西拉木伦河,新开河虽成间歇性河流,但在春夏汛渗漏以及灌水渗透都能补给地下水;来自西部山前冲积平原的径流也是一项经常性的补给源。地下水综合补给量略少于地下水排泄量。开鲁县地下水化学类型以重碳酸钙钠型的淡水为主。盐度为 0.25～1.16 mEq/L,小于 1.5 mEq/L;碱度为 0.89～3.45 mEq/L,小于 4 mEq/L;矿化度为 0.33～0.79 g/L,小于 2 g/L;灌溉系数为 10.3～54.5,大于 1.2。

开鲁县属西辽河流域,西辽河水系,地表水较丰富。西辽河、新开河、西拉木伦河、教来河、乌力吉木仁河等五条河流流经境内,总长度为 320 km。县境内自然泡子水面积 10.6 万亩。

其中水平面在100亩以上的有26处。大部分自然泡了为可利用水面,已利用水面13处,面积达3.78万亩。河流水质,年平均离子总量,新开河为412 mg/L,西辽河为401 mg/L;年平均总硬度,新开河为3.40 mEq/L,西辽河为4.01 mEq/L;年离子径流量,新开河为134000 t,西辽河129000 t;水质化学分类(阿列金分类),新开河为CCa1-Ⅱ,西辽河为CCa1-Ⅰ。

④土壤条件。开鲁县土壤共分草甸土类、风沙土类、盐土类和沼泽土类4个土类,7个亚类,23个土属,83个土种。土壤有机质含量较低,平均含量1.21%,含氮量0.07%,pH一般大于7.0。大部分地区土壤不存在障碍层,个别区域障碍层分布在90cm以下,部分地区存在盐渍化问题。

⑤植被。开鲁县植被属于典型草原植被类型,伴随一部分隐域性草甸、低湿草甸类型。境内有野生植物42科、132属、170种。具体分为平原干草原类、低湿地草甸类、沼泽草甸类等三大类。平原干草原类主要分布在新开河以北,县种畜场,街基镇三北林场以南,以及保安沼、太平沼一带。低湿地草甸类主要分布在新开河、西辽河沿岸的滩地上,乌力吉木仁河的南岸以及沼坨间低地平原草甸子。沼泽草甸类呈零星分布,与低湿地草甸镶嵌存在。

(3)社会经济概况

开鲁县辖10个镇、1个牧场、2个农场:开鲁镇、大榆树镇、黑龙坝镇、麦新镇、义和塔拉镇、建华镇、小街基镇、东风镇、吉日嘎郎吐镇、东来镇、清河牧场、辽河农场、保安农场。

2010年开鲁县全县生产总值(GDP)实现122.42亿元,按可比价格计算,比上年增长17.1%,其中:第一产业增加值为33.67亿元,增长5.4%;第二产业增加值为58.56亿元,增长34.4%;第三产业增加值为30.19亿元,增长10.9%。第一产业对经济增长的贡献率为9.8%,第二产业对经济增长的贡献率为67.5%,第三产业对经济增长的贡献率为22.7%。全县生产总值中一、二、三产业比例由2009年的29∶43∶28调整为27∶48∶25。按常住人口计算,全年人均生产总值30984元,增长19.1%。全年地方财政收入完成4.88亿元,比上年增长21.58%。全年地方财政支出15.10亿元,比上年增长18.58%。居民消费价格比上年上涨3.4%,其中,食品类价格上涨7.5%,医疗保健和个人用品价格上涨2.5%。商品零售价格上涨2.8%。农业生产资料价格上涨3.3%。

2010年新打配套机电井200眼,空眼井配套500眼;新增农田有效灌溉面积0.1万亩;新增节水灌溉面积14.83万亩;完成人畜饮水工程54处,解决5.34万人和5.69万头(只)牲畜饮水问题。开鲁县积极发展节水农业,推广节水农业技术,合理布局产业结构,实现水资源的合理开发和永续利用。经过几年的建设,采取膜下滴灌、节水管灌、喷灌等节水技术,全县农业节水面积达到50万亩。开鲁县还拥有广阔的麻黄草资源,全县麻黄草面积达10万亩以上。主产玉米、水稻、小麦、高粱、大豆、绿豆、红干椒、蔬菜等产品。其中,年产优质玉米7.5亿kg以上,淀粉含量72.5%～75%;红干椒种植面积每年稳定在30万亩以上,年产量1亿kg以上;蔬菜总产量每年在6.5亿kg以上,产品无污染,被国家确定为定点供应北京市绿色食品生产基地。

2. 开鲁县农用地分等完善成果简介

(1)基本参数和评价指标体系

①农用地分等相关参数。开鲁县农用地分等所使用的各项参数均参照内蒙古自治区国土资源厅颁发的参数值。具体参数见表9-1。

表 9-1 内蒙古开鲁县农用地分等基本参数

所在一级指标区	内蒙古高原及长城沿线区	
所在二级指标区	西辽河平原区	
基准作物	春小麦	
指定作物	春玉米	
标准耕作制度	一年一熟	
指定作物光温生产潜力指数	1105	
指定作物气候生产潜力指数	478	
指定作物最高产量/(kg/hm²)	春小麦	15200
	春玉米	15300
	马铃薯	15330
指定作物产量比系数	春小麦	1.0
	春玉米	0.61
	马铃薯	0.15
产量-成本指数最大值/(kg/元)	春小麦	1.36
	春玉米	2.08
	马铃薯	3.02

②农用地分等评价指标体系。开鲁县农用地分等采用因素法，分别从土壤条件、地形条件、灌溉排水条件等方面选取分等因素，其中平原区共确定 8 个分等因素、丘陵区共确定 7 个分等因素。平原区农用地分等因素因子及权重指标见表 9-2。

表 9-2 平原区农用地分等因素因子及权重

参评因素	表层质地	盐渍化程度	灌溉保证率	排水条件	距障碍层深度	有机质含量	剖面构型	灌溉水源
权重	0.07	0.18	0.30	0.14	0.06	0.09	0.10	0.06

各因素分值体系采用 0～100 分的封闭区间给予赋值，最优条件取值 100 分，一般情况下临界指标条件取值 10 分。具体各指定作物各因素分值的赋值方法见表 9-3。

表 9-3 内蒙古开鲁县春玉米监测指标体系、记分规则

指标名称	指标分级	因素参考分
有效土层厚度	＜30 cm	10
	30～60 cm	40
	60～100 cm	70
	100～150 cm	90
	＞150 cm	100
表层质地	砂砾质土	10
	沙质土、重黏土	40
	黏土、轻壤土	80
	中壤、重壤土	100
剖面构型	通体砂砾	10
	通体沙、黏/砂/砂、壤/砂/砂	30
	壤/黏/黏、壤/砂/壤	60
	通体壤、壤/黏/壤	100

续表 9-3

指标名称	指标分级	因素参考分
有机质含量	＜0.6	10
	0.6～1.0	20
	2.0～1.0	40
	3.0～2.0	60
	4.0～3.0	80
	≥4.0％	100
障碍层埋深	＜20 cm	10
	20～40 cm	50
	40～60 cm	70
	60～90 cm	90
	≥90 cm	100
土壤侵蚀程度	剧烈侵蚀，土壤侵蚀模数≥15000 t/(km^2·年)	10
	极强度侵蚀，土壤侵蚀模数为 8000～15000 t/(km^2·年)	20
	强度侵蚀，土壤侵蚀模数为 5000～8000 t/(km^2·年)	50
	中度侵蚀，土壤侵蚀模数为 2500～5000 t/(km^2·年)	70
	轻度侵蚀，土壤侵蚀模数为 200～2500 t/(km^2·年)	90
	微弱侵蚀，土壤侵蚀模数＜200 t/(km^2·年)	100
土壤盐渍化程度	重度	10
	中度	40
	轻度	70
	无	100
坡度	≥25°	20
	15°～25°	50
	6°～15°	80
	2°～6°	100
灌溉水源	用深层地下水灌溉	80
	用浅层地下水灌溉	90
	用地表水灌溉	100
	旱地	0
灌溉保证率	＜20％	10
	20％～40％	20
	40％～60％	40
	60％～80％	70
	80％～100％	100
排水条件	无排水体系（包括抽排），一般年份在大雨后发生洪涝（田面积水≥3 d）	30
	排水体系（包括抽排）一般，丰水年大雨后有洪涝发生（田面积水 2～3 d）	70
	排水体系（包括抽排）基本健全，丰水年暴雨后有短期洪涝发生（田面积水 1～2 d）	90
	有健全的干、支、斗、农排水沟道（包括抽排），无洪涝灾害	100

(2)农用地分等完善结果概述

开鲁县耕地质量等级成果补充完善工作以已经完成的农用地分等成果为基础，以 2010 年土地利用现状变更调查结果为地图，通过开展补充调查、数据处理、数据库建设等工作，完成开鲁县耕地质量等级成果补充完善工作。为逐步建立耕地质量等级定期调查评价制度、耕地质量等级与产能年度报告制度，切实加强耕地质量管理和提升耕地资源保障能力提供支撑。

全旗共划分为 3 个自然质量等别，等别范围为 13～15 等。其中，13 等耕地面积 33187.00 hm^2，占耕地总面积的 27.40%；14 等耕地面积 82962.15 hm^2，占耕地总面积的 68.49%；15 等耕地面积 4977.75 hm^2，占耕地总面积的 4.11%。总体上以 13 等地和 14 等地为主，15 等地比例较小。

共划分为 4 个利用等别，等别范围为 12～15 等。其中 12 等耕地面积 59912.21 hm^2，占耕地总面积的 49.46%；13 等耕地面积 44389.88 hm^2，占耕地总面积的 36.65%；14 等耕地面积 13874.30 hm^2，占耕地总面积的 11.45%；15 等耕地面积 2950.5 hm^2，占耕地总面积的 2.44%。总体上以 12 等地和 13 等地为主，15 等地比例最小。

共划分为 5 个经济等别，等别范围为 11～15 等；其中 11 等耕地面积 57056.30 hm^2，占耕地总面积的 47.10%；12 等耕地面积 40763.85 hm^2，占耕地总面积的 33.65%；15 等耕地面积 1355.09 hm^2，占耕地总面积的 1.12%，比例较小。基于 2010 年现状数据的分等成果完善结果如表 9-4 所示。

表 9-4 基于 2010 年现状数据的分等结果

等别	自然等别		利用等别		经济等别	
	面积	比例	面积	比例	面积	比例
11 等地	—	—	—	—	57056.30	47.10%
12 等地	—	—	59912.21	49.46%	40763.85	33.65%
13 等地	33187.00	27.40%	44389.88	36.65%	14012.27	11.57%
14 等地	82962.15	68.49%	13874.30	11.45%	7939.39	6.55%
15 等地	4977.75	4.11%	2950.5	2.44%	1355.09	1.12%
合计	121126.89	100.00%	121126.89	100.00%	121126.89	100.00%

9.4 省级监测分区方法研究

9.4.1 省级监测分区

9.4.1.1 省级监测分区目的

我国县级耕地质量等别变化监测方法已经较为成熟，但是由于渐变区耕地质量年度变化较小而且不同分等因素变化程度不同，每年在我国每个县对所有分等因素开展耕地质量等别变化监测工作对监测工作精度提升不明显，而工作成本过高。本研究以 1∶100 万土地资源图的土地潜力分区与土地适宜类划分工作思路为指导，探索一种能够应用于耕地质量等别变化监测工作的宏观分区方法。

9.4.1.2 省级监测分区方法

本研究在省级监测分区划分时，以县为单位，综合气候、地形地貌、耕地利用限制因素、土壤等多方面因素分析，对省域耕地利用条件进行宏观的分区。

影响耕地质量的自然要素有气候、地质、地貌、水文、土壤、生物等，它们相互联系、相互作用、相互制约，以不同方式，从不同侧面，按不同程度，独立或综合地影响着土地资源的综合特征。以上影响因素中，由于水文、土壤、生物等因素在空间上的多样性具有不连续性，在省域尺度上变化复杂，不适合在宏观尺度上对耕地进行分区。本研究通过气候、地形因素作为指导因素对省内耕地进行宏观划分，选择全国农用地分等工作时划分的耕作制度二级区为省内气候、地形分区，同时考虑耕地利用主要限制因素，对耕作制度二级区进行细化。这样做即继承了农用地分等成果，便于工作衔接，同时对二级区进行了细化，为耕地质量管理工作进一步开展打下基础。

耕地利用主要限制因素也叫作局限性，由于耕地的某种因素过多或过少，不利于或限制了耕地的利用，或影响了土地的耕作适宜程度(孙义，1983)。耕地的限制因素有不容易改变的即稳定的限制因素，和容易改变的即不稳定的限制因素。本研究中省级监测分区划分时的土地利用限制因素识别着重于稳定限制因素的分析，特别是在诸多因素中抓住主要限制因素，因为它直接影响耕地生产能力和耕作适宜性，是耕地质量好坏划分的重要依据。对主要限制因素进行监测有助于直接体现耕地质量的提升空间大小，能够为后续开展耕地质量提升工程提供科学指导。

9.4.1.3　省级监测分区耕地质量均质性验证方法

省级监测分区耕地质量均质性需要满足两个要求，一是满足不同分区之间耕地质量有明显差别，二是满足分区内耕地质量相对一致。本研究基于内蒙古自治区农用地分等完善工作成果，采用统计检验法验证省内不同分区耕地质量的均质性。

本研究利用集中趋势和离散程度来检验分区之间耕地质量是否有明显差别，集中趋势通过均质、众数、中位数三个指标反映，对一个分区耕地质量的普遍情况进行衡量，是一个概括性度量，而离散水平以方差、标准差以及偏度、峰度四个指标衡量，用来验证集中程度的代表性(相慧，2013)。

均值公式：

$$\overline{X} = \frac{1}{n}\sum x_i \tag{9-1}$$

标准差公式：

$$S = \sqrt{\frac{1}{n-1}\sum (X_i - \overline{X})^2} \tag{9-2}$$

偏度公式：

$$\mathrm{SK} = \frac{n\sum (x_i - \bar{x})^3}{(n-1)(n-2)s^3} \tag{9-3}$$

峰度公式：

$$\mathrm{BK} = \frac{\sum (x_i - \bar{x})^4}{(n-1)s^4} \tag{9-4}$$

式中：n 表示图斑数量；$\bar{x}$ 表示图斑耕地质量分等指数均值；x_i 表示第 i 个耕地质量分等指数值；S 表示样本标准差；SK 表示偏度；BK 表示峰度。

本研究采用统计学检验法检验省级监测分区内耕地质量是否相对一致。用省级分等图斑耕地质量分等指数的标准误来描述耕地质量分等指数在县和分区两个尺度上的离散程度，衡量在不同尺度上耕地质量的变异程度。标准误越小，表明耕地质量越集中，均质性越好。标准误公式：

$$\sigma=\sqrt{\frac{V}{n}} \tag{9-5}$$

式中：σ 为标准误；V 为均值方差；n 为图斑数量。

9.4.2 内蒙古自治区省级监测分区实例

9.4.2.1 省域气候、地形地貌分区

在原农用地分等工作中，进行了标准耕作制度确定和空间分区，标准耕作制度的确定主要是依据影响耕作制度的热量、水分、地貌等环境指标，结合不同区域的人口及社会经济条件进行耕作制度分区。一级区主要反映水热条件与大的地形地貌差异；二级区是在一级区基础上的进一步细分。经过对自治区耕作制度二级区的地形地貌和气候的代表性分析后，本研究选择内蒙古自治区耕作制度二级区成果作为气候、地形地貌分区。

国家《规程》分区涉及内蒙古自治区地域包括东北区、内蒙古高原及长城沿线区、西北区3个一级区和大小兴安岭山地区、松嫩平原区、辽吉西蒙东南冀北山地区、后山坝上高原区、河套银川平原区、内蒙古草原区、阿拉善高原区7个二级区。标准耕作制度分区的复种条件均为一年一熟。标准耕作制度二级区空间分布如图9-3所示。

图 9-3 内蒙古自治区标准耕作制度二级区

各个二级区气候特点及耕作制度情况如表9-5所示。

本研究中省级监测分区为下一步省域内布设监测样点，进而构建监测指标因素体系奠定基础。考虑到监测工作在掌握渐变区耕地质量等别变化情况的同时，也应掌握耕地利用主要限制因素，提出耕地利用短板，为质量提升提供指导，所以本研究认为仅以耕作制度二级区作为省域耕地的宏观分区是不够的，因此在二级区的基础上进行省域耕地利用主要限制因素的识别，在二级区的基础上进行细分。

表 9-5　耕作制度二级区气候特点及耕作制度特点

区号	区名	气候特点					标准耕作制度		
		温度/℃			>10℃有效积温/(℃·d)	降水量/mm	作物组成		
		平均温度	最低温度	最高温度			标准作物	指定作物	复种类型
Ⅰ	东北区	—	—	—	—	—	—	—	—
Ⅰ$_1$	大小兴安岭山地区	−1.0～1.0	−21.0～−25.0	19.0～21.0	1800～2500	480～640	春小麦	春小麦、大豆	一年一熟
Ⅰ$_3$	松嫩平原区	2.0～3.0	−16.0～−22.0	22.0～24.0	2500～3000	500～750	春小麦	大豆、玉米	一年一熟
Ⅵ	内蒙古高原及长城沿线区	—	—	—	—	—	—	—	—
Ⅵ$_1$	辽吉西蒙东南冀北山地区	5.0～9.0	−10.0～−14.0	22.0～24.0	2800～3600	360～550	春小麦	春玉米、谷子	一年一熟
Ⅵ$_2$	后山坝上高原区	2.0～5.0	−12.0～−18.0	18.0～20.0	1500～2500	300～450	春小麦	春小麦、马铃薯	一年一熟
Ⅵ$_3$	河套平原区	5.0～9.0	−10.0～−11.0	22.0～24.0	2500～3000	100～220	春小麦	春玉米	一年一熟
Ⅵ$_4$	内蒙古草原区	−3.0～4.0	−24.0～−18.0	19.0～20.0	—	200～400	春小麦	无	—
Ⅺ	西北区	—	—	—	—	—	—	—	—
Ⅲ$_1$	阿拉善高原区	14.0～16.0	—	28.0～33.0	3500～4000	50～100	春小麦	无	—

9.4.2.2 省域耕地利用主要限制因素识别

本研究综合分析耕地土壤条件空间分布、土地利用现状、耕地地形地貌条件等因素，引入我国1∶100万土地资源图编制工作思想，对内蒙古自治区全区耕地利用主要限制因素进行识别。

编制全国百万分之一土地资源图是国家1978—1985年科学技术发展规划重点项目第一项中的重要内容。土地资源调查评价是土地合理利用的依据，是按照特定的目的和要求对土地各要素，诸如：气候、地质地貌、土壤、水、植被等自然条件和社会经济条件进行全面调查和综合分析的基础上，进行土地分类，土地诊断，数量统计，质量评定，土地制图等项基本工作的综合。

在土地利用限制主导因素诊断的过程中，以生产需要出发，把土地利用的可能性和生产需要结合起来把土地的限制性和人类改造自然的能力结合起来，诊断每个土地类型的利用前途和方向。主导因素的综合分析，就是对每个土地类型的各因素进行全面综合分析，并在此基础上确定影响土地利用前途的主导因素。因为主导因素是土地内在质的规定性，在土地利用上起主导作用。

内蒙古自治区土地资源图土地资源调查工作形成了系统的土地利用类型分区体系，不同的气候潜力分区、土壤类型、地形地貌、生物情况对应不同的土地利用类型，也有不同的利用限制因素。在土地资源图编制过程中，将内蒙古自治区划分五个土地资源潜力区，分别是东北区、内蒙古干旱区、华北一辽南区、西北干旱区、黄土高原区。

图9-4为经过ArcGIS软件电子化后的1∶100万土地资源图编制时绘制的土地资源潜力分区分布图。

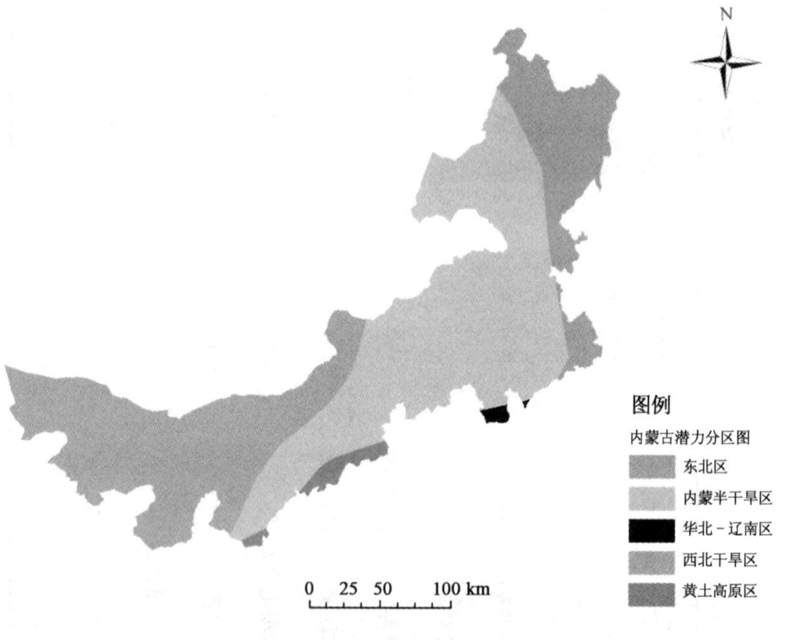

图9-4 内蒙古自治区土地资源潜力分区

汇总内蒙古自治区五个土地资源潜力区土地利用限制主导因素诊断成果，土地利用限制主导因素在各类土地资源上的分布情况如表9-6所示。

表 9-6 1∶100 万土地资源图内蒙古自治区土地利用限制因素分布

气候潜力分区	无限制	盐碱限制	土层限制	水分限制	土质限制	水分与排水限制	坡度限制	温度限制	侵蚀限制
东北区	平地暗草甸土旱耕地、平地黑钙土旱耕地、岗地黑钙土旱耕地、平地暗草甸土杂类草草地、平地草甸黑钙土羊草杂类草草地、平地黑钙土线叶菊针毛羊草草地、岗地黑钙土线叶菊针毛羊草草地、平地水田、平地黑土旱耕地、平地暗黑钙土旱耕地、岗地暗棕壤旱耕地、岗地黑土旱耕地、岗地暗黑钙土旱耕地、谷地暗草甸土旱耕地、平地暗黑钙土灌丛杂类草草地、岗地暗黑钙土灌丛杂类草草地、谷地水田	平地盐化草甸土禾草杂类草草地、平地盐化潜育草甸土羊草杂类草草地	丘陵黑钙土杂类草草地、丘陵淡黑钙土针茅杂类草草地	平地淡黑钙土旱耕地、平地黑钙土羊草蒿类草地、平地淡黑钙土针毛杂类草草地	沙地沙生草地、平地沙土樟子松林地、山地石质漂灰土落叶松林地、山地石质漂灰土杨叶落叶松林地、山地石质漂灰土杨桦阔叶林地	河滩地草甸沼泽土旱耕地、河滩地潜育草甸土旱耕地、平地潜育草甸土旱耕地、谷地草甸沼泽土旱耕地、河滩地草甸沼泽土沼柳灌丛苔草草地、谷地草甸沼泽土小叶章苔草草地、谷地草甸沼泽土沼柳苔草草地、河滩地沼泽土苔草草地、谷地沼泽土苔草草地、谷地潜育草甸土小叶章杂类草草地	山地黑钙土疏林灌丛杂类草草地、山地黑钙土灌丛禾草杂类草草地、山地灰色森林图杨桦阔叶林地、山地漂灰土落叶松林地、山地漂灰土樟子松林地、山地漂灰土落叶松杨桦混交林地、山地漂灰土杨桦阔叶林地、山地暗棕壤落叶松林地、山地暗棕壤落叶松杨桦混交林地、山地白浆化暗棕壤落叶松杨桦混交林地		
内蒙半干旱区	平地灌耕土水浇地、平地灌淤土水浇地、平地草甸栗钙土水浇地、平地潮土水浇地、平地草甸土水浇地、谷地草甸土水浇地、岗地褐土水浇地、平地草甸土禾草杂类草地	平地盐化灌耕土水浇地、平地盐化草甸土水浇地、平地盐化草甸土芦苇草地、平地荒漠化盐化草甸土杂类草地、平地草甸盐土盐生草地、平地典型盐土盐生草地、平地残余盐土灌丛草地、平地龟裂土梭梭林地、河滩地草甸土芦苇草地、河滩地盐化草甸土红柳草地、平地草甸盐土红柳芦苇草地、谷地盐化草甸土水浇地、谷地盐化草甸土旱耕地、平地盐化草甸沼泽土水浇地、平地草甸沼泽土杂类草草地、平地盐化草甸土杂类草草地、谷地盐化草甸沼泽土草地、平地砂砾质盐碱土草地、平地典型盐土盐生草地	平地灰棕漠土水浇地、河滩地潮土阔叶林地、丘陵灰棕漠土灌丛草地、丘陵暗栗钙土针茅草地、丘陵暗栗钙土羊草针茅草地、丘陵暗栗钙土灌丛针茅草地、丘陵栗钙土针茅草地、丘陵栗钙土小半灌木针茅草地、丘陵栗钙土灌丛禾草草地	平地灰棕漠土灌丛草地、平地龟裂土地	平地沙土阔叶林地、半流动沙丘梭梭林地、平地砂砾质灰棕漠土梭梭林地、谷底砾质土灌丛草地、半流动沙丘胡杨林地、流动沙丘、平地砂砾质灰棕漠土草地、固定半固定沙丘灌丛草地、岗地砂砾质灰棕漠土灌丛草地、丘陵砂砾质灰棕漠土灌丛草地、平沙地灌丛草地、固定沙丘灌丛草地、半固定沙丘灌丛草地、谷地砂砾质草甸土草地、谷地砂砾质滩地、平地砂质栗钙土针茅草地	河滩地草甸沼泽土芦苇杂类草地、平地草甸沼泽土旱耕地、平地草甸沼泽土苔草杂类草草地	山地棕钙土灌丛禾草草地、山地灰棕漠土灌丛草地、山地黑钙土草甸草原草地、山地灰褐土疏林灌丛草地、山地栗钙土灌丛草地、山地淋溶灰褐土云杉杨桦混交林地、山地淋溶灰褐土杨桦阔叶林地、山地灰褐土杨桦油松混交林地、山地灰褐土阔叶林地、山地碳酸盐灰褐土桧柏杜松林地、山地灰褐土桧柏杜松林疏林灌木林地、山地暗栗钙土针茅草地、山地暗栗钙土灌丛针茅草地		丘陵裸岩地、石质丘陵灌丛草地、石质山地灌丛草地

续表 9-6

气候潜力分区	无限制	盐碱限制	土层限制	水分限制	土质限制	水分与排水限制	坡度限制	温度限制	侵蚀限制
华北-辽南区	平地水田、平地潮土水浇地、平地褐潮土水浇地、平地潮褐土水浇地、平地棕壤土水浇地、谷地潮土水浇地、谷地褐土水浇地	滨海平地水田、平地盐化草甸土旱耕地、滨海平地盐化草甸土盐生草地、平地盐化草甸土盐生草地	岗地棕壤旱耕地、岗地褐土旱耕地、谷地褐土旱耕地、丘陵棕壤疏林灌丛草地、丘陵褐土疏林灌丛草地、山地棕壤疏林灌丛草地、山地褐土疏林灌丛草地、丘陵褐土针叶林地、丘陵褐土阔叶林地丘陵棕壤旱耕地、丘陵褐土旱耕地	平地潮土旱耕地、平地褐土旱耕地、谷地褐土旱耕地	河滩地潮土旱耕地、平地黏质土水田、平地沙壤质潮土旱耕地、平地沙壤质潮褐土旱耕地、平地沙壤质褐土旱耕地、谷地沙壤质潮土旱耕地、平地砂质潮土水浇地、平地砂质褐土旱耕地、河滩地砂质潮土杂类草草地、河滩地沙质土灌丛草地、谷地砂质土灌丛草地、半固定沙丘灌丛草地、丘陵砾质棕壤灌丛草地、丘陵砾质褐土灌丛草地、山地砾质褐土灌丛草地、山地砾质棕壤灌丛草地	滩地草甸土水浇地、平地水稻土水田、平地潮土旱耕地	丘陵棕壤旱耕地、丘陵褐土旱耕地、丘陵棕壤经济林地、丘陵褐土经济林地、山地棕壤针阔混交林地、山地褐土阔叶林地、山地褐土针阔混交林地、山地棕壤阔叶林地、山地棕壤旱耕地	亚高山草甸土杂类草草地	

续表 9-6

气候潜力分区	无限制	盐碱限制	土层限制	水分限制	土质限制	水分与排水限制	坡度限制	温度限制	侵蚀限制
西北干旱区	平地灌淤土水浇地、平地潮土水浇地	谷地盐化草甸土水浇地、平地盐化草甸土水浇地、河滩地盐化草甸土草地、平地盐化草甸土草地、平地盐碱土胡杨林草地、平地盐化红柳灌丛草地、平地盐化草甸沼泽土草地、平地盐化草甸土盐生草地、平地砂砾质盐土盐生灌丛草地、平地残余盐土盐生草地、平地盐化草甸土灌丛草地、平地盐化草甸土芦苇草地、平地盐土盐生草地、平地典型盐土盐生灌丛草地、平地残余盐土灌丛草地	平地棕钙土水浇地、平地灰漠土水浇地、丘陵棕钙土灌丛荒漠草原草地、平地棕钙土灌丛禾草荒漠草原草地	平地灰漠土灌丛荒漠草地、平地灰棕漠土灌丛荒漠草地、平地棕钙土灌丛禾草荒漠草原草地	谷地砂砾质灌丛草地、平地砂砾质棕钙土灌丛禾草草地、岗地砂砾质棕钙土灌丛禾草草地、岗地砾质棕钙土灌丛禾草草地、坡地砂砾质棕钙土灌丛禾草草地、固定半固定沙丘地、平地砾质棕钙土灌丛草地、丘岗石质棕钙土灌丛草地、丘陵石质棕钙土灌丛草地、山地石质棕钙土灌丛小针茅草地、谷地草甸土水浇地、平地砾质棕钙土灌丛禾草荒漠草原草地、平地砾质灰漠土灌丛荒漠草地、平地砾质灰棕漠土灌丛荒漠草地、岗地砾质棕钙土灌丛禾草荒漠草原草地、岗地砾质灰漠土灌丛荒漠草地、岗地砾质灰棕漠土灌丛荒漠草地、丘陵地石质灰漠土灌丛荒漠草地、丘陵地石质灰棕漠土灌丛荒漠草地	河滩地草甸沼泽土草地、平地草甸沼泽土草地、河滩地盐化草甸沼泽土芦苇草地、平地盐化草甸沼泽土芦苇草地	山地灰褐土疏林灌丛草地、山地栗钙土针茅草原草地、山地棕钙土灌丛禾草半荒漠草地、山地灰漠土灌丛荒漠草地		
黄土高原区	谷地草甸土水浇地、谷地草甸栗钙土水浇地、平地草甸栗钙土水浇地、平地灌淤栗钙土水浇地、河滩地草甸土水浇地	河滩地盐化潮土水浇地、平地盐化草甸土水浇地、河滩地盐化草甸土旱耕地		平地草甸栗钙土旱耕地、平地栗钙土旱耕地、黄土丘陵旱耕地			山地栗褐土灌丛草地、山地会褐土阔叶林地、山地灰褐土灌丛草地、山地栗钙土针茅草地、山地栗钙土灌丛针茅草地、山地灰褐土针阔叶混交林地、山地灰褐土阔叶林地	山地栗钙土草地	黄土梁状丘陵黄绵土旱耕地、黄土丘陵黄绵土旱耕地、黄土丘陵黄绵土灌丛草

由于编制全国百万分之一土地资源图是国家 20 世纪 80 年代开展的科学技术发展规划重点项目。经过三十年的变化，1：100 万土地资源图成果已经不能直接用于指导现在的耕地质量等别变化监测工作，本研究综合内蒙古自治区土壤分布图、DEM 数据、土地利用现状数据，借鉴 1：100 万土地资源图中土地利用限制主导因素诊断成果，对内蒙古自治区土地利用限制主导因素进行识别，用以划分内蒙古自治区省级监测分区。内蒙古自治区土壤类型空间分布、DEM 空间分布、2010 年内蒙古自治区 100 m 精度土地利用现状遥感监测数据如图 9-5、图 9-6、图 9-7 所示。

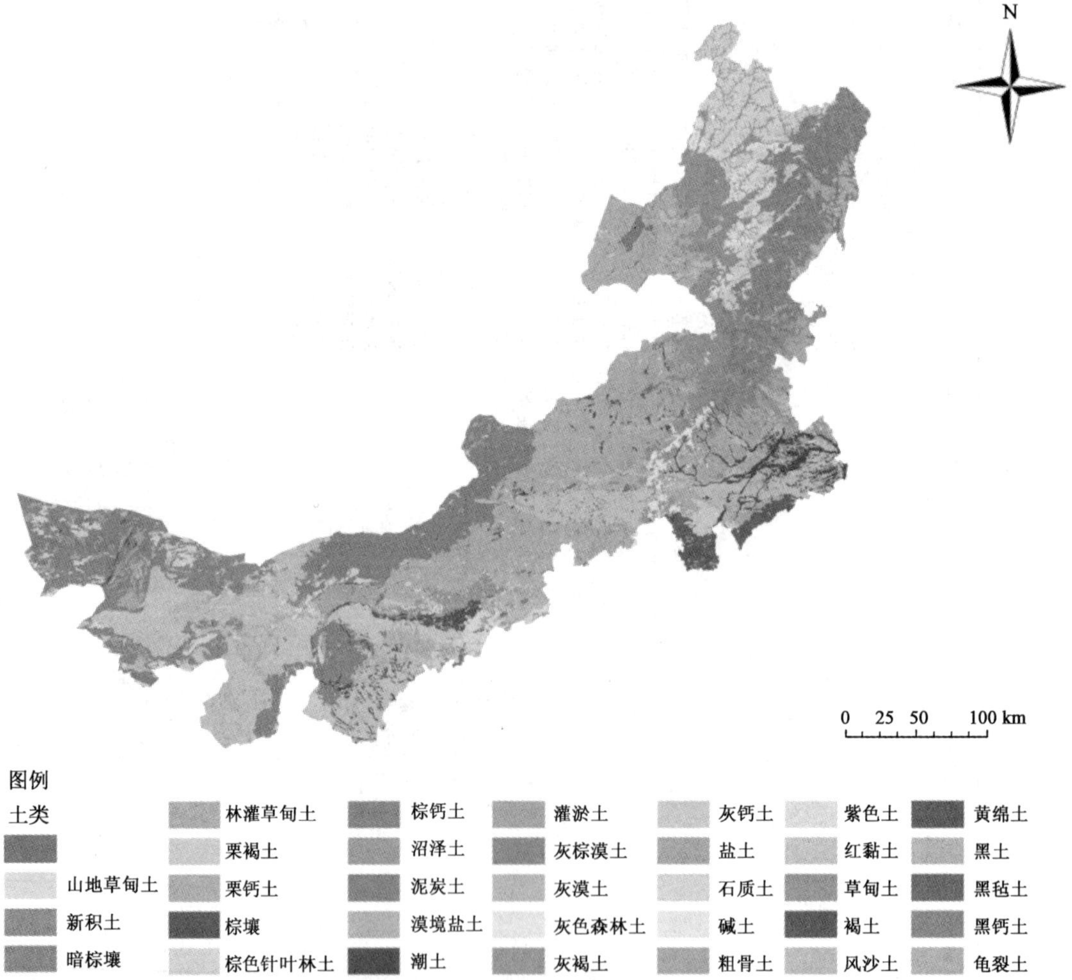

图 9-5 内蒙古自治区土壤类型分布

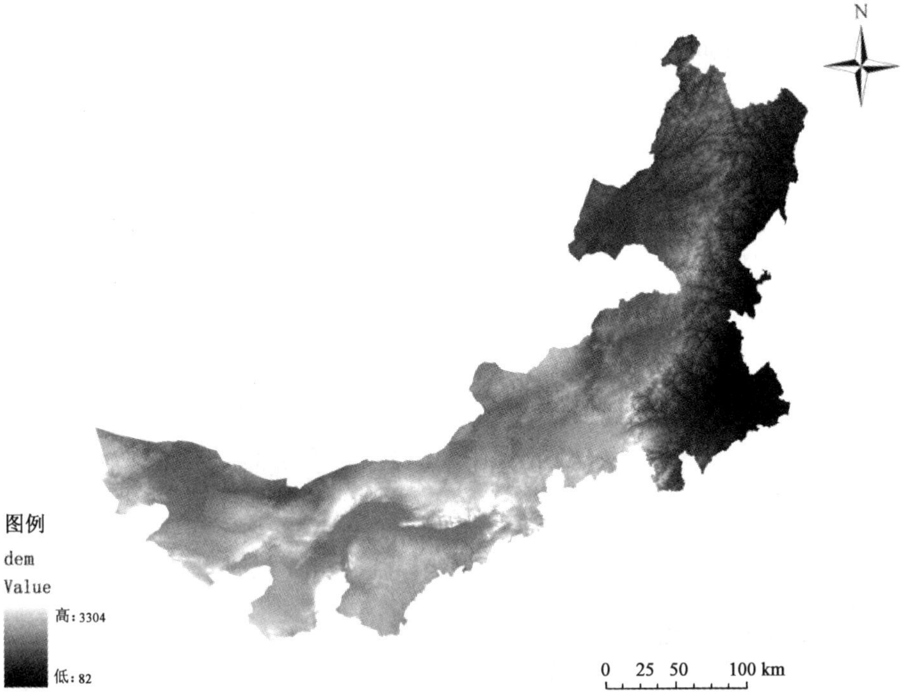

图 9-6　内蒙古自治区 DEM 数据

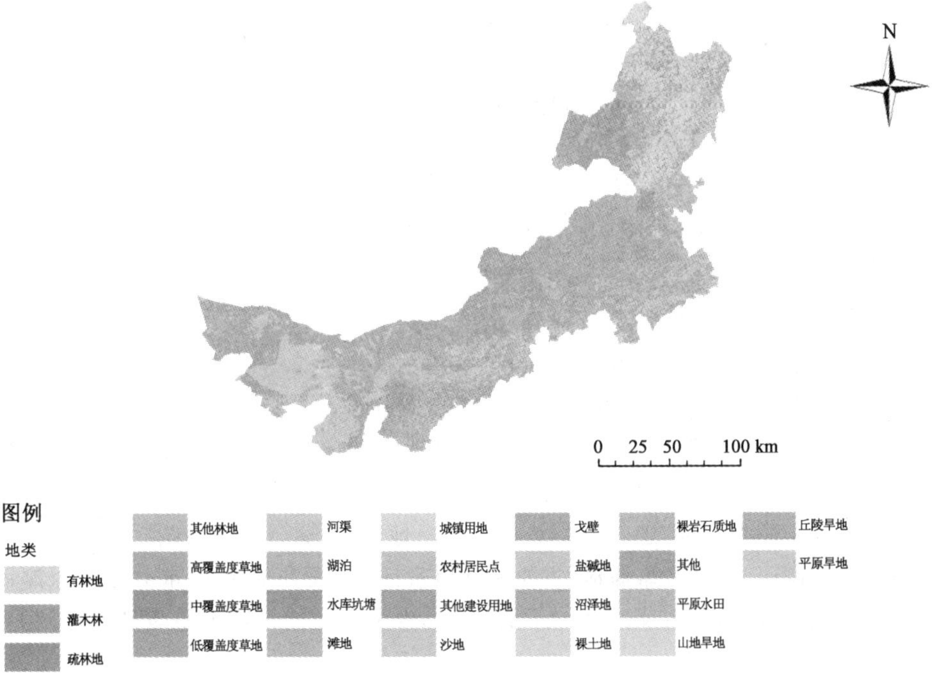

图 9-7　2010 年内蒙古自治区 100 m 精度土地利用现状遥感监测数据

利用 ArcGIS 软件，对土壤类型、DEM 数据和土地利用现状数据的叠加分析，对照 1：100 万土地资源图编制工作成果，识别内蒙古自治区土地利用主要限制因素，如图 9-8 所示。

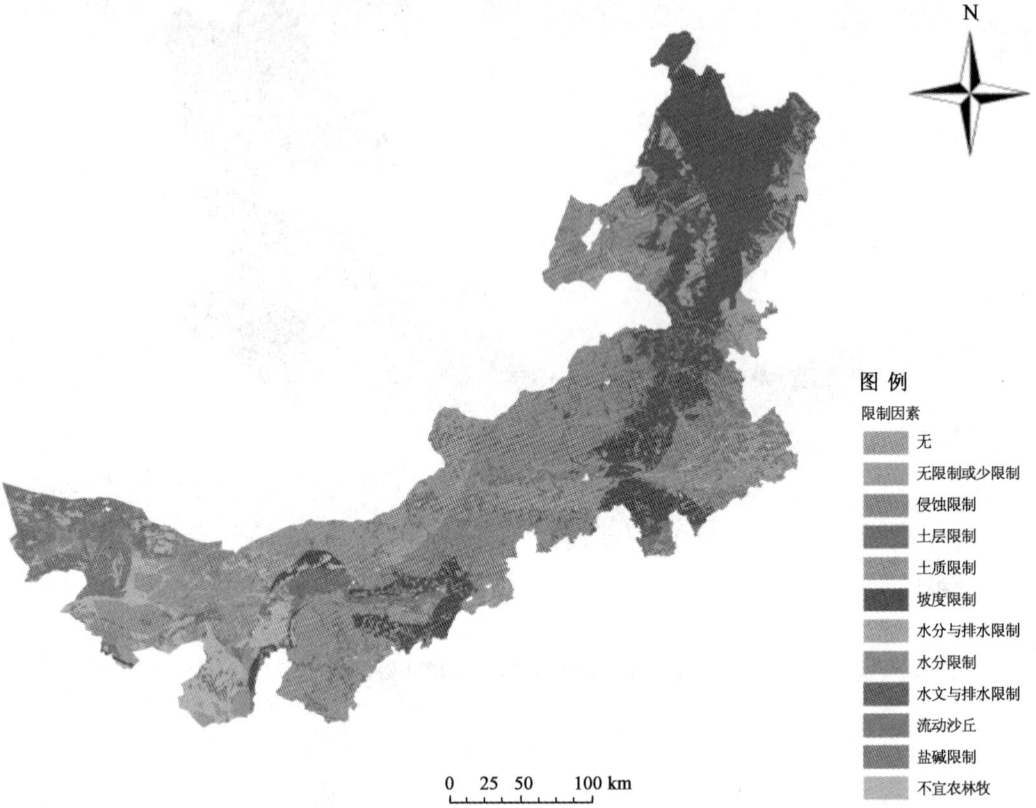

图 9-8 内蒙古自治区土地利用限制因素

由图可见，内蒙古自治区土地利用情况按照限制主导因素可大体分为侵蚀限制、土层限制、土质限制、坡度限制、水分限制、排水限制、盐碱限制、多种因素综合限制以及流动沙丘等不宜进行利用的土地。

9.4.2.3 省级监测分区结果

通过对内蒙古自治区耕地利用气候、地形地貌条件以及主要限制因素的综合分析，本研究将内蒙古自治区各县划分为 14 个耕地质量省级监测分区，分别是阿拉善高原-多限制因素区、东北及松嫩平原区-无明显限制区、东北区-坡度限制区、河套银川平原-坡度与侵蚀限制区、河套银川平原-盐碱限制区、后山坝上高原区-坡度与侵蚀限制区、后山坝上高原区-水分限制区、后山坝上高原区-土质限制区、辽吉西蒙东南冀北山地区-坡度与土质限制区、辽吉西蒙东南冀北山地区-土质限制区、内蒙古草原区-多种限制因素区、内蒙古草原区-水分土质限制区、内蒙古草原区-水分限制区、内蒙古草原区-土质限制区，内蒙古自治区耕地质量省级监测分区空间分布见图 9-9。

内蒙古自治区省级监测分区包含县如表 9-7 所示。

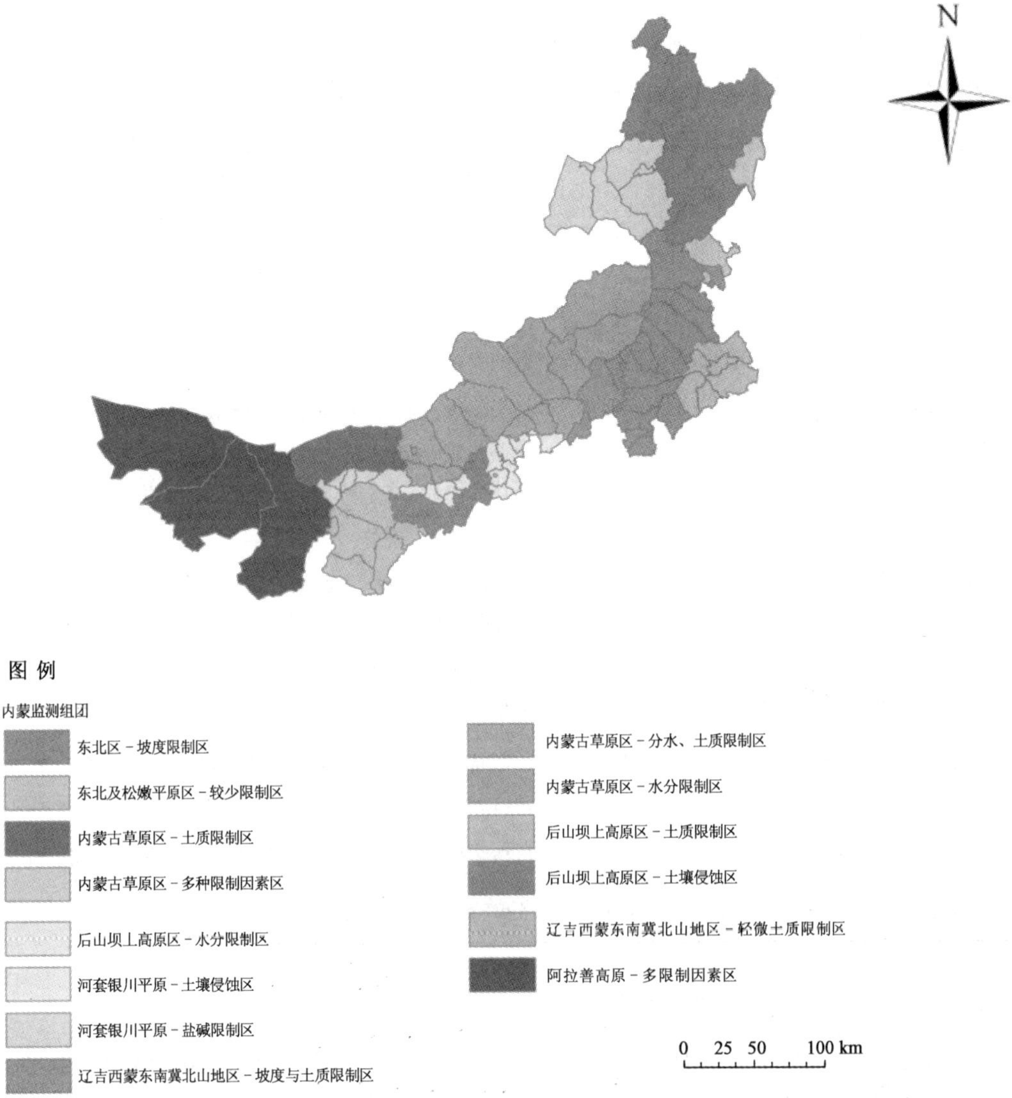

图 9-9　内蒙古自治区省级监测分区

表 9-7　内蒙古自治区省级监测分区情况汇总

省级监测分区	监测分组编号	县名
阿拉善高原-多限制因素区	Ⅰ	额济纳旗、阿拉善右旗、阿拉善左旗
东北及松嫩平原-无明显限制区	Ⅱ	莫力达瓦达斡尔族自治旗、扎赉特旗、乌兰浩特市
东北区-坡度限制区	Ⅲ	额尔古纳市、鄂伦春自治旗、牙克石市、阿荣旗、扎兰屯市
河套银川平原-坡度与侵蚀限制区	Ⅳ	呼和浩特市市辖区、土默特左旗、土默特右旗、包头市市辖区、托克托县

续表 9-7

省级监测分区	监测分组编号	县名
河套银川平原-盐碱限制区	Ⅴ	五原县、临河市、乌拉特前旗、杭锦后旗、磴口县
后山坝上高原区-坡度与侵蚀限制区	Ⅵ	察哈尔右翼中旗、卓资县、凉城县、和林格尔县、达拉特旗、准格尔旗、清水河县、东胜市
后山坝上高原区-水分限制区	Ⅶ	化德县、太仆寺旗、商都县、察哈尔右翼后旗、兴和县、察哈尔右翼前旗、集宁市、丰镇市
后山坝上高原区-土质限制区	Ⅷ	杭锦旗、鄂托克旗、乌海市市辖区、伊金霍洛旗、乌审旗、鄂托克前旗
辽吉西蒙东南冀北山地-坡度与土质限制区	Ⅸ	科尔沁右翼前旗、突泉县、科尔沁右翼中旗、霍林郭勒市、扎鲁特旗、阿鲁科尔沁旗、巴林左旗、巴林右旗、林西县、克什克腾旗、翁牛特旗、敖汉旗、赤峰市市辖区、多伦县、喀喇沁旗、宁城县
辽吉西蒙东南冀北山地-土质限制区	Ⅹ	科尔沁左翼中旗、开鲁县、通辽市、科尔沁左翼后旗、奈曼旗、库伦旗
内蒙古草原区-多种限制因素区	Ⅺ	陈巴尔虎旗、新巴尔虎右旗、新巴尔虎左旗、满洲里市、海拉尔市、鄂温克族自治旗
内蒙古草原区-水分土质限制区	Ⅻ	苏尼特左旗、二连浩特市、苏尼特右旗、四子王旗、正蓝旗、正镶白旗、镶黄旗、达尔罕茂明安联合旗、固阳县、武川县
内蒙古草原区-水分限制区	ⅩⅢ	东乌珠穆沁旗、阿巴嘎旗、西乌珠穆沁旗、锡林浩特市
内蒙古草原区-土质限制区	ⅩⅣ	乌拉特中旗、乌拉特后旗

9.4.2.4 省级监测分区差异性与均质性验证

对内蒙古自治区各个省级监测分区之间的耕地质量(自然等指数、利用等指数、经济等指数)差异性进行验证,结果见表 9-8、表 9-9、表 9-10。由表可以看出,从各个分区内耕地质量在自然质量、利用情况、经济收益情况各个方面的均值、偏度和峰度等各个角度都有明显差异,满足分区划分时的不同分区间耕地质量有明显差异的原则。

对内蒙古自治区各个省级监测分区的耕地质量(自然等指数、利用等指数、经济等指数)均质性进行验证,结果可见图 9-10、图 9-11、图 9-12。由图可以看出,从耕地的自然质量、利用情况、经济收益情况各个方面,除阿尔山市内只有一个省级耕地分等图斑而无法计算标准误,分区内耕地质量的标准误整体比以县为单位进行计算的标准误要低,说明以省级监测分区为单位分析耕地质量集中性较高。

表 9-8　内蒙古自治区省级监测分区差异性(自然等指数)检验

统计量	阿拉善高原-多限制因素区	东北及松嫩平原区-无明显限制区	东北区-坡度限制区	河套银川平原-坡度与侵蚀限制区	河套银川平原-盐碱限制区	后山坝上高原区-坡度与侵蚀限制区	后山坝上高原区-水分限制区	后山坝上高原区-土质限制区	辽吉西蒙东南冀北山地区-坡度与土质限制区	辽吉西蒙东南冀北山地区-土质限制区	内蒙古草原区-多种限制因素区	内蒙古草原区-水分土质限制区	内蒙古草原区-水分限制区	内蒙古草原区-土质限制区
耕地面积/万 hm^2	2.87	46.91	73.76	49.37	36.63	41.62	47.46	13.47	177.29	117.10	14.25	73.89	4.63	15.40
省级图斑数量	42	124	292	508	436	286	198	198	1041	447	81	328	51	89
均值	2194.85	1293.47	1159.25	1658.38	2148.98	967.44	1036.84	1284.82	1014.56	1056.13	1336.20	1197.25	1627.17	1726.67
均值的标准误	35.31	34.80	12.68	28.31	16.86	9.96	21.55	36.16	4.91	9.93	25.10	25.80	46.24	40.08
最大值	2611.9	2252.1	2106.8	2861	2897.5	2358.9	1919.8	2770.5	2297.9	2657.7	1882.2	2763.4	2249.1	2499.1
最小值	1815.1	806.8	824.1	761.1	799.7	737.7	759	750.9	717.4	779.4	951.1	722.4	937.9	808.8
标准差	228.82	387.48	216.62	638.10	351.99	168.41	303.21	508.80	158.50	209.90	225.92	467.20	330.24	378.14
方差	52360.4	150141.9	46926.34	407176	123898	28363.53	91937.5	258874.3	25122.92	44058.24	51038.38	218278.5	109058	142988
偏度	−0.14	1.09	0.53	0.30	−1.05	2.36	1.46	1.64	1.32	2.76	0.98	1.18	0.22	0.02
偏度的标准误	0.13	0.05	0.02	0.01	0.01	0.02	0.03	0.03	0.01	0.01	0.07	0.02	0.11	0.07
峰度	1.71	3.10	3.40	1.51	4.82	17.88	4.02	4.29	7.79	18.45	2.87	3.09	1.86	2.49
峰度的标准误	0.00189	0.00013	0.00002	0.00000	0.00001	0.00002	0.00004	0.00004	0.00000	0.00001	0.00038	0.00001	0.00118	0.00030

表 9-9　内蒙古自治区省级监测分区差异性(利用等指数)检验

统计量	阿拉善高原-多限制因素区	东北及松嫩平原区-无明显限制区	东北区-坡度限制区	河套银川平原-坡度与侵蚀限制区	河套银川平原-盐碱限制区	后山坝上高原区-坡度与侵蚀限制区	后山坝上高原区-水分限制区	后山坝上高原区-土质限制区	辽吉西蒙东南冀北山地区-坡度与土质限制区	辽吉西蒙东南冀北山地区-土质限制区	内蒙古草原区-多种限制因素区	内蒙古草原区-水分土质限制区	内蒙古草原区-水分限制区	内蒙古草原区-土质限制区
耕地面积/万 hm^2	2.87	46.91	73.76	49.37	36.63	41.62	47.46	13.47	177.29	117.10	14.25	73.89	4.63	15.40
省级图斑数量	42	124	292	508	436	286	198	198	1041	447	81	328	51	89
均值	1040.72	523.22	434.94	765.81	986.13	480.68	545.09	704.78	520.04	532.53	516.40	459.36	726.02	774.55
均值的标准误	20.57	11.30	3.89	12.89	10.03	8.90	13.38	22.10	5.19	8.02	8.01	11.74	46.55	20.81
最大值	1413.2	868.1	689.4	1750.9	1470.4	1052.2	1259.5	1938.6	1406	1406	671.6	1550.8	1570.4	1343.5
最小值	812.7	358.8	339.2	324.9	366	323.1	341	326.7	321.3	341	346.3	316	407.1	339.2
标准差	133.34	125.81	66.56	290.43	209.51	150.58	188.22	310.99	167.57	169.63	72.06	212.59	332.41	196.33
方差	17778.9	15827.67	4429.79	84349.26	43893.6	22674.27	35427.2	96712.94	28080.50	28775.68	5192.27	45194.41	110499	38545.9
偏度	0.69	0.85	0.98	0.74	−0.19	1.18	1.63	1.40	1.87	1.50	−0.08	2.60	1.45	0.22
偏度的标准误	0.13	0.05	0.02	0.01	0.01	0.02	0.03	0.03	0.01	0.01	0.07	0.02	0.11	0.07
峰度	2.98	2.91	3.50	3.12	3.01	3.55	5.81	4.61	8.31	5.59	2.66	10.09	3.67	2.79
峰度的标准误	0.00189	0.00013	0.00002	0.00000	0.00001	0.00002	0.00004	0.00004	0.00000	0.00001	0.00038	0.00001	0.00118	0.00030

表 9-10　内蒙古自治区省级监测分区差异性(经济等指数)检验

统计量	阿拉善高原-多限制因素区	东北及松嫩平原区-无明显限制区	东北区-坡度限制区	河套银川平原-坡度与侵蚀限制区	河套银川平原-盐碱限制区	后山坝上高原区-坡度与侵蚀限制区	后山坝上高原区-水分限制区	后山坝上高原区-土质限制区	辽吉西蒙东南冀北山地区-坡度与土质限制区	辽吉西蒙东南冀北山地区-土质限制区	内蒙古草原区-多种限制因素区	内蒙古草原区-水分土质限制区	内蒙古草原区-水分限制区	内蒙古草原区-土质限制区
耕地面积/万 hm^2	2.87	46.91	73.76	49.37	36.63	41.62	47.46	13.47	177.29	117.10	14.25	73.89	4.63	15.40
省级图斑数量	42	124	292	508	436	286	198	198	1041	447	81	328	51	89
均值	862.09	528.51	541.84	640.55	934.29	382.47	504.69	568.72	513.15	532.30	676.70	391.72	489.18	722.51
均值的标准误	25.70	19.58	12.88	11.34	11.87	8.22	15.05	22.83	7.77	10.36	22.06	11.35	17.13	24.94
最大值	1268.7	1174.4	1572.2	1581.4	1579.1	1043.3	1054.8	1604.4	1613.6	1323.8	1121.5	1248	790.3	1321.5
最小值	576.4	275.1	256.7	249.8	307.3	240.6	252.1	242.9	238.3	259	254.4	240.6	279.7	265.9
标准差	166.53	218.05	220.12	255.53	247.93	139.02	211.84	321.22	250.65	218.98	198.52	205.63	122.32	235.24
方差	27730.8	47546.95	48451.57	65298.13	61471.7	19327.88	44876.8	103180.5	62827.36	47951.64	39410.26	42285.50	14961	55338
偏度	0.36	0.16	0.03	1.08	−0.11	1.50	1.15	1.27	0.56	0.70	0.00	2.87	29.14	0.13
偏度的标准误	0.13	0.05	0.02	0.01	0.01	0.02	0.03	0.03	0.01	0.01	0.07	0.02	0.11	0.07
峰度	1.23	0.32	0.03	5.21	1.53	4.89	3.62	4.05	1.66	2.01	0.05	11.53	200.17	1.35
峰度的标准误	0.00189	0.00013	0.00002	0.00000	0.00001	0.00002	0.00004	0.00004	0.00000	0.00001	0.00038	0.00001	0.0012	0.00030

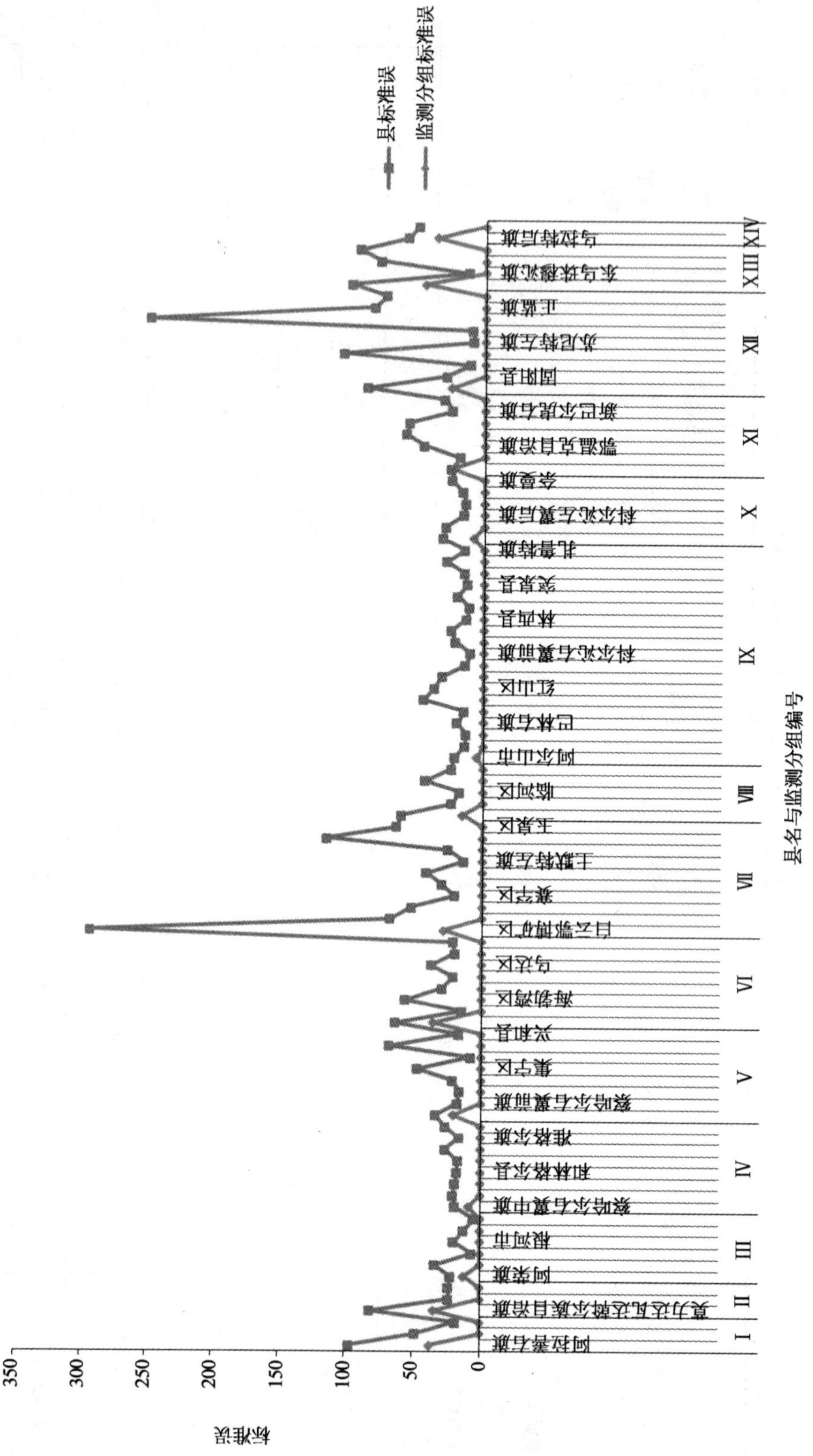

图 9-10　内蒙古自治区省级监测分区均值性（自然等指数）检验

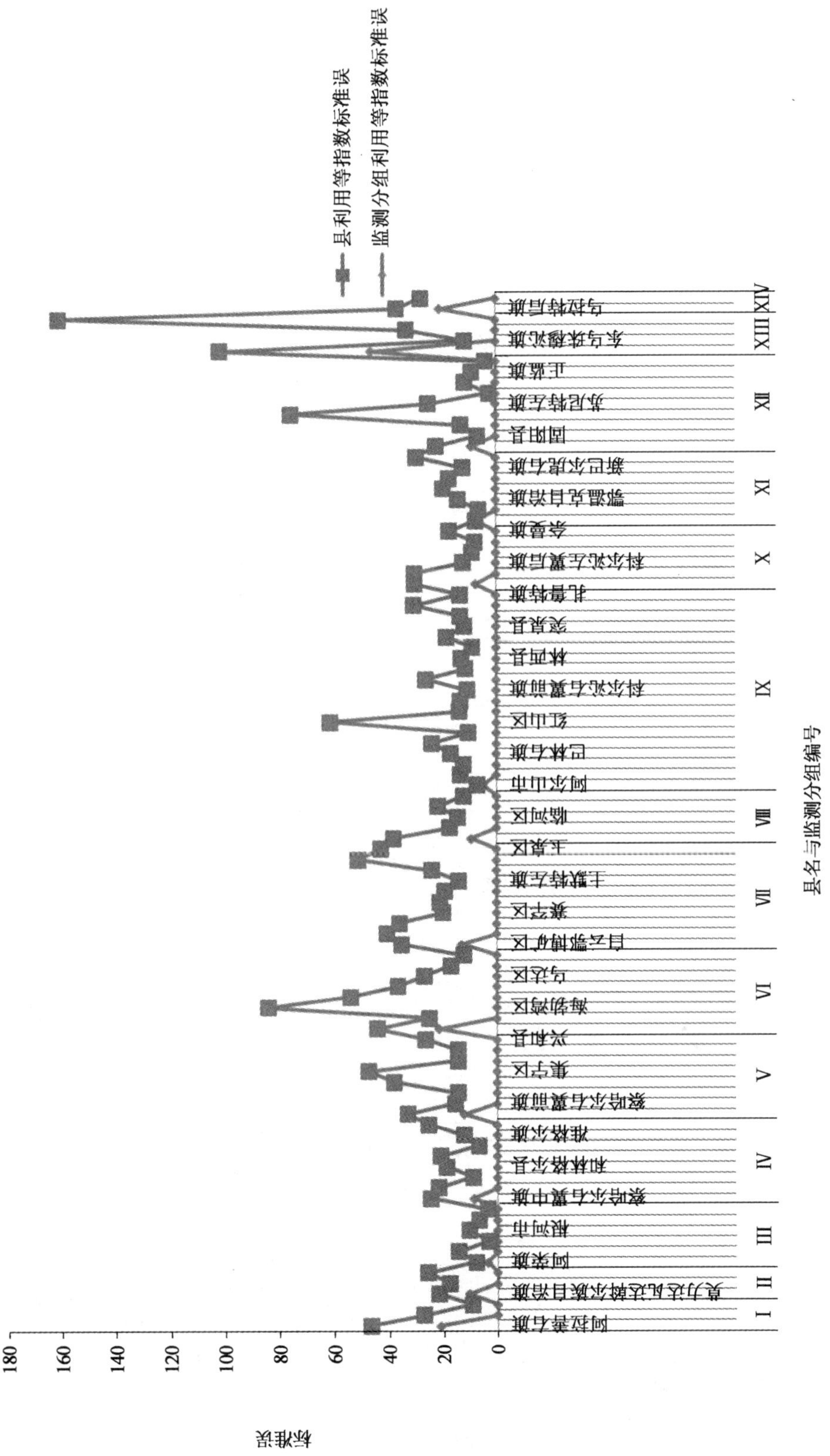

图 9-11　内蒙古自治区省级监测分区均值性(利用等指数)检验

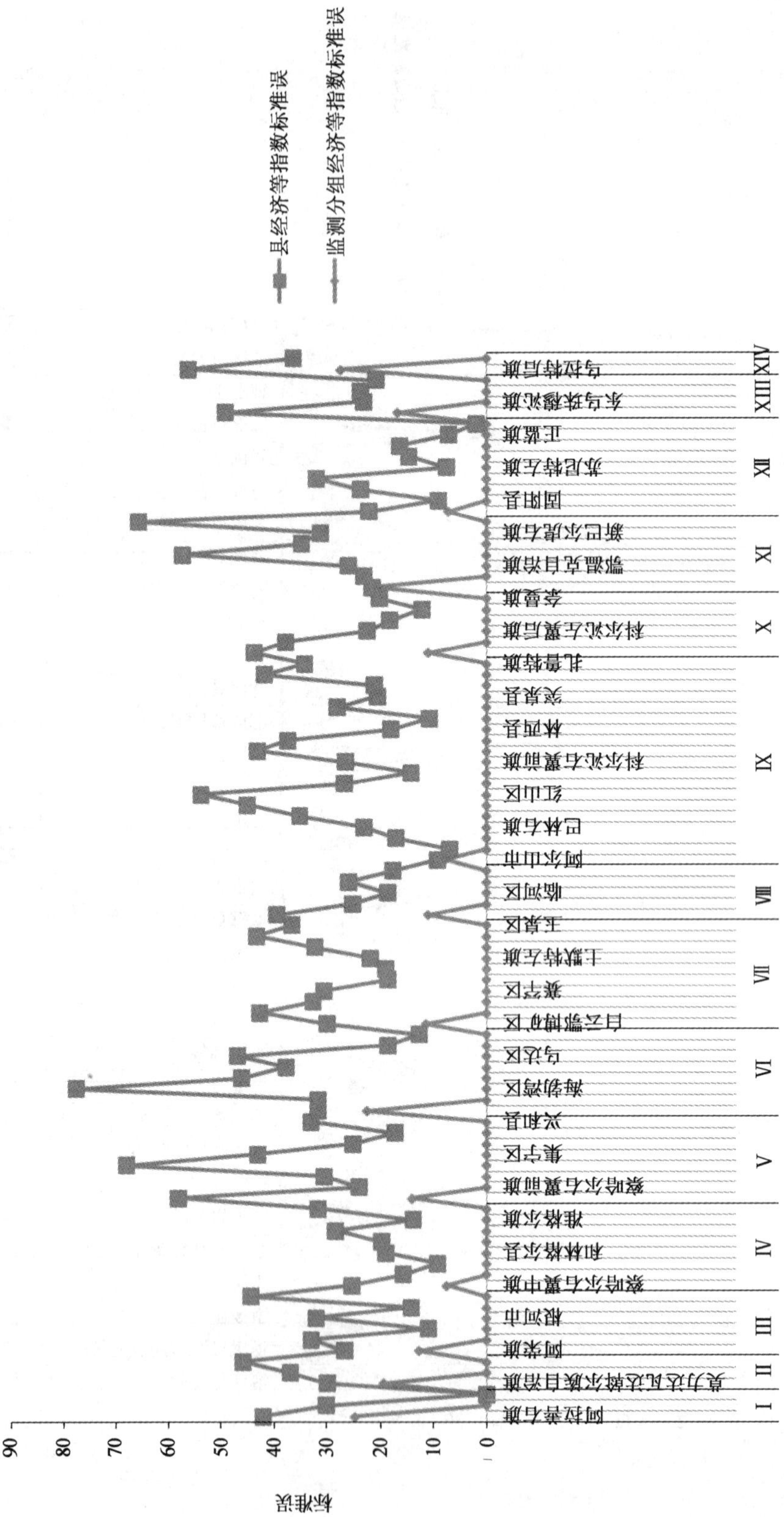

图 9-12 内蒙古自治区省级监测分区均值性（经济等指数）检验

9.4.3　轮转监测

9.4.3.1　轮转监测目的与意义

从满足保障耕地质量监测要求的基础上节约监测成本的目的出发，考虑到渐变区耕地质量分等因素年度变化程度有限，可以在省级耕地质量省级监测分区的基础上开展轮转监测，即每年在分区内选择一个或几个县作为监测县开展监测工作，而其他各县不开展监测工作，下一年选择分区内其他县开展监测。这样可以在几年内完成监测成果的全面覆盖，同时降低监测成本。因此，本研究提出轮转监测的构想，并以内蒙古自治区为例初步构建轮转监测框架。可以采用这套方法，实施全国耕地资源质量的长期监测和全覆盖监测，并最大限度降低成本，为实施监测工作提供有效的方法。

9.4.3.2　轮转监测原则

本研究构想的轮转监测方法，并在内蒙古自治区实践时应遵循以下原则。

1. 全覆盖原则

轮转监测的目的是针对全国渐变区耕地开展耕地质量变化监测，掌握耕地质量变化动因及变化程度和趋势，因此经过多年轮转监测需将各个县(旗、市)全覆盖。

2. 周期性原则

为了及时掌握渐变区耕地质量变化情况，需设置监测周期，本研究将监测周期设置为5年，即5年内实现监测工作的全覆盖。若一个省域监测分区内含5个县，则每年选择一个县进行监测，若超过5个县，则每年选择多个县进行监测。

3. 针对性原则

若在监测工作开展时，发现地区内渐变区耕地质量变化剧烈，每5年监测一次不足以实时掌握耕地质量状况，则可以将该地区设为固定监测县，进行每年一次的监测。

9.4.3.3　自治区轮转监测设置

本研究以轮转监测方法为指导，以内蒙古自治区各县(旗、市辖区)为例，尝试轮转监测县设置。设置结果见表9-11。由表9-11可见，通过轮转监测的方法，将内蒙古自治区全域的耕地质量等别变化监测工作分散为五年进行，每年选取每个省级监测分区内一个到三个县进行监测，以达到节约监测成本，提高监测效率的目的。

表9-11　自治区轮转监测县设置

监测年份	监测县(简称)
第一年	额尔、陈巴、莫力、科右前旗、东乌、突泉、科右中旗、苏尼、科左中旗、二连、额济、乌中、化德、察右中旗、五原、卓资、呼市、杭锦
第二年	鄂伦、新巴右旗、新巴左旗、扎赉、霍林、扎鲁、阿巴、阿鲁、开鲁、苏尼、四子、乌拉后旗、太仆、商都、阿拉右旗、临河、土默左旗、凉城、和林、鄂托
第三年	牙克、满洲、乌兰、西乌、巴林左旗、巴林右旗、林西、克什、通辽、正蓝、正镶白、察右后旗、阿拉左旗、兴和、乌拉前旗、土默右旗、达拉、准格、乌海
第四年	海拉、阿荣、锡林、科左后旗、翁牛、敖汉、镶黄、达尔、赤峰、包头、杭锦后旗、察右前旗、清水、伊金
第五年	鄂温、扎兰、奈曼、库伦、多伦、喀喇、宁城、固阳、武川、集宁、磴口、丰镇、托克、东胜、乌审、鄂托前旗

图 9-13 为内蒙古自治区每年监测县空间分布，由图 9-13 可见通过 5 年的监测，可以将耕地质量等别变化监测覆盖自治区全域。

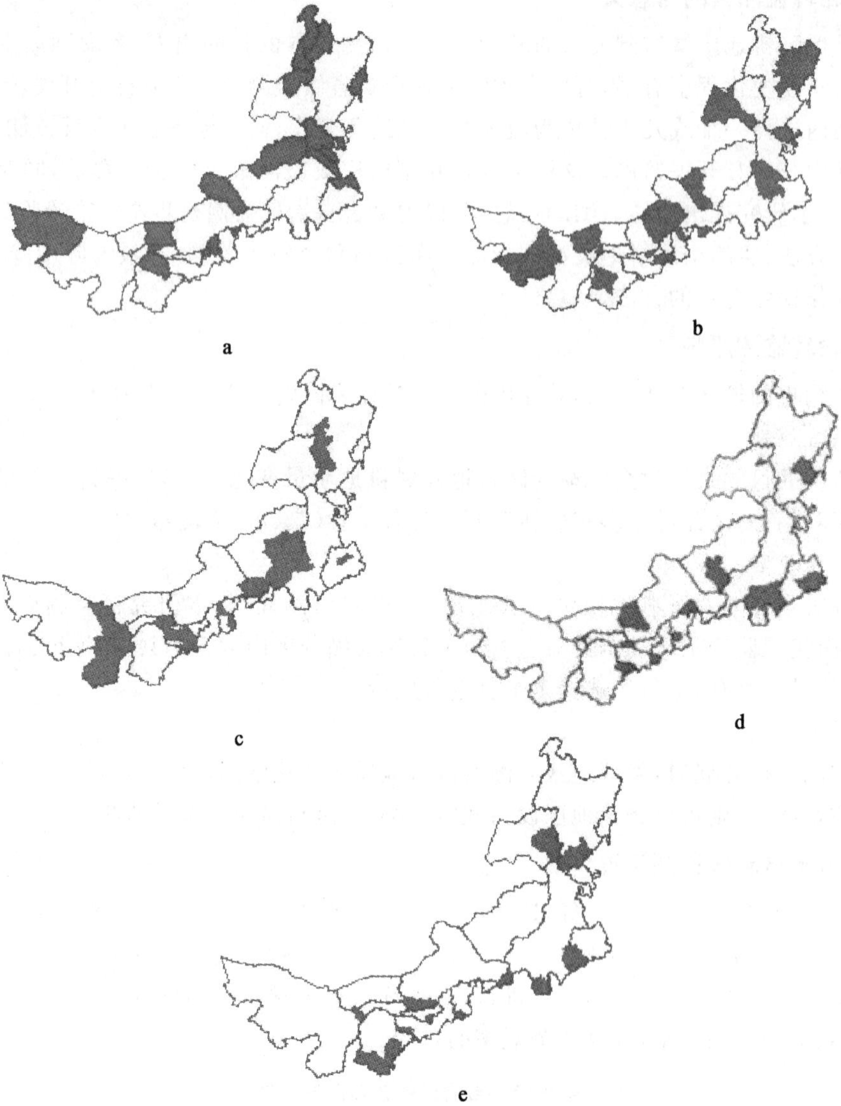

图 9-13　自治区轮转监测示意图

a 为第一年监测县分布，b 为第二年监测县分布，c 为第三年监测县分布，d 为第四年监测县分布，e 为第五年监测县分布

9.5　基于标准样地的省级监测样地体系构建

9.5.1　省级监测样地体系构建方法

9.5.1.1　省级监测样地体系构建目的

为了开展内蒙古自治区耕地质量等别变化情况研究，分析引起自治区耕地质量等别变化的主导因素，需要针对自治区耕地质量空间分布情况布设监测样点用以进行长期监测。在农用地分等工作中，选择区域内农作物产量水平最高的若干农用地分等单元作为标准样地，用以对其控制区域内其他分等单元耕地质量进行动态监测与评价，其成果可以作为本研究省级监测样地的参考，但是由于标准样地的选择方法，在本研究中是否可以直接应用于监测还需要进一步分析。

内蒙古自治区省级标准样地空间分布见图 9-14，代表性分析见表 9-12、图 9-15。

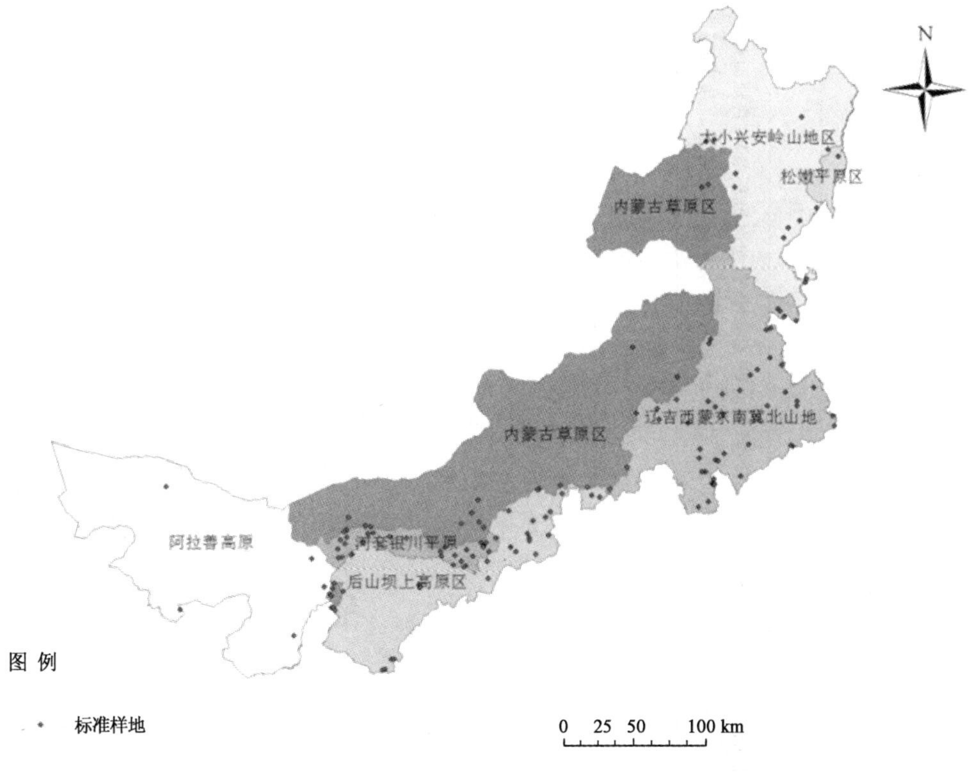

图 9-14　内蒙古自治区省级标准样地空间分布

表 9-12　内蒙古自治区省级标准样地代表性

项目	利用等别																	
	7		8		9		10		11		12		13		14		15	
	耕地面积/万 hm^2	标准样地数量	耕地面积/万 hm^2	标准样地数量	耕地面积/万 hm^2	标准样地数量	耕地面积/万 hm^2	标准样地数量	耕地面积/万 hm^2	标准样地数量	耕地面积/万 hm^2	标准样地数量	耕地面积/万 hm^2	标准样地数量	耕地面积/万 hm^2	标准样地数量	耕地面积/万 hm^2	标准样地数量
阿拉善高原区	—	—	—	—	0.31	—	1.06	2	0.96	2	0.4	—	—	—	—	—	—	—
大小兴安岭山地	—	—	—	—	—	—	—	—	—	—	0.76	—	5.52	2	28.5	4	75.81	8
河套银川平原区	0.13		0.37	2	2.16	2	10.2	3	22.15	4	22.18	6	10.04	2	8.89	2	14.41	2
后山坝上高原区	0.02	2	0.04	—	0.06	2	0.16	2	0.89	4	7.04	1	11.16	5	27.86	12	97.7	12
辽吉西蒙东南冀北山地区	—	—	—	—	0.21	2	0.13	—	1.17	1	17.4	3	22.3	13	47.7	14	169	12
内蒙古草原区	—	—	0.15	—	0.02	—	0	—	0.03	—	1.94	3	28.3	2	15.6	3	63.7	9
松嫩平原区	—	—	—	—	—	—	—	—	—	—	—	—	0.01	—	7.31	—	16.62	1
总计	0.15	2	0.56	2	2.76	6	11.5	7	25.2	11	49.7	13	77.3	24	136	35	437	44

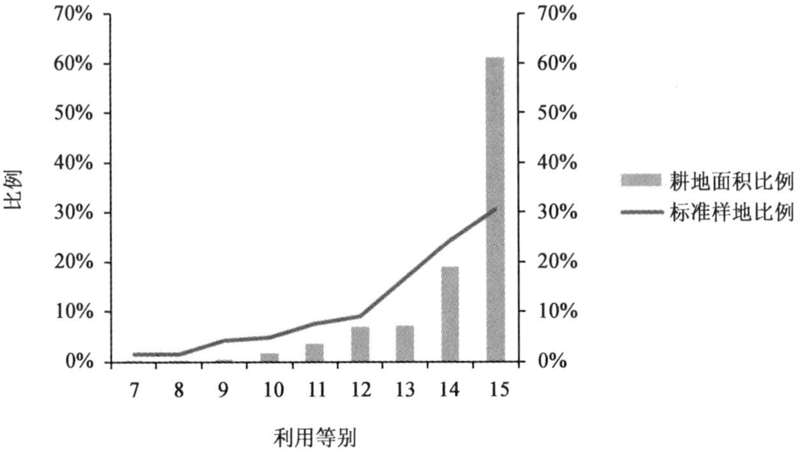

图 9-15　内蒙古自治区省级标准样地等别分布

由表 9-12 可见，省级标准样地虽然在各类等别的耕地上均有分布，但是不同区域间代表性较差，不能满足所有二级区上的每一等别的耕地均有标准样地的分布。由图 9-15 可见，省级标准样地分布趋势与耕地面积分布趋势也有不同，标准样地在耕地等别较高的区域分布较为集中，而耕地等别 14～15 等的耕地上代表性不强。因此，本研究需要在数量和代表性两方面对标准样地进行优化。

9.5.1.2　省级监测样地体系构建原则

本研究中，监测样地体系构建应按照以下原则进行。

1. 分区布控原则

省域内每个省级监测分区内均设置监测样地；在满足监测样地空间代表性的前提下，监测样地应尽可能满足各耕地等别，对于涵盖多种三级指标区的分区，应该在该分区的多个三级区的耕地上分别设置样地。

2. 覆盖性原则

监测样地应覆盖研究区域所有耕地利用等别类型。

3. 以标准样地为基础原则

标准样地是指农用地分等对象所在区域内，在一定的栽培管理技术下，该区域内农作物产量水平最高的若干农用地分等单元。通过设置标准样地的目的是可以对其控制区域内其他分等单元耕地质量进行动态监测与评价。在耕地质量等别变化监测省级监测样地体系构建研究中应在标准样地设置成果上进行优化完善。

4. 稳定性原则

省级监测样地体系应用于实行长期定位定点监测，不得随意改动，因此监测样地要遵循稳定性原则，并尽可能布设于永久基本农田之中。

5. 按照实际工作调整原则

在耕地质量等别监测实际调查工作中，省级监测样地按照数据可获取、操作可进的原则，若发生土地整理、开发、复垦工程或由于占用、损毁等情况，应就近选择与原监测样地耕地质量等别相同，利用条件相似的存量耕地进行调查。

9.5.1.3　省级标准样地体系优化方法

1. 省级标准样地数量优化

省级监测样地数量采用地统计学方法确定。

简单随机抽样是一种未将样本空间关系考虑在内的抽样模型，总体思路为从 N 个样本单位组成的总体中抽取 n 个单位，使得每个样本被抽中的机会都相等。其中样本数量 n 需要满足精度要求才能保证反映总体特征。通过如下公式计算简单随机抽样需要的样点数量：

$$n = \frac{n_0}{1 + n_0/N} \quad n_0 = \left(\frac{\mu_a S}{r\overline{Y}}\right)^2 \tag{9-6}$$

此公式使用条件：样本有限；无放回。

其中，N 为总体样本量，μ_a 为标准正态分布的双侧分位数，S 为总体标准差，$\overline{Y}$ 为总体均值，r 为相对误差用以表示精度的要求。一般取置信水平为 95%，此时值为 1.96，r 可分别取为 5%、6%、7%、8%、9%和 10%，即精度达到 95%、94%、93%、92%、91%和 90%。由此可以用上述公式，采用耕地自然等别作为样本数据，算得在传统简单随机抽样时监测区代表县个数的范围。

本研究中将耕地作为样本，而耕地在空间上具有相互作用和相互影响，显然不能单纯地将简单随机抽样确定的样本量作为耕地质量省级监测样点数量要求。因此，在简单随机抽样的基础上，通过耕地属性的空间自相关关系对样本量进行调整，用以确定样本量，采用式(9-7)计算(王劲峰等，2009)：

$$n = n_{\text{Classic}}(1 - r) \tag{9-7}$$

n_{Classic} 是传统简单随机抽样所确定的样本量，r 是空间自相关系数。也称为莫兰指数，由于自治区省级耕地图斑及其质量信息数据量庞大，空间自相关系数通过 ArcGIS 软件空间分析功能计算得到。

对比应选取省级监测样点数量与省级标准样地设置的数量，提出在构建省级监测样点体系时，基于省级标准样地的数量优化方法。

2. 省级标准样地代表性优化方法

以内蒙古自治区标准样地布设体系下全区标准耕作制度二级区、省级监测分区耕地利用等均值统计推断结果为评估对象，采用两种统计方法进行精度估计：以全国标准耕作制度一级区、二级区为知识层的空间分层统计方法；以克里格空间插值结果为基础、并对以全国标准耕作制度二级区和省级监测分区进行分区统计统计推断和精度评估的克里格空间插值分区统计方法(高尚，2012)。通过两种方法配合，评估标准样地空间代表性，提出标准样地优化建议，为本研究省级监测样地体系构建提供依据。

(1)空间分层统计方法

空间分层统计方法可以在考虑空间相关性的同时将耕地质量空间异质性考虑在内的空间

代表性评估方法(王政权,1999)。在本研究空间分层统计方法中,分别基于耕作制度二级区和省级监测分区对自治区耕地质量进行分区和分层统计。首先计算各个层的样本均值和均值方差,层均值和层均值方差的计算公式分别为:

$$\bar{y}_h = \frac{1}{n_h}\sum_{p=1}^{n_h} y_{hp} \tag{9-8}$$

式中:$\bar{y}_h$ 是第 h 层样本均值;n_h 是第 h 层的样本个数;y_{hp}是第 h 层第 p 个样本的值。

$$V_h = \frac{\sigma_h^2}{n_h}(1 - r_h) \tag{9-9}$$

式中:V_h 是第 h 层样本均值方差;σ_h^2 是第 h 层总体方差;r_h 是第 h 层的空间自相关系数,本研究采用 Moran I 来表达耕地等级质量的自相关特征。

在得到各个层的均值和均值方差后,计算研究区域均值和均值方差,计算公式分别为:

$$\bar{y} = \sum_{h=1}^{L} \bar{y}_h W_h \qquad V = \sum_{h=1}^{L} W_h^2 V_h \tag{9-10}$$

式中:$\bar{y}$ 是研究区域均值;W_h 是第 h 层的权重,可为层数的倒数、该层单元数占总体单元数的比值等,可依据抽样有效性和参数可获取性选择;L 是层的总个数;V 是研究区域均值方差。

(2)克里格空间插值分区统计方法

本研究中克里格空间插值分区统计方法是指利用克里格空间插值的方法得到自治区各个分区或耕作制度二级区耕地质量均值预测图和均值标准差预测图,然后分别对其进行分区统计处理得到各分区或者各报告单元的均值与均值标准差的统计方法。

克里格空间插值方法的原理为通过已知观测点的值进行线性拟合,从而对待估点的值进行预测。其数学表达式为:

$$\hat{Z}(v_0) = \sum_{i=1}^{n} \lambda_i Z(v_i) \tag{9-11}$$

(3)精度估计的指标选择

耕地质量等别省级监测样点的精度估计属于空间抽样对总体均值的统计推断,且实际监测过程中不能得到抽样误差,因此,本研究选择标准误作为精度指标,其计算公式为:

$$\sigma = \sqrt{\frac{V}{n}} \tag{9-12}$$

式中:σ 为标准误;V 为均值方差;n 为样本量。

9.5.2　内蒙古自治区省级监测样地体系构建实例

9.5.2.1　内蒙古自治区监测样地数量需求分析

通过对内蒙古自治区省级分等图斑耕地质量分等指数的分析,可以确定监测样地的数量要求,分析过程及分析结果如表 9-13 所示。

表 9-13　监测样地数量分析

项目	自然等指数	利用等指数	经济等指数
原样本量	4121	4121	4121
标准差	519	263	278
均值	1303.7	610.9	572.5
μ_{α}	1.96	1.96	1.96
相对误差	5%	5%	5%
n_0	243.53	284.80	362.34
传统简单随机抽样样本量	229.94	266.39	333.05
MORANS I	0.71	0.59	0.42
显著性区间	99%以上	99%以上	99%以上
监测样地数量	66.68	109.22	193.17
校正后监测样地数量	67	110	194

由表 9-13 可见，为了同时满足反映内蒙古自治区耕地质量情况总体分布特征，至少需在自治区全域选取 194 个省级监测样点。因此，原农用地分等时设置的标准样地不满足监测样地数量要求，需要在标准样地的数量上进行增加以满足需要。

表 9-14 为各个省级监测分区内不同等别的耕地面积与标准样地数量的对比，可以直观地发现由于自治区省级标准样地选择时的标准问题，导致标准样地分布与实际不同质量的耕地面积分布差别很大。因此，本研究认为自治区省级标准样地不但需要增加数量，还需要适当调整部分样地，以满足对自治区各个质量等别的耕地的监测。

9.5.2.2　内蒙古自治区标准样地代表性分析

以内蒙古自治区布设的省级标准样地为基础，标准耕作制度二级区和省级监测分区利用等均值统计推断结果为评估对象，采用两种统计方法进行代表性精度评估：以标准耕作制度二级区、省级监测分区为知识层的空间分层统计方法和克里格空间插值结果为基础，以耕作制度二级区和省级监测分区进行分区统计推断和代表性精度评估。最后通过分析结果提出监测样地布设优化建议，为在标准样地的基础上构建监测样地体系提供科学依据。

1. 二级区尺度的代表性分析

二级区尺度上，空间分层统计方法的标准误分布见图 9-16，克里格空间插值分区统计方法的标准误分布见图 9-17：

表 9-14　监测分组耕地分布

省级监测分区/等别	9		10		11		12		13		14		15	
	耕地面积	监测样点数量	耕地面积	监测样点数量	耕地面积	监测样点数量	耕地面积	监测样点数量	耕地面积	监测样点数量	耕地面积	监测样点数量	耕地面积	监测样点数量
Ⅰ	0	0	109.54	3	1939.5	3	0	0	0	0	0	0	0	0
Ⅱ	0	0	0	0	0	0	0	0	28573.65	1	3123.55	2	16045.5	2
Ⅲ	0	0	0	0	0	0	0	0	33495.2	2	29331.1	4	8850.86	4
Ⅳ	1686.12	1	560.91	3	1269.57	2	0	0	291.06	1	9369.78	3	3.19	1
Ⅴ	0	0	3731.24	4	4505.59	3	4356.8	3	0	0	0	0	1250.69	1
Ⅵ	0	0	0	0	0	0	0	0	0	0	3674.64	4	60606.95	7
Ⅶ	0	0	0	0	0	0	412.07	1	0	0	6973.89	2	25206.39	9
Ⅷ	310.98	3	60.01	1	664.31	3	0	0	0	0	5730.72	6	0	0
Ⅸ	0	0	0	0	0	0	0	0	4134.66	3	16474.27	17	61532.93	13
Ⅹ	0	0	0	0	0	0	0	0	4366.74	1	15025.95	7	37030.69	3
Ⅺ	0	0	0	0	0	0	0	0	0	0	8220.43	2	0	0
Ⅻ	0	0	0	0	0	0	0	0	0	0	6219.34	2	38415.69	9
ⅩⅢ	0	0	0	0	0	0	0	0	3243.21	1	3.08	1	2815.35	1
ⅩⅣ	0	0	0	0	4531.34	1	632.95	2	36.23	2	0	0	0	0

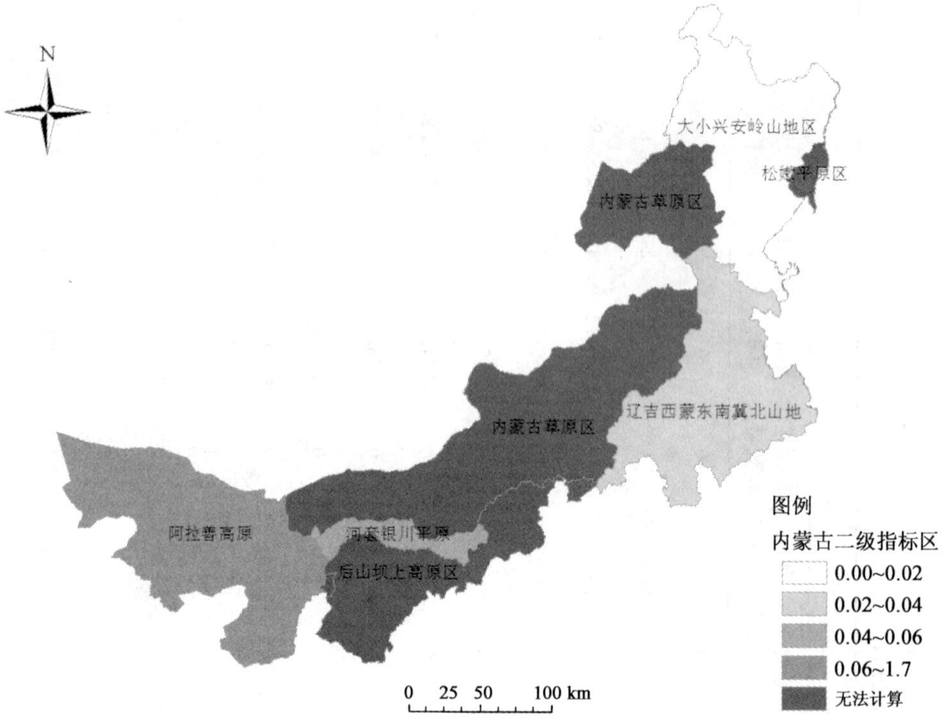

图 9-16　空间分层统计方法(二级区)标准误分布

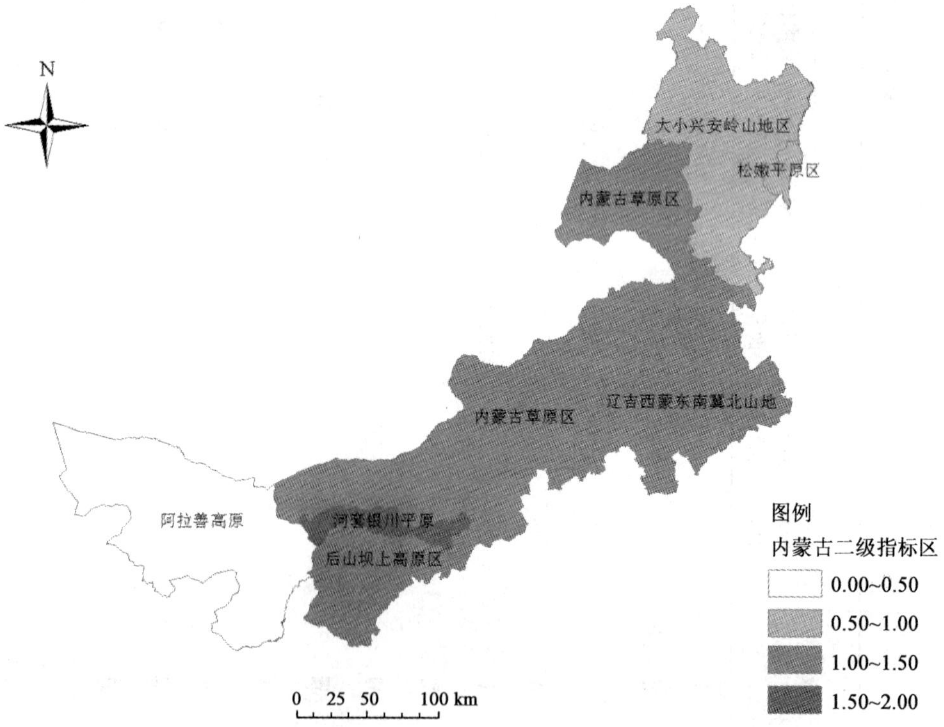

图 9-17　克里格差值空间统计方法(二级区)标准误分布

由图可见，内蒙古草原区、后山坝上高原区两个二级区莫兰指数 I 大于 1，松嫩平原区内只有一个标准误样地，因此这三个二级区空间分层统计方法标准误无法计算。而克里格空间插值分区统计方法却可以利用其他区的样地对三个二级区进行插值预测，但由于内蒙古自治区耕地空间分布面积大，标准样地数量相对较少，得到的标准误较大。

空间分层统计与克里格空间插值分区统计的二级区尺度标准误对比如图 9-18 所示。

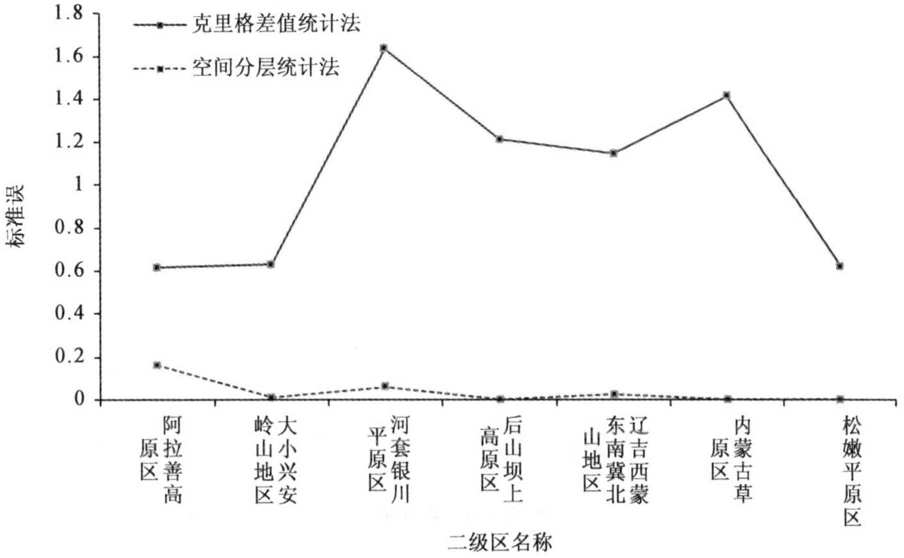

图 9-18　二级区尺度代表性分析

空间分层统计方法的代表性精度结果中由于各种原因，多个二级区存在缺陷，但通过对比发现，其标准误水平整体小于克里格空间插值分区统计方法标准误水平。克里格空间插值分区统计方法标准误都在 0.6～1.8，但是可以得到覆盖所有二级区的完整统计结果。

由以上分析可见，在对内蒙古自治区标准样地在二级区尺度上进行代表性优化时适宜采用空间分层统计方法，但在进行优化设计时标准误无法计算的二级区可参考克里格空间插值分区统计结果进行优化。

2. 省级监测分区代表性分析

省级监测分区尺度上，空间分层统计方法的标准误分布见图 9-19，克里格空间插值分区统计方法的标准误分布见图 9-20。

同二级区尺度代表性分析结果类似，在省级监测分区的尺度上，东北区-坡度限制区由于莫兰指数 I 大于 1，空间分层统计方法无法计算标准误。

省级监测分区代表性精度对比分析见图 9-21：

与二级区尺度上代表性精度分析情况类似，空间分层统计方法除了统计结果无法计算的一个分区，标准误小于克里格空间插值分区统计方法标准误；克里格空间插值分区统计方法可以得到完整的统计结果，标准误处于 0.5～3。

由以上分析可见，与二级区尺度上代表性精度分析情况类似，在对内蒙古自治区标准样地在分区上进行代表性优化时适宜采用空间分层统计方法，但在进行优化设计时标准误无法计算的二级区可参考克里格空间插值分区统计结果进行优化。

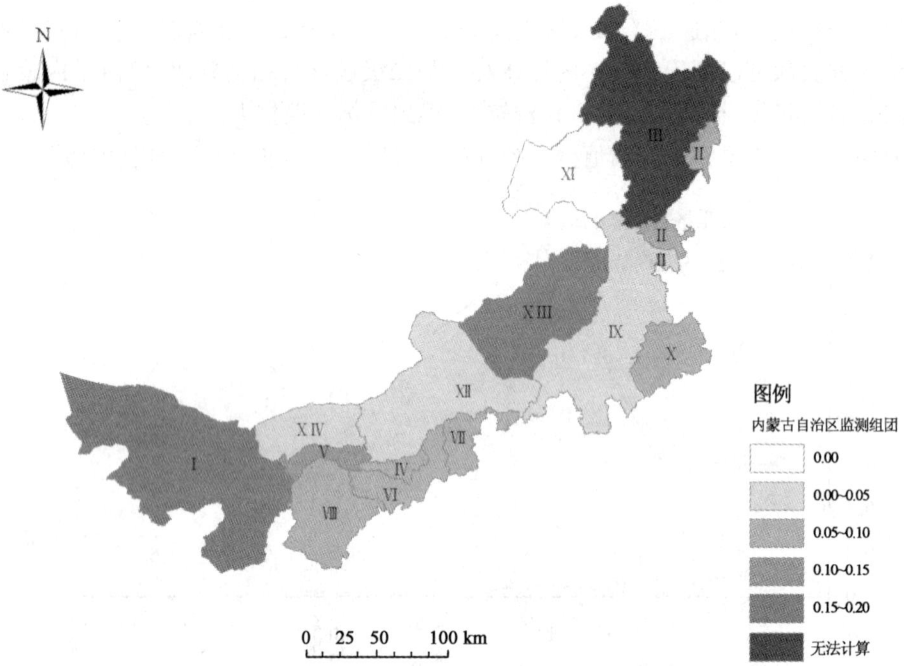

图 9-19 空间分层统计方法(省级监测分区)标准误分布

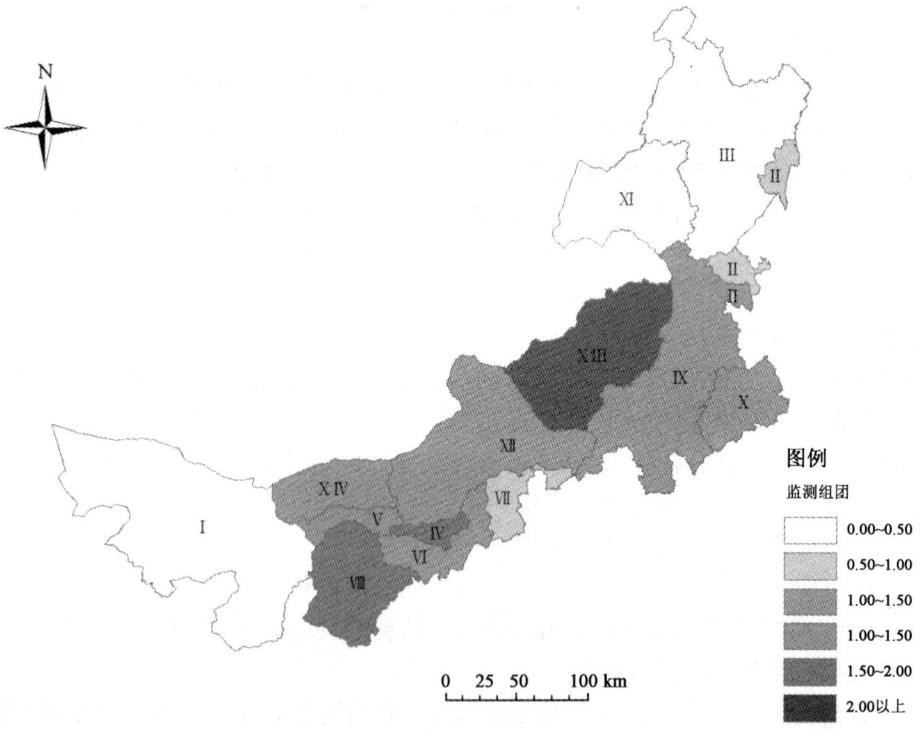

图 9-20 克里格差值空间统计方法(省级监测分区)标准误分布

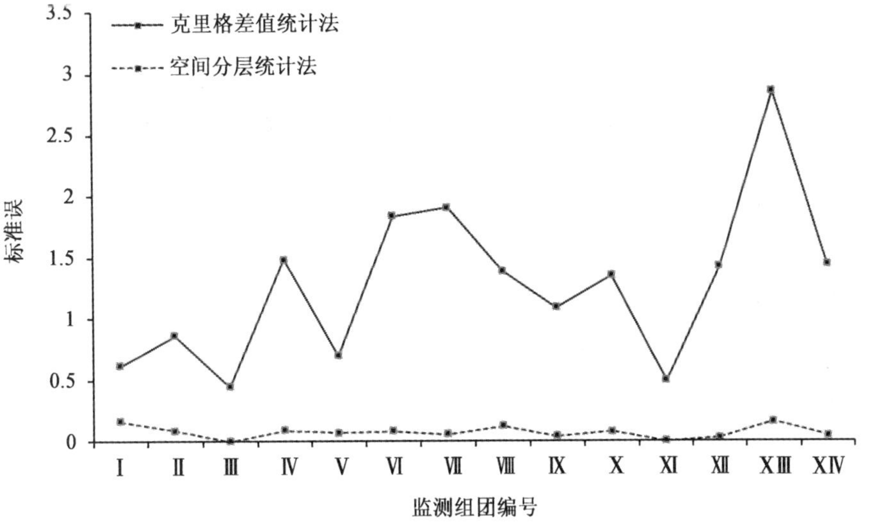

图 9-21　省级监测分区代表性精度对比分析

9.5.2.3　内蒙古自治区监测样地体系优化

1. 监测样地优化原则

①内蒙古自治区监测样地体系设计应充分结合标准样地布设成果，在标准样地的基础上进行数量优化和代表性优化。

②在内蒙古自治区监测样地体系设计时，监测样地数量分析结果是监测样地数量的最低要求，监测样地数量在满足数量要求的基础上，可以合理增加监测样地数量。

③由于空间分层统计方法在进行标准耕作制度二级区和省级监测分区尺度上标准样地代表性分析时，充分考虑了耕地质量等级的空间自相关性和空间差异性，充分提高抽样效率，因此在进行监测样地设计时要充分利用能够反映耕地质量等级空间分布特点的先验知识。

④耕地质量等级监测网络的优化要充分考虑自治区耕地空间分布特点，对于耕地集中连片分布、耕地质量等级监测精度较低的区域要优先加密监测节点。

⑤对于当前样点数为 0 或 1 的分区，耕地数量或分区的总面积一般较少，可以选择区内耕地分布集中、具有代表性的地块作为监测样地。

⑥其他区域按照标准误的大小顺序进行优化，标准误越大的区域，优化优先级越高。

2. 监测样地优化方法

①对样点较少，尤其是只有一个样点的分区，应该检验样点的代表性，如果样点对分区的代表性较高，则可以不增加样点；否则，应该增加样点数量，使该分区标准误发挥其度量作用。

②对样点较多而标准误很大的分区，如河套银川平原区、辽吉西蒙东南冀北山地区，分析表明该区总体的离散程度较大，导致该区方差较大，最终使标准误较大。因此，应该增加能够增大样本离散程度的样点，使样本能够代表总体，也就是使标准误减小，从而减小抽样误差。

③对二级区标准误较大而省级监测分区标准误较小的情况，如后山坝上高原区-水分限制区，经过分析得到：虽然该二级区内的部分分区标准误较小，但是其他分区的标准误较大，导致

二级区标准误较大。因此，对该二级区进行优化时，应该对其中标准误较大的省级监测分区进行优化，既能达到二级区和分区同时优化的效果，又能增大抽样效率。

④对二级区标准误较小而分区标准误较大的情况，如内蒙古草原区-水分限制区，经过分析得到：分区内的样点不能代表该分区总体的离散程度，使分区的方差较大，导致标准误较大；但是，这些分区的样点能够代表该二级区总体的离散程度，使二级区的标准误较小。因此，对该类分区进行优化时，需要对每个监测组图进行优化，使每个分区内样点都能代表本区总体的离散程度。

9.5.2.4 内蒙古自治区监测样地体系构建结果

经过标准样地的数量分析和代表性分析，对内蒙古自治区监测样地体系进行构建，共设置监测样地 219 个，监测样地空间分布如图 9-22 所示。

图 9-22 内蒙古自治区监测样地空间分布(二级区)

由图可见，监测样地在二级区尺度上空间分布的大体趋势为在河套银川平原、辽吉西蒙东南冀北山地区、松嫩平原区三个二级区分布较为集中，而阿拉善高原区、内蒙古草原区两个二级区分布较为稀疏，而后山坝上高原区的监测样地主要分布在二级区中部，大小兴安岭山地区的监测样地主要分布在东西两侧。

由图 9-23 可见，在阿拉善高原-多限制因素区、后山坝上高原-土质限制区、内蒙古草原区-多种限制因素区、内蒙古草原区-水分限制区、内蒙古草原区-水分土质限制区五个省级监测分区内分布较为稀疏，而在东北及松嫩平原-较少限制区、河套银川平原-盐碱限制区、河套银川平原-坡度与侵蚀限制区、辽吉西蒙东南冀北山地-坡度与土质限制区分布较为集中。

监测样地在各二级区内各耕地质量等别分布数量见表 9-15，在内蒙古自治区及自治区各二级区耕地面积比例分布和省级监测样点比例分布如图 9-23 所示。

表 9-15　监测样地耕地质量等别分布(二级区)

二级区名称	利用等别									
	7	8	9	10	11	12	13	14	15	总计
阿拉善高原区	—	—	—	1	1	1	—	—	—	3
大小兴安岭山地区	—	—	—	—	—	1	1	6	22	30
河套银川平原区	—	1	1	3	6	6	2	2	5	26
后山坝上高原区	1	1	2	1	2	3	5	10	24	49
辽吉西蒙东南冀北山地	—	—	1	1	1	4	6	15	45	73
内蒙古草原区	—	—	—	—	—	3	2	10	15	30
松嫩平原区	—	—	—	—	—	—	1	2	5	8
总计	1	2	4	6	10	18	17	45	116	219

由图 9-23 可见，监测样点在自治区及各二级区耕地等别分布基本与耕地在各等别分布情况一致，监测样点较为全面的代表了各地区的各类等别质量情况。

9.6　耕地等别变化监测指标体系确定

9.6.1　耕地等别变化监测指标体系研究目的与意义

已有的研究在如何针对县域耕地质量变化情况设置等级监测指标的方面较为缺乏，而在对渐变区耕地质量变化进行监测时，合理的设置监测指标体系可以提高工作效率，降低工作成本，使监测工作更具备可操作性。而耕地等别变化监测指标体系的确定需要在确保分等工作与监测工作的衔接性的前提下确定指标，使指标体系既能反映出不同时期耕地质量变化，确保不同地域间、不同时期间可比性，又能节约成本、提高效率。

本研究以西辽河平原地区所在的辽吉西蒙东南冀北山地-土质限制区为实例，经过对区域内布设的 18 处省级监测样地实地取样调查，采集耕地质量实时信息，研究耕地等别变化监测指标体系确定方法(图 9-24)。

9.6.2　耕地等别变化监测指标体系确定方法

9.6.2.1　耕地质量等别变化主导因素分析

为了满足监测指标体系与原农用地分等指标体系的衔接，确保指标体系既能反映出不同

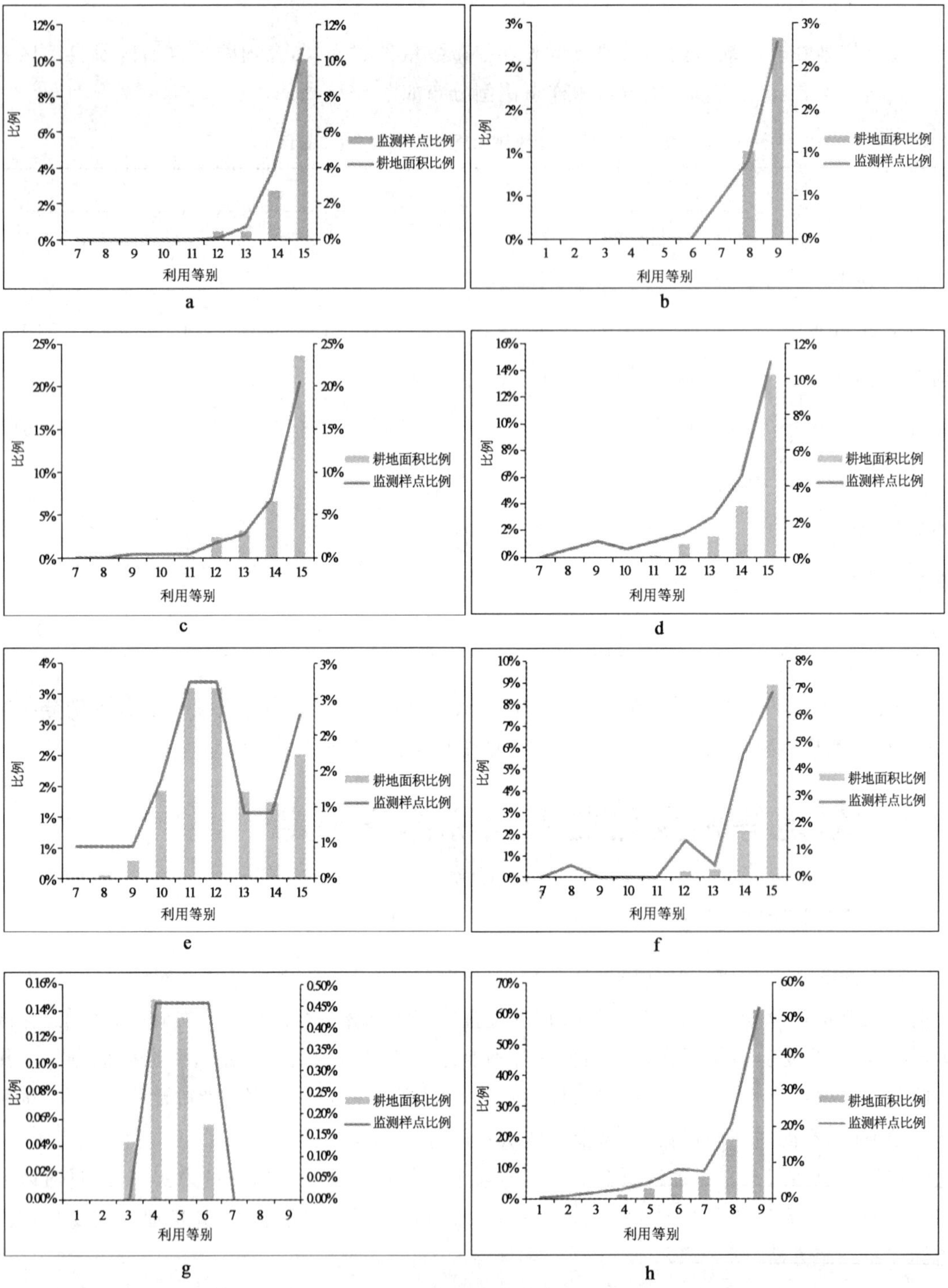

图 9-23 省级监测样点代表性

a 为大小兴安岭山地区监测样点比例与耕地面积比例，b 为松嫩平原区，c 为辽吉西蒙东南冀北山地区，d 为后山坝上高原区，e 为河套银川平原区，f 为内蒙古草原区，g 阿拉善高原区，h 为内蒙古自治区全域省级监测样点比例与耕地面积比例对比

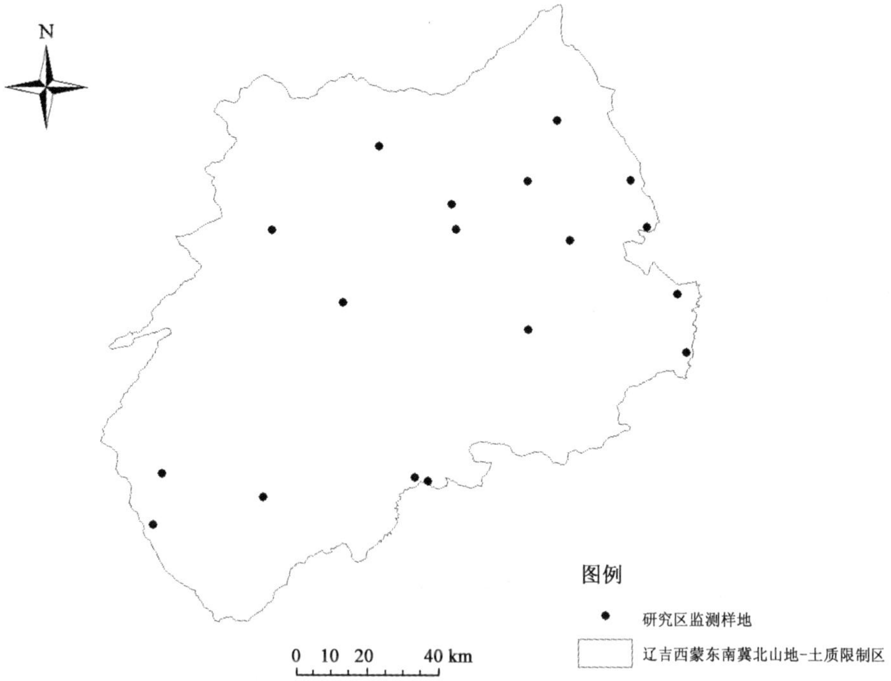

图 9-24　研究区省级监测样地空间分布

时期耕地质量变化，又能保证不同地域间、不同时期间可比性。本研究创新性地提出两个概念，即分等因素对等别形成的贡献程度以及各分等因素对等别变化的贡献程度。应用这两个概念，可以对比在两个时间点上，由每一个分等因素发生变化而引起的等别变化程度。本研究耕地质量等别变化主导因素分析的步骤如下。

1. 读取分等因素指标分值

按照《农用地质量分等规程》(GB/T 28407—2012)中农用地自然质量分计算方法，根据监测样点自然质量影响因素状况，计算省级监测分区内监测样地各个影响因素分值。

2. 确定省级监测样地各分等因素对等别变化贡献程度

通过监测样地各个影响因素对该分等单元自然等指数贡献值与该分等单元原农用地分等各影响因素对原自然等指数贡献值对比，对各个影响因素对耕地质量等别变化影响程度进行计算。

计算方法如下：

$$P_{nk} = | R_{nk} - r_{nk} | \tag{9-13}$$

式中：P_{nk} 为第 n 个省级监测样地第 k 个分等因素的分等因素等别变化贡献值，值越大说明由于该分等因素的变化对该分等单元耕地质量等别的变化作用越大；为通过调查省级监测样地的数据计算得到第 n 个监测样地第 k 个分等因素对该分等单元自然等形成的贡献值；为原农用地分等计算得到第 n 个监测样地第 k 个分等因素对该分等单元原自然等形成的贡献值。

其中，P_{nk} 计算方法如下：

$$R_{nk}=\frac{\sum_{j=1}^{j}w_{jk}\times F_{njk}\times \alpha_j\times \beta_j}{100} \tag{9-14}$$

式中：w_{jk} 为第 j 种指定作物第 k 个分等因素的权重；F_{njk} 为监测样地数据计算得到第 n 个监测样地第 j 种指定作物第 k 个分等因素的质量分值；α_j 为第 j 种作物的光温（气候）生产潜力指数；β_j 为第 j 种作物的产量比系数；n 为调查地块编号；j 为指定作物编号；k 为分等因素编号。

r_{nk} 计算方法如下：

$$r_{nk}=\frac{\sum_{j=1}^{j}w_{jk}\times f_{njk}\times \alpha_j\times \beta_j}{100} \tag{9-15}$$

式中：f_{njk} 为原农用地分等中第 n 个监测样地所在分等单元第 j 种指定作物第 k 个分等因素的质量分值。

3. 分析省级监测分区各影响因素分值对耕地等别变化贡献程度

省级监测分区影响因素分值变化程度由省级监测分区内监测样地调查分等因素等别变化影响程度综合确定。

省级监测分区各影响因素分值等别变化贡献值计算公式如下：

$$C_k=\frac{\sum_{n}^{1}P_{nk}}{n} \tag{9-16}$$

式中：C_k 为省级监测分区第 k 个影响因素等别变化贡献值；n 为省级监测分区内的监测样地数量。

4. 确定耕地质量等别变化主导因素

将省级监测分区内各个影响因素分值变化值按照从大到小的顺序排列，从中选取影响因素分值变化值较大的 2～3 个因素作为该省级监测分区内耕地质量等别变化主导因素。

9.6.2.2 耕地利用限制因素分析

本研究认为，在耕地质量等别变化监测工作中不应该仅仅监测引起耕地等别变化的因素，还应该针对耕地利用的短板、主要限制因素展开监测，为后续开展耕地质量提升工程提供科学依据。通过对内蒙古自治区耕地利用主要限制因素分析，可以确定各个省级监测分区内耕地利用的短板因素，并结合农用地分等因素指标确定各个省级监测分区需要进行监测的限制因素指标。各个省级监测分区限制因素指标选择如表 9-16 所示。

表 9-16 限制因素指标

省级监测分区	监测分组编号	限制因素
阿拉善高原-多限制因素区	Ⅰ	全因素监测
东北及松嫩平原区-无明显限制区	Ⅱ	无
东北区-坡度限制区	Ⅲ	坡度、侵蚀程度、有效土层厚度
河套银川平原-坡度与侵蚀限制区	Ⅳ	坡度、侵蚀程度、有效土层厚度、距障碍层深度
河套银川平原-盐碱限制区	Ⅴ	土壤盐渍化程度
后山坝上高原区-坡度与侵蚀限制区	Ⅵ	坡度、侵蚀程度、有效土层厚度、距障碍层深度
后山坝上高原区-水分限制区	Ⅶ	灌溉保证率、灌溉水源
后山坝上高原区-土质限制区	Ⅷ	表层土壤质地、有效土层厚度
辽吉西蒙东南冀北山地区-坡度与土质限制区	Ⅸ	坡度、表层土壤质地、有效土层厚度
辽吉西蒙东南冀北山地区-土质限制区	Ⅹ	表层土壤质地、有效土层厚度
内蒙古草原区-多种限制因素区	Ⅺ	全因素监测
内蒙古草原区-水分土质限制区	Ⅻ	灌溉保证率、灌溉水源、表层土壤质地、有效土层厚度
内蒙古草原区-水分限制区	XIII	灌溉保证率、灌溉水源
内蒙古草原区-土质限制区	XIV	表层土壤质地、有效土层厚度

9.6.3 耕地等别变化监测指标体系确定实例

基于对辽吉西蒙东南冀北山地-土质限制区省级监测分区内 18 个省级监测样地的耕地质量等别指标因素实地取样调查,对该省级监测分区耕地质量等别变化主导因素进行分析。18 个省级监测样地的原分等指标因素分值、调查指标因素分值,以及各分等因素对等别变化贡献程度见表 9-17,表 9-17 中已将指标因素分值与权重值相乘。

由表 9-17 可见,经过对辽吉西蒙东南冀北山地-土质限制区内布设 18 个省级监测样地的调查研究,在所有分等因素中,剖面构型与距障碍层深度两个因素的等级未发生变化,表层土壤质地、地形坡度、土壤侵蚀程度、有效土层厚度四个因素的等级发生轻微变化,而变化最大的因素为土壤有机质含量。

将分析数据带入公式计算省级监测分区内各因素等别变化贡献值,计算结果如表 9-18 所示。

表 9-17　省级监测样地分等因素对比

监测样地编号	指标区名称	指定作物指数(α)	有效土层	有效土层(新)	有效土层(P)	表层质地	表层质地(新)	表层质地(P)	坡度	坡度(新)	坡度(P)	有机质	有机质(新)	有机质(P)	灌溉水源	灌溉水源(新)	灌溉水源(P)
1	平原区	1105	—	—	—	5.60	5.60	0	—	—	—	3.60	100.00	649.78	5.40	5.40	0
2	平原区	1105	—	—	—	5.60	7.00	9.44	—	—	—	3.60	80.00	514.97	5.40	5.40	0
3	丘陵区	582	27	27	0	3.20	3.20	0	18.4	18.4	0	0.80	5.60	17.04	—	—	—
4	丘陵区	582	27	27	0	3.20	3.20	0	18.4	23	16.33	0.80	0.80	0	—	—	—
5	平原区	582	—	—	—	5.60	5.60	0	—	—	—	3.60	7.20	12.78	5.40	5.40	0
6	平原区	582	—	—	—	7.00	7.00	0	—	—	—	5.40	9.00	12.78	5.40	5.40	0
7	平原区	1037	—	—	—	2.80	5.60	17.71	—	—	—	1.80	0.90	5.69	4.80	4.80	0
8	平原区	607	—	—	—	2.80	2.80	0	—	—	—	1.80	1.80	0	4.80	4.80	0
9	平原区	607	—	—	—	2.80	5.60	10.37	—	—	—	1.80	3.60	6.66	6.00	5.40	2.22
10	平原区	607	—	—	—	2.80	5.60	10.37	—	—	—	1.80	9.00	26.66	4.80	4.80	0
11	平原区	607	—	—	—	2.80	2.80	0	—	—	—	1.80	0.90	3.33	6.00	5.40	2.22
12	丘陵区	995	18.9	18.9	0	8.00	6.40	9.71	23	23	0	1.6	1.6	0	—	—	—
13	丘陵区	573	18.9	24.3	18.87	8.00	3.20	16.78	23	23	0	1.6	6.4	16.78	—	—	—
14	丘陵区	573	10.8	10.8	0	3.20	3.20	0	23	23	0	0.8	3.2	8.39	—	—	—
15	平原区	1039	—	—	—	5.60	5.60	0	—	—	—	3.60	3.60	0	5.40	5.40	0
16	平原区	501	—	—	—	2.80	5.60	8.56	—	—	—	0.90	5.40	13.75	5.40	5.40	0
17	平原区	1112	—	—	—	6.3	5.60	4.75	—	—	—	3.6	9	36.63	4.8	5.40	4.07
18	平原区	1112	—	—	—	4.9	2.80	14.24	—	—	—	3.6	3.6	0	4.8	4.8	0

续表 9-17

监测样地编号	指标区名称	指定作物指数(α)	灌溉保证率	灌溉保证率（新）	灌溉保证率（P）	距障碍层深度	距障碍层深度（新）	距障碍层深度（P）	土壤侵蚀度	土壤侵蚀度（新）	土壤侵蚀度（P）	盐渍化程度	盐渍化程度（新）	盐渍化程度(P)
1	平原区	1105	30	30	0	6	6	0	—	—	—	18.00	18.00	0
2	平原区	1105	30	30	0	6	6	0	—	—	—	18.00	18.00	0
3	丘陵区	582	2	8	21.30	4	4	0	1	4	10.65	—	—	—
4	丘陵区	582	2	8	21.30	4	4	0	1	7	21.30	—	—	—
5	平原区	582	3	30	95.86	6	6	0	—	—	—	18.00	18.00	0
6	平原区	582	3	30	95.86	6	6	0	—	—	—	18.00	18.00	0
7	平原区	1037	21	30	56.93	6	6	0	—	—	—	7.20	12.60	34.16
8	平原区	607	3	3	0	6	6	0	—	—	—	18.00	18.00	0
9	平原区	607	21	30	33.32	6	6	0	—	—	—	18.00	18.00	0
10	平原区	607	3	30	99.97	6	6	0	—	—	—	7.20	12.60	19.99
11	平原区	607	3	30	99.97	6	6	0	—	—	—	18.00	18.00	0
12	丘陵区	995	20	20	0	2.8	2.8	0	10	10	0	—	—	—
13	丘陵区	573	2	2	0	3.6	3.6	0	10	10	0	—	—	—
14	丘陵区	573	2	4	6.99	3.6	3.6	0	10	10	0	—	—	—
15	平原区	1039	30	30	0	—	—	—	—	—	—	18.00	18.00	0
16	平原区	501	21	30	27.50	—	—	—	—	—	—	12.60	18.00	16.50
17	平原区	1112	30	30	0	6	6	0	—	—	—	18	7.20	73.26
18	平原区	1112	30	30	0	6	6	0	—	—	—	18	12.60	36.63

续表 9-17

监测样地编号	指标区名称	指定作物指数(α)	排水条件	排水条件(新)	排水条件(P)	剖面构型	剖面构型(新)	剖面构型(P)
1	平原区	1105	9.80	14.00	28.31	10.00	10.00	0
2	平原区	1105	9.80	9.80	0	6.00	6.00	0
3	丘陵区	582	—	—	—	—	—	—
4	丘陵区	582	—	—	—	—	—	—
5	平原区	582	14.00	14.00	0	10.00	10.00	0
6	平原区	582	14.00	14.00	0	10.00	10.00	0
7	平原区	1037	9.80	4.20	35.42	3.00	3.00	0
8	平原区	607	4.20	12.60	31.10	10.00	10.00	0
9	平原区	607	9.80	14.00	15.55	10.00	10.00	0
10	平原区	607	9.80	9.80	0	6.00	6.00	0
11	平原区	607	9.80	12.60	10.37	10.00	10.00	0
12	丘陵区	995	—	—	—	—	—	—
13	丘陵区	573	—	—	—	—	—	—
14	丘陵区	573	—	—	—	—	—	—
15	平原区	1039	12.60	12.60	0	10.00	10.00	0
16	平原区	501	9.80	9.80	0	1.00	1.00	0
17	平原区	1112	9.8	14.00	28.49	8	8	0
18	平原区	1112	9.8	12.60	18.99	9	9	0

表 9-18　省级监测分区各分等因素等别变化贡献值

指标值	等别变化贡献值	指标值	等别变化贡献值
表层质地	5.66	土壤侵蚀度	6.39
坡度	3.27	盐渍化程度	13.89
有机质	73.63	排水条件	12.94
灌溉水源	0.65	剖面构型	0
灌溉保证率	31.06	有效土层厚度	3.77
距障碍层深度	0		

由表可见，省级监测分区各分等因素等别变化贡献值与各监测样地分析结果相对一致，按照对等别变化贡献由大到小的分等因素排序，结果为土壤有机质含量＞灌溉保证率＞土壤盐渍化程度＞排水条件＞土壤侵蚀度＞表层质地＞有效土层厚度＞地形坡度＞距障碍层深度、剖面构型。按照耕地质量等别变化主导因素选择原则，选择土壤有机质含量、灌溉保证率、土壤盐渍化程度三个分等因素作为辽吉西蒙东南冀北山地-土质限制区省级监测分区的耕地等别变化主导因素。结合省级监测分区耕地利用限制因素分析，确定表层土壤质地、有效土层厚度、土壤有机质含量、灌溉保证率、土壤盐渍化程度五个分等因素作为该省级监测分区耕地等别变化监测工作主要监测指标。在监测工作实例中，根据确定好的耕地质量等别变化监测指标体系开展耕地质量监测工作，而未在体系中的分等因素直接沿用农用地分等成果完善工作中的数据。

9.7　耕地等别变化年度监测实例

本研究以内蒙古自治区开鲁县为例，进行耕地质量等别变化研究。完成省级监测方法与已有的县级监测方法技术对接。

9.7.1　县级监测控制区划分

监测控制区是在县级时空尺度内，自然和社会属性具有相对一致性的封闭区域，监测控制区内气候、地形地貌、耕地利用水平、投入产出水平和耕地利用方式应具有相对一致性，不同监测控制区之间的上述综合属性应具有明显区别。

监测控制区在耕地质量等别变化监测中具有重要作用。一是县级监测样点需要根据监测控制区布设，根据每个监测控制区内等别分布情况，布设一个或多个监测样点；二是县级监测样点质量等级的变化信息通过监测控制区实现“点”到“面”的提升，从而得到县域内耕地质量和产能的总体变化情况。

9.7.1.1　监测控制区划定步骤

1. 区域背景分析

根据区域等级变化重点监测因素，收集农用地分等成果、标准样地布设成果，结合区县土地利用现状数据、生态条件差异特征、区域经济发展水平，同时充分考虑县级土地利用总体规划功能区划分，进行综合分析和对比，采取技术文献总结或专家研讨方式，分析确定影响本地耕地等级及其变化的气候、肥力、盐碱化、有效土层厚度、沙化、水土流失、基础设施、环境污染、投入产出、集中连片等主导因素，为相关资料收集和基础数据库构建做准备。

2. 构建基础数据库

监测控制区划定基础数据内容包括气候、地形、地貌、土壤、农用地等别、农用地产能、土地利用总体规划（功能区）、土地利用变化、种植业结构、产量水平、投入一产出调查数据等内容。其中所有空间数据空间参考与“二调”数据库一致，各要素尽可能采用大比例尺地图。土地利用变化分析、种植业结构、产量水平、投入一产出调查数据等以村或乡为单位，不打破村或乡行政界线。

3. 耕地利用条件分区

监测背景分区包括“土地利用特征分区”、“自然质量分区”、“利用水平分区”和“收益水平分区”，上述背景分区划定不打破村界。

4. 划分耕地质量等级变化“监测控制区”

采用空间叠置等技术手段，对“自然质量分区”、“利用水平分区”、“收益水平分区”和“土地利用特征分区”进行叠加分析，初步耕地质量等级变化“监测控制区”。

根据主导性原则和行政界线完整性原则，对初步划分的“监测控制区”边界进行适当调整，确保各监测控制区边界不破村界，从而确定最终县域耕地质量等级变化“监测控制区”。

9.7.1.2　监测控制区划定结果

根据以上监测控制分区划分原则及步骤，结合开鲁县自身特有的自然社会条件，对开鲁县进行监测控制区划定，得到监测控制分区划分结果，共划分 11 个监测控制区，对分区以大写 J 开头按空间顺序进行编号。开鲁县监测控制区空间分布见图 9-25。

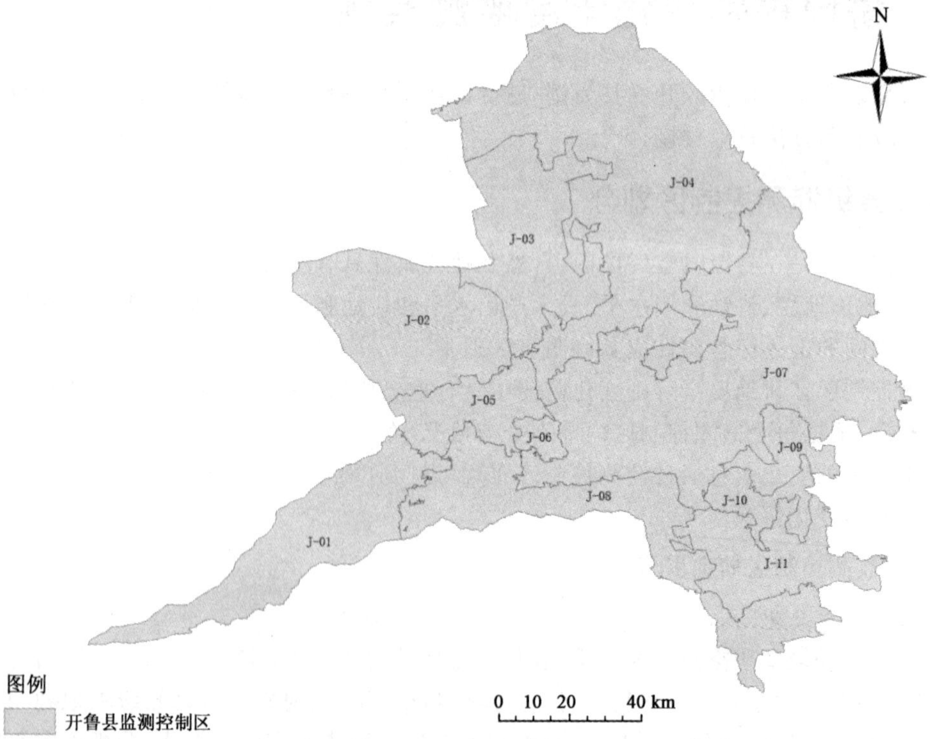

图 9-25　开鲁县监测控制区分布

9.7.2 县级监测样地布控

县级监测样点数量采用地统计学的方法确定，地统计学与经典统计学的共同之处在于，他们都是在大量采样的基础上，通过对样本属性值的频率分布、均值、方差等关系及其相应规则进行分析，确定其空间分布格局与相关关系。但地统计学区别于经典统计学的最大特点是，地统计学既考虑到样本值的大小，又重视样本空间位置及样本间的距离。在研究具有空间位置的耕地质量等级监测中，基于地统计学的样本容量确定方法更合理。

依据地统计学的空间分层抽样原理，样本容量计算方法为：

$$n=\frac{\left(\sum W_hS_h(1-r_h)\sqrt{C_h}\right)\sum\left(W_hS_h(1-r_h)/\sqrt{C_h}\right)}{V+(1/N)\sum W_hS_h^2(1-r_h)},\quad W_h=\frac{N_h}{N} \tag{9-17}$$

式中：n 表示样本单位数；N_h 表示各层样本数量；N 表示总体数量；W_h 表示 h 层的权；S_h 表示 h 层的标准差；r_h 表示空间自相关系数；C_h 表示 h 层的样本费用；V 表示抽样精度即希望得到的样本估值的方差。

按照面积比例分配方法，确定各监测分区监测点数量。各分层样本量为

$$n_h=\frac{M_h}{M}\times n \tag{9-18}$$

式中：n_h 表示 h 层样本单位数；M_h 表示 h 层的耕地面积；M 表示研究区耕地总面积；n 表示样本单位数。

在应用公式计算开鲁县耕地等别县级监测样点数量时，认为每个耕地分等单元的费用相同，均为单位 1。得到样本单位数与取样精度的关系方程为：

$$n=\frac{9894.76}{V+0.84} \tag{9-19}$$

设置样本数量变化率阈值为 0.1，当 $|n'|\leqslant 0.1$，说明误差满足精度变化要求后，增加样点数对精度的增加已无太大意义，此时，样本数量最少应为 43 个。

根据耕地面积比例分配方法，确定各监测分区监测点数量，布设监测点时还应考虑耕地利用现状及耕地不同质量等别，监测样地应位于基本农田保护区，因此需对设置的监测点进行修正调整（表 9-19）。

表 9-19　监测控制区县级监测样点数量

监测控制区编号	面积/$\times10^3$ hm^2	面积比例	理论样本数量	理论样本数量调整	实际样本量
J-01	25.51	17.38%	7.47	8	8
J-02	1.44	0.98%	0.42	1	2
J-03	3.19	2.18%	0.94	1	4
J-04	27.96	19.05%	8.19	9	9
J-05	10.75	7.32%	3.15	4	4
J-06	1.34	0.91%	0.39	1	2
J-07	30.63	20.86%	8.97	9	10
J-08	25.77	17.56%	7.55	8	9
J-09	0.68	0.47%	0.20	1	3
J-10	2.71	1.85%	0.79	1	3
J-11	16.80	11.44%	4.92	5	7
总计	146.79	100.00%	43	48	61

每个监测控制区可看作耕地质量均一区域，同一监测控制区内耕地分等单元自然质量条件、利用水平、收益水平相同。考虑耕地等别、耕地地类，根据耕地监测点布设的技术要求，选取面积最大的分等单元作为监测样地，布控监测样点，进行长期定位监测(图 9-26)。

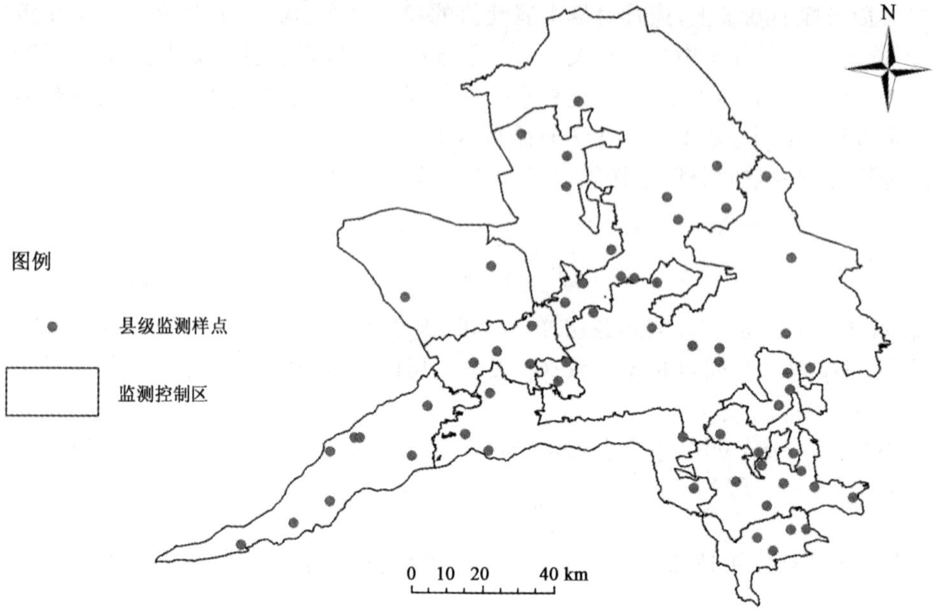

图 9-26　监测控制区县级监测样点分布

9.7.3　县级监测样点分等数据空间表达

9.7.3.1　县级监测样点分等数据空间表达方法

1. 数值型因素

数值型数据指如土壤有机质含量、土壤盐渍化程度、土壤 pH 等可以定量分析的分等因素，具体到开鲁县的耕地质量监测工作，定量分析的分等因素为土壤有机质含量、土壤盐渍化程度。

在耕地质量监测控制区内耕地属性相对均一的基础上，为了探索耕地质量分等数值型因素由监测样点到监测控制区的空间表达方法，引入了“因素值变化率”的概念，即，监测控制区内耕地的因素值的变化程度与区内各监测样点的因素值的变化程度的加权平均值一致。

各监测样点的“因素值变化率”计算公式：

$$K_{ij} = \frac{F_{ij}}{F_{ij}'} \times 100\% \tag{9-20}$$

式中：K_{ij} 表示第 i 个县级监测样点第 j 种因素值变化率；F_{ij} 表示监测获取到的第 i 个监测样点第 j 种因素值；F_{ij}' 表示上期农用地分等成果中第 i 个监测样点第 j 种因素值；i 表示监测样点编号；j 表示因素编号。

各监测样控制区的“因素值变化率”计算公式：

$$K_{mj} = \frac{\sum_{i=1}^{n} K_{ij} \times S_i}{\sum_{i=1}^{n} S_i} \times 100\% \tag{9-21}$$

式中：K_{ij} 表示第 i 个监测样点第 j 种因素值变化率；S_i 表示第 i 个监测样点所在地块面积；i 表示监测样点编号；j 表示因素编号。

计算得出各监测控制区"因素值变化率"之后，即可计算得出监测控制区耕地分等单元的因素值，进而评定各耕地分等单元的质量等别。因素值计算公式：

$$F_{ij} = F'_{ij} \times K_{mj} \tag{9-22}$$

式中：F_{ij} 表示第 i 个分等单元第 j 个因素的监测值；F'_{ij} 表示第 i 个分等单元第 j 个因素的原始值；K_{mj} 表示分等单元所在的监测控制区第 j 个因素值/系数值变化率；m 表示监测控制区编号；i 表示分等单元编号；j 表示分等因素编号。

2. 定性型因素

农用地质量分等因素中除了包含可以定量分析的数值型数据，同时也包含有土壤质地、剖面构型、排水条件等定性数据，具体到开鲁县的耕地质量监测工作，进行定性分析的因素为表层土壤质地、灌溉保证率。

县域耕地质量分等因素中定性数据采用基础资料分析与实地调研相结合的方式进行监测。

9.7.3.2 县级监测样点分等数据空间表达结果

1. 数值型数据

通过 ArcGIS 软件，对监测样点与原农用地分等成果进行挂接，将县级监测样点数据与原农用地分等数据进行对比，可以计算各监测控制区内耕地土壤有机质含量变化率和土壤盐渍化程度变化率，土壤有机质含量和土壤盐渍化程度变化空间分布如图 9-27 和图 9-28 所示。

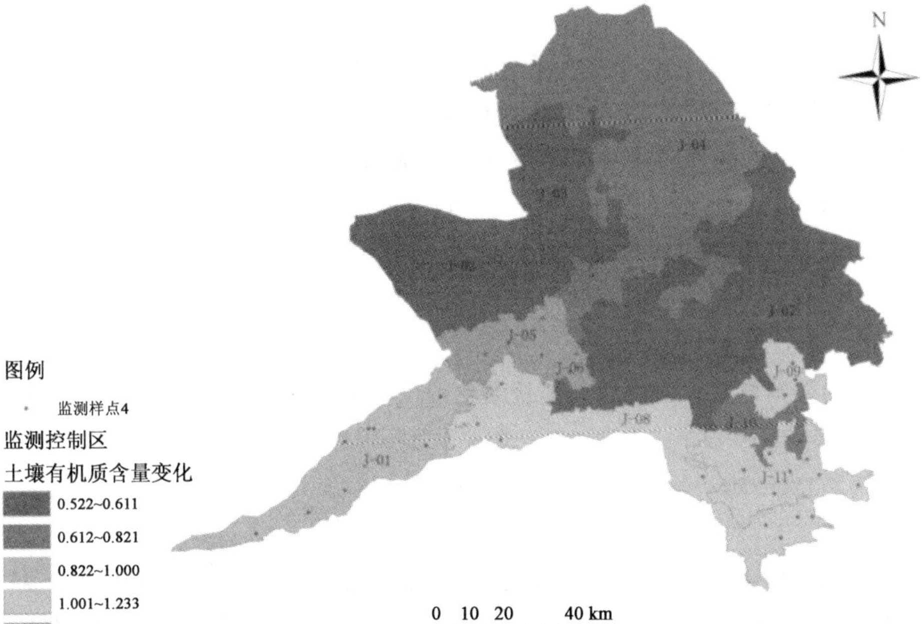

图 9-27　土壤有机质含量变化空间分布

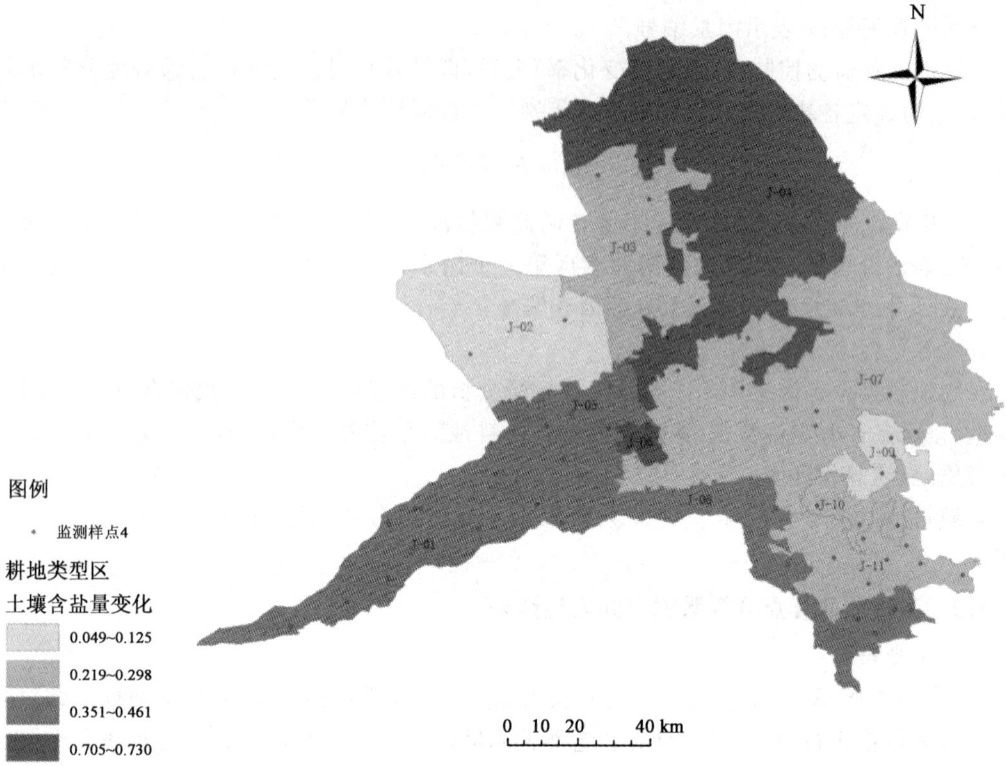

图 9-28 土壤盐渍化程度变化空间分布

由图 9-28 可见，开鲁县土壤有机质含量变化呈总体下降的趋势，共有 7 个监测控制区内土壤有机质含量下降，其中 J-01 监测控制区内耕地土壤有机质含量下降不明显，基本与原分等成果一致，其余 6 个监测控制区内耕地均有明显下降。土壤有机质含量上升的监测控制区有 J-05、J-06、J-08、J-09、J-11 五个监测控制区，主要分布在开鲁县中部和南部，经过分析有机质含量上升的监测控制区空间分布基本与开鲁县内耕地利用强度较高的地区一致，说明较高强度的耕作在一定程度上不但没有使土壤有机质含量下降，反而使之上升。

开鲁县所有监测控制区内耕地土壤盐渍化程度均有不同程度的下降，其中监测控制区 J-02、J-09 下降幅度最大，J-03、J-07、J-10 三个控制区下降幅度次之，J-04 控制区土壤盐渍化程度遍布不明显，与农用地分等工作开展时保持一致。

2. 定性数据

通过实地调研和县内近年土地整治资料、耕地基础设施配套资料、土壤图收集，对开鲁县耕地灌溉保证率和表层土壤质地两个定性的因素进行评价。灌溉保证率评价结果如图 9-29 及表 9-20 所示，图 9-30 为开鲁县原农用地分等成果中灌溉保证率分值分布情况，用作对比。

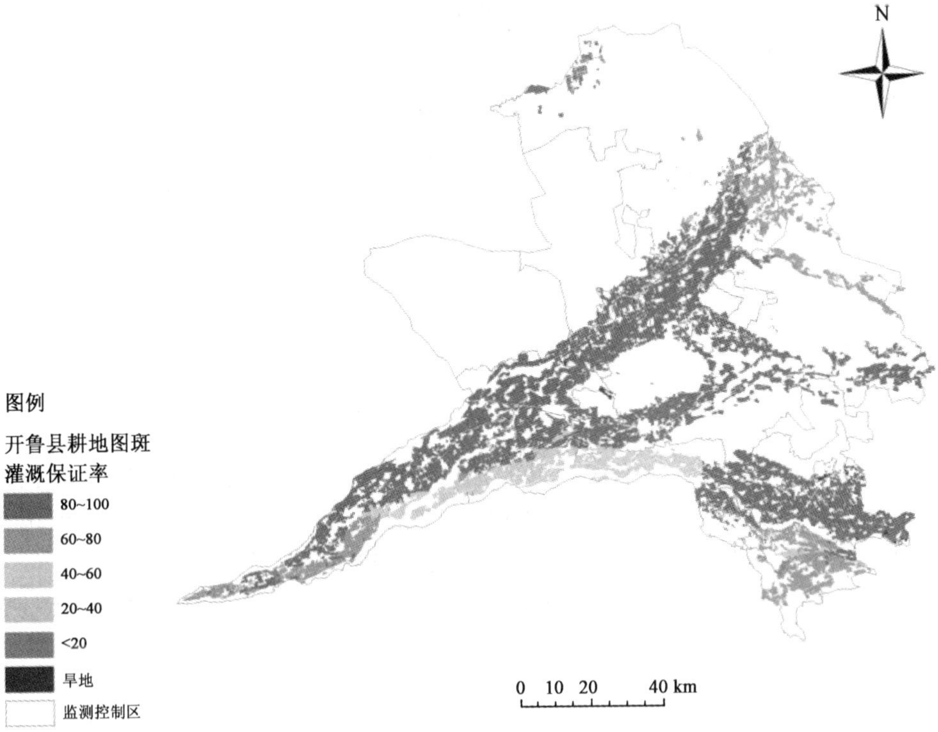

图 9-29　开鲁县耕地灌溉保证率分布

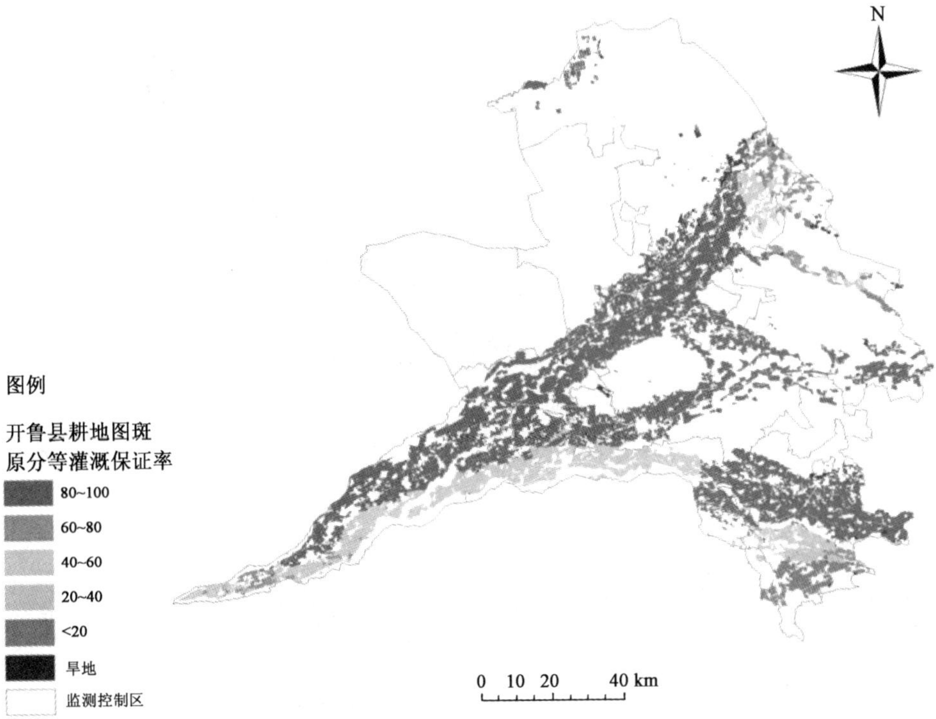

图 9-30　开鲁县原农用地分等灌溉保证率分布

表 9-20 开鲁县耕地灌溉保证率分布

灌溉保证率/耕地面积	监测结果	比例	农用地分等结果	比例
80～100	87.41	72.16%	85.64	70.70%
60～80	20.72	17.10%	2.89	2.39%
40～60	11.80	9.75%	20.23	16.70%
20～40	0.35	0.29%	2.74	2.26%
＜20	0.20	0.16%	6.76	5.58%
旱地	0.65	0.54%	2.86	2.36%
总计	121.13	100.00%	121.13	100.00%

由图 9-31 及表 9-20 可见，开鲁县在近年的土地整治工作中，对耕地灌溉保证率的提升效果明显，县内灌溉保证率为 60～100 的耕地面积比例上升近 20%，县内旱地和灌水困难的耕地明显减少。原本可以灌水但灌溉保证效果不理想的耕地，灌溉条件也得到提升。

表层土壤质地评价结果见图 9-31，图 9-32 为开鲁县原农用地分等成果中表层土壤质地分值分布情况，用作对比。

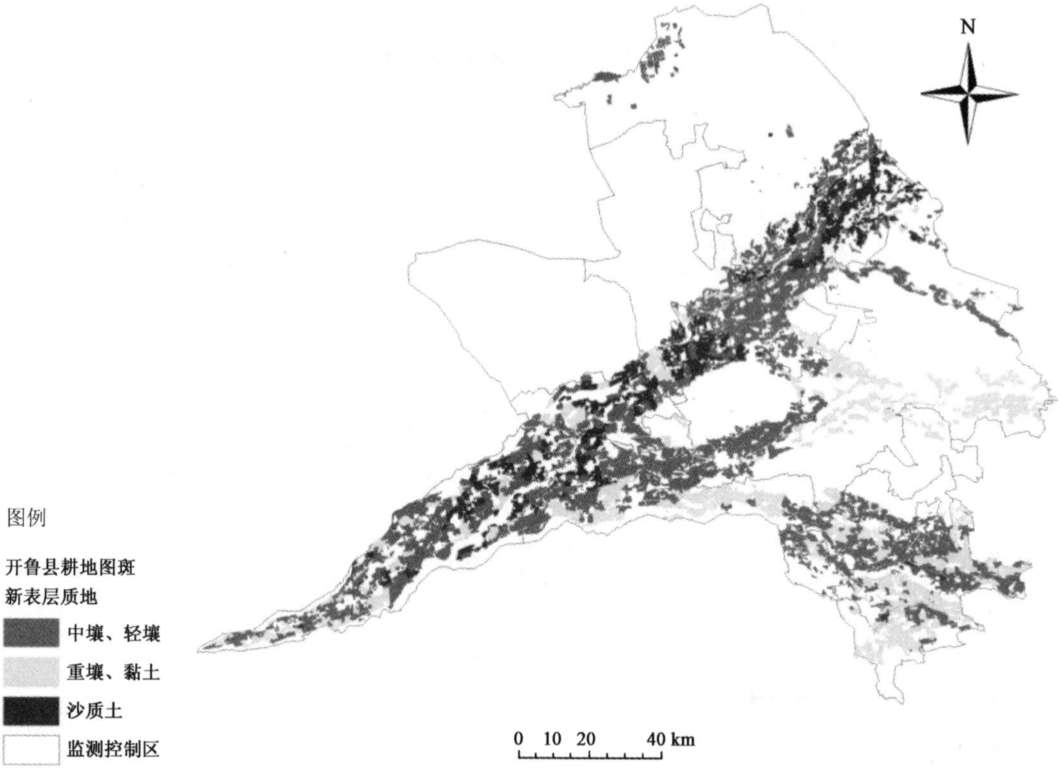

图 9-31 开鲁县原耕地表层土壤质地监测结果

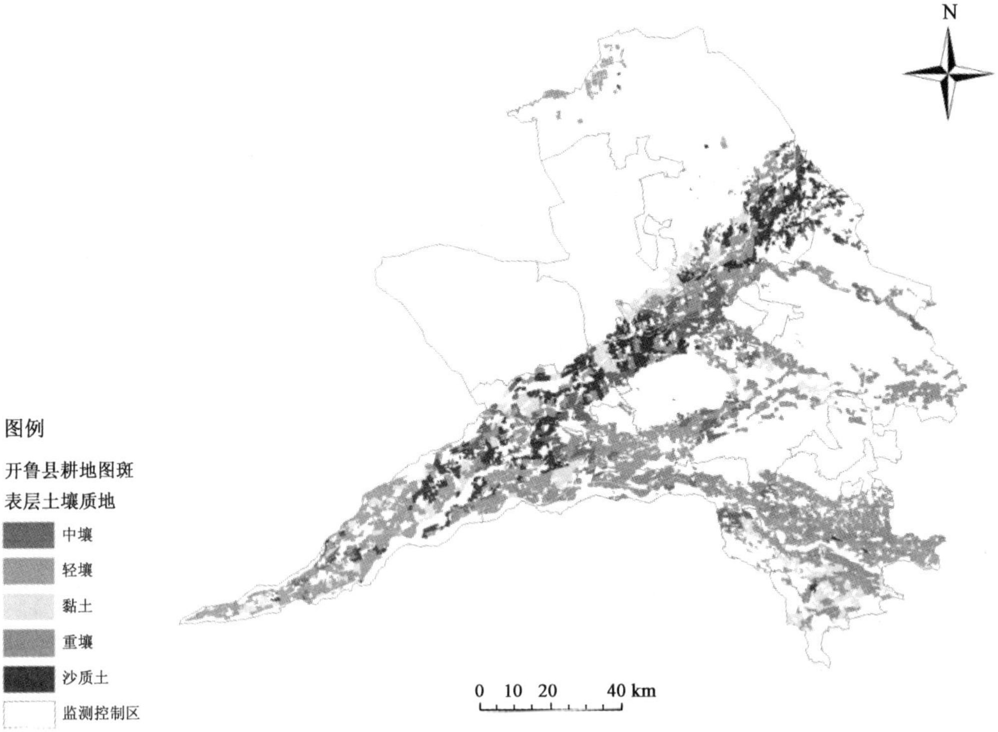

图 9-32　开鲁县原农用地分等表层土壤质地分布

本研究经过实地调查和对照相关土地整治项目情况，发现开鲁县耕地表层土壤质地变化程度不大，仅在开鲁县南部有部分质地较重的耕地由农民自发进行表土覆盖，中部地区有部分盐碱较重的耕地进行了土壤改良。

9.7.4　县级耕地质量监测等别划分

9.7.4.1　开鲁县耕地等别指数计算及等别划分方法

以农用地分等因素分值为基础，通过相应耕作方式光温（气候）生产潜力指数的逐步修正，计算出农用地自然等指数，并按照指数区间划分出自然质量等别；然后在土地利用系数和经济系数等值区的基础上，得出相应的利用、经济等指数，划分利用、经济等别。

1. 农用地分等指数的计算

(1)分等单元自然质量分计算

不同分等因素对耕地质量的影响程度不同，因此全区农用地分等单元自然质量分计算普遍采用加权平均法进行。计算公式为：

$$C_{L_i} = \left(\sum W_k \cdot f_{ik}\right)/100(i = 1,2\cdots,P;k = 1,2\cdots,m) \tag{9-23}$$

式中：C_{L_i} 为分等单元农用地自然质量分，为无量纲数；$\sum$ 为求和运算符；W_k 为分等因素的权重；i 为分等单元编号；k 为分等因素编号；P 为分等单元数目；m 为分等因素的数目；f_{ik} 为第 i 个分等单元内第 k 个分等因素的质量分。

经试评法验证，上述计算模型适合内蒙古自治区农用地分等单元自然质量分的计算。

(2)农用地自然质量等指数计算

计算公式为：

$$R_i = \alpha \cdot C_{L_i} \cdot \beta \tag{9-24}$$

式中：R_i 为第 i 个分等单元的农用地自然质量等指数；α 为指定作物的光温或气候生产潜力指数；β 为指定作物的产量比系数；C_{L_i} 为第 i 个分等单元指定作物的农用地自然质量分。

农用地自然质量等指数是农用地分等指定作物，在自然质量条件下，所能获得的按产量比系数折算的基准作物产量指数。这个产量指数也可以理解为在最优土地利用水平和最有利经济条件下，该分等单元的农用地所能实现的最大可能单产水平，即"本底"产量水平。

(3)农用地利用等指数的计算

农用地利用等指数计算公式为：

$$Y_i = R_i \cdot K_L \tag{9-25}$$

式中：Y_i 为第 i 个分等单元农用地指定作物利用等指数；R_i 为第 i 个分等单元指定作物的自然质量等指数；K_L 为指定作物的土地利用系数。

(4)农用地经济等指数的计算

农用地经济等指数的计算公式为：

$$G_i = Y_i \cdot K_c \tag{9-26}$$

式中：G_i 为第 i 个分等单元农用地指定作物经济等指数；Y_i 为第 i 个分等单元指定作物的利用等指数；K_c为指定作物的土地经济系数。

农用地经济等指数是按照标准耕作制度所确定的指定作物，在农用地自然质量条件，农用地所在土地利用区的平均利用条件和农用地所在土地经济区的平均经济条件下，所能获得的按产量比系数折算的基准作物产量指数。这个产量指数也可以理解为是在当前的农业技术经济条件下，该分等单元的农用地所能实现的最大经济产量水平，即"经济"产量水平。

2. 国家等别划分

按照内蒙古自治区区级等指数与国家等指数换算规则，自治区级等指数向国家级等指数平衡转换——第一次转换，转换规则为：

第一次转换的国家级自然等指数＝区级自然等指数×1.0164＋707.2；

第一次转换的国家级利用等指数＝区级利用等指数×1.787＋312.38；

第一次转换的国家级经济等指数＝区级经济等指数×2.2998＋238.34。

第二次平衡转换是在第一次转换后的等指数基础上进行转换，转换的对象是全部分等单元。转换规则为：

国家级自然等指数＝第一次国家级自然等指数×1.3073－887.84；

国家级利用等指数＝第一次国家级利用等指数×1.2029－355.13；

国家级经济等指数＝第一次国家级经济等指数×1.1551－250.26。

国家等别划分标准见表 9-21：

表 9-21 国家等别划分标准

自然等别	自然等指数	利用等别	利用等指数	经济等别	经济等指数
1	5600～6000	1	2800～3000	1	2800～3000
2	5200～5600	2	2600～2800	2	2600～2800
3	4800～5200	3	2400～2600	3	2400～2600
4	4400～4800	4	2200～2400	4	2200～2400
5	4000～4400	5	2000～2200	5	2000～2200
6	3600～4000	6	1800～2000	6	1800～2000
7	3200～3600	7	1600～1800	7	1600～1800
8	2800～3200	8	1400～1600	8	1400～1600
9	2400～2800	9	1200～1400	9	1200～1400
10	2000～2400	10	1000～1200	10	1000～1200
11	1600～2000	11	800～1000	11	800～1000
12	1200～1600	12	600～800	12	600～800
13	800～1200	13	400～600	13	400～600
14	400～800	14	200～400	14	200～400
15	0～400	15	0～200	15	0～200

9.7.4.2 开鲁县耕地等别指数计算及等别划分结果

根据开鲁县等别划分方法，对开鲁县耕地质量等别变化监测结果国家自然质量等别、国家利用等别、国家经济等别进行划分。划分结果如图 9-33、图 9-34 及图 9-35 所示。

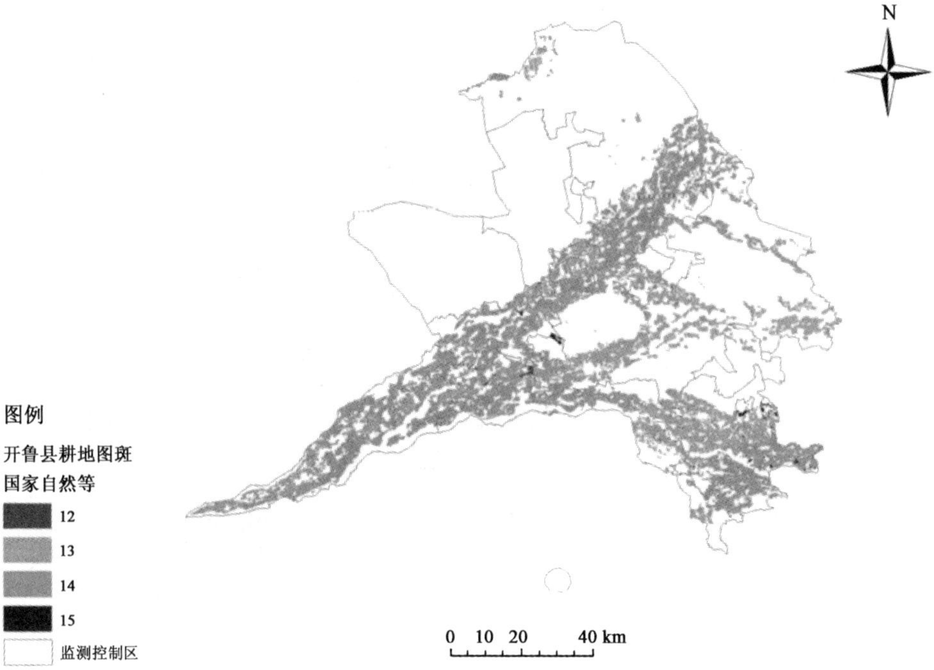

图 9-33 开鲁县国家自然等空间分布

由图 9-33 可见，开鲁县耕地国家自然质量等范围为 12～15 等，其中 12 等、15 等耕地面积小，分布十分零散，主要以 13、14 等为主。

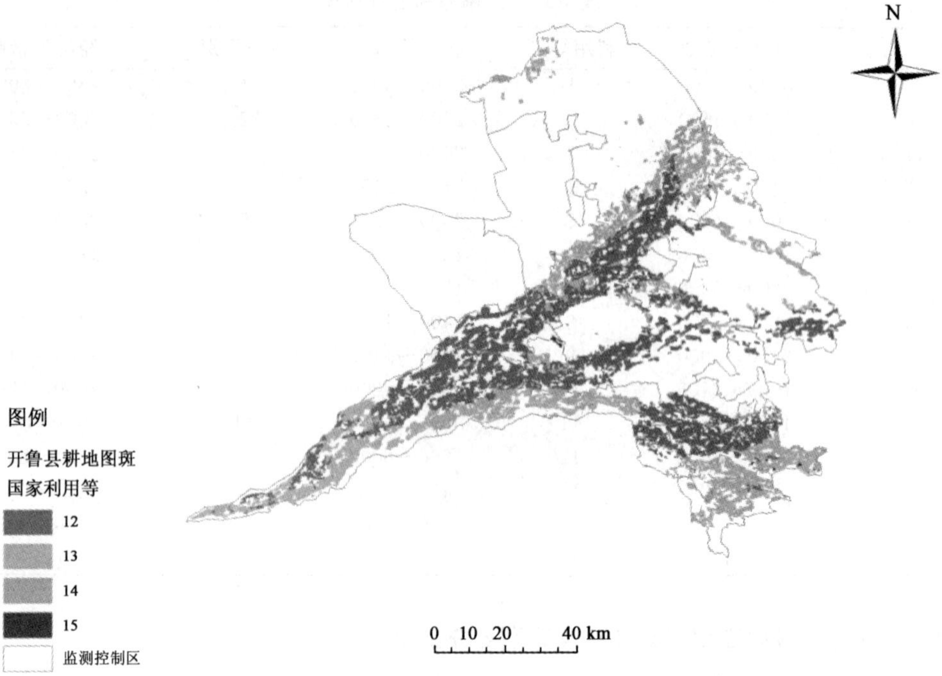

图 9-34 开鲁县国家利用等空间分布

由图 9-34 可见,开鲁县耕地国家利用等范围为 12～15 等,其中 15 等耕地分布零散,面积最小,14 等耕地次之,开鲁县中部耕地利用等以 12 等为主,北部有 13 等耕地集中分布。

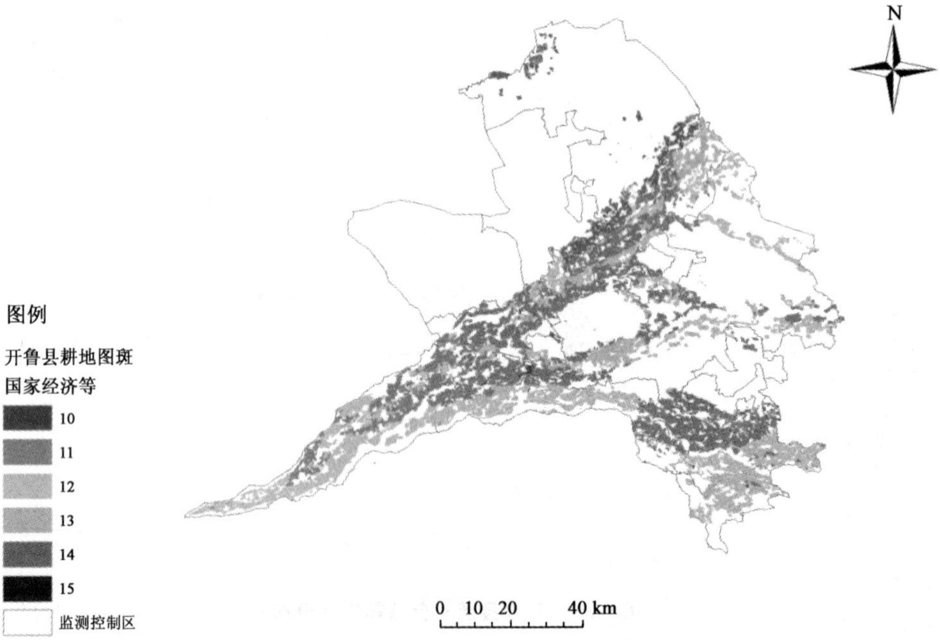

图 9-35 开鲁县国家经济等空间分布

由图 9-35 可见，开鲁县耕地国家经济等范围为 10～15 等，其中以 11 等和 12 等为主，集中分布在开鲁县中部和北部大片地区，14 等耕地集中分布在开鲁县中东部地区。10 等、13 等、15 等耕地面积较小，零星分布。

将开鲁县各等别耕地面积进行汇总如表 9-22 所示。

表 9-22　开鲁县耕地等别面积汇总

国家自然等	耕地面积/hm^2	国家利用等	耕地面积/hm^2	国家经济等	耕地面积/hm^2
12	219.35	12	67932.16	10	219.35
13	49885.83	13	45446.87	11	55136.18
14	70371.36	14	7455.64	12	56819.01
15	650.35	15	292.22	13	1448.56
				14	7483.41
				15	20.38

汇总结果更好的证明了通过等别空间分布图的分析得出的结论，开鲁县耕地国家自然等、国家利用等和国家经济等的分布范围分别为 12～15 等、12～15 等、10～15 等，国家自然等以 13 等和 14 等为主，分别为 4.99 万 hm^2，7.04 万 hm^2，国家利用等以 12 等和 13 等为主，分别为 6.79 万 hm^2 和 4.54 万 hm^2，国家经济等分布以 11 等和 12 等为主，分别为 5.51 万 hm^2、5.68 万 hm^2，14 等耕地也有集中分布，面积为 0.75 万 hm^2。

9.8　结论与讨论

9.8.1　结论

省级耕地质量等别变化年度监测方法研究在成熟的县级耕地质量等别变化监测技术的基础上，以内蒙古自治区全区为例，完成了省级监测分区划分方法研究；完成省级监测样地布设；以开鲁县、奈曼旗、库伦旗、通辽市区、科尔沁左翼中旗、科尔沁左翼后旗六个县(旗)为例，探索了耕地质量等别主导因素分析方法，并确定监测指标体系；以试点县开鲁县为例，实现了本研究在省级尺度和县级尺度上的监测技术对接。

①本研究以内蒙古自治区耕作制度二级区为基础，探索出针对耕地质量变化的以县为单位在省域划分耕地质量省级监测分区的方法，创新性地将我国 1∶100 万土地资源调查成果融入耕地质量变化监测工作，通过对当下自治区耕地利用主要限制因素的识别、更新，综合分析耕地的气候条件、地形条件、耕地利用变化因素。在省级宏观尺度上，将耕地以县为单位进行省级监测分区，并对分区耕地质量进行均质性检验，为省级监测样点布设、监测指标体系等工作打下基础。经过分析，共划分 14 个分区，自治区耕地土质限制严重，在阿拉善高原和内蒙古草原区耕地利用限制因素较为复杂，大小兴安岭地区坡度限制严重。

②本研究在省级监测分区的基础上，对自治区省级标准样地的数量和空间代表性进行分析和优化，形成对自治区全部耕地质量能够形成一定代表性的省级监测样地。经过对自治区标准样地的数量分析，发现共布设省级标准样地 144 块，不能满足代表性要求；经过对自治区

标准样地的空间代表性分析，发现标准样地在空间代表性上也需进行优化。最终根据自治区耕地分布情况布设确定省级监测样地 219 块。

③为了有针对性地对易变的、对耕地质量等别变化起到了主要作用的指标进行监测，降低工作成本，本研究以包含开鲁县、奈曼旗、库伦旗、通辽市区、科尔沁左翼中旗、科尔沁左翼后旗六个县(旗)的省级监测分区为例，创新性地引入耕地分等因素等别形成贡献度和等别变化贡献程度方法，分析省级监测分区耕地等别变化主导因素，并结合分区的耕地利用限制因素，形成耕地等别变化监测指标体系。经过分析，确定分区内土壤有机质含量、灌溉保证率、土壤盐渍化程度三个因素为引起耕地等别变化的主导因素，表层土壤质地、有效土层厚度为耕地利用限制因素。

④本研究形成了耕地质量等别变化省级监测方法，需要配合已经较为成熟的县级监测方法以完成监测工作。本研究以开鲁县为例，利用县级监测方法，实现省、县两级监测方法的对接。通过对开鲁县县级监测控制区划分、县级监测样点布控、外业调研数据采集、数据空间表达、等别划分等工作，完成了开鲁县的耕地质量等别变化监测。通过研究可以发现，开鲁县耕地土壤有机质含量北部沙化区呈下降趋势，而南部耕作投入较高的地区有机质含量有所上升，全县耕地土壤盐渍化程度均有所下降，由于开鲁县农作投入一直较高，灌溉保证率除了原本为旱地的耕地提升明显，其余耕地无较大变化。

9.8.2 讨论

本研究在对省级耕地质量等别变化年度监测方法构建过程中，由于研究范围广、研究点多、尺度变化大、数据类型复杂等客观原因，以及作者时间、能力有限的主观因素，导致本研究存在很多不足之处。

①本研究省级监测分区划分方法研究部分，分析耕地利用主要限制因素时自治区土壤类型分布数据采用第二次土壤普查成果，时效性较差。进行省级尺度的宏观分析尚可，但影响耕地利用限制因素的扩展应用，其精确性有进一步提升的空间，同时可以通过增加实地调研验证其准确性。

②本研究在省级监测分区的基础上提出了轮转监测的思路，认为渐变耕地质量年度变化较小，通过每年在监测分区中选取一个县进行监测，可以节约工作成本。但轮转监测的精度问题以及实际工作中的可操作性还需进一步研究。

③为了满足省级监测样地的代表性，本研究在布设样地时即选择质量较高的耕地，同时也布设了一些质量稍差的耕地。因此无法保证耕地省级监测样点的稳定性，发生耕地的转用致使耕地监测样点的灭失时应该如何重新设置省级监测样点的问题还有待进一步研究。

④在监测指标体系构建研究时，考虑加入土地利用限制因素的原因是可以通过监测，了解耕地利用时的短板因素，方便进一步的耕地质量提升工作的开展。但是在实践中发现，土地利用限制因素往往也是不易变的因素，如表层土壤质地、有效土层厚度等。如何在保证监测工作效率的同时能够实时掌握耕地利用限制因素，还有待进一步研究。

⑤本研究选取内蒙古开鲁县作为研究区，开展县级监测方法与省级监测方法对接研究。由于开鲁县处在西辽河平原地区，总体来说耕地质量空间变化较小。本研究构建的监测方法是否在其他地区同样适用，还有待于更多的实验进行验证。

因此，本研究提出的省级耕地质量等别变化监测体系仅供监测工作的开展参考用，也起到抛砖引玉的作用，希望国内高水平、有能力的学者提出更加高效、精度更高、更有价值的监测方法。

参考文献

[1] B L D, Wolfram S, Justin C. Climate trends and global crop production since 1980 [J]. Science, 2011, 333(6042).

[2] Brown L R. Eco-Economy: Building an Economy for the Earth[M]. 2002.

[3] Doran J W. Soil health and global sustainability: translating science into pratice[J]. Agriculture, Ecosystems and Environment, 2002, 2(88): 119-127.

[4] Goebel J J. The national Resources Inventory and its Role in U. S. Agriculture[J]. Natural Resources Conservation Service, U. S. Department of Agriculture, 2009.

[5] Hague U T, A Study On the Development of Indicators for Environmental Policy in the Netherlands[M]. 1993.

[6] Huffman E E R G P. Canadian agri-environmental indicators related to land quality: integrating census and biophysical data to estimate soil cover, wind erosion and so salinity [J]. Agriculture, Ecosystems and Environment, 2000, 2(81): 113-123.

[7] Maiti T M C P. Neural network imputation: an experience with the National Resources Inventory Survey[J]. Journal of Agricultural , 2008, 3(13): 255-269.

[8] Nusser S M G J J. The National Resources Inventory: a long-term multi-resource monitoring programme[J]. Ecological and Environmental Statistics, 1997, 181-204.

[9] Piao S, Ciais P, Lomas M, et al. Contribution of climate change and rising CO_2 to terrestrial carbon balance in East Asia: A multi-model analysis[J]. Global and Planetary Change, 2010, 75(3).

[10] Xiangbin Kong R L B L. Fertilizer Intensification and Its Impacts in China's HHH Plains[J]. Advance in Agronomy, 2014, 125.

[11] 曾福生，王溶花. 世界粮食贸易格局的演变及发展趋势分析[J]. 世界农业，2015.

[12] 傅伯杰. 土地潜力评价的类型与方法[J]. 国土与自然资源研究，1990(2): 29-32.

[13] 高尚. 耕地质量监测网络建立的方法研究. 中国农业大学，2012.

[14] 郭力娜. 基于标准样地的国家级农用地质量监测体系建设研究——以冀豫鄂三省为例. 河北师范大学，2007.

[15] 国土资源部农用地质量与监控重点实验室. 中国农用地质量发展研究报告(2013)[M]. 北京：中国农业大学出版社，2013.

[16] 韩明涛，张光前. 如何保障"中国饭碗"牢牢端在自己手里[J]. 中国粮食经济，2015(4):28-31.

[17] 黄自立，孙鸿烈，石玉麟，等. 土地资源的农业评价[J]. 土壤，1978, 5: 196-197.

[18] 姜广辉，赵婷婷，段增强. 北京山区耕地质量变化及未来趋势模拟[J]. 农业工程学报，2010, 10(26): 304-311.

[19] 孔祥斌，刘灵伟，秦静，等. 基于农户行为的耕地质量评价指标体系构建的理论与方法[J]. 地理科学进展，2007(4):75-85.

[20] 孔祥斌,张凤荣,姜光辉,等. 国外农用地保护对北京市耕地保护的启示[J]. 中国土地科学,2005,(5): 50-54.

[21] 李孝芳. 中国土地资源分类原则和系统的探讨[J]. 自然资源,1981(2):1-6.

[22] 马嵩. 耕地等级监测布控技术研究——以北京市大兴区为例. 中国农业大学,2011.

[23] 石竹筠. 编制《中国 1∶100 万土地资源图》理论与方法上的几个问题[J]. 自然资源,1987(1):21-26.

[24] 孙义. 浅谈土地资源评价与制图——以新疆为例[J]. 自然资源研究,1983(1): 13-18.

[25] 汤国安,杨昕. ArcGIS 地理信息系统空间分析实验教程[M]. 北京:科学出版社,2012.

[26] 王洪波,郧文聚,吴次芳. 基于农用地分等的耕地产能监测体系研究[J]. 农业工程学报,2008,4(24): 122-126.

[27] 王劲峰,姜成晟,李连发. 空间抽样与统计[M]. 北京:科学出版社,2009.

[28] 王美力. 西部县域耕地质量因素时空变异与质量变化分析——以云南省陆良县为例[D]. 中国农业大学,2013.

[29] 王云丽. 基于对象基元的 Top-down 图像对象分割方法的研究[D]. 国防科学技术大学,2005.

[30] 王正友,赵伟. 2050 年全球粮食问题展望[J]. 中国粮食经济,2010(3):37-38.

[31] 王政权. 地统计学及在生态学中的应用[M]. 北京:科学出版社,1999.

[32] 吴克宁,焦雪瑾,梁思源. 基于标准样地国家级汇总的耕地质量动态监测点构架研究[J]. 农业工程学报,2008,10(24): 74-79.

[33] 相慧. 耕地质量等级监测样点布控技术研究[D]. 中国农业大学,2013.

[34] 阎静红,李旭. 内蒙古水土保持与降水资源利用[J]. 中国水土保持,2002(12): 16-17.

[35] 姚兰,孔祥斌. 国外经验对建立我国国家级标准样地质量监测体系的启示[C]. 全国农用地分等标准样地建设与成果应用论文集,2005.

[36] 郧文聚,张蕾娜. 新形势下永久基本农田划定的启示[J]. 农村工作通讯,2015,(2): 27-29.

[37] 张凤荣,郭力娜,关小克,等. 生态安全观下耕地后备资源评价指标体系探讨[J]. 中国土地科学,2009,(9): 4-8.

[38] 张鸿辉,刘友兆,曾永年. 耕地质量预警系统设计与实证[J]. 农业工程学报,2008,8(24): 74-79.

[39] 邹一旻. 县域耕地质量等级变化研究——以黑龙江省海伦市为例[M]. 中国地质大学,2009.

第 10 章　多尺度下的耕地质量监测样点布设

10.1　问题的提出

10.1.1　研究背景

耕地作为特殊的公共资源产品，其数量、质量与国家的粮食安全密切相关，在维护国家安全、社会稳定方面意义重大(姜广辉等，2010；郭芙梅等，2009；相慧等，2012)。耕地问题在我国这样一个人多地少的国家显得尤为突出，主要表现在两个方面，一是人均耕地少，二是耕地质量下降(葛向东，2001；李丹，2003)。中国实行了世界上最严格的耕地保护政策，坚守 18 亿亩耕地“红线”已经成为全国上下的普遍共识。在当前严格的耕地占补平衡制度下，耕地的非农化更深刻的影响到耕地质量。相对于耕地数量的变化，耕地质量的变化是隐性的，其变化正在对社会经济发展和生态环境构成严重威胁(张鸿辉等，2008；吴克宁等，2008；王洪波等，2008；吴郁玲等，2008)。在耕地后备资源有限以及巨大的非农化压力下，保障未来粮食安全的根本途径是提高耕地质量和增强耕地生产能力。当前中国耕地保护工作已经逐渐由数量保护向数量、质量和生态并重转变；然而长期以来，与数量保护相比，耕地质量保护则仍处于一种“自觉状态”，没有得到应有的重视，仍较多地停留在口号上，尚有待进一步推动(沈斌强，2007；王玄德，2004)。但无论从目前的学术研究，还是从一些国家的经验来看，耕地质量问题不容忽视，必须给予耕地质量与耕地数量同等的重视。中共中央十七届三中全会提出了耕地质量保护的一系列重大措施，耕地质量得到了前所未有的关注与重视，为加强耕地质量保护提供了良好的历史条件。

目前国内土地利用动态监测，即土地数量变化的监测技术日趋成熟，监测内容主要涉及土地利用类型动态变化监测、沙化和荒漠化专项土地利用监测等方面，对于土地质量尤其是关系粮食安全的农用地质量等级监测的研究还处于探索阶段。我国耕地质量等级变化监测体系亟待建立，耕地质量等级变化研究技术方法也需要更深入的探讨。前人对于耕地质量等级变化的研究大多停留在耕地质量监测体系的构建上，包括对耕地质量监测指标体系、监测指标周期的研究、小区域监测方法的探讨以及耕地总量动态平衡预警分析上，基本上处于理论探索阶段，还没有对耕地质量等别变化进行具体可行的实践研究和探索(邹一旻，2011)。

国土资源部于 2008 年底完成了全国农用地分等成果，该成果能够全面反映农用地自然条件、利用条件、生产条件和投入产出条件变化，实现了全国统一可比的耕地质量体系，为目前国土部门对耕地的数量、质量并重管理提供了依据。然而，现有的农用地分等成果仅是一期静态数据，各省开展时间及采用的基期数据也不尽相同，随着自然条件和社会经济条件的改变，部分分等因素也发生了变化，再加上近年来对土地开发、整理、复垦及基本农田建设等重大工程的大力推进，农用地分等成果逐渐“老化”(张青璞，2012)，在实际应用的过程中难免会出现很多的问题，因此提出了对耕地进行质量等级监测。耕地质量等级监测，就是通过先进的技术方法和手段，对耕地实行定位、定量的监测和管护，及时掌握耕地质量等级动态变化情况，以达到对耕地数量、质量的全面监测、管理和建设。随着全国第二次土地调查及全国农用地分等工作的结束，更新的土地利用数据及农用地分等成果为耕地质量等别变化研究提供了很好的数据支撑。

10.1.2 国内研究进展

1. 耕地质量变化研究

姜广辉等(2010)应用GIS空间分析与模拟技术，在对北京山区耕地质量进行定量评价的基础上，对山区不同地域层次上的耕地质量变化及未来趋势进行了分析，结果表明山区和半山区耕地质量不断增加，平原区耕地质量出现了降低的现象。李丹(2003)从系统论的角度，将耕地质量界定为耕地本底质量、经济质量和健康质量，并建立了耕地质量动态变化指标体系，对金坛市做了实证研究，得出金坛市耕地质量整体处于上升趋势。张鸿辉等(2008)在耕地质量评价及其变化特征分析的基础上，基于GIS技术和数学方法，设计了耕地质量预警系统的功能、数据库内容、指标体系、警度判定模型及预警结果外推方法，并以江苏省金坛市为例，进行了耕地质量预警系统的实证研究。郭力娜(2007)通过对冀豫鄂三省省级以上标准样地体系现状进行分析，认为省级以上标准样地由于其分布广泛性和样地代表性可以作为国家级农用地质量监测点使用，并研究了基于标准样地的农用地质量监测体系。吴克宁等(2008)将标准样地国家级汇总成果与耕地质量动态监测相结合，对基于标准样地国家级汇总的耕地质量监测点的选取进行了探讨。孔祥斌等(2007)创建了基于农户土地利用行为的“压力-状态效应响应”耕地质量变化框架模型，构建了基于农户土地利用行为的“耕地质量评价指标体系”。彭茹燕，张晓沛(2008)从监测点的布设原则、监测指标体系的构建、监测数据的采集、监测结果的评价以及空间信息技术的应用等5方面入手，初步构建了国家耕地质量动态监测体系。王洪波等(2008)在土地可持续利用与管理的理论框架下，设计了耕地产能监测的体系，构建了监测样点与监测样区相结合、重点监测和基线监测相结合的耕地等别及其产能监测流程。陈柏松等(2009)在已有农用地分等定级指标体系成果的基础上，建立了农用地等级质量监测指标体系，并针对各种指标提出了相应的监测方法。郝利军(2009)建立了农用地质量动态监测数据申报与预测系统，实现了基于C/S模式的省县级数据的标准化入库与管理，为逐级汇总奠定了良好的基础，并实现县级农用地评价和预警功能。邹一旻(2011)以农用地分等成果为基础，从引起耕地等别变化的土地整理区提升耕地等别、土地开发补充耕地、新增建设占用耕地等三大诱因入手，分析了海伦市耕地等别、产能变化及空间分布情况。

2. 农用地分等及其成果应用研究

我国土地质量评价最突出的研究成果为全国耕地质量等级调查与评定体系。全国耕地质量等级调查与评定工作，从统一技术方法、分省组织实施，到全国汇总工作的完成，历时十年。2003年正式颁布了《农用地分等规程》《农用地定级规程》和《农用地估价规程》；2008年底省级工作全面完成，建立了全国统一可比的1∶50万耕地质量等别数据库。耕地等别变化研究是在农用地分等的基础上进行的，是农用地分等成果的应用。近年来，学者们分别从分等方法、成果分析及成果应用等方面做了大量的研究。

王洪波等(2002)以山西省太原市万柏林区农用地分等为例，采用分区法和不分区法在县域内进行计算农用地自然质量的比较研究。安萍莉、张凤荣等(2002)提出了标准耕作制度的定义,探讨了标准耕作制度的确定原则和确定方法,并以黄淮海为例作了实例分析。汤怀志、吴克宁等(2008)基于海伦市农用地分等成果,对农用地质量的空间关联性进行分析评价,研究了海伦市农用地质量分布的空间集聚性特征,并为基本农田保护区的划定、土地整理重点区域的划定以及建设用地的扩展方向提供了新思路。饶彩霞,吴克宁等(2008)在研究湖南与湖北两省农用地分等省级成果差异产生的原因基础上,以利用等为例提出了省级成果向国家级成果的转换方案。王洪波、郧文聚等(2008)提出了农用地分等图形数据库的追溯法汇总技术。彭茹燕(2006),探讨了农用地分等成果在土地利用总体规划中土地利用现状分析、耕地需求量预测、土地适宜性评价、土地利用结构与布局调整、基本农田保护区划定领域的应用。孔祥斌(2009)以上海市崇明区作为研究案例,针对一年两熟区域农用地分等,采用最高产量比法、生产潜力比法、热量比法、市场价格比法、热量-现实生产力综合比法、热量-生产潜力综合比法等6 种方法确定产量比系数,并检验不同方法确定产量比系数对农用地自然质量等别和利用等别的影响。张青璞(2010)以重庆市为例,采用统计分析法和综合分析法,对重庆市农用地等别转换前后的成果进行对比研究,并分析其国家级自然等别、利用等别和经济等别的分布规律与标准耕作制度、土壤和海拔的关系。王洪波等(2011)对比分析了中国省域的耕地质量等别分异特性,分析确定了优等地分布范围小,低等地分布范围广,省际间及省内耕地等别分异规律复杂的中国耕地等别基本特征,并提出了划定永久基本农田要统筹考虑基本农田保护率的法律要求和各省耕地质量等别实际。

3. 土地利用监测(牛汝辰,2009)

在土地利用监测方面,1996 年开始,原国家土地管理局利用 TM 卫星数据、Spot 卫星数据,开展了城市扩展占用耕地及闲置地等土地利用情况,并以非农业建设用地扩展占用耕地为重点,对土地利用情况进行了全面监测,利用监测结果对部分地区上报的土地利用现状调查统计数据的真实性进行了核查。结合国土资源大调查的开展,国土资源部于 1999 年制定颁布了《土地利用动态遥感监测技术规程》,开始通过拟定技术规定、操作规范,把科研成熟技术固化为生产过程,使科研成果能直接应用于监测工作。在管理体制和产业化运行机制方面,国土资源部正在以全国 50 万人口以上的 85 个城市为框架,组建国家级监测网络。

4. 农业环境监测(骆平安,1996)

农业环境监测是对进入农业环境中的污染物进行经常性监测,监测内容包括农田大气监测、农用水质监测、农田土壤(环境)监测和农产品监测,是国家环境监测网点一部分。监测单元按土壤接纳污染物的途径划分主要单元包括大气污染型土壤监测单元;灌溉水污染型土壤监测单元;固体废弃堆污染型土壤监测单元;农用固体废弃物污染型土壤监测单元;农用化学物质污染型土壤监测单元;综合污染型土壤监测单元:土壤监测的布点数量要根据调查目的、调查精度和调查区域环境状况等因素确定。必测指标包括镉、总汞、总砷、铜、铅、总铬、总镍、六六六、滴滴涕、pH;选测指标包括铁、锰、总钾、有机质、总氮、有效磷、总磷、水分、总硒、有效硼、总硼、总钼、氟、氯化物、矿物油、苯(a)并芘、全盐量。

5. 耕地基础地力监测(王海玫,1999)

耕地基础地力监测工作始于 1986 年,国家级监测点 200 个,分布在 30 个省、自治区、直辖市的 149 县,涵盖 26 个主要土类,由全国农业技术推广服务中心负责管理运行。监测点的设置考虑不同的土类,即每省超过 500 万亩的土类均设立部级监测点,此外,在当地重要的土类也可建立。耕地基础地力监测的主要内容有:土壤肥力监测;气象调查;植株样采样分析;作物产量测定;施肥和耕作情况记录。其中土壤肥力监测采样周期分为五年一次和一年一次两种形式。五年一次的采样在常规施肥区采集土样,采集耕层和亚耕层的土样。一年一次一般仅采集耕层土样。监测的土壤指标主要有机械组成、容重、酸碱度、碳酸钙、交换量、有机质、全氮、碱解氮、全磷、有效磷、全钾、缓效钾、速效钾、速效铜、速效锌、速效铁、速效锰、速效硼、速效钼和植株的全氮、全磷、全钾。

6. 水质监测(彭斌,2008)

全国水质监测网络由2600多个水质监测站组成,定期监测评价地表水、地下水的水质,直接为水资源管理与保护等服务。1997年,在全国七大流域主要水系的省界水体共设置了329个监测站点,定期测报省界水体水环境质量状况。目前水利部门已基本系统掌握了七大流域水系、浙闽台河流、内陆河湖和藏南滇西河流地表水、地下水及省界水体水质基本状况。

7. 国家环境监测(吴邦灿,2004)

国家环境监测网由省级环境监测中心站、国家各部门的专业环境监测站及各大水系、海域监测网的牵头单位等组成,监测网的监测内容包括大气、地面水、噪声、酸雨、放射性和生态监测。目前,全国环保系统2200多个监测站,国控的空气质量监测网站103个、酸雨监测网站113个、水质监测网站135个。此外还建有噪声监测网、辐射监测网、区域监测网等。为了加强流域环境的管理,国家环保局分别组建了"长江暨三峡生态环境监测网","淮河流域环境监测网","太湖流域环境监测网"和"近岸海域环境监测网"。已制定各类国家环境标准410项,覆盖了大气、水质、土壤、噪声、辐射、固体废物、农药等领域。已开展了环境质量监测、环境质量周报、日报、预报监测;污染源监测、污染事故应急监测、污染物总量控制监测、污染源解析监测以及环境污染治理工程效果监测等。需监测的污染因子达百余种。

10.1.3 国外研究进展

1. 土地质量评价研究进展

土地质量评价向来是土地科学中最为活跃和前沿性的重要领域。近十多年来土地评价仍以土地生产力和适宜性评价、定性与定量相结合,以农林牧业服务为主流。针对农用地,Bouma于1998年提出一个仿真模型,模拟农作物生长和土壤物质的流动过程,并且把土地质量定义为在某种条件下的农作物产量与潜在产量的比值(Jonathan A Foley等,2005;D'haeze D, Deckers J等,2005)。联合国粮农组织FAO于1993年将可持续概念延伸到土地科学领域,发表了《土地持续利用评价纲要》。1995年起FAO、联合国开发计划署、联合国环境规划署和世界银行联合开展了土地质量指标体系(LQIs)亦称"压力-状态-响应"(PSR)模型的研究工作,于1995年出版了《土地质量指标》报告,揭示了土地质量指标的一个概念框架,并将土地质量指标分为3类,即土地资源压力指标、土地质量状态变化指标、社会对这些变化相应的指标。这些指标的作用主要是:监测土地利用与环境变化驱动下的土地质量变化;监测全球与区域生态系统动态演变规律(Doran John W,2002;Huffman E等,2000;Bouma J,1998)。

土地生产过程应该是一个综合的、动态的开放系统,其土地生产过程的结果,土地生产力也必然受控于土地自然属性及其变化、土地社会经济属性及其变化。Ball等2001年运用经济学界常用的全要素生产率(Total Factors Producvity,TFP)分析方法,利用美国和欧洲9国(德国、法国、意大利、荷兰、比利时、英国、爱尔兰、丹麦和希腊)从1973—1993年的数据资料,建立了农业产量与土地质量综合指标、中间投入资金和劳动力的相互关系，从而开辟了土地质量与土地生产力相关研究的新方向(Dumanski J,2000;Wiebe K;Wright L E 等,1993)。

2. 土壤质量评价的最小数据集

Doran 和 Parkin(1994)提出了以下土壤质量指标的选取原则:①包含于生态过程中，与模型过程相关;②综合了土壤物理、化学和生物学性质过程;③为多数用户接受并能应用于田间条件;④容易测定，且重复性好;⑤对气候和管理条件变化敏感，以便能够监测出土壤性质的变化;⑥尽可能是现有数据库中的一部分。Carter 等(1997)建议确定了一个由上至下地确定土壤质量指标的方法框架:①描述构成土壤质量的各项功能;②选择影响土壤实现各项功能的土壤特征或属性;③选择可以测定的特征指标;④确定测定这些指标的准确方法。Brejda 等(2000a,2000b,2000c)试图采用数学方法确定区域尺度上评价土壤质量的主要指标，他们在不同 MLRA(major land resource area)确定土壤质量的主要样品，分析了 20 余项土壤属性，采用因子分析(factor analysis)确定土壤质量的主要因素，采用差异显著性分析检测对不同利用方式反应灵敏的土壤属性。Gregorich 等(1994)分析了许多土壤有机质指标来确定评价土壤有机质质量的最小数据集。Larson 和 Pierce(1991)建议采用土壤参数的最小数据集(minimum data set,MDS)来定量评价土壤质量，MDS 包含了土壤的关键性质，MDS 中的各个参数必须可以在短时间测定并且是对土地利用和管理决策有用的，参数的选择基于它们的易测定性，重现性以及它们代表控制土壤质量的关键变量的能力。

3. 加拿大土壤质量监测网络体系(孔祥斌等,2005;Maiti 等,2008)

加拿大在世界上最早开展土壤质量监测。由于水土流失、土壤结构恶化、盐渍化、酸化等耕地退化问题日趋严重，1989 年起，加拿大农业部国家基准项目中加进了监测农业土壤健康状况变化，特别是由土地利用和管理措施造成的变化，同时在全国建立了 23 个基准点(Benchmark Sites)，构成基准监测网络。这些基准点主要是能代表加拿大农业区的主要地貌单元，它们具体能够代表:一个主要土壤区或一个农业区;一种典型地貌区或一个显著的土壤组合类型;一个地区的一种重要农业生产体系等，一般面积要达到 5～10 hm^2。确定这些监测条件的目的是保证基准点监测结果能够被用来评价农业区内相似地貌类型和耕作方式下的土壤质量。监测的基础数据包括农场历史、土壤和地貌条件、土壤的各种化学、物理和生物学特性等重要指标。

4. 美国国家资源清单计划(Maiti 等,2008)

美国从 1977 年开始，用立法形式正式确立了 5 年进行一次国家资源清查制度，并分别在 1977 年、1982 年、1987 年、1992 年和 1997 年进行了国家资源调查和监测。国家资源清单计划的发展目标是创建一个持续的、部门间的、定位于自然资源监测和评价的计划。样点分为核心和轮流采样基本点，核心点每年都进行采样，轮流点每隔几年进行一次采样。采样数据包括:种植作物、土地利用方式、水土保护措施(包括梯田、排水沟、缓冲隔离带等)、耕作类型、灌溉类型等。由于美国地貌以平原和高原为主，农业生产规模大且具有显著的地带性分布特征，再加上其洲际行政界限比较平直，其监测点的选择是从统计学角度出发，依据均匀分布原则确定的，而不是在制图单元中选择的具有典型代表性的土系，因此尽管样点覆盖全美 50 个州的广大地域，但精确性不高。

5. 荷兰环境质量监测体系(Maiti 等,2008;姚兰等,2005)

荷兰建立环境质量监测系统的目的是对环境污染和自然空间变异性，尤其是土地的分割破碎现象进行监测。它在国家尺度上的监测方法是:在全国范围内选取十个具有全国代表性的不同土壤类型和土地利用方式地区,每个地区选取四个样本点,每个样本点大约 20 m×20 m 大小,每个样本点在两个深度上各选四个样本(0～10 cm 和 30～50 cm),这样共 320 个子样点,在每个子样本点上分析重金属、杀虫剂等的含量,通过对比就能得出污染原因和其可能造成的后果。省一级尺度上与国家的方法基本一致,根据地方特点对不同的环境污染敏感区制定具有针对性的监测密度和内容。

6. 欧盟土壤环境评价监测项目(孔祥斌等,2005;Maiti 等,2008;姚兰等,2005)

欧盟于 2006—2008 年开展了土壤环境评价监测项目(The Environmental Assessment of Soil for Monitoring Project),该项目覆盖整个欧盟成员国,制定了土壤监测程序和相关规定。确认当前影响欧洲土壤质量的九大威胁为侵蚀、有机物含量下降、污染、土壤压实、土壤盐渍化、生物多样性下降、土壤封闭、山体滑坡和荒漠化。最终选出能够包含所有威胁的 27 个关键问题和 27 个监测指标组成监测指标的最小数据集。监测点位置选择方面,主要采用网格方法,在网络节点上设置监测点,确保在每个土壤制图单元和每个土地利用类型上都布设有监测点。监测网络体系布设方面,采用二级监测网络体系,第二级的监测网络包含第一级监测点的子监测点,使得整个监测活动更加广泛密集。一级监测网的最小空间密度为每 300 km^2 布设 1 个监测点,即在边长 16～17 km 长的网格节点处布设监测点。这一采样的空间密度可保证监测点涵盖所有的土壤类型和土地利用类型。初级田间采样点的面积为 100 m^2 至 1 hm^2 之间,且土壤剖面发育形式相同的。次级采样点的数量取决于监测点的大小和土壤剖面的性状,在一个监测点中至少设置 4 个,最好设置 10～100 个次级采样点。

10.2 研究内容、数据来源与方法

10.2.1 研究内容

1. 县域耕地质量监测样点布控方法研究

以内蒙古达拉特旗为例,探索建立县域耕地质量监测样点体系。依据代表性、等别控制、全面性及点面结合的原则,根据影响耕地质量的自然因素、利用因素、收益水平因素,划分监测分区,形成耕地质量均质区域。利用空间分层抽样方法,确定县域耕地质量等级监测样点数量,以面积比例法分配各监测分区监测样点数量,布设监测样点,形成县域耕地质量监测样点体系。实现了因素组合法在县级耕地质量监测中的应用。

2. 二级区耕地质量监测样点布控方法研究

以滇黔高原山地区为例,探索建立二级区耕地质量监测样点体系。在农用地分等的基础上,以标准样地为基础,首先对标准样地的代表性进行检验,若标准样地对耕地的代表性较好,则优先考虑以标准样地作为监测样点;若代表性较差,则以标准样地为基础,建立监测样点布设体系。以等别为分层控制因素,确定各等别的主要影响因素类别,以最大因素类别作为最少布点数量。利用因素组合法,确定监测样点数量,优先选取标准样地,形成二级区监测样点体系。因素组合法在二级区耕地质量监测中得到应用。

3. 国家层面耕地质量监测样点布控方法研究

参考二级区耕地质量监测样点布控方法,以西部 12 省农用地分等数据为基础,探索建立

国家层面耕地质量监测样点体系的技术方法。对国家级、省级标准样地的代表性做检验分析，基于标准样地，采用因素组合方法建立全国耕地质量监测样点体系。因素组合法在国家层面耕地质量监测中得到应用。

10.2.2　数据来源

针对国土资源管理中耕地资源质量变化监测研究薄弱的现状，以农用地分等、产能核算、全国第二次土地调查等成果，以及社会经济调查和统计数据为基础，分类整理并借鉴耕地等级变化研究成果，探索耕地质量等级监测方法。研究县域耕地质量监测控制区划分、监测样点数量测算及空间布设的理论与技术方法，构建县域耕地质量等级监测点布控体系；研究耕作制度控制区下基于标准样地的耕地质量等级监测点数量确定及空间布设的理论及技术方法，形成耕作制度控制区监测点布控体系；从而探索建立由县域到全国的耕地质量监测样点布控体系。

10.2.3　研究方法

1. 文献研究方法

耕地质量变化及监测涉及光、温、水、土和社会经济等多方面因素，而这些要素在气象、土壤、农学、地理、水文、经济等领域有着广泛的研究结果可资借鉴。故利用各类网络资源，包括 google 搜索引擎、Elsevier 数据库、Springer Link 数据库、PQDT(B)数据库、CNKI 全文期刊及博硕论文镜像数据、万方学位论文全文数据库、国土资源科学数据库、中国科学院数据库等，追踪和查阅相关文献，为课题研究提供充足的信息储备。

2. 数理统计方法

本研究的基础数据是西部区农用地分等定级数据，对于相关数据的分析，运用 SPSS 软件的集中趋势及离散性检验、ArcGIS 软件的空间分析方法，对监测样点的代表性进行检验及监测样点的空间定位。

3. 3S 技术集成方法

通过整合 3S 技术功能，实现对耕地变化及其相关信息的采集、模拟、处理、检索、分析和表达，以及对数据进行组织、查询、分析和推理、诊断的功能。

4. 定量分析法与定性分析法相结合

在研究中应尽量把定性的、经验的分析进行量化，以定量计算为主。对现阶段难以计算的自然因素、社会经济因素采用必要的定性分析，将定性分析的结果运用于监测样地设置成果的调整和确定阶段的工作中，提高监测样地设置的精度。

10.3　县级耕地质量等级监测样点布控研究

10.3.1　县级耕地质量监测样点布控方法

10.3.1.1　监测样点控制原则

(1)代表性原则

监测样点应能代表监测区的综合自然地理特征和农业生产状况。

(2)点面结合原则

国土部门土地开发整理复垦项目,以及农、林、水等相关部门的农田水利、道路、林网等基础设施建设项目均应布控监测点,并布设适量样点对现有耕地质量的变化进行监测。

(3)等别控制原则

以监测区为基础,不同等别的耕地均应布设样点进行监测。

(4)全面性原则

不同监测分区区域内,必须有相应的样点布设,不能存在监测区域内无样点布设的情况。

10.3.1.2 监测分区划分方法

根据气候、地貌、土壤等自然因素划分耕地自然质量分区。影响耕地质量的自然要素有气候、地质、地貌、水文、土壤、生物等,它们相互联系、相互作用、相互制约,以不同方式,从不同侧面,按不同程度,独立或综合地影响着土地资源的综合特征。

根据种植业结构、主要作物产量水平划分利用水平分区。耕地利用水平由种植作物的产量直接反映,影响耕地作物产量的因素有灌溉、排水、田间道路、田块大小及平整度等农田基本建设条件。土地整治包括土地整理、土地复垦、土地开发,是对低效利用、不合理利用、未利用以及生产建设活动和自然灾害毁损的土地进行整治,以提高土地利用效率,是改善农田基本建设的主要途径。土地利用系数是耕地分等单元作物实际产量与耕作制度区域内最大粮食产量的比值,是耕地利用水平的直观数字指标。

根据种植业投入-产出和效益分析划分收益水平分区。土地经济系数是耕地分等单元的"产量-成本"指数与耕作制度区域内最大"产量-成本"指数的比值,是耕地收益水平的直观数字指标。

综合耕地自然质量分区、利用水平分区和收益水平分区进行县域耕地质量监测分区,其中监测区不打破村界(图 10-1)。

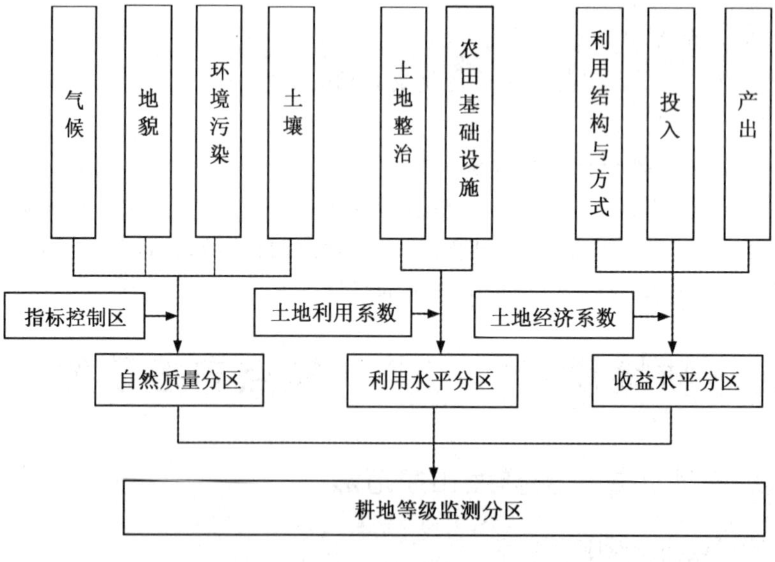

图 10-1 监测分区划分技术流程

10.3.1.3　基于地统计学的监测样点数量确定方法

地统计学与经典统计学的共同之处在于，他们都是在大量采样的基础上，通过对样本属性值的频率分布、均值、方差等关系及其相应规则进行分析，确定其空间分布格局与相关关系。但地统计学区别于经典统计学的最大特点是，地统计学既考虑到样本值的大小，又重视样本空间位置及样本间的距离。在研究具有空间位置的耕地质量等级监测中，基于地统计学的样本容量确定方法更合理。

依据地统计学的空间分层抽样原理（汤国安等，2006），样本容量为：

$$n=\frac{\left(\sum W_hS_h(1-r_h)\sqrt{C_h}\right)\sum\left(W_hS_h(1-r_h)/\sqrt{C_h}\right)}{V+(1/N)\sum W_hS_h^2(1-r_h)},W_h=\frac{N_h}{N} \tag{10-1}$$

式中：n 表示样本单位数；N_h 表示各层样本数量；N 表示总体数量；W_h 表示 h 层的权；S_h 表示 h 层的标准差；r_h 表示空间自相关系数；C_h 表示 h 层的样本费用；V 表示抽样精度即希望得到的样本估值的方差。

空间自相关系数的计算原理是：设有 n 个空间单元，x_i 代表在第 i 个空间单元的属性值，x 是 x_i 的平均值（高尚，2012）。空间变量是在一个空间单元内的直接观察值或样本量，但是要求变量满足正态行分布。Moran's I 的表达式为：

$$I=\frac{n}{\sum_{ij}W_{ij}}\frac{\sum_{ij}W_{ij}(x_i-x)(x_j-x)}{\sum(x_i-x)^2} \tag{10-2}$$

其中，x_i 为区域 i 的观测值；W_{ij} 为空间权重矩阵；Moran's I 的取值一般为[－1，1]，小于 0 代表负相关，等于 0 代表不相关，大于 0 代表正相关。

确定空间权重矩阵最常用的两种规则如下。

1.简单的二进制邻接矩阵

$$W_{ij}=\begin{cases}1 & \text{当区域 } i \text{ 和 } j \text{ 相邻接}\\0 & \text{其他}\end{cases} \tag{10-3}$$

2.基于距离的二进制空间权重矩阵

$$W_{ij}=\begin{cases}1 & \text{当区域 } i \text{ 和 } j \text{ 的距离小于 } d \text{ 时}\\0 & \text{其他}\end{cases} \tag{10-4}$$

在明确此原理的情况下，可计算 Moran's I 指数。

按照面积比例分配方法，确定各监测分区监测点数量。各分层样本量为

$$n_h=\frac{M_h}{M}\times n \tag{10-5}$$

式中：n_h 表示 h 层样本单位数；M_h 表示 h 层的耕地面积；M 表示研究区耕地总面积；n 表示样本单位数。

10.3.1.4　监测样点选取技术要点

①每个监测分区至少有一个监测样点分布，监测样点的布设要能控制该研究对象范围的

整体区域。

②监测点的布设要有针对性，针对不同土壤类型，不同的地形地貌，不同的土地利用方式和利用现状，监测样点要包含区域内所有耕地等别。

③监测样点与耕地图斑相对应，实现空间数据和属性数据统一管理。

④监测样点对应耕地面积要集中连片，图斑面积不少于100亩。

10.3.1.5 监测样点的代表性检验方法

统计检验法。集中趋势是指一组数据向某一中心值靠拢的程度，它反映了一组数据中心点的位置所在。集中趋势的度量包括均值、中位数、众数、中列数。数据的离散程度反映的是各变量值远离其中心值的程度。集中趋势的各测度值是对数据水平的一个概括性度量，它对一组数据的代表性程度，取决于该组数据的离散水平。根据所依据数据类型的不同，描述数据离散程度采用的测度值主要有异众比率、四分位差、方差和标准差。还有极差、平均差以及测度相对离散程度的离散系数等。本研究以均值、中位数、众数来测度数据的集中趋势，以方差、标准差以及偏度、峰度来测度数据的离散趋势。

均值公式：

$$\bar{x} = \frac{1}{n}\sum x_i \tag{10-6}$$

标准差公式：

$$s = \sqrt{\frac{1}{n-1}\sum (x_i - \bar{x})^2} \tag{10-7}$$

偏度公式：

$$\mathrm{SK} = \frac{n\sum (x_i - \bar{x})^3}{(n-1)(n-2)s^3} \tag{10-8}$$

峰度公式：

$$\mathrm{BK} = \frac{\sum (x_i - \bar{x})^4}{(n-1)s^4} \tag{10-9}$$

式中：n 表示样本单位数；$\bar{x}$ 表示样本均值；x_i 表示第 i 个样本值；s 表示样本标准差；SK 表示偏度；BK 表示峰度。

分析检验法。对比分析监测样点在各属性值上的数量比例与耕地面积比例的分布趋势，若趋势一致，则表示监测样点的代表性程度较高。属性值包括耕地等别、熟制、土壤类型、海拔、土地利用系数、土地经济系数、耕地利用现状等。

10.3.2 达拉特旗耕地质量等级监测样点布控

10.3.2.1 研究区概况

1. 自然条件与社会经济状况

达拉特旗位于自治区西南部，黄河中游南岸，鄂尔多斯高原北端。与包头市隔河相望，东与准格尔旗接壤，西与杭锦旗毗邻，地处呼和浩特市-包头市-鄂尔多斯市“金三角”腹地，地跨东经 109°00′～110°45′，北纬 N40°00′～40°30′，东西长 133 km，南北宽 66 km，呈不规则长方形，总土地面积 8266.6 km^2，折合 826659.09 hm^2。

全旗辖 7 个建制镇，1 个苏木，158 个村民委员会，1462 个合作社，总人口 34 万人(图 10-2)。

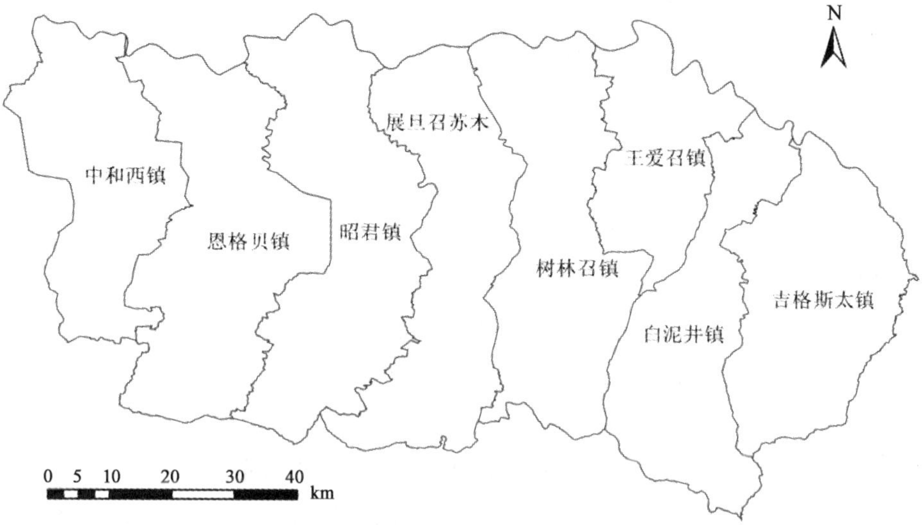

图 10-2　达拉特旗行政区划图

达拉特旗地形总体来说是南高北低，西高东低，可分为黄土丘陵沟壑区、库布其沙漠区和黄河南岸冲积平原区三大自然单元。黄土丘陵沟壑区位于旗境南部，鄂尔多斯台地北部，地势起伏较大，沟谷发育。地面高程在海拔 1300～1500 m，总面积 2686.94 km^2，占全旗总土地面积的 32.5%。库布其沙漠区位于旗境内中部，呈东西向带状分布，海拔 1200～1400 m，属现代风沙地貌，总面积 3608 km^2，占全旗土地总面积的 43.64%。黄河南岸冲积平原区位于旗境北部的黄河南岸，海拔 1000～1100 m，地势较为平坦，面积为 1972.63 km^2，占全旗土地总面积的 23.86%，是达拉特旗的主要产粮区。

达拉特旗属温带大陆性气候，大陆度为 75%，其气候特点是：风大、沙多、干燥、少雨，夏季炎热而短暂，冬季严寒而漫长，寒暑变化剧烈，是温带干旱草原向干旱荒漠草原过渡地带。本旗的水资源主要有：黄河过境水，地表水和地下水，可利用的水源相对充足。

达拉特旗地处蒙中经济区，内蒙古自治区最主要的“呼和浩特-包头-乌海”产业带与连通我国中西部的神骅铁路产业带的“T”字形结合部。近年来，达拉特旗经济蓬勃发展、社会稳定，民族团结，文化繁荣。统计显示，2006 年全旗国内生产总值达到 115.3 亿元，财政收入 10.9 亿元。城乡居民收入稳步增长，城镇居民人均可支收入达 11444 元，农牧民人均可支配收入达 5513 元。农业方面，种植业结构调整力度加大，畜牧业生产增长较快，林业生产快速发展，农田水利建设进一步加强，培养并形成了如四季青等农业生产贸易等龙头加工企业。工矿企业主要有达拉特电厂、化肥厂、东达蒙古王集团，正在兴起的乡镇企业遍布全旗乡村。

全旗交通状况良好，四通八达，包神铁路由北向南通过全境，另有210国道、包东高速公路、德敖线、吉巴线、乌漫三线油路贯穿全境，信息通信网络覆盖全旗各地，集镇建设迅速，全旗的基础设施建设加大了力度，投资环境得到了改善，为全旗的经济腾飞奠定了坚实的基础。

2. 土地资源及其利用现状

根据2007年土地利用现状变更表，全旗2007年末土地总面积为826659.09 hm^2，其中：农用地占土地总面积的75.85%；建设用地占土地总面积的2.76%；未利用地占土地总面积的21.39%。

农用地中耕地面积占农用地面积的20.75%，耕地中水浇地面积88224.11 hm^2，占耕地总面积的67.82%，旱地面积41864.18 hm^2，占耕地总面积的32.18%。园地309.93 hm^2，占农用地面积的0.05%。林地128216.59 hm^2，占农用地面积的20.45%。牧草地358321.71 hm^2，占农用地面积的57.14%。其他农用地占农用地面积的1.16%。

在土地利用中，由于达拉特旗南北自然条件的差异，导致土地利用问题的不同。北部黄灌区由于气候干旱加之地下水位高于临界水位，土壤盐碱化严重，而盐碱土带来的不利影响有土壤板结与土壤肥力下降，不利于农作物吸收养分，阻碍作物生长。中部库布其沙漠覆盖面积广泛，土地荒漠化严重。南部丘陵地区灌溉条件较差，土壤沙化严重。土壤类型主要为栗钙土，农业耕作管理粗放、滥垦、过牧、乱挖药材及鼠害等，从而导致水土流失、风蚀沙化、土壤贫瘠、草场退化等诸多不良后果。

3. 耕地质量现状

结合内蒙古自治区地形地貌、热量、水分、种植习惯、种植方式、主要作物种植期、收获期及面积比例等自然、社会、经济条件，自治区分为东北区、内蒙古高原及长城沿线区、西北区3个一级区和大兴安岭山地区、嫩江右岸平原区、大兴安岭丘陵区、黄土丘陵区、阴山丘陵区、西辽河平原区、河套平原区、阿拉善高原区8个二级区。达拉特旗位于内蒙古自治区西南部，地处鄂尔多斯高原北端，属于一级区中的内蒙古高原及长城沿线区，二级区中的黄土丘陵区。根据《农用地分等规程》的相关内容，达拉特旗基准作物为春小麦，指定作物为玉米。

达拉特旗耕地分等等别主要集中在11～15等5个等别上，其分布特点为北部黄河南岸冲积平原区等别较高，耕地质量相对较好，主要的分等等别为11～13等3个等别；南部黄土丘陵沟壑区和库布其沙漠区等别较低，耕地质量相对较差，主要的分等等别为14～15等2个等别(图10-3)。

不同等别分布规律为，11等、12等、13等耕地主要集中在达旗北部黄河南岸冲积平原区，在8个乡镇均有不同数量的分布；14等耕地主要集中在王爱召镇，在吉格斯太镇、昭君镇也有少量分布；15等耕地集中在达旗中部库布其沙漠和南部黄土丘陵沟壑区，8个乡镇均有涉及(图10-4)。

达拉特旗耕地分等共有分等单元13828个，11～15等5个等别单元数量占总数量的比例分别为34.57%、30.50%、29.77%、4.28%和3.20%(表10-1)。

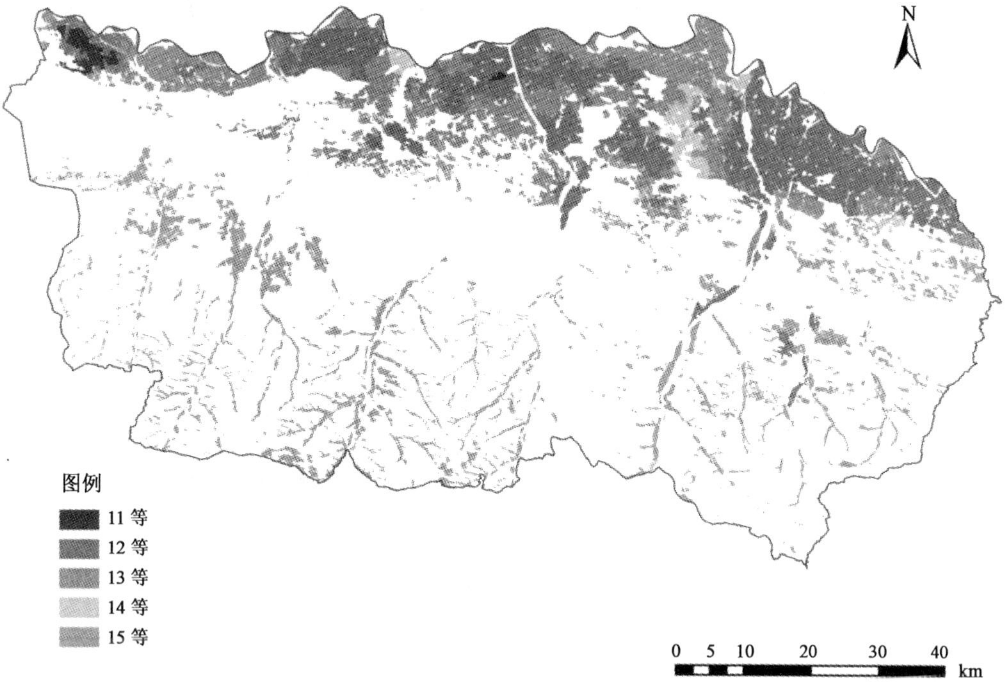

图 10-3　达拉特旗耕地分等等别

表 10-1　达拉特旗耕地分等单元个数汇总

乡镇名称	11 等	12 等	13 等	14 等	15 等	总计
白泥井镇		233	31	3	441	708
恩格贝镇		82	528		656	1266
吉格斯太镇		538	299	43	780	1660
树林召镇		870	583	21	198	1672
王爱召镇		1224	1378	465	355	3422
展旦召苏木	17	527	688	21	773	2026
昭君镇		431	362	39	691	1523
中和西镇	461	313	247		530	1551
总计	478	4218	4116	592	4424	13828

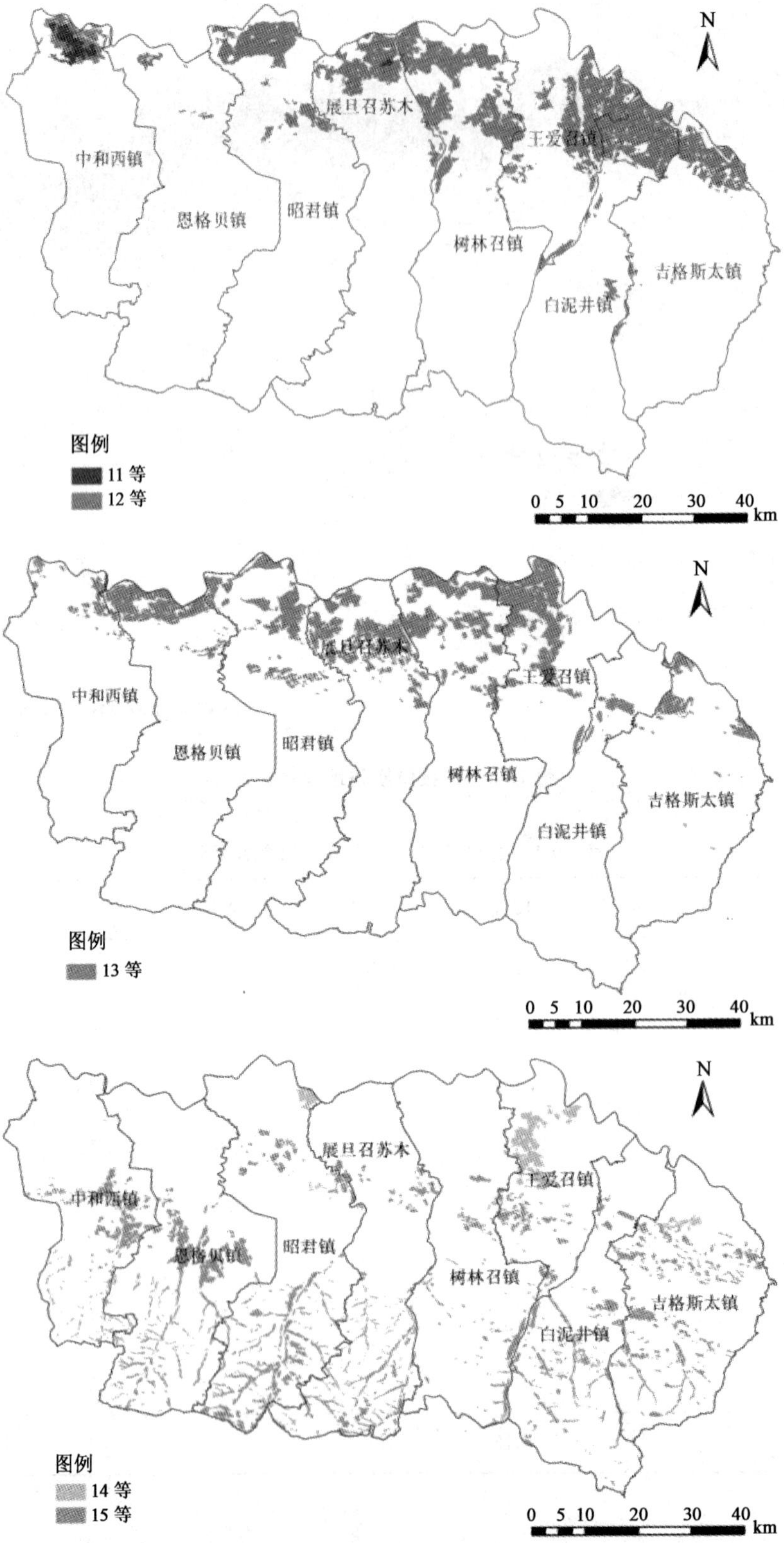

图 10-4 达拉特旗耕地各等别分布

达拉特旗12等、13等和15等耕地面积较大，占总面积的94%，8个乡镇均有不同数量的分布。11等和14等耕地数量很小，11等地主要集中在展旦召苏木和中和西镇，14等地集中在王爱召镇，恩格贝镇和中和西镇没有14等地，其他几个镇有少量分布(表10-2，图10-5，图10-6)。

表10-2　达拉特旗耕地分等面积汇总　×10³ hm²

乡镇名称	11等	12等	13等	14等	15等	总计
白泥井镇		11.13	1.23	0.04	3.44	15.84
恩格贝镇		0.60	6.55		6.41	13.56
吉格斯太镇		5.69	2.83	0.27	4.65	13.44
树林召镇		14.12	9.90	0.29	2.15	26.45
王爱召镇		12.34	11.37	3.78	1.31	28.80
展旦召苏木	0.16	6.87	8.80	0.20	3.14	19.18
昭君镇		8.44	7.17	0.76	6.07	22.45
中和西镇	2.12	2.38	1.50		3.31	9.30
总计	2.28	61.58	49.34	5.33	30.49	149.03

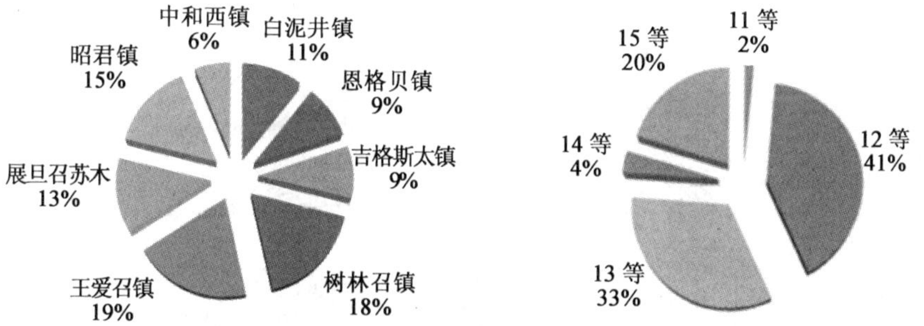

图10-5　达拉特旗耕地面积比例

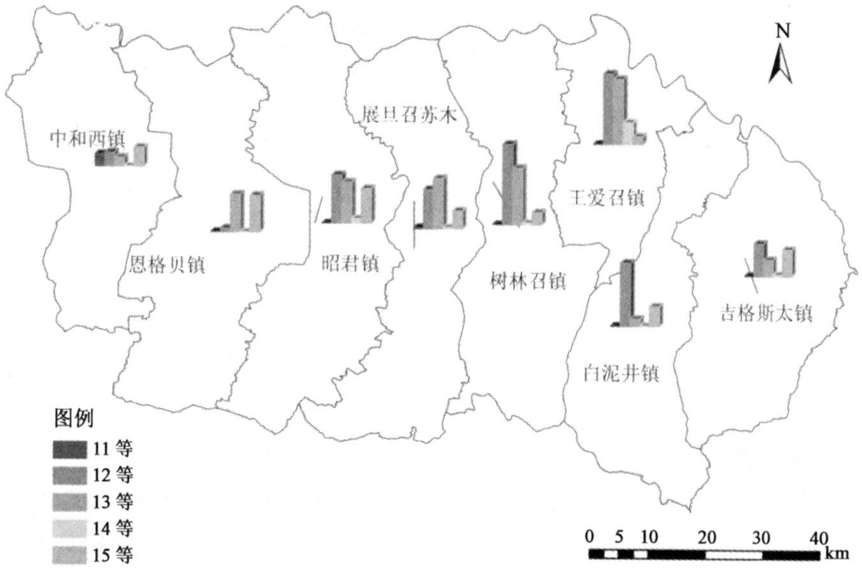

图10-6　达拉特旗各乡镇耕地等别比例

10.3.2.2 监测分区划分

根据影响耕地质量的气候、土壤、地貌等因素划分耕地自然质量分区，根据种植业结构、主要作物产量水平划分耕地利用水平分区，根据种植业投入-产出和效益分析划分耕地收益水平分区。达拉特旗位于二级区中的黄土丘陵区，气候条件较均匀，很少面积的耕地受到重金属污染，因此影响本区的主要自然因素是地貌类型和土壤类型。用农用地分等中的土地利用系数反映利用水平差异，土地经济系数反映收益水平差异进行监测分区划分。

1. 确定地貌分区

达拉特旗地处亚洲中部草原向荒漠草原过渡的半干旱、干旱地带。地形南高北低，起伏不平。北部黄河平原地势平坦，海拔 900～1100 m，中部是东西向狭长的库布齐沙地，海拔 1200～1400 m，南部地形起伏，系沟谷发育的丘陵沟壑地，海拔 1300～1500 m。平原、沙地和高原镶嵌排列，且有明显带状分布规律，这是达拉特旗地貌结构上最显著的特点。由于没能获取准确的地势分界线数据，本次地貌分区根据海拔高度划分，将达拉特旗 DEM 图与村界进行叠加分析，计算出每个村庄的平均海拔，再以不打破村庄边界为基本原则，按村庄平均海拔高度＜1000 m，1000～1200 m，＞1200 m 进行分类，将达旗划分为三个地貌分区(图 10-7)。

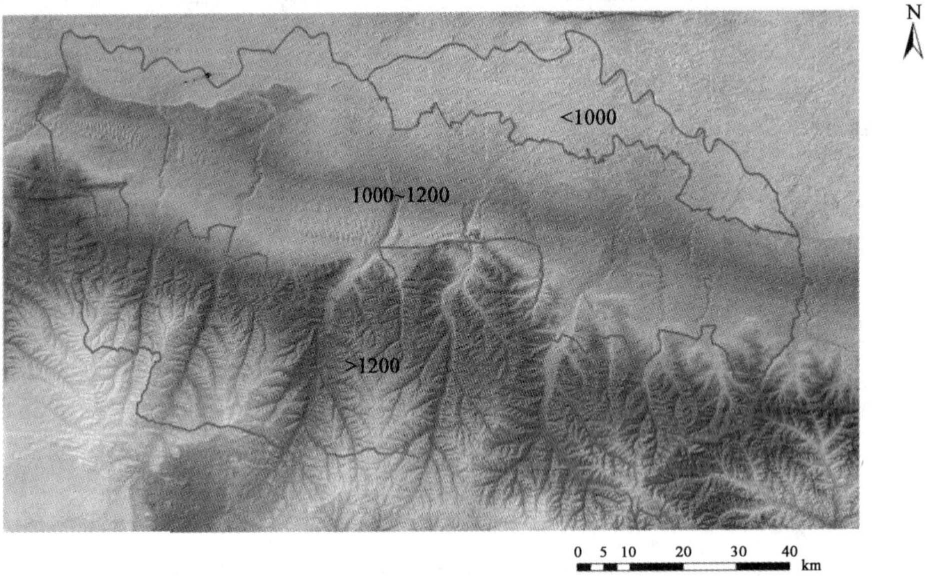

图 10-7 地貌分区示意图

2. 土壤类型分区

达拉特旗土壤类型分区参考全国土壤类型，将达旗划分为四大土壤类型区：栗钙土、风沙土、灌淤土、盐土(图 10-8)。

3. 土地利用系数和经济系数等值区

基于达拉特旗农用地分等数据库，根据各农用地分等单元的土地利用系数、土地经济系数值，以行政村为单位，利用面积加权法计算各村平均土地利用系数和土地经济系数。分别以村庄为单位，将全旗土地利用系数和土地经济系数划分为高、中、低三个档次。土地利用系数等值区内土地利用水平相近，等值区间土地利用水平有明显差异。土地经济系数等值区内土地

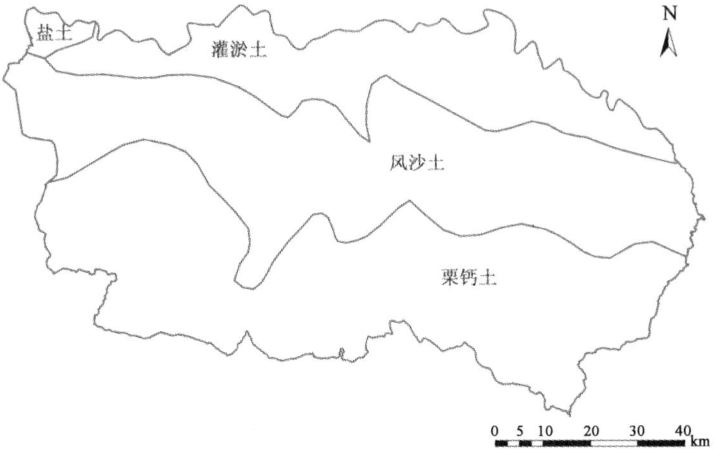

图 10-8　土壤类型分区示意图

收益水平相近,等值区间收益水平有明显差异(图 10-9)。

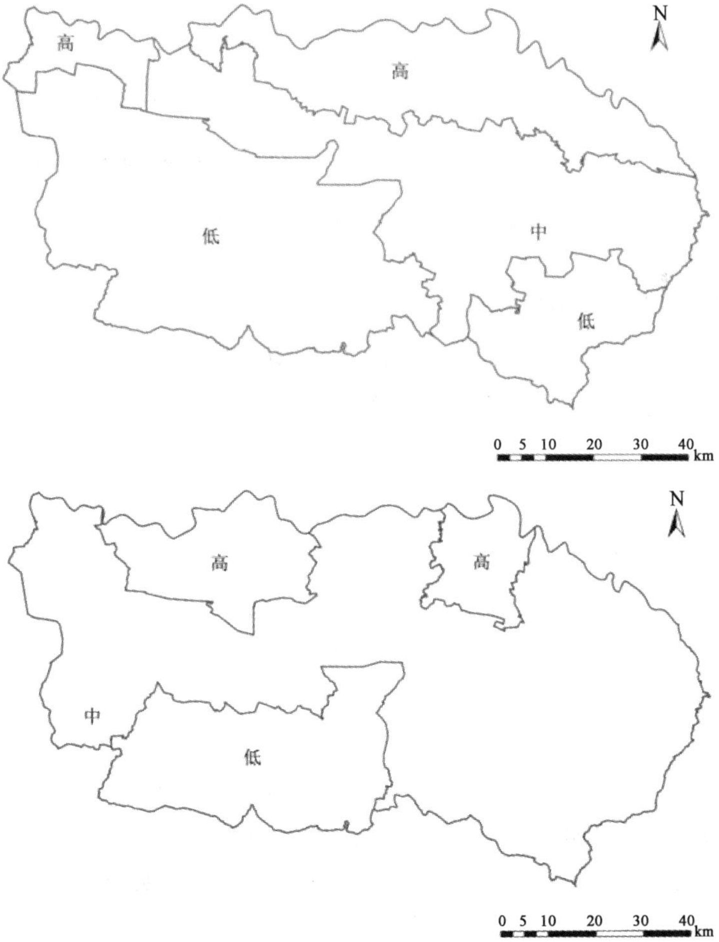

图 10-9　土地利用、经济系数分区示意图

4. 划定监测分区

将地貌分区、土壤分区、土地利用系数分区、土地经济系数分区进行空间叠加，形成分区单元，以不打破村界为前提，对分区单元进行调整。再将面积较小的单元进行临近区的归并，最终将达旗划分为 20 个监测分区，对分区以大写 J 开头按顺序进行编号(图 10-10)。

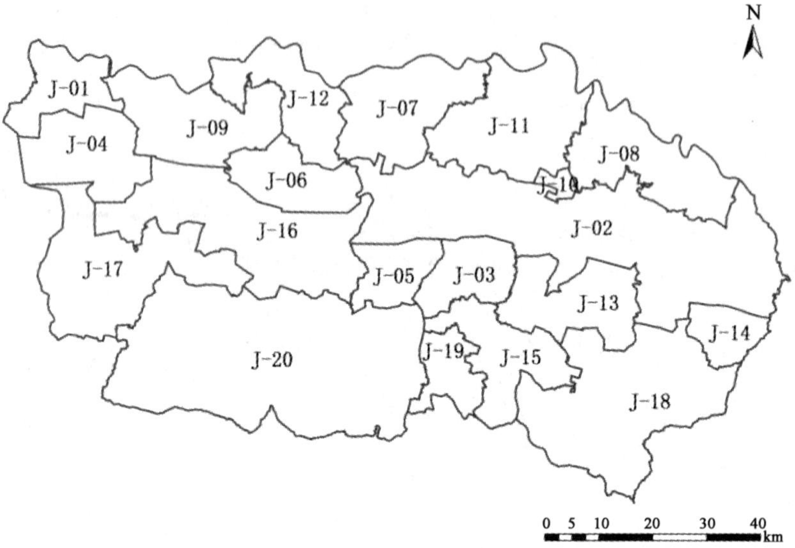

图 10-10　耕地质量等级监测分区

10.3.2.3　监测样点数量的确定

在应用公式计算达旗耕地等级监测样点数量时，认为每个耕地分等单元的费用相同，均为单位 1。得到样本单位数与取样精度的关系方程为

$$n=\frac{5273.23}{V+0.56} \tag{10-10}$$

设置样本数量变化率阈值为 0.1，当 $|n'|\leqslant 0.1$，说明误差满足精度变化要求后，增加样点数对精度的增加已无太大意义，此时，样本数量最少应为 23 个。

根据耕地面积比例分配方法，确定各监测分区监测点数量，布设监测点时还应考虑耕地利用现状及耕地不同质量等别，监测样地应位于基本农田保护区，因此需对设置的监测点进行修正调整(表 10-3)。

每个监测分区可看做耕地质量均一区域，同一监测分区内耕地分等单元自然质量条件、利用水平、收益水平相同。考虑耕地等别、耕地地类，根据耕地监测点布设的技术要求，选取面积最大的分等单元作为监测样地，布控监测样点，进行长期定位监测(图 10-11)。

表 10-3　监测分区监测点数量

监测分区	面积 /×10³ hm²	面积比例	理论样本数量	理论样本数量调整	实际样本数量
J-01	5.92	0.04	0.91	1	1
J-02	15.98	0.11	2.47	3	4
J-03	0.20	0.00	0.03	1	1
J-04	1.04	0.01	0.16	1	1
J-05	0.16	0.00	0.02	1	
J-06	2.46	0.02	0.38	1	1
J-07	22.88	0.15	3.53	4	4
J-08	25.15	0.17	3.88	4	5
J-09	8.83	0.06	1.36	2	1
J-10	0.61	0.00	0.09	1	1
J-11	26.95	0.18	4.16	5	4
J-12	15.94	0.11	2.46	3	2
J-13	2.22	0.01	0.34	1	1
J-14	0.28	0.00	0.04	1	1
J-15	1.73	0.01	0.27	1	1
J-16	4.63	0.03	0.71	1	1
J-17	2.99	0.02	0.46	1	1
J-18	2.78	0.02	0.43	1	2
J-19	0.09	0.00	0.01	1	1
J-20	8.21	0.06	1.27	2	2
总计	149.03	1.00	23	36	36

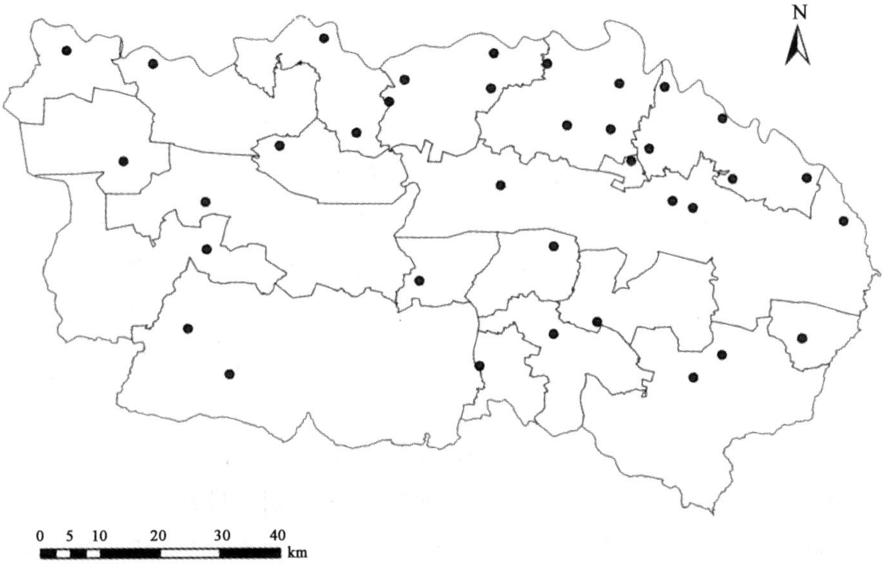

图 10-11　达拉特旗耕地质量等级监测样点分布

10.3.2.4 监测样点的代表性检验及分析

对耕地监测点的合理性进行数学检验。借助SPSS统计软件对达拉特旗全部耕地分等单元和监测样点的耕地等别做统计分析，分析结果如表10-4所示。

表10-4 达拉特旗监测样点代表性检验

统计量		监测样点	耕地
N	有效	36	13828
	缺失	0	0
均值		13.47	13.31
均值的标准误		0.23	0.01
中值		13	13
众数		15	15
标准差		1.36	1.29
方差		1.86	1.67
偏度		−0.01	0.21
偏度的标准误		0.39	0.02
峰度		−1.64	−1.39
峰度的标准误		0.77	0.04
全距		4	4
极小值		11	11
极大值		15	15

对比分析，达拉特旗耕地等别统计量及监测点统计量可以知道，中值、众数、全距、极小值、极大值均相同，分别为13、15、4、11和15；监测样点等别的均值为13.47，标准误为0.23，达拉特旗区域耕地等别的均值为13.31，标准误为0.01，因此总体和样本的均值相近，差别不大，集中趋势相同；监测样点等别的标准差、方差分别为1.36和1.86，达拉特旗区域耕地总体的标准差、方差分别为1.29和1.67，因此总体和样本的差别不大；监测样点等别的偏度、峰度分别为−0.01和−1.64，达拉特旗区域耕地总体的偏度、峰度分别为0.21，和−1.39，因此样本和总体有偏差，但偏差不太显著，偏离程度相近。

对耕地监测点的合理性及代表性进行分析检验，达拉特旗布设耕地监测点36个。海拔以<1000 m，1000～1200 m，≥1200 m分为三个级别，每个级别上耕地面积占总面积的比例为10.81%、74.33%、14.86%，监测样点数量的比例为5.56%、58.33%、36.11%。从在海拔上的分布情况看，监测样点偏向分布于海拔大于1000 m的耕地上。达拉特旗覆盖四类土壤类型，每个土壤类型上耕地面积比例为58.71%、21.08%、18.79%、1.42%，监测样点数量比例

为 41.67%、19.44%、36.11%，分布趋势差异不大。土地利用等值区和土地经济等值区分别分为高、中、低三个档次，每个土地利用系数等值区上耕地面积比例 70.51%、16.15%、13.34%，监测样点数量比例为 47.22%、27.78%、25.00%，分布趋势有较小差异；每个土地经济系数等值区上耕地面积比例为 34.10%、60.28%、5.62%，监测点数量比例为 25.00%、66.67%、8.33%，分布趋势一致性较高。达拉特旗耕地类型分为旱地和水浇地，每个地类上耕地面积比例为 13.88%、86.12%，监测点数量比例为 25.00%、75.00%，分布趋势较一致。耕地等别范围为 11～15 等 5 个等别，每个等别上耕地面积比例为 1.53%、41.32%、33.11%、3.58%、20.46%，监测点数量比例为 2.78%、30.56%、22.22%、5.56%、38.89%，分布趋势一致。以上几点说明，监测点的选取综合考虑了自然质量、利用水平和收益水平，同时还考虑了耕地利用现状和耕地等别，且耕地和监测样点的分布趋势一致性较高，故监测点的选取是合理的(表 10-5)。

表 10-5　达拉特旗监测样点代表性分析

海拔/m	数量	土壤类型	数量	土地利用等值区	数量	土地经济等值区	数量	地类	数量	等别	数量
<1000	2	灌淤土	15	高	17	高	9	旱地	9	11 等	1
1000～1200	21	风沙土	7	中	10	中	24	水浇地	27	12 等	11
≥1200	13	栗钙土	13	低	9	低	3			13 等	8
		盐土	1							14 等	2
										15 等	4

10.4　二级区耕地质量等级监测样点布控研究

10.4.1　二级区耕地质量等级监测样点布控方法

在上文中提到的县级监测样点已建立的情况下，二级区应用因素组合法布控耕地质量监测样点时，优先选取符合的县级监测样点。在现行农用地分等基础上，未建立县级监测样点的情况下，优先选取标准样地作为监测样点。

监测样点的数量确定及选取方法见图 10-12。

根据农用地分等数据库，气候要素可选取熟制来代表，熟制的确定主要考虑热量条件，反映了耕地光照、温度、水分等气候条件的差异。土壤是陆地上能生长植物的疏松表层，是重要的农业资源，是土地资源的重要组成要素，它的类型及其分布、理化性质及生产能力均直接影响甚至决定着土地资源的特性、开发利用方向及其生产力的高低。各类土壤具有其特有的剖面结构和诊断层次，表现出不同的理学性状和肥力特征。因此土壤要素的差别可用土壤类型来代表。地学因素是一种区域性因素，比如地形、海拔、坡度、水文地质条件、地质构造或岩性等。地学因素使区域内的光、温、水、土四大要素在大的气候规律控制下进行了重新的组合分配，而产生了不同的土地资源类型和土地利用方式。基于分等数据库中的数据，用海拔来代表地形要素的差别。土地利用水平由土地利用系数表示，土地利用系数是耕地分等单元的标准粮产量与二级区内最大标准粮产量比值，通过耕地作物产量来反映耕地的利用状况。土地收益水平由土地经济系数来代表，土地经济系数是耕地分等单元的"产量-成本"指数与二级区内最大"产量-成本"指数的比值，反映耕地的收益水平。

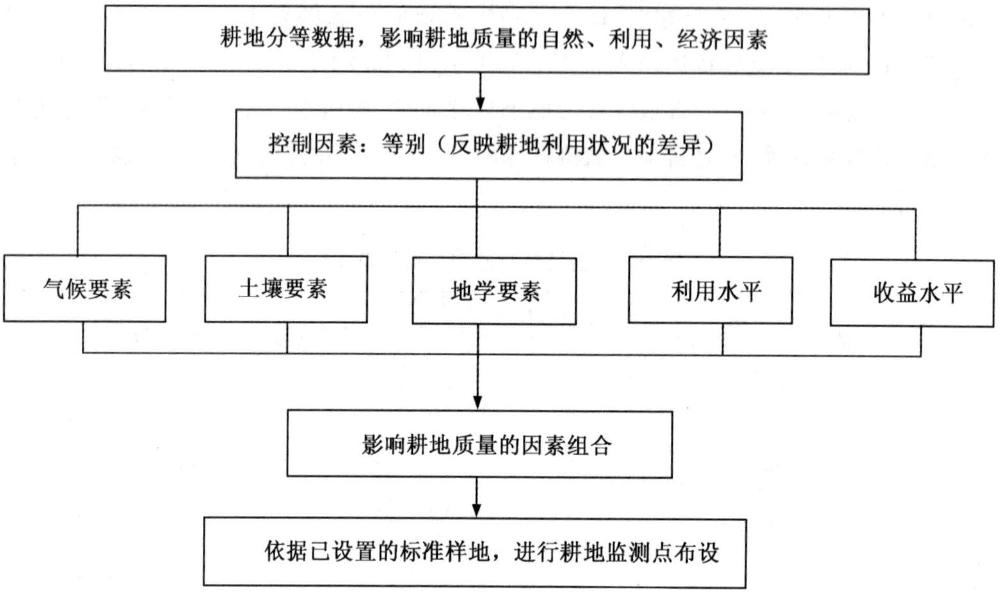

图 10-12 基于标准样地的监测样点选取方法示意图

在确定二级区耕地质量监测样点数量时，以等别为主要控制因素，分析各等别上影响耕地质量的因素类型。熟制分为一年一熟、两年三熟、一年两熟、一年三熟等类型，《中国土壤分类系统》将我国土壤分为 12 个土纲、29 个亚纲、61 个土类。我国的海拔范围为－154～8848 m，土地利用系数的范围是(0,1)，土地经济系数的范围也为(0,1)。以一定间隔，对海拔、土地利用系数、土地经济系数进行分级。根据各主要影响因素的类型数量，控制各等别上监测样点的最少数量。

在等别控制下，对各主要影响因素进行同等重要性的组合，形成"熟制-土壤类型-海拔-土地利用系数-土地经济系数"的不同组合。在此基础上考虑耕地利用现状及保证监测样地的面积在 100 亩以上，选取监测样地，形成监测样点(图 10-12)。

10.4.2 滇黔高原山地区耕地质量等级监测样点布控

10.4.2.1 研究区概况

1.研究区自然和社会经济条件

云贵高原区包含四个二级指标区，云南高原区、贵州高原区、滇黔高原山地区、川鄂湘黔浅山区。本区是我国南北走向和东北-西南走向两组山脉的交汇处，地形复杂，气候差异大，地势西北高，东南低，海拔高程1000～2000 m，部分山脉高达3000～4000 m。本区河流主要有长江上游的金沙江、雅砻江、乌江等支流，部分为珠江支流。河流水系处于剧烈下切阶段，形成高山、陡坡、深沟，地貌类型主要为高原、山地和丘陵。地质构造运动强烈，主要基岩地层有石灰岩及奉化强烈的砂页岩、玄武岩、片麻岩。本区属亚热带东南季风气候区，平均气温为13～16℃，平均降水量为1000～1300 mm，年际、年内分配不均匀，5～9月占全年降水量的80%左右，且多暴雨。植物类型属亚热带常绿阔叶林、针阔混交林和亚热带森林。本区地形陡峻，地面组成物质风化强烈的碎屑岩石组成，一旦森林被砍伐，陡坡地被开垦，遭暴雨袭击时，薄层粗骨土及碎屑风化物极易遭侵蚀，甚至会造成毁坏性寸草不生的裸岩地区。该区耕地面积约占西部区耕地面积的25%。

滇黔高原山地区位于云贵高原区北部，本区气候温凉湿润，年平均气温为10～10.5℃，1月份平均气温1.0～9.0℃，7月份平均气温20.0～22.0℃，年降水量900 mm，无霜期200～220 d，≥0℃的积温为3500～4200℃·d，≥10℃积温2200～3000℃·d，属于暖温带气候范围，主要土壤类型有黄棕壤、石灰土和紫色土。本区标准耕作制度为水稻、玉米或马铃薯，一年一熟。

2.研究区耕地质量情况

滇黔高原山地区耕地等别范围为4～14等11个等别，4等耕地面积为10.34×10^3 hm^2，占区域耕地总面积的0.45%；5等耕地面积为17.30×10^3 hm^2，占总面积的0.75%；6等耕地面积为33.16×10^3 hm^2，占总面积的1.45%；7等耕地面积为42.75×10^3 hm^2，占总面积的1.86%；8等耕地面积为117.38×10^3 hm^2，占总面积的比例为5.12%；9等耕地面积为148.40×10^3 hm^2，占总面积的6.47%；10等耕地面积为309.57×10^3 hm^2，占总面积的13.50%；11等耕地面积为736.33×10^3 hm^2，占总面积的32.11%；12等耕地面积为472.39×10^3 hm^2，占总面积的20.60%；13等耕地面积为307.04×10^3 hm^2，占总面积的13.39%；14等耕地面积为98.33×10^3 hm^2，占总面积的4.29%。其中，11～12等耕地占总面积的52.71%，10～13等耕地占总面积的79.60%。滇黔高原山地区耕地主要集中在10～13等4个等别上，耕地质量中等偏下。各等别耕地的空间分布如图10-13所示。

滇黔高原山地区4～9等耕地面积占区域总面积的比例为16.11%，耕地数量少，分散的分布在二级区的西部和中间，呈狭长分布；10等耕地数量较少，分散的分布于整个区域内；11等耕地比4～10等地数量多，在区域中部和东北部有较大面积的集中分布；12等耕地数量最多，除在东北部有大面积的集中分布外，还分散分布于整个区域内；13～14等耕地主要集中在东部区域，这一区域以山地为主，地势高，耕地破碎程度较高，耕地质量较差。

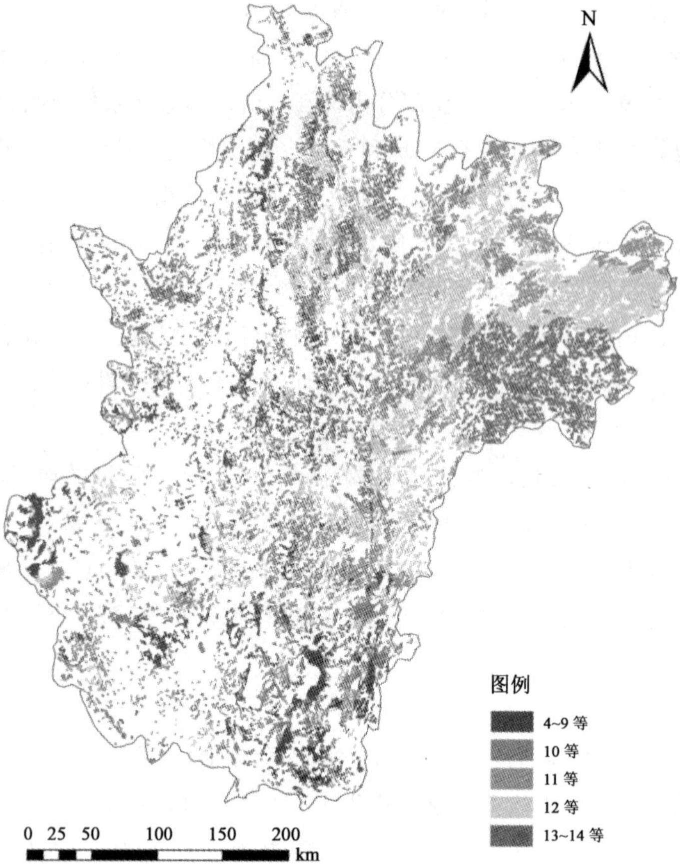

图 10-13 滇黔高原山地区耕地分等等别

3. 研究区标准样地分布特征

滇黔高原山地区共设置省级标准样地 153 块，位于四川省辖区内有 108 块，占总数量 70.59%，位于贵州省和云南省辖区内的仅占 2.61%和 26.80%。4 等耕地上布设标准样地 9 块，占总数量的 5.88%；5 等耕地上有标准样地 4 块，占 2.61%；6 等耕地上有 9 块，占 5.88%；7 等耕地上有 5 块，占 3.27%；8 等耕地上有 18 块，占 11.76%；9 等耕地上有 19 块，占 12.42%；10 等耕地上有 34 块，数量最多，占 22.22%；11 等耕地上有 23 块，仅次于 10 等耕地上的数量，占 15.03%；12 等耕地有 10 块，6.54%；13 等耕地有 20 块，占 13.07%；14 等耕地有 2 块，占 1.31%。其中 9～11 等耕地上有标准样地 76 块，占 49.67%；标准样地主要集中在 8～13 等耕地上，占总数量的 81.04%(表 10-6，图 10-14)。

表 10-6 滇黔高原山地区省级标准样地的数量分布

省份	4 等	5 等	6 等	7 等	8 等	9 等	10 等	11 等	12 等	13 等	14 等	总计
贵州省										2	2	4
四川省	9	3	5	2	3	13	26	19	10	18		108
云南省		1	4	3	15	6	8	4				41
总计	9	4	9	5	18	19	34	23	10	20	2	153

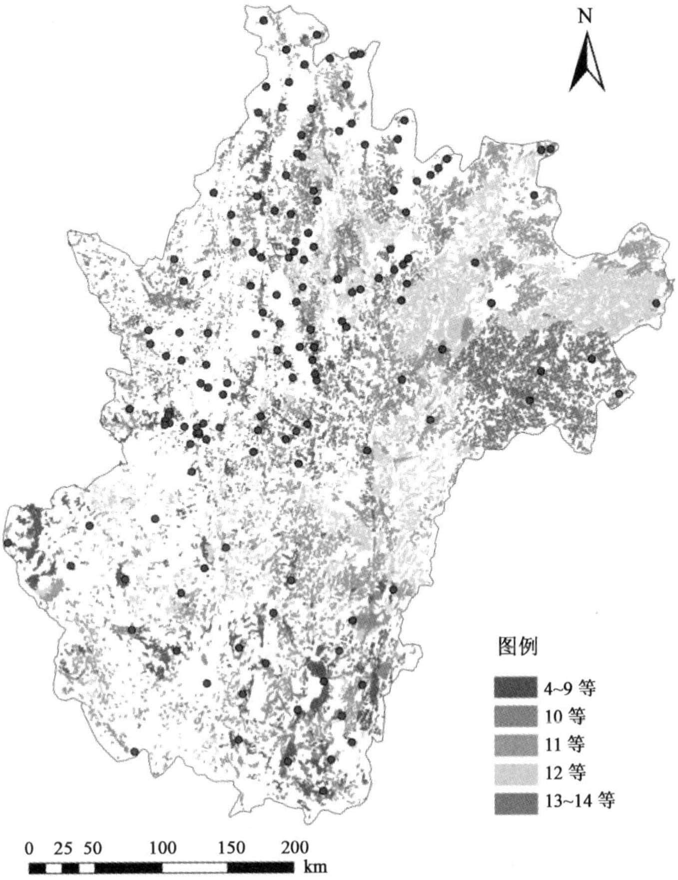

图 10-14　滇黔高原山地区省级标准样地空间分布

整体来看，滇黔高原山地区标准样地的空间分布较均匀，但标准样地在西部部分耕地较分散的区域分布数量多于其他区域，而东北部耕地较集中的区域，标准样地数量少于其他区域。

标准样地的特征描述因素包括气候、土壤、地形、农田基本建设情况、产量以及土地利用和土地经济等。在对影响标准样地自然质量的几个主要因素进行分析后发现，滇黔高原山地区省级标准样地年平均气温主要集中在 14～17℃，占 37.91%；≥10℃积温主要集中在 5000～6000℃，占 32.68%；年平均降水量集中在 800～1200 mm，占 77.12%；有效土层厚度集中在 60～100 cm，占 47.71%；地面坡度<2℃的数量最多，占 63.40%；海拔高度在 1000～2000 m 之间的最多，占 54.25%(表 10-7)。

表 10-7　滇黔高原山地区省级标准样地属性

年平均气温/℃	数量	≥10℃积温/℃·d	数量	年平均降水量/mm	数量	土层厚度/cm	数量	坡度	数量	海拔/m	数量
8～11	11	2000～3000	14	600～800	31	<30	41	<2°	97	0～100	
11～14	30	3000～4000	22	800～1000	55	30～60	16	2～5°	4	1000～2000	83
14～17	58	4000～5000	24	1000～1200	63	60～100	73	5～8°	7	2000～3000	61

续表 10-7

年平均气温/℃	数量	≥10℃积温/℃·d	数量	年平均降水量/mm	数量	土层厚度/cm	数量	坡度	数量	海拔/m	数量
17～20	36	5000～6000	50	1200～1400	1	≥100	23	8～15°	8	3000～4000	5
20～23	18	6000～7000	26	1400～1600	3			15～25°	37		
		7000～8000	17								

10.4.2.2 标准样地的代表性检验及分析

目前标准样地的设置是层层筛选、优中推优，每个乡镇按照最优选取原则选取县级标准样地，在县级标准样地基础上，推选出产量较高的若干省级标准样地和国家级标准样地。在国家级汇总的滇黔高原山地区，从数量上看，照现行方法设置的各级标准样地中，国家级标准样地与省级标准样地的数量比例约为 1∶15，省级标准样地的代表性要优于国家级标准样地。而各级标准样地代表的是区域内自然质量最优的部分耕地，是否对各等别、各地类等耕地均有代表性需要对其检验分析。

借助 SPSS 统计软件对标准样地和二级区耕地的等别做统计分析，分析发现，标准样地和二级区耕地等别的最大值均为 14 等，最小值均为 4 等；标准样地的等别均值为 9.55，均值标准误为 0.20，二级区耕地的等别均值为 10.78，均值标准误为 0.02，标准样地和二级区耕地等别均值差值为 1.23，差别明显，误差较大；标准样地等别中值和众数均落在 10 等上，而二级区耕地等别均落在 11 等上；标准样地等别偏度为－0.54，偏度标准误为 0.20，峰度为－0.23，峰度标准误为 0.39，二级区耕地等别偏度为－0.88，偏度标准误为 0.03，峰度为 0.96，峰度标准误为 0.06，差别明显。因此根据以上统计量的分析，标准样地对二级区耕地等别的代表性较差，以现有的标准样地作为二级区耕地等别的监测样地不合理(表 10-8)。

表 10-8 滇黔高原山地区标准样地代表性检验

统计量		标准样地	耕地
N	有效	144	7395
	缺失	0	0
均值		10.36	10.78
均值的标准误		0.21	0.02
中值		11	11
众数		11	11
标准差		2.46	1.87
方差		6.06	3.49
偏度		－0.64	－0.88
偏度的标准误		0.20	0.03
峰度		－0.33	0.96
峰度的标准误		0.40	0.06
全距		10	10
极小值		4	4
极大值		14	14

对二级区标准样地的代表性做直观分析检验。滇黔高原山地区熟制分为一年一熟、一年两熟，其区域内耕地面积占总面积的比例分别为 73.36%和 24.64%，标准样地的数量比例分别为 97.39%和 2.61%；滇黔高原山地区涵盖 9 个土壤类型，属于赤红壤、红壤、黄壤、黄棕壤、南方水稻土、石灰(岩)土、紫色土、棕壤、黑毡土的耕地面积比例分别为 0.83%、53.62%、10.67%、17.72%、2.81%、2.63%、9.54%、2.18%和 0.01%，标准样地的数量比例分别为 0.65%、53.59%、6.54%、13.73%、3.92%、1.31%、4.58%、15.69%和 0%，其中紫色土、棕壤和黑毡土的分布差异较大；滇黔高原山地区四个海拔级别(<1000 m，1000～2000 m，2000～3000 m，≥3000 m)上的耕地面积比例为 3.33%、51.01%、45.11%和 0.54%，标准样地数量比例为 2.61%、54.25%、40.52%和 2.61%，分布趋势较一致；滇黔高原山地区在三个土地利用等值区(土地利用系数分别为<0.3、0.3～0.6、≥0.6)的耕地面积比例分别为 19.21%、68.53%和 12.26%，标准样地数量的比例为 16.34%、74.51%和 9.15%，分布趋势较一致；滇黔高原山地区在三个土地经济等值区(土地经济系数分别为<0.3、0.3～0.6、≥0.6)的耕地面积比例分别为 0.56%、57.46%和 41.98%，标准样地数量的比例为 0.65%、54.90%和 44.44%，分布趋势较一致。滇黔高原山地区灌溉水田、望天田、旱地的面积比例为 19.90%、1.63%和 78.47%，标准样地的数量比例分别为 44.44%、1.31%和 54.25%，分布差异较大；滇黔高原二级区各等别(4～14 等)耕地面积比例为 0.45%、0.75%、1.45%、1.86%、5.12%、6.47%、13.50%、32.11%、20.60%、13.39%和 4.29%，标准样地数量的比例为 5.88%、2.61%、5.88%、3.27%、11.76%、12.42%、22.22%、15.03%、6.54%、13.07%和 1.31%，分布趋势不一致(表 10-9)。

表 10-9　滇黔高原山地区标准样地代表性分析

熟制	数量	土壤类型	数量	海拔/m	数量	土地利用系数	数量	土地经济系数	数量	地类	数量	等别	数量
一年两熟	149	赤红壤	1	<1000	4	<0.3	25	<0.3	1	灌溉水田	68	4 等	9
一年一熟	4	红壤	82	1000～2000	83	0.3～0.6	114	0.3～0.6	84	望天田	2	5 等	4
		黄壤	10	2000～3000	62	≥0.6	14	≥0.6	68	旱地	83	6 等	9
		黄棕壤	21	≥3000	4							7 等	5
		南方水稻土	6									8 等	18
		石灰(岩)土	2									9 等	19
		紫色土	7									10 等	4
		棕壤	24									11 等	23
		黑毡土	0									12 等	10
												13 等	20
												14 等	2

10.4.2.3 监测样点数量的确定

耕地等别体现的是耕地在自然条件及利用状况综合作用下的差别，滇黔高原山地区耕地等别范围为 4～14 等 11 个等别。

耕作制度是一个地区或生产单位作物种植制度以及与之相适应的养地制度的综合技术体系，种植制度反映一个地区或生产单位作物组成、配置、熟制与种植方式。熟制的确定主要考虑热量条件，反映了耕地光照、温度、水分等气候条件的差异，滇黔高原二级区的熟制类型为一年一熟和一年两熟两种类型。

土壤是陆地上能生长植物的疏松表层，是重要的农业资源，是土地资源的重要组成要素，它的类型及其分布、理化性质及生产能力均直接影响甚至决定着土地资源的特性、开发利用方向及其生产力的高低。各类土壤具有其特有的剖面结构和诊断层次，表现出不同的理学性状和肥力特征。滇黔高原山地区覆盖 10 种土壤类型。

地学因素是一种区域性因素，比如地形、水文地质条件、地质构造或岩性等。地学因素使区域内的光、温、水、土四大要素在大的气候规律控制下进行了重新的组合分配，而产生了不同的土地资源类型和土地利用方式。影响滇黔高原山地区的主要地学因素是海拔高度和地面坡度，由于农用地分等数据库中没有地面坡度信息，如果实际调查显然不现实，因此，对于耕地质量等级变化，主要考虑海拔高度这一地学要素。滇黔高原山地区海拔范围为 356～3722 m，跨度为 3366 m，以 500 m 为间隔，将该二级区的海拔分为 8 个级别，分别为<500，≥500～1000，≥1000～1500，≥1500～2000，≥2500～3000，≥3000～3500，≥3500。

土地利用系数是耕地分等单元的标准粮产量与二级区内最大标准粮产量比值，通过耕地作物产量来反映耕地的利用状况。滇黔高原山地区土地利用系数的范围为 0.09～0.82，以 0.3 为间隔将土地利用系数分为<0.3，≥0.3～0.6 和≥0.6 的低、中、高 3 个等值区。

土地经济系数是耕地分等单元的“产量-成本”指数与二级区内最大“产量-成本”指数的比值，反映耕地的收益水平。滇黔高原山地区的土地经济系数的范围为 0.21～0.94，以 0.3 为间隔将土地经济系数分为<0.3，≥0.3～0.6 和≥0.6 的低、中、高 3 个等值区。

以等别作为区域内监测点选取的控制因素，滇黔高原山地区 4 等耕地覆盖 1 个熟制类型，2 类土壤类型，4 个海拔分级，土地利用水平处于中等等值区，土地收益水平处于高等和中等等值区，因此，4 等耕地至少需布设 4 个监测点；5 等耕地覆盖 1 个熟制类型，4 类土壤类型，5 个海拔分级，土地利用水平覆盖三等等值区，土地收益水平处于高等和中等等值区，因此，5 等耕地至少需布设 5 个监测点；6 等耕地覆盖 2 个熟制类型，6 类土壤类型，6 个海拔分级，土地利用水平覆盖三等等值区，土地收益水平处于高等和中等等值区，因此，6 等耕地至少需布设 6 个监测点；7 等耕地覆盖 2 个熟制类型，6 类土壤类型，5 个海拔分级，土地利用水平覆盖三等等值区，土地收益水平处于高等和中等等值区，因此，7 等耕地至少需布设 6 个监测点；8 等耕地覆盖 2 个熟制类型，7 类土壤类型，5 个海拔分级，土地利用水平覆盖三等等值区，土地收益水平处于高等和中等等值区，因此，8 等耕地至少需布设 7 个监测点；9 等耕地覆盖 2 个熟制类型，8 类土壤类型，6 个海拔分级，土地利用水平覆盖三等等值区，土地收益水平处于高等和中等等值区，因此，9 等耕地至少需布设 8 个监测点；10 等耕地覆盖 2 个熟制类型，8 类土壤类型，8 个海拔分级，土地利用水平覆盖三等等值区，土地收益水平处于高等和中等等值区，因此，10 等耕地至少需布设 8 个监测点；11 等耕地覆盖 2 个熟制类型，8 类土壤类型，7 个海拔分级，土地利用水平覆盖三等等值区，土地收益水平处于高等和中等等值区，因此，11 等耕地至少需布设 8 个监测点；12 等耕地覆盖 2 个熟制类型，8 类土壤类型，8 个海拔分级，土地利用水平覆盖三等等值区，土地收益水平也覆盖三等等值区，因此，12 等耕地至少需布设 8 个监测点；13 等耕地覆盖 2 个熟制类型，8 类土壤类型，7 个海拔分级，土地利用水平覆盖三等等值区，土地收益水平也覆盖三等等值区，因此，13 等耕地至少需布设 8 个监测点；14 等耕地覆盖 2 个熟制类型，5 类土壤类型，4 个海拔分级，土地利用水平高等和中等等值区，土地收益水平也覆盖高等和中等等值区，因此，14 等耕地至少需布设 5 个监测点。综上所述，滇黔高原山地区进行耕地质量等级监测时至少需布设 73 个监测点。而此种方法下，监测点的布设未考虑各等别耕地面积，未考虑耕地利用现状，监测点的代表性较差(表 10-10)。

表 10-10　滇黔高原山地区各等别耕地的描述信息表

等别	熟制	土壤类型	海拔/m	土地利用等值区	土地经济等值区
4 等	一年两熟	红壤	≥1000～1500	中	高
		棕壤	≥1500～2000		中
			≥2000～2500		
			≥2500～3000		
5 等	一年两熟	红壤	≥500～1000	高	高
		黄棕壤	≥1000～1500	中	中
		南方水稻土	≥1500～2000	低	
		紫色土	≥2000～2500		
			≥2500～3000		
6 等	一年两熟	红壤	≥500～1000	高	高
		黄棕壤	≥1000～1500	中	中
		南方水稻土	≥1500～2000	低	
	一年一熟	石灰(岩)土	≥2000～2500		
		紫色土	≥2500～3000		
		棕壤	≥3500		
7 等	一年两熟	红壤	≥500～1000	高	高
		湖泊	≥1000～1500	中	中
		黄棕壤	≥1500～2000	低	
	一年一熟	南方水稻土	≥2000～2500		
		石灰(岩)土	≥2500～3000		
		紫色土			

续表 10-10

等别	熟制	土壤类型	海拔/m	土地利用等值区	土地经济等值区
8等	一年两熟	赤红壤	≥500～1000	高	高
		红壤	≥1000～1500	中	中
		黄棕壤	≥1500～2000	低	
	一年一熟	南方水稻土	≥2000～2500		
		石灰(岩)土	≥2500～3000		
		紫色土			
		棕壤			
9等	一年两熟	赤红壤	<500	高	高
		红壤	≥500～1000	中	中
		黄壤	≥1000～1500	低	
		黄棕壤	≥1500～2000		
	一年一熟	南方水稻土	≥2000～2500		
		石灰(岩)土	≥2500～3000		
		紫色土			
		棕壤			
10等	一年两熟	赤红壤	<500	高	高
		红壤	≥500～1000	中	中
		黄壤	≥1000～1500	低	
		黄棕壤	≥1500～2000		
	一年一熟	南方水稻土	≥2000～2500		
		石灰(岩)土	≥2500～3000		
		紫色土	≥3000～3500		
		棕壤	≥3500		
11等	一年两熟	赤红壤	<500	高	高
		红壤	≥500～1000	中	中
		黄壤	≥1000～1500	低	
		黄棕壤	≥1500～2000		
	一年一熟	南方水稻土	≥2000～2500		
		石灰(岩)土	≥2500～3000		
		紫色土	≥3000～3500		
		棕壤			

续表 10-10

等别	熟制	土壤类型	海拔/m	土地利用等值区	土地经济等值区
12 等	一年两熟	赤红壤	<500	高	高
		红壤	≥500～1000	中	中
		黄壤	≥1000～1500	低	低
		黄棕壤	≥1500～2000		
	一年一熟	南方水稻土	≥2000～2500		
		石灰(岩)土	≥2500～3000		
		紫色土	≥3000～3500		
		棕壤	≥3500		
13 等	一年两熟	黑毡土(亚高山草甸土)	≥500～1000	高	高
		红壤	≥1000～1500	中	中
		黄壤	≥1500～2000	低	低
		黄棕壤	≥2000～2500		
	一年一熟	南方水稻土	≥2500～3000		
		石灰(岩)土	≥3000～3500		
		紫色土	≥3500		
		棕壤			
14 等	一年两熟	红壤	≥1000～1500	高	高
		黄壤	≥1500～2000	中	中
	一年一熟	黄棕壤	≥2000～2500		
		石灰(岩)土	≥2500～3000		
		紫色土			

10.4.2.4　监测样点的选取

在滇黔高原山地区选取监测样点时要满足:监测样点需覆盖所有的因素类型;对不同因素类型进行组合,在每个不同的影响耕地质量的因素组合下均选取监测样点;优先选取面积较大的国家级标准样地作为监测点;其次选取面积较大的省级标准样地作为监测样点;没有国家级及省级标准样地的情况下,选取面积最大的分等单元作为监测样点;监测点所在监测样地的图斑地类面积应不小于 100 亩。

依据监测样地选取要求,滇黔高原山地区选取监测样地 144 块,形成 144 个监测样点,监测样点的空间分布如图 10-15 所示,监测点空间分布较均匀。

10.4.2.5　监测样点的代表性检验及分析

借助 SPSS 统计软件对监测样点和二级区耕地的等别做统计检验分析,分析发现,监测样

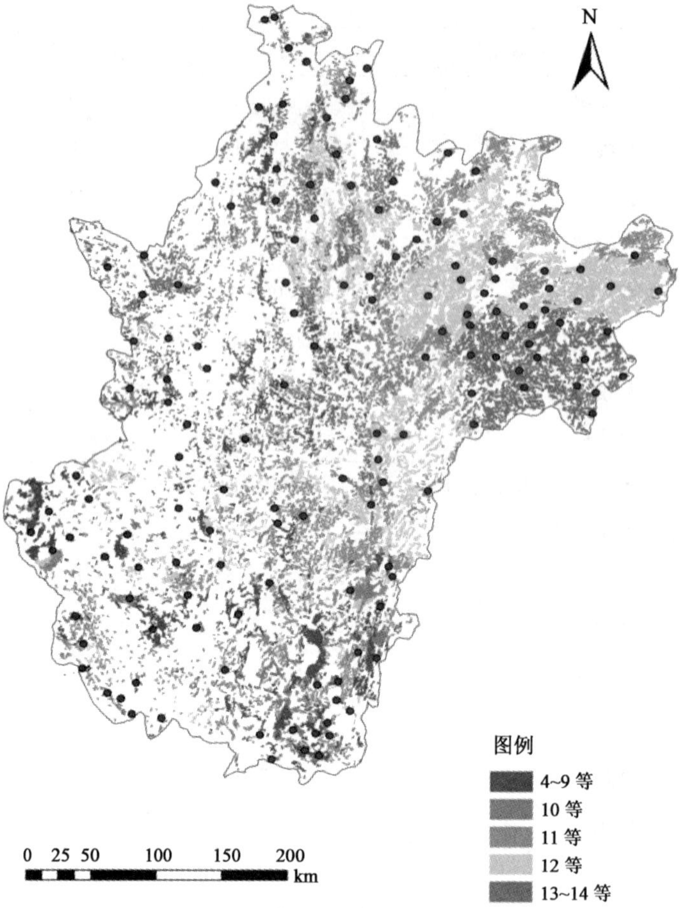

图 10-15 滇黔高原山地区监测样点的空间分布

点和二级区耕地等别的最大值均为 14 等，最小值均为 4 等；监测样点的等别均值为 10.36，均值标准误为 0.21，二级区耕地的等别均值为 10.78，均值标准误为 0.02，监测样点和二级区耕地等别均值差值为 0.42，差别不明显，误差较一致；监测样点等别中值和众数均落在 11 等上，二级区耕地等别也均落在 11 等上；监测样点等别偏度为－0.644，偏度标准误为 0.20，峰度为－0.33，峰度标准误为 0.40，二级区耕地等别偏度为－0.88，偏度标准误为 0.03，峰度为 0.96，峰度标准误为 0.06，误差较小，分布较一致。因此根据以上统计量的分析，监测样点对二级区耕地等别的代表性较好，以该体系作为二级区耕地等别的监测样点比较合理（表 10-11）。

对二级区标准样地的代表性做直观分析检验。滇黔高原山地区熟制分为一年一熟、一年两熟，其区域内耕地面积占总面积的比例分别为 73.36％和 24.64％，监测样点的数量比例分别为 70.83％和 29.17％；滇黔高原山地区涵盖 9 个土壤类型，属于赤红壤、红壤、黄壤、黄棕壤、南方水稻土、石灰（岩）土、紫色土、棕壤、黑毡土的耕地面积比例分别为 0.83％、53.62％、

表 10-11　滇黔高原山地区监测样点的代表性检验

统计量		监测样点	耕地
N	有效	144	7395
	缺失	0	0
均值		10.36	10.78
均值的标准误		0.21	0.02
中值		11	11
众数		11	11
标准差		2.46	1.87
方差		6.06	3.49
偏度		−0.64	−0.88
偏度的标准误		0.20	0.03
峰度		−0.33	0.96
峰度的标准误		0.40	0.06
全距		10	10
极小值		4	4
极大值		14	14

10.67%、17.72%、2.81%、2.63%、9.54%、2.18%和 0.01%，标准样地的数量比例分别为 5.56%、23.61%、9.03%、15.97%、12.5%、9.03%、13.19%、9.72%和 1.39%，分布趋势基本一致；滇黔高原山地区四个海拔级别（<1000 m，1000～2000 m，2000～3000 m，≥3000 m）上的耕地面积比例为 3.33%、51.01%、45.11%和 0.54%，监测样点数量比例为 1.39%、52.78%、45.14%和 0.69%，分布趋势较一致；滇黔高原山地区在三个土地利用等值区（土地利用系数分别为<0.3、0.3～0.6、≥0.6）的耕地面积比例分别为 19.21%、68.53%和 12.26%，监测样点的比例为 20.14%、62.50%和 17.36%，分布趋势较一致；滇黔高原山地区在三个土地经济等值区（土地经济系数分别为<0.3、0.3～0.6、≥0.6）的耕地面积比例分别为 0.56%、57.46%和 41.98%，监测样点数量的比例为 0.69%、56.25%和 43.06%，分布趋势较一致。滇黔高原山地区灌溉水田、望天田、旱地的面积比例为 19.90%、1.63%和 78.47%，监测样点的数量比例分别为 34.72%、4.86%和 60.42%，分布差异不大；滇黔高原二级区各等别（4～14 等）耕地面积比例为 0.45%、0.75%、1.45%、1.86%、5.12%、6.47%、13.50%、32.11%、20.60%、13.39%和 4.29%，监测样点数量的比例为 1.39%、2.78%、6.25%、4.17%、7.64%、10.42%、10.42%、19.44%、16.67%、14.58%和 6.25%，分布趋势差异不大，较一致（表 10-12）。

表 10-12　滇黔高原山地区监测样点的代表性分析

熟制	数量	土壤类型	数量	海拔/m	数量	土地利用系数	数量	土地经济系数	数量	地类	数量	等别	数量
一年两熟	102	赤红壤	8	＜1000	2	＜0.3	29	＜0.3	1	灌溉水田	50	4等	2
一年一熟	42	红壤	34	1000～2000	76	0.3－0.6	90	0.3～0.6	81	望天田	7	5等	4
		黄壤	13	2000～3000	65	≥0.6	25	≥0.6	62	旱地	87	6等	9
		黄棕壤	23	≥3000	1							7等	6
		南方水稻土	18									8等	11
		石灰(岩)土	13									9等	15
		紫色土	19									10等	15
		棕壤	14									11等	28
		黑毡土	2									12等	24
												13等	21
												14等	9

10.5　国家级耕地质量等级监测样点布控研究

10.5.1　研究区概况

西部区疆域辽阔，地处北纬 20°54′～53°23′，东经 73°21′～126°04′之间，包括陕西、甘肃、宁夏、青海、新疆、内蒙古、贵州、云南、四川、西藏、重庆、广西 12 个省、市和自治区，下辖 119 个地级市(州、地区)，1068 个县(市、区)。土地面积 668.16 万 km^2，占全国国土面积的 69.6%，耕地面积占全国的 36.2%，草场面积占全国的 55.9%，森林面积占全国的 36%，水资源量占全国的 82%。

中国西部区是目前我国十分关注的地区，由于地质地貌和气候条件的巨大差异，生态环境条件较为脆弱，而且脆弱类型多，分布范围广，西部区总体上耕地质量较差、产出率低；近年来经过一系列的自然环境演变和人类的行为干预后，西部地区已成为中国生态环境最脆弱的地区，大部分地区的森林覆盖率很低。水土流失严重，大量的河道淤积，河床升高，荒漠化面积每年以 2000 多 km^2 的速度扩散。

根据西部区农用地分等数据，西部区耕作制度共分为五类：一年一熟、一年一熟或两熟、两年三熟、一年两熟、一年三熟，其中以一年一熟和一年两熟为主。秦岭以北的耕地大多是一年一熟制，秦岭以南的耕地大多是一年两熟制，一年三熟制的耕地极少，只有南部的华南区有少量分布。《农用地分等定级规程》中根据影响耕作制度的主要环境指标：热量、水分、地貌以及社会经济条件进行耕作制度分区，将全国分为 12 个一级区和 40 个二级区。按照《农用地分等定级规程》中划定的全国农业耕作制度，西部区 12 省共覆盖到 10 个一级区、29 个二级区，包括西北区、青藏高原区、横断山区、内蒙古高原及长城沿线区、黄土高原区、四川盆地区、云贵高原区、东北区、华南区、江南区。

我国西部区耕地质量的特点是数量少、质量低，西部区耕地总面积为 45342.22 km^2，其中一半以上为旱地，南部地区以一年两熟为主，北部地区以一年一熟为主。西部区耕地数量少，质量低，并且在生产能力上表现为极端的脆弱性。耕地以中等地和低等地为主，耕地平均自然等、利用等、经济等分别为 10.8 等、11.0 等、10.9 等，均处于较低水平(张青璞，2012)。

10.5.2　西部区国家级标准样地的分布情况

10.5.2.1　西部区国家级标准样地在省级行政区各等别上的分布

耕地等别范围为 1～15 等，按照 1～4 等、5～8 等、9～12 等、13～15 等分为四个档次，依次为优等地、高等地、中等地、低等地。依据国家级标准样地设置方法，西部区确定 162 块国家及标准样地，其在 12 个省级行政区内各等别上的分布情况如表 10-13 所示。

表 10-13　西部区国家级标准样地在省级行政区各等别上的分布

等别		省(市、自治区)												
		甘肃	广西	贵州	内蒙古	宁夏	青海	陕西	四川	西藏	新疆	云南	重庆	总计
优等地	4 等		2						0			1		3
高等地	5 等		1					1	2			1		5
	6 等		5			0		2	3		0	0		10
	7 等	0	3	0	1	1		3	2		0	2	1	13
	8 等	2		1	0	4		2	1		0	1	7	18
中等地	9 等	4	1	0	0	3		0	3		2	4	4	21
	10 等	1	0	7	2	0		1	2	2	2	2	0	19
	11 等	2	0	5	2	2	2	0	2	5	4	2	0	26
	12 等	1		0	3	1	8	1	0	3	7	2	0	26
低等地	13 等	0		0	4	3	5	1	0	0	2	0		15
	14 等	0		1	1	2	0	0		0	0			4
	15 等				2									2
总计		10	12	14	15	16	15	11	15	10	17	15	12	162

0 表示在该等别上有耕地分布，而标准样地数量为 0。国家级标准样地在西部 12 省各省的数量范围为 10～17，在耕地覆盖的 4～15 等 12 个等别上的数量差异明显，集中分布在 8～13 等 6 个等别上。优、高、中、低四个档次耕地上的国家级标准样地数量分别为 3、46、92、21，所占比例为 2.47%、28.40%、56.80%和 12.96%，西部区一半以上的国家级标准样地分布在中等地上。国家级标准样地在省域内各个等别上的数量也有差异，部分耕地等别上没有样地分布，部分耕地等别样地数量较多。

10.5.2.2　西部区国家级标准样地在耕作制度分区的分布特征

依据农用地分等规程确定的农用地分等指标区，西部 12 省共覆盖 10 个标准耕作制度一级区，28 个二级区。标准耕作制度分区是根据影响耕作制度的主要环境指标（热量、水分、地貌以及社会经济条件）对耕作制度进行分区。一级区、二级区反映的是耕作制度的差异。标准耕作制度是体现气候类型及地形等生态地段一致性的具体标志（表 10-14）。

表 10-14　西部区国家级标准样地在耕作制度分区各等别上的数量分布

一级指标区	二级指标区	优等地	高等地				中等地				低等地			总计
		4 等	5 等	6 等	7 等	8 等	9 等	10 等	11 等	12 等	13 等	14 等	15 等	
东北区	大小兴安岭山地区									0	0	0	0	0
	松嫩平原区								0	0	0	0	1	1
横断山区			0	0	0	0	0	0	0	1	0			1
华南区	华南低平原区	0	1	5	3	0	1	0	0					0
	华南沿海西双版纳低山丘陵区	2	0	0	1	0	0	0	0	0	0			3
黄土高原区	汾渭谷地		1	1	3	2	0	1	0	0	0	0		8
	晋陕丘陵沟谷区					0	0	0	0	0	1	1		2
	宁南陇中青东黄土丘陵区				0	1	1	0	5	9	5	1		2
	渭北陇东黄土旱塬区				0	0	0	0	0	1	0	0		1
	豫西山地丘陵区			0		0	0	0	0	0	0			0
江南区	南岭丘陵山地区	0	0	0	0	0	0	0	0					0
内蒙古高原及长城沿线区	河套银川平原			0	2	3	3	0	0	1	3	0	0	12
	后山坝上高原区				0	1	0	2	2	0	0	0	0	5
	辽吉西蒙东南冀北山地						0	0	0	2	2	1	1	6
	内蒙古高原区				0	0	0	0	0	0	0	0	0	0
青藏高原区	藏南高原谷地							2	5	3	0	0		10
	海北甘南高原							0	0	0	2	0		2
四川盆地	盆东丘陵低山区		1	0	2	6	5	0	0	0	0	0		14
	盆西平原		1	3	1	1	2	0	0	0	0			8
	盆周秦巴山区		0	1	0	1	0	0	2	0	0	0		4
西北区	阿拉善高原						0	0	0	0		0		0
	北疆灌溉区						0	0	2	3	2	0		7
	河西走廊区					0	3	1	0	1	0	0		5
	南疆东疆盆地绿洲区			0	0	0	2	2	2	4	0	0		10
云贵高原区	川鄂湘黔浅山区				0	2	0	3	0	0	0	0		5
	滇黔高原山地区	1	0	0	1	1	2	2	2	0	0	1		10
	贵州高原区				0	0	0	4	5	0	0	0		9
	云南高原区	0	1	0	0	0	2	2	1	1	0			7
总计		3	5	0	3	8	1	19	26	26	15	4	2	162

由表 10-14 可以看出，国家级标准样地在各等别上数量差异较大。西部区耕地等别范围为 3～15 等，每个等别上均有国家级标准样地分布，但集中分布在 8～12 等 5 个等别上，占总数量的 67.90%。

国家级标准样地在各二级区分布不均匀，在二级区各等别上数量差异显著。较多的二级区是宁南陇中青东黄土丘陵区，盆东丘陵低山区，河套银川平原，华南低平原区，藏南高原谷地区，南疆、东疆盆地绿洲区，滇黔高原山地区，数量分别为 22、14、12、10、10、10 和 10，仅 7 个二级区标准样地数量占西部区总数量的 54.32%。其中，宁南陇中青东黄土丘陵区耕地等别范围为 7～14 等 8 个等别，而标准样地集中分布在 11～13 等 3 个等别上，占该二级区总数量的 86.36%。大小兴安岭山地区、南岭丘陵山地区、豫西山地丘陵区、内蒙古高原区、阿拉善高原区 5 个二级区各等别上均没有标准样地分布。

10.5.2.3　西部区国家级标准样地的空间分布特征

西部区国家级标准样地的空间分布差异显著，在部分二级区上分布均匀合理，如滇黔高原山地区、贵州高原区。在部分二级区上呈现明显过度集中的现象。呈东西向狭长分布的河套银川平原，域内耕地分布均匀，而国家级标准样地主要集中在东西两侧，其对中部耕地的代表性较差。宁南陇中青东黄土丘陵区的标准样地主要分布在西部和中部，东部没有样地分布，中部分布均匀，而西部的则集中在部分耕地上。形状较规则的盆东丘陵低山区的样地主要分布在东北-西南走向的狭长耕地上。

西部区国家级标准样地的空间分布出现偏离集中连片耕地的现象。藏南高原谷地，海拔较高，光热资源匮乏，耕地面积稀少，耕地质量偏低，而分布有较多数量的标准样地。北疆灌溉区、南疆东疆盆地绿洲区的标准样地偏离大面积耕地集中连片区而分布在耕地破碎度高的区域(图 10-16)。

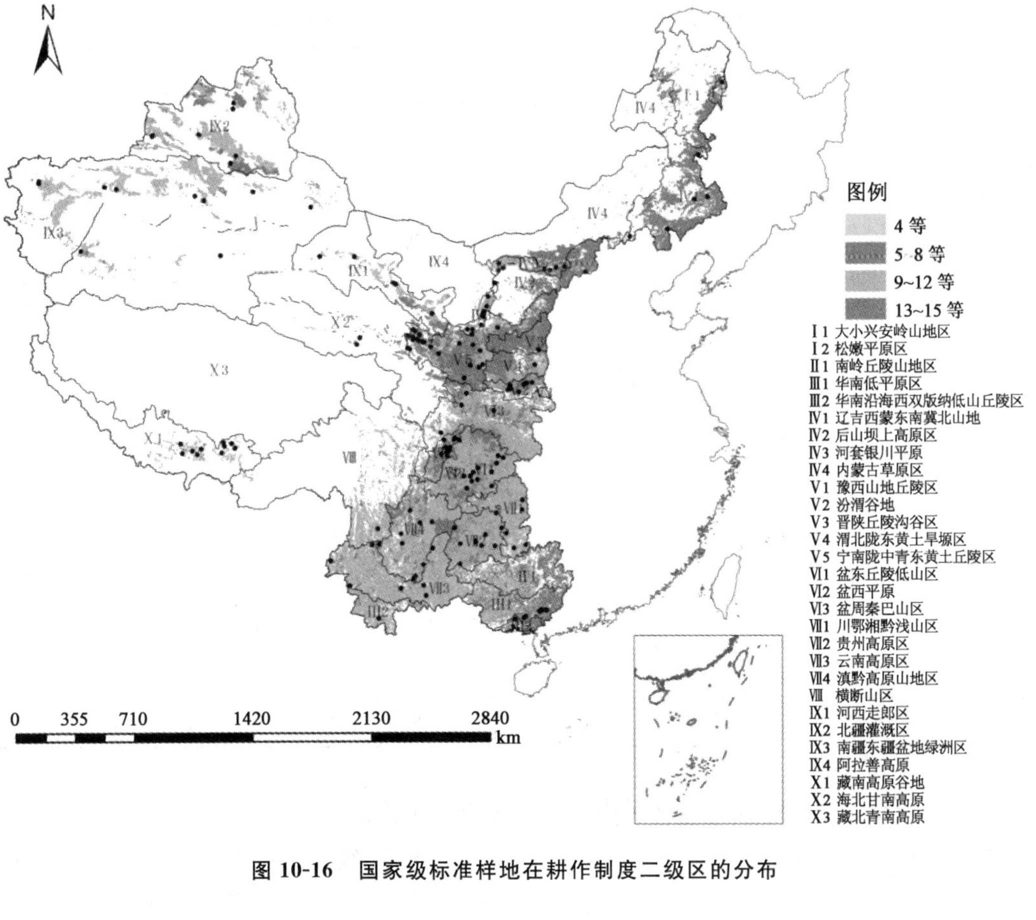

图 10-16　国家级标准样地在耕作制度二级区的分布

10.5.3　西部区省级标准样地的分布情况

10.5.3.1　西部区省级标准样地在省级行政区各等别上的分布

由于广西壮族自治区没有汇总的省级标准样地数据,因此,分析省级标准样地分布时不考虑广西壮族自治区。

从标准样地在各等别上的数量分布看,等别间数量差距明显,体现在8～13等耕地上标准样地均超过300块,而4～6和15等耕地上不足100块;12等耕地上标准样地布设最多有464块,4等耕地最少仅10块,差值为460,差距较大。按照4等、5～8等、9～12等、13～15等划分优等、高等、中等和低等4个档次,西部11省标准样地集中分布在中等地上,数量为1509,占总量的55.38%,优等地上仅10块,数量明显少于其他质量耕地。

从标准样地在省际及各省等别上的分布看,省际间差距显著,体现在11省中四川、陕西2省的数量最多分别为886和514,2省占总量的51.38%,西藏的最少,仅为30块,最多的四川省与其差值为856,差距很大。标准样地在各省各等别的分布范围及集中程度差异明显,体现在青海的分布在11～14等耕地上,西藏的分布在10～13等耕地上,分布范围小于其他各省;新疆的标准样地分布范围为7～13等,主要集中在11和12等上,占新疆总量的75.56%,集中程度很高(表10-15)。

表10-15　西部区省级标准样地在省级行政区各等别上的分布

等别		省(市、自治区)											总计
		甘肃	贵州	内蒙古	宁夏	青海	陕西	四川	西藏	新疆	云南	重庆	
优等地	4等							9			1		10
高等地	5等						2	13			2		17
	6等				0		19	60		0	7		86
	7等	2	1	2	4		40	149		2	11	6	217
	8等	11	4	2	12		58	181		1	24	77	370
中等地	9等	23	15	6	17		49	107		3	32	49	301
	10等	67	39	7	13		36	117	3	7	25	48	362
	11等	91	60	11	12	7	49	83	10	28	17	14	382
	12等	95	17	13	9	41	122	105	16	40	6	0	464
低等地	13等	110	8	24	6	41	90	62	1	9	0		351
	14等	29	3	35	0	5	49		0	0			121
	15等			44									4
总计		428	147	144	73	94	514	886	30	90	125	194	2725

10.5.3.2　西部区省级标准样地在耕作制度分区的分布特征

从标准样地在各耕作制度二级区上的数量分布来看,二级区间标准样地的数量差异显著,体现在位于四川盆地区的盆东丘陵低山区标准样地数量最多布设有495个,占总量的

18.17%，而东北区的松嫩平原区样地最少仅一个。两个二级区的数量差为 494，差距较大；西部 11 省所覆盖的 26 个二级区内，宁南陇中青东黄土丘陵区、渭北陇东黄土旱塬区、盆东丘陵低山区、盆西平原和盆周秦巴山区 5 个二级区的标准样地总数量为 1491，占总量的 54.72%。

从标准样地在二级区内各等别的数量分布来看，分布范围差异大，如在松嫩平原区标准样地仅在 15 等耕地上有 1 块，而在滇黔高原山地区的 4～14 等耕地上均有分布。分布集中程度差异也较明显，如晋陕丘陵沟谷区的标准样地集中在 11～13 等耕地上，10 等耕地仅 2 块，7～9 等和 11 等耕地上没有样地布设（表 10-16）。

表 10-16　西部区省级标准样地在耕作制度分区各等别上的数量分布

一级指标区	二级指标区	优等地			高等地			中等地				低等地		总计
		4 等	5 等	6 等	7 等	8 等	9 等	10 等	11 等	12 等	13 等	14 等	15 等	
东北区	大小兴安岭山地区									0	0	4	8	12
	松嫩平原区										0	0	1	1
横断山区			0	0		0	2	6	12	76	32			128
华南区	华南沿海西双版纳低山丘陵区		0	1	0	2	2	0	3	2	0			10
黄土高原区	汾渭谷地		2	18	31	50	37	16	7	2	0			163
	晋陕丘陵沟谷区				0	0	0	2	0	12	41	28		83
	宁南陇中青东黄土丘陵区					9	9	34	56	86	78	32		304
	渭北陇东黄土旱塬区						0	8	27	68	54	15		172
	豫西山地丘陵区						1	4	0	0				5
内蒙古高原及长城沿线区	河套银川平原			0	6	12	15	10	7	6	3	4	2	65
	后山坝上高原区				0	0	0	2	1	1	5	8	13	30
	辽吉西蒙东南冀北山地						2	0	1	3	15	14	12	47
	内蒙古草原区					0	1	0	3	3	1	5	8	21
青藏高原区	藏南高原谷地							3	10	16	2	0		31
	海北甘南高原								1	20	41	4		66
四川盆地	盆东丘陵低山区	0	5	23	75	173	89	77	48	5	0			495
	盆西平原		5	32	73	48	25	24	4	0	0			211
	盆周秦巴山区			1	16	39	33	51	52	84	32	1		309
西北区	阿拉善高原						1	2	2	0				5
	北疆灌溉区						0	2	14	19	6	0		41
	河西走廊区					1	15	22	29	13	12	3		95
	南疆东疆盆地绿洲区			0	2	1	3	5	14	21	3	0		49
云贵高原区	川鄂湘黔浅山区				0	9	13	29	22	3	2	0		78
	滇黔高原山	9	4	9	5	18	21	34	23	10	20	2		155
	贵州高原区				1	1	9	20	42	14	4	1		92
	云南高原区	1	1	2	8	7	23	11	4	0	0			57
总计		10	17	86	217	370	301	362	382	464	351	121	44	2725

10.5.3.3 西部区省级标准样地的空间分布特征

由图10-17可以看出，西部区省级标准样地主要集中在四川盆地、黄土高原两个一级指标区下的各个二级区内。

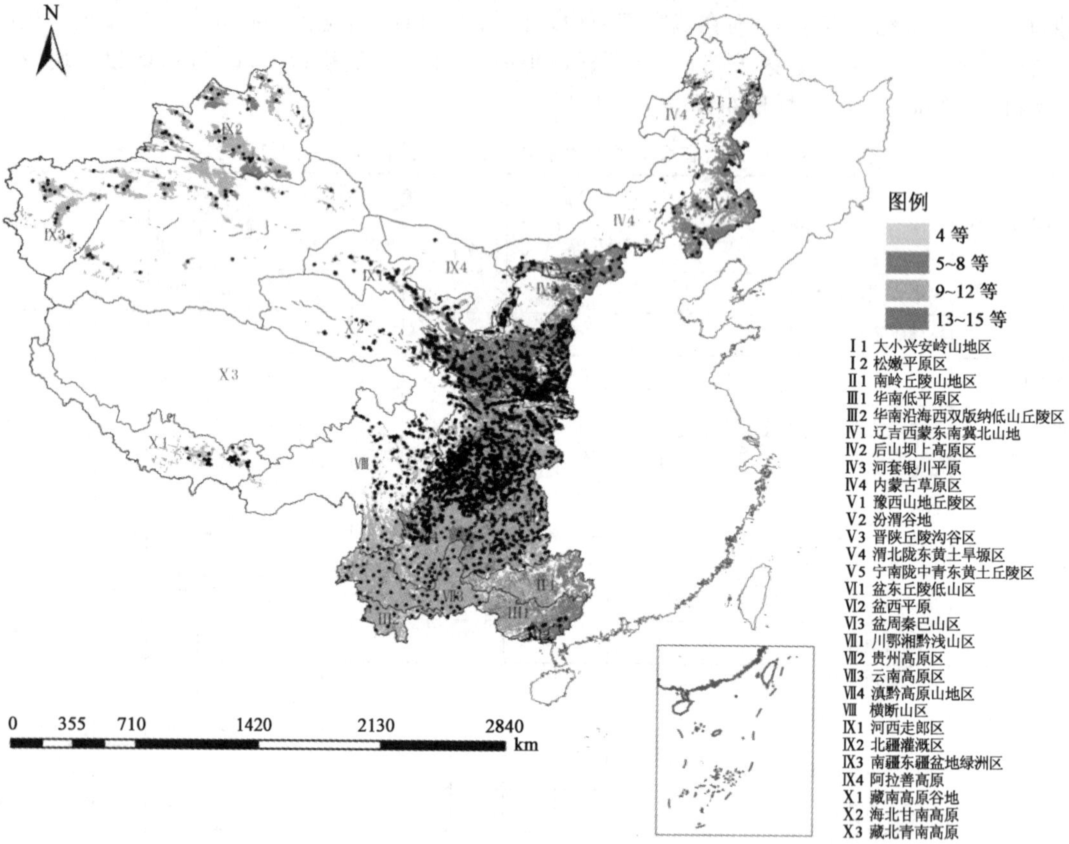

图 10-17 西部区省级标准样地空间分布

10.5.4 西部区耕地质量等级监测样点的布控

10.5.4.1 国家级标准样地的代表性检验及分析

对国家级标准样地对西部区耕地质量的代表性情况做统计检验。国家级标准样地数量为162，等别最大值为15，最小值4，全距11，与西部区耕地的等别情况一致；国家级标准样地的等别中值为10，众数11，西部区耕地的等别中值为10，众数10，分布趋势不太一致；等别均值为9.81，均值标准误是0.19，西部区耕地的等别均值为10.19，均值标准误为0.01，从均值情况看，国家级标准样地的代表性较差；国家级标准样地的等别标准差为2.46，方差为6.07，西部区耕地的等别标准差为2.12，方差为4.50，分布趋势一致；国家级标准样地的等别偏度为－0.31，偏度标准误为0.19，峰度为－0.58，峰度标准误为0.38，西部区耕地等别偏度为－0.03，偏度标准误为0.01，峰度为－0.55，峰度标准误为0.01，国家级标准样地与西部区耕地的偏度趋势差别较大，峰度趋势较一致。总体来看，国家级标准样地对西部耕地质量的代表性较差(表10-17)。

表 10-17　西部区国家级标准样地代表性检验

统计量		国家级标准样地	耕地
N	有效	162	146939
	缺失	0	0
均值		9.81	10.19
均值的标准误		0.19	0.01
中值		10	10
众数		11	10
标准差		2.46	2.12
方差		6.07	4.50
偏度		−0.31	−0.03
偏度的标准误		0.19	0.01
峰度		−0.58	−0.55
峰度的标准误		0.38	0.01
全距		11	11
极小值		4	4
极大值		15	15

西部区耕地熟制类型分为一年一熟、一年一熟或两熟、两年三熟、一年两熟、一年三熟，前四种类型所覆盖的耕地面积占西部区耕地总面积的比例分别为 45.47%、1.16%、2.51%、50.86%，一年三熟所覆盖耕地面积非常少，比例不足 0.01%。国家级标准样地所覆盖的熟制类型为一年一熟、一年一熟或两熟、两年三熟、一年两熟，在各个熟制类型上的数量比例分别为 52.47%、0.62%、1.23%、45.68%。国家级标准样地与西部区耕地在熟制上的分布趋势较一致。

西部区土壤类型有 51 类，其中黄壤、红壤、绵土、赤红壤、栗钙土、紫色土、南方水稻土和石灰土面积较大，占耕地总面积的比例分别为 11.09%、10.48%、8.59%、8.44%、6.76%、6.65%、6.26%和 4.88%。国家级标准样地所覆盖的土壤类型有 36 类，占西部区土壤类型总数量的 70.59%。其中在黄壤、红壤、绵土、赤红壤、栗钙土、紫色土、南方水稻土和石灰土几个土壤类型的标准样地数量比例为 8.02%、9.26%、2.47%、8.64%、5.56%、2.47%、9.26%和 1.85%，8 类土壤类型的样地总数量占标准样地数量的 47.53%，接近一半。

以 500 m 为间隔，将西部区海拔分为<500 m，500～1000 m，1000～1500 m，1500～2000 m，2000～2500 m，2500～3000 m，3000～3500 m，3500～4000 m，≥4000 m 9 个级别，每个海拔级别上耕地面积占西部区总面积的比例为 27.81%、0.17%、25.14%、15.55%、6.79%、2.23%、0.46%、0.31%和 21.54%。国家级标准样地在 9 个海拔级别上的数量比例为 23.46%、19.14%、29.01%、9.88%、8.64%、2.47%、1.23%、5.56%、0.62%。从海拔的分布来看，国家级标准样地与西部区耕地的分布趋势差异较大。

西部区耕地等别范围为 4～15 等 11 个等别，各等别耕地面积占西部区总耕地面积的比例分别为 0.06%、0.55%、2.64%、5.36%、6.38%、7.67%、14.46%、17.17%、14.94%、10.94%、10.19%和 9.64%。国家级标准样地在各等别的数量比例分别为 1.85%、3.09%、6.17%、8.02%、11.11%、12.96%、11.73%、16.05%、16.05%、9.26%、2.47%和 1.23%。从等别分布看,国家级标准样地与西部区耕地分布趋势有差异,差异不大。

10.5.4.2　省级标准样地的代表性检验及分析

西部区省级标准样地代表性检验见表 10-18。

表 10-18　西部区省级标准样地代表性检验

统计量		省级标准样地	耕地
N	有效	2725	146939
	缺失	0	0
均值		10.32	10.19
均值的标准误		0.04	0.01
中值		10	10
众数		12	10
标准差		2.27	2.12
方差		5.15	4.50
偏度		−0.19	−0.03
偏度的标准误		0.05	0.01
峰度		−0.74	−0.55
峰度的标准误		0.09	0.01
全距		11	11
极小值		4	4
极大值		15	15

对省级标准样地对西部区耕地质量的代表性情况做统计检验。西部 11 省的省级标准样地数量为 2725,省级标准样地等别最大值为 15,最小值为 4,全距 11,与西部区耕地等别的情况一致,没有差别;省级标准样地的等别中值为 10,众数为 12,西部区耕地等别的中值为 10,众数为 10,省级标准样地与西部区耕地等别中值一样,众数有差别;省级标准样地的等别均值为 10.32,均值标准误为 0.04,西部区耕地的等别均值为 10.19,均值标准误为 0.01,差别较小,集中趋势较一致;省级标准样地等别标准差为 2.27,方差为 5.15,西部区耕地等别标准差为 2.12,方差为 4.50,两者差别不大,分布趋势较一致;省级标准样地的等别偏度为−0.19,偏度标准误为 0.05,峰度为−0.74,峰度标准误为 0.09,西部区耕地等别偏度为−0.03,偏度标准误为 0.01,峰度为−0.55,峰度标准误为 0.01,两者差别不大,分布趋势较一致。总体来看,省级标准样地对西部区耕地质量的代表性较好。

西部区耕地熟制类型分为一年一熟、一年一熟或两熟、两年三熟、一年两熟、一年三熟,前四种类型所覆盖的耕地面积占西部区耕地总面积的比例分别为 45.47%、1.16%、2.51%、50.86%,一年三熟所覆盖耕地面积非常少,比例不足 0.01%。省级标准样地在熟制为一年一熟、一年一熟或两熟、两年三熟、一年两熟、一年三熟类型上的数量比例分别为 37.14%、5.65%、5.39%、51.78%和 0.04%。省级标准样地在熟制上分区趋势与西部耕地的差异较小，基本一致。

西部区土壤类型有 51 类，其中黄壤、红壤、绵土、赤红壤、栗钙土、紫色土、南方水稻土和石灰土面积较大，占耕地总面积的比例分别为 11.09%、10.48%、8.59%、8.44%、6.76%、6.65%、6.26%和 4.88%。省级标准样地所覆盖的土壤类型有 43 类，在黄壤、红壤、绵土、赤红壤、栗钙土、紫色土、南方水稻土和石灰土 8 种土壤类型上的数量比例分别为 11.34%、5.50%、12.15%、1.39%、2.90%、9.50%、9.28%和 1.03%，8 种土壤类型的总数量占省级标准样地数量的比例为 53.10%，占到一半多。从土壤类型看，省级标准样地与西部区耕地的分布趋势较一致。

以 500 m 为间隔，将西部区海拔分为<500 m，500～1000 m，1000～1500 m，1500～2000 m，2000～2500 m，2500～3000 m，3000～3500 m，3500～4000 m，≥4000 m 9 个级别，每个海拔级别上耕地面积占西部区总面积的比例为 27.81%、0.17%、25.14%、15.55%、6.79%、2.23%、0.46%、0.31%和 21.54%。省级标准样地在 9 个海拔级别上的数量比例为 22.09%、0.40%、26.31%、11.27%、6.31%、4.33%、2.75%、2.39%、24.15%。从海拔的分布来看，省级标准样地与西部区耕地的分布趋势差异不大较一致。

西部区耕地等别范围为 4～15 等 11 个等别，各等别耕地面积占西部区总耕地面积的比例分别为 0.06%、0.55%、2.64%、5.36%、6.38%、7.67%、14.46%、17.17%、14.94%、10.94%、10.19%和 9.64%。省级标准样地在各个等别上的数量比例分别为 0.37%、0.62%、3.19%、7.93%、13.50%、11.08%、13.32%、14.06%、17.06%、12.81%、4.44%和 1.61%。省级标准样地与西部区耕地等别的分布趋势一致性较高。

综合分析得出，西部区省级标准样地对耕地的代表性程度较高，可直接作为监测样点体系。

10.5.4.3　耕地质量监测样点选取

上文分析得出，省级标准样地代表性程度较高，可直接作为监测样点体系，但省级标准样地数量众多，考虑可操作性，西部区监测样点可在省级标准样地中选取适量作为监测样点体系。在挂接分等数据的西部区省级标准样地数据库基础上，以等别为主要控制因素，以影响耕地质量的主要因素为次级控制因素，进行逐层控制，形成不同因素组合。在数据库中，选取反映气候、土壤、地学、土地利用、收益水平因素的主要因子，依次选取熟制、土壤类型、海拔、土地利用系数、土地经济系数 5 项因子，在等别控制下进行因素组合，形成"等别-熟制-土壤类型-海拔-土地利用水平-土地收益水平"的不同组合。同时考虑地类和地块面积，在不同因素组合区选取监测样地，形成监测样点体系(图 10-18)。

10.5.4.4　监测样点代表性程度检验与分析

西部区监测样点代表性检验见表 10-19。

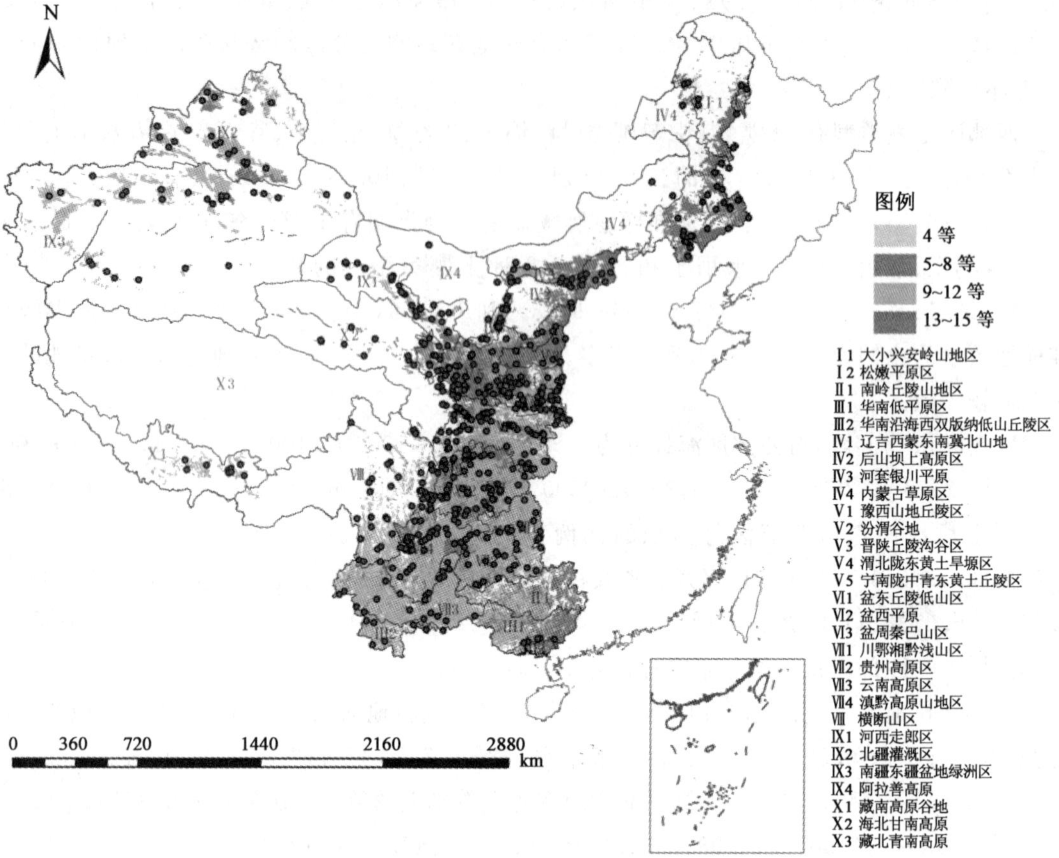

图 10-18 西部区监测样点空间分布

表 10-19 西部区监测样点代表性检验

统计量		监测样点	耕地
N	有效	580	146939
	缺失	0	0
均值		10.74	10.19
均值的标准误		0.10	0.01
中值		10	10
众数		10	10
标准差		2.32	2.12
方差		5.40	4.50
偏度		−0.56	−0.03
偏度的标准误		0.10	0.01
峰度		−0.06	−0.55
峰度的标准误		0.20	0.01
全距		11	11
极小值		4	4
极大值		15	15

监测样点对西部区耕地质量的代表性情况做统计检验。西部区耕地等别均值 10.19，标准误为 0.01；监测样点的等别均值为 10.74，与西部区耕地相近，差别较小，均值标准误 0.10，略大于西部区耕地。西部区耕地等别标准差为 2.12，方差 4.50；监测样点的等别标准差为 2.32，方差为 5.40，与西部区差别很小，基本一致。西部区耕地等别偏度为－0.03，峰度为－0.55；监测样点等别偏度为－0.56，峰度为－0.06，与西部区耕地有较大差别。总体看来，选取的监测样点对西部区耕地等别的代表性较显著。

西部区耕地熟制类型分为一年一熟、一年一熟或两熟、两年三熟、一年两熟、一年三熟，前四种类型所覆盖的耕地面积占西部区耕地总面积的比例分别为 45.47％、1.16％、2.51％、50.86％，一年三熟所覆盖耕地面积非常少，比例不足 0.01％。监测样点熟制类型分为一年一熟、一年一熟或两熟、两年三熟、一年两熟、一年三熟，各熟制类型的监测样点数量占总数量的比例分别为 48.10％、6.03％、6.21％、39.48％、0.17％，分布趋势与西部区耕地分布趋势较一致。

西部区土壤类型有 51 类，其中，黄壤、红壤、绵土、赤红壤、栗钙土、紫色土、南方水稻土和石灰土面积较大，占耕地总面积的比例分别为 11.09％、10.48％、8.59％、8.44％、6.76％、6.65％、6.26％和 4.88％。监测样点覆盖主要的 43 类土壤类型，其中黄壤、红壤、绵土、赤红壤、栗钙土、紫色土、南方水稻土和石灰土类型的监测样点数量占总数量的比例分别为 6.38％、6.72％、5.00％、3.10％、3.28％、4.83％、3.45％、1.90％，其比例均略小于西部区土壤类型面积比例，监测样点的分布总体较均匀，各类型间差别较小。

以 500 m 为间隔，将西部区海拔分为＜500 m，500～1000 m，1000～1500 m，1500～2000 m，2000～2500 m，2500～3000 m，3000～3500 m，3500～4000 m，≥4000 m 9 个级别，每个海拔级别上耕地面积占西部区总面积的比例为 27.81％、0.17％、25.14％、15.55％、6.79％、2.23％、0.46％、0.31％和 21.54％。各海拔级别上监测样点数量占总数量的比例分别为 20.86％、20.86％、26.55％、10.17％、11.21％、5.86％、1.90％、2.41％、0.17％，监测样点在各海拔级别上的比例分布趋势与西部区耕地差异较显著，但分布趋势较合理。

西部区耕地等别范围为 4～15 等 11 个等别，各等别耕地面积占西部区总耕地面积的比例分别为 0.06％、0.55％、2.64％、5.36％、6.38％、7.67％、14.46％、17.17％、14.94％、10.94％、10.19％和 9.64％。各等别监测样点数量占总数量的比例分别为 0.69％、2.07％、3.10％、3.79％、7.24％、10.86％、12.76％、17.41％、18.45％、13.97％、7.24％、2.41％，整体分布趋势与西部区耕地相近似，各等别间差距比西部区小，分布较合理。

综上所述，监测样点对西部区耕地的代表性程度较高。

10.6　结论与讨论

10.6.1　结论

本研究在全国农用地分等的基础上，探索了不同空间尺度的耕地质量等级监测样点的布控技术方法，初步形成“县-二级区-国家”三层次的监测样点布控方法。

①本研究基于国内外研究成果，探索出耕地质量等级监测方法-因素组合法，考虑影响耕地质量的自然质量、利用水平、收益水平因素，进行因素叠加分析，建立耕地质量均质区域，布

控监测样点。探索研究了在现有农用地分等数据库的基础上，因素组合法在县级、二级区、国家层面耕地质量监测样点布控中的应用。

②本章首先进行了对县域耕地质量监测样点布控方法的探索研究，根据气候、地貌、土壤等自然因素划分耕地自然质量分区，根据种植业结构、主要作物产量水平划分利用水平分区，根据种植业"投入-产出"和效益分析划分收益水平分区，综合耕地自然质量分区、利用水平分区和收益水平分区形成县域耕地质量监测分区。根据地统计学的空间分层抽样原理，确定达拉特旗监测样点的最少数量，以各监测质量控制区的面积比例为控制指标，分配监测样点，确定各控制区的监测样点数量，在监测分区的存量永久性基本农田中布设监测样点，建立县域耕地质量等级监测样点体系。

③在耕作制度二级区进行耕地质量监测样点布控时，首先对国家级和省级标准样地进行耕地质量代表性检验，国家级标准样地数量较少，代表性较差，省级标准样地代表性明显优于国家级，因此以省级标准样地为基础建立二级区耕地质量监测样点体系。以耕地等别为主要控制因素，依次选取农用地分等数据库中自然质量、利用水平、收益水平的主要影响因素，进行因素层层控制筛选，形成不同因素组合，在此基础上，考虑耕地分等单元的面积大小，优先选取标准样地作为监测样点，建立二级区耕地质量监测样点体系。

④在国家层面上布控耕地质量监测样点时，优先考虑标准样地，以农用地分等数据为基础，对国家级和省级标准样地的代表性进行检验。本研究以西部 12 省为研究区，发现国家级标准样地代表性较差，省级标准样地代表性明显优于国家级。参考二级区耕地质量监测样点布设方法可建立国家层面的耕地质量监测样点体系，可对全国存量耕地进行长期定位监测，以反映耕地质量时间空间的变化状况。

10.6.2 讨论

在对农用地分等数据库进行研究和监测样点选取过程中，本研究收集分析了大量耕地数据，由于研究范围广泛、实证数据标准的多元化以及作者时间、能力有限，本研究中存在诸多不足。

①本研究的耕地质量监测样点布控方法研究中，耕地指现有存量耕地，未考虑毁损、新增等土地整理项目，未考虑土地沙化、盐渍化等土地退化和重金属等土地污染情况。所布设的监测样点为长期固定监测点。

②本研究以达拉特旗、滇黔高原山地区、西部 12 省为例，探索研究了县级耕地质量监测样点布控方法、基于标准样地的二级区和国家级耕地质量监测样点的布控方法，本研究没有对各尺度的监测样点体系的衔接做具体研究，"县-二级区-国家"三层次耕地质量等级监测样点体系相对独立，互相之间并不存在必要逻辑关系。各层次监测样点体系还有待于进一步的研究探索。

③在构建二级区及全国层面的耕地质量等级监测样点体系时，无法保证确切的精度，精度的控制需进一步研究。

参考文献

[1] Brejda J J, Moorman T B, Karlen D L et al. 2000b. Identification of regional soil quality factors and indicators: Ⅰ. Central and southern high plains[J]. Soil Science Society

of America Journal, 64:2115-2124.

[2] Bouma J, Droogers P. A procedure to derive land quanlity indicators for sustainable agricultural production[J]. Geoderma. 1998,85(1):103-110.

[3] Brejda J J, Karlen D L, Smith J L et al. Identification of regional soil quality factors and indicators: Ⅱ. Northern Mississippi Loess Hills and Prairie[J]. Soil Science Society of America Journal,2000a,64:2125-2135.

[4] Brejda J J,Moorman T B,Smith J L et al. 2000c. Distribution and variability of surface soil properties at a regional scale[J]. Soil Science Society of America Journal, 64:974-982.

[5] Carter M R,Gregorich E G, Anderson D W et al. Concepts of soil,quality and their significance[J]. In:Gregorich E G, Carter M R. Soil Quality for Crop Production and Ecosystem Health. 1997:1-19.

[6] D'haeze D, Deckers J, Raes D, et al. Environmental and socio-economic impacts of institutional reforms on the agricultural sector of Vietnam Land suitability assessment for Robusta coffee in the Dak Gan region[J]. Agriculture,Ecosystems and Environment, 2005, 105(1/2): 59-76.

[7] Doran J W, Parkin T B. Defining and assessing soil quality. In: Doran J W, Coleman D C, Bezdicek D F et al. Defining Soil Quality for a Sustainable Environment. Madison, WI: Soil Science Society of Amecica. 1994:3-21.

[8] Doran J W. Soil health and global sustainability:translating science into pratice[J]. Agriculture, Ecosystems and Environment, 2002, 88(2): 119-127.

[9] Dumanski J, Pieri C. Land quality indicators: research plan[J]. Agriculture Ecosystems and Environment,2000,81(2):93-102.

[10] Gregorich E G,Carter M R,Angers D A et al. Towards a minimum data set to assess soil organic matter quality in agriculture soils[J]. Can J Soil Sci,1994,74:367-385.

[11] Huffman E, Eilers R G, Padbury G, et al. Canadian agri-environmental indicators related to land quality:integrating census and biophysical data to estimate soil cover, wind erosion and so salinity[J]. Agriculture,Ecosystems and Environment, 2000, 81(2): 113-123.

[12] Jonathan A Foley, Ruth DeFries, Gregory P Asner, et al. Global consequences of land use[J]. Science, 2005,309(5734): 570-574.

[13] Larson W E, Pierce F J. Conservation and enhancement of soil quality. In: Elliott C R. Evaluation for Sustainable Land Management in the Developing World[J]. Bangkok, Thailand:International Board for Soil Research and Management. 1991:175-203.

[14] Maiti, T Miller, C P Mukhopadhyay, P K. Neural network imputation: an experience with the National Resources Inventory Survey[J]. Journal of Agricultural, Biological, and Environmental Statistics,2008,13(3):255-269.

[15] Wright L E et al. LESA- Agricultural land evaluation and site assessment[M]. Journal of and Water Conservation,1993.

[16] Wiebe K. Land quality agricultural productivity and food security [M]. Worcester:

Edward Elgar.

[17] 中华人民共和国国土资源部. 农用地分等规程：TD/T 1004-2003 [S]. 北京：中国标准出版社，2003.

[18] 安萍莉，张凤荣，陈阜. 农用地分等定级中标准耕作制度的确定[J]. 地理学与国土研究，2002，18(2)：45-48.

[19] 陈柏松，游娟，潘瑜春，等. 农用地等级监测指标体系与方法[J]. 农业工程学报，2009，25(增刊 2)：272-276.

[20] 陈起伟. 贵州岩溶地区石漠化时空变化规律及发展趋势研究[D]. 贵州师范大学，2009.

[21] 高尚. 耕地质量监测网络建立的方法研究[D]. 中国农业大学，2012.

[22] 葛向东. 耕地质量变化的临界警戒和评价指标体系研究[J]. 皖西学院学报，2001，17(2)：50-54.

[23] 郭芙梅，黎德川，廖铁军. 我国耕地保护问题研究综述[J]. 安徽农业科学，2009，37(2)：765-767，791.

[24] 郭力娜. 基于标准样地的国家级农用地质量监测体系建设研究——以冀豫鄂三省为例[D]. 河北师范大学，2007.

[25] 国土资源部土地利用管理司. 农用地分等定级估价理论 · 方法 · 实践[M]. 北京：地质出版社，2004.

[26] 郝利军. 农用地质量动态监测数据申报与预测[D]. 中国地质大学，2009.

[27] 姜广辉，赵婷婷，段增强，等. 北京山区耕地质量变化及未来趋势模拟[J]. 农业工程学报，2010，26(10)：304-311.

[28] 孔祥斌，林晶，王健，等. 产量比系数对农用地分等的影响[J]. 农业工程学报，2009，25(1)：237-243.

[29] 孔祥斌，刘灵伟，秦静，等. 基于农户行为的耕地质量评价指标体系构建的理论与方法[J]. 地理科学进展，2007，26(4)：75-85.

[30] 孔祥斌，张凤荣，姜光辉，等. 国外农用地保护对北京是耕地保护的启示[J]. 中国土地科学，2005，19(5)：50-55.

[31] 李存东. 农业概论[M]. 北京：科学出版社，2007.

[32] 李丹. 耕地质量动态变化研究[D]. 南京农业大学，2003.

[33] 李继明. 我国现行农用地评价体系比较研究[J]. 地域研究与开发，2009，28(3)：87-91.

[34] 李涛，孔祥斌，梁颖，等. 基于农户行为的耕地质量评价理论与方法构建[J]. 中国农业大学学报，2010，15(3)：101-107.

[35] 刘子凡，黄洁. 作物栽培学总论[M]. 北京：中国农业科学技术出版社，2007.

[36] 骆平安，陈文涛. 农业应用科学技术基础[M]. 成都：成都科技大学出版社，1996.

[37] 苗利梅. 试论我国农用地质量评价及其应用[J]. 资源与产业，2008，10(5)：92-95.

[38] 牛汝辰. 测绘科研 50 年：中国测绘科学研究院 50 年成就 1959—2009[M]. 北京：测绘出版社，2009.

[39] 彭斌，迟道才. 水法规与水政管理教程[M]. 太原：黄河水利出版社，2008.

［40］彭茹燕，张晓沛．基于农用地分等成果的国家耕地质量动态监测体系设计［J］．资源与产业，2008，10(5)：96-98.

［41］饶彩霞，吴克宁，许琳，等．农用地分等中省级成果国家级汇总的转换问题［J］．农业工程学报，2008，24(增刊1)：194-197.

［42］沈斌强．县域农用地标准样地体系构建与耕地质量监控研究——以广东潮安县为例［D］．南京农业大学，2007.

［43］汤国安，杨昕．ArcGIS地理信息系统空间分析实验教程［M］．北京：科学出版社，2006.

［44］汤怀志，吴克宁，焦学瑾，等．农用地质量空间统计分析及其在黑龙江省海伦市的应用［J］．资源科学，2008，30(4)：598-603.

［45］万华兵．耕地质量评价及其成果应用研究［D］．华中农业大学，2007.

［46］王海玫．耕地保护［M］．北京：中国大地出版社，1999.

［47］王洪波，程锋，张中帆，等．中国耕地等别分异特性及其对耕地保护的影响［J］．农业工程学报，2011，27(11)：1-8.

［48］王洪波，王学斌，朱德举．万柏林区农用地分等自然质量分求算方法［J］．中国土地科学，2002，16(1)：31-35.

［49］王洪波，郧文聚，吴次芳，等．基于农用地分等的耕地产能监测体系研究［J］．农业工程学报，2008，24(4)：122-126.

［50］王军艳．耕地分等定级指标体系与方法研究［D］．北京：中国农业大学，2001.

［51］王石立，李伟光．农家实用气象观测［M］．北京：气象出版社，1986：49.

［52］王玄德．紫色土耕地质量变化研究［D］．重庆：西南农业大学，2004.

［53］王玉波．县域耕地质量综合评价研究［J］．资源开发与市场，2009，25(7)：599-601，657.

［54］吴邦灿，齐文启．环境监测管理学［M］．北京：中国环境科学出版社，2004.

［55］吴克宁，焦雪瑾，梁思源，等．基于标准样地国家级汇总的耕地质量动态监测点构架研究［J］．农业工程学报，2008，24(10)：74-79.

［56］吴郁玲，周勇．我国耕地分等定级评价模型的比较研究［J］．国土资源科技管理，2008，25(4)：1-5.

［57］相慧，孔祥斌，武兆坤，等．中国粮食主产区耕地生产能力空间分布特征［J］．农业工程学报，2012，28(24)：235-244.

［58］肖碧林，陈印军，卢布，等．当前我国耕地质量评价类型与问题分析［J］．资源与产业，2008，10(4)：58-61.

［59］阳文成．耕地质量评价体系与利用决策研究［D］．北京：国防科学技术大学，2005.

［60］姚兰，孔祥斌．国外经验对建立我国国家级标准样地质量监测体系的启示［C］．全国农用地分等标准样地建设与成果应用论文集，2005.

［61］袁天凤．基于粮食生产能力的重庆市耕地质量评价研究［D］．重庆：西南大学，2007.

［62］张鸿辉，刘友兆，曾永年，等．耕地质量预警系统设计与实证［J］．农业工程学报，

2008,24(8):74-79.

[63] 张青璞,孔祥斌,郧文聚,等.重庆市国家级农用地分等汇总前后等别分布规律[J].农业工程学报,2010,26(10):297-303.

[64] 张青璞.西部生态脆弱区耕地等别空间分布规律[D].北京:中国农业大学,2012.

[65] 朱德举.土地评价[M].北京:中国大地出版社,1996.

[66] 邹一旻.县域耕地质量等级变化研究——以黑龙江省海伦市为例[D].北京:中国地质大学,2011.

第11章　基于网格法的耕地质量监测样点布设

11.1　问题的提出

11.1.1　研究背景

耕地是关系到国民经济和社会可持续发展的战略性资源，其利用和供给情况对经济发展有着直接的影响。我国是农业大国，人口多、人均耕地少和后备资源紧缺是我国的基本国情。近年来，随着我国社会经济的快速发展，城镇化和工业化进程的不断推进，大量的耕地资源被建设占用，耕地资源约束日益突出，主要表现在耕地数量锐减和耕地质量日趋衰退两个方面。相对于耕地面积的有形减少而言，耕地质量的减少是隐形的，不易被发现，而其影响却绝不亚于耕地数量减少，土地质量的变化正在对生态环境和社会经济发展构成严重的威胁。目前，耕地面积问题研究已经比较深入，数量平衡基本上能够达到要求，但是基于农用地分等的耕地等别变化研究还处在探索阶段。如何科学地对耕地质量变化进行研究，合理规划和管理耕地，加强耕地保护，实现耕地资源高效集约利用，保障耕地资源利用的可持续发展，已成为当前国土资源管理工作的迫切需求。因此，以现有农用地分等成果为基础，进行耕地质量动态监测，及时了解耕地质量变化情况、掌握耕地总体质量情况，不仅是对已有工作成果的应用和扩展，同时对我国粮食安全、经济可持续发展具有重要意义。

1999年，国土资源部通过国土资源大调查专项在全国部署开展了农用地分等工作，历时十年，形成了基于一次详查及其变更调查的全国耕地质量等别成果；2011年底，以该成果为基础，又部署开展了全国耕地质量等别补充完善工作，历时两年，形成了基于二次调查及其变更调查的最新耕地质量等别成果。为全面掌握耕地质量等别动态变化，国土资源部2012年发布《国土资源部办公厅关于印发＜耕地质量等别调查评价与监测工作方案＞的通知》(国土资厅发〔2012〕60号)，明确要求，每年分别对耕地等别突变区域和耕地等别渐变区域进行更新评价和监测评价。国土资源部于2014年在全国范围内部署开展了年度更新评价工作，于2015年部署开展了年度监测评价工作。

11.1.2　国内外研究进展

11.1.2.1　国内相关研究

1.关于耕地质量和耕地质量评价的研究

早在2002年，葛向东，彭补拙等就以锡山市为研究区，根据第二次土壤普查的成果、土壤环境监测的数据和有关耕地系统状态的统计数据，结合区域内耕地现状的调查分析，提出了基于“压力-状态-响应”模型的耕地质量评价指标体系，并且根据此指标体系分析研究了研究区域的耕地质量变化趋势；王玄德(2004)以“国家紫色土肥力与肥料效益长期监测基地”为研究平台，采用田间定位试验、模拟试验、调查研究和室内分析相结合的方法，对紫色土肥力演变、生产力的可持续性以及紫色土酸化进行了系统研究；王洪波、陈浩等(2007)以耕地质量变化为角度，研究的是关于耕地非农化对粮食生产的影响，对于我国改革开放以来耕地非农化规模与粮食单产关系进行实证研究；赵玉玲、苏强、吴克宁等(2008)根据土地整理项目区的土地整理工程设计，结合现有农用地分等成果，对土地整理工程前后耕地质量变化情况作出评价，使得土地整理项目实现从重视数量到重视质量的转变；龚杰，李卫利(2009)把耕地质量划分为本底质量和追加质量，主要研究耕地追加质量变化对粮食单产变化的影响，通过建立 C、D 函数模型分析河北省耕地追加质量各影响因素对粮食单产产生的影响，并利用因素贡献率分析各因素对粮食单产在不同阶段贡献的大小；姜广辉，赵婷婷等(2010)应用地理信息系统的空间分析与模拟技术，对北京市山区进行耕地质量的定量化评价，并且对北京市山区不同地域层次上的耕地质量变化趋势进行了分析研究。

2. 关于耕地质量评价单元划分的相关研究

国内对耕地质量的评价主要有两大体系，一个是国土部门的农用地质量分等体系，一个是农业部门的耕地地力调查与质量评价体系。农用地分等体系中对分等单元的划分提出了四种方法：一是叠置法，将比例尺相同的土地利用现状图与地形图、土壤图叠加，形成的封闭图斑即为一个分等单元；二是地块法，在工作底图上用明显的地物界线或权属界线，将农用地分等因素相对均一的地块划为一个分等单元，也可直接将土地利用现状图上的图斑作为分等单元；三是网格法，用一定大小的网格作为分等单元。网格大小以能区分不同特性的地块为标准，可采用大小均一的固定网格，也可采用大小不均一的动态网格；四是多边形法将所有分等因素进行叠加，最终生成的封闭多边形即作为分等单元。耕地地力调查与质量评价体系对评价单元的划分采用土地利用现状图与土壤图进行叠加形成的图斑作为评价单元，与农用地分等体系中的叠置法相似。

在耕地质量评价或监测单元划分方法上，在国内基本上是采用叠置法或地块法，叠置法划分监测单元的一般过程是：首先，搜集区域内地形图、土壤图、土地利用现状图和行政区划图等基础图件；其次，对搜集到的基础图件进行处理，进行坐标转换、属性完善等工作，对非矢量数据还需要进行矢量化；再次，各类整理好的矢量图件进行空间叠加，对不满足上图面积的图斑进行归并处理；最后，完善图层属性，形成评价单元底图。叠置法划分监测单元示意如图 11-1 所示。

采用叠置法划分的耕地质量监测单元均质性强，同一单元内的耕地质量要素差别很小，便于客观评价各单元的耕地质量等别；另外由于在单元划分过程中叠加了土地利用现状图，使其监测评价对象明确，其成果与国土资源管理结合紧密，更方便应用于各项管理工作中。

然而，叠置法划分监测单元也同样有一定的局限性，首先，用于划分评价单元的各类基础图件并不稳定，图件中的图斑属性处于不断变化中，尤其是土地利用现状图中图斑合并、拆分、变形等情况经常发生，会造成耕地质量监测单元划分结果不稳定，年度间的监测单元的数量、位置、形状等信息有一定的差异，不利于对每个监测单元进行长期稳定监测；其次，采用叠置法划分监测单元，土地利用现状图是其必要基础图件，而每年的土地利用现状调查成果发布较滞

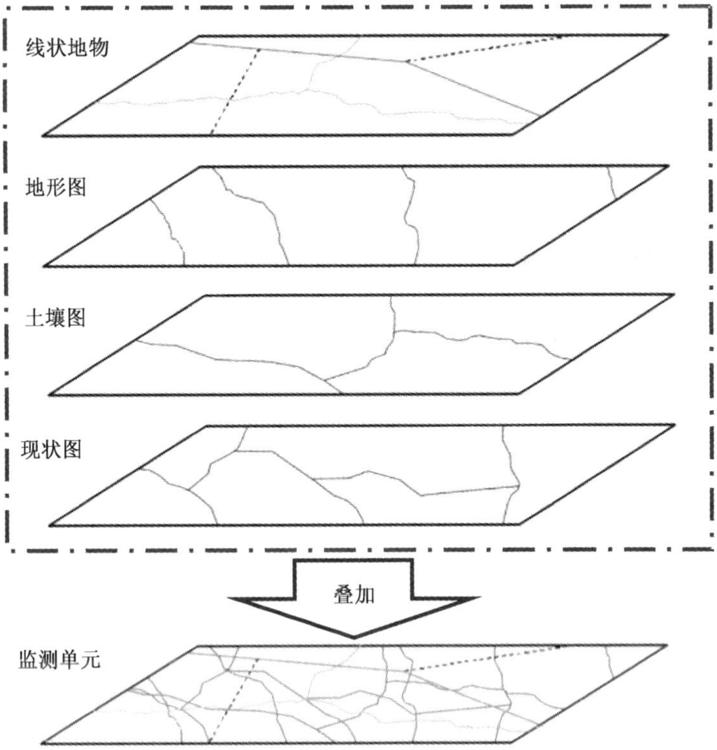

图 11-1　叠置法划分监测单元过程示意图

后，严重影响了耕地质量等别的监测评价效率。

3. 关于耕地质量变化监测的相关研究

国内耕地质量变化监测的研究也十分受到青睐，许多学者们从不同的角度对耕地质量监测方法进行研究，为耕地质量监测效率提升提供了良好的理论基础。

首先国内大量学者以农用地分等成果为基础，探讨了基于标准样地的耕地质量监测方法。张蚌蚌等(2014)基于地统计学方法，从宏观尺度上把握了西部地区国家级标准样地数量、质量、空间分布特征及对耕地的代表性分析，并提出了西部区国家级标准样地布设的优化调整建议；伍育鹏等(2006)对设定范围内一定数量的标准样地进行监测，结合农用地分等结果，探索建立了耕地质量动态监测与预警体系初步框架；吴克宁等(2008)以中部九省为研究区域，首次将标准样地国家级汇总成果与耕地质量动态监测相结合，进行了基于标准样地的耕地质量动态监测点的选取；郭丽娜等(2009)以冀豫鄂 3 省为案例区，采用网格法与景观多样性指数法布设了农用地等别质量监测样带，再采用分层取样法从样带中选取标准样地作为监测点。

目前针对耕地质量监测的研究，较多的是围绕在监测样点布设上。余述琼等(2014)以滇黔高原山地区为例，提出以耕地质量等别为控制，熟制-土壤类型-海拔-土地利用系数-土地经济系数因素组合确定监测样点的方法，为建立覆盖全国的耕地质量监测体系提供借鉴；相慧等(2014)在县级区域上，对耕地质量等别监测样点布控进行研究，提出了县域耕地等别监测分区、样点布设方法和精度检验方法；孙亚彬等(2013)以北京市大兴区为例，划分监测控制分区，根据影响耕地质量的主要土壤特征，建立“自然等别-主导因素”理论模型，进行了监测样点布设方法的研究；杨建宇等(2013)提出基于 Kriging 估计误差的布样方法，分析样本量与抽样精度的变化趋势确定最优样本容量，同时选取部分标准样地作为监测点，为县域耕地等级监测提供了参考。

针对耕地质量等级变化的原因，大量学者开展不同的研究活动。周青青等(2014)分析了耕地质量等别变化特征，选取了耕地质量等别的驱动因素，并建立线性回归方程，对耕地质量等别变化的驱动机制进行了分析；周峰等(2001)以江苏省无锡市为例，采用相关分析，主成分分析及回归分析等统计方法，确定了影响研究区域耕地质量变化的主要因素有农业地位、农业生产的现代化程度、人口及粮食生产力因子；邹一旻(2011)对县域耕地质量等级变化进行了研究，提出影响耕地质量变化的驱动因子可分为自然驱动因素和人为驱动因素两大类，其中灾害损毁和土地退化是造成耕地质量下降的主要自然驱动因素，人为因素对耕地质量的影响分为正驱动和负驱动两类。

国内学者的大量研究工作为耕地质量监测效率提升工作奠定了基础，那么如何综合运用现有的耕地质量监测方法，合理的划分监测单元、有效的布设监测样点，切实提高耕地质量监测效率尤为重要。

11.1.2.2 国外相关研究

1. 欧盟土壤环境评价监测项目

2002 年，欧盟官方确认当今世界影响土壤质量的八大威胁，分别是土壤侵蚀；有机质、有机碳密度和体积的减少(土壤有机质的减少)；土壤污染(重金属的含量、pH、养分的含量)；土壤覆盖；土壤压实(容积密度、颗粒尺寸分布、饱和导水率、土壤结构)；生物多样性的减少(蚯蚓、弹尾目昆虫的多样性和微生物的呼吸)；土壤导电性的减弱(可交换钠的交换率)；山体滑坡以及土壤的荒漠化(有机质含量和含盐量)。由于当时政策的不统一，各国采取的监测方法都不相同，所得到的数据也不统一。因此，欧盟土壤环境评价监测项目(The Environmental Assessment of Soil for Monitoring Project)应运而生，该项目先在 28 个试点前期监测，最终在欧盟成员国之间建立其综合的、系统的基于地理关系的监测网络，实现对欧盟土壤数据统一性和差异性的全面掌控。采用网格方法进行对监测样点位置的设定，确保每块图斑和每种土地利用类型有监测点。监测体系分级进行，二级包括一级所有的监测样点，这样使监测样点更加分散，样点数据代表性更加典型。一级监测网是在每 300 km^2 的面积内设 1 个监测点，即在边长 16 km 和 17 km 长网格交界的地方设定，这样便可包含所有的土地利用类型和土壤类型。初级田间采样点的面积通过监测点的大小和土壤剖面的性状进行确定，一般为 100 m^2 至 1 km^2 之间。至少设定 4 个监测区，每个区采 10～100 份样品。严格按土壤分层进行取土，实现数据的标准化。

2. 美国的网络逐层控制方法

NRI 是一项具有严密科学性和取样调查程序的长期多源监测计划，监测目标覆盖耕地、湿地、牧场、城市与建设用地，旨在调查统计土壤、水和其他自然资源的状况并对其变化趋势进行评价，为政府制定保护政策、规划自然资源项目提供科学依据。在美国农业部自然资源保护局的领导下，国家资源清单项目得到了约 323000 个监测样本地块和 844000 个监测样本点在土地利用与覆盖、土壤侵蚀、湿地、生境多样性、保护措施和相关资源分布的情报。NRI 的前身是 1956 年实施的旨在研究小流域范围内土地利用和水土保持问题的土壤保持需求清单，并首次采用了统计学的取样方法在全国尺度上搜集自然资源的现场勘测数据。NRI 曾分别在 1977 年、1982 年、1987 年、1992 年 和 1997 年实施调查，自 2000 年后由每隔 5 年一次的清单转为每年一次的年度清单。NRI 提供了对自然资源随时间变化趋势的记录，也提供了对实施资源保护措施后所获成果的评价。由于 NRI 监测时间跨度较长，且样本设计符合统计学规律，其监测数据被用于全国、区域或州级的专项研究分析，同时能为其他监测评估项目的开展提供可靠的历史本底数据，实现了很好的数据共享应用。

美国的资源清单采用等级不同的二级网格布控监测样点，第一级的网络是根据土地类型的不同在全国范围选取一个区域，二级网络再从一级监测区域内选取样点。这样，全国一共选取 30 万一级区和 80 万个监测样点。监测样点的选取主要依靠遥感技术的支撑和当地官方的记录。监测样点又分为核心样点和轮流监测样点，核心样点的数据每年都进行采集，轮流监测样点则每年都不相同，而且增补的监测样点确定可以依据最新出现的问题和情况进行确定。其原理应用 ArcGIS 软件在地图上绘制覆盖全国的方格网，小网格数目取决于监测精度，在每个网格内随机采 5 份土壤样本，样点化验的结果即为监测数据。

3. 加拿大耕地质量监测网络

加拿大是世界上最早进行耕地土壤质量监测的国家之一。1988 年 1 月加拿大召开了土壤质量监测的讨论会议。根据土壤学家和农学家的意见，制定了 7 条监测区选择的标准：

①代表一个主要的土壤地带和(或者)农业生态区域。

②代表一个典型的自然地理区域(景观)和(或者)土壤的主要质地类型。

③代表一个区域内主要(或今后可能是主要)的农业生产系统。

④尽可能使各省都设有监测点。

⑤所选地点应有可能受到一种或多种退化过程的影响。

⑥监测点覆盖 5～10 hm^2，或在某些情况下为一个小集水区。

⑦仅限于开垦的农地范围。

基于上述 7 条标准，其中前面 3 条标准是优先考虑的。在选择监测区的诸多因素中，地形数据是一个关键因素。它可以表征景观特点，为土坡和地形特征提供基础。到 1992 年已经在全国 23 个地方建立监测区。通过等高线图，可以准确记载取样点和其他特征位置，这将有助于将来再取样时的精确定位。收集 X(朝东)、Y(朝北)和 Z(海拔高度)三维坐标地形数据(单位在米以内)最能满足要求。通常选 60～100 个样点覆盖一个监测区。样点的选择通常选择两种方法：一是栅格状取样。用 25 m×25 m 的网格覆盖一个监测区，一般可用约 100 个网格取样点，这种方式适用于地表平坦或平缓起伏至波状起伏的地形条件。二是横交式取样。在分层基础上采用分层随机抽样方法确定取样点。这种方式适用于地表起伏大的冰丘景观地形，一般每个监测点需要 60 个取样点。

4. 德国耕地质量监测网络

德国关于土壤的监测活动是永久性的。数据显示，截至 2000 年德国境内设立了近 800 个土壤监测点，这些监测点负责测量和记录土壤所处的地点、用途以及物理、化学和生物性能等指标。西德地区从1986年就开始设立土壤监测点,前东德地区的土壤监测点设立则始于20世纪90年代初期。如今德国已经建立起了全国土壤信息网络,由三个不相同又相互补充的系统组成:联邦地球科学和自然资源研究院负责的土壤信息系统、联邦环保局负责的土壤保护信息系统和土壤污染信息系统。土壤信息系统主要由土壤地图以及其他信息构成,是了解德国土壤分布和成分的主要工具。在联邦地球科学和自然资源研究院的官方网站上,德国全境被分成99个小块,每块都有独立编号,在地图上用不同的颜色标示出来,地图说明中则描述了该地块的土壤构成等基本信息。

5. 日本土壤监测概述

2004年2月15日《土壤污染对策法》在日本全国实施,《土壤污染对策法》中称土壤监测项目为对象物质,《土壤污染对策法实施规则》中将对象物质分成3种,分别为第Ⅰ种特定有害物质(主要是挥发性有机物)、第Ⅱ种特定有害物质(主要是重金属等)和第Ⅲ种特定有害物质(主要是农药等)。在调查地东西方向和南北方向打网格,平行线间距10 m,形成10 m网格(10 m×10 m),同时完成30 m网格(30 m×30 m)。污染土壤原则上每100 m^2设1个点,污染可能性小的每900 m^2采1个样,VOC(重金属和有机物的混合污染)不采混合样,金属和农药等可采5点混合样。

11.2 研究内容、数据来源与方法

11.2.1 研究内容及主要依据

11.2.1.1 研究内容

针对当前耕地质量监测、更新工作所存在的技术难点以及通过对国内外相关研究进展情况的分析,本研究拟借鉴国外相关工作经验,并结合国内现有的标准格网体系,探索不同于传统叠置法的网格法划分耕地质量监测评价单元,提出基于多尺度国家标准格网的耕地质量监测方法,以期为当前的耕地质量监测评价工作提供参考。具体研究内容如下。

(1)基于分等成果的监测基础数据库构建方法

(2)基于多源数据的耕地质量更新方法

(3)基于网格空间关系的多尺度监测成果发布方法

(4)基于不同查询方式的等别回溯查询方法

11.2.1.2 主要依据

《农用地质量分等规程》(GB/T 28407—2012)

《农用地质量分等数据库标准》(报批稿)

《国土资源部办公厅关于印发〈耕地等别调查评定与监测工作方案〉的通知》(国土资厅发〔2012〕60号)

《地理格网》(GB/T 12409—2009)

11.3　基于多尺度标准格网的耕地质量监测方法

11.3.1　方法概述

为保证耕地质量监测在全国范围内具有统一的空间框架，所有尺度格网均采用我国于2009 年颁布的全国统一的地理格网系统标准《地理格网》(GB 12409—2009)，该标准提出经纬坐标格网与直角坐标格网两种格网形式，两者具有较严格的数学关系，可相互转换。本研究采用直角坐标格网的形式，其格网编号采用分层编码的形式：X(南北半球代码)＋XXX(投影带号代码)＋X(百千米格网东西方向代码)＋XX(百千米格网南北方向代码)＋XX(十千米格网代码)或 XXXX(千米格网代码)或 XXXXXX(百米格网代码)或 XXXXXXXX(十米格网代码)或 XXXXXXXXXX(米格网代码)，由此可形成格网间隔为 $1\times10n$(m)的格网，同时不同层级格网编码前可加“K＋XXX(格网间隔)”，将其扩展为 $2\times10n$ 或 $5\times10n$($n=0,1,2,\cdots$)米间隔的格网。

第二次土地调查耕地最小制图面积为 6 mm²，因此可根据比例尺计算其最小制图图斑面积。公式如下：

$$s=m\times k^{-2}$$

式中：s 为最小耕地图斑面积，m 为最小上图面积，耕地取 6 mm²，k 为比例尺。

依据农用地分等规程中的技术要求，格网大小应小于最小耕地图斑面积，由此确定不同比例尺与格网数据的对应关系，同时考虑一般省(市)和国家级比例尺的要求，可确定三者对应关系如表 11-1 所示。

表 11-1　格网间隔对应比例尺与管理层级参考表

管理层级	比例尺	格网大小 /m	格网面积 /m²	最小耕地图斑面积 /m²
县级	1∶5000	10	100	150
	1∶10000	20	400	600
	1∶25000	50	2500	3750
省级	1∶50000	100	10000	15000
	1∶100000	200	40000	60000
	1∶250000	500	250000	375000
国家级	1∶500000	1000	1000000	1500000
	1∶1000000	2000	4000000	6000000
	1∶2500000	5000	25000000	37500000
	1∶5000000	10000	100000000	150000000

首先将县级分等单元与县级格网进行空间叠加，并生成基于格网的县级监测单元，利用县级监测单元与分等单元间的对应关系，可获取监测单元的分等属性、参数及分等结果；在此基础上，基于多源的监测更新数据，采用插值提取、叠加提取、匹配提取以及更新等空间分析方法，对县级监测单元的分等属性及分等结果实现实时更新；同时按照权属一致及邻近追溯的原则，对省级监测网格的等别属性进行实时更新并在此基础上采用类似的方法对国家级监测网格的等别属性进行实时更新(图 11-2)。

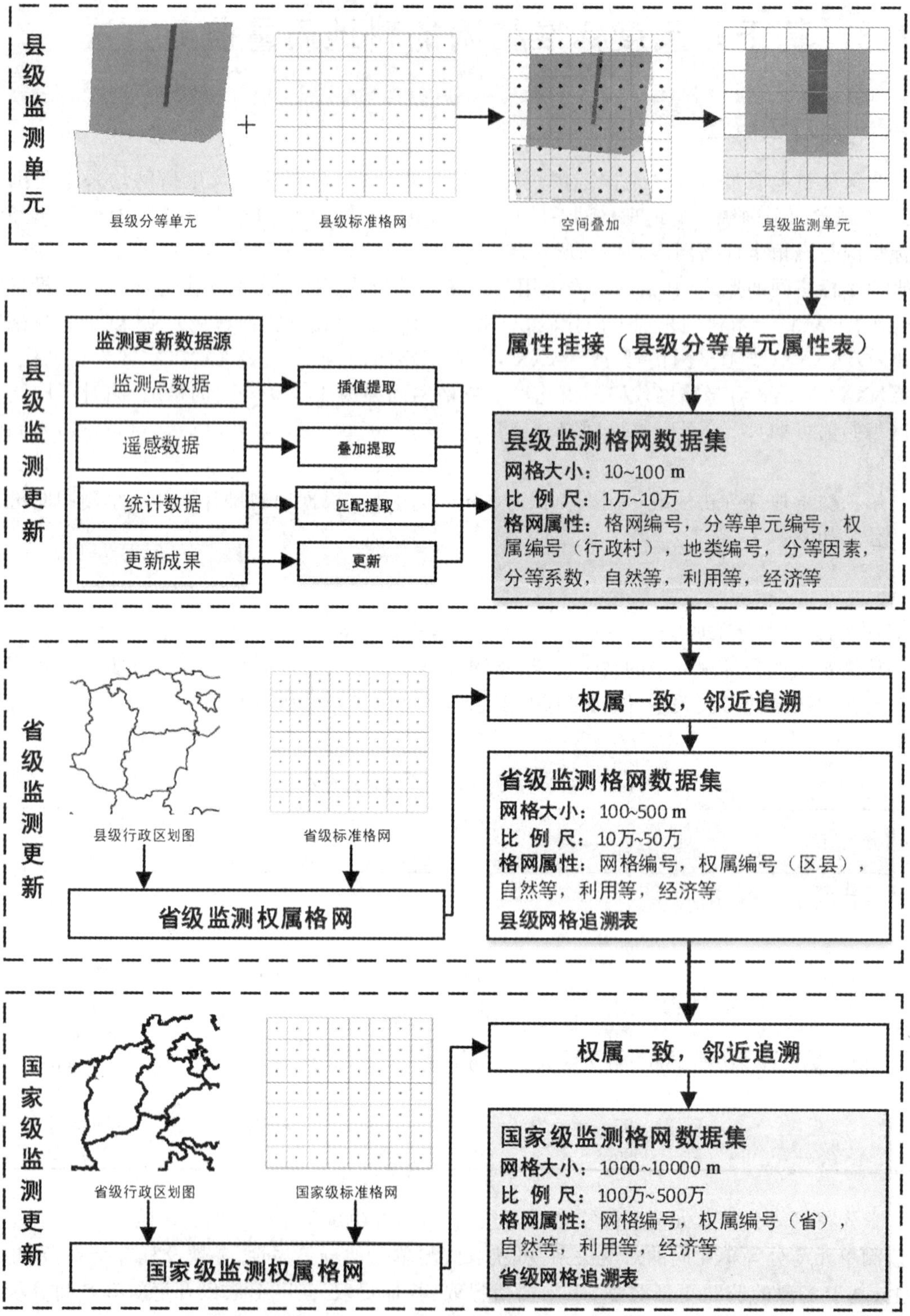

图 11-2 基于多尺度网格的耕地质量监测技术框架

11.3.2 基于标准格网的县级监测单元

综合运用中心点落入原则、面积占优原则以及优先级设定原则确定格网单元与分等单元 $n:1(n\geqslant1)$ 的对应关系，格网单元被赋予对应分等单元的专题属性(图 11-3)。

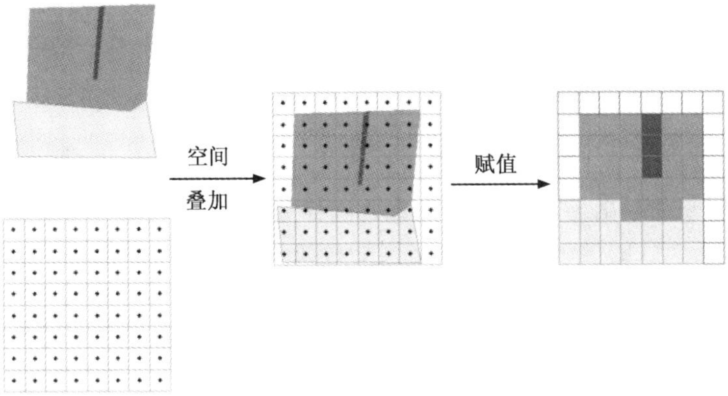

图 11-3　基于标准格网的县级监测单元

中心点落入原则：根据格网中心点与矢量图斑地落入关系确定其落入的图斑为其所对应的图斑，适用于一般情况。

面积占优原则：根据格网中不同矢量图斑的面积，选择面积最大图斑作为格网所对应的图斑，适用格网中心点无对应分等单元的情况。

优先级设定原则：根据格网中不同矢量图斑的优先级，选择优先级最高的图斑作为格网所对应的图斑。主要针对细长状或零散状分等单元，为保证有相应的格网与之对应，设定其优先级高于一般图斑(图 11-3 中的黑色格网)。

根据分等单元与监测单元 $1:n$ 的对应关系，通过属性连接的方式可确定每一个格网单元所对应的分等属性、参数以及等别信息。

11.3.3 基于标准格网的县级监测方法

在县级监测单元及县级监测数据的基础上，对县级监测单元的分等属性及等别进行实时更新，根据县级监测数据的不同来源，可将监测数据分为监测样点数据，遥感数据，分等系数统计数据以及监测更新数据四种类型。

对于监测样点数据，其主要对监测单元的分等属性如有机质含量，土壤养分等进行更新，首先设定样点的作用距离并对其进行插值，然后采用中心点提取的方式提取各监测单元的分等属性，最后基于农用地分等的其他参数，重新计算并更新监测单元的等别信息。

对于遥感数据，由于其空间精度的限制，其在耕地质量监测中的应用还不多，然而，遥感数据具有覆盖范围广，更新频率快以及自动获取性等其他数据所不具备的优势，随着遥感技术的发展，其势必会成为未来耕地质量监测的主要数据来源，同时由于遥感数据本身就是网格数据，可直接将其与监测单元进行叠加，通过重采样的方式对监测单元的分等属性、产量等进行更新，并在此基础上计算并更新监测单元的等别属性。

对于利用系数和经济系数的统计数据，通常以行政区为单位，通过产量及价格的调查对本地区耕地的利用系数及经济系数进行评估，由于监测单元本身已具有权属属性，因此可通过权属匹配的方法，根据统计数据计算得到的利用系数、经济系数对监测单元的分等系数进行更新，并在此基础上重新计算和更新监测单元的等别信息。

对于监测更新数据，主要指由于土地整理、开发、复垦、建设占用、自然灾害等带来的耕地质量“突变型”数据，大概可分为新增耕地，减少耕地以及质量突变三种类型：对于新增耕地，可根据新增耕地质量评估报告及邻近相似的原则，对其质量属性及等别进行计算和更新；对于减少耕地，直接将其所对应的监测单元进行备注即可；对于质量突变，应根据质量突变的调查结果对所涉及监测单元的耕地质量重新进行评估并更新其等别信息。

11.3.4　基于标准格网的省级监测方法

在县级行政区划的基础上，按照国家地理格网标准，生成带权属的省级监测格网，对于大多数格网，其内部所包含的县级格网与此格网的权属属性应保持一致，对于行政区边界的格网，由于尺度原因，存在省级格网与其所包含部分县级格网权属不一致的情况，为保证不同尺度格网在权属上的一致性，按照权属一致和邻近追溯的原则，分别建立不同权属县级格网和省级格网的追溯关系。

按照省级格网与县级格网的追溯关系，可采用等指数平均法，从众法或中心点法确定省级格网的等别属性：

等指数平均法：按照省级格网与县级格网的追溯关系，计算其所对应的县级网格等指数的平均值(见下式)，得到省级格网的等指数，并对其进行等别划分。

$$Z_{\mathrm{p}} = \frac{\sum_{i=1}^{n} Z_i}{n}$$

从众法：按照省级格网与县级格网的追溯关系，计算省级网格中各等别的累积频次，取频次最大者作为省级格网的等别。

中心点法：基于省级格网与县级格网的追溯关系，获取距省级格网中心点最近的县级格网，取其等别作为省级格网的等别。

11.3.5　基于标准格网的国家级监测方法

在省级监测格网的基础上，参照省级监测方法，可获取更大尺度的国家级监测成果。

11.3.6　基于标准格网的耕地质量查询

基于县级标准监测格网，可使用点，线，缓冲区，多边形，行政区等多种方式提取所涉及的监测单元并对这些监测单元的分等属性、等别等信息进行统计分析，获取所需要的耕地质量信息。

11.4　基于多尺度标准格网的耕地等别监测——以开鲁县为例

11.4.1　研究区概况

1. 地理位置

开鲁县位于内蒙古自治区东部、通辽市西部。属西辽河冲积平原腹地，平均海拔 241 m，地处东经 121°25′～122°52′、北纬 43°16′～44°09′之间，东与科尔沁区毗连，西与赤峰市阿鲁科尔沁旗、翁牛特旗接壤，南与奈曼旗、科左后旗为邻，北与扎鲁特旗、科左中旗交界。西辽河、新开河、西拉木伦河、教来河、乌力吉木仁河五条河流穿境而过。国道 303 线、111 线、集通铁路横贯县境。县政府所在地开鲁镇距通辽市区 80 km，距自治区首府呼和浩特市 1650 km，区位上属于西部大开发、振兴东北老工业基地地区，经济上属于东北经济区、环渤海经济圈内（图 11-4）。

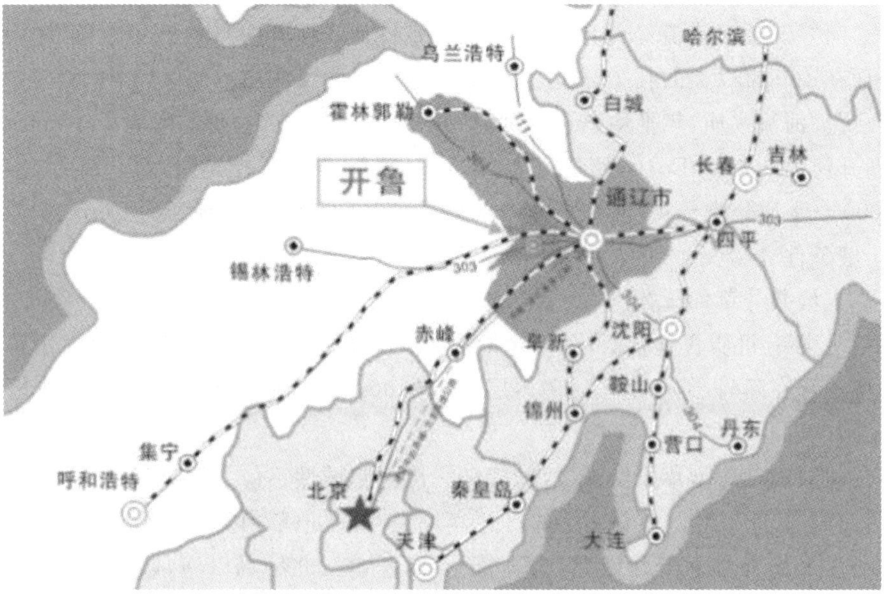

图 11-4　开鲁县行政区空间位置

2. 自然条件

（1）地质地貌

开鲁县属西辽河冲积平原，平均海拔 242 m。地势西高东低，境内无山，自南向北，分布着三条东西走向的沙丘，南北向中间稍微倾斜。海拔高度，自台河口至兴安村一线为 330—250—210 m，高差 120 m，平均高度 242 m，自然比降约 1 m/km。

开鲁县地处西辽河冲积平原西部，地貌成因属堆积类型，西辽河水系泛滥沉积，使沿河两岸出现了宽阔的河漫滩。风力搬运和堆积作用，使中地形和微地形出现了沙地叠加于平地的垂直结构。形成了平原与沼坨相间排列的现代地貌轮廓。泛滥平原湖积水成地貌特征十分鲜明。

（2）气候条件

属温带大陆性季风气候，年平均气温 6.6℃，1 月平均气温 －13.3℃，极端最低气温 －33.6℃，7 月平均气温 24.1℃，极端最高气温 41.7℃。无霜期 137 d，年日均 0℃以上的持续时期 195 d。平均年降水量 334.3 mm，最高年降水量 559.3 mm，最低年降水量 171.4 mm。

（3）水文条件

开鲁县地下水为古湖盆地第四纪松散堆积层孔隙潜水，含水层厚度 90～200 m。单井出水量（降深 5 m）可达 60～328 t/h。地下水静储量 126.13 亿 m^3。地下水补源丰富。境内地势平缓，表层为砂性，对接收大气降水有利；西辽河、西拉木伦河、新开河虽成间歇性河流，但在春夏汛渗漏以及灌水渗透都能补给地下水；来自西部山前冲积平原的径流也是一项经常性的补给源。地下水综合补给量略少于地下水排泄量。开鲁县地下水化学类型以重碳酸钙钠型的淡水为主。盐度为 0.25～1.16 mEq/L，小于 1.5 mEq/L；碱度为 0.89～3.45 mEq/L，小于 4 mEq/L；矿化度为 0.33～0.79 g/L，小于 2 g/L；灌溉系数为 10.3～54.5，大于 1.2。

开鲁县属西辽河流域，西辽河水系，地表水较丰富。西辽河、新开河、西拉木伦河、教来河、乌力吉木仁河等五条河流流经境内，总长度为 320 km。县境内自然泡子水面积 10.6 万亩。其中水平面在 100 亩以上的有 26 处。大部分自然泡子为可利用水面，已利用水面 13 处，面积达 3.78 万亩。河流水质，年平均离子总量，新开河为 412 mg/L，西辽河为 401 mg/L；年平均总硬度，新开河为 3.40 mEq/L，西辽河为 4.01 mEq/L；年离子径流量，新开河为 134000 t，西辽河 129000 t；水质化学分类（阿列金分类），新开河为 CCa1-Ⅱ，西辽河为 CCa1-Ⅰ。

(4)土壤条件

开鲁县土壤共分草甸土类、风沙土类、盐土类和沼泽土类 4 个土类，7 个亚类，23 个土属，83 个土种。土壤有机质含量较低，平均含量 1.21%，含氮量 0.07%，pH 一般大于 7.0。大部分地区土壤不存在障碍层，个别区域障碍层分布在 90 cm 以下，部分地区存在盐渍化问题。

(5)植被

开鲁县植被属于典型草原植被类型，伴随一部分隐域性草甸、低湿草甸类型。境内有野生植物 42 科、132 属、170 种。具体分为平原干草原类、低湿地草甸类、沼泽草甸类等三大类。平原干草原类主要分布在新开河以北，县种畜场，街基镇三北林场以南，以及保安沼、太平沼一带。低湿地草甸类主要分布在新开河、西辽河沿岸的滩地上，乌力吉木仁河的南岸以及沼坨间低地平原草甸子。沼泽草甸类呈零星分布，与低湿地草甸镶嵌存在。

3.社会经济概况

开鲁县辖 10 个镇、1 个牧场、2 个农场：开鲁镇、大榆树镇、黑龙坝镇、麦新镇、义和塔拉镇、建华镇、小街基镇、东风镇、吉日嘎郎吐镇、东来镇、清河牧场、辽河农场、保安农场。

2013 年开鲁县全县生产总值（GDP）实现 181.68 亿元，按可比价格计算，比上年增长 15.1%，其中：第一产业增加值实现 44.61 亿元，增长 5.1%；第二产业增加值实现 94.24 亿元，增长 23.9%；第三产业增加值实现 42.83 亿元，增长 8.2%。第一产业对经济增长的贡献率为 8.5%，第二产业对经济增长的贡献率为 77.3%，第三产业对经济增长的贡献率为 14.2%。全县生产总值中一、二、三产业比例由 2012 年的 25.8∶49.0∶25.2 调整为 24.6∶51.8∶23.6。按常住人口计算，全年人均生产总值 45717 元，增长 18.2%。全年地方财政收入完成 6.11 亿元，比上年增长 20.65%。全年地方财政支出 19.93 亿元，比上年增长 18.58%。居民消费价格比上年上涨 3.4%，其中，食品类价格上涨 7.5%，医疗保健和个人用品价格上涨 2.5%。商品零售价格上涨 2.8%。农业生产资料价格上涨 3.3%。

开鲁县交通便利，道路四通八达，县政府所在地开鲁镇距通辽市区 80 km，京通铁路、集通铁路横贯全县东西，国道 303 线、111 线通贯全境，通辽—赤峰—北京高速公路穿越境内。与通辽飞机场、沈阳市、长春市、哈尔滨市、北京市、大连港、营口港、锦州港、天津港等大中城市和港口通达便捷，乘车当日皆可到达，货物运输通畅，全县所有镇通油路、村村通班车。

开鲁县 2013 年农林牧渔业总产值实现 695192 万元，可比价比上年增长 11.51%，其中：农业产值实现 431063 万元；牧业产值实现 242182 万元；林业产值实现 12371 万元；渔业产值实现 2200 万元；农林牧渔服务业产值实现 7376 万元。农作物总播种面积 198.9 万亩（含复种），比上年增长 0.86%，其中：粮食作物面积 138.3 万亩，比上年增加 0.7 万亩，经济作物面积 60.6 万亩，比上年增加 1.0 万亩。全年粮食总产量达 9.4 亿 kg。红干椒种植面积 30.0 万亩，总产量达 0.9 亿 kg，实现产值 10.8 亿元。

2013 年新打配套机电井 200 眼，空眼井配套 102 眼；新增农田有效灌溉面积 0.1 万亩；新增节水灌溉面积 27.3 万亩；完成人畜饮水工程 38 处，解决 33026 人和 5.69 万头（只）牲畜饮水问题。开鲁县积极发展节水农业，推广节水农业技术，合理布局产业结构，实现水资源的合理开发和永续利用。经过几年的建设，采取膜下滴灌、节水管灌、喷灌等节水技术，全县农业节水面积达到 50 万亩。开鲁县还拥有广阔的麻黄草资源，全县麻黄草面积达 10 万亩以上。主产玉米、水稻、小麦、高粱、大豆、绿豆、红干椒、蔬菜等产品。其中，年产优质玉米 7.5 亿 kg 以上，淀粉含量 72.5%～75%；红干椒种植面积每年稳定在 30 万亩以上，年产量 1 亿 kg 以上；蔬菜总产量每年在 6.5 亿 kg 以上，产品无污染，被国家确定为定点供应北京市绿色食品生产基地。

4. 土地利用情况

根据开鲁县 2013 年土地利用现状变更调查成果，全县土地总面积为 435320.21 hm^2，包括 8 个一级地类、29 个二级地类。

开鲁县耕地总面积 121556.32 hm^2，占全县土地总面积的 27.92%，其中水田面积 233.08 hm^2，占耕地面积的 0.19%，水浇地面积 118461.49 hm^2，占耕地面积的 97.45%，旱地面积 2861.74 hm^2，占耕地面积的 2.35%（表 11-2）。

表 11-2　开鲁县耕地分类面积表

行政区	水田	水浇地	旱地	合计
开鲁县/hm^2	233.08	118461.49	2861.74	121556.32
百分比/%	0.19	97.45	2.35	100.00

园地总面积 1030.04 hm^2，占全县土地总面积的 0.24%；林地总面积 111445.37 hm^2，占全县土地总面积的 25.60%；草地总面积 157406.65 hm^2，占全县土地总面积的 36.16%；城镇村及工矿用地总面积 19219.82 hm^2，占全县土地总面积的 4.42%；交通运输用地总面积 6951.91 hm^2，占全县土地总面积的 1.60%；水域及水利设施用地总面积 8730.58 hm^2，占全县土地总面积的 2.01%；其他土地总面积 8946.51 hm^2，占全县土地总面积的 2.06%。

5. 开鲁县原农用地分等成果简介

(1)基本参数和评价指标体系

①农用地分等相关参数。开鲁县农用地分等所使用的各项参数均参照内蒙古自治区国土资源厅颁发的参数值。具体参数见表 11-3。

表 11-3 内蒙古开鲁县农用地分等基本参数

所在一级指标区		内蒙古高原及长城沿线区
所在二级指标区		西辽河平原区
基准作物		春小麦
指定作物		春玉米
标准耕作制度		一年一熟
指定作物光温生产潜力指数		1105
指定作物气候生产潜力指数		478
指定作物最高产量/(kg/hm^2)	春玉米	15300
指定作物产量比系数	春玉米	0.61
产量－成本指数最大值/(kg/元)	春玉米	2.08

②农用地分等评价指标体系。开鲁县农用地分等采用因素法，指标区类型为平原，分别从土壤条件、地形条件、灌溉排水条件等方面选取分等因素，共确定 8 个分等因素，农用地分等因素因子及权重指标见表 11-4。

表 11-4 开鲁县农用地分等因素因子及权重

参评因素	表层质地	盐渍化程度	灌溉保证率	排水条件	距障碍层深度	有机质含量	剖面构型	灌溉水源
权重	0.07	0.18	0.30	0.14	0.06	0.09	0.10	0.06

各因素分值体系采用 0～100 分的封闭区间给予赋值，最优条件取值 100 分，一般情况下临界指标条件取值 10 分。具体各指定作物各因素分值的赋值方法见表 11-5。

表 11-5 内蒙古开鲁县春玉米监测指标体系、记分规则

指标名称	指标分级	因素参考分
有效土层厚度	＜30 cm	10
	30～60 cm	40
	60～100 cm	70
	100～150 cm	90
	＞150 cm	100
表层质地	砂砾质土	10
	沙质土、重黏土	40
	黏土、轻壤土	80
	中壤、重壤土	100
剖面构型	通体砂砾	10
	通体沙、黏/砂/砂、壤/砂/砂	30
	壤/黏/黏、壤/砂/壤	60
	通体壤、壤/黏/壤	100

续表 11-5

指标名称	指标分级	因素参考分
有机质含量	＜0.6％	10
	0.6％～1.0％	20
	2.0％～1.0％	40
	3.0％～2.0％	60
	4.0％～3.0％	80
	≥4.0％	100
障碍层埋深	＜20 cm	10
	20～40 cm	50
	40～60 cm	70
	60～90 cm	90
	≥90 cm	100
土壤侵蚀程度	剧烈侵蚀，土壤侵蚀模数≥15000 t/(km^2·年)	10
	极强度侵蚀，土壤侵蚀模数为 8000～15000 t/(km^2·年)	20
	强度侵蚀，土壤侵蚀模数为 5000～8000 t/(km^2·年)	50
	中度侵蚀，土壤侵蚀模数为 2500～5000 t/(km^2·年)	70
	轻度侵蚀，土壤侵蚀模数为 200～2500 t/(km^2·年)	90
	微弱侵蚀，土壤侵蚀模数＜200 t/(km^2·年)	100
土壤盐渍化程度	重度	10
	中度	40
	轻度	70
	无	100
坡度	≥25°	20
	15°～25°	50
	6°～15°	80
	2°～6°	100
灌溉水源	用深层地下水灌溉	80
	用浅层地下水灌溉	90
	用地表水灌溉	100
灌溉保证率	旱地	0
	＜20％	10
	20％～40％	20
	40％～60％	40
	60％～80％	70
	80％～100％	100
排水条件	无排水体系(包括抽排)，一般年份在大雨后发生洪涝(田面积水≥3 d)	30
	排水体系(包括抽排)一般，丰水年大雨后有洪涝发生(田面积水 2～3 d)	70
	排水体系(包括抽排)基本健全，丰水年暴雨后有短期洪涝发生(田面积水 1～2 d)	90
	有健全的干、支、斗、农排水沟道(包括抽排)，无洪涝灾害	100

(2)农用地分等结果概述

内蒙古自治区作为第一批农用地分等试点省份,其农用地分等工作开展较早,最初是以2000年土地利用现状成果作为基期底图,并形成了纸质的图件成果与表格成果;至2008年,应国土资源部的要求,自治区将其农用地分等成果进行了电子化,并借机将分等单元的面积数据更新至2007年;2013年自治区完成了耕地质量等别更新完善工作,形成了一期基于2010年土地利用现状的耕地质量等别成果。

基于开鲁县2010年土地利用现状数据,全县耕地面积共计121126.89 hm^2,其中旱地2862.46 hm^2,水浇地118031.35 hm^2,水田233.08 hm^2。

全县共划分为3个自然质量等别,等别范围为13~15等。其中,13等耕地面积33187.00 hm^2,占耕地总面积的27.40%;14等耕地面积82962.15 hm^2,占耕地总面积的68.49%;15等耕地面积4977.75 hm^2,占耕地总面积的4.11%。全县总体上以13等地和14等地为主,15等地所占比例较小。

全县共划分为4个利用等别,等别范围为12~15等。其中12等耕地面积59912.21 hm^2,占耕地总面积的49.46%;13等耕地面积44389.88 hm^2,占耕地总面积的36.65%;14等耕地面积13874.30 hm^2,占耕地总面积的11.45%;15等耕地面积2950.50 hm^2,占耕地总面积的2.44%。全县总体上以12~14等地为主,15等地所占比例较小。

全县共划分为5个经济等别,等别范围为11~15等。其中11等耕地面积57056.30 hm^2,占耕地总面积的47.10%;12等耕地面积40763.85 hm^2,占耕地总面积的33.65%;13等耕地面积14012.27 hm^2,占耕地总面积的11.57%;14等耕地面积7939.39 hm^2,占耕地总面积的6.55%;15等耕地面积1355.08 hm^2,占耕地总面积的1.12%。全县总体上以11~13等地为主,14~15等地比例较小(表11-6)。

表11-6 基于2010年现状数据的分等结果

等别	自然等别		利用等别		经济等别	
	面积/hm^2	比例/%	面积/hm^2	比例/%	面积/hm^2	比例/%
11等地	—	—	—	—	57056.30	47.10
12等地	· —	—	59912.21	49.46	40763.85	33.65
13等地	33187.00	27.40	44389.88	36.65	14012.27	11.57
14等地	82962.15	68.49	13874.30	11.45	7939.39	6.55
15等地	4977.75	4.11	2950.50	2.44	1355.08	1.12
合计	121126.89	100.00	121126.89	100.00	121126.89	100.00

11.4.2 划分县级监测单元

11.4.2.1 划定县级监测网格

基于基期年的土地利用现状数据,运用ArcGIS相关的空间分析功能划分县级监测网格,也可以开发相应网格划分插件,计算机自动划分网格。

(1)运用 ArcGIS 划分监测网格过程

①以 2011 年开鲁县农用地分等完善成果作为底层，运用 ArcGIS 中的 Creat Fishnet 工具划分网格。

②经核算开鲁县耕地质量分等单元中面积小于 2500 m^2 的分等单元所占比例小于 5%，所占比例较小。

③确定选择采用 50 m×50 m 距离划分耕地质量监测格网，则每一个网格为一个耕地质量监测单元，并开发相关插件对耕地质量监测网格进行编号，如 K05ON137C4416990421。

④最终开鲁县共划分网格 1748396 个网格，其中耕地类型是耕地的网格 431549 个，详细划分结果如图 11-5 所示。

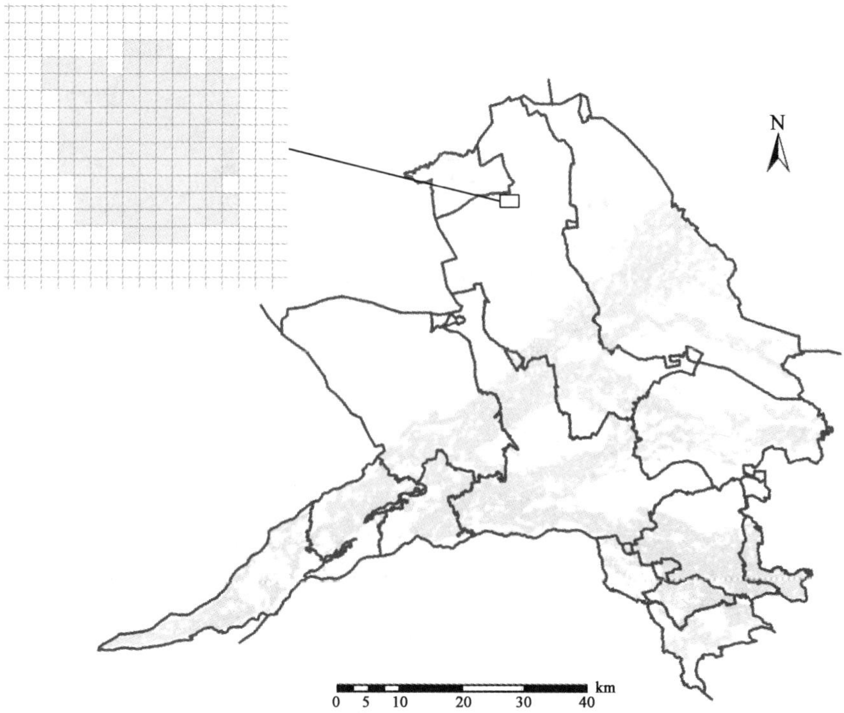

图 11-5　开鲁县县级耕地质量监测格网

由图 11-5 所示，耕地质量监测网格覆盖了开鲁县整个行政区域，不仅为现有耕地区域的耕地质量监测提供依据，同时为以后新增耕地区域的耕地质量监测奠定了基础。图 11-6 是对开鲁县局部区域耕地质量监测网格的演示，并为每个监测网格进行了有序的编号。根据每一个网格的编号，可迅速定位到需要更新的耕地区域，有效提高耕地质量监测效率。

(2)基于 ArcGIS 开发监测网格划分插件

在实际监测工作过程中，为了更加便捷的划分各尺度监测单元，亦可以根据实际需求开发相应的监测网格划分插件。插件的基本功能是在设定好网格的范围、大小、投影参数等属性后，计算机自动完成监测网格的生成任务。图 11-6 是开鲁县县级格网(局部)，图 11-7 是本研究过程中开发并应用的监测网格划分插件。

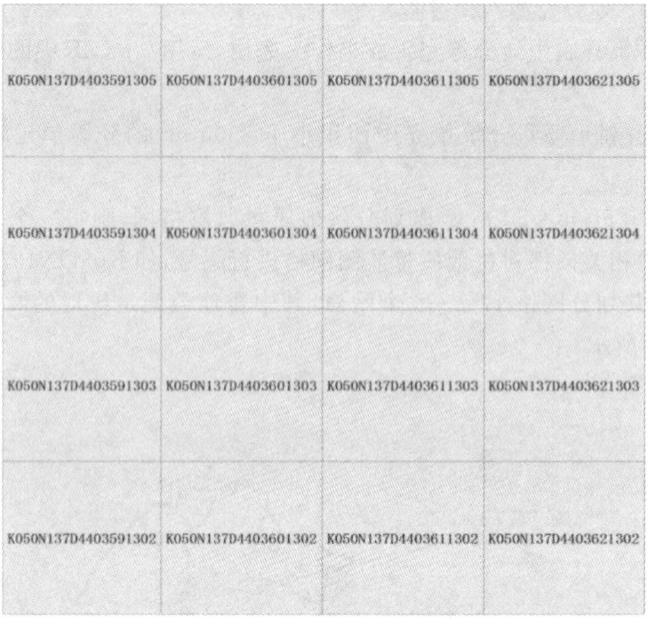

图 11-6　开鲁县县级格网(局部)

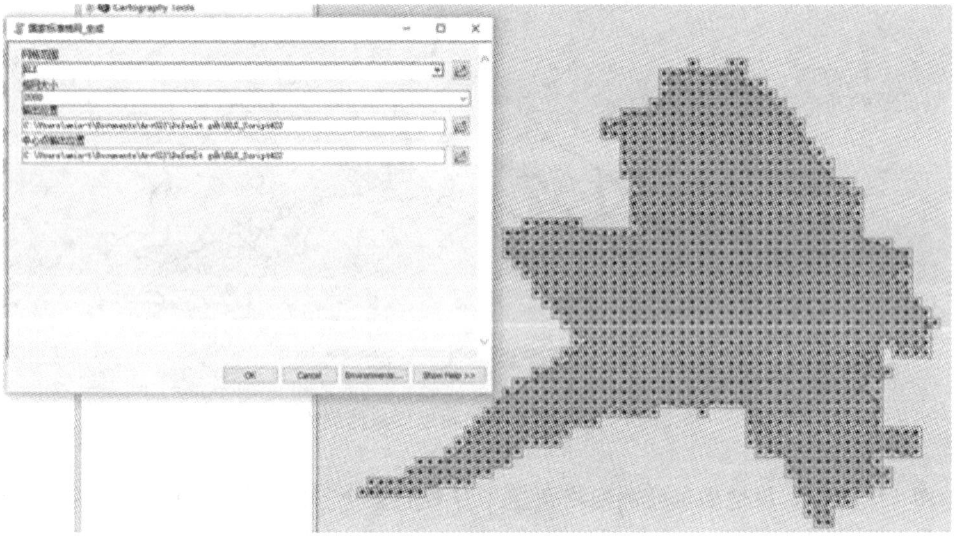

图 11-7　耕地质量等别监测网格划分插件

11.4.2.2　完善监测单元属性结构

采用上述方法确定监测网格后，需要完善监测单元图层的属性结构，根据耕地质量监测工作数据需求确定属性结构，属性内容主要包括监测单元编号及对应关系、分等参数、分等因素、分等结果等内容，开鲁县县级监测单元属性结构如表 11-7 所示，开鲁县监测单元属性结构完善结果示意如图 11-8 所示。

表 11-7　县级监测单元属性结构

序号	字段名称	字段代码	字段类型	字段长度	小数位数	备注
1	县级监测单元编号	XJJCDYBH	Char	20		
2	省级监测单元编号	SJJCDYBH	Char	20		
3	分等单元编号	FDDYBH	Char	19		
4	行政代码	XZDM	Char	12		村级
5	指标区类型代码	ZBQLXDM	Char	5		
6	地类编码	DLBM	Char	4		
7	标准耕作制度	BZGZZD	Char	40		
8	春玉米光温生产潜力	CYMGWSCQL	Int	4		
9	春玉米气候生产潜力	CYMQHSCQL	Int	4		
10	有效土层厚度	YXTCHD	Int	3		
11	表层土壤质地	BCTRZD	Int	1		
12	土壤盐渍化程度	TRYZHCD	Int	1		
13	灌溉保证率	GGBZL	Int	1		
14	障碍层距地表深度	ZACJDBSD	Int	2		
15	排水条件	PSTJ	Char	2		
16	土壤侵蚀程度	TRQSCD	Int	1		
17	土壤有机质含量	TRYJZHL	Float	7	2	
18	自然质量分	ZRZLF	Float	5	4	
19	土地利用系数	LYXS	Float	6	4	
20	土地经济系数	JJXS	Float	6	4	
21	自然等指数	ZRDZS	Int	6		
22	自然等	ZRD	Int	2		
23	利用等指数	LYDZS	Int	6		
24	利用等	LYD	Int	2		
25	经济等指数	JJDZS	Int	6		
26	经济等	JJD	Int	2		
27	国家自然等指数	GJZRDZS	Int	6		
28	国家自然等	GJZRD	Int	2		
29	国家利用等指数	GJLYDZS	Int	6		
30	国家利用等	GJLYD	Int	2		
31	国家经济等指数	GJJJDZS	Int	6		
32	国家经济等	GJJJD	Int	2		
33	更新类型代码	GXLXDM	Char	2		

11.4.2.3　确定监测单元属性值

依据最新的耕地质量等别评价成果，挂接监测单元的属性值，操作步骤如下。

①检查农用地分等单元图层中的分等单元耕地属性值是否完善。

②运用 ArcGIS 中的空间挂接属性功能，将网格对应的农用地分等单元的耕地属性挂接到网格上，形成附有耕地质量等别属性的格网。

③核查开鲁县耕地监测格网，将面积小于 $1/2\times2500\ m^2$ 的格网，依据临近赋值的原则，挂接上相邻农用地分等单元的耕地属性值，属性挂接后如图 11-9 所示。

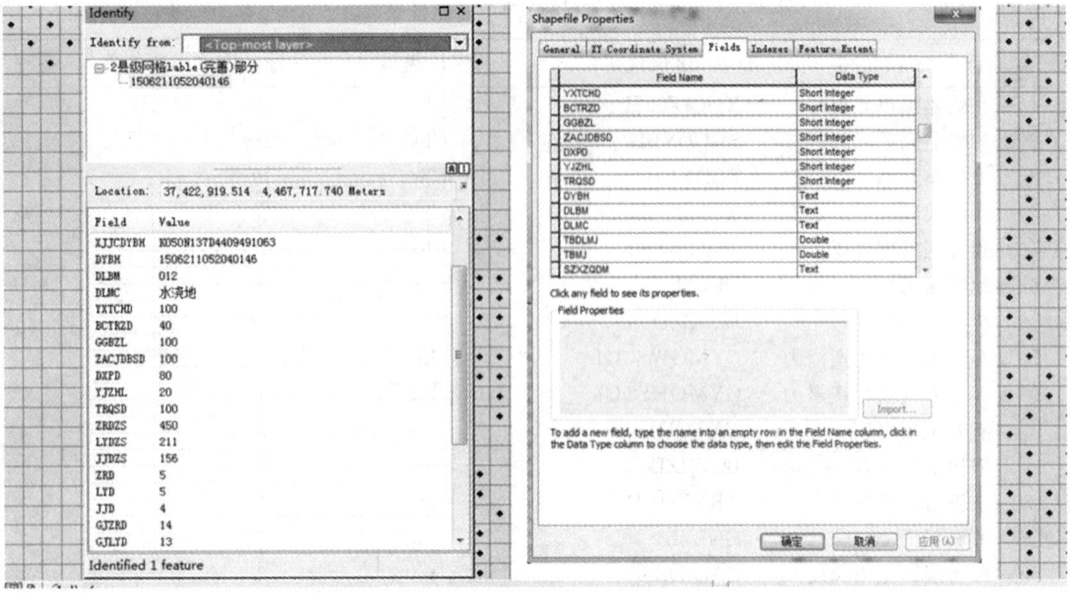

图 11-8 耕地质量等别监测单元属性结构

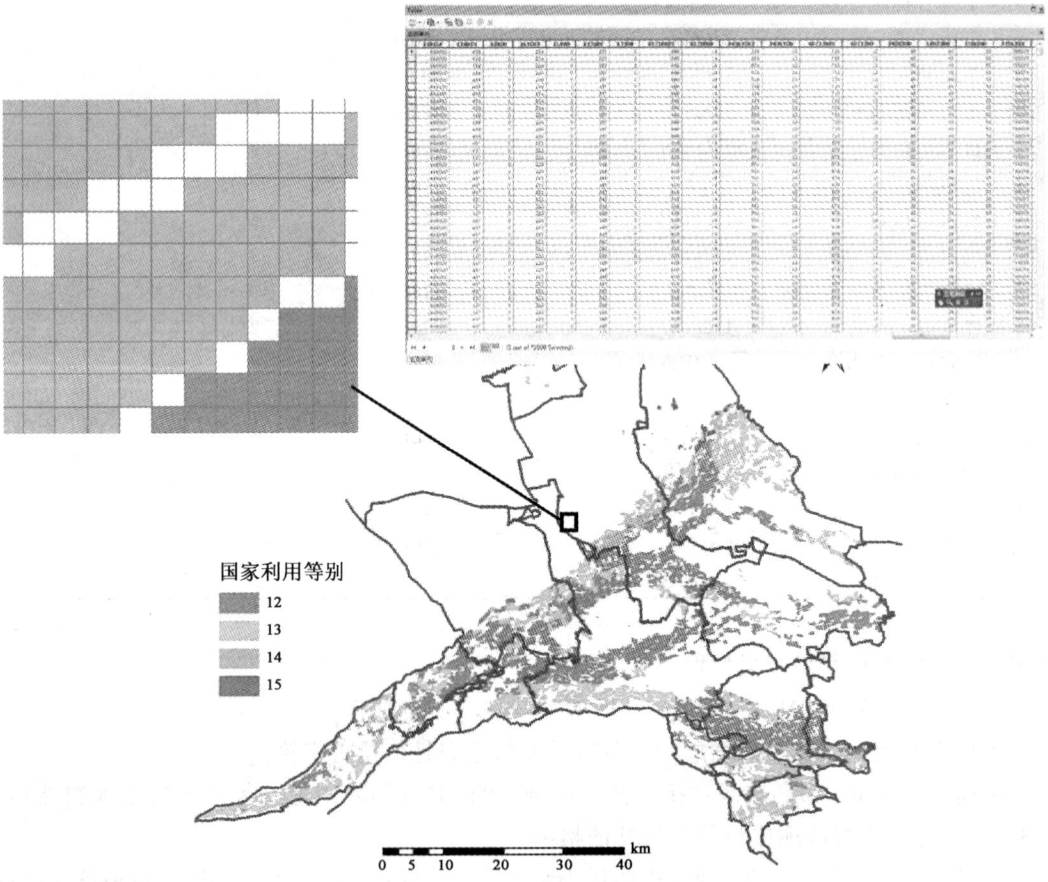

图 11-9 开鲁县耕地质量监测格网属性

由图 11-9 所示，开鲁县耕地质量监测格网进行附属性操作之后，监测网格整体上共分为了两大类，一类是带有属性的网格，另一类是无属性的网格。其中，带有属性的网格主要是位于土地利用现状为耕地的区域，这部分网格具备农用地分等的参数及属性，为下一步的耕地质量更新奠定基础；而另一类无属性的网格主要是位于土地利用现状为非耕地的区域，这部分网格需要继续保留，若有新增耕地的增加，可直接更新对应的网格区域。

11.4.3　县级监测更新

11.4.3.1　基于监测样点的监测评价

耕地是一个极为复杂且极不均匀的群体，这给耕地质量的监测带来了很大的困难。而我们所监测的对象是研究区内耕地的“总体”，基于对目前的监测技术和监测成本的考虑，又不可能对区域内的所在耕地进行逐块监测，只能通过监测少数地块达到以少数论“总体”的目的。因此，当前对耕地质量的监测多是通过对监测样点样关因素的监测，以点代面推算区域内耕地质量变化，监测样点的布设尤为重要，其必须具有代表性、科学性，否则，监测结果就不大可能如实地反映耕地总体质量的变化情况。

近几年，学者们对耕地质量监测样点布设方法的研究较多，其中以网格采样法认可度较高，网格采样法是将研究区域按一定的规则的网格进行网格覆盖，确定样点，然后采样。网格采样法在很大程度上降低了人为主观因素的干扰，结果客观公正，便于操作，实用性强。本研究采用网格采样法在开鲁县范围内进行监测样点布设，采用 5 km×5 km 网格布设监测样点，所有样点均布设于现状耕地上，最终开鲁县共布设监测样点 50 个，如图 11-10 所示。

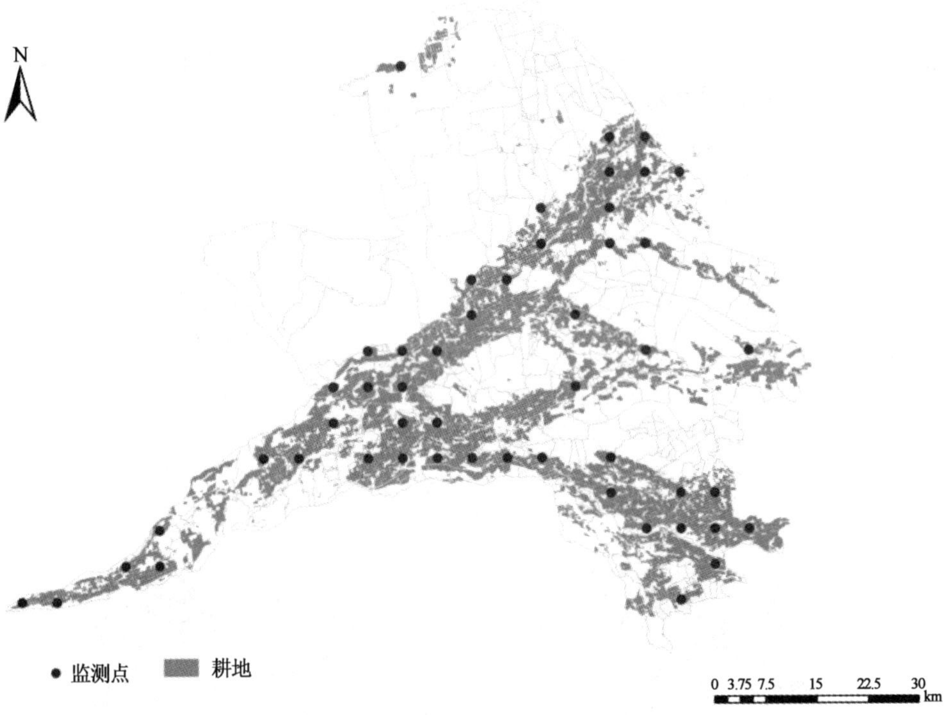

图 11-10　开鲁县耕地质量等级监测样点分布示意图

1. 分等因素的监测与分析

开鲁县分等因素主要包括有效土层厚度、表层土壤质地、剖面构型、距障碍层深度、有机质含量、灌溉水源、灌溉保证率、排水条件8项指标，由于指标较多，且大多指标属不易变化的稳定因素，本研究仅以土壤有机质含量的变化为例，分析监测样点数据处理过程。通过实地调查、现场确认及样本化验分析，得到各监测样点有机质含量(图11-11)。

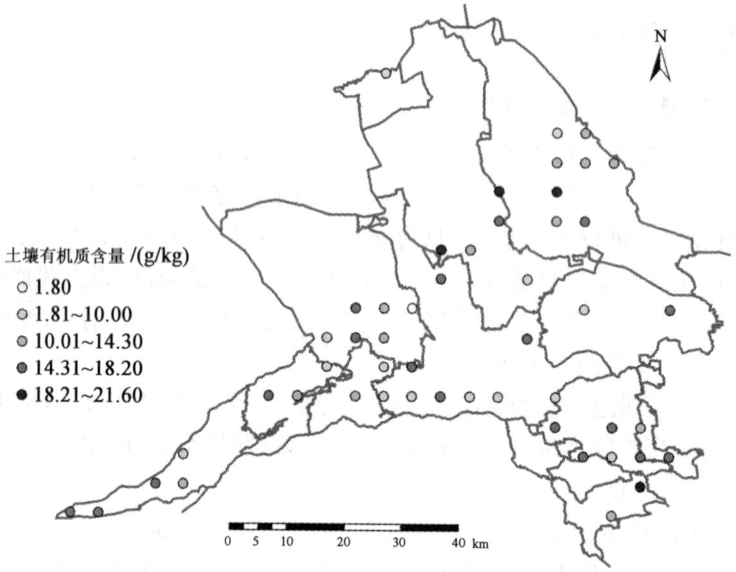

图11-11　开鲁县耕地质量等级监测样点有机质含量监测结果

将得到的各监测样点的有机质含量数据进行空间插值，空间插值的作用距离设定为10 km，并将插值结果赋予县级监测单元。开鲁县监测样点空间插值结果如图11-12所示，赋值后的监测单元有机质含量分值如图11-13所示。

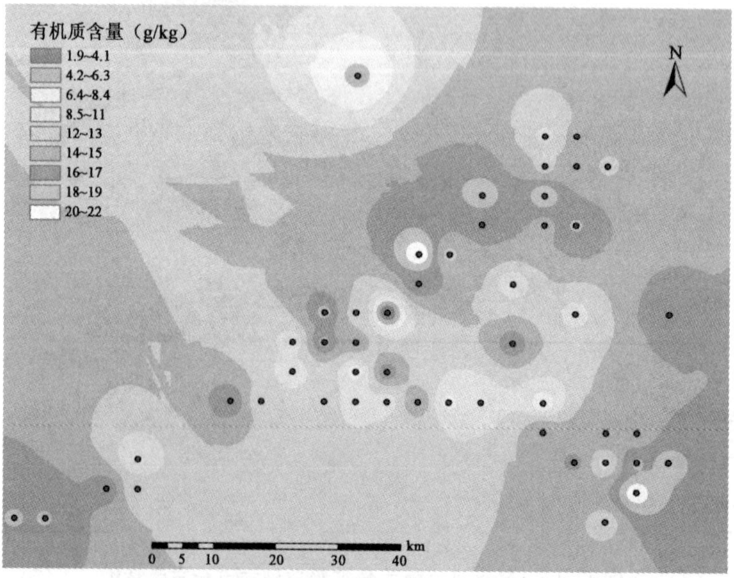

图11-12　开鲁县耕地质量等级监测样点有机质含量空间插值

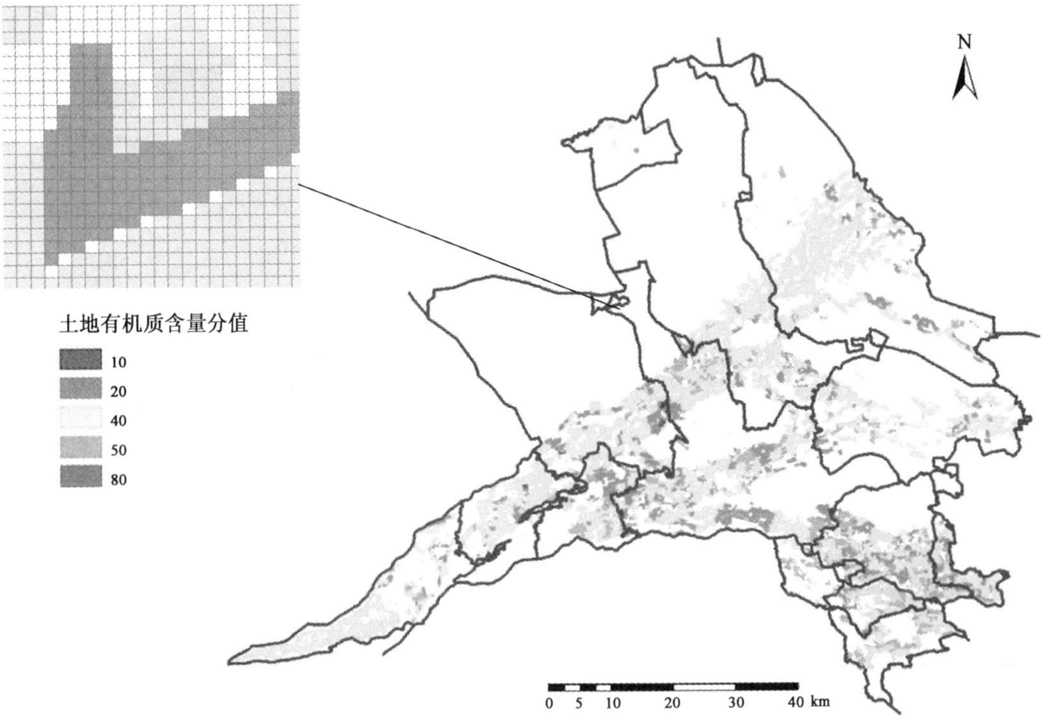

图 11-13　开鲁县耕地质量监测单元有机质含量分值

2. 土地利用系数和土地经济系数的监测与分析

农用地分等中的土地利用系数与土地经济系数是以村为单元开展调查，耕地质量等别监测亦以村为单元对其进行监测。

通过对随机抽取的 47 个村庄进行农户调查，共完成农户调查问卷 732 份，经过内业整理共获得有效调查问卷 613 份，以村为单位统计粮食产量水平，得到各村庄平均 3500～14250 t 之间，则土地利用系数在 0.22～0.93 之间。在不打破原土地利用系数等值区的前提下，各土地利用系数等指区内样本村土地利用系数进行算术平均得到土地利用系数等值区的土地利用系数值。开鲁县共划分为 3 个土地利用系数等值区，经过重新计算后其土地利用系数分别由 0.23、0.47 和 0.51 提升到 0.59、0.69 和 0.77，各等指区土地利用系数明显提升，如图 11-14 所示。

在统计粮食产量水平的基础上，以村为单位统计投入产出水平，得到各村庄平均产量-成本指数在 0.8～2 之间，则土地经济系数在 0.38～0.6 之间。在不打破原土地经济系数等值区的前提下，各土地经济系数等指区内样本村土地经济系数进行算术平均得到土地经济系数等值区的土地经济系数值。开鲁县共划分为 3 个土地利用系数等值区，由于历史原因，原开鲁县各土地经济系数等指数的系数值计算有误，得到的系数值过高。因此，经过重新计算后其土地经济系数分别由 0.80、1.00 和 1.10 降低到 0.60、0.75 和 0.93，各等指区土地经济系数有所降低。各系数变化情况如图 11-15 所示。

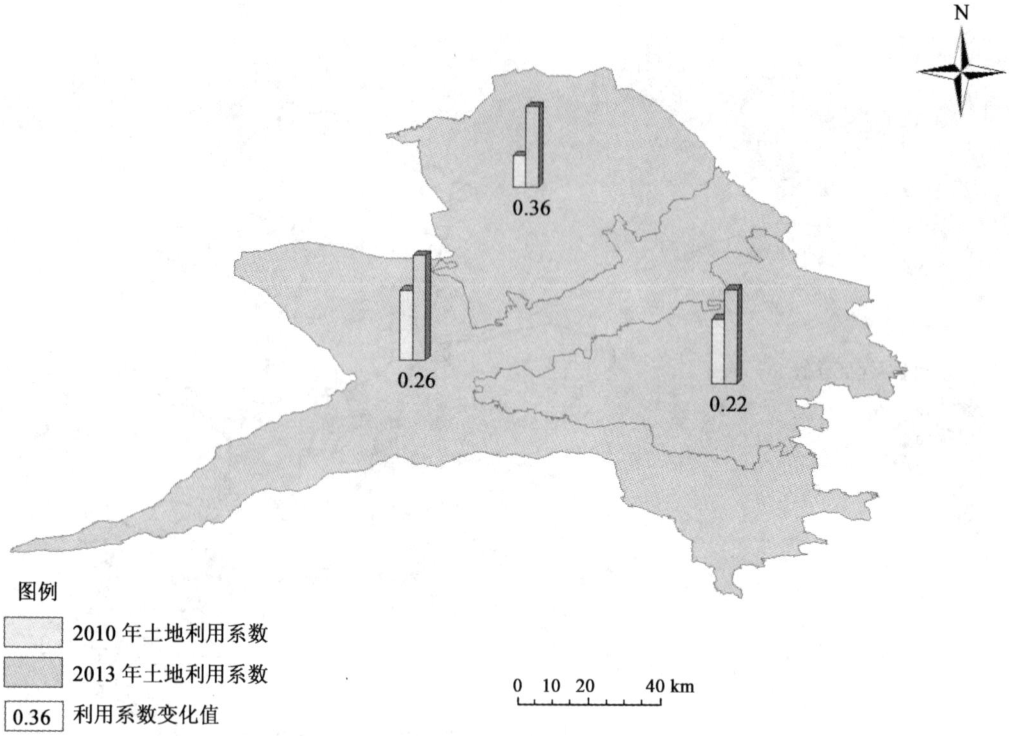

图 11-14 开鲁县土地利用系数变化

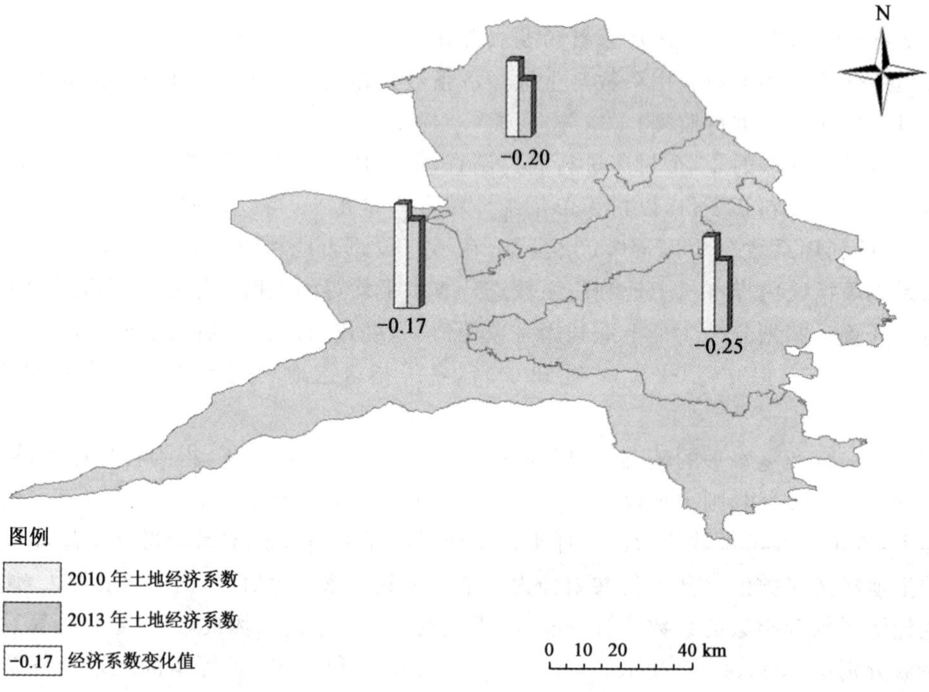

图 11-15 开鲁县土地经济系数变化

依据行政区代码字段，建立土地利用系数和土地经济系数调查结果与监测单元图层之前的对应关系，将更新后的土地利用系数和土地经济系数字段挂接至监测单元网格图层，如图 11-16、图 11-17 所示。

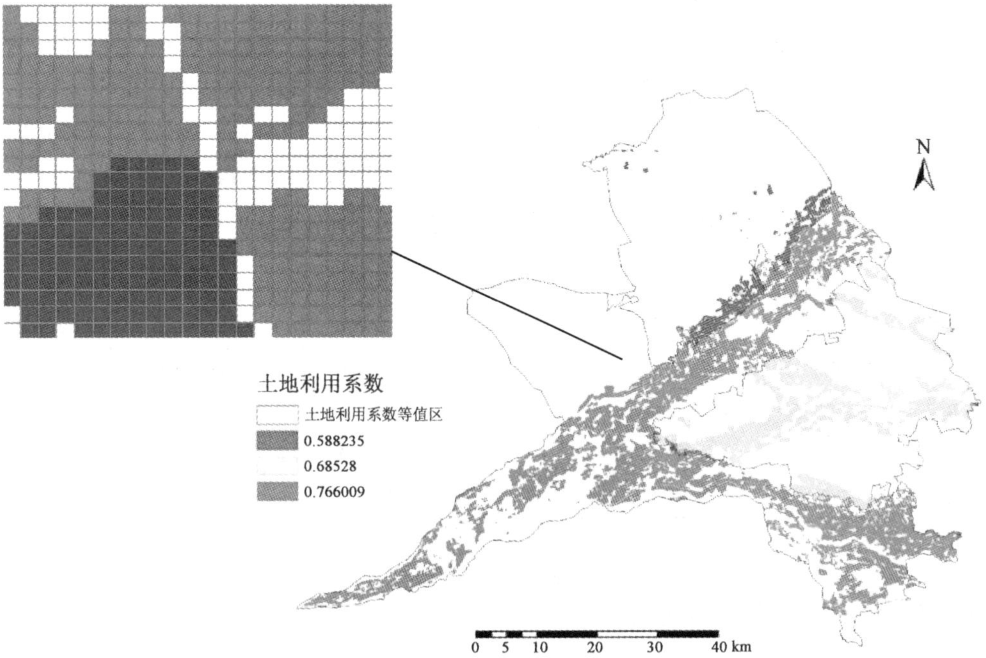

图 11-16 开鲁县监测单元土地利用系数分布

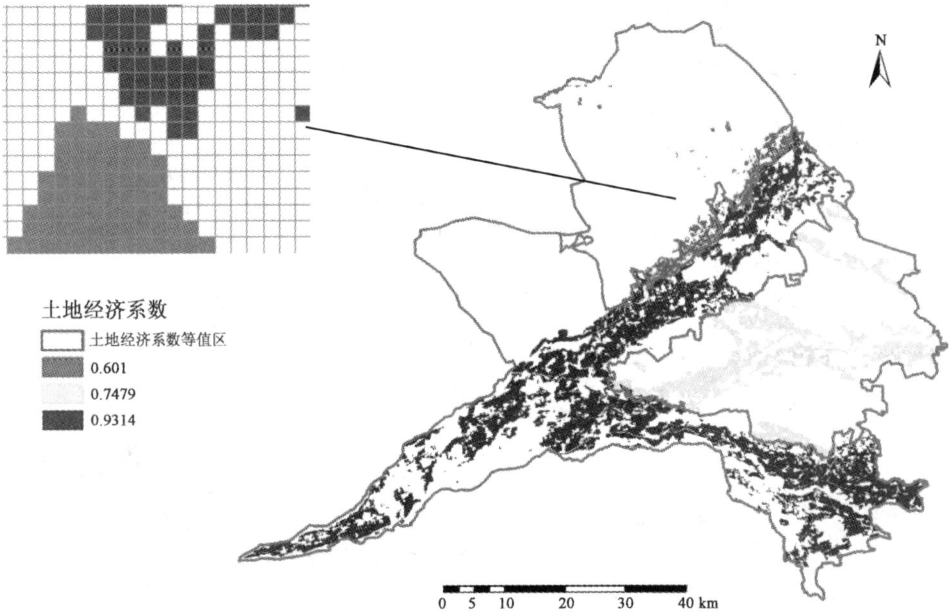

图 11-17 开鲁县监测单元土地经济系数分布

3. 耕地质量等别评价

各监测单元的因素值及系数值确定后，即进行耕地的等别评定工作，等级评定工作内容主要包括：计算自然质量分、计算自然等指数、计算经济等指数、计算利用等指数、等指数平衡转换、等别划分等步骤，最终得到开鲁县耕地质量等别监测结果。

2010—2013 年开鲁县耕地质量等别渐变区范围内耕地面积监测单元格共 431549 个，约 107887.25 hm^2，从国家自然等分布的对比情况来看，2013 年与 2010 年相比 13 等地单元格数量增加了 61787 个，约 15446.75 hm^2，14 等地单元格减少了 61787 个，约 15446.75 hm^2，全县平均自然等别由 13.67 等提高到 13.53 等，总体等别有一定程度的提高(表 11-8)。

表 11-8 2010 年与 2013 年国家自然等变化情况分析

等别	2010 年监测成果		2013 年监测成果		2013 年与 2010 年对比	
	面积/hm^2	单元格数量/个	面积/hm^2	单元格数量/个	面积/hm^2	单元格数量/个
13 等	38046.75	152187	53493.5	213974	15446.75	61787
14 等	66958.5	267834	51511.75	206047	−15446.75	−61787
15 等	2882	11528	2882	11528	0	0
总计	107887.25	431549	107887.25	431549	0	0

2010—2013 年，开鲁县存量耕地中，耕地自然质量等别的变化存在 3 种情况，包括提升 1 个等的单元格 61885 个、等别无变化单元格 369566 个和降低 1 个等的单元格 98 个。开鲁县耕地自然等别变化幅度分布如图 11-18 所示。

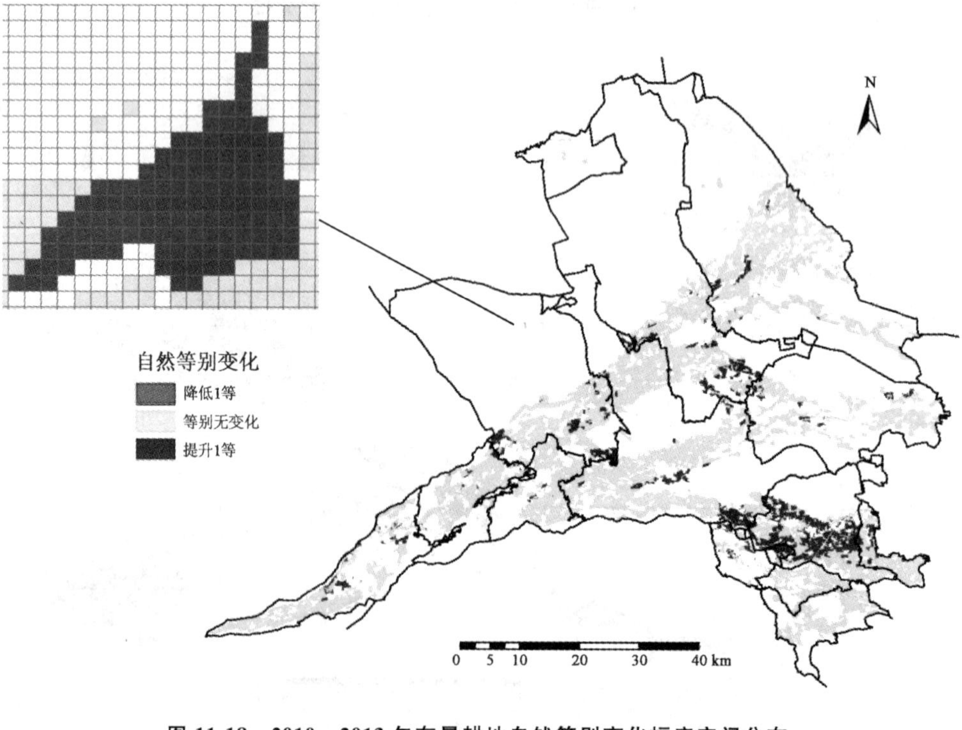

图 11-18 2010—2013 年存量耕地自然等别变化幅度空间分布

从国家利用等分布的对比情况来看，2013 年与 2010 年相比 10 等地单元格增加了 115684 个，约 28921 hm^2，11 等地单元格增加了 251760 个，约 62940 hm^2，12 等地单元格减少了 191070 个，约 47767.5 hm^2，13 等地单元格减少了 157714 个，约 39428.5 hm^2，14 等地单元格减少了 13995 个，约 3498.75 hm^2，15 等地单元格减少了 4665 个，约 1166.25 hm^2，全县平均利用等别由 12.54 等提高到 10.95 等，总体等别有一定程度的提高(表 11-9)。

表 11-9　2010 年与 2013 年国家利用等变化情况分析

等别	2010 年监测成果		2013 年监测成果		2013 年与 2010 年对比	
	面积/hm^2	单元格数量/个	面积/hm^2	单元格数量/个	面积/hm^2	单元格数量/个
10 等	0	0	28921	115684	28921	115684
11 等	0	0	62940	251760	62940	251760
12 等	60505.25	242021	12737.75	50951	−47767.5	−191070
13 等	39835	159340	406.5	1626	−39428.5	−157714
14 等	6380.75	25523	2882	11528	−3498.75	−13995
15 等	1166.25	4665	0	0	−1166.25	−4665
总计	107887.25	431549	107887.25	431549	0	0

2010—2013 年，开鲁县存量耕地中，耕地利用等别(更新土地利用系数)的变化存在 4 种情况，包括提升 1 个等的单元格 168902 个、提升 2 个等单元格 253427 个、提升 3 个等的单元格 2357 个、等别没有变化的单元格 6863 个。开鲁县利用等别变化空间分布如图 11-19 所示。

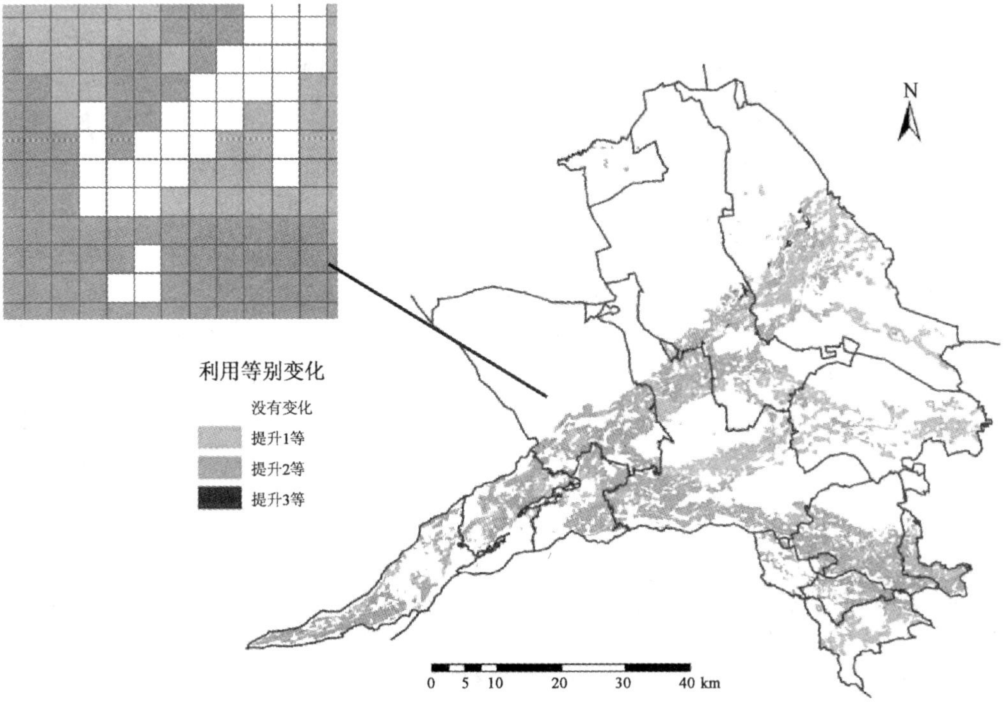

图 11-19　2010—2013 年存量耕地利用等别变化幅度空间分布

从国家经济等分布的对比情况来看，2013 年与 2010 年相比 11 等地单元格减少了 147104 个，约 36776 hm^2，12 等地单元格增加了 99489 个，约 24872.25 hm^2，13 等地单元格增加了 47615 个，约 11903.75 hm^2，14 等地单元格减少了 1614 个，约 403.5 hm^2，15 等地单元格增加了 1614 个，约 403.5 hm^2，全县平均利用等别由 12.54 等提高到 10.95 等，总体等别有一定程度的提高(表 11-10)。

表 11-10　2010 年与 2013 年国家经济等变化情况分析

等别	2010 年监测成果		2013 年监测成果		2013 年与 2010 年对比	
	面积/hm^2	单元格数量/个	面积/hm^2	单元格数量/个	面积/hm^2	单元格数量/个
11 等	54377.5	217510	17601.5	70406	－36776	－147104
12 等	42805	171220	67677.25	270709	24872.25	99489
13 等	3209.5	12838	15113.25	60453	11903.75	47615
14 等	6549.5	26198	6146	24584	－403.5	－1614
15 等	945.75	3783	1349.25	5397	403.5	1614
总计	107887.25	431549	107887.25	431549	0	0

2010—2013 年，开鲁县存量耕地中，耕地经济等别(更新土地利用系数)的变化存在 3 种情况，包括降低 2 个等的单元格 370 个、降低 1 个等单元格 195593 个、等别没有变化的单元格 235586 个。开鲁县耕地经济等别变化幅度空间分布如图 11-20 所示。

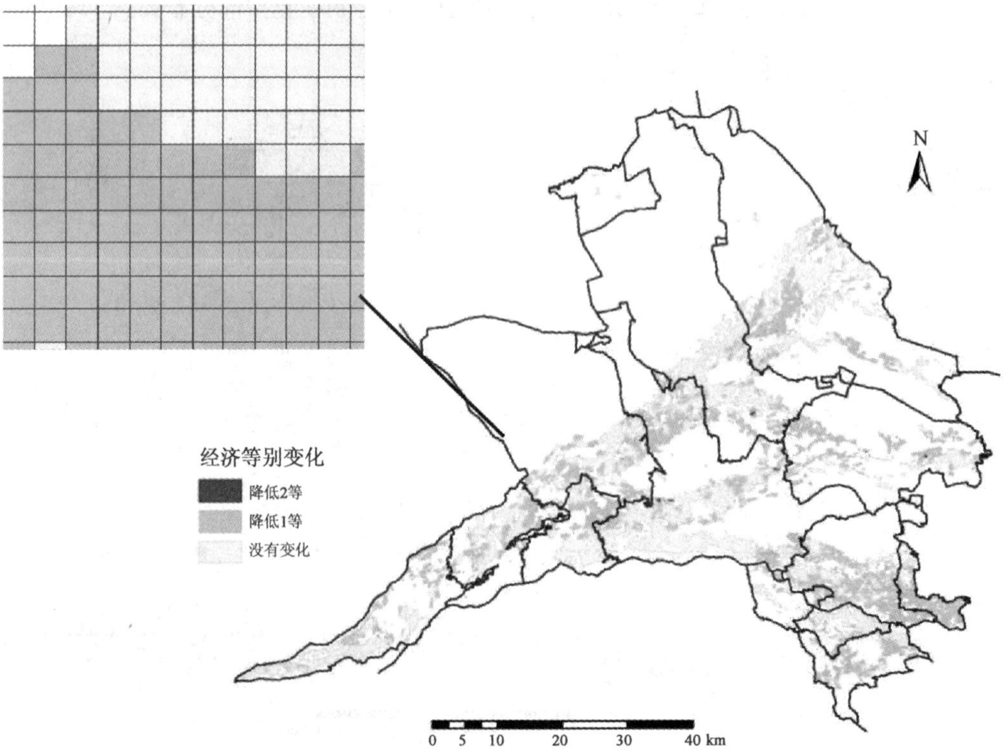

图 11-20　2010—2013 年存量耕地经济等别变化幅度空间分布

11.4.3.2　与年度更新评价的衔接

为了丰富耕地质量监测评价单元的属性内容，方便耕地质量监测评价与更新评价成果的一体化管理与应用，需要将年度更新评价与年度监测评价进行衔接，本研究的方法是将年度更新评价成果数据包或项目区耕地质量评价成果叠加至监测评价单元图层，操作步骤如下。

①搜集整理开鲁县项目区耕地质量等别评价成果及年度更新评价数据包成果。

②运用 ArcGIS 软件的 Spatial Join 功能，将质量等别突变的耕地等别信息与监测单元图层进行空间连接，确定新增、减少、质量建设耕地所在应的网格范围。

③完善监测单元中质量等别突变耕地单元的属性信息。

开鲁县基于标准网格的监测成果与年度更评价衔接过程示意如图 11-21 所示，衔接结果如表 11-11 所示。

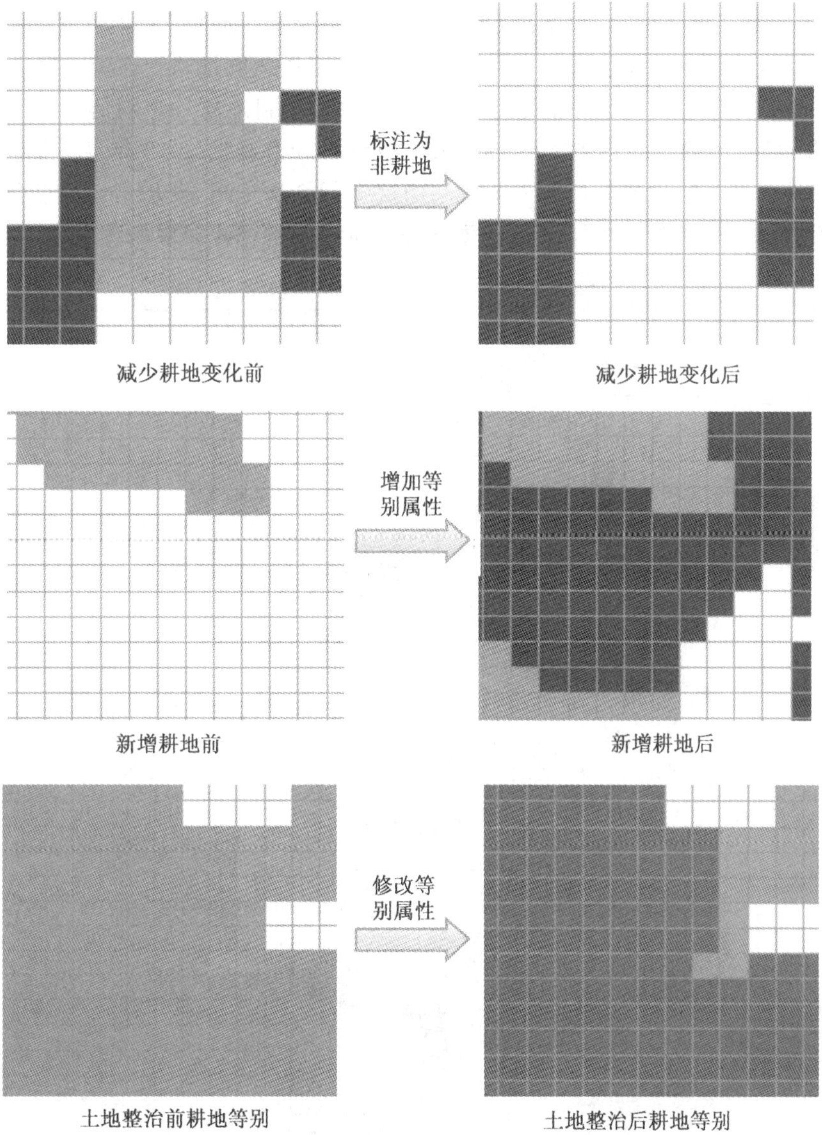

图 11-21　与年度更新评价成果衔接过程示意

表 11-11 开鲁县 2011—2013 年突变耕地利用等别分布情况统计

等别	减少耕地		增加耕地		质量建设耕地	
	网格数量/个	面积/hm²	网格数量/个	面积/hm²	网格数量/个	面积/hm²
11 等	0	0	2457	614.25	52270	13067.5
12 等	571	142.75	0	0	6704	1676
13 等	158	39.5	0	0	0	0
14 等	7	1.75	0	0	0	0
15 等	3	0.75	0	0	0	0
合计	739	184.75	2457	614.25	58974	14743.5

11.4.3.3 与土地利用现状变更调查成果衔接

按照上述方法开展耕地质量等别年度监测评价工作，其评价单元不再受限于土地利用现状调查成果，提高了监测效率，耕地质量等别可以实时更新，保证了成果的现势性。待每年的土地利用现状变更调查成果发布后，可以直接与本年度耕地质量监测评价结果进行空间叠加，获取现状图中耕地图斑的等别信息，从而完善现状图中的耕地质量等别信息。

采用 ArcGIS 中的空间链接(Spatial join)功能，将开鲁县的 2013 年度土地利用现状变更调查中的耕地图斑与耕地质量监测单元网络图层进行叠加分析，获取各现状耕地图斑的等别信息，分析过程如图 11-22 所示，2013 年度开鲁县耕地质量统计结果如表 11-12 所示。

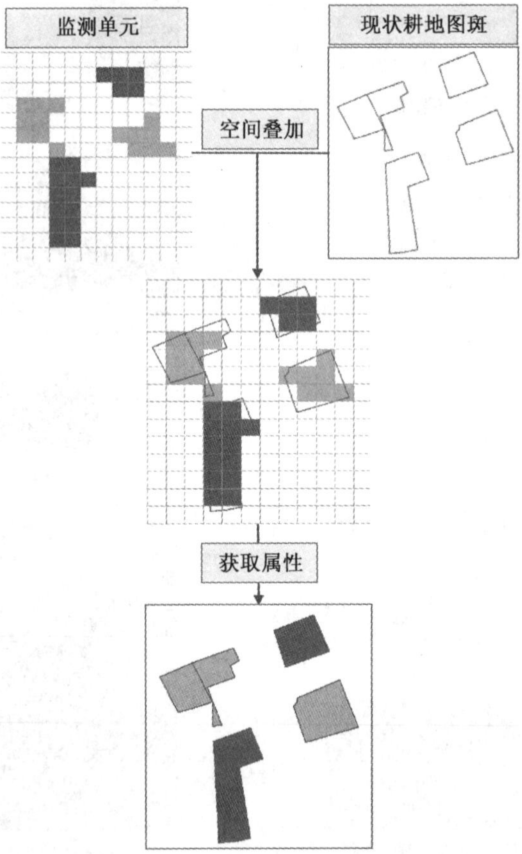

图 11-22 与土地利用现状变更调查成果衔接

表 11-12　开鲁县现状耕地等别统计结果

等别	自然等别统计		利用等别统计		经济等别统计	
	面积/hm^2	占全县耕地比例/%	面积/hm^2	占全县耕地比例/%	面积/hm^2	占全县耕地比例/%
9 等					20.42	0.02
10 等			28097.27	23.11	593.59	0.49
11 等			74875.69	61.60	24644.48	20.27
12 等			15337.59	12.62	70658.43	58.13
13 等	68499.42	56.35	396.25	0.33	17069.57	14.04
14 等	50207.38	41.30	2849.52	2.34	7223.88	5.94
15 等	2849.52	2.34	0.00	0.00	1345.95	1.11
总计	121556.31	100.00	121556.31	100.00	121556.31	100.00

11.4.4　省级监测更新

省级监测单元划分方法与步骤与县级监测单元一致，本研究采用自己开发的监测单元划分插件自动划分开鲁县省级监测单元。省级监测单元采用 200 m×200 m 网格，每个省级监测单元对应 16 个县级监测单元，开鲁县全域范围内共划分省级监测单元 110488 个，其中土地利用现状是耕地的单元 35864 个(图 11-23)。

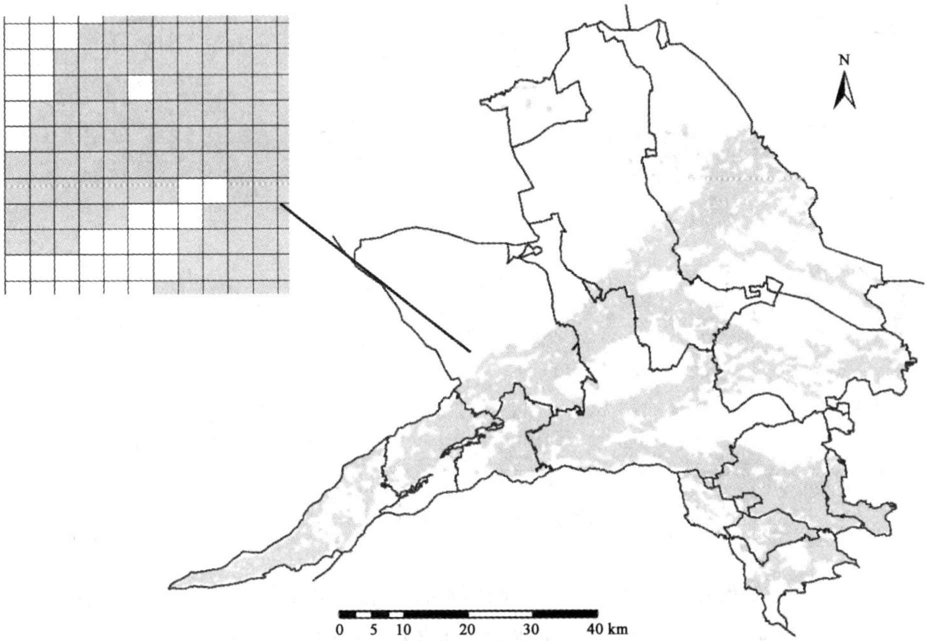

图 11-23　开鲁县省级监测单元示意图

省级监测单元图层的属性结构相对简单，主要有监测单元编号及相应等别信息，省级监测单元属性结构如表 11-13 所示。省级监测单元的等指数信息取其所对应的县级监测单元的等指数信息的平均值，再依据计算得到的平均等指数划分等别。省级监测单元属性结构如表 11-13 所示，开鲁县省级监测单元属性完善结果如图 11-24 所示。

表 11-13　省级监测单元属性结构

序号	字段名称	字段代码	字段类型	字段长度	小数位数	备注
1	省级监测单元编号	SJJCDYBH	Char	20		
2	国家级监测单元编号	GJJCDYBH	Char	20		
3	行政代码	XZDM	Char	6		县级
4	国家自然等指数	GJZRDZS	Int	6		
5	国家自然等	GJZRD	Int	2		
6	国家利用等指数	GJLYDZS	Int	6		
7	国家利用等	GJLYD	Int	2		
8	国家经济等指数	GJJJDZS	Int	6		
9	国家经济等	GJJJD	Int	2		

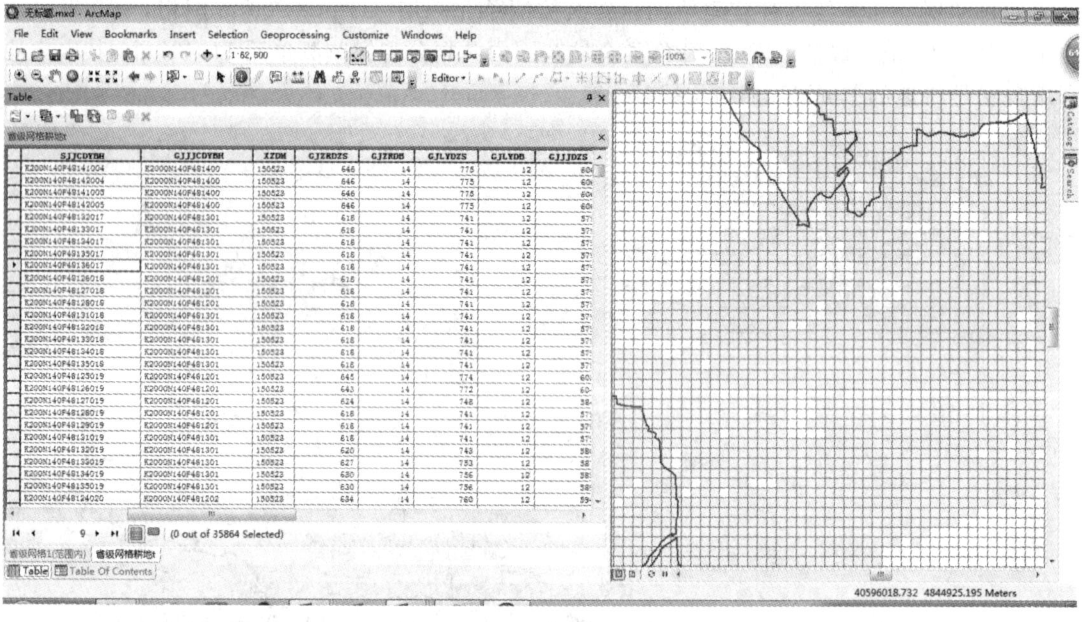

图 11-24　开鲁县省级监测单元完善属性内容结果

开鲁县耕地质量等别监测范围内省级监测单元格共 35864 个，从国家自然等分布的对比情况来看，2013 年与 2010 年相比 13 等地单元格数量增加了 5516 个，14 等地单元格减少了 5507 个，15 等地单元格减少了 9 个。省级监测单元耕地自然质量等别的变化存在 3 种情况，包括提升 1 个等的单元格 5543 个、等别无变化单元格 30303 个和降低 1 个等的单元格 18 个（表 11-14）。开鲁县省级单元自然等别变化幅度分布如图 11-25 所示。

表 11-14 开鲁县省级监测单元自然等别变化统计

等别	监测前省级单元数量	监测后省级单元数量	省级单元数量变化
13 等	12073	17589	5516
14 等	22704	17197	−5507
15 等	1087	1078	−9
合计	35864	35864	0

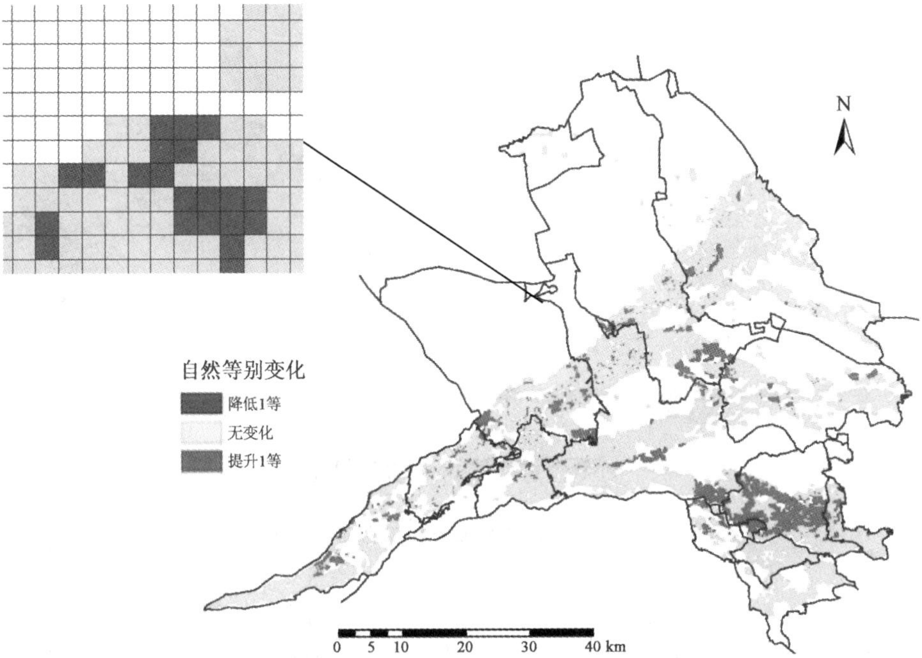

图 11-25 开鲁县省级监测单元自然等别变化幅度分布

从国家利用等分布的对比情况来看，2013 年与 2010 年相比 10 等地单元格增加了 9069 个，11 等地单元格增加了 20793 个，12 等地单元格减少了 14930 个，13 等地单元格减少了 13083 个，14 等地单元格减少了 1411 个，15 等地单元格减少了 438 个。省级监测单元耕地自然质量等别的变化存在 4 种情况，包括提升 1 个等的单元格 14456 个、提升 2 个等单元格 20568 个、提升 3 个等的单元格 186 个、等别没有变化的单元格 654 个(表 11-15)。开鲁县省级单元利用等别变化幅度分布如图 11-26 所示。

表 11-15 开鲁县省级监测单元利用等别变化统计

等别	监测前省级单元数量	监测后省级单元数量	省级单元数量变化
10 等	0	9069	9069
11 等	0	20793	20793
12 等	19519	4589	−14930
13 等	13442	359	−13083
14 等	2465	1054	−1411
15 等	438	0	−438
合计	35864	35864	0

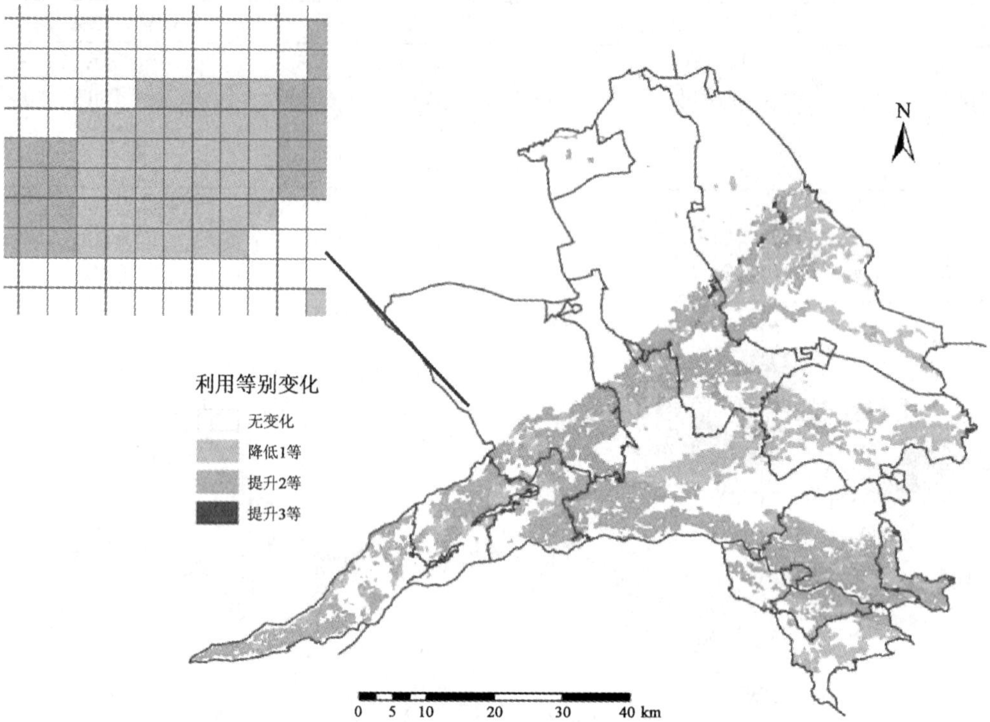

图 11-26 开鲁县省级监测单元利用等别变化幅度分布

从国家经济等分布的对比情况来看，2013 年与 2010 年相比 11 等地单元格减少了 12073 个，12 等地单元格增加了 7887 个，13 等地单元格增加了 4148 个，14 等地单元格减少了 156 个，15 等地单元格增加了 194 个。省级监测单元耕地经济等别的变化存在 3 种情况，包括降低 2 个等的单元格 23 个、降低 1 个等单元格 16445 个、等别没有变化的单元格 19396 个(表 11-16)。开鲁县省级单元经济等别变化幅度分布如图 11-27 所示。

表 11-16 开鲁县省级监测单元经济等别变化统计

等别	监测前省级单元数量	监测后省级单元数量	省级单元数量变化
11 等	17370	5297	−12073
12 等	14418	22305	7887
13 等	1321	5469	4148
14 等	2397	2241	−156
15 等	358	552	194
合计	35864	35864	0

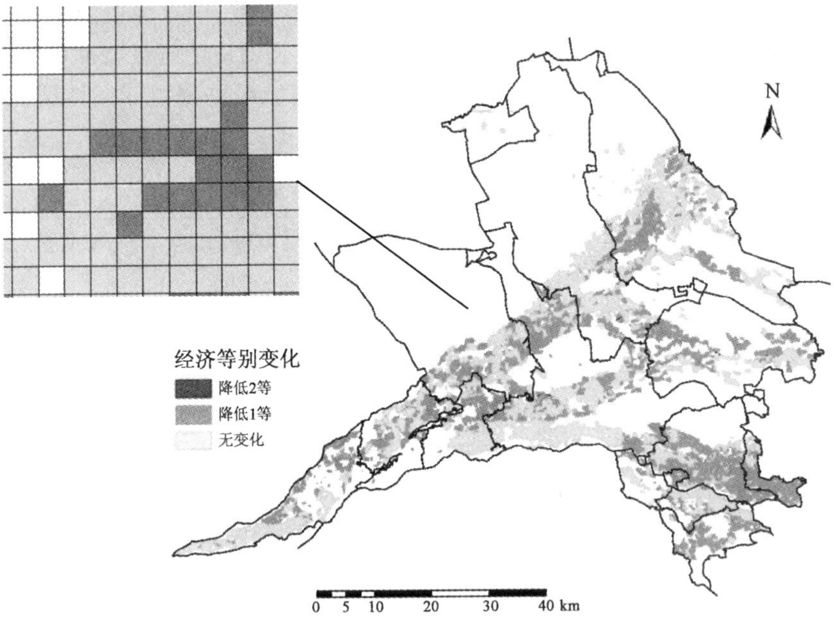

图 11-27　开鲁县省级监测单元经济等别变化幅度分布

11.4.5　国家级监测更新

采用自己开发的监测单元划分插件自动划分开鲁县国家级监测单元。国家级监测单元采用 2000 m×2000 m 网格，每个国家级监测单元对应 100 个省级监测单元，开鲁县全域范围内共划分国家级监测单元 1242 个，其中有土地利用现状是耕地的单元 697 个(图 11-28)。

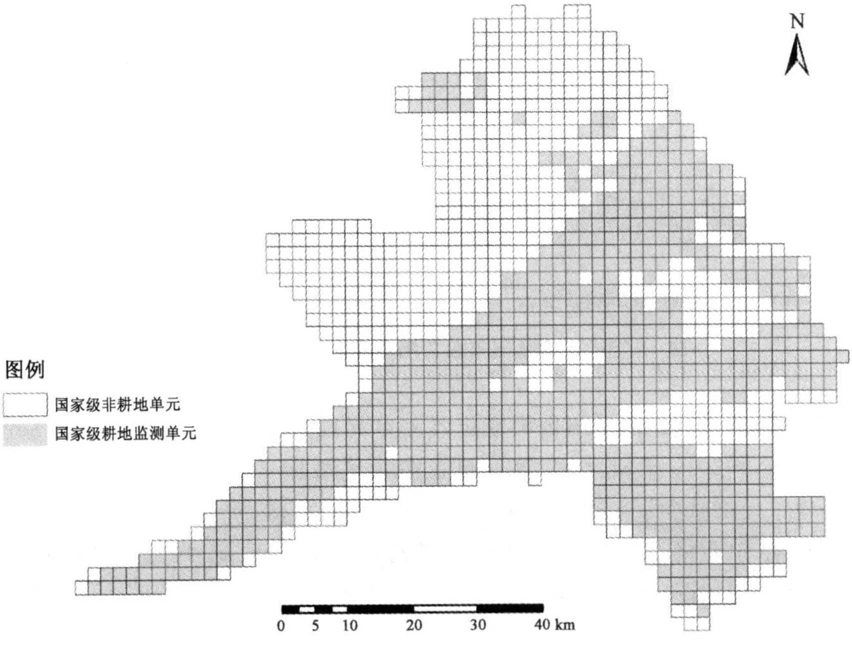

图 11-28　开鲁县国家级监测单元示意图

国家级监测单元图层的属性结构与省级监测单元基本一致，国家级监测单元属性结构如表 11-17 所示。国家级监测单元的国家级等指数信息取其所对应的省级监测单元的等指数信息的平均值，再依据计算得到的平均等指数划分等别。国家级监测单元属性结构如表 11-17 所示，开鲁县国家级监测单元属性完善结果如图 11-29 所示。

表 11-17　国家级监测单元属性结构

序号	字段名称	字段代码	字段类型	字段长度	小数位数	备注
1	国家级监测单元编号	GJJCDYBH	Char	20		
2	行政代码	XZDM	Char	2		省级
3	国家自然等指数	GJZRDZS	Int	6		
4	国家自然等	GJZRD	Int	2		
5	国家利用等指数	GJLYDZS	Int	6		
6	国家利用等	GJLYD	Int	2		
7	国家经济等指数	GJJJDZS	Int	6		
8	国家经济等	GJJJD	Int	2		

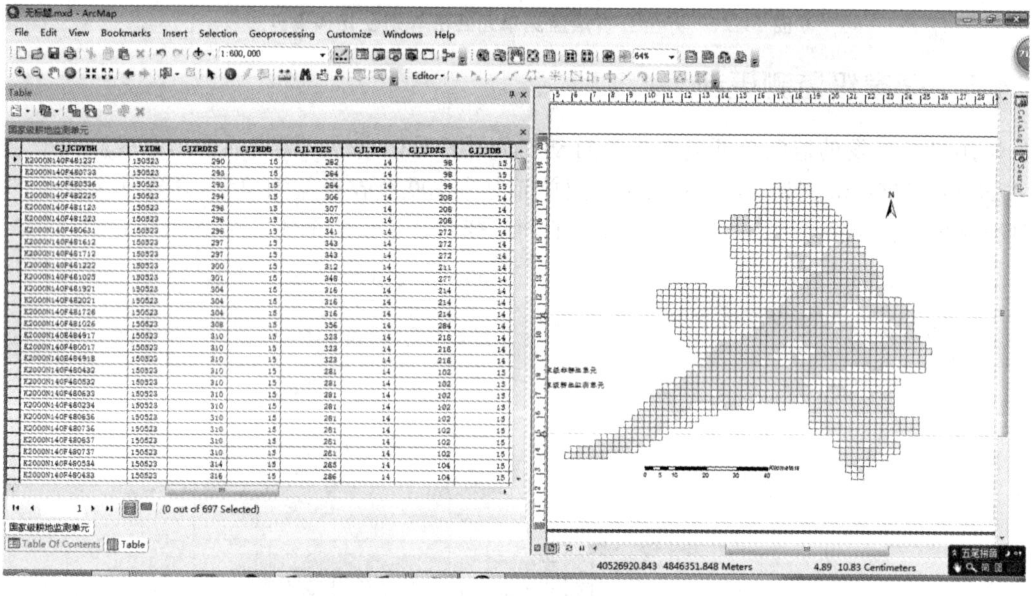

图 11-29　开鲁县国家级监测单元完善属性内容结果

开鲁县耕地质量等别监测范围内国家级监测单元格共 697 个，从国家自然等分布的对比情况来看，2013 年与 2010 年相比 13 等地单元格数量增加了 132 个，14 等地单元格减少了 131 个，15 等地单元格减少了 1 个。国家级监测单元耕地自然质量等别的变化存在 2 种情况，包括提升 1 个等的单元格 133 个，等别无变化单元格 564 个(表 11-18)。开鲁县国家级单元自然等别变化幅度分布如图 11-30 所示。

表 11-18　开鲁县国家级监测单元自然等别变化统计

等别	监测前国家级单元数量	监测后国家级单元数量	国家级单元数量变化
13 等	181	313	132
14 等	482	351	−131
15 等	34	33	−1
合计	697	697	0

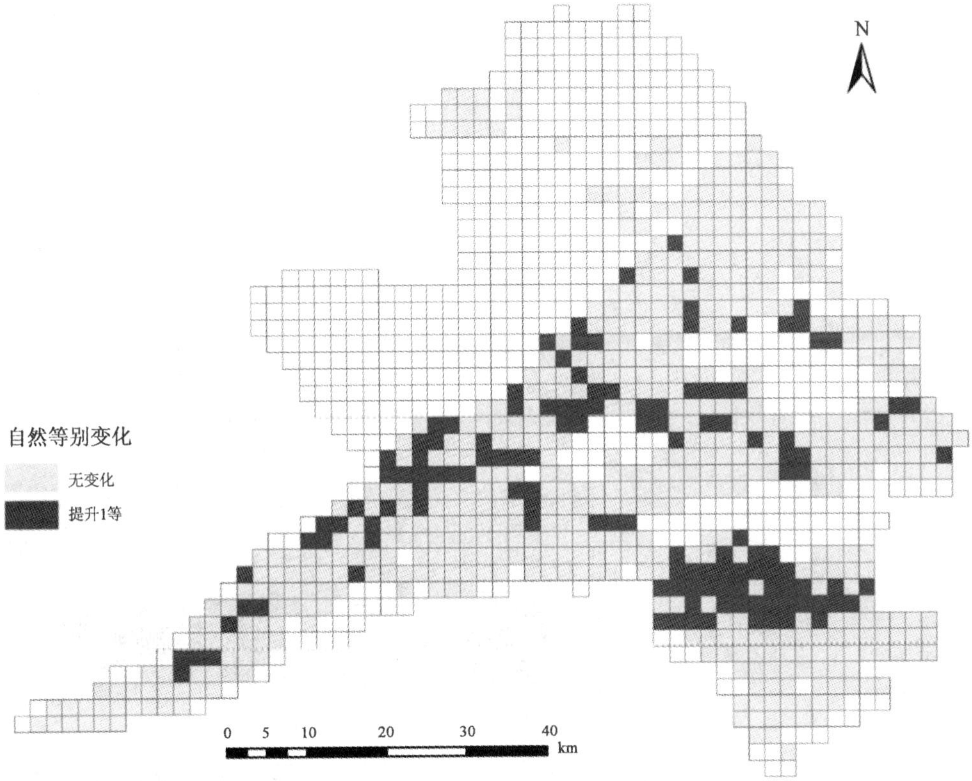

图 11-30　开鲁县国家级监测单元自然等别变化幅度分布

从国家利用等分布的对比情况来看，2013 年与 2010 年相比 10 等地单元格增加了 97 个，11 等地单元格增加了 433 个，12 等地单元格减少了 214 个，13 等地单元格减少了 260 个，14 等地单元格减少了 35 个，15 等地单元格减少了 21 个。国家级监测单元耕地自然质量等别的变化存在 4 种情况，包括提升 1 个等的单元格 347 个、提升 2 个等单元格 335 个、提升 3 个等的单元格 1 个、等别没有变化的单元格 14 个(表 11-19)。开鲁县国家级监测单元利用等别变化幅度分布如图 11-31 所示。

表 11-19　开鲁县国家级监测单元利用等别变化统计

等别	监测前国家级单元数量	监测后国家级单元数量	国家级单元数量变化
10 等		97	97
11 等		433	433
12 等	333	119	－214
13 等	277	17	－260
14 等	66	31	－35
15 等	21		－21
合计	697	697	0

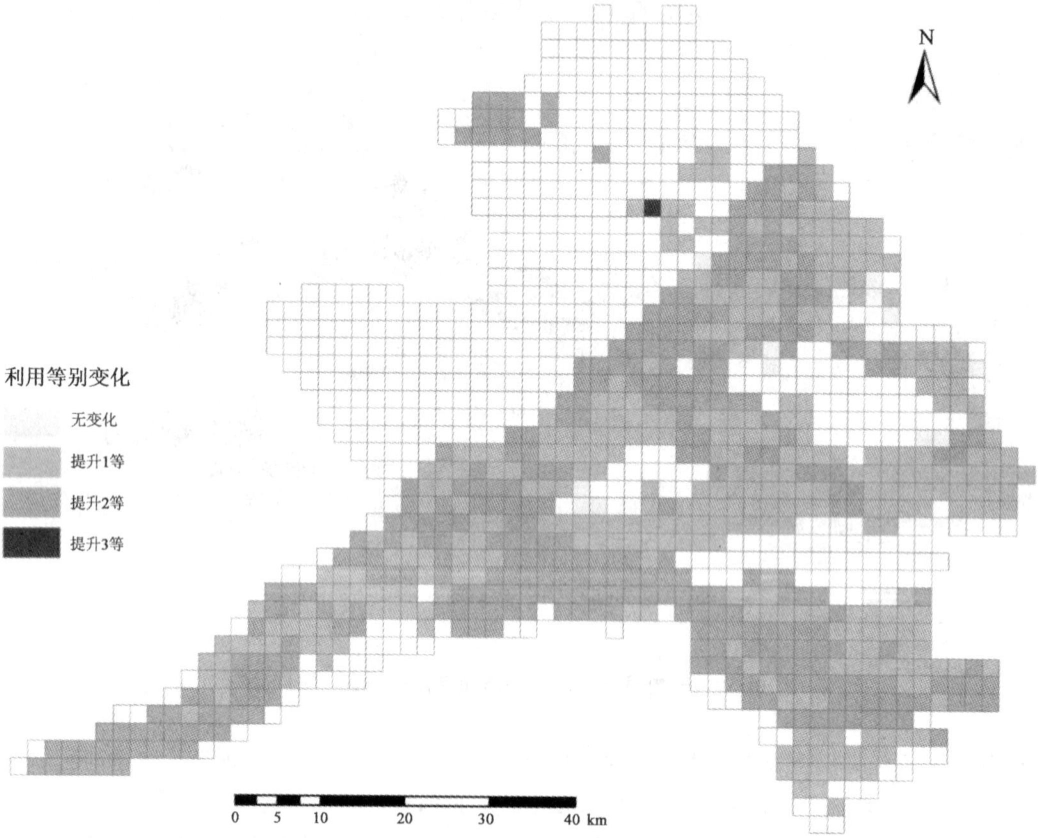

图 11-31　开鲁县国家级监测单元利用等别变化幅度分布

从国家经济等分布的对比情况来看，2013 年与 2010 年相比 11 等地单元格减少了 232 个，12 等地单元格增加了 123 个，13 等地单元格增加了 102 个，14 等地单元格增加了 6 个，15 等地单元格增加了 1 个。省级监测单元耕地经济等别的变化存在 3 种情况，包括降低 2 个等的单元格 23 个、降低 1 个等单元格 349 个、等别没有变化的单元格 348 个(表 11-20)。开鲁县国家级监测单元经济等别变化幅度分布如图 11-32 所示。

表 11-20　开鲁县国家级监测单元经济等别变化统计

等别	监测前国家级单元数量	监测后国家级单元数量	国家级单元数量变化
11 等	269	37	−232
12 等	310	433	123
13 等	43	145	102
14 等	58	64	6
15 等	17	18	1
合计	697	697	0

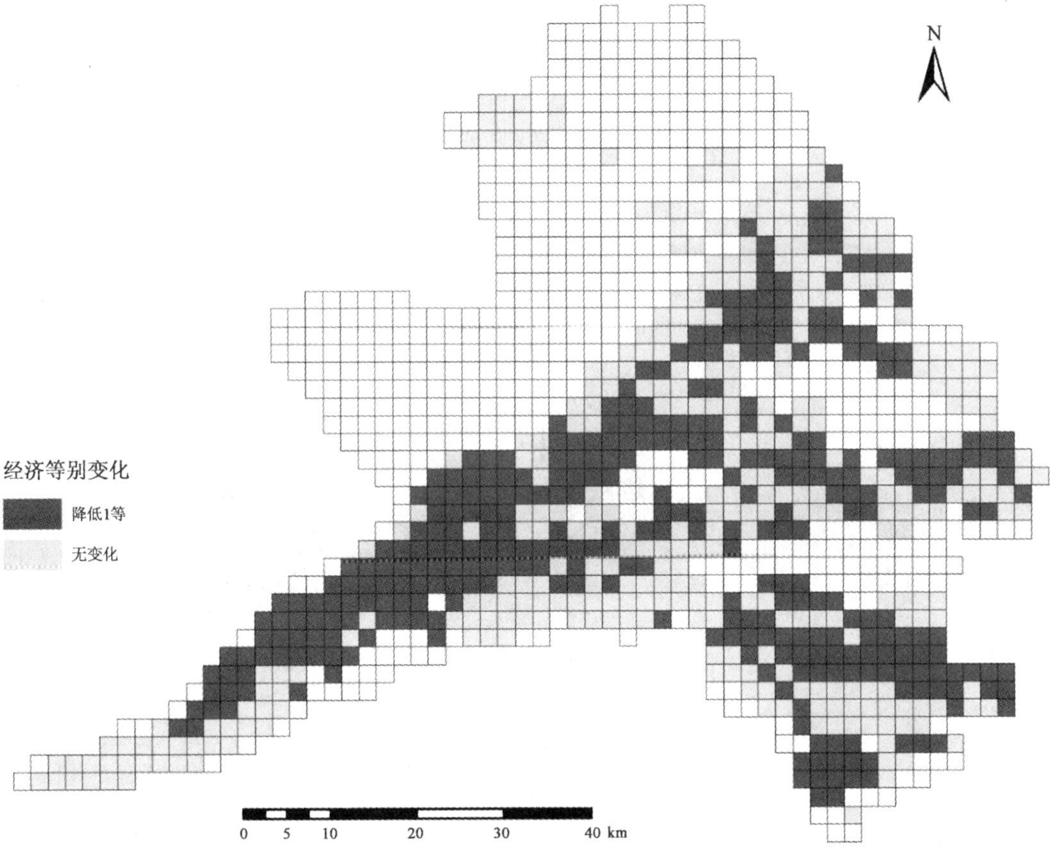

图 11-32　开鲁县国家级监测单元经济等别变化幅度分布

11.5　结论与展望

11.5.1　结论

针对耕地质量数据来源的多源性以及耕地质量监测的层级性，本研究提出了基于多尺度网格的耕地质量监测体系并以内蒙古自治区开鲁县为例，从监测单元生成、县级监测更新到国家级监测更新等方面对此体系的实际应用进行了详细的阐述，结果表明，基于多尺度标准网格的耕地质量监测体系可实现耕地监测当前工作的要求，同时，其在耕地质量监测的实时性，自动化方面具有潜力。

11.5.2 展望

1. 综合利用多源数据的耕地质量实时监测

基于多尺度网格，由疏到密地实现耕地质量监测样点的网格布设，同时利用遥感数据的时效性，结合样点的实测数据，对耕地质量属性数据如有机质含量，灌排条件，产量等进行遥感反演与参数修正，得到耕地质量因素的实时数据，基于标准网格的监测单元，可自动快速地利用这些实时数据对监测单元的属性进行更新。

2. 基于信息技术的耕地质量监测管理系统

随着耕地质量数据获取频率的加快，人工更新将不能满足耕地大数据对耕地质量监测的工作要求，需要基于现代信息技术形成自动化的耕地质量监测管理系统(图 11-33)，该系统应包含以下几个模块。

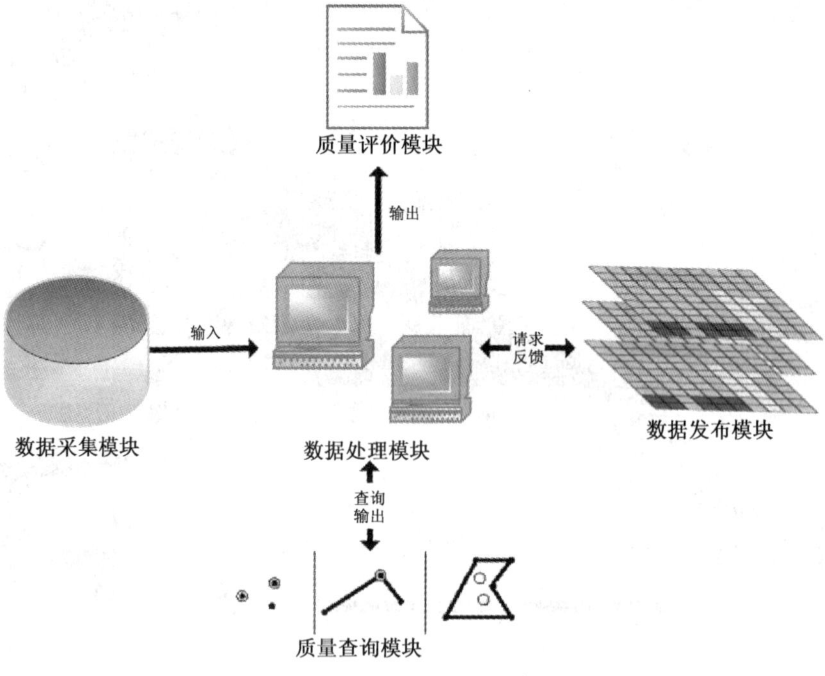

图 11-33 耕地质量监测管理系统构架

数据采集模块：对涉及耕地质量及其变化的多源数据进行采集并基于标准尺度网格实现多源数据的统一管理。

质量评价模块：基于实时耕地质量及其更新数据，生成耕地质量评价报告，对耕地质量的空间分布，变化规律等进行归纳并对耕地质量变化明显的区域实现预警。

数据发布模块：基于网格数据的尺度特征及不同层次信息加密的需要，生成不同尺度的耕地质量专题网格数据，实现耕地质量数据的实时共享。

质量查询模块：基于底层高精度耕地质量标准网格，可实现耕地质量的点、线、多边形、缓冲区、行政区等多种查询方式。

数据处理模块：监测管理系统的核心模块，基于耕地质量及变化数据实现不同尺度耕地监测网格的属性更新，并生成耕地质量评价报告，对不同尺度的数据共享请求及不同类型的质量属性查询方式反馈其请求或查询结果。

3.基于多尺度网格耕地质量监测的应用

基于多尺度标准网格的耕地质量监测管理系统不仅可实现耕地质量的实时、自动监测，同时基于这样的管理系统，可实现对耕地质量数据的统一管理，为耕地质量评价的深入研究提供数据和平台支撑。

本研究所提出的多尺度标准网格，在全国具有统一的编码格式，且不随行政区划的变化而改变，可在国家层面统一布局，有效的提升我国耕地质量领域的研究水平；其次，在质量评价及分析方面，利用网格数据在空间统计和空间分析上独特的优势，运用焦点统计、聚类分析、CA以及其他空间分析模型，可实现对耕地质量空间分布特征及其变化的深入认识；最后，数据的共享方面，相比于矢量数据不同尺度制图综合庞大的工作量及不确定性，网格数据在不同尺度间具有简单而明确的对应关系，可方便的生成不同层级的共享数据。

参考文献

[1] 郭力娜，张凤荣，马仁会，等. 基于标准样地的国家级农用地等别质量监测点设置方法探讨——以冀豫鄂三省为例[J]. 资源科学，2009,31(11):1957-1966.

[2] 孙亚彬，吴克宁，胡晓涛，等. 基于潜力指数组合的耕地质量等级监测布点方法[J]. 农业工程学报，2013(4):245-254.

[3] 吴克宁，焦雪瑾，梁思源，等. 基于标准样地国家级汇总的耕地质量动态监测点构架研究[J]. 农业工程学报，2008(10):74-79.

[4] 伍育鹏，郧文聚，李武艳. 用标准样地进行耕地质量动态监测与预警探讨[J]. 中国土地科学，2006(4):40-45.

[5] 相慧，孔祥斌，陈培雄，等. 县域耕地质量等别监测样点布控研究——以内蒙古自治区开鲁县为例[J]. 资源科学，2014(6):1203-1210.

[6] 杨建宇，汤赛，郧文聚，等. 基于 Kriging 估计误差的县域耕地等级监测布样方法[J]. 农业工程学报，2013(9):223-230.

[7] 余述琼，张蚌蚌，相慧，等. 基于因素组合的耕地质量等级监测样点布控方法[J]. 农业工程学报，2014(24):288-297.

[8] 张蚌蚌，孔祥斌，相慧，等. 中国西部区国家级标准样地分布特征及代表性[J]. 农业工程学报，2014(7):227-235.

[9] 周峰，周颖. 江苏省锡山市耕地数量、质量变化影响因素分析[J]. 中国土地科学，2001(4):7-10.

[10] 周青青，段建南. 迁西县耕地质量等别变化驱动机制研究[J]. 山东农业科学，2014(10):101-104.

后　　记

耕地资源安全是保障国家粮食安全、生态安全的基本载体。习近平总书记强调，耕地是我国最为宝贵的资源，优质耕地资源利用与保护，是保证中国的饭碗装中国粮的物质前提。为国家耕地资源安全构筑科技工程支撑平台，培养国土资源科学技术与管理英才是时代赋予科研工作者的神圣使命。

因此，本人及其团队长期对耕地质量进行系统研究，通过系统研究，初步构建了耕地质量系统研究的理论框架，揭示了我国耕地资源系统的特征，分析耕地利用变化对耕地质量和生产能力的影响规律，研究形成了快速高效准确的耕地质量监测与预警方法。我相信，这本专著的出版能够为进行耕地研究的学者、管理者和工程技术人员提供理论和方法的指导。

这本专著是本人及研究团队对5年来研究成果的系统总结。因此，首先要感谢完成相关研究成果的研究生，是他们完成了专著的核心内容，他们是已经获得硕士学位的梁颖、韩磊、武兆坤、刘邦瑞、焦晋生、刘炎、相慧和马嵩。还要感谢国家自然科学基金委给予的自然基金资助，国土资源部土地整治中心、内蒙古土地整治中心等领导给与研究项目的支持。

专著的顺利完成，还要感谢本团队在读博士生和硕士研究生，参与了文字的修改与完善等工作，他们是：张蚌蚌（耕地质量与生产能力理论分析）、张雪靓（东北区农用地产能核算）、姚静韬（耕地质量与生产能力监测布设理论分析）、胡莹洁（快速发展区对耕地生产能力的影响）、雷鸣（耕地质量系统分析）、张玉臻（耕地集约利用对耕地有机质含量的影响机理）、程子良（集约化农区耕地利用对生产能力的影响）、辛芸娜（多尺度下的耕地质量监测样点布设与基于网格法的耕地质量监测样点布设）、温良友（耕地质量监测层次体系与省级尺度耕地质量监测布设样点）。感谢他们为这本专著整理、完善、修改所付出的努力和辛苦！

在本书的写作过程中，参考了相关学者的论文和著作，在此一并致谢！由于水平和时间的限制，对于书中出现的纰漏，敬请原谅！

著　者

2016年10月